Claudia Moriena / Karen Genschow

Große Lerngrammatik Spanisch

Regeln, Anwendungsbeispiele, Tests

Konzeption:
Iolanda Da Forno / Chiara de Manzini

Hueber Verlag

Autorinnen und Verlag danken
- Frau Dr. Esperanza Román Mendoza, George Mason University, für die linguistische Beratung bei dem Projekt;
- Esperanza Cantallops, Iolanda Da Forno, Sylvia Hein, Manuela und Matthias Hoffmann, Mareen Maaß, Alejandra Navas Méndez und Dr. Gesina Volkmann für die Anregungen während der Entstehung der Grammatik.

Die Autorinnen danken
- ihren Studentinnen und Studenten der Universität Potsdam, der TU Berlin, der FU Berlin und der Volkshochschule Schöneberg;
- ihrem Lektor Jürgen Frank für sein kritisches Feedback in allen Phasen des Projekts und seine sorgfältige Bearbeitung des Manuskripts.

6. 5. 4. | Die letzten Ziffern
2020 19 18 17 16 | bezeichnen Zahl und Jahr des Druckes.
Alle Drucke dieser Auflage können, da unverändert, nebeneinander benutzt werden.
2. Auflage 2010

Redaktion: Jürgen Frank, Hueber Verlag, Ismaning
Umschlaggestaltung: creative partners gmbh, München
Fotogestaltung Cover: wentzlaff I pfaff I güldenpfennig kommunikation gmbh, München
Coverfoto: © Mattonimages/Stockdisc
Layout: Satz+Layout Fruth GmbH, München
Druck und Bindung: Firmengruppe APPL, aprinta druck GmbH, Wemding
Printed in Germany
ISBN 978-3-19-104145-8

Art. 530_00447_002_04

Was ist die *Große Lerngrammatik Spanisch*?

Die *Große Lerngrammatik Spanisch* ist eine Nachschlage- und Selbstlerngrammatik zur Wiederholung und Vertiefung oder zur Erarbeitung neuer Grammatikthemen. Die *Große Lerngrammatik Spanisch* vermittelt umfassende Kenntnisse der heutigen spanischen Grammatik. Sie berücksichtigt sowohl den europäischen als auch den hispanoamerikanischen Sprachgebrauch. Als lernerorientierte Gebrauchsgrammatik ermöglicht sie eine aktive Mitarbeit der Lernenden.

- Die einzelnen Kapitel sind klar gegliedert und lernerfreundlich kleinschrittig aufgebaut.
- Die Beschreibung der grammatischen Phänomene erfolgt kontrastiv zum Deutschen, d. h. es werden Ähnlichkeiten bzw. Unterschiede zwischen dem Spanischen und dem Deutschen berücksichtigt.
- Der Aufbau und die Systematik orientieren sich an didaktisch-pädagogischen Kriterien und verzichten daher auf linguistische Erörterungen bzw. formaltheoretische Fragestellungen.
- Sie kann ebenso zum Selbststudium wie auch kursbegleitend eingesetzt werden. Allerdings ist diese Grammatik kein Lehrbuch und kann daher einen (Selbstlern-)Kurs nicht ersetzen.

Für linguistisch Interessierte möchten wir hinzufügen, dass dieser Grammatik folgende Werke zugrunde liegen: der von der *Real Academia Española (RAE)* herausgegebene *Esbozo de una nueva gramática de la lengua española* (1981), die *Gramática descriptiva de la lengua española,* herausgegeben von Bosque / Demonte (1999), die *Gramática de la lengua española* von Alarcos Llorach (1994), die *Gramática comunicativa del español* von Francisco Matte Bon (1992) sowie die *Vergleichende Grammatik Spanisch-Deutsch* von Cartagena / Gauger (1989). Die phonetische Umschrift orientiert sich am *Tratado de fonología y fonética española* von Antonio Quilis (1993). Stilistische Fragestellungen wurden mit Hilfe des *Diccionario de uso del español* von María Moliner (1992), des *Diccionario de dudas y dificultades de la lengua española* von Manuel Seco (1992) und des *Nuevo manual del español correcto I* und *manual del español correcto II* von Leonardo Gómez Torrego (2002, 2000) geklärt. Die Rechtschreibung richtet sich nach der revidierten Ausgabe der von der *RAE* herausgegebenen *Ortografía de la lengua española* (1999).

Für wen ist die *Große Lerngrammatik Spanisch* gedacht?

Die *Große Lerngrammatik Spanisch* wendet sich sowohl an AnfängerInnen als auch an Fortgeschrittene, insbesondere an

- Lernende, die einen Spanischkurs an einer Volkshochschule oder einer anderen Bildungseinrichtung besuchen und gezielt bestimmte Grammatikkapitel wiederholen, nacharbeiten oder vertiefen möchten;

- Studierende an Hochschulen und Dolmetscherinstituten, die sich umfassende Kenntnisse der spanischen Grammatik verschaffen wollen;
- Schüler der gymnasialen Oberstufe;
- Selbstlerner, die sich eigenständig bestimmte Kapitel der spanischen Grammatik erarbeiten wollen;
- Lernende, die früher einmal Spanisch gelernt haben und ihre verschütteten Grammatikkenntnisse auffrischen möchten.

Jeder hat seine eigene Art zu lernen und entsprechend unterschiedlich sind die Anforderungen, die an eine Grammatik gestellt werden. Die *Große Lerngrammatik Spanisch* ist so konzipiert, dass jeder sein Lerntempo und seinen Lernweg selbst bestimmen kann. Allerdings sollten Sie mit den grundlegenden grammatischen Fachausdrücken vertraut sein.

Wie ist die *Große Lerngrammatik Spanisch* aufgebaut?

Die *Große Lerngrammatik Spanisch* ist in 36 Kapitel gegliedert, die fünf großen Themenkreisen zugeordnet sind:
- Aussprache und Schreibung
- Das Substantiv und seine Begleiter
- Die Pronomen
- Das Verb und seine Ergänzungen
- Der Satz

Im Anhang finden Sie
- die Verbformen der regelmäßigen und unregelmäßigen Verben in allen Zeiten;
- eine Übersicht über die spanische Wortbildung;
- die Lösungen der Aufgaben aus den Rubriken *Auf Entdeckung, Test, Auf den Punkt gebracht* und *Und wenn Sie noch neugierig sind …*;
- ein Wort- und Sachregister;
- die verwendeten Zeichen und Abkürzungen;
- eine Liste der grammatischen Fachausdrücke auf Lateinisch, Deutsch und Spanisch.

Die einzelnen Kapitel bestehen aus den folgenden Rubriken:

Was Sie vorab wissen sollten

Mit diesem Abschnitt beginnen die meisten Kapitel. Hier erhalten Sie grundlegende Informationen, die für das gesamte Kapitel wichtig sind.

Auf Entdeckung

Manchmal bietet es sich an, dass Sie selbst die Regeln aus Ihrem Vorwissen ableiten. Für diese aktive Form der Wissensaneignung ist die Rubrik *Auf Entdeckung* gedacht. Sie werden die Erfahrung machen, dass Sie Regeln, die Sie sich selbst erarbeitet haben, besser nachvollziehen und behalten können. Ihre Ergebnisse können Sie anschließend mit dem Lösungsteil des jeweiligen Kapitels bzw. mit dem folgenden Abschnitt vergleichen.

Grammatikregeln

Die Beschreibung der Grammatikregeln ist kleinschrittig gehalten und so einfach wie möglich formuliert. Zunächst werden dic Grundregeln vermittelt, die für eine erste Orientierung wichtig sind – meistens Abschnitt 1 für die Formen und Abschnitt 2 für den Gebrauch. Wenn Sie erst angefangen haben Spanisch zu lernen, sollten Sie bei jedem Thema zunächst einmal diese beiden Abschnitte durcharbeiten. Danach werden schrittweise Schwierigkeiten und Besonderheiten behandelt, wobei Abschnitt 3 jeweils einem mittleren Niveau entspricht und Abschnitt 4 einem fortgeschrittenen.
Es sei vorweg gesagt, dass diese Grammatik zwar Ausnahmen und Einzelfälle behandelt, nicht aber auf verwirrende Einzelheiten eingeht, denn es kann nicht Aufgabe einer Lerngrammatik sein, den äußerst komplexen Phänomenen des Spanischen bis ins kleinste Detail Rechnung zu tragen.
Soweit es für das Lernen von Bedeutung ist, sind die Regeln kontrastiv angelegt. Die Beispiele entstammen dem aktuellen Sprachgebrauch und sind durchweg ins Deutsche übersetzt, um Ihnen das Nachschlagen unbekannten Wortschatzes zu ersparen.
Häufig finden sich Verweise auf andere Kapitel (z. B. ➠ Kapitel 1, *Die Aussprache*) bzw. Abschnitte innerhalb eines Kapitels (z. B. ➠ 2.2). Sie dienen dazu, auf Zusammenhänge aufmerksam zu machen, denen Sie bei Bedarf nachgehen können.

Beachten Sie

Die vorliegende Grammatik ist aus der Unterrichtspraxis entstanden. Unter der Rubrik „Beachten Sie" gehen wir auf besondere Schwierigkeiten ein, die die Lernenden mit dem betreffenden Grammatikthema haben.

Test

Jeder neue Abschnitt innerhalb eines Kapitels schließt mit einem Test ab, der Ihnen die Gelegenheit bietet, das gerade Gelernte sofort anzuwenden. Damit können Sie direkt überprüfen, ob Sie die Regel behalten haben. Der Lösungsteil gibt Ihnen wieder die Möglichkeit zur Selbstkontrolle.
Legen Sie sich für die Tests ein Arbeitsheft an. Sie können zwar auch in die Lücken, die in den Tests vorgegeben sind, hineinschreiben, aber wie beim

Kapitel *Auf Entdeckung* werden Sie die Erfahrung machen, dass alles, was Sie aufschreiben, besser in Ihrem Gedächtnis bleibt. Wiederholen Sie die Tests von Zeit zu Zeit. Auch das hilft bei der Festigung des Gelernten.

Tipp

Wie erwähnt, sind die meisten Kapitel so aufgebaut, dass zuerst die Grundregeln und dann die Besonderheiten behandelt werden. In besonders komplexen Kapiteln bieten wir Ihnen Lernhilfen in Form von Hinweisen zum Lernweg an, d. h. Sie finden in vielen Fällen nach der Grundregel einen *Tipp*, der Ihnen signalisiert, welche Abschnitte Sie gleich durcharbeiten sollten und welche zu einem späteren Zeitpunkt.

Auf den Punkt gebracht

Am Ende eines jeden Kapitels können Sie in der Rubrik *Auf den Punkt gebracht* überprüfen, ob Sie die wichtigsten im gesamten Kapitel dargestellten Regeln verstanden haben und anwenden können.
Sollte Ihnen eine Regel nicht mehr ganz präsent sein, gibt Ihnen das Zeichen ➠ an, wo Sie nachschlagen und Hilfe finden können. Wenn Sie dann noch Zweifel haben, können Sie Ihre Ergebnisse in den Lösungen des betreffenden Kapitels überprüfen.

Und wenn Sie noch neugierig sind …

Einige Kapitel enden mit der Rubrik *Und wenn Sie noch neugierig sind …* Hier werden zusätzliche Besonderheiten zum Thema des Kapitels dargestellt.

Zum Schluss noch eine Anregung

Haben Sie Geduld mit sich selbst und mit dem Lernstoff. Bedenken Sie, dass Sie nicht alles sofort bis in die kleinsten Einzelheiten verstehen und behalten müssen. Manchmal ist es sogar hilfreich, bestimmte Themen, die zunächst schwierig erscheinen, einfach liegen zu lassen und sich zu einem späteren Zeitpunkt wieder damit zu befassen. Seien Sie geduldig und denken Sie daran, dass Lernen durch Wiederholung erfolgt und natürlich auch, indem man Fehler macht. Und Sie werden sehen, dass vieles selbstverständlicher wird in dem Maße, wie Sie mit der spanischen Sprache besser vertraut werden.

Wir wünschen Ihnen viel Spaß und Erfolg beim Lernen!

Claudia Moriena
Karen Genschow

Aussprache und Schreibung

Dieses Kapitel bietet eine Einführung in die spanische Aussprache. Zur Wiedergabe der Aussprache verwenden wir phonetische Klammern [ ] und die Lautschrift des AFI (Alfabeto Fonético Internacional). Doch keine Angst, wenn Sie mit den Zeichen der Lautschrift nicht vertraut sind, denn wir beschreiben Ihnen die Aussprache anhand von Beispielen und erklären Ihnen die Unterschiede zum Deutschen.
Für das Spanische der Iberischen Halbinsel gibt es eine Art „Hochsprache“ (norma culta peninsular), die von der RAE (Real Academia Española) festgelegt wird. Darüber hinaus gibt es in jedem spanischsprachigen Land eine eigene norma culta, die von den nationalen Akademien festgelegt wird, deren Mitglieder gleichzeitig korrespondierende Mitglieder der RAE sind.
Die Wörterbücher und Grammatiken der RAE sind maßgebend für die Fixierung der Normsprache (siehe auch die Website der RAE unter www.rae.es).

1 Das Alphabet

Was Sie vorab wissen sollten

- Das spanische Alphabet besteht aus 29 Zeichen: 27 Buchstaben (letras) und 2 Digrammen (dígrafos), so nennt man Verbindungen von zwei verschiedenen oder gleichen Buchstaben, die aber zusammen **einen** Laut bilden, wie ch und ll.
- Im Gegensatz zum Deutschen sind die Buchstaben im Spanischen feminin (weiblich): la a das A, la b das B usw.

1.1 Die Buchstaben des spanischen Alphabets

In der folgenden Tabelle finden Sie die Buchstaben des spanischen Alphabets, ihre spanischen Bezeichnungen, ihre lautlichen Realisierungen sowie einige Wortbeispiele, von denen die fett gedruckten auch als Buchstabieralphabet benutzt werden können. Ein für alle spanischsprachigen Länder verbindliches Buchstabieralphabet gibt es nicht (➠ 1.3).

Buchstabe	spanische Bezeichnung	lautliche Realisierungen	Beispiele
A, a	a	[a]	**Alemania** Deutschland
B, b	be	[b] [β]	**Barcelona** árabe arabisch
C, c	ce	[θ] / [s] [k]	**Cecilia** **Cuba** Kuba

Buchstabe	spanische Bezeichnung	lautliche Realisierungen	Beispiele
Ch, ch	che	[t͡ʃ]	**Chile**
D, d	de	[d] [ð]	**Dinamarca** Dänemark Adela
E, e	e	[e]	**España** Spanien
F, f	efe	[f]	**Francia** Frankreich
G, g	ge	[x] [g] [ɣ]	**Gerona** **Granada,** **Guevara** águila Adler
H, h	hache	–	**Holanda** Holland, **Honduras**
I, i	i	[i] [i̯] [ǰ]	**Italia** Italien peine Kamm pie Fuß
J, j	jota	[x]	**Jaén,** **José**
K, k	ka	[k]	**kilo** Kilo, **Kenia** Kenia
L, l	ele	[l] [ḷ] [l̩] [l̡]	**Lima** alzar heben saltar springen salchicha Würstchen
Ll, ll	elle	[ʎ]/[ǰ]/[ʒ]/[d͡ʒ]	**llave** Schlüssel, **Mallorca**
M, m	eme	[m]	**Madrid**
N, n	ene	[n] [ṇ] [n̩] [n̡] [ŋ] [m] [ɱ]	**Nicaragua** once elf onda Welle concha Muschel ángel Engel envidia Neid enfermo krank
Ñ, ñ	eñe	[ɲ]	**Ñandú, España** Spanien
O, o	o	[o]	**Oviedo**

Buchstabe	spanische Bezeichnung	lautliche Realisierungen	Beispiele
P, p	pe	[p]	**París** Paris
Q, q	cu	[k]	**Quito**
R, r	ere, erre erre doble	[r] [r̄]	Perú **Roma**, ferrocarril Eisenbahn
S, s	ese	[s] [z] / [h]	**Sevilla** mismo selbst
T, t	te	[t]	**Teruel**
U, u	u	[u] [u̯] [w]	**Uruguay** causa Grund puerta Tür
V, v	uve, ve	[b] [ß]	**Valencia** avería Panne
W, w	uve doble	[gw] / [b]	**Washington**, **Wagner**
X, x	equis	[s] [ks] [ɣs] [x]	**xilófono/xilofón** Xylophon, texto Text taxi Taxi México, Texas
Y, y	i griega	[i̯] [ǰ] / [ʒ] [d͡ʒ] / [ʒ]	buey Ochse mayo Mai **Yucatán**
Z, z	zeta	[θ] / [s]	**Zaragoza**

Beachten Sie

- Da b und v im Spanischen gleich ausgesprochen und deshalb oft verwechselt werden (➠ 2.5), gibt es zur Unterscheidung auch die folgenden Bezeichnungen: b = be larga oder be alta; v = ve corta oder ve baja. Umgangssprachlich sagt man auch be de burro (burro Esel) und ve de vaca (vaca Kuh).
- Für w gibt es auch die Bezeichnung ve doble bzw. doble ve.
- Die Digramme ch und ll stellen zwar einen eigenen Buchstaben dar und entsprechen phonetisch **einem** Lautwert, werden aber in alphabetischen Anordnungen wie zwei einzelne Buchstaben behandelt: Wörter, die mit ch beginnen, stehen folglich zwischen ce und ci und Wörter, die mit ll beginnen, zwischen li und lo. Dasselbe gilt für Wörter, die ch oder ll im Wortinnern enthalten. Früher wurden diese Digramme jeweils als eigene Buchstaben im Anschluss an c bzw. l aufgeführt (➠ 2.1).

– Auch die Zeichenfolge -rr- hat einen eigenen Lautwert, stellt aber kein Digramm dar, d.h. ist kein eigener Buchstabe des Alphabets. -rr- tritt nie am Wortanfang, sondern nur in der Wortmitte zwischen Vokalen auf: carro Wagen, ferrocarril Eisenbahn (➠ 2.8).

Test 1

Ordnen Sie die folgenden Wörter alphabetisch mit Hilfe der obigen Hinweise und schlagen Sie dann die Bedeutung in einem Wörterbuch nach. Falls Sie keines zur Hand haben, finden Sie die Übersetzung in den Lösungen.
campana, cabello, calle, chico, carro, campaña, caballo, calé, chiquilla, caro

1.2 Besonderheiten

1.2.1 Buchstaben für die Schreibung von Fremdwörtern

Die Buchstaben k und w kommen nur in Fremdwörtern und fremdsprachlichen Eigennamen vor, deren Schreibweise zum Teil bereits der spanischen Aussprache angepasst wurde: kremlin Kreml, kiosco – auch quiosco – Kiosk, watt Watt, Walter Walter, whisky – auch güisqui – Whisky.

1.2.2 Diakritische Zeichen (tilde)

Die Bezeichnung tilde wird auch als Überbegriff für alle diakritischen Zeichen verwendet. Diakritische Zeichen sind Markierungen (Häkchen, Striche, Wellenlinien etc.), mit denen eine besondere oder abweichende Aussprache von Buchstaben angezeigt wird. Im Spanischen gibt es folgende diakritischen Zeichen:

´	acento gráfico, tilde: Akzentzeichen auf Vokalen á, é, í, ó, ú
~	raya: Tilde auf dem Buchstaben ñ
¨	diéresis / dos puntitos: Trema, Trennpunkte beim Vokal ü. Das Trema zeigt an, dass das u einen eigenen Lautwert hat (➠ 2.3).

Beachten Sie

Das ñ ist ein eigener Buchstabe im spanischen Alphabet, Vokale mit Akzentzeichen sowie ü jedoch nicht.

1.3 Buchstabieren (deletrear)

In bestimmten Situationen, z. B. am Telefon, wenn man Wörter ganz deutlich buchstabieren muss, bedient man sich des Buchstabieralphabets; wie bereits erwähnt (➠ *Tabelle in* 1.1) gibt es im Spanischen kein einheitliches Buchstabieralphabet. Man verwendet in der Regel bekannte Städte- bzw. Ländernamen oder häufige Vornamen. Der deutschen Wendung „a wie Anton" entspricht im Spanischen a de Alemania.

Umlaute: Die beiden Pünktchen auf Vokalen haben im Deutschen zwar eine andere Funktion als im Spanischen, beim Buchstabieren deutscher Wörter kann man jedoch auf die spanischen Bezeichnungen zurückgreifen. Den Namen Karin Höffer würde man mit Hilfe des Buchstabieralphabets also folgendermaßen wiedergeben:

Karin: ka de kilo, a de Alemania, ere bzw. erre de Roma, i de Italia, ene de Nicaragua

Höffer: hache de Honduras, o de Oviedo con diéresis / dos puntitos, efe de Francia, efe de Francia, e de España, erre de Roma

Test 2

Buchstabieren Sie Ihren Namen, Ihren Wohnort und Ihre Straße.

2 Die Aussprache der Konsonanten, Vokale und Vokalverbindungen

Im Folgenden geben wir Ihnen einen Überblick über die wichtigsten Regeln der spanischen Aussprache. Aufgrund der großen Ausdehnung des spanischen Sprachraums gibt es zahlreiche Aussprache-Varianten zwischen den verschiedenen spanischsprachigen Ländern, innerhalb eines Landes und sogar innerhalb einer Region. Im Rahmen dieser Grammatik ist es nicht möglich und nicht sinnvoll, auf alle Unterschiede einzugehen. Wir stellen Ihnen hier die wichtigsten und häufigsten Varianten vor. Wir beginnen mit den Konsonanten (Mitlauten).

2.1 Die Aussprache von ch, ll und ñ

ch [t͡ʃ]

Das Digramm ch wird im Spanischen [t͡ʃ] ausgesprochen. Diesem Laut kommt im Deutschen die Lautkombination [t] + [ʃ] z.B. in „ru**tsch**en" am nächsten. Beispiele: Cha-cha-cha [t͡ʃat͡ʃat͡ʃa] Cha-cha-cha (Tanz), macho ['mat͡ʃo][1] Männchen, checo ['t͡ʃeko] tschechisch, Tscheche.

[1] Der hochgestellte Strich in der phonetischen Umschrift zeigt an, dass die folgende Silbe betont ist: z. B. árabe ['araße] arabisch, Araber/-in

Beachten Sie
Die Stadt München heißt auf Spanisch Múnich und wird sowohl ['munik] als auch ['munitʃ] ausgesprochen. Dasselbe gilt für Zúrich Zürich: ['θurik] oder ['θuritʃ] bzw. ['surik] oder ['suritʃ].

ll [ʎ]
Die Normaussprache des Digramms ll ist [ʎ]. Dieser Laut stellt eine enge Verbindung von [l] + [ʲ] dar, etwa wie in „Fami**li**e" oder „bri**lli**ant". Beispiele: calle ['kaʎe] Straße, llamarse [ʎa'marse] heißen, llover [ʎo'βer] regnen.
In weiten Teilen Spaniens, vor allem in Andalusien und auf den Kanarischen Inseln, und Hispanoamerikas wird das ll dagegen [ʲ], wie j in „Ko**j**e", oder [d͡ʒ], wie j in „**J**ackpot", ausgesprochen. In Argentinien und Uruguay ist die Aussprache [ʒ], wie g in „Gara**g**e", verbreitet. Dieses Phänomen wird als yeísmo bezeichnet (siehe auch ➠ 2.9).

ñ [ɲ]
Der Buchstabe ñ wird im Spanischen [ɲ] ausgesprochen. Diesem Laut kommt im Deutschen die Aussprache von [n] + [ʲ] z. B. in den Fremdwörtern „Kompa**gn**on", „Champa**gn**er" oder „Kampa**gn**e" am nächsten. Das ñ kommt vor allem zwischen Vokalen und in wenigen Fällen auch am Wortanfang vor: España [es'paɲa] Spanien, niña ['niɲa] Mädchen, ñu ['ɲu] Gnu.

Beachten Sie
Ch, ll und ñ stellen im Spanischen nur **einen** Laut dar und nicht die Abfolge von zwei Lauten.

Test 3
Sprechen Sie die folgenden Wörter und achten Sie dabei auf die Aussprache.
Chile, chocolate Schokolade, chiste Scherz, chófer Chauffeur, escuchar hören, mucho viel;
España Spanien, niño Kind, ñandú Nandu, enseñar lehren, señora Frau, Dame, mañana morgen;
Mallorca, Sevilla, pollo Huhn, allá, allí dort, paella Paella, lluvia Regen

2.2 Die Aussprache von c, g und j, z

Die Aussprache von c und g ist vom nachfolgenden Laut abhängig.

2.2.1 C und g vor den Vokalen a, o, u und vor Konsonanten
Vor a, o und u sowie vor Konsonanten werden c und g folgendermaßen ausgesprochen:

c = [k] wie in „Karte"	casa Haus claro klar con mit cubo Würfel	acaso Zufall declarar erklären creer glauben acústico akustisch
g = [g] wie in „Garten", am Wortanfang und nach n	gato Katze gobierno Regierung gusto Geschmack	globo Luftballon grado Grad tango Tango
g = [ɣ] stimmhafter gutturaler Reibelaut, weicher als [g], im Wortinnern, in Sprecheinheiten auch am Wortanfang	lago See agradar gefallen daga Dolch me‿gusta ich mag	droga Droge regla Regel Tegucigalpa[2] el‿gol das Tor

Beachten Sie

- Im Spanischen wird das [k] im Gegensatz zum Deutschen ohne Behauchung gesprochen.
- In der Buchstabenkombination gn am Wortanfang wird das g nicht gesprochen: gnomo ['nomo] Gnom.
- Zur Verbindung cu und gu + Vokal siehe auch ➠ 2.3 b) – d).

2.2.2 C und g vor den Vokalen e und i

Vor e und i werden c und g folgendermaßen ausgesprochen:

c = [θ] ähnlich wie das englische th in „thing" bzw. c = [s] wie stimmloses s in „Kasse" (➠ *Beachten Sie*)	cena Abendessen dulce süß circo Zirkus nación Nation	Cecilia Cäcilie quince fünfzehn cine Kino cocina Küche
g = [x] wie in „Kachel"	gesto Geste agente Vertreter ágil flink Gibraltar	genio Genie Argelia Algerien vigilar überwachen

2.2.3 Die Aussprache von j und z

J und z werden in allen lautlichen Umgebungen, auch vor e und i, folgendermaßen ausgesprochen:

z = [θ] siehe oben (➠ 2.2.2) z = [s] siehe oben (➠ 2.2.2)	zanahoria Karotte zeta Z zinc Zink	zona Zone zurdo Linkshänder diez zehn

[2] Hauptstadt von Honduras

j = [x] siehe oben (➠ 2.2.2)	jabón Seife Jesús Jesus jirafa Giraffe	joya Juwel jugar spielen reloj Uhr

Beachten Sie

- In Zentral- und Nordspanien sowie auf den Balearen werden c vor e, i und z wie [θ], d. h. ähnlich wie das englische stimmlose th in „**th**ing", ausgesprochen. In einigen ländlichen Regionen Andalusiens (vor allem in den Provinzen Huelva, Cádiz und Málaga) wird auch das intervokalische s wie [θ] ausgesprochen. Dieses Phänomen heißt ceceo.
- In Andalusien (vor allem in den Provinzen Córdoba und Sevilla), auf den Kanarischen Inseln und in Hispanoamerika werden c vor e, i und z wie [s], d. h. wie ein stimmloses s, ausgesprochen. Dieses Phänomen nennt man seseo.

Test 4

a) Kreuzen Sie an, welche Aussprache die fett markierten Konsonanten c bzw. g haben. Sprechen Sie die Wörter dann.

	[θ] / [s]	[k]		[g]	[ɣ]	[x]
actuar handeln	☐	☐	genial genial	☐	☐	☐
cangrejo Krebs	☐	☐	agente Agent/-in	☐	☐	☐
Carmen	☐	☐	gimnasia Gymnastik	☐	☐	☐
cero Null	☐	☐	lugar Ort	☐	☐	☐
océano Ozean	☐	☐	girasol Sonnenblume	☐	☐	☐
clima Klima	☐	☐	página Seite	☐	☐	☐
Colombia Kolumbien	☐	☐	gramo Gramm	☐	☐	☐

b) Sprechen Sie die folgenden Wörter und achten Sie dabei auf die Aussprache.
gente Leute, página Seite, Japón Japan, Jerez Sherry, jijona Mandelnougat, Jorge Georg, justicia Justiz, jugo Saft
centro Zentrum, ciudad Stadt, organización Organisation, Zaragoza, zeta Z, zinc Zink, erizo Igel, zumo Saft, izquierda links, pez Fisch

2.3 Die Aussprache von que / qui / cu / gue / gui / gua / guo / güe / güi

In der folgenden Tabelle erhalten Sie einen Überblick über die lautlichen und grafischen Beziehungen dieser Buchstabenkombinationen.

[k]	que, qui	cheque Scheck, química Chemie
[kw]	cua, cue, cui, cuo	cuando wann, wenn, cuello Hals, cuidado Vorsicht, cuota Quote
[g] / [ɣ][3]	gue, gui	guerra Krieg, Miguel Michael, guía (turística) (Reise-)Führer
[gw] / [ɣw][3]	gua, guo	guardia Wache, contiguo nebeneinander liegend
	güe, güi	cigüeña Storch, lingüística Linguistik

a) **Die Aussprache von que und qui [k]**
Ein [k]-Laut vor den Vokalen e und i wird grafisch durch qu dargestellt: queso Käse, quiosco Kiosk.

b) **Die Aussprache von cu + Vokal [kw]**
In der Verbindung cu + Vokal hat das u einen eigenen Lautwert [w]: cuadrado Quadrat.

c) **Die Aussprache von gue und gui [g] / [ɣ][3]**
Ein [g]- bzw. [ɣ]-Laut vor den Vokalen e und i wird durch Einfügen von u nach dem g dargestellt, das u wird aber nicht gesprochen: guitarra Gitarre, guirnalda Girlande.

d) **Die Aussprache von gua und guo / güe und güi [gw] / [ɣw][3]**
Anders ist es bei gu vor a und o. Hier wird das u als Halbvokal [w] gesprochen: Guatemala, antiguo alt. Soll es auch vor den Vokalen e und i einen eigenen Lautwert haben, muss dies grafisch durch ein Trema – ü – gekennzeichnet werden: vergüenza Schande, pingüino Pinguin.

Beachten Sie
- Der Buchstabe q kommt im Spanischen nur in Kombination mit u vor e und i zur Darstellung des [k]-Lauts vor. Das u wird dabei **nicht** gesprochen.
- Auch in der Kombination gue / gui wird das u **nicht** gesprochen.
- Bei [w] handelt es sich um einen Halbvokal ähnlich dem englischen w in „water“. Es wird auf keinen Fall wie das deutsche w in „Wasser“ oder das u in „Quelle“ gesprochen.

---
[3] Zur Aussprache von [ɣ] vs. [g] ➠ 2.2.1

Test 5

Kreuzen Sie die korrekte Aussprache der fett markierten Buchstabenverbindungen an. Sprechen Sie die Wörter dann.

	[k]	[kw]
¡**cu**idado! Vorsicht!	☐	☐
bos**qu**e Wald	☐	☐
es**qu**ina Ecke	☐	☐
iz**qu**ierda links	☐	☐
cuatro vier	☐	☐
Cuenca	☐	☐
cuota Rate	☐	☐

	[g]	[ɣ]	[gw]	[ɣw]
anti**gü**edad Antike	☐	☐	☐	☐
Guillermo Wilhelm	☐	☐	☐	☐
bilin**gü**e zweisprachig	☐	☐	☐	☐
pin**gü**ino Pinguin	☐	☐	☐	☐
Guatemala	☐	☐	☐	☐
anti**gu**o alt	☐	☐	☐	☐
á**gu**ila Adler	☐	☐	☐	☐

2.4 Die Aussprache von x und cc

Das x wird im Spanischen ähnlich wie im Deutschen ausgesprochen, d. h. mit dem Lautwert [ks]: extra ['ekstra] Extra-, zusätzlich, expresión [ekspre'sˠon] Ausdruck, tórax ['toraks] Brustkorb. Zwischen Vokalen wird es meist weicher, d. h. mit dem Lautwert [ɣs], ausgesprochen: taxi ['taɣsi] Taxi, exigir [eɣsi'xir] fordern.

Beachten Sie

- In der Umgangssprache wird x oft nur [s] ausgesprochen, vor allem am Wortanfang und vor Konsonanten: xilofón [silo'fon] Xylophon, éxtasis ['estasis] Extase, mixto ['misto]. [s] anstatt [ks] am Wortanfang und vor Konsonant gilt als korrekt, zwischen Vokalen dagegen als nachlässig.
- Das x wird in einigen mexikanischen Eigennamen [x] ausgesprochen, d. h. wie ch in „Da**ch**": México, Oaxaca, Texas. **Aber**: In Uxmal wird das x wie „sch" in „Schule" ausgesprochen.
- Auch in einigen spanischen Eigennamen asturischen Ursprungs wird das x [x] ausgesprochen: Xavier (auch Javier geschrieben), Ximena (bzw. Jimena), Ximénez (Jiménez), Mexía (Mejía).
- Doppeltes c kommt im Spanischen nur vor e und i vor, wobei das erste c stimmhaft oder stimmlos ausgesprochen werden kann: acción [aɣ'θˠon, ak'θˠon] bzw. [aɣ'sˠon, ak'sˠon] oder lección [leɣ'θˠon, lek'θˠon] bzw. [leɣ'sˠon, lek'sˠon] Lektion.

Test 6

Sprechen Sie die folgenden Wörter.

taxi Taxi, xilofón Xylophon, xenófobo ausländerfeindlich, acceso Zugang, corrección Berichtigung, accionista Aktionär, explicación Erklärung, éxito Erfolg

2.5 Die Aussprache von b und v

Die Buchstaben b und v haben im Spanischen den gleichen Lautwert. Sie werden mit beiden Lippen, je nach lautlicher Umgebung entweder als stimmhafter Verschlusslaut [b] oder als stimmhafter Reibelaut [ß] artikuliert:

Aussprache	lautliche Umgebung	Beispiele
[b] wie b in „Biene“	am Wortanfang	bebida Getränk, vivir leben
	nach m und n	también auch, enviar schicken
[ß]	in allen anderen Fällen, in Sprecheinheiten auch am Wortanfang	beber trinken, vivir leben, cerebro Gehirn, servicio Dienst, el‿bar die Bar

Beachten Sie
- Der Laut [ß] existiert im Deutschen nicht. Er wird gebildet, indem man ein [b] mit nicht ganz geschlossener Ober- und Unterlippe spricht.
- Das deutsche [v] in „Vase“ oder „Winter“ ist ein labiodentaler Reibelaut, der mit der Unterlippe an den oberen Schneidezähnen gebildet wird. Diesen Laut gibt es im Spanischen nicht.

Test 7
Kreuzen Sie die korrekte Aussprache der fett markierten Buchstaben an. Sprechen Sie die Wörter dann.

	[b]	[ß]		[b]	[ß]
calvicie Glatze	☐	☐	saber wissen	☐	☐
árbol Baum	☐	☐	salvo außer	☐	☐
barco Schiff	☐	☐	sobre über	☐	☐
hambre Hunger	☐	☐	vaca Kuh	☐	☐

2.6 Die Aussprache von d

Je nach lautlicher Umgebung wird das d als stimmhafter Verschlusslaut [d] oder als stimmhafter Reibelaut [ð] artikuliert. Beide Laute werden jeweils an den Schneidezähnen gebildet.

Aussprache	lautliche Umgebung	Beispiele
[d] etwas weicher als d in „Dorf“	am Wortanfang	dado Würfel, dama Dame
	nach l und n	alcalde Bürgermeister, candela Kerze
[ð] wie das englische th in „the“	in allen anderen Fällen, in Sprecheinheiten auch am Wortanfang	dado Würfel, madera Holz, madre Mutter, ciudad Stadt, una‿dama eine Dame

Beachten Sie
Der Laut [ð] kommt dem englischen stimmhaften th in „**th**e“ sehr nahe, die Zunge wird aber nicht zwischen die Zähne geschoben, sondern bleibt davor.

Test 8

Kreuzen Sie die korrekte Aussprache des fett markierten d an. Sprechen Sie die Wörter dann.

	[d]	[ð]		[d]	[ð]
dinero das Geld	☐	☐	cal**d**o Brühe	☐	☐
este **d**inero dieses Geld	☐	☐	¿**d**ónde? wo?	☐	☐
el **d**ado der Würfel	☐	☐	pan**d**a Panda-Bär	☐	☐
este **d**ado dieser Würfel	☐	☐	par**d**o braun	☐	☐

2.7 Die Aussprache von h

Der Buchstabe h wird im Spanischen **nicht** ausgesprochen: **h**ombre ['ombre] Mann, Mensch, **h**acer [a'θer] / [a'ser] machen, tun, alco**h**ol [al'kol] oder [alko'ol] Alkohol, zana**h**oria [θana'orʳa] / [sana'orʳa] Karotte.

In einigen Fremdwörtern (meist englischer Herkunft) wird der Buchstabe h wie [x] ausgesprochen: **h**olding, **h**ippy, **H**awai, **h**all.

Test 9

Üben Sie, das h **nicht** auszusprechen.
La Habana Havanna, hablar sprechen, ahí dort, búho Uhu, haber haben, hacer machen, hispano spanisch, ahora jetzt, habitación Zimmer, helar gefrieren, hijo Sohn, huelga Streik, hábitat Lebensraum, hélice Propeller, hindúes Hindus, huella Spur, hábito Gewohnheit, hemisferio Halbkugel, hola hallo, humano menschlich

2.8 Die Aussprache von r und rr

Das spanische r wird gerollt, d. h. mit der Zungenspitze geschlagen. Je nach lautlicher Umgebung wird es einfach [r] oder mehrfach [r̄] gerollt (siehe Tabelle). Das r ist der einzige Buchstabe des spanischen Alphabets, der in der Schrift verdoppelt auch eine Verdoppelung der Aussprache mit sich bringt, die zudem bedeutungsunterscheidend ist: pero aber vs. perro Hund. Der Unterschied zwischen einfachem [r] und mehrfachem [r̄] ist nur zwischen Vokalen von Bedeutung.

Aussprache	lautliche Umgebung	Beispiele
[r]	zwischen Vokalen und nach den Konsonanten b, p, d, t, c, g, f	pero aber, caro teuer, coro Chor, hambre Hunger, precio Preis, madre Mutter, tres drei, crema Sahne, grasa Fett, frío kalt
	am Silbenende	árbol Baum, arco Bogen, orden Ordnung, forma Form, carne Fleisch, corte Schnitt, (königlicher) Hof
	am Wortende	calor Hitze, cantar singen, bar Bar
[r̄]	zwischen Vokalen	carro Karre(n) / Wagen, perro Hund, corro ich laufe
	am Wortanfang	real königlich / wirklich, río Fluss, rojo rot, rubio blond
	nach den Konsonanten l, n, s	alrededor um … herum, honra Ehre, Israel Israel

Beachten Sie

Der Unterschied zwischen [r] und [r̄] wird dadurch verstärkt, dass die Vokale, die mit [r̄] in Berührung kommen, offener gesprochen werden, was vor allem bei e [ɛ] und o [ɔ] deutlich wird: pero ['pero] aber vs. perro ['pɛr̄ɔ] Hund, coro ['koro] Chor vs. corro ['kɔr̄ɔ] ich renne.

Test 10

a) Sprechen Sie die folgenden Wörter.

arroz Reis, bailar tanzen, madre Mutter, francés Franzose, französisch, trabajar arbeiten, Roma Rom, israelí Israeli, israelisch, hablar sprechen, rico reich, Perú Peru, Berlín Berlin, ferrocarril Bahn, origen Herkunft, honrado ehrenhaft, retórica Rhetorik, Irlanda Irland, Rin Rhein, cigarrillo Zigarette, enroscar aufschrauben, sierra Säge, Gebirge, al revés umgekehrt, tren Zug

b) Sprechen Sie die folgenden Wörter. Denken Sie daran, dass bei diesen Wörtern der Unterschied zwischen einfach und doppelt gerolltem r deutlich werden sollte. Achten Sie auch auf die Aussprache der jeweiligen Vokale.

[r] + **geschlossener Vokal**	[r̄] + **offener Vokal**
caro teuer	carro Wagen
cero Null	cerro Berg
coro Chor	corro Kreis
moro maurisch	morro Schnauze
pera Birne	perra Hündin
pero aber	perro Hund

2.9 Die Aussprache von y und hie

Je nach lautlicher Umgebung wird der Buchstabe y im Spanischen als Halbvokal [i̯] oder als Halbkonsonant [ʸ] bzw. [d͡ʒ] ausgesprochen, dasselbe gilt für die Buchstabenverbindung hie.

Aussprache	lautliche Umgebung	Beispiele
als Halbvokal [i̯]	im Auslaut nach Vokalen	soy ich bin, rey König
als Halbkonsonant (Reibelaut) [ʸ]	zwischen Vokalen	hoyo Loch, ayer gestern, esa‿**hie**rba dieses Kraut
als Halbkonsonant (Affrikate) [d͡ʒ]	am Wortanfang	yegua Stute, yerno Schwiegersohn, **hie**lo Eis, **hie**rro Eisen, **hie**rba Kraut
	nach l und n	cónyuge Ehegatte, el‿**hie**lo das Eis

Beachten Sie

- Die Konjunktion y und wird je nach lautlicher Umgebung folgendermaßen ausgesprochen: zwischen Konsonanten [i]: días y meses ['dias 'i 'meses] Tage und Monate; zwischen Konsonanten und Vokalen bzw. zwischen zwei Vokalen als Halbkonsonant [ʸ]: plantas y animales ['plantas ʸani'males] Pflanzen und Tiere, mira y aprende ['mira ʸa'prende] er/sie sieht und lernt; zwischen Vokalen und Konsonanten als Halbvokal [i̯]: canta y baila ['kantai̯'bai̯la] er/sie singt und tanzt.
- Die Artikulationsorte von y und ll liegen nah beieinander. Deshalb werden in vielen spanischsprachigen Regionen die beiden Konsonanten gleich ausgesprochen. Dieses Phänomen wird yeísmo genannt (➡ 2.1). Man unterscheidet dann nicht zwischen: ['aʸa] = halla er/sie findet und haya Buche oder ['poʸo] = pollo Huhn und poyo Steinbank.

- In Uruguay und vielen Teilen Argentiniens findet man für y (und ll) auch die Aussprachevariante [ʒ] wie g in „Garage“.

Test 11

Sprechen Sie die folgenden Wörter.
yoga Yoga, yogur(t) Jogurt, yoyó Jojo, yuca Yuccapalme, yema Eigelb, yegua Stute, yuyo Unkraut, hierro Eisen, hiedra Efeu, hiel Galle, hielo Eis, hiena Hyäne, hierbabuena Minze

2.10 Die Aussprache der Vokale und Vokalverbindungen

Was Sie vorab wissen sollten

- Im Spanischen gibt es die fünf Vokale a, e, i, o und u, die in der Regel halblang, d. h. etwas kürzer als die deutschen Vokale [a] in „Gabe“, [e] in „Beet“, [i] in „Miete“, [o] in „Boot“ und [u] in „gut“ ausgesprochen werden. Bitte beachten Sie, dass die spanischen Vokale auch in unbetonter Position sowie am Wortende ihre volle Lautqualität bewahren. Das gilt insbesondere für unbetontes e im Auslaut, das auf keinen Fall wie ein [ə], z. B. das e in „Junge“, ausgesprochen wird.
- Im Spanischen gibt es eine große Zahl von Vokalverbindungen: Diphthonge (**Au**str**ia** Österreich, Su**e**c**ia** Schweden, Bu**e**nos **Ai**res), Triphthonge (Urug**uay**, contin**uái**s ihr setzt fort) und Hiatus (m**aí**z Mais, S**eú**l, J**aé**n), die im Folgenden dargestellt werden.

2.10.1 Diphthonge

Auf Entdeckung

1. Die folgenden Wörter enthalten Diphthonge:
reina Königin, pierna Bein, boina Mütze, farmacia Apotheke, aire Luft sauce Weide, Europa Europa, cuello Hals

Die folgenden Wörter enthalten keine Diphthonge:
vía aérea Luftpost, energía eólica Windenergie, caos Chaos

2. Vergleichen Sie diese Wörter. Wie, vermuten Sie, ist ein Diphthong definiert?

Ein Diphthong ist die enge Verbindung zweier Vokale, die aber zusammen nur **eine Silbe** bilden. Das hat zur Folge, dass entweder der erste oder der zweite Vokal seinen vollen Lautwert einbüßt und zu einem Halbvokal wird. Im Spanischen bilden jeweils die Vokale i und u untereinander oder in Kombination mit den Vokalen a, e oder o einen Diphthong.

Beachten Sie
Die spanischen Diphthonge eu, ie und ei dürfen auf keinen Fall wie im Deutschen ausgesprochen werden, vgl. spanisch **Europa** [eu̯'ropa] vs. deutsch „**Europa**" [ɔy̑'ro:pa], spanisch **Viena** ['bʲena] vs. deutsch „**Wien**" ['vi:n], spanisch reina [r̄ei̯na] vs. deutsch „**rein**" ['rai̯n].

Test 12

Sprechen Sie die folgenden Wörter.
hay ['ai̯] es gibt, rey ['r̄ei̯] König, peine ['pei̯ne] Kamm, voy ['boi̯] ich gehe, tienda ['tʲenda] Laden, precio ['preθʲo] Preis, cuando ['kwando] wann, hueso ['weso] Knochen, huevo ['weβo] Ei, cuota ['kwota] Rate, ciudad [θʲu'ðað] Stadt, diurno ['dʲurno] täglich, Tages-, cuidado [kwi̯'ðaðo] Vorsicht, ruido ['rwi̯ðo] Lärm

2.10.2 Triphthonge

Triphthonge sind Verbindungen von drei Vokalen, die zusammen nur **eine Silbe** bilden: iai [ʲai̯], iei [ʲei̯], uai [wai̯], uei [wei̯]. Sie kommen meistens bei Verben, deren Stamm auf e oder i endet, in der 2. Person Plural vor: cambiáis [kam'bʲai̯s] ihr tauscht.

Test 13

Sprechen Sie die folgenden Wörter. Achten Sie auf die Diphthonge und Triphthonge.
hacia nach, tiene er/sie hat, ciudad Stadt, agua Wasser, sueldo Gehalt, muy sehr, antiguo alt, aire Luft, veinte zwanzig, hoy heute, apreciáis ihr schätzt, continuáis ihr setzt fort, treinta dreißig, prefieres du bevorzugst, radio Radio, que cambiéis dass ihr tauscht, buey Ochse, Europa Europa, Paraguay, Uruguay

2.10.3 Hiatus

Verbindungen der Vokale a, e und o nennt man Hiatus. Im Gegensatz zum Diphthong bilden diese nicht eine, sondern **zwei Silben** und werden getrennt ausgesprochen: leo ['le-o] ich lese, caer [ka-'er] fallen, caos ['ka-os] Chaos. Auch i und u können mit einem weiteren Vokal einen Hiatus bilden. Im Unterschied zum Diphthong tragen sie dann einen Akzent: María Maria, búho Eule, país Land (➡ 3.5).

Test 14

Sprechen Sie die folgenden Wörter und achten Sie darauf, dass die Diphthonge in einer Silbe und der Hiatus in zwei Silben ausgesprochen werden.
oír hören, dios Gott, día Tag, oasis Oase, ríe er/sie lacht, poeta Dichter, farmacia Apotheke, policía Polizei, maestro Lehrer, río ich lache, Fluss, real wirklich, miope kurzsichtig, mío meine, dúo Duo, reír lachen, poligamia Polygamie

3 Die Betonung

Bevor Sie dieses Kapitel durcharbeiten, ist es ratsam, sich mit Kapitel 2, *Die Schreibung, 1 Die Silbentrennung* zu befassen.

3.1 Betonung der Silben

Spanisch ist eine Sprache mit freier Betonung, d.h. die Betonung ist nicht an eine bestimmte Silbe (etwa die letzte Silbe im Wort wie im Französischen) gebunden. Deswegen kann – wie im Deutschen – die Betonung bedeutungsunterscheidende Funktion übernehmen (vgl. *umfahren* vs. *umfahren*). Man teilt den Wortschatz in folgende Betonungskategorien ein:

Betonung auf	Beispiele
der letzten Silbe (palabra aguda)	u-ni-ver-si-dad Universität, tra-ba-jar arbeiten, can-ción Lied
der vorletzten Silbe (palabra llana oder grave)	me-sa Tisch, ca-ma Bett, si-lla Stuhl, ar-ma-rio Schrank, ár-bol Baum
der drittletzten Silbe (palabra esdrújula)	te-lé-fo-no Telefon, bo-lí-gra-fo Kugelschreiber, mú-si-ca Musik, po-lí-ti-ca Politik
der viertletzten Silbe (palabra sobresdrújula)	có-me-te-lo iss es auf, re-co-gién-do-se-lo es für ihn/sie aufhebend

Beachten Sie
- Die meisten spanischen Wörter werden auf der vorletzten Silbe betont.
- Wörter, die auf der viertletzten Silbe betont werden (palabras sobreesdrújulas), kommen nur in Zusammensetzungen vor.

Bedeutungsunterscheidende Funktion hat die Betonung z. B. bei folgenden Wortgruppen:
término Frist vs. termino ich beende vs. terminó er/sie beendete / Sie beendeten
célebre feierlich vs. celebre (subjuntivo) er/sie feiert / Sie feiern vs. celebré ich feierte

3.2 Der grafische Akzent

Auf Entdeckung

1. Vergleichen Sie die folgenden Wörter. Was fällt Ihnen auf?

i-ta-lia-no italienisch, Italiener
far-ma-cia Apotheke

Ma-drid
Be-a-triz

tra-ba-jan sie arbeiten
Bue-nos Ai-res
es-pa-ño-les Spanier (Plural)
can-tan sie singen
es-pa-ñol Spanier (Singular)
cen-tral Zentral
pa-re-cer scheinen
a-yer gestern

Auf welcher Silbe werden die Wörter betont? Leiten Sie die Regel ab:

– Wörter, die auf **Vokal**, **n** oder **s** enden, ______________________ .

– Wörter, die auf andere **Konsonanten** enden, ______________________ .

2. Alle folgenden Wörter tragen einen grafischen Akzent. Vergleichen Sie sie mit den Wörtern in Übung 1. Was fällt Ihnen auf?

Mar-tí-nez
ár-bol Baum
fút-bol Fußball
ál-bum Album
can-ción Lied
Pe-rú
a-le-mán Deutsch
in-glés Englisch

Wie Sie gemerkt haben, weichen diese Wörter von der oben genannten Regel ab. Auf welcher Silbe werden diese Wörter betont? Welche Silben tragen einen grafischen Akzent? Leiten Sie die Regel ab:

– Der geschriebene Akzent ______________________ .

3. Vergleichen Sie die folgenden Wörter mit den oben genannten. Was fällt Ihnen auf?

A-mé-ri-ca Amerika
te-lé-fo-no Telefon
lám-pa-ra Lampe
guár-da-te-la behalt sie für dich
có-me-te-lo iss es auf
bo-lí-gra-fo Kugelschreiber
ré-gi-men Regime, Diät
re-gí-me-nes Regime (Pl.), Diäten

Auf welcher Silbe werden diese Wörter betont? Können Sie jetzt die Regel formulieren?

– Der geschriebene Akzent ______________________ .

3.3 Regeln für die Akzentsetzung

Zusammenfassend kann man die Regeln folgendermaßen formulieren:

Die betonte Silbe wird **nicht** durch einen grafischen Akzent markiert bei	Wörtern, die auf der **vorletzten Silbe** betont werden und auf **Vokal**, **n** oder **s** enden: dormitorio Schlafzimmer, cantan sie singen, rosas Rosen
	Wörtern, die auf **Konsonant** – außer **n** und **s** – enden und auf der **letzten Silbe** betont werden: papel Papier, abril April, jugar spielen

Alle anderen mehrsilbigen Wörter **tragen einen grafischen Akzent** auf der betonten Silbe	mamá Mama, papá Papa, Colón Kolumbus, Madrás, volcán Vulkan, trébol Klee, maíz Mais, árbol Baum, González, fantástico fantastisch, América, Matemática, llévatelo nimm es (dir) mit, tráemelo bring es mir

Beachten Sie

- Auch auf einen großen Anfangsbuchstaben wird ein Akzentzeichen gesetzt: Ángela, Élida, Ítalo, Óscar, cerros de Úbeda.
- Bei der Pluralbildung durch Anhängen von -es wird das Wort um eine Silbe verlängert, die Betonung bleibt jedoch auf der gleichen Silbe. Dies kann dazu führen, dass die Pluralform gegenüber der Singularform einen Akzent erhält: z. B. examen Prüfung → exámenes Prüfungen, oder dass dieser in der Pluralform wegfällt: z. B. nación Nation → naciones Nationen. Ausnahmen sind die drei Wörter carácter Chararkter → caracteres, régimen Regime, Diät → regímenes und espécimen Muster → especímenes, bei denen die Betonung im Plural auf einer anderen Silbe liegt.
- Analoges gilt für die Bildung der femininen Form aus der maskulinen durch Anhängen von -a: alemán deutsch, Deutscher → alemana, francés französisch, Franzose → francesa, bailarín Tänzer → bailarina.

Test 15

Entscheiden Sie, ob die folgenden Wörter mit oder ohne grafischen Akzent geschrieben werden. Die betonte Silbe ist unterstrichen.

1. com-pas Takt	2. tre-bol Klee	3. re-loj Uhr
4. pa-red Wand	5. ca-fe Kaffee	6. re-vol-ver
7. ja-bon Seife	8. ha-blar sprechen	9. ciu-dad Stadt
10. la-piz Bleistift	11. ra-ton Maus	12. jo-ven jugendlich
13. na-riz Nase	14. Vic-tor Viktor	15. e-po-ca Epoche
16. pa-pel Papier	17. e-xa-men Prüfung	18. pa-ja-ro Vogel

3.4 Unterscheidender Akzent (acento diacrítico)

3.4.1 Einsilbige Wörter

Gleichlautende einsilbige Wörter mit unterschiedlicher Bedeutung werden durch den grafischen Akzent unterschieden, z. B.:

aún noch (Adverb)	aun sogar (Adverb)
dé ich gebe/er gibt (subjuntivo von dar)	de von (Präposition)

él er (betontes Personalpronomen)	el der/die/das (Artikel)
mí mir/mich (betontes Personalpronomen)	mi mein/-e (Possessivbegleiter)
sí ja (Adverb)	si wenn/ob (Konjunktion)
sólo nur (Adverb)	solo allein (Adjektiv)
té Tee	te dir/dich (unbetontes Personalpronomen)
tú du (betontes Personalpronomen)	tu dein/-e (Possessivbegleiter)

3.4.2 Frage- und Ausrufewörter

Frage- und Ausrufewörter tragen stets einen grafischen Akzent – auch in der indirekten Rede: qué was, quién wer, dónde wo, cuándo wann, cómo wie, cuál/-es welche/-r, cuánto wie viel.
¿Cuánto es? Wie viel kostet es? → Quiso saber cuánto era. Er/Sie wollte wissen, wie viel es kostete.
¿Cómo te llamas? Wie heißt du? → Me preguntó cómo me llamaba. Er hat mich gefragt, wie ich heiße.

3.5 Vokalverbindungen

Normalerweise wird i oder u in Verbindung mit einem weiteren Vokal als einsilbige Vokalverbindung (Diphthong) gesprochen, wobei der zweite Vokal (a, e oder o) den Silbenton (nicht unbedingt den Wortakzent) trägt: criada Dienstmädchen, aire Luft, pausa Pause, agua Wasser, rabia Wut, Europa Europa, canción Lied usw. (➠ 2.10.1)
Ist das i oder u betont, handelt es sich um eine zweisilbige Vokalverbindung (Hiatus), die durch einen grafischen Akzent angezeigt werden muss: frío kalt, día Tag, grúa Kran, ahí dort, freír braten, librería Buchhandlung.

Test 16

a) Die folgenden Wörter bilden eine zweisilbige Vokalverbindung. Welcher Vokal trägt den Akzent?

bahia Bucht	pais Land	tia Tante	sauco Holunder
mio meiner	duo Duo	lio Durcheinander	lei ich habe gelesen

b) Geben Sie an, warum die folgenden Wörter einen grafischen Akzent tragen (A = Hiatus, B = unterscheidender Akzent, C = Betonung auf der drittletzten Silbe, D = Ausnahme von der Grundregel ➠ 3.3).

	A	B	C	D
1. río Fluss	☐	☐	☐	☐
2. petróleo Erdöl	☐	☐	☐	☐
3. té Tee	☐	☐	☐	☐
4. jardín Garten	☐	☐	☐	☐
5. María	☐	☐	☐	☐
6. geografía Geografie	☐	☐	☐	☐
7. azúcar Zucker	☐	☐	☐	☐
8. hipótesis Hypothese	☐	☐	☐	☐

c) Unterstreichen Sie die betonte Silbe und setzen Sie die nötigen Akzente.
1. ¿Como te llamas? Wie heißt du?
2. Soy Fabiola, ¿y tu? Ich heiße Fabiola, und du?
3. Soy Ignacio. Tu estudias biologia, ¿no? Ich heiße Ignacio. Du studierst Biologie, oder?
4. Si. Ja.
5. ¿Eres de aqui, de Bogota? Bist du von hier, von Bogota?
6. No, estudio en Bogota, pero soy de Medellin. Nein, ich studiere in Bogota, aber ich bin aus Medellin.

TIPP

Wenn Sie erst angefangen haben Spanisch zu lernen, empfehlen wir Ihnen, den folgenden Abschnitt zu einem späteren Zeitpunkt durchzuarbeiten. Wenn Sie möchten, können Sie gleich weiter zu ➠ Kapitel 3, *Das Substantiv* bzw. ➠ Kapitel 4, *Der Artikel* bzw. ➠ Kapitel 5, *Das Adjektiv* gehen.

4 Weiterführende Hinweise zur spanischen Aussprache

Hier geht es um Feinheiten, die Sie beachten müssen, wenn Sie Ihre Aussprache weiter verbessern wollen, die aber für eine erfolgreiche Verständigung von geringerer Bedeutung sind.

4.1 Die Verschlusslaute

4.1.1 Die stimmlosen Verschlusslaute p, t, k

Im Spanischen werden die stimmlosen Verschlusslaute p, t, k im Gegensatz zum Deutschen nicht aspiriert (behaucht). Am Silbenende vor Konsonanten (außer l und r) wird der Verschluss oft nicht mehr vollständig gebildet, so dass sie als Reibelaut [ß], [ð] bzw. [ɣ] gesprochen werden: apto ['aßto] geeignet, septiembre [se(ß)'tʳembre] September, ritmo ['r̄iðmo] Rhythmus, atmósfera [að'mosfera] Atmosphäre, carácter [ka'raɣter] Charakter, acto ['aɣto] Tat.

In der Gruppe ps am Wortanfang ist das p stumm: psicológico [siko'loxiko] psychologisch. Dies schlägt sich teilweise auch schon in der Schreibung nieder: seudo- pseudo-.

Die korrekte Aussprache der Konsonantengruppe ct ist [kt] bzw. [ɣt]: perfecto [per'fekto] / [per'feɣto] perfekt, actor [ak'tor] / [aɣ'tor] Schauspieler. In der Umgangssprache verstummt das [k] bzw. [ɣ] jedoch oft.

4.1.2 Die stimmhaften Verschlusslaute b, d, g

Wie in ➠ 2.2 – 2.6 beschrieben, wird auch bei den stimmhaften Verschlusslauten b, d, g in bestimmten Positionen (z. B. zwischen Vokalen und am Silben- bzw. Wortende) der Verschluss nicht mehr vollständig gebildet und die Laute ebenfalls als stimmhafte Reibelaute [ß], [ð] bzw. [ɣ] gesprochen. Im Gegensatz dazu steht die deutsche „Auslautverhärtung“, bei der die stimmhaften Verschlusslaute v. a. am Wortende nicht abgeschwächt, sondern verstärkt, nämlich stimmlos gesprochen werden. Vergleichen Sie die spanische und deutsche Aussprache von Madrid: spanisch [ma'ðrið] vs. deutsch [ma'drit]. Die madrileños selbst sprechen ihre Stadt in der Umgangssprache wie folgt aus: [ma'ðriθ].

Test 17

Sprechen Sie die folgenden Wörter und achten Sie darauf, wann die Verschlusslaute [p], [t], [k] und [b], [d], [g] als [ß], [ð] bzw. [ɣ] ausgesprochen werden.
acción Aktion, Handlung, primero erstens, técnica Technik, psicóloga Psychologin, excepción Ausnahme, teatro Theater, turista Tourist, problema Problem, fracción Fraktion, broma Scherz, parque Park, clima Klima, todavía noch, Colonia Köln, café Kaffee, a dónde wohin, alguien jemand, amigos Freunde, optar wählen, actriz Schauspielerin, tren Zug, doctora Ärztin, sabiduría Wissen

4.2 Assimilationserscheinungen

Im Spanischen kommt es häufig vor, dass sich ein Laut dem folgenden Laut in der Aussprache anpasst. Eine solche Erscheinung nennt man Assimilation.

4.2.1 Die verschiedenen lautlichen Realisierungen von s

Am Wortanfang und vor Vokalen wird das s im gesamten spanischen Sprachraum stimmlos [s], wie ss in „Tasse“, ausgesprochen, wobei es in Spanien (außer in Andalusien und auf den Kanarischen Inseln) zu einem Zischlaut tendiert, der zwischen [s] und [ʃ] liegt: sábado ['saßaðo] Samstag, casa ['kasa] Haus, cansado [kan'saðo] müde.

In den anderen lautlichen Umgebungen gibt es jedoch einige wichtige regionale Unterschiede:

Im nördlichen Spanien wird das s am Silbenende folgendermaßen ausgesprochen:

vor stimmlosen Konsonanten	stimmlos [s] wie in „Tasse“	fiesta ['fʳesta], pescado [pes'kaðo] Fisch
vor stimmhaften Konsonanten	stimmhaft [z] wie in „Sommer“	esbelto [ez'ßel̩to] schlank, desde ['dezðe] seit, rasgo ['razɣo] Merkmal, mismo ['mizmo] selbst

Im südlichen Spanien, vor allem in Andalusien und auf den Kanarischen Inseln, sowie in weiten Teilen Hispanoamerikas wird das s – sowie das z, das dort ja ebenfalls als s realisiert wird (➠ 2.2.3) – am Silbenende aspiriert:

vor stimmlosen Konsonanten	aspiriert [h]	fiesta ['fʳehta], pescado [peh'kaðo], izquierda [ih'kʳerða], azteca [ah'teka]
vor stimmhaften Konsonanten	aspiriert [h]	esbelto [eh'ßel̩to], desde ['dehðe], rasgo ['rahɣo], mismo ['mihmo], hazme ['ahme] mach mir

Beachten Sie
Diese Assimilationserscheinungen treten sowohl innerhalb eines Wortes als auch über die Wortgrenze hinweg auf: dos casas ['dos'kasas] bzw. ['doh'kasah] zwei Häuser, es mejor ['ezme'xor] bzw. ['ehme'xor] es ist besser.

Test 18
Sprechen Sie die folgenden Wörter und achten Sie darauf, ob das s stimmlos [s], stimmhaft [z] oder aspiriert [h] ausgesprochen wird.
isla Insel, esmeralda Smaragd, esmerarse sich bemühen, desde seit, asno Esel, israelí israelisch, Israeli, mismo selbst, asma Asthma, pasión Leidenschaft, miércoles Mittwoch, pescado Fisch, huésped Gast, consonante Konsonant, dos zwei, casa Haus, buscar suchen

4.2.2 Die verschiedenen lautlichen Realisierungen von m, n und l
Der Unterschied zwischen [m] und [n] wird im Spanischen nur gemacht, wenn ein Vokal folgt. In den anderen Fällen passt sich die Aussprache an den folgenden Konsonanten an. Im absoluten Auslaut kann [m] oder [n] gesprochen werden, wobei [n] zu bevorzugen ist.

Die folgende Tabelle gibt Ihnen einen Überblick über die verschiedenen lautlichen Realisierungen.

Laut	Artikulationsort	folgender Laut	Beispiele mit Transkription
[m]	bilabial (mit beiden Lippen)	[b] [p]	enviar [em'bʸar] schicken, también [tam'bʸen] auch trampa ['trampa] Falle, campo ['kampo] Feld
[ɱ]	labiodental (Unterlippe an den Zähnen)	[f]	enfermo [eɱ'fermo] krank
[ṇ]	interdental (zwischen den Zähnen)	[θ]	once ['oṇθe] elf
[n̩]	dental (mit den Zähnen) / alveolar (hinter den Zähnen)	[d] [t] [s] [r, r̄]	onda ['on̩da] Welle cantar [kan̩'tar] singen cansar [kan̩'sar] ermüden enrabiar [en̩r̄a'bʸar] wütend machen
[ņ]	palatal (am vorderen Gaumen)	[t͡ʃ] [ʎ] [d͡ʒ]	concha ['koņt͡ʃa] Muschel conllevar [koņʎe'ßar] mit sich bringen cónyuge ['koņd͡ʒuxe] Ehegatte
[ŋ]	velar (am hinteren Gaumen)	[g] [k] [x]	tango ['taŋgo] Tango cinco ['θiŋko] / ['siŋko] fünf ángel ['aŋxel] Engel

Das l passt sich dem folgenden Laut wie folgt an:

Laut	Artikulationsort	folgender Laut	Beispiele mit Transkription
[l]	alveolar (hinter den Zähnen)	[b], [ß], [p], [s], [r], [g], [ɣ], [k], [x]	alba ['alßa] Morgenröte salsa ['salsa] Soße colgar [kol'ɣar] (auf)hängen
[ḷ]	interdental (zwischen den Zähnen)	[θ]	alzar [aḷ'θar] heben el cielo [eḷ'θʸelo] der Himmel
[l̩]	dental (mit den Zähnen)	[d] [t]	caldo ['kal̩do] Brühe soltar [sol̩'tar] loslassen

[l̦]	palatal (am vorderen Gaumen)	[t͡ʃ] [ʎ] [d͡ʒ]	salchicha [sal̦'t͡ʃit͡ʃa] Würstchen el llavero [el̦ʎa'ßero] der Schlüsselring el yerno [el̦'d͡ʒerno] der Schwiegersohn

Beachten Sie
Auch diese Assimilationserscheinungen treten sowohl innerhalb eines Wortes als auch über die Wortgrenze hinweg auf: un gato ['uŋ'gato] eine Katze, un bar ['um'bar] eine Bar, voy al cine ['bɔi̯'al'θine] / ['bɔi̯'al'sine] ich gehe ins Kino.

Test 19
Sprechen Sie die folgenden Wörter und achten Sie auf die Aussprache.
albergue Jugendherberge, nene Kind, amarillo gelb, Alpes Alpen, calor Wärme, ¡Buenos días! Guten Tag!, vulgar vulgär, corazón Herz, feliz glücklich, dentro drinnen, alfalfa Luzerne, plantar pflanzen, nieve Schnee, sombra Schatten, noveno neunter, emperador Kaiser, ancho breit, canto Gesang, clavo Nagel, albondiguilla Fleischklößchen, alto hoch, alza de precios Preisanstieg

4.3 Kein „Knacklaut"

Der typisch deutsche „Knacklaut", d.h. der kurze Stimmabsatz innerhalb eines Wortes oder zwischen Wörtern in Sprecheinheiten, existiert im Spanischen nicht. Durch den „Knacklaut" werden z. B. Spiegelei (Eierspeise) und Spiegelei (Spiel mit Spiegeln) oder spielende (Kinder) und Spielende (Ende des Spiels) unterschieden. Innerhalb einer Wortgruppe lässt sich zur Übung der „Knacklaut" leicht unterdrücken, indem man keine Pause zwischen den Wörtern macht, sondern sie verbindet: el uno y el otro [el‿uno‿jel‿otro].

4.4 Die Intonation

Unter Intonation versteht man die „Satzmelodie", d. h. den Verlauf der Tonhöhe innerhalb einer Sprecheinheit. Man unterscheidet die folgenden Intonationstypen (modalidades), denen jeweils eine charakteristische Intonationskurve (curva melódica) entspricht:
- modalidad asertiva (Aussagesatz): No hay nadie en casa. Es ist keiner da.
- modalidad interrogativa (Fragesatz): ¿No hay nadie en casa? Ist keiner da?
- modalidad exclamativa (Ausrufesatz): ¡No hay nadie en casa! Es ist keiner da!

Darüber hinaus lassen sich bei jedem Intonationstyp drei Phasen unterscheiden:
- fase inicial (Beginn): Heben der Stimme
- fase media (Mitte): Stimme bleibt auf der gleichen Tonhöhe
- fase final (Ende): je nach Aussage Heben der Stimme, gleich bleibende Tonhöhe oder Senken der Stimme.

Im Folgenden sind die wichtigsten Intonationsmuster visualisiert:

Aussagesatz	No hay nadie en casa. Es ist keiner da.	
Fragesatz	¿No hay nadie en casa? Ist keiner da?	
	¿Quién ha llamado por teléfono? Wer hat angerufen?	
Ausrufesatz	¡No hay nadie en casa! Es ist keiner da!	

Beachten Sie
Bei Ja-/Nein-Fragen wird die Stimme wie im Deutschen am Ende der Frage gehoben. Enthält die Frage dagegen ein Fragewort, so wird die Stimme am Ende der Frage gesenkt.

Wenn man mehrere Informationen in einem Satz kombinieren möchte, bedient man sich nicht nur grammatikalischer Elemente, sondern auch der Intonation. Hierzu die folgenden Beispiele:

Me dijeron que
Sie haben mir gesagt,

si no aprobaba,
wenn ich nicht bestehe,

no iría a París.
dürfte ich nicht nach Paris fahren.

El otro día,
Neulich,

al salir de casa,
als ich aus dem Haus ging,

me encontré con Francisco.
habe ich Francisco getroffen.

¿Has venido solo
Bist du alleine gekommen

o acompañado?
oder in Begleitung?

«Hablar» significa «sprechen»,
„Hablar" bedeutet „sprechen",

¿verdad?
nicht wahr?

Test 20

Sprechen Sie die folgenden Sätze und achten Sie auf die Intonation.
Es una niña preciosa, ¿no? Es ist ein hübsches Kind, nicht wahr?
¿Qué quieres? Was willst du?
¿Vienes conmigo? Kommst du mit mir?
Me llamo Magdalena. Ich heiße Magdalena.
¡Qué pena! (Wie) Schade!
Esta música me encanta. Diese Musik finde ich klasse.
¿Viajarás en avión? Wirst du mit dem Flugzeug fahren?
¿Lo haces tú o lo hago yo? Machst du es oder mache ich es?
¿Eres tú, mamá? Bist du es, Mama?
¡Es maravilloso! Es ist wunderbar!

Auf den Punkt gebracht

1. (➡ *1*)

a) Zur Schreibung spanischer Wörter benutzt man (26 / 27 / 28) Buchstaben und (1 / 2 / 3) Digramme.

b) Welche diakritischen Zeichen gibt es im spanischen Alphabet?

____

c) Welche Buchstaben kommen nur in Fremdwörtern vor?

____

2. (➡ *2.1*)

a) Welche Buchstaben des spanischen Alphabets gibt es im Deutschen nicht?

____

b) Sprechen Sie die folgenden Wörter: estudió er/sie studierte, nicaragüense Nicaraguaner/-in, piragüista Kanufahrer/-in, niña Mädchen, ñandú Nandu, pingüino Pinguin

c) Wie schreibt man „Spanien“ und „Deutschland“ auf Spanisch?

____

3. (➡ *2.2 – 2.3*)
Wie werden die folgenden Laute grafisch realisiert?

Aussprache	Schreibung				
[k]	ca ☐	que ☐	ci ☐	co ☐	cu ☐
[g] / [ɣ]	ga ☐	gue ☐	gi ☐	jo ☐	gu ☐
[θ] bzw. [s]	ca ☐	ce ☐	ci ☐	co ☐	que ☐
[x]	ja ☐	ge ☐	gi ☐	go ☐	gu ☐
[kw]	cua ☐	que ☐	qui ☐	cue ☐	cuo ☐
[gw] / [ɣw]	gua ☐	gue ☐	gui ☐	güe ☐	jue ☐

4. (➡ *2.2 – 2.3*)

Das g wird als ... gesprochen.	[g]	[ɣ]
a) am Wortanfang, wenn a, o oder u folgt: galope Galopp, gordo dick, gusano Wurm	☐	☐
b) nach dem Konsonant n: cangrejo Krebs, un gato eine Katze	☐	☐
c) zwischen zwei Vokalen: mago Magier, agua Wasser, seguir folgen	☐	☐

5. (➡ *2.4*)
Wie wird das spanische h ausgesprochen?

____

6. (➡ *2.6*)

Das b bzw. v wird als ... gesprochen.	[b]	[ß]
a) am Wortanfang: Vicente Vinzenz, baño Bad, brazo Arm	☐	☐
b) zwischen zwei Vokalen: lobo Wolf, David David	☐	☐
c) nach den Konsonanten m, n: invitar einladen, hombre Mann	☐	☐
d) in allen anderen Fällen: árbol Baum, salvaje wild	☐	☐

7. (➠ *2.7*)
Das d wird als ... gesprochen. [d] [ð]
a) am Wortanfang: ☐ ☐
duro hart, decir sagen, dar geben
b) nach den Konsonanten l, n: ☐ ☐
falda Rock, hondo tief
c) nach allen anderen Konsonanten: ☐ ☐
arduo schwierig, desdén Verachtung

8. (➠ *2.10*)
a) Das Wort día Tag wird in (einer Silbe / zwei Silben) ausgesprochen.
b) Das Wort doy ich gebe wird in (einer Silbe / zwei Silben) ausgesprochen.

9. (➠ *3.1*)
Im Spanischen ja nein
a) werden die meisten Wörter auf der vorletzten Silbe betont. ☐ ☐
b) steht der grafische Akzent nur auf endbetonten Wörtern. ☐ ☐
c) kann die Betonung bedeutungsunterscheidende Funktion haben. ☐ ☐

10. (➠ *3.3*)
a) Wörter, die auf der letzten Silbe betont sind und auf Vokal, -n oder -s enden, (werden / werden nicht) mit einem grafischen Akzent versehen.
b) Wörter, die auf der vorletzten Silbe betont sind und auf Konsonant außer -n und -s enden, (werden / werden nicht) mit einem grafischen Akzent versehen.
c) Wörter, die auf der drittletzten und viertletzten Silbe betont sind, tragen (immer / manchmal) einen grafischen Akzent.

11. (➠ *3.3–3.5*)
Ergänzen Sie – wenn nötig – den grafischen Akzent:
a) endbetonte Wörter: calidad Qualität, informacion Information, cafe Kaffee, mama Mama
b) auf der vorletzten Silbe betonte Wörter: arbol Baum, sabana Leintuch, sabana Savanne, trabajas du arbeitest, hermanos Geschwister, facil leicht
c) Fragewörter, Ausrufewörter: como wie, cuando wann, por que warum, que was

Was Sie vorab wissen sollten

- Das Verhältnis Schrift-Lautung ist im Spanischen ebenso einfach gestaltet wie im Deutschen. Wenn man einmal die Regeln gelernt hat, kann man sich die Aussprache jedes geschriebenen Wortes korrekt herleiten, denn für jede Schreibung gibt es nur eine mögliche Aussprache (➠ Kapitel 1, *Die Aussprache*, 2).
- Auf dem Computer werden die typisch spanischen Zeichen durch folgende Tastenkombinationen erzeugt, wobei die Zahlen auf der NUM-Tastatur eingegeben werden, während die linke „Alt"-Taste gedrückt wird.

Alt + 168 für ¿	Alt + 164 für ñ
Alt + 173 für ¡	Alt + 165 für Ñ

1 Die Silbentrennung

Auf Entdeckung

Sehen Sie sich die folgenden Wörter an, die nach Sprechsilben getrennt sind. Versuchen Sie eine Regel abzuleiten, wo im Spanischen die Silbengrenze verläuft (die Lösung finden Sie im nächsten Abschnitt).

bo-ca Mund	bra-zo Arm	ca-be-za Kopf
ce-ja Augenbraue	cin-tu-ra Taille	co-do Ellenbogen
es-pal-da Rücken	len-gua Zunge	ma-no Hand
na-riz Nase	nu-ca Genick	o-jo Auge
o-re-ja Ohren	pe-lo Haare	pier-na Bein

Was Sie vorab wissen sollten

- Eine Silbe ist eine Sprecheinheit, die im Spanischen zumindest aus einem Vokal besteht (z. B. a-é-re-o Luft-), jedoch auch durch mehrere Konsonanten und Vokale gebildet werden kann (z. B. cons-truc-ción Bau).
- Im Spanischen gibt es eine Tendenz zur offenen Silbe, d. h. die meisten Silben enden auf Vokal. Die häufigste Silbenzusammensetzung im Spanischen ist Konsonant + Vokal: cá-ma-ra Kamera.

1.1 Grundregeln der Silbentrennung bei Konsonanten

1.1.1 Ein Konsonant zwischen zwei Vokalen

Wenn **ein Konsonant zwischen zwei Vokalen** steht, wird er aufgrund der Tendenz zur offenen Silbe zur zweiten Silbe gerechnet: ca-ma Bett, no-ta Note.

1.1.2 Gruppen von zwei Konsonanten

Wenn **zwei Konsonanten** aufeinander folgen, wird in der Regel der erste Konsonant der ersten Silbe und der zweite der zweiten Silbe zugeordnet: dien-te Zahn, pes-ta-ña Augenbraue, pier-na Bein. Dasselbe gilt für Konsonant + h: des-hi-dra-ta-do ausgetrocknet und für cc: lec-ción Lektion. Diese Regel gilt **nicht**, wenn die beiden Konsonanten eine untrennbare Konsonantengruppe bilden (➠ 1.1.5). In diesem Fall werden beide Konsonanten zur zweiten Silbe gerechnet: no-ble edel, co-bre Kupfer, sa-gra-do heilig.

Beachten Sie

Die Digramme ch und ll sowie rr gelten jeweils als **ein** Konsonant und werden deshalb nicht getrennt: co-che Auto, ca-lle Straße, pe-rro Hund.

1.1.3 Gruppen von drei Konsonanten

Wenn **drei Konsonanten** aufeinander folgen, werden die ersten beiden zur ersten Silbe und der dritte zur zweiten Silbe gerechnet: sols-ti-cio Sonnenwende, ins-tan-te Augenblick, su-pers-ti-cio-so abergläubisch, abs-ce-so Abszess; es sei denn der zweite und dritte Konsonant bilden eine untrennbare Konsonantengruppe (➠ 1.1.5). Ist dies der Fall, wird nach dem ersten Konsonanten getrennt und die zweite Silbe beginnt mit der untrennbaren Konsonantengruppe: des-pre-cio Verachtung.

1.1.4 Gruppen von vier Konsonanten

Wenn **vier Konsonanten** aufeinander folgen, werden zwei Konsonanten der ersten Silbe und die anderen beiden Konsonanten der zweiten Silbe zugeordnet: cons-truir konstruieren, cons-tre-ñir verstopfen, abs-trac-to abstrakt.

1.1.5 Untrennbare Konsonantengruppen

Folgende untrennbare Konsonantengruppen bilden jeweils den Anfang einer neuen Silbe:

bl, cl, fl, gl, pl, tl	no-ble edel, te-cla Taste
br, cr, dr, fr, gr, pr, tr	an-te-bra-zo Unterarm, crá-ne-o Schädel, fren-te Stirn, tri-pa Darm

Beachten Sie

In zusammengesetzten Wörtern können diese Konsonantengruppen jedoch getrennt werden: sub-ra-yar unterstreichen, post-ro-má-ni-co postromanisch.

1.2 Grundregeln der Silbentrennung bei Vokalen

Diphthonge, Triphthonge und Hiatus (➠ Kapitel 1, 2.10)

a) Zwischen zwei oder drei Vokalen, die eine Silbe bilden (Diphthonge und Triphthonge), darf nicht getrennt werden: ai-re Luft, Eu-ro-pa Europa, buey Ochse, aso-ciáis ihr assoziiert.

b) Zwischen Vokalen, die zu zwei verschiedenen Silben gehören (Hiatus), kann getrennt werden: le-ón Löwe, ba-úl Truhe.

1.3 Silbentrennung bei Abkürzungen

Abkürzungen und Akronyme[1] werden in der Regel nicht getrennt: UNESCO, UNO etc. Wenn das Akronym wie ein selbständiges Wort behandelt wird, wird es kleingeschrieben und kann getrennt werden: z. B. Mer-co-sur.

Test 1

Trennen Sie die folgenden Wörter.

arterias Arterien	articulación Gelenk	cerebro Gehirn
cuello Hals	estómago Magen	garganta Kehle
glándula Drüse	labio Lippe	matriz Gebärmutter
miembro Glied	muela Backenzahn	muñeca Handgelenk
músculo Muskel	nalgas Gesäß	nervios Nerven
oído Gehör	pantorrilla Wade	piel Haut
próstata Prostata	rodilla Knie	sangre Blut

2 Groß- und Kleinschreibung

Im Gegensatz zum Deutschen werden im Spanischen Substantive kleingeschrieben. Hier sind die wichtigsten Fälle von Großschreibung:

1. Am Satzanfang, nach einem Punkt, drei Punkten, einem Ausrufe- bzw. Fragezeichen, wenn die Aussage vollständig ist. Nach einem Komma wird immer kleingeschrieben.	Yo estoy aquí ... ¿Dónde estás tú? ¡Ven! Ich bin hier ... Und wo bist du? Komm! Bueno, no sé. Also, ich weiß nicht. ¿Cómo te llamas? ¿Cuándo naciste? Wie heißt du? Wann bist du geboren?

[1] Wörter, die aus den Anfangsbuchstaben mehrerer Wörter gebildet werden

2. Nach einem Doppelpunkt, wenn eine wörtliche Rede folgt, bzw. beim Briefbeginn nach der Anrede. Sonst wird nach dem Doppelpunkt klein weitergeschrieben.	Maria dice: «Buenos días!» Maria sagt: „Guten Tag!". Estimado Sr. García: El motivo de esta carta es informarle de que su petición fue denegada ... Sehr geehrter Herr García, mit diesem Brief möchten wir Sie darüber informieren, dass wir Ihrer Bitte nicht nachkommen werden ...
3. Eigennamen (Namen von Personen, Dynastien, Ländern, Regionen, Städten, Flüssen, Bergen, Himmelsrichtungen, Planeten, Sterne usw.); **aber:** tomar sol sich sonnen, luna llena Vollmond, viajamos por el norte del país wir reisten durch den Norden des Landes.	Rubén Pérez, Paraguay, América, Madrid, el Duero der (Fluss) Duero, los Andes die Anden, los Borbones die Borbonen, el Norte der Norden, Marte Mars, el Sol die Sonne, la Luna der Mond, Sirio Sirius
4. Amtsbezeichnungen, die sich auf eine konkrete Person beziehen, Götternamen, heilige Bücher, religiöse Orden usw.	el Rey der König, el Presidente der Präsident, Su Santidad Seine Heiligkeit, la Biblia die Bibel, el Corán der Koran, los Capuchinos die Kapuziner
5. Zusätze von Eigennamen	la Virgen María die Jungfrau Maria, los Reyes Católicos die katholischen Könige, Carlo Magno Karl der Große, el Ministro de Economía y Hacienda der Wirtschafts- und Finanzminister, el Presidente del Gobierno der Regierungschef
6. Abkürzungen von Anredewörtern; **aber:** in ausgeschriebener Form werden die Anredewörter kleingeschrieben.	Sr. (señor) García, Sra. (señora) Martínez, Srta (señorita), Ud. / Vd. (usted), D. (don), D.ª (doña) Estimado señor Hurtado: ... Estimado Sr. Hurtado: ... Sehr geehrter Herr Hurtado, ...
7. Namen von Institutionen und Kollektiva sowie deren Abkürzungen oder Akronyme, sofern sie sich als Wörter durchgesetzt haben.	el Ministerio de Economía y Hacienda, das Wirtschafts- und Finanzministerium, la Biblioteca Nacional die Nationalbibliothek, el Clero der Klerus, la Universidad die Universität, ONU UNO, EE.UU. USA, UNICEF, Mercosur

8. Studienfächer, Wissenschaften	Matemáticas Mathematik, Estudio Biología. Ich studiere Biologie. **Aber:** Me gusta la filosofía. Ich mag Philosophie.
9. Namen von Feiertagen, Festen oder wichtigen (historischen) Ereignissen sowie Begriffe, die als absolut verstanden werden	Navidad Weihnachten, Semana Santa Karwoche, los Juegos Olímpicos die Olympischen Spiele, la Segunda Guerra Mundial der Zweite Weltkrieg, la Justicia die Gerechtigkeit, la Verdad die Wahrheit

Beachten Sie

Wochentage, Monate, Jahreszeiten und Nationalitätsbezeichnungen werden immer kleingeschrieben:

Nací en agosto. Ich bin im August geboren.

Mi hijo nació un jueves. Mein Sohn ist an einem Donnerstag geboren.

Mis amigos son franceses. Meine Freunde sind Franzosen.

Test 2

Entscheiden Sie, ob die folgenden Wörter groß- oder kleingeschrieben werden.

1. (Hoy / hoy) estoy de mal (Humor / humor). Heute habe ich schlechte Laune.
2. ¿(Dónde / dónde) están las llaves? Wo sind die Schlüssel?
3. ¿Las llaves? (Sobre / sobre) la mesa … (Como / como) siempre. Die Schüssel? Auf dem Tisch … wie immer.
4. ¿Qué harás en (Navidad / navidad)? Was wirst du an Weihnachten tun?
5. (Teresa / teresa) nació en (Mayo / mayo). Teresa ist im Mai geboren.
6. (Yo / yo) vivo en (Andalucía / andalucía), ¿(Y / y) (Tú / tú)? Ich lebe in Andalusien, und du?
7. Adoro las noches de (Luna / luna) llena. Ich liebe Vollmondnächte.

3 Die Satzzeichen

3.1 Überblick

Im Spanischen gibt es folgende Satzzeichen:

.	el punto	–	la raya
,	la coma	¿?	los signos de interrogación
;	el punto y coma	¡!	los signos de admiración / exclamación
:	dos puntos	« » “ ”	las comillas
…	los puntos suspensivos	( )	los paréntesis
-	el guión	[ ]	los corchetes

Ihre Verwendung entspricht weitgehend der im Deutschen. Es gibt jedoch einige Unterschiede.
Sicher sind Ihnen schon die auf dem Kopf stehenden Frage- und Ausrufezeichen aufgefallen. Damit wird der Beginn von Fragen bzw. Ausrufen gekennzeichnet, eine Funktion, die wir nur von den Anführungszeichen kennen. Am Ende der Frage bzw. des Ausrufs steht das bekannte Zeichen.

¿ am Satzanfang ? am Satzende	¿Cómo te llamas? Wie heißt du? Buenos días, señor, ¿qué tal le va? Guten Tag, mein Herr, wie geht es Ihnen?
¡ am Satzanfang ! am Satzende	¡Basta! Schluss damit! Mira, ¡qué bonito! Schau mal, wie schön!

Beachten Sie
Das umgekehrte Frage- und Ausrufezeichen wird nach Sprechpausen, angezeigt durch ein Komma, auch innerhalb eines Satzes verwendet: Hola Juan, ¿cómo estás? Hallo Juan, wie geht's?

Auch la raya – der Gedankenstrich – weicht vom deutschen Gebrauch ab. Im Spanischen steht er zur Kennzeichnung der direkten Rede, im Deutschen verwenden wir stattdessen Anführungszeichen.
–¡Estás loca! –¿Tú crees? Eso es lo que yo pienso de ti. „Du bist verrückt!" „Das sagst du! Genau das Gleiche denke ich von dir."

Die direkte Rede steht zwischen zwei Gedankenstrichen, wenn ihr der Begleitsatz folgt.
–¿Comiste? –dijo ella. „Hast du was gegessen?" fragte sie.
–No hagas tanto ruido –dijo ella, –no tienes consideración. „Mach nicht so viel Lärm!" sagte sie. „Dass du keine Rücksicht nehmen kannst."

3.2 Kommasetzung

Was Sie vorab wissen sollten

Im Deutschen ist eine der wichtigsten Funktionen des Kommas, Haupt- und Nebensätze zu trennen. Außerdem kann das Komma Sprechpausen anzeigen. Im Spanischen ist die wichtigste Funktion des Kommas, Sprechpausen zu markieren, die Trennung von Haupt- und Nebensätzen ist zweitrangig.

3.2.1 Die wichtigsten Regeln der Kommasetzung im Spanischen

Da das Komma in erster Linie eine Sprechpause markiert, wird es in der Regel verwendet, um eine Äußerung in Sinneinheiten zu segmentieren, z. B.:

– Anrede	María, te quiero contar una cosa. Maria, ich will dir etwas erzählen.
– Glieder einer Aufzählung	Aquí venden libros, revistas, periódicos y cuadernos. Hier werden Bücher, Zeitschriften, Zeitungen und Hefte verkauft.
– erklärende Ausdrücke: es decir d. h., esto es das heißt, o sea also	Caracas, o sea, la capital de Venezuela. Caracas, also die Hauptstadt Venezuelas.
– Auslassung eines Verbs	Eugenia estudia Psicología; Betty, Matemáticas. Eugenia studiert Psychologie, Betty Mathematik.
– Schaltsätze, Erklärungen, Appositionen, Erwähnen eines Autors bzw. Werkes, erläuternde Einschübe	Este verano, según han dicho, hará mucho calor. Dieser Sommer, so heißt es, wird sehr heiß werden.

3.2.2 Abweichender Gebrauch vom Deutschen

In den folgenden Fällen unterscheidet sich die Kommasetzung im Spanischen von der im Deutschen.

a) Ein Komma steht im Spanischen:

– vor etcétera etc., usw.	Estaban todos allí: los abuelos, tíos, primos, cuñados, etc. Es waren alle da: die Großeltern, Onkel und Tanten, Cousins, Schwager etc.
– bei vielen Adverbien, Adverbial- und Präpositionalkonstruktionen und Bedingungssätzen, wenn sie den Satz einleiten bzw. eingeschoben werden	Si llueve, no iré. Wenn es regnet, werde ich nicht hingehen. No tenemos dinero, por lo tanto, no habrá festejos. Wir haben kein Geld, also werden wir kein Fest veranstalten. Desgraciadamente, pronto empieza el invierno. Leider fängt bald der Winter an. En cuanto a eso, no quiero hablar. Diesbezüglich werde ich mich nicht weiter äußern.

b) **Kein Komma steht im Spanischen:**

– vor que dass und in Relativsätzen (➠ *Beachten Sie*)	La casa que está en la esquina está abandonada. Das Haus, das an der Ecke steht, ist unbewohnt. Quiero que vengas ya mismo. Ich will, dass du sofort kommst. Dijo que no llegaría antes de las ocho. Er hat gesagt, er würde nicht vor acht kommen.
– wenn der Nebensatz dem Hauptsatz folgt, wird in der Regel kein Komma gesetzt	Venga a mi casa cuando quiera. Kommen Sie zu mir, wann immer Sie wollen. **Aber**: Cuando vengas, vamos a la playa. Wenn du kommst, gehen wir an den Strand.

Beachten Sie
Es gibt Relativsätze, so genannte „nicht notwendige" oder „explizierende" Relativsätze, die mit Komma geschrieben werden (➠ Kapitel 13, *Die Relativpronomen,* 5.2.2):
Mi hermano, que no sabía nada de la sorpresa, estuvo a punto de meter la pata. Mein Bruder, der die ganze Überraschung gar nicht mitgekriegt hatte, trat fast ins Fettnäpfchen.
Dies gilt auch für verkürzte Relativsätze:
La catedral de Zaragoza, construída en el siglo XVIII, tiene dimensiones impresionantes. Die Kathedrale von Zaragoza, die im 18. Jahrhundert gebaut wurde, hat beeindruckende Ausmaße.

3.2.3 Das Komma wird empfohlen

a) vor adversativen Konjunktionen (➠ Kapitel 34, *Die Konjunktionen,* 3.2), z. B. pero aber, aunque wenn auch, sino sondern.
Iré, aunque llueva. Ich werde hingehen, auch wenn es regnet.
Bei einigen adversativen Konjunktionen wie en cambio dagegen, sin embargo jedoch, no obstante trotzdem wird vor und nach den Konjunktionen ein Komma gesetzt: Yo, al contrario, tengo muchas ganas de ir, pero no iré. Ich dagegen habe große Lust hinzufahren, aber ich werde es nicht tun.
b) in konsekutiven Sätzen (➠ Kapitel 34, *Die Konjunktionen,* 4.2), eingeleitet durch así que / de manera que / con que so dass, also: Ya has mirado bastante televisión, así que ponte a estudiar. Du hast schon genug ferngesehen, also mach jetzt deine Hausaufgaben.

c) vor menos / salvo / excepto außer (➠ Kapitel 33, *Die Präpositionen,* 2.1.8): Vinieron todos, menos Juan. Alle sind gekommen, außer Juan.
d) wenn der Satz mit dem Nebensatz beginnt: Cuando vengas, vamos a la playa. Wenn du kommst, gehen wir an den Strand.

Auf den Punkt gebracht

1. (➠ *1*)

a) Welche der Konsonantenverbindungen br, gr, ll, mb, st sind im Spanischen trennbar (TR) bzw. untrennbar (UN)?

	TR	UN		TR	UN
abrazo Umarmung	☐	☐	Mallorca	☐	☐
abrogar widerrufen	☐	☐	también auch	☐	☐
gramo Gramm	☐	☐	estudiar studieren	☐	☐
agradecer danken	☐	☐	abstraer absehen	☐	☐

b) Trennen Sie die folgenden Wörter.
alguno irgendjemand, ansioso gierig, compradlo kauft es, corriente Strom, inspirar inspirieren, otro ein anderer, palabra Wort, perdón Entschuldigung, rascar kratzen, sentido Sinn, sigla Abkürzung, verbo Verb, vista Sehvermögen

2. (➠ *2*)

Wie werden die folgenden Wörter geschrieben?

	groß	klein
Substantive	☐	☐
Eigennamen	☐	☐
Wochentage, Monatsnamen	☐	☐
Völkernamen, z. B. LOS ESPAÑOLES die Spanier	☐	☐

3. (➠ *3*)
Im Spanischen ist die wichtigste Funktion des Kommas,

	ja	nein
a) Sprechpausen zu markieren.	☐	☐
b) Haupt- und Nebensätze zu trennen.	☐	☐

4. (➠ *3.2*)

Setzen Sie das Komma, wo es nötig ist.

a) Sí señor. Ja, mein Herr.

b) María es en cambio una buena deportista. María ist dagegen eine gute Sportlerin.

c) Así no lograremos vernos. Auf diese Weise werden wir uns nicht sehen.

d) A quien madruga Dios le ayuda. Morgenstund hat Gold im Mund.

e) Lamentablemente llegamos tarde. Leider sind wir spät angekommen.

Das Substantiv und seine Begleiter

3

Einführung

Substantive können im Satz allein (z. B. Eigennamen) oder zusammen mit einem **Begleiter** (determinativo) verwendet werden. Das Substantiv bzw. die Verbindung Begleiter + Substantiv bildet – zusammen mit weiteren möglichen Ergänzungen (z. B. Relativsatz oder Apposition) – die **Nominalgruppe** (= **Nominalphrase**). Diese kann im Satz die folgenden Funktionen übernehmen:

Subjekt: **Mi hermana** se llama Carlota. **Meine Schwester** heißt Carlota.
La chica que acabas de conocer se llama Raquel. **Das Mädchen, das du gerade kennen gelernt hast**, heißt Raquel.

Objekt: Voy a dárselo **a mi madre**. Ich werde es **meiner Mutter** geben.
Le hice **un regalo bonito** a mi hermano. Ich habe meinem Bruder **ein schönes Geschenk** gemacht.
No puedo contar **con mis colegas**. Ich kann mich **auf meine Kollegen** nicht verlassen.
Mi padre es **ingeniero**. Mein Vater ist **Ingenieur**.

Ergänzung: **A principios de mayo** viajaré **a Barcelona**. **Anfang Mai** werde ich **nach Barcelona** fahren.

Die Tabelle gibt Ihnen einen Überblick über die Begleiter, die in den folgenden Kapiteln behandelt werden:

Artikel (➠ Kapitel 4)	**El** hijo de mi amiga se llama Maximiliano. **Der** Sohn meiner Freundin heißt Maximiliano.
Adjektive (➠ Kapitel 5)	Tiene **mala** conciencia. Er/Sie hat ein **schlechtes** Gewissen.
Possessivbegleiter (➠ Kapitel 7)	Un amigo **mío** tiene otra opinión al respecto. Ein Freund **von mir** hat eine andere Meinung darüber.
Demonstrativbegleiter (➠ Kapitel 8)	**Este** libro es de la medioteca. **Dieses** Buch ist aus der Mediothek.
Indefinitbegleiter (➠ Kapitel 9)	**Algunas** palabras castellanas son muy parecidas a las inglesas. **Einige** spanische Wörter sind dem Englischen sehr ähnlich.
Interrogativ- bzw. Exklamativbegleiter (➠ Kapitel 14)	¿**Cuántas** personas asistieron a la reunión? **Wie viele** Personen nahmen an der Besprechung teil? ¡**Qué** niña hermosa! **Was für ein** hübsches Mädchen!
Zahlen (➠ Kapitel 36)	el **primer** amor die **erste** Liebe, **dos** hijos **zwei** Kinder, **tres cuarto** litros de leche **drei Viertel** Liter Milch

Zu den weiteren Ergänzungen der Nominalgruppe zählen Appositionen, Relativsätze (➠ Kapitel 13) sowie Präpositionalergänzungen (➠ Kapitel 33, *Die Präpositionen*). Auch sie bestimmen das Substantiv näher.

Apposition	Mi amigo, **el profesor**, se llama del Valle. Mein Freund, **der Professor**, heißt del Valle.
Relativsatz	Las niñas **que cantan en el coro municipal** tienen sólo ocho años. Die Mädchen, **die im städtischen Chor singen**, sind nur acht Jahre alt.
Präpositionalergänzung	el traje **de baño** der **Bade**anzug, la mesa **de madera** der Tisch **aus Holz**, las botas **para la nieve** die **Schnee**stiefel, el equipo **de música** die **Stereo**anlage

Beachten Sie
Genus und Numerus des Substantivs stimmen stets mit den Begleitern und weiteren Elementen im Satz überein.
Tod**os** est**os** castañ**os** están amarill**os**. Alle diese Kastanienbäume sind schon gelb geworden.
L**a** lun**a** llen**a** es bellísim**a**. Der Vollmond ist wunderschön.

Auf Entdeckung

Hier sind einige spanische Vornamen:
Julia, Julio, Eugenio, Eugenia, Marcela, Marcelo, Claudio, Claudia.

1. Welche dieser Namen gehören Ihrer Meinung nach zu einer weiblichen und welche zu einer männlichen Person?

weiblich	männlich

2. Woraus schließen Sie das?

____

____

Was Sie vorab wissen sollten

Die spanischen Substantive sind durch **Numerus** (Zahl) und **Genus** (Geschlecht) gekennzeichnet[1]. Wie im Deutschen unterscheidet man zwischen **Singular** (Einzahl) und **Plural** (Mehrzahl). Im Gegensatz zum Deutschen sind die spanischen Substantive jedoch entweder **maskulin** (männlich) oder **feminin** (weiblich), es gibt also kein Neutrum (sächliche Form). Es leuchtet daher ein, dass das grammatische Geschlecht eines spanischen Substantivs oft nicht mit dem seiner deutschen Entsprechung übereinstimmt. So ist z. B. casa im Spanischen feminin, das deutsche Wort „Haus" aber Neutrum, oder trabajo Arbeit ist im Spanischen maskulin, im Deutschen dagegen feminin. Wie erkennen Sie nun, ob ein Substantiv maskulin oder feminin ist? Da gibt es, wie im Deutschen, verschiedene Möglichkeiten:

- die Unterscheidung durch das natürliche Geschlecht: señora Frau, amiga Freundin, señor Herr, Mann, amigo Freund
- die Kennzeichnung durch den Artikel (➠ Kapitel 3, *Der Artikel*)
- und, anders als im Deutschen, die Kennzeichnung durch die Endung; im Spanischen wird oft aus der Endung ersichtlich, ob ein Substantiv maskulin oder feminin ist (siehe die eingangs angeführten Vornamen).

Wie im Deutschen haben spanische Substantive verschiedene Formen für **Singular** (Einzahl) und **Plural** (Mehrzahl), wie z. B. casa Haus → casas Häuser oder auto Auto → autos Auto. Auch hier wird aus der Endung ersichtlich, ob das Substantiv im Singular oder Plural steht.

[1] Kasus (Fälle) und damit eine Deklination gibt es im Gegensatz zum Deutschen nicht. Kasusbeziehungen (Genitiv, Dativ, Akkusativ) werden im Spanischen durch Präpositionen ausgedrückt (➠ Kapitel 33, *Präpositionen*, 3).

1 Das Genus der Substantive

Wie bereits erwähnt kann man im Spanischen das Genus oft an der Endung des Substantivs erkennen.

1.1 Substantive auf -o bzw. auf -a

- Substantive auf -o sind in der Regel maskulin: auto Auto, libro Buch
- Substantive auf -a sind in der Regel feminin: bicicleta Fahrrad, taza Tasse

Test 1

Welche der folgenden Substantive sind maskulin (m) und welche feminin (f)?

__ año Jahr
__ chica Mädchen
__ cuarto Raum
__ playa Strand
__ plaza Platz
__ armario Schrank
__ chico Junge
__ instituto Institut
__ piso Wohnung
__ revista Zeitschrift
__ cerveza Bier
__ comida Essen
__ lengua Sprache
__ plato Teller
__ silla Stuhl

1.2 Substantive auf -e

Substantive auf -e können entweder maskulin oder feminin sein.
- maskulin: coche Wagen, té Tee, tomate Tomate
- feminin: noche Nacht, fuente Quelle, carne Fleisch

Es gibt jedoch einige Endungen, die Ihnen bei der Bestimmung helfen können. In allen anderen Fällen empfiehlt es sich, das Genus von Anfang an mitzulernen oder im Wörterbuch nachzuschlagen.

1.2.1 Maskulin sind in der Regel Substantive auf:

-ete	sorbete Sorbet, clarinete Klarinette
-aje	traje Anzug, aterrizaje Landung
-ambre	fiambre Aufschnitt, calambre Krampf **Aber:** hambre Hunger ist feminin

1.2.2 Feminin sind in der Regel Substantive auf:

-ie	serie Serie, planicie Ebene
-umbre	muchedumbre Menschenmenge, cumbre Gipfel

Test 2

Welche der folgenden Substantive sind maskulin (m) und welche feminin (f)?

__ calvicie Glatze	__ chupete Schnuller	__ costumbre Gewohnheit
__ disquete Diskette	__ equipaje Gepäck	__ flete Fracht
__ garaje Garage	__ mensaje Nachricht	__ paquete Paket
__ pesadumbre Kummer	__ superficie Oberfläche	__ viaje Reise

1.3 Substantive, die auf Konsonant enden

Substantive, die auf Konsonant enden, können sowohl maskulin als auch feminin sein.

- maskulin: sol Sonne, televisor Fernseher, ángel Engel
- feminin: sal Salz, imagen Bild, luz Licht

Es gibt jedoch einige Endungen, die Ihnen bei der Bestimmung helfen können.

1.3.1 Maskulin sind in der Regel Substantive auf:

-or	color Farbe, olor Geruch, sabor Geschmack **Aber:** labor Arbeit, flor Blume sind feminin
-ón	sillón Sessel, mesón Taverne **Aber:** razón Vernunft ist feminin
-an	pan Brot, alemán Deutscher, mazapán Marzipan
-x	índex Index, tórax Brustkorb
-t	chalet Landhaus, déficit Defizit, fagot Fagott

1.3.2 Feminin sind in der Regel Substantive auf:

-ad -ud	ciudad Stadt, universidad Universität salud Gesundheit, altitud Höhe
-ez	niñez Kindheit, madurez Reife, Erwachsenenalter **Aber:** pez Fisch ist maskulin
-ión	exposición Ausstellung, explosión Explosion, opinión Meinung, conexión Verbindung **Aber:** guión Drehbuch, avión Flugzeug, camión Lastwagen sind maskulin
-triz	cicatriz Narbe, mediatriz Mittellot, bisectriz Halbierungslinie
-is	tesis These, apendicitis Blinddarmentzündung

Test 3

Welche der folgenden Substantive sind maskulin (m) und welche feminin (f)?

__ amor Liebe	__ balcón Balkon	__ ballet Ballett
__ canción Lied	__ carnet Ausweis	__ colador Sieb
__ crisis Krise	__ estupidez Dummheit	__ favor Gefallen
__ gratitud Dankbarkeit	__ león Löwe	__ libertad Freiheit
__ matriz Gebärmutter	__ metrópolis Metropole	__ plan Plan
__ seducción Verführung	__ sensación Empfindung	__ soledad Einsamkeit

1.4 Besonderheiten im Genus

Es gibt einige Substantive, die von der in 1.1 angeführten Grundregel abweichen. Im Folgenden werden die geläufigsten Fälle erwähnt.

1.4.1 Maskuline Substantive auf -a

Einige Substantive sind maskulin, obwohl sie auf -a enden.

a) Substantive, die auf -a enden und eine männliche Person bezeichnen, sind maskulin:
Papa Papst, poeta Dichter, profeta Prophet

b) Einige Substantive griechischen Ursprungs, die auf -ma enden, sind ebenfalls maskulin:
telegrama Telegramm, esquema Schema, clima Klima

Beachten Sie

Substantive wie cama Bett, tarima Podium / Podest, lágrima Träne, víctima Opfer und alma Seele sind jedoch feminin.

TIPP

Die deutschen Entsprechungen der Substantive griechischen Ursprungs ähneln den spanischen und sind in der Regel sächlich: problema Problem, tema Thema, diagrama Diagramm

c) Folgende Substantive auf -a sind ebenfalls maskulin: día Tag, mapa Landkarte, tranvía Straßenbahn, planeta Planet, cometa Komet

1.4.2 Feminine Substantive auf -o

Umgekehrt gibt es auf -o endende Substantive, die feminin sind: mano Hand, libido Libido, radio Radio, foto Foto, moto Motorrad

TIPP

Substantive wie radio Radio, moto Motorrad und foto Foto(grafie) sind feminin, weil sie die abgekürzte Form von femininen Substantiven – nämlich radiotelegrafía, motocicleta und fotografía – sind.

Test 4

Geben Sie an, ob die folgenden Substantive maskulin (m) oder feminin (f) sind.

__ aroma Aroma	__ déspota Despot	__ diagrama Diagramm
__ dilema Dilemma	__ diploma Diplom	__ drama Drama
__ guardia Wächter	__ idioma Sprache	__ mano Hand
__ moto Motorrad	__ poema Gedicht	__ polio(mielitis) Polio
__ problema Problem	__ reuma Rheuma	__ sistema System

1.5 Geschlechtsbestimmung aufgrund der Bedeutung

Substantive, die zu einer Klasse gehören, übernehmen in der Regel das Genus des Überbegriffs. Hier einige Beispiele:

- día Tag ist maskulin → die Wochentage sind maskulin: lunes Montag, martes Dienstag, viernes Freitag etc.
- río Fluss ist maskulin → die meisten Flüsse sind maskulin: el Jucar, el Guadalquivir, el Paraná, el Elba Elbe etc.
- monte Berg ist maskulin → die meisten Berge sind maskulin: el Aconcagua, el Himalaya, el Popocatépetl, el Teide etc. **Aber**: montaña Gebirge, sierra Gebirge, cordillera Gebirgskette, cumbre / cima Berggipfel sind feminin.
- mar Meer bzw. océano Ozean sind maskulin → die Meere bzw. Ozeane sind maskulin: el (Mar) Caribe Karibik, el (Mar) Báltico Ostsee, el (Mar) Mediterráneo Mittelmeer, el (Océano) Atlántico etc.
- lago See ist maskulin → Seen sind maskulin: el Titicaca Titicaca-See, el Nahuel Huapi etc.
- vino Wein und champán Champagner sind maskulin → Weine und Schaumweine sind maskulin: el borgoña Burgunder, el rioja Rioja-Wein, el cava Cava-Sekt etc.
- coche bzw. carro Auto sind maskulin → Automarken sind maskulin: el Fiesta, el Mercedes, el Seat, el VW etc. Dasselbe gilt für Flugzeuge und Schiffe: el Airbus, el Titanic etc. sind jeweils maskulin.
- árbol Baum ist maskulin → die meisten Bäume sind maskulin: arce Ahorn, ciprés Zypresse, jacarandá, peral Birnbaum, roble Eiche, sauce Weide etc.
- isla Insel ist feminin → die meisten Inselnamen sind feminin: Malvinas Falkland Inseln, Baleares Balearen, Antillas Antillen etc.
- empresa Firma / Unternehmen ist feminin → Firmennamen sind feminin: la DaimlerChrysler, la Thyssen etc.

1.5.1 Maskulin sind außerdem

- die Himmelsrichtungen: Sur Süden, Este Osten, Oeste Westen, Norte Norden
- substantivierte Zahlwörter: número Zahl, uno (die) Eins, dos (die) Zwei
- substantivierte Farben: color Farbe, verde (das) Grün, lila (das) Lila
- substantivierte Infinitive: andar (das) Gehen, comer (das) Essen
- weitere substantivierte Wortarten: sí (das) Ja, no (das) Nein

1.5.2 Feminin sind außerdem

- die Buchstaben des Alphabets: letra Buchstabe, la a das A, la eñe das Ñ
- auf -a endende Ländernamen: la España del siglo XV das Spanien des 15. Jahrhunderts
- auf -a endende Städtenamen: Córdoba es hermosa. Córdoba ist schön.

Beachten Sie

Alle Länder- und Städtenamen, die nicht auf -a enden, sind in der Regel maskulin: mi Buenos Aires querido mein geliebtes Buenos Aires, el Uruguay de 1828 das Uruguay von 1828.

Wenn aber der Städtename zusammen mit dem Wort ciudad Stadt benutzt wird, dann ist er in der Regel feminin: **La** ciud**ad** de Rosario es lind**a.** Die Stadt Rosario ist schön. **La** ciud**ad** de Buenos Aires es portuari**a.** Buenos Aires ist eine Hafenstadt.

Test 5

Welche der folgenden Substantive sind maskulin (m) und welche feminin (f)?

__ abedul Birke	__ Alpes Alpen	__ Boeing
__ Canarias Kanaren	__ Caracas Caracas	__ celeste hellblau
__ Colombia Kolumbien	__ equis X	__ Lima Lima
__ martes Dienstag	__ Max Hueber Verlag	__ Mosela Mosel
__ Mulhacén[2]	__ Pacífico Pazifik	__ Paraguay Paraguay
__ tres drei	__ uve doble W	__ viernes Freitag

1.6 Geschlechtsbestimmung aufgrund des natürlichen Geschlechts

Das natürliche Geschlecht ist ausschlaggebend für die Geschlechtsbestimmung. Hier spielt die Endung des Substantivs in der Regel keine Rolle.

- Maskulin sind z. B.: padre Vater, hombre Mann, Mensch, hermano Bruder, toro Stier
- Feminin sind z. B.: madre Mutter, mujer Frau, hermana Schwester, vaca Kuh

[2] Höchster Berg Festlandspaniens in der Sierra Nevada

1.6.1 Kennzeichnung des Geschlechts bei Lebewesen

Häufig wird die feminine Form aus der maskulinen Form gebildet, indem die maskuline Endung durch eine feminine ersetzt wird. Man kann folgende Fälle unterscheiden:

a) Bildung des Femininums durch die Endung -a

Bei der Bildung des femininen Substantivs werden folgende maskuline Formen durch -a ersetzt bzw. durch -a ergänzt:

Maskuline Form		Feminine Form
abuelo Großvater maestro Lehrer niño Junge perro Hund	-o → -a	abuela Großmutter maestra Lehrerin niña Mädchen perra Hündin
jefe Chef presidente Vorsitzender	-e → -a	jefa Chefin presidenta Vorsitzende
alemán Deutscher bailarín Tänzer español Spanier pintor Maler	+ -a	alemana Deutsche bailarina Tänzerin española Spanierin pintora Malerin

b) Sonderfälle

Eine begrenzte Anzahl von Substantiven bilden ihre feminine Form wie folgt:

Maskuline Form		Feminine Form
conde Graf duque Herzog marqués Markgraf príncipe Prinz	-esa	condesa Gräfin duquesa Herzogin marquesa Markgräfin princesa Prinzessin
Papa Papst poeta Dichter	-isa	Papisa Päpstin poetisa Dichterin
actor Schauspieler emperador Kaiser	-triz	actriz Schauspielerin emperatriz Kaiserin
gallo Hahn héroe Held rey König	-ina	gallina Henne heroína Heldin reina Königin
piloto Pilot policía Polizist	mujer-	mujer-piloto Pilotin mujer-policía Polizistin

Test 6

Wie lautet die feminine Form der folgenden maskulinen Substantive?

alemán Deutscher	__________	amigo Freund	__________
berlinés Berliner	__________	cliente Kunde	__________
dictador Diktator	__________	francés Franzose	__________
gato Katze	__________	león Löwe	__________
oso Bär	__________	profesor Professor	__________
psicólogo Psychologe	__________	señor Herr	__________

1.6.2 Unterschiedliche Wortstämme für maskuline und feminine Substantive

Wie im Deutschen können männliche und weibliche Lebewesen durch völlig verschiedene Wörter bezeichnet werden.

Bei Personen:
marido Ehemann → mujer, señora Ehefrau
papá Papa → mamá Mama
padrino Pate → madrina Patin
padre Vater → madre Mutter

Bei Tieren:
macho Männchen → hembra Weibchen
toro Stier → vaca Kuh
caballo Hengst → yegua Stute
carnero Hammel, Widder → oveja (Mutter-)Schaf

Beachten Sie
Zur Bezeichnung des Weibchens von Tieren, die nur in der maskulinen Form verwendet werden, kann macho bzw. hembra ergänzt werden: (el) rinoceronte macho/hembra (das) männliche/weibliche Nashorn.

1.6.3 Substantive, die im Maskulinum und Femininum dieselbe Form haben

Es gibt Substantive, die nur eine Form für beide Geschlechter haben. Ob es sich um ein männliches oder weibliches Lebewesen handelt, wird durch den Begleiter (Artikel, Adjektiv etc.) oder den Kontext deutlich.

a) Substantive auf -sta
artista Künstler/-in, cineasta Filmfachmann/-frau futbolista Fußballspieler/-in, periodista Journalist/-in, tenista Tennisspieler/-in

b) Substantive auf -nte
cantante Sänger/-in, estudiante Student/-in, vidente Hellseher/-in
Aber: Einige Substantive wie cliente Kunde oder dependiente Verkäufer haben eine weibliche Form auf -a: clienta Kundin bzw. dependienta Verkäuferin (➡ 1.6.1 a).

c) Weitere Substantive auf -a
atleta Athlet/-in, colega Kollege / Kollegin, espía Spion/-in, guardia Polizist/-in, guía (Reise-)Führer/-in, víctima Opfer etc.

Beachten Sie
Einige Grammatiker weisen darauf hin, dass die Bildung der femininen Form von Substantiven wie presidente oder juez durch die Endung -a aus Gründen der politischen Korrektheit eigentlich nicht notwendig sei, da diese ja „neutrale" Endungen haben. Trotzdem neigt der aktuelle Sprachgebrauch zur Bildung einer femininen Form auf -a.

Test 7

a) Versuchen Sie zunächst, die Bedeutung der folgenden Substantive zu erraten.

ingeniera __________
pianista __________
policía __________
turista __________
paciente __________
poeta __________
taxista __________
violinista __________

b) Geben Sie nun an, ob diese Substantive maskulin oder feminin sind oder für beide Geschlechter verwendet werden können.

__ / __ ingeniera
__ / __ pianista
__ / __ policía
__ / __ turista
__ / __ paciente
__ / __ poeta
__ / __ taxista
__ / __ violinista

TIPP

Vielleicht befürchten Sie jetzt, dass Sie diese vielen Regeln nicht behalten können. Sie müssen sich auch nicht alles auf einmal merken. Wenn Sie besser mit dem Spanischen vertraut sind, wird Ihnen vieles selbstverständlicher werden. Sollten Sie Zweifel bezüglich des Geschlechts eines Substantivs haben, so gibt jedes gute Wörterbuch darüber Auskunft.

2 Die Pluralbildung der Substantive

Auf Entdeckung

Hier sind einige Substantive im Plural:
libros Bücher, páginas Seiten, televisores Fernseher, noches Nächte, capitales Hauptstädte, países Länder, flores Blumen, árboles Bäume, regiones Gebiete, dominós Dominospiele

1. Suchen Sie die entsprechenden Substantive und schreiben Sie die Plural-Endung in die jeweilige Spalte.

Singular	Endung	Singular	Endung
dominó Domino libro Buch noche Nacht página Seite		árbol Baum capital Hauptstadt flor Blume país Land región Gebiet televisor Fernseher	

2. Es hängt von der Endung des Substantivs ab, ob im Plural -s oder -es hinzufügt wird. Wie lautet die Regel für die Pluralbildung?

2.1 Grundregel

Der Plural spanischer Substantive wird durch Anhängen von -s bzw. -es an die Singularform gebildet, gleichgültig, ob es sich um maskuline oder feminine Substantive handelt.

Maskuline Substantive:
árbol Baum → árboles
país Land → países
libro Buch → libros
televisor Fernseher → televisores

Feminine Substantive:
capital Hauptstadt → capitales
página Seite → páginas
flor Blume → flores
noche Nacht → noches

2.1.1 Pluralbildung mit -s

Substantive, die im Singular auf **Vokal** enden, bilden den Plural mit -s.
casa Haus → casas
curso Kurs → cursos
noche Nacht → noches
cliché Klischee → clichés
dominó Domino → dominós
sofá Sofa → sofás

Beachten Sie

- Substantive, die auf -í enden, bilden in der Regel den Plural mit -es. Einige wenige können den Plural mit -es oder -s bilden.
  rubí Rubin → rubíes | esquí Ski → esquís / esquíes
- Einige Substantive, die auf -ú enden, bilden den Plural mit -s oder -es. Der gegenwärtige Sprachgebrauch zeigt, dass die Bildung mit -s bevorzugt wird. Deshalb ist es ratsam, bei diesen und den auf -í endenden Substantiven den Plural immer im Wörterbuch nachzuschlagen.
  menú Menü → menús | tabú Tabu → tabús / tabúes

2.1.2 Pluralbildung mit -es

Substantive, die im Singular auf einen **Konsonanten** enden, bilden den Plural mit -es.

ciudad Stadt → ciudades | flor Blume → flores
ordenador Computer → ordenadores | tren Zug → trenes

Beachten Sie

- Substantive, die auf -y enden, bilden in der Regel den Plural mit -es.
  rey König → reyes
- Fremdwörter bilden den Plural auf verschiedene Weise:
  unveränderlich: complot, escáner Scanner
  mit -s: currículo Curriculum → currículos, cliché Klischee → clichés, jersey Pulli → jerséis, debut → debuts, cómic → cómics
  mit -es: fax → faxes, eslogan Slogan → eslóganes
- Déficit kann unverändert bleiben oder mit -s gebildet werden:
  déficit → déficit / déficits

Test 8

Bilden Sie die Pluralform der folgenden Substantive.

árbol Baum	________________	café Kaffee	________________
canapé Appetithappen	________________	convoy Geleit	________________
israelí Israeli	________________	jabalí Wildschwein	________________
ley Gesetz	________________	mamá Mama	________________
mujer Frau	________________	queso Käse	________________
sol Sonne	________________	té Tee	________________

2.2 Besonderheiten der Pluralbildung

2.2.1 Besonderheiten in der Aussprache und Schreibung

Bevor Sie diesen Abschnitt lesen, sollten Sie ➠ Kapitel 1, *Die Aussprache, 3 Die Betonung* durcharbeiten.

a) Wörter, die auf -n oder -s enden und auf der vorletzten Silbe betont werden, erhalten im Plural den grafischen Akzent:
imagen Bild, Vorstellung → imágenes
joven Jugendliche/-r → jóvenes

Aber:
Bei folgenden Wörtern ändert sich die betonte Silbe in der Pluralform:
carácter Charakter → caracteres
régimen Diät, Regime → regímenes

b) Substantive, die auf -z enden, bilden den Plural mit -ces:
actriz Schauspielerin → actrices
juez Richter → jueces

c) Bei endbetonten, auf -n und -s endenden Wörtern entfällt der grafische Akzent im Plural:
inglés Engländer → ingleses
limón Zitrone → limones

Test 9

Setzen Sie die folgenden Substantive in den Plural.

autobús Bus	______	berlinés Berliner	______
canción Lied	______	cicatriz Narbe	______
crimen Verbrechen	______	irlandés Ire	______
jamón Schinken	______	lápiz Bleistift	______
luz Licht	______	melón Melone	______
mitin Treffen	______	nariz Nase	______
papá Papa	______	pez Fisch	______

2.2.2 Pluralbildung von Substantiven auf -s bzw. auf -x
Substantive, die im Singular auf -s bzw. auf -x enden,

a) bleiben in der Regel im Plural unverändert:	caries Karies → caries lunes Montag → lunes tórax Brustkorb → tórax
b) bilden den Plural mit -es, wenn sie einsilbig sind:	box Box → boxes lis Lilie → lises mes Monat → meses
c) bilden den Plural mit -es, wenn sie mehrsilbig sind und auf eine betonte Silbe enden:	anís Anis → anises interés Interesse → intereses

Beachten Sie

Einige Substantive werden im Spanischen nur im Plural verwendet. Dazu gehören u. a.:

- Sachbezeichnungen im Sinne von Sammelbegriffen: comestibles Lebensmittel, vacaciones Urlaub, Matemáticas Mathematik
- Bezeichnungen für einige Geräte, die aus zwei Teilen bestehen: gafas (Spanien) / anteojos (Hispanoamerika) Brille, tijeras Schere (wird auch im Singular verwendet: tijera).
- Bezeichungen für kirchliche Zeremonien: nupcias Hochzeit, exequias Begräbnisfeierlichkeiten

Einige wenige Substantive haben im Plural eine andere Bedeutung als im Singular: cercanía Nähe – cercanías Umgebung, letra Buchstabe – letras Geisteswissenschaften / auch: Buchstaben.

Einige maskuline Personenbezeichnungen beziehen sich im Plural auf das männliche und weibliche Geschlecht: los hombres die Menschen, los padres Eltern, los abuelos Großvater und Großmutter.

Das Substantiv arte Kunst ist im Singular maskulin, im Plural dagegen feminin: las bellas artes die schönen Künste.

Beachten Sie, dass gente Leute im Spanischen immer im Singular verwendet wird, obwohl es eine pluralische Bedeutung hat: La gente es muy amable. Die Leute sind sehr nett.

Test 10

Setzen Sie die folgenden Substantive in den Plural.

anteojos Brille	______	atlas Atlas	______
crisis Krise	______	índex Index	______
martes Dienstag	______	país Land	______
paréntesis Klammer	______	revés Kehrseite	______
tesis These	______	viernes Freitag	______
virus Virus	______	víveres Lebensmittel	______

TIPP

Das sind die wichtigsten Regeln zur Pluralbildung des Substantivs. In den nächsten Kapiteln werden Sie immer wieder Gelegenheit haben, sich damit zu beschäftigen, denn diese Regeln gelten auch für andere Wortklassen. Wenn Sie Anfänger sind, können Sie zunächst den folgenden Abschnitt überschlagen und zum Artikel (➡ Kapitel 4, *Der Artikel*) bzw. zum Adjektiv (➡ Kapitel 5, *Das Adjektiv*) gehen.

3 Zusammengesetzte Substantive

Wie im Deutschen gibt es auch im Spanischen zusammengesetzte Wörter, z. B. parabrisas Windschutzscheibe.

3.1 Das Geschlecht von zusammengesetzten Substantiven

3.1.1 Grundregel (➠ Wortbildung, 1)

Wenn das zusammengesetzte Wort ein Verb enthält, dann ist es in der Regel maskulin: vaivén Geschaukel, guardaespaldas Leibwächter.
Wenn es ein Substantiv enthält, hat es meistens das Geschlecht dieses Substantivs: enhorabuena Glückwunsch ist feminin, weil hora Stunde feminin ist.
Wenn es aus zwei Substantiven besteht, dann bestimmt das zweite Substantiv das Geschlecht des zusammengesetzten Wortes: autopista Autobahn ist feminin, weil pista feminin ist.

Substantiv + Substantiv	boca (f) + calle (f) punta (f) + pie (m)	(f) bocacalle Querstraße (m) puntapié Fußtritt
Adjektiv + Substantiv	vana + (f) gloria	(f) vanagloria Ruhmsucht
Aber:	(f) agua + ardiente	(m) aguardiente Branntwein
Substantiv + Adjektiv	(m) campo + santo	(m) camposanto Friedhof
Adverb + Verb	mal + vivir	(m) malvivir miserables Leben
Verb + Verb	corre (correr) + ve (ir) + di (decir)	(m) correveidile Klatschmaul
Verb + Adjektiv	engañar + bobos	(m) engañabobos Bauernfänger
Verb + Substantiv	cumplir + años	(m) cumpleaños Geburtstag
Präposition + Substantiv	sin + (m) sabor sin + (f) razón	(m) sinsabor Kummer (f) sinrazón Unsinn
Präposition + Adjektiv	contra + fuerte	(m) contrafuerte Strebepfeiler
Adverb + Substantiv	menos + (m) precio	(m) menosprecio Verachtung

Test 11

Welches Geschlecht haben die folgenden Substantive?

____ cantautora Liedermacherin ← (m) canto + (f) autora
____ ferrocarril Eisenbahn ← (m) ferro + (m) carril
____ guardarropa Garderobe ← guardar + (f) ropa
____ rascacielos Wolkenkratzer ← rascar + (m) cielos
____ sordomuda Taubstumme ← sordo + (f) muda

3.2 Pluralbildung bei zusammengesetzten Substantiven

3.2.1 Grundregel

In der Regel bilden zusammengesetzte Substantive den Plural wie einfache Substantive.

cantautor Liedermacher → cantautores
ferrocarril Eisenbahn → ferrocarriles
sordomudo Taubstumme → sordomudos

3.2.2 Besonderheiten

a) Unveränderlich sind folgende Zusammensetzungen:

Verb	Singular	Plural
+ Substantiv im Plural	paraguas Regenschirm escarbadientes Zahnstocher paracaídas Fallschirm	paraguas escarbadientes paracaídas

b) Nur der erste Teil wird verändert bei Zusammensetzungen von:

Substantiv	Singular	Plural
+ Substantiv bei getrennter Schreibweise	coche cama Schlafwagen caso límite Extremfall	coches cama casos límite
+ verbindender Präposition (sinapsia)	máquina de escribir Schreibmaschine perro de raza Rassehund	máquinas de escribir perros de raza

c) Beide Teile der Zusammensetzung werden in den Plural gesetzt. Die Beispiele hierzu sind begrenzt.
Substantiv + Adjektiv: central nuclear Atomkraftwerk → centrales nucleares
Adjektiv + Substantiv: gentilhombre Edelmann → gentileshombres

Test 12

Setzen Sie die folgenden Substantive in den Plural.

abrelatas Dosenöffner ______________________

bebé probeta Retortenbaby ______________________

bocacalle Seitenstraße ______________________

hora punta Hauptverkehrszeit ______________________

lente de contacto Kontaktlinse ______________________

llave inglesa Schraubenschlüssel ______________________

oso hormiguero Ameisenbär ______________________

parachoques Stoßstange ______________________

sacacorchos Korkenzieher ______________________

videocasete Videokassette ______________________

Auf den Punkt gebracht

1. (➠ *1.1*)

Die allgemeine Regel besagt, dass

a) maskuline Substantive die Endung ____ haben.

b) feminine Substantive die Endung ____ haben.

c) Welche der folgenden Substantive sind maskulin (m) und welche feminin (f)?

__ biblioteca Bibliothek __ comida Essen __ escritorio Schreibtisch

__ música Musik __ tango Tango __ teléfono Telefon

2. (➠ *1.2*) (➠ *1.3*)

Welche Aussagen treffen jeweils zu?

a) Substantive auf -aje sind (maskulin / feminin).

b) Substantive auf -ie sind (maskulin / feminin).

c) Substantive auf -ambre sind (maskulin / feminin).

d) Substantive auf -x sind (maskulin / feminin).

e) Substantive auf -ad sind (maskulin / feminin).

f) Substantive auf -ión sind (maskulin / feminin).

g) Welche der folgenden Substantive sind maskulin (m) und welche feminin (f)?

__ corazón Herz __ corchete Klammer __ libertad Freiheit

__ planicie Ebene __ viaje Reise __ virtud Tugend

3. (➠ *1.4*)

a) Substantive auf -ma sind (maskulin / feminin).

b) Welche der folgenden Substantive sind maskulin?

__ clima Klima	__ día Tag	__ mano Hand
__ mapa Karte	__ poeta Dichter	__ radio Radio

4. (➠ *1.5*)

a) Zahlwörter sind (maskulin / feminin).

b) Buchstaben sind (maskulin / feminin).

c) Inselnamen sind (maskulin / feminin).

5. (➠ *1.6*)

a) Substantive auf -sta sind (maskulin / feminin).

b) Die Endung -iz gibt an, dass es sich um eine (männliche / weibliche) Person handelt.

c) Geben Sie die Feminina der folgenden Substantive an:

caballo Pferd ______________

cantante Sänger ______________

danés Däne ______________

emperador Kaiser ______________

padre Vater ______________

padrino Pate ______________

6. (➠ *2.1*)

Die allgemeine Regel besagt, dass

a) das Geschlecht der Substantive bei der Pluralbildung (relevant / irrelevant) ist.

b) Substantive, die auf Vokal enden, den Plural mit ______ bilden.

c) Substantive, die auf Konsonant enden, den Plural mit ______ bilden.

7. (➠ *2.2.1*)

Wie lautet der Plural der folgenden Substantive?

exposición Ausstellung ______________

institutriz Erzieherin ______________

joven junger Mann / junge Frau ______________

8. (➠ *2.2.2*)

Wie lautet der Plural der folgenden Substantive?

anís Anis ______________	bambú Bambus ______________
champú Shampoo ______________	corazón Herz ______________
corchete Klammer ______________	gas Gas ______________

libertad Freiheit ____________
mes Monat ____________
pantalones Hose ____________
vacaciones Urlaub ____________
matiz Nuance ____________
país Land ____________
pie Fuß ____________
viaje Reise ____________

9. (➠ *2.3*)
Wie lautet der Plural der folgenden Substantive?
cinturón de seguridad Anschnallgurt ____________
sacacorchos Korkenzieher ____________
sacapuntas Bleistiftspitzer ____________

Und wenn Sie noch neugierig sind ...

Zu Beginn dieses Kapitels haben Sie gesehen, dass in der Regel die Endungen angeben, ob ein Substantiv maskulin oder feminin ist. Hier sind einige Substantive, die sich nur in ihren Endungen und damit in ihrem Geschlecht unterscheiden. Dieser Unterschied verändert aber ihre Bedeutung völlig. Wenn Sie ein Wörterbuch zur Hand haben, schlagen Sie diese Wörter nach (➠ *Lösungen*).

banco / banca
filo / fila
modo / moda
puerto / puerta
cubo / cuba
huerta / huerto
partido / partida
punto / punta

Solche Substantivpaare bilden auch einige Früchte auf -a und die Bäume, auf denen sie wachsen:

almendra Mandel
cereza Kirsche
ciruela Pflaume
manzana Apfel
naranja Orange
almendro Mandelbaum
cerezo Kirschbaum
ciruelo Pflaumenbaum
manzano Apfelbaum
naranjo Orangenbaum

4 Der Artikel

Bevor Sie mit diesem Kapitel beginnen, sollte Ihnen das ➠ Kapitel 3, *Das Substantiv,* 1 und 2 vertraut sein.

Auf Entdeckung

1. Lesen Sie die folgenden Beispiele.

Tengo **una** gata. Ich habe eine Katze.
Los años pasan volando. Die Jahre vergehen wie im Flug.
Hay **unas** personas afuera preguntando por ti. Draußen sind einige Leute, die nach dir fragen.
¿Dónde está **la** regla? Wo ist das Lineal?
El niño se llama Marcos. Der Junge heißt Marcos.
¿Hay **un** quiosco cerca? Gibt es einen Kiosk in der Nähe?
Hace **unos** años estuve en Madrid. Vor einigen Jahren war ich in Madrid.
¿Tienes **las** llaves? Hast du die Schlüssel?

2. Tragen Sie die Artikel in die entsprechenden Spalten ein. Damit erhalten Sie eine komplette Übersicht über die Artikel.

	bestimmter Artikel		unbestimmter Artikel	
	Singular	Plural	Singular	Plural
maskulin				
feminin				

Was Sie vorab wissen sollten

- Wie im Deutschen gibt es auch im Spanischen einen bestimmten und einen unbestimmten Artikel. Funktion und Gebrauch decken sich in vielen Fällen mit dem Deutschen.
- Der Artikel steht vor dem Substantiv und stimmt in Genus und Numerus mit ihm überein: el cuarto das Zimmer, los cuartos die Zimmer, un cuarto ein Zimmer, unos cuartos einige Zimmer.
- Im Spanischen gibt es außerdem einen so genannten „neutralen Artikel“ lo. Der Artikel lo begleitet ausschließlich substantivierte Adjektive, Ordnungszahlen und Possessivpronomen, z. B. lo interesante das Interessante, lo primero das Erste, lo mío das meine oder Satzglieder: lo que te digo das, was ich dir sage. Lo ist unveränderlich (➠ Kapitel 11, *Die Begleiter als Pronomen,* 2).

1 Der bestimmte Artikel

1.1 Formen

1.1.1 Genus (Geschlecht) und Numerus (Zahl)

	Singular	Plural
maskulin	el comedor das Esszimmer	los comedores die Esszimmer
feminin	la casa das Haus	las casas die Häuser

Beachten Sie

Das männliche Personalpronomen der 3. Person Singular stimmt in der Aussprache mit dem maskulinen Artikel überein. Der Unterschied wird durch den Kontext deutlich. Außerdem trägt das Personalpronomen einen grafischen Akzent (➡ Kapitel 1, *Die Aussprache*, 3.4).

Él se llama Ignacio. Er heißt Ignacio.

El hombre de azul se llama Andrés. Der Mann in Blau heißt Andrés.

Test 1

a) Setzen Sie den bestimmten Artikel vor die folgenden Substantive.

____ balcón Balkon	____ casa Haus
____ cerco Zaun	____ garaje Garage
____ jardín Garten	____ puerta Tür
____ tejado Dach	____ ventana Fenster

b) Setzen Sie nun Artikel und Substantive in den Plural.

______________________	______________________
______________________	______________________
______________________	______________________
______________________	______________________

1.1.2 Sonderform des femininen Artikels

Vor Substantiven weiblichen Geschlechts, die mit **betontem a** bzw. **ha** beginnen, steht im Singular der Artikel el – allerdings nur, wenn der Artikel unmittelbar vor dem Substantiv steht. Die Substantive, wie z. B. águila Adler oder hambre Hunger, bleiben weiblich. Das wird deutlich, wenn sie mit Adjektiven verwendet werden. (➡ Kapitel 4, *Das Adjektiv*)

el agua Wasser – **el** agua cristalin**a** das kristallklare Wasser

el águila Adler – **la** blanc**a** águila der weiße Adler

el hada die Fee – **las** hadas die Feen

el hambre der Hunger – much**a** hambre großer Hunger

Beachten Sie
Die Buchstaben a A und hache H werden mit la verwendet: la a das A, la hache das H.

Test 2
Folgende Substantive sind alle feminin. Ergänzen Sie die Artikel.

____ a das A	____ abeja die Biene
____ alma die Seele	____ alumna die Schülerin
____ haba die Bohne	____ habitación das Zimmer
____ hacha die Axt	____ hada die Fee
____ hamaca die Hängematte	____ harina das Mehl

1.2 Der Artikel el mit Präpositionen

Im Spanischen verschmilzt der maskuline Artikel el mit den Präpositionen de von, aus und a zu, nach:

de + el → **del**	Vengo **del** centro comercial. Ich komme vom Einkaufszentrum.
a + el → **al**	Vamos **al** cine. Wir gehen ins Kino.

Beachten Sie
Wenn der Artikel zum Eigennamen gehört, wird er nicht zusammengezogen: Vamos a El Salvador. Wir fahren nach El Salvador.

Test 3
Vervollständigen Sie die folgenden Sätze nach dem Muster.
Nicolás va a _____ cine. → Nicolás va al cine. Nicolás geht ins Kino.
1. Juan está en _____ bar. Juan ist in der Bar.
2. El jueves a _____ noche hay un recital. Am Donnerstag Abend gibt es ein Konzert.
3. ¡Trae el jabón de _____ baño! Hol die Seife aus dem Badezimmer!
4. A _____ comienzo la película es un poco aburrida. Am Anfang ist der Film ziemlich langweilig.
5. ¿Conoces El Escorial? No, a _____ Escorial no he ido nunca. Kennst du El Escorial? Nein, ich war noch nie in El Escorial.

1.3. Gebrauch

Im Spanischen wie im Deutschen wird der bestimmte Artikel dann verwendet, wenn man sich auf etwas bezieht, das dem Zuhörer oder Leser bereits bekannt ist. Im Folgenden beschreiben wir die Fälle, in denen das Spanische vom Deutschen abweicht.

1.3.1 Bestimmter Artikel im Spanischen, kein Artikel im Deutschen

Der bestimmte Artikel steht im Spanischen in den folgenden Fällen:

1. in verallgemeinernden Aussagen (z. B. Gattungen, Stoffe, Fachgebiete oder Abstrakta), vor allem, wenn das Substantiv Subjekt des Satzes ist	Las casas son muy caras en Múnich. Häuser sind in München sehr teuer. Los gatos son juguetones. Katzen sind verspielt. A usted, ¿le gusta el champán? Schmeckt Ihnen Champagner? / Mögen Sie (überhaupt) Champagner? El azul te queda muy bien. Blau steht dir sehr gut. La física no me interesa en absoluto. Physik interessiert mich überhaupt nicht. El castellano me encanta. Spanisch gefällt mir sehr. La envidia es uno de los siete pecados capitales. Neid ist eine der sieben Todsünden.
2. bei der Beschreibung von Körperteilen, insbesondere nach tener haben	José tiene la nariz aguileña. José hat eine Hakennase. Carmen tiene los ojos verdes. Carmen hat grüne Augen.
3. bei Prozentangaben	En 2005, el 50 % de los puestos de trabajo dependerá de las nuevas tecnologías. Im Jahr 2005 werden 50 % der Arbeitsplätze von den neuen Technologien abhängen.
4. bei Wochentagen	El lunes viajo a Barcelona. Am Montag fahre ich nach Barcelona. Los sábados descanso. Samstags ruhe ich mich immer aus.
5. zur Angabe der Uhrzeit	Son las tres. Es ist drei Uhr.
6. bei Zeitangaben und Angaben von Entfernungen mit der Präposition a	A las dos horas volvimos. Nach zwei Stunden kehrten wir zurück. a los 17 años mit 17 Jahren, a los cinco meses nach fünf Monaten A los cinco kilómetros hicimos una pausa. Nach 5 Kilometern machten wir eine Pause.

7. bei Ergänzungen der Verben jugar a (ein Spiel, auch Sport) spielen und tocar (ein Instrument) spielen	Juego a las cartas. Ich spiele Karten. Mi hermana toca el piano. Meine Schwester spielt Klavier. Nos gusta jugar al tenis. Wir spielen gern Tennis. Mis hijos juegan al fútbol. Meine Söhne spielen Fußball.
8. nach todo alles, ganz, jeder	Todo el mundo sabe quién es Marcela. Alle wissen, wer Marcela ist. Trabajo todo el día. Ich arbeite den ganzen Tag.
9. bei Titeln	la señora Arias Frau Arias el general Lavalle General Lavalle la profesora Pardo Frau Professor Pardo el doctor Sánchez Herr Doktor Sánchez

Beachten Sie

Zu 4.: „Am Montag" heißt el lunes, „montags" heißt los lunes.

Zu 8.: Auch: toda la gente alle Leute, todos los presentes alle Anwesenden, todos los alumnos alle Schüler, todas las mujeres alle Frauen (➠ Kapitel 9, *Die Indefinitbegleiter,* 3.1.1)

Zu 9.: Bei Titeln steht nur dann der Artikel, wenn die Personen nicht direkt angesprochen werden, d. h. wenn über sie gesprochen wird.
La Señora Pérez nos ha invitado a su casa. Frau Pérez hat uns zu sich nach Hause eingeladen.
In direkter Anrede und bei der Anrede mit don / doña wird dagegen kein Artikel verwendet.
Señora Pérez, puede pasar. Frau Pérez, kommen Sie herein.
Don Camilo, ¿cómo se siente hoy? Don Camilo, wie fühlen Sie sich heute?

Test 4

Stellen Sie in den folgenden Sätzen fest, ob der bestimmte Artikel verwendet wird oder nicht: el / la / Ø.

1. ____ señor Salman vendrá pronto. Herr Salman kommt sofort.
2. Ana estudia ____ viernes. Ana lernt freitags.
3. ____ profesor Roseto sale de viaje. Professor Roseto verreist.
4. ____ rosado me encanta. Rosa gefällt mir sehr.
5. ¿Cómo está, ____ señor Pérez? Wie geht es Ihnen, Herr Pérez?
6. Son ____ tres. Es ist drei Uhr.
7. Me gusta ____ vino. Ich trinke gerne Wein.

8. ____ 76 % de los jóvenes argentinos beben mate. 76 % der argentinischen Jugendlichen trinken Mate-Tee.
9. Tengo amigos en todo ____ país. Ich habe Freunde im ganzen Land.
10. Javier está aprendiendo a tocar ____ guitarra. Javier lernt gerade Gitarre spielen.
11. Catalina tiene ____ cabello oscuro. Catalina hat dunkle Haare.

1.3.2 Bestimmter Artikel im Deutschen, kein Artikel im Spanischen
Der Artikel entfällt in den folgenden Fällen:

1. bei Datumsangaben	Hoy es 25 de abril. Heute ist der 25. April.
2. bei Eigennamen	Este verano viajamos a Turquía. In diesem Sommer fahren wir in die Türkei.
3. nach der Präposition en zur Angabe des Fortbewegungsmittels	Voy en bicicleta al trabajo. Ich fahre mit dem Fahrrad zur Arbeit. Viajar en tren es caro. Mit dem Zug fahren ist teuer.

Beachten Sie
Zu 1.: „Am“ wird im Spanischen mit el ausgedrückt:
El 25 de mayo es mi cumpleaños. Am 25. Mai habe ich Geburtstag.
Zu 2.: Einige Länder- und Städtenamen werden dagegen **mit Artikel** gebraucht:
El Salvador, El Congo, Los Países Bajos die Niederlande, La Habana Havanna, El Cairo Kairo
Die folgenden Ländernamen können **mit oder ohne Artikel** benutzt werden:
(el) Perú, (el) Canadá, (el) Ecuador, (el) Brasil, (el) Uruguay, (el) Paraguay, (el) Japón, (el) Pakistán, (el) Camerún, (el) Senegal, (la) China, (la) Argentina, (la) India, (el) Yemen, (el) Afganistán, (los) Estados Unidos die USA

Test 5
Vervollständigen Sie die folgenden Sätze. Beachten Sie, dass Sie nicht immer den Artikel einsetzen müssen: el / la / Ø.
1. Voy al trabajo en ____ tranvía. Ich fahre mit der Tram zur Arbeit.
2. Este año viajamos a ____ Suiza. Dieses Jahr fahren wir in die Schweiz.
3. Hoy es ____ primero de mayo. Heute ist der erste Mai.
4. ____ Habana es una ciudad muy bonita. Havanna ist eine schöne Stadt.
5. Estamos aprendiendo ____ español. Wir lernen Spanisch.
6. ____ 25 de diciembre es Navidad. Am 25. Dezember ist Weihnachten.

2 Der unbestimmte Artikel

Auf Entdeckung

1. Lesen Sie die folgenden Beispiele.

Tengo **un** perro y dos gatos. Ich habe einen Hund und zwei Katzen.
¿Hay **una** panadería por aquí cerca? Gibt es hier in der Nähe eine Bäckerei?
¿Me prestas **unos** guantes? Es que tengo frío. Leihst du mir Handschuhe? Mir ist kalt.
Berlín está a **unos** 2.400 km de Madrid. Berlin ist ca. 2.400 km von Madrid entfernt.
Tengo **unas** novelas en castellano. Ich habe einige Romane auf Spanisch.

2. Was fällt Ihnen an den markierten Wörtern auf? Achten Sie auf die Übersetzung.

2.1 Formen

Der unbestimmte Artikel hat eine Singularform: un, una und eine Pluralform: unos, unas. Sie stimmen in Genus und Numerus mit den zugehörigen Substantiven überein. (➠ Kapitel 9, *Die Indefinitbegleiter*, 2.1).

2.1.1 Genus und Numerus

	Singular	Plural
maskulin	**un** comedor ein Esszimmer	**unos** comedores einige Esszimmer
feminin	**una** casa ein Haus	**unas** casas einige Häuser

Test 6

Setzen Sie den unbestimmten Artikel ein.

____ balcón Balkon	____ garaje Garage	____ jardines Gärten
____ piscina Schwimmbecken	____ portón Tor	____ puertas Türen
____ tejado Dach	____ ventanas Fenster	____ verja Gartentür

2.1.2 Sonderform des femininen Artikels

Bei femininen Substantiven, die mit **betontem a** oder **ha** beginnen, wird die maskuline Form un benutzt.

En los cuentos siempre hay **un** hada. In den Märchen gibt es immer eine Fee.

Steht zwischen Artikel und Substantiv ein Adjektiv, wird una beibehalten. Auch diese Regel kennen Sie bereits vom bestimmten Artikel (➡ 1.1.2).
una buena hada eine gute Fee

Test 7

Setzen Sie den unbestimmten Artikel ein.

____ abeja eine Biene
____ buena alumna eine gute Schülerin
____ habas einige Bohnen
____ hacha eine Axt
____ alma eine Seele
____ águila blanca ein weißer Adler
____ habitaciones einige Zimmer
____ buena acción eine gute Handlung

2.1.3 Der unbestimmte Artikel im Plural

Im Spanischen gibt es im Gegensatz zum Deutschen eine Pluralform für den unbestimmten Artikel: unos / unas. Sie wird folgendermaßen verwendet:

mit der Bedeutung „ungefähr", um eine ungenaue Menge zu bezeichnen	De Berlín a Madrid hay **unos** 2.400 kilómetros. Von Berlin nach Madrid sind es ungefähr 2.400 km. Está a **unos** 500 kilómetros. Es ist ca. 500 km entfernt.
mit der Bedeutung „einige", „ein paar", um sich auf eine kleine Menge zu beziehen; hier haben unos / unas und algunos / algunas die gleiche Bedeutung	Aquí tengo **unos** discos de Sabina, ¿quieres oírlos? Hier habe ich einige Platten von Sabina. Willst du sie hören? Tengo **unos** libros muy buenos. Ich habe einige sehr gute Bücher.

Test 8

Übersetzen Sie den unbestimmten Artikel.

1. Buenos Aires tiene **unos** 8 millones de habitantes. Buenos Aires hat ______________ 8 Millionen Einwohner.
2. Necesito **unos** libros sobre México. Ich brauche ______________ Bücher über Mexiko.
3. Tendrá **unos** cuarenta años. Er/Sie wird ______________ vierzig Jahre alt sein.
4. Nos vamos **unas** semanas de vacaciones. Wir fahren ______________ Wochen in Urlaub.
5. Tengo **unos** discos de grupos latinos de rock. Ich habe ______________ CDs von Rockgruppen aus Lateinamerika.

2.2 Gebrauch

2.2.1 Allgemeines

Im Spanischen wie im Deutschen wird der unbestimmte Artikel dann verwendet, wenn Personen, Dinge oder Sachverhalte zum ersten Mal erwähnt werden und nicht als bekannt vorausgesetzt werden können.

Había una vez un rey y una reina. Es waren einmal ein König und eine Königin.

Jesús Díaz, ¿es un escritor cubano? Ist Jesús Díaz ein kubanischer Schriftsteller?

Test 9

Entscheiden Sie, ob der bestimmte oder der unbestimmte Artikel gebraucht wird. Auch in der Übersetzung haben wir den Artikel ausgelassen. Achten Sie darauf, ob es zwei Möglichkeiten gibt.

1. Busco a un / el cocinero mexicano. Ich suche ______ mexikanischen Koch.
2. ¿Hay una / la carnicería por aquí cerca? Gibt es ______ Metzgerei in der Nähe?
3. El doctor Silva tiene una / la profesión muy interesante. Herr Doktor Silva hat ______ sehr interessanten Beruf.
4. ¿Dónde está una / la universidad? Wo befindet sich ______ Universität?
5. Tengo una / la hermana de 25 años. Ich habe ______ 25-jährige Schwester.
6. Tengo unos / los amigos en Hamburgo, ¿quieres el número de teléfono? Ich habe ______ Freunde in Hamburg. Willst du ihre Telefonnummer haben?
7. Él es un / el amigo cubano de Bárbara. Er ist ______ kubanische(r) Freund von Bárbara.

2.2.2 Vom Deutschen abweichender Gebrauch

Anders als im Deutschen wird in den folgenden Fällen **kein** unbestimmter Artikel verwendet:

vor einigen Adjektiven wie otro anderer, medio halb, semejante ähnlich, derartig, tal solch, derartig	¿Quieres otro libro? Willst du ein anderes Buch? Quisiera medio kilo de zanahorias. Ich möchte ein halbes Kilo Karotten. Con semejante actitud no va a llegar muy lejos. Mit einer derartigen Haltung wird er nicht weit kommen. **Aber:** un medio kilo bedeutet „ungefähr ein halbes Kilo“

nach dem Verb tener haben zur Bezeichnung von Dingen, die man gewöhnlich nur einmal besitzt	No tengo bicicleta. Ich habe kein Fahrrad. Ya tengo apartamento. Ich habe schon eine Wohnung. ¿Tienes novio? Hast du einen Freund? **Aber:** Wenn das Substantiv näher bestimmt ist, muss der unbestimmte Artikel verwendet werden: Tengo un trabajo nuevo. Ich habe eine neue Arbeit.

Für den folgenden Test sollten Sie den Abschnitt ➠ 1.3 präsent haben.

Test 10

Entscheiden Sie, ob in den folgenden Sätzen der bestimmte, der unbestimmte oder gar kein Artikel verwendet wird.

1. ¿Y esto qué es? – Es Granada, ____ ciudad muy bonita. Und was ist das? – Das ist Granada, eine sehr schöne Stadt.
2. ¿Y esto qué es? – ____ Alhambra de Granada. Und was ist das? – Die Alhambra von Granada.
3. Quisiera ____ medio kilo de pan. Ich möchte ungefähr ein halbes Kilo Brot.
4. ¿Quieres ____ otro color? Magst du eine andere Farbe?
5. Necesito ____ dinero. Ich brauche Geld.
6. Necesito ____ dinero para ____ alquiler. Ich brauche das Geld für die Miete.
7. No tengo ____ auto, está en el taller. Ich habe das Auto nicht, es ist in der Werkstatt.
8. ¿Tienes ____ coche? Hast du ein Auto?
9. Mira, estos son ____ Núñez, ____ amigos de mis padres. Das sind die Núñez, die Freunde meiner Eltern.
10. Mira, esta es ____ de las hermanas de mi padre. Das ist eine der Schwestern meines Vaters.

TIPP

Wenn Sie erst angefangen haben Spanisch zu lernen, empfehlen wir Ihnen, den folgenden Abschnitt zu einem späteren Zeitpunkt durchzuarbeiten. Sie können gleich weiter zu ➠ Kapitel 5, *Das Adjektiv* gehen.

3 Redewendungen und feste Ausdrücke

3.1 Ohne Artikel

Der Artikel wird in folgenden Wendungen nicht gebraucht:

Namen von Heiligen und Königen	San Francisco de Asís der Heilige Franziskus von Assisi, Carlos V (Carlos quinto) Karl der Fünfte
Wendungen wie folgende: a principios de Anfang a mediados de Mitte a finales de Ende de día / noche tagsüber / nachts en verano / otoño / invierno im Sommer / Herbst / Winter en honor de zu Ehren von	A principios de enero me voy de vacaciones y vuelvo a mediados de febrero. Anfang Januar fahre ich in Urlaub und komme Mitte Februar zurück. a finales del siglo pasado am Ende des letzten Jahrhunderts De noche todos los gatos son pardos. Nachts sind alle Katzen grau.

3.2 Fakultativ: Mit oder ohne Artikel

Bei folgenden Wendungen ist der Gebrauch fakultativ:

in Ausdrücken mit casa Haus: a (la) casa nach Hause a (la) casa de zu en (la) casa de bei de (la) casa de von	Voy a (la) casa. Ich gehe nach Hause. Voy a (la) casa de mis padres. Ich gehe zu meinen Eltern. Estoy en (la) casa de mi amigo. Ich bin bei meinem Freund. Vengo de (la) casa de Nicolás. Ich komme von Nikolás. Voy a (la) casa de Verónica. Ich gehe zu Verónica.
bei folgenden Wendungen	con (la) intención de mit der Absicht zu con (el) pretexto de unter dem Vorwand von con (el) deseo de mit dem Wunsch zu
bei religiösen Feiertagen	(la) Navidad Weihnachten (la) Semana Santa Karwoche

Test 11

Entscheiden Sie, ob in den folgenden Sätzen der bestimmte Artikel oder kein Artikel verwendet wird.

1. Con ____ deseo de tenerla pronto entre nosotros, me despido de usted. Mit dem Wunsch, Sie bald bei uns zu haben, verabschiede ich mich.
2. El bebé nació a ____ finales de agosto. Das Baby wurde Ende August geboren.
3. ¿De dónde es ____ Santa Clara? Woher kommt die Heilige Klara?
4. Vengo de ____ casa de mi abuela. Ich komme von der Oma.
5. Estuve en ____ casa de Pedro. Ich war bei Pedro.

Auf den Punkt gebracht

1. (➠ *Was Sie vorab wissen sollten*)

	ja	nein
a) Im Spanischen gibt es einen bestimmten Artikel im Maskulinum, Femininum, Singular und Plural.	☐	☐
b) Im Spanischen gibt es einen unbestimmten Artikel im Maskulinum, Femininum, Singular und Plural.	☐	☐

2. (➠ *1.1*)

Ergänzen Sie die richtige Form des bestimmten Artikels; setzen Sie dann die Artikel und Substantive in den Plural. Achten Sie auf die Übereinstimmung.

a) ____ alacena Wandschrank ____________________
b) ____ luz Licht, Lampe ____________________
c) ____ enchufe Steckdose ____________________
d) ____ hamaca Hängematte ____________________
e) ____ hacha Axt ____________________

3. (➠ *1.2*)

Verschmilzt der maskuline Artikel el mit folgenden Präpositionen? Wenn ja, wie lautet die Form?

	ja	nein
a) mit der Präposition a: ¿Vamos ___ (a) cine? Gehen wir ins Kino?	☐	☐
b) mit der Präposition en: Los platos están ___ (en) armario de la cocina. Die Teller sind im Küchenschrank.	☐	☐
c) mit der Präposition de: ¿De dónde sale esta agua? ___ (de) baño. Woher kommt dieses Wasser? Aus dem Bad.	☐	☐

4. (➡ *1.3*)
Der bestimmte Artikel steht:
a) Bei Wochentagen (ja / nein): La fiesta es ___ sábado a la noche. Die Fete ist am Samstag Abend.
b) Wenn man eine Person identifizieren will (ja / nein): Paola es ___ estudiante de Medellín. Paola ist die Studentin aus Medellín.
c) Vor dem Datum (ja / nein): Hoy es ___ 5 de agosto. Heute ist der 5. August.
d) Bei der Uhrzeit (ja / nein): Son ___ cinco menos cuarto. Es ist Viertel vor fünf.
e) Bei Substantiven, wenn sie Subjekt eines Satzes sind (ja / nein): ___ viajes son muy caros. Reisen sind sehr teuer.
f) Bei der direkten Anrede (ja / nein): ___ señora Fernández, por favor. Frau Fernández, bitte.
g) Nach todo (ja / nein): Todo ___ mundo lo sabe. Jeder weiß es.
h) Beim Verb jugar a ein Spiel spielen, Sport treiben (ja / nein): Mi hermana juega ___ golf. Meine Schwester spielt Golf.
i) Bei Prozentangaben (ja / nein): En 2003 la contaminación ambiental creció ___ 36 %. Im Jahre 2003 ist die Umweltverschmutzung um 36 % gestiegen.

5. (➡ *2.1*)
Die Formen des unbestimmten Artikels lauten:

Singular / Maskulinum	________	Plural / Maskulinum	________
Singular / Femininum	________	Plural / Femininum	________

6. (➡ *2.2*)

Vervollständigen Sie die Aussagen und ergänzen Sie, wo nötig, den Artikel:	den Artikel	keinen Artikel
a) In Verbindung mit otro / otra benutzt man … ¿Quieres ___ otro café? Willst du noch Kaffee?	☐	☐
b) In Verbindung mit medio / media benutzt man … Quisiera ___ medio kilo de manzanas. Ich möchte ein halbes Kilo Äpfel.	☐	☐
c) In Verbindung mit medio mit der Bedeutung „ungefähr“ benutzt man … Quisiera ___ medio kilo. Ich möchte ungefähr ein halbes Kilo.	☐	☐

Und wenn Sie noch neugierig sind …

Bei einer Reihe von Wörtern verändert die Wahl des Artikels die Bedeutung eines Substantivs völlig. Wenn Sie ein Wörterbuch zur Hand haben, schlagen Sie die folgenden Wörter nach (➡ *Lösungen*).
el / la capital   el / la cólera   el / la cura   el / la frente   el / la orden

Substantive und Adjektive sind sich in vielen Aspekten ähnlich. Deshalb ist es ratsam, das Kapitel 3, *Das Substantiv* durchzuarbeiten, bevor Sie mit dem Adjektiv beginnen.

Auf Entdeckung

Lesen Sie die folgenden Kombinationen von Substantiv und Adjektiv (jeweils im Singular und Plural).

sillón cómodo bequemer Sessel
sillones cómodos bequeme Sessel
silla cómoda bequemer Stuhl
sillas cómodas bequeme Stühle

1. Was können Sie in Bezug auf Geschlecht und Zahl feststellen?

2. Was können Sie in Bezug auf die Position des Adjektivs im Vergleich zum Deutschen feststellen?

Was Sie vorab wissen sollten

- Die Grundform des Adjektivs ist die maskuline Form im Singular: cómodo bequem. Das ist die Form, die Sie im Wörterbuch finden.
- Das Adjektiv richtet sich in Genus und Numerus nach dem Substantiv, auf das es sich bezieht:

	Singular	Plural
maskulin	sillón **cómodo**	sillones **cómodos**
feminin	silla **cómoda**	sillas **cómodas**

1 Formen

1.1 Das Genus des Adjektivs im Singular

Im Spanischen werden drei große Gruppen von Adjektiven unterschieden. Aus diesen Grundformen leiten sich die weiblichen Formen der Adjektive ab.

1.1.1 Adjektive, deren maskuline Form auf -o und deren feminine Form auf -a endet

Die Mehrzahl der spanischen Adjektive gehört zu dieser Gruppe.

-o: postre delicioso leckerer Nachtisch -a: comida deliciosa leckeres Essen

Test 1

Ergänzen Sie die maskuline und feminine Form der folgenden Adjektive. Achten Sie auf das Substantiv.

ordenador nuev___ neuer Rechner
amigo celos___ eifersüchtiger Freund
hombre honest___ ehrlicher Mann
planta pequeñ___ kleine Pflanze
máquina viej___ alte Maschine
casa ordenad___ aufgeräumtes Haus
día divertid___ lustiger Tag
niña guap___ hübsches Mädchen

1.1.2 Adjektive, die auf Konsonant enden

Maskuline Adjektive, die die folgenden Endungen haben, bilden die feminine Form durch Anhängen von -a. Beachten Sie, dass der Akzent in diesem Fall entfällt.

-or	hombre colaborador hilfsbereiter Mann	-ora	mujer colaboradora hilfsbereite Frau
-án	tío charlatán geschwätziger Kerl	-ana	tía charlatana geschwätzige Frau
-ín	niño pillín Bengel	-ina	niña pillina Göre
-ón	joven dormilón schläfriger Junge	-ona	joven dormilona schläfriges Mädchen
-ol	pueblo español spanisches Dorf	-ola	canción española spanisches Lied
-és	nombre portugués portugiesischer Name	-esa	ciudad portuguesa portugiesische Stadt
-uz	baile andaluz andalusischer Tanz	-uza	danza andaluza andalusischer Tanz

Beachten Sie

Einige komparativ verwendete Adjektive, wie mejor besser oder peor schlechter, sowie cortés höflich bzw. descortés unhöflich und marrón braun, sind jedoch in Bezug auf das Geschlecht unveränderlich.

el mejor partido de fútbol das beste Fußballspiel
la mejor película der beste Film
un señor cortés ein höflicher Herr
una actidud descortés eine unhöfliche Haltung
el pantalón marrón die braune Hose
la camisa marrón das braune Hemd

Test 2

Ergänzen Sie die feminine Form der folgenden Adjektive. Die Grundformen stehen jeweils in der linken Spalte.

1. alemán Ella es ______________. Sie ist Deutsche.
2. solterón Esta señora es ______________. Diese Frau ist eine alte Jungfer.
3. cordobés María es ______________. María ist aus Córdoba.
4. holgazán Es una persona ______________. Es ist eine faule Person.
5. observador Es una niña muy ______________. Es ist ein sehr aufmerksames Mädchen.
6. pequeñín Es una planta ______________. Es ist eine winzige Pflanze.

1.1.3 Adjektive mit einer Form für beide Geschlechter

Adjektive auf **-e**, **-i**, **-u** und einige auf **-a** bzw. auf **Konsonant** haben nur eine Form für Maskulinum und Femininum.

a) Adjektive, die auf Konsonant enden

-al, -el, -il, -ul	excepcional außergewöhnlich, sensacional sensationell, social sozial, cruel grausam, fiel treu, débil schwach, difícil schwer, fácil einfach, portátil tragbar, azul blau
-az, -ez, -iz, -oz	voraz gefräßig, soez vulgär, feliz glücklich, veloz schnell
-ar	popular populär, similar ähnlich
andere Konsonanten	común gewöhnlich, gratis umsonst, joven jung, ruin verächtlich, súper sehr gut

b) Adjektive, die auf Vokal enden

-a	idealista idealistisch, realista realistisch, socialista sozialistisch, belga belgisch, hipócrita heuchlerisch, lila lila
-e	amable freundlich, canadiense kanadisch, dulce süß, elegante elegant, estable stabil, fuerte stark, grande groß, inteligente intelligent, posible möglich, sensible sensibel, simple einfach, sobresaliente ausgezeichnet, verde grün (➠ *Beachten Sie*)
-i, -í	cursi kitschig, bengalí bengalisch, iraquí irakisch, israelí israelisch, marroquí marokkanisch
-ú	hindú indisch / Hindu-, bantú Bantu

Beachten Sie
Einige wenige Adjektive auf -ete und -ote, die von Adjektiven auf -o/-a abgeleitet sind (z. B. gordo dick → regordete pummelig, grande groß → grandote riesig), bilden die weibliche Form auf -eta bzw. -ota. Diese Adjektive werden meist in der Umgangssprache gebraucht.

-ete: bebé regordete dickes Baby
-eta: niña regordeta pummeliges Mädchen
-ote: hombre grandote riesiger Mann
-ota: mujer grandota große Frau

Test 3
Ordnen Sie nun die folgenden Adjektive (moderno, fundamental, sensible, sincero, fuerte) den Substantiven zu, z. B. ein teures Buch un libro caro.

1. eine moderne Stadt una ciudad ___________
2. das Grundgesetz la ley ___________
3. eine sensible Frau una mujer ___________
4. ein ehrlicher Mensch un hombre ___________
5. ein starker Kaffee un café ___________

Beachten Sie
Eine Reihe von Adjektiven, die so genannten Herkunftsadjektive (gentilicios), werden auch als Substantive gebraucht. Eine ausführliche Tabelle finden Sie im ➠ Anhang, *Wortbildung*, 2.1.3, hier einige Beispiele:

español spanisch; Spanier	española spanisch; Spanierin
catalán katalanisch; Katalane	catalana katalanisch; Katalanin
inglés englisch; Engländer	inglesa englisch; Engländerin
andaluz andalusisch; Andalusier	andaluza andalusisch; Andalusierin
marroquí marokkanisch; Marokkaner	marroquí marokkanisch; Marokkanerin
hindú indisch, Hindu-; Inder, Hindu	hindú indisch, Hindu-; Inderin, Hindu
belga belgisch; Belgier	belga belgisch; Belgierin

Weitere Adjektive, die auch als Substantive gebraucht werden: anciano alt, joven jung, viejo alt usw.
El joven tenía unos diez años. Der Junge war etwa zehn Jahre alt.
El anciano tendría unos 90 años. Der alte Mann dürfte etwa 90 Jahre alt sein.
El viejo y el mar Der alte Mann und das Meer

1.2 Die Pluralbildung der Adjektive

Auf Entdeckung

Wenn Sie sich schon mit der Pluralbildung der Substantive befasst haben (➠ Kapitel 3, *Das Substantiv*, 2), wird es Ihnen sicher leicht fallen, die Pluralformen der Adjektive zu bilden (*Lösungen* ➠ 1.2.1 und 1.2.2).

- Die Singularendungen -o, -a, -e werden im Plural zu __, __, __.
  caro teuer → car__
  buena gut → buen__
  amable freundlich → amabl__
- Die Singularendungen -í, -ú werden im Plural zu __, __.
  israelí israelisch → israel__
  hindú indisch → hind__
- Die Singularendung auf **Konsonant** wird im Plural zu __.
  feliz glücklich → felic__
  común gewöhnlich → comun__

1.2.1 Plural auf -s

Adjektive, die auf -o, -a und -e enden, bilden den Plural mit -s:
caros, buenas, amables

1.2.2 Plural auf -es

Adjektive, die auf -í, ú und auf **Konsonant** enden, bilden den Plural mit -es:
israelíes israelisch, hindúes indisch, felices, comunes

Beachten Sie

- Folgende orthographische Veränderungen entstehen auf Grund des Plurals (➠ Kapitel 3, *Das Substantiv*, 2.2.1):
  común → comunes, joven → jóvenes, feliz → felices
- Achten Sie auf die Aussprache: hindú → hindú-es, iraní → iraní-es

1.2.3 Plural auf -es bzw. auf -s

Bei Adjektiven auf Konsonant wie español → española spanisch, encantador → encantadora bezaubernd (➠ 1.1.2) wird die männliche Pluralform mit -es, die weibliche dagegen mit -s gebildet.

maskulin Singular	feminin Singular	maskulin Plural	feminin Plural
andaluz andalusisch	andaluza	andaluces	andaluzas
catalán katalanisch	catalana	catalanes	catalanas
burlón spöttisch	burlona	burlones	burlonas

Test 4

Setzen Sie die folgenden Substantive und Adjektive in den Plural.

1. pulóver abrigado warmer Pullover ____________________
2. perro comilón gefräßiger Hund ____________________
3. niño encantador nettes Kind ____________________
4. cuento inglés englische Erzählung ____________________
5. tema fácil leichtes Thema ____________________
6. vida feliz glückliches Leben ____________________
7. taller original origineller Workshop ____________________

2 Die Übereinstimmung des Adjektivs (*concordancia*)

Wie Sie am Anfang des Kapitels gesehen haben, stimmen die Adjektive mit dem Substantiv in Genus und Numerus überein.

	maskulin	feminin
Singular	el libro antiguo das alte Buch	la librería antigua die alte Buchhandlung
Plural	los libros antiguos	las librerías antiguas

Wie im Deutschen unterscheidet man nach ihrer Satzfunktion zwischen Adjektiven, die unmittelbar vor oder nach einem Substantiv stehen (d. h. Teil der Nominalgruppe sind), und Adjektiven, die nach einem Verb stehen, z. B. nach dem Verb ser sein (d. h. Ergänzungen des Verbs sind).

2.1 Das Adjektiv als Teil der Nominalgruppe

Das Adjektiv steht unmittelbar vor oder nach dem Substantiv:

- nach dem Substantiv: una ciudad grande eine große Stadt, poetas famosos berühmte Dichter, un trabajo creativo eine kreative Arbeit
- vor dem Substantiv: el primer día der erste Tag, la vieja casa del pueblo das alte Haus des Dorfes, la última vez das letzte Mal
- als Apposition (aposición): Ella, contenta de verlo, lo abrazó efusivamente. Sie war glücklich ihn zu sehen und umarmte ihn stürmisch.

Beachten Sie

In der Regel stehen die spanischen Adjektive **nach** dem Substantiv (➠ 3 *Stellung des Adjektivs*) und nicht davor wie im Deutschen: un coche caro ein teures Auto.

2.2 Das Adjektiv als Satzglied

Das Adjektiv ist durch ein Verb mit dem Substantiv verbunden bzw. steht nach dem Verb:
La ciudad es inmensa. Die Stadt ist sehr groß.
A Juan lo creo honesto. Ich halte Juan für ehrlich.
Paula trabaja rápido. Paula arbeitet schnell.

2.2.1 Das Adjektiv als Attribut des Subjekts

Adjektive als Attribut des Subjekts stehen meistens nach folgenden Verben: ser sein oder estar sein, parecer finden, scheinen, quedar stehen, resultar sich herausstellen (➠ Kapitel 31, *Besonderheiten bei Verben*).
El vestido le queda lindo. Das Kleid steht ihr gut.
Lucas está enfermo. Lucas ist krank.
La comida es muy buena. Das Essen ist sehr gut.

2.2.2 Das Adjektiv als Attribut des Objekts

Wenn das Adjektiv nach Verben wie creer glauben, considerar halten für, encontrar halten für / finden verwendet wird, bezieht es sich auf das Objekt.
Tomaron a María por tonta. Sie hielten María für dumm.
Consideramos mala la idea, pero resultó buenísima. Wir hielten die Idee für schlecht, aber sie stellte sich als sehr gut heraus.
Pablo lleva la barba larga. Pablo trägt den Bart lang.

Beachten Sie

- Einige wenige Adjektive werden wie Adverbien gebraucht, wobei sie in der Grundform (maskulin Singular) stehen (➠ Kapitel 32, *Das Adverb*, 2.2).
  Sebastián habla **rápido** / **despacio**. Sebastian spricht schnell / langsam.
  ¿Podrías hablar más **alto** / **bajo**, por favor? Könntest du lauter / leiser reden, bitte?
  Siempre me levanto **temprano** / **tarde**. Ich stehe immer früh / spät auf.
- In unpersönlichen Sätzen steht ebenfalls die Grundform des Adjektivs (➠ Kapitel 30, *Unpersönliche Formen*, 2.2.2).
  Es bueno comer sanamente para vivir mucho. Es ist gut gesund zu essen, um lange zu leben.
  Cuando se es joven, se es dinámico y atrevido. Wenn man jung ist, ist man dynamisch und frech.
- Im Gegensatz zum Deutschen gleichen sich im Spanischen prädikativ verwendete Adjektive in Genus und Numerus dem Bezugswort an.

Test 5

a) Setzen Sie die richtigen Endungen ein. Achten Sie auf Genus und Numerus der Substantive.

1. La casa es bonit__. Das Haus ist hübsch.
2. El caso es complicad__. Der Fall ist kompliziert.
3. La película fue aburrid__. Der Film war langweilig.
4. El niño es cariños__. Der Junge ist lieb.
5. Era un vendedor muy antipátic__. Er war ein sehr unsympathischer Verkäufer.

b) Ergänzen Sie die Adjektive. In Klammern steht die Grundform.

1. Esas mujeres son _______ (optimista). Diese Frauen sind optimistisch.
2. Los hombres _______ (idealista) existen todavía. Es gibt noch idealistische Menschen.
3. Me gusta la música _______ (alegre). Ich mag fröhliche Musik.
4. Una ciudad _______ (industrial) tiene sus ventajas. Eine Industriestadt hat ihre Vorteile.
5. Nuestra sociedad es _______ (conservador). Unsere Gesellschaft ist konservativ.

2.3 Die Übereinstimmung bei mehreren Adjektiven bzw. Substantiven

2.3.1 Die Übereinstimmung bei mehreren Adjektiven

Wenn sich mehrere Adjektive auf ein Substantiv beziehen, stimmen sie mit diesem in Geschlecht und Zahl überein. Bitte beachten Sie, dass zwischen den (beiden letzten) Adjektiven das Bindewort y verwendet werden muss (➠ Kapitel 34, *Die Konjunktionen*, 2.1).

Pedro es una persona encantadora y amistosa. Pedro ist eine charmante, freundliche Person.

Pedro tiene numerosos amigos españoles, mexicanos y salvadoreños. Pedro hat zahlreiche spanische, mexikanische und salvadorianische[1] Freunde.

Test 6

Ergänzen Sie die Endungen der folgenden Adjektive. Achten Sie auf die Grundformen.

1. Es una mujer muy (inteligente) ___________, pero por desgracia una mujer (infeliz) ___________. Sie ist eine sehr intelligente, aber leider unglückliche Frau.
2. Son personas (bueno) ___________ y (fiable) ___________. Sie sind liebevolle und vertrauenswürdige Menschen.

[1] aus El Salvador

3. Nuestros gatos son muy (juguetón) ___________ y (mimoso) ___________.
   Unsere Katzen sind sehr verspielt und verschmust.
4. Esta es la (primero) ___________ y (último) ___________ vez que te lo digo. Das ist das erste und letzte Mal, dass ich es dir sage.
5. Tenemos (poco) ___________ pero (bueno) ___________ películas. Wir haben wenige, aber gute Filme.

2.3.2 Die Übereinstimmung bei mehreren Substantiven

Wenn sich ein Adjektiv auf mehrere Substantive bezieht, sind zwei Fälle zu unterscheiden: Entweder haben die Substantive dasselbe Geschlecht oder unterschiedliche Geschlechter.

a) Substantive mit demselben grammatischen Geschlecht

In diesem Fall steht das Adjektiv im Plural und stimmt mit dem Geschlecht der Substantive überein.

Juana es una mujer de una paciencia, constancia e inteligencia asombros**as**.
Juana ist eine Frau mit unglaublicher Geduld, Ausdauer und Intelligenz.

b) Substantive mit unterschiedlichen Geschlechtern

Das Adjektiv steht meist in der männlichen Pluralform.

Algunas plazas, calles y monumentos de Buenos Aires son muy conocid**os**.
Einige Plätze, Straßen und Denkmäler von Buenos Aires sind sehr bekannt.

Beachten Sie

- Bei Substantiven desselben Geschlechts kann das Adjektiv im Singular stehen, wenn es sich um Begriffe handelt, die thematisch nah beieinander liegen. Die Pluralform ist aber auch in diesem Fall zulässig.
  Lengua y literatura española / españolas Spanische Sprach- und Literaturwissenschaft
- Aus klanglichen Gründen wird es vermieden, dass ein weibliches Substantiv direkt neben der männlichen Adjektivform steht. Bei einer Aneinanderreihung mehrerer Substantive stimmt das Adjektiv in Genus und Numerus mit dem Substantiv überein, das ihm am nächsten steht.
  Buenos Aires tiene plazas, calles y monument**os** interesantísim**os**. Buenos Aires hat sehr interessante Plätze, Straßen und Denkmäler.
  Buenos Aires tiene monumentos, calles y plaz**as** interesantísim**as**. Buenos Aires hat sehr interessante Denkmäler, Straßen und Plätze.

Test 7

Setzen Sie die fehlenden Adjektive mit den entsprechenden Endungen ein.

1. ¿Qué tal la cena y la fiesta? – Muy ___________ (bueno).
   Wie war das Abendessen und die Fete? – Sehr gut.

2. ¿Qué tal la película? – Los actores y el argumento fueron __________ (genial). Wie war der Film? – Die Schauspieler und die Handlung waren genial.
3. Las poesías y los cuentos de Borges son muy __________ (famoso). Die Gedichte und Erzählungen von Borges sind sehr berühmt.
4. El vino, el primer plato y el postre estaban __________ (exquisito). Der Wein, der erste Gang und der Nachtisch waren sehr lecker.
5. En Quito las plazas, las calles y la catedral son muy __________ (pintoresco). Die Plätze, die Straßen und die Kathedrale von Quito sind sehr malerisch.

3 Stellung

Was Sie vorab wissen sollten

Im Gegensatz zum Deutschen stehen die meisten spanischen Adjektive **nach dem Substantiv**. In dieser Stellung bestimmen sie das Substantiv näher. Die Eigenschaft des Substantivs wird dadurch betont und von anderen Substantiven unterschieden:
un periódico colombiano eine kolumbianische Zeitung (im Gegensatz zu einer peruanischen oder spanischen Zeitung)
el templo azteca der aztekische Tempel (im Gegensatz zu römischen oder ägyptischen Tempeln)

3.1 Nachgestellte Adjektive

In der Regel werden folgende Adjektive nachgestellt:

1. Adjektive, die von Adverbien begleitet werden (➠ Kapitel 32, *Das Adverb*)	una historia muy interesante eine sehr interessante Geschichte, tipos bastante extraños recht seltsame Typen
2. mehrere Adjektive hintereinander	casas grandes y pequeñas große und kleine Häuser
3. Adjektive, die Farben bezeichnen	la chaqueta roja die rote Jacke
4. Adjektive, die Formen bezeichnen	la plaza cuadrada der quadratische Platz
5. Adjektive, die nationale, regionale, politische oder religiöse Zugehörigkeit angeben	los vinos argentinos die argentinischen Weine, el pastor protestante der evangelische Pfarrer, el partido socialista die sozialistische Partei

6. adjektivisch gebrauchte Partizipien (➠ Kapitel 26, *Infinite Verbformen,* 2).	el jamón cocido der gekochte Schinken
7. Adjektive, die eine Präposition verlangen	una hija digna de sus padres eine ihren Eltern würdige Tochter una persona hábil para los negocios eine geschäftstüchtige Person

3.2 Vorangestellte Adjektive

Im Spanischen stehen relativ wenige Adjektive vor dem Substantiv. In den folgenden Fällen werden Adjektive in der Regel vorangestellt:

1. Begleiter mit adjektivischer Funktion: Possessiva (➠ Kapitel 7, *Die Possessivbegleiter*) Demonstrativa (➠ Kapitel 8, *Die Demonstrativbegleiter*) Indefinita (➠ Kapitel 9, *Die Indefinitbegleiter*)	mi familia meine Familie, tus amigos deine Freunde esta niña dieses Mädchen, aquellos países jene Länder muchos amigos viele Freunde, poca paciencia wenig Geduld, un momento, por favor einen Moment, bitte
2. bestimmte Adjektive wie: último letzter, penúltimo vorletzter, mejor bester, peor schlechtester, medio halber, próximo nächster usw.	el último autobús der letzte Bus, mi mejor amigo mein bester Freund, la peor alumna die schlechteste Schülerin, medio kilo de pan ein halbes Kilo Brot, el próximo tren der nächste Zug
3. bei Eigenschaften, die zum Wesen des Substantivs gehören	altas cumbres hohe Gipfel, dulce miel süßer Honig, blanca nieve weißer Schnee
4. bei festen Ausdrücken	mala suerte Pech, rara vez selten
5. bei Ausdrücken von Bewunderung oder Respekt	distinguida señora verehrte Dame mi estimado amigo mein teurer Freund
6. bei Hervorhebungen bzw. emphatischer Verwendung des Adjektivs (➠ 3.3)	¡Qué bonita casa! Was für ein schönes Haus! tristes edificios armselige Häuser

Beachten Sie

Zu 2.: Die Adjektive mejor und peor können auch komparativ verwendet werden: Este año hemos obtenido mejores / peores resultados que el año pasado. Dieses Jahr haben wir bessere / schlechtere Ergebnisse erzielt als letztes Jahr. (➡ Kapitel 6, *Vergleichsstrukturen*).

Zu 5.: Einige feste Ausdrücke werden sogar zusammengeschrieben:

malhumor schlechte Laune

altamar hohe See (auch: alta mar)

Zu 6.: Mit der Voranstellung verleiht man dem Adjektiv eine besondere bzw. eine subjektive Bedeutung. Wenn man el nuevo carro das neue Auto sagt, meint man eigentlich „das andere Auto", wenn man el famoso escritor der berühmte Schriftsteller sagt, geht man davon aus, dass die Information aus dem Kontext bereits bekannt ist, d. h. das Adjektiv hat keine unterscheidende Funktion, sondern betont die Eigenschaft.

Bei Ordnungszahlen kann das Adjektiv vorangestellt oder nachgestellt werden (➡ Kapitel 36, *Zahlen, Zeit- und Mengenangaben,* 1.2).

el primer amor / el amor primero die erste Liebe

el segundo libro / el libro segundo das zweite Buch

Test 8

Entscheiden Sie, ob die folgenden Adjektive vor oder nach dem Substantiv stehen. Beachten Sie dabei die Angleichung an das Substantiv.

1. la ______ cerveza ______ (alemán) das deutsche Bier
2. la ______ sílaba ______ (penúltimo) die vorletzte Silbe
3. la ______ vez ______ (primero) das erste Mal
4. la ______ escritora ______ (famoso) die berühmte Schriftstellerin
5. la ______ moral ______ (católico) die katholische Moral
6. una ______ niña ______ (alto y bello) ein großes, schönes Mädchen
7. ______ casa ______ (mi) mein Haus
8. el ______ tiempo ______ (perdido) die verlorene Zeit
9. ______ ganas ______ de viajar (mucho) große Lust zu reisen
10. una ______ cuestión ______ (muy importante) eine sehr wichtige Frage
11. el ______ metro ______ (último) die letzte Metro
12. las ______ ciudades ______ (colombiano) die kolumbianischen Städte
13. la ______ mesa ______ (redondo) der runde Tisch
14. las ______ banderas ______ (azul) die blauen Fahnen

3.3 Bedeutungsänderung bei Stellungsänderung

3.3.1 Voranstellung

Im Allgemeinen kann man sagen, dass das vorangestellte Adjektiv eine übertragene, subjektive Bedeutung hat.
un **pobre** poeta ein armer (= bedauernswerter) Dichter
una **vieja** amiga eine alte Freundin (die Freundschaft, nicht die Freundin)

3.3.2 Nachstellung

Dagegen hat das nachgestellte Adjektiv eine wörtliche, objektive Bedeutung.
un poeta **pobre** ein armer (= mittelloser) Poet
una amiga **vieja** eine alte (= betagte) Freundin (die Freundin selbst, nicht die Freundschaft)

Hier einige Beispiele:

Adjektiv	Voranstellung	Nachstellung
extraño	una extraña persona eine seltsame Person	una persona extraña eine fremde Person
simple	un simple colega einfach ein Kollege	un colega simple ein einfacher Kollege
nuevo	En la nueva casa están más cómodos que en la vieja. Im neuen Haus fühlen sie sich wohler als im alten (= anderen Haus).	la casa nueva das neue (= neu gebaute) Haus
bueno	un buen hombre ein gutmütiger Mensch	un hombre bueno ein guter Mensch
malo	un mal momento ein unpassender Moment	un momento malo ein schlechter Moment

Beachten Sie

- Bei einigen Adjektiven, wie z. B. bueno gut, malo schlecht, verkürzt sich die maskuline Form bei Voranstellung (➠ 4.1).
  2002 fue un **buen** año. 2002 war ein erfolgreiches Jahr.
- Beim Adjektiv grande groß verkürzen sich dagegen beide Formen, wenn es vorangestellt wird:
  una **gran** mujer eine großartige Frau ↔ una mujer grande eine große Frau
  un **gran** país ein bedeutendes Land ↔ un país grande ein großes Land (mit einer großen Fläche)

Test 9

Entscheiden Sie, ob die folgenden Adjektive vorangestellt oder nachgestellt werden. Die Übersetzung hilft Ihnen dabei.

1. Tengo que hablar contigo de un _____ asunto _____ (cierto). Ich muss mit dir über ein gewisses Thema reden.
2. Lo que ha dicho es _____ algo _____ (cierto). An dem, was er gesagt hat, ist etwas Wahres.
3. Tiene _____ intereses _____ (nuevo). Er/Sie hat andere Interessen.
4. Los _____ intereses _____ (nuevo) del uno y del otro contribuyeron a la separación. Die veränderten (= neuen) Interessen des einen und des anderen trugen zur Trennung bei.

TIPP

Wenn Sie erst angefangen haben Spanisch zu lernen, können Sie nun zum ➠ Kapitel 6, *Vergleichsstrukturen,* zum ➠ Kapitel 7, *Die Possessivbegleiter* oder zum ➠ Kapitel 10, *Die Personalpronomen* weitergehen und die folgenden Besonderheiten zu einem späteren Zeitpunkt durcharbeiten.

4 Besonderheiten

4.1 Wegfall der Endung (apócope)

Bei einigen Adjektiven entfällt die Endung, wenn sie vorangestellt werden. Man unterscheidet zwischen Adjektiven, bei denen dies nur vor maskulinen Substantiven der Fall ist, und solchen, die sich auch vor femininen verändern.

4.1.1 Wegfall der Endung vor maskulinen Substantiven

Folgende Adjektive verlieren die Endung -o, wenn sie vor einem maskulinen Substantiv stehen (siehe auch Kapitel 9, *Die Indefinitbegleiter,* 2):

alguno irgendeiner	algún día irgendwann
bueno gut	un buen día ein guter Tag
malo schlecht	un mal día ein schlechter Tag
ninguno keiner	ningún problema kein Problem
primero erster	el primer día der erste Tag
tercero dritter	el tercer capítulo das dritte Kapitel
uno eins	un momento, por favor einen Moment, bitte

Weiterhin wird die Endung -to von Santo Heiliger in Kombination mit den meisten männlichen Namen weggelassen.
San Francisco der heilige Franz
San Martín der heilige Martin
Aber: Santo Tomás der heilige Thomas, Santo Domingo der heilige Dominikus

4.1.2 Wegfall der Endung vor allen Substantiven

Die Adjektive grande groß und cualquiera irgendeiner verlieren die Endung sowohl vor maskulinen als auch vor femininen Substantiven.

el **gran** escritor colombiano der berühmte kolumbianische Schriftsteller	una **gran** escritora nicaragüense eine bedeutende nicaraguanische Schriftstellerin
cualquier hombre irgendein Mann	**cualquier** mujer irgendeine Frau

Test 10

Entscheiden Sie, ob die folgenden Adjektive vorangestellt oder nachgestellt werden. Die Übersetzung hilft Ihnen dabei. Achten Sie auf den möglichen Wegfall der Endungen.

1. El Che Guevara fue un _____ hombre _____ (grande). Che Guevara war ein bedeutender Mann.
2. ¡Que tengas un _____ día_____ (bueno)! Einen schönen Tag!
3. Leímos el _____ libro _____ (tercero). Wir haben das dritte Buch gelesen.
4. ¡Que tengas un _____ viaje_____! (bueno) Gute Reise!
5. Tengo _____ problema _____ (uno). Ich habe ein Problem.

4.2 Mehrere Adjektive mit verschiedenen Funktionen

Wenn sich mehrere Adjektive auf ein Substantiv beziehen, kann man folgende Fälle unterscheiden. Bitte schauen Sie sich vorher nochmals die Liste aus ➡ 3.1 und ➡ 3.2, *Nachgestellte und vorangestellte Adjektive* an.

4.2.1 Zwei unterscheidende Adjektive

a) Ein Adjektiv kann vor dem Substantiv stehen und verliert somit seine unterscheidende Funktion, d. h. es wird betont und erhält dadurch eine subjektive Bedeutung: una famosa mujer alemana eine berühmte deutsche Frau. Zu beachten ist, dass bestimmte Adjektive wie Farben oder Nationalitäten – außer in poetischer Sprache – nicht vorangestellt werden können.

b) Beide Adjektive werden nachgestellt, wobei das erste mit dem Substantiv eine Sinneinheit bildet: la reforma sanitaria actual die aktuelle Gesundheitsreform.

c) Beide Adjektive stehen – durch ein Bindewort, z. B. y und, o oder, pero aber, getrennt – hinter dem Substantiv: un libro interesante pero caro ein interessantes, aber teures Buch.

4.2.2 Ein subjektiv verwendetes und ein unterscheidendes Adjektiv
In diesem Fall steht das subjektiv verwendete Adjektiv – im Beispiel rico lecker – vor dem Substantiv, das unterscheidende danach: la rica comida mexicana das leckere mexikanische Essen.

Test 11

Entscheiden Sie, an welcher Stelle die in Klammern angegebenen Adjektive stehen müssen. Die Übersetzung hilft Ihnen dabei. Achten Sie auf die Übereinstimmung.

1. Zoé Valdés es una ______ escritora ______ (cubano / conocido). Zoé Valdés ist eine berühmte kubanische Schriftstellerin.
2. una ______ fortaleza ______ (famoso / árabe) eine berühmte arabische Festung
3. un ______ auto ______ (bueno / alemán) ein gutes deutsches Auto
4. una ______ carta ______ (comercial / importante) ein wichtiger Handelsbrief
5. el ______ ______ transporte ______ ______ (público / eficiente / interurbano) der effiziente interurbane Nahverkehr

Auf den Punkt gebracht

1. (➠ *1.1*, ➠ *1.2*)
Tragen Sie die feminine Form des Adjektivs in die erste Spalte und den Plural der maskulinen und femininen Form in die zweite und dritte Spalte ein.

	feminin	Plural / maskulin	Plural / feminin
a) simpático sympathisch	______	______	______
b) incapaz unfähig	______	______	______
c) grande groß	______	______	______
d) cordial herzlich	______	______	______

	feminin	Plural / maskulin	Plural / feminin
e) andaluz andalusisch	________	________	________
f) francés französisch	________	________	________
g) burlón spöttisch	________	________	________
h) catalán katalanisch	________	________	________
i) seductor verführerisch	________	________	________
j) marrón braun	________	________	________

2. (➡ *2*)

Vervollständigen Sie die folgenden Sätze mit den angegebenen Adjektiven. Achten Sie auf die Übereinstimmung von Genus und Numerus mit dem Substantiv.

fuerte stark, comilón gefräßig, joven jung, grandote riesig, impaciente ungeduldig, trabajador fleißig, realista realistisch

a) El café está ____________. Der Kaffee ist stark.
b) Mis hermanas son ____________. Meine Schwestern sind jung.
c) Tengo una gata ____________. Ich habe eine gefräßige Katze.
d) Mi hermano es ____________. Mein Bruder ist ungeduldig.
e) Vuestros padres son muy ____________. Eure Eltern sind sehr fleißig.
f) La película es muy ____________. Der Film ist sehr realistisch.
g) Los perros de esta raza son ____________. Die Hunde dieser Rasse sind riesig.

3. (➡ *3.3*)

Vervollständigen Sie die Übersetzung.

bueno gut / gutmütig

a) Martina es una persona buena. Martina ist ein ____________ Mensch.
b) Martina es una buena persona. Martina ist ein ____________ Mensch.

largo lang / anstrengend

c) el largo viaje die ____________ Reise
d) el viaje largo die ____________ Reise

4. (➡ *4.1*)

Vervollständigen Sie die folgenden Sätze.

a) __________(uno) momento, por favor. Einen Moment, bitte.
b) Es una ____________ (grande) persona. Er ist ein großartiger Mensch.
c) Nos podemos ver a ____________ (cualquiera) hora. Wir können uns irgendwann sehen.

Bevor Sie dieses Kapitel durcharbeiten, sollten Sie die ➠ Kapitel 3, *Das Substantiv*, ➠ Kapitel 5, *Das Adjektiv* sowie ➠ Kapitel 32, *Das Adverb* gelesen haben.

Was Sie vorab wissen sollten

- Die Vergleichsstrukturen im Spanischen beziehen sich auf Adjektive, Adverbien, Substantive und Verben.
- Man unterscheidet folgende Vergleichsstrukturen:
  Positiv (z.B. viejo alt)
  Komparativ (z. B. más viejo älter),
  relativer Superlativ (z. B. el más viejo der älteste),
  absoluter Superlativ (z. B. viejísimo uralt / sehr alt).
- Gesteigerte Adjektive werden in Geschlecht und Zahl dem Substantiv angeglichen, gesteigerte Adverbien bleiben dagegen unverändert.
- Einige Adjektive und Adverbien weisen neben den regelmäßigen Formen unregelmäßige auf (➠ 1.1.3).

1 Der Komparativ und der relative Superlativ

1.1 Formen

1.1.1 Adjektive und Adverbien

Die Vergleichsformen der meisten Adjektive und Adverbien werden folgendermaßen gebildet:

tan + Adjektiv / Adverb + como	gleicher Grad	El libro es **tan** interesante **como** la película. Das Buch ist genauso interessant wie der Film. El libro lo leí **tan** rápidamente **como** pude. Das Buch habe ich so schnell gelesen, wie ich konnte.
más + Adjektiv / Adverb + que	Komparativ höheren Grades	Las casas verdes son **más** grandes **que** las (casas) amarillas. Die grünen Häuser sind größer als die gelben (Häuser). Ella toca el piano **más** armoniosamente **que** tú. Sie spielt harmonischer Klavier als du.

menos + Adjektiv / Adverb + que	Komparativ niedrigeren Grades	Esta novela es **menos** interesante **que** la última (novela). Dieser Roman ist weniger interessant als der letzte (Roman). Él corre **menos** rápidamente (**que** tú). Er läuft weniger schnell (als du).
Artikel + (Substantiv) + más + Adjektiv (de) Artikel + (Substantiv) + menos + Adjektiv (de)	relativer Superlativ (bei Adjektiven)	Esta es la novela **más** interesante (**de** todas). Dies ist der interessanteste Roman (von allen). Esta es la novela **menos** interesante (**de** todas). Dies ist der uninteressanteste[1] Roman (von allen).
Relativsatzkonstruktion (➠ 1.3)	relativer Superlativ (bei Adverbien)	Juan **es el que trabaja más** lentamente. Juan arbeitet am langsamsten. Este **es el libro que mejor** se ha vendido. Dieses Buch hat sich am besten verkauft.

Beachten Sie

- Sowohl der Komparativ als auch der relative Superlativ werden im Spanischen mit más bzw. menos gebildet. Im Gegensatz zum Deutschen gibt es also keine eigene Form für den relativen Superlativ. In Abschnitt ➠ 1.3 erhalten Sie Hinweise, wann ein Vergleich komparativisch und wann superlativisch aufgefasst wird.
- Der Komparativ niedrigeren Grades wird im Deutschen meist durch die Konstruktion „nicht so … wie“ ausgedrückt. Die wörtliche Wiedergabe der spanischen Konstruktion mit menos wird im Deutschen als schwerfällig empfunden.

Test 1

Bilden Sie Vergleiche mit den in Klammern angegebenen Wörtern (+ bedeutet höherer Grad, – niedrigerer Grad, = Gleichheit). Die Übersetzung hilft Ihnen dabei. Achten Sie auf die Übereinstimmung.

1. Las revistas especializadas son ______________________ (+ interesante) los periódicos. Fachzeitschriften sind interessanter als Tageszeitungen.

---

[1] Wörtlich: der am wenigsten interessante

2. Él no escribe ________________________ (= claro) habla. Er schreibt nicht so klar, wie er spricht.
3. Aquí la vida es ________________________ (+ caro) en EE.UU. Hier ist das Leben teurer als in den USA.
4. Los jóvenes son hoy ________________________ (– conformista) antes. Die Jugendlichen von heute sind nicht so angepasst wie früher.
5. Creo que (el libro) ________________________ (+ vendido) todos sus libros es «Cien años de soledad». Ich glaube, das meist verkaufte seiner Bücher ist „Hundert Jahre Einsamkeit".

1.1.2 Substantive und Verben

Die Vergleichsformen bei Substantiven und Verben werden folgendermaßen gebildet:

tanto/a/s + Substantiv + como	gleicher Grad	Ganamos **tanto** dinero **como** tú. Wir verdienen genauso viel Geld wie du.
Verb + tanto como	gleicher Grad	Trabajamos **tanto como** tú. Wir arbeiten genauso viel wie du.
más / menos + Substantiv + que	Komparativ höheren / niedrigeren Grades	Hay **más** perros **que** niños en esta ciudad. In dieser Stadt gibt es mehr Hunde als Kinder. Este año hemos cosechado **menos** verduras **que** el año pasado. Dieses Jahr haben wir weniger Gemüse geerntet als letztes Jahr.
Verb + más / menos que	Komparativ höheren / niedrigeren Grades	Antes leía **más que** ahora. Früher las ich mehr als heute. En verano los gatos duermen **menos que** en invierno. Im Sommer schlafen Katzen weniger als im Winter.
Relativsatzkonstruktion (➠ 1.3)	relativer Superlativ	Pili **es la chica que más** juguetes tiene. Pili hat die meisten Spielsachen. Pedro **es el que más** comió. Pedro hat am meisten gegessen.

Test 2

Formulieren Sie Vergleiche mit den Verben und den in Klammern angegebenen Substantiven. Die Übersetzung hilft Ihnen dabei.

1. El mar me gusta ______________________ a ti. Ich mag das Meer genauso gern wie du.
2. Me puedes hacer ______________________ (preguntas) sean necesarias. Du kannst mir so viele Fragen wie nötig stellen.
3. En Latinoamérica se baila ______________________ en Alemania. In Lateinamerika tanzt man mehr als in Deutschland.
4. Paula tiene ______________________ (condición física) hace dos años. Paula hat weniger Kondition als vor zwei Jahren.
5. México tiene ______________________ (habitantes) Alemania. Mexiko hat ebenso viele Einwohner wie Deutschland.
6. Eugenia es la chica que ______________________ (libros) compró. Eugenia hat von allen Mädchen am meisten Bücher gekauft.[2]

1.1.3 Unregelmäßige Formen

- Einige Adjektive und Adverbien weisen neben den regelmäßigen Steigerungsformen auch unregelmäßige auf. Die regelmäßigen Steigerungsformen haben meist eine konkrete, wörtliche Bedeutung, während die unregelmäßigen mehr im übertragenen Sinn verwendet werden.
- Alle unregelmäßigen Komparative haben dieselbe Form für Maskulinum und Femininum und verändern sich lediglich im Plural. (➠ Kapitel 5, *Das Adjektiv*, 1.1 und 1.2)

a) Bueno / bien – malo / mal

Positiv	Komparativ	relativer Superlativ
bueno/a gut (Adjektiv)	mejor besser (Qualität etc.) más bueno gutmütiger / braver (besserer Charakter etc.)	el/la mejor der/die/das beste
bien gut (Adverb)	mejor besser	mejor (➠ 1.3)
malo/a schlecht (Adjektiv)	peor schlechter / schlimmer más malo ungezogener	el/la peor der/die/das schlechteste / schlimmste
mal schlecht (Adverb)	peor schlechter / schlimmer	peor (➠ 1.3)

[2] Wörtlich: Eugenia ist das Mädchen, das am meisten Bücher gekauft hat.

b) Grande – pequeño, alto – bajo

Positiv	Komparativ	relativer Superlativ
grande groß	mayor größer / älter (Bedeutung, Alter etc.) más grande größer (Körpergröße, Fläche etc.)	el/la mayor der/die/das größte / älteste
pequeño/a klein	menor kleiner / geringer / jünger (Bedeutung, Alter etc.) más pequeño kleiner (Körpergröße, Fläche etc.)	el/la menor der/die/das kleinste / geringste / jüngste
alto/a groß / hoch	superior größer / höher / besser / überlegen (Qualität, Rang, Intelligenz etc.) más alto höher (Körpergröße, Höhe etc.)	el/la superior der/die/das größte / höchste / beste
bajo/a klein / niedrig	inferior kleiner / niedriger / geringer / unterlegen / schlechter (Qualität, Rang, Intelligenz etc.) más bajo niedriger (Körpergröße, Höhe etc.)	el/la inferior der/die/das kleinste / niedrigste / geringste

– Mayor und menor werden in Spanien auch in der Bedeutung „älter" und „jünger" verwendet.
  Mi hijo es **mayor / menor que** el tuyo. Mein Sohn ist **älter / jünger als** deiner.
  Tu hijo es **tan mayor como** el mío. Dein Sohn ist **so alt wie** meiner.
  Este es mi hermano **menor.** Das ist mein **jüngerer** Bruder.
  Cuando seas **mayor**, te voy a comprar un coche. Wenn du älter bist, kaufe ich dir ein Auto.
– In Hispanoamerika gebraucht man dagegen die regelmäßigen Formen más / menos grande bzw. más / menos pequeño / chico.
  Mi hijo es **más grande / más pequeño / más chico** que el tuyo.
  Cuando seas **grande**, te voy a comprar un coche. Wenn du älter bist, kaufe ich dir ein Auto.

c) Mucho – poco

Positiv	Komparativ	relativer Superlativ
mucho/a/s viel/-e (Adjektiv) Tengo **muchos** libros. Ich habe **viele** Bücher.	más mehr Tengo **más** libros que tú. Ich habe **mehr** Bücher als du.	más der/die/das meiste/-n (➠ 1.3) Yo soy la que **más** libros tiene (de todas). Ich habe **die meisten** Bücher (von allen).
mucho sehr (Adverb) Me gusta **mucho** el mate. Ich mag Mate-Tee **sehr**.	más mehr / lieber Me gusta **más** el mate que el té negro. Ich mag **lieber** Mate-Tee als schwarzen Tee.	más am meisten (➠ 1.3) Ellas fueron las que **más** se divirtieron (de todos los invitados). Sie amüsierten sich am meisten (von allen Gästen).
poco/a/s wenig/-e (Adjektiv) Tengo **pocos** libros. Ich habe **wenige** Bücher.	Tengo **menos** libros que tú. Ich habe **weniger** Bücher als du.	menos der/die/das wenigste/-n (➠ 1.3) Yo soy la que **menos** libros tiene (de todas). Ich habe **die wenigsten** Bücher (von allen).
poco wenig (Adverb) Me gusta **poco** el mate. Ich mag Mate-Tee **nicht so sehr**.	menos weniger Me gusta **menos** el mate que el té negro. Ich mag Mate-Tee **weniger gern** als schwarzen Tee.	menos am wenigsten (➠ 1.3) Ellas fueron las que **menos** se divirtieron (de todos los invitados). Sie amüsierten sich am wenigsten (von allen Gästen).

Beachten Sie

Die Komparative más und menos können mit mucho viel, algo etwas, bastante ziemlich / wesentlich, poco wenig etc. intensiviert werden.

Tengo muchos menos libros que tú. Ich habe viel weniger Bücher als du. / Ich habe bei weitem nicht so viele Bücher wie du.

El cine me gusta mucho menos que la televisión. Kino gefällt mir viel weniger als Fernsehen. / Kino gefällt mir lange nicht so wie Fernsehen.

El cine me gusta mucho más que la televisión. Ich mag viel lieber Kino als Fernsehen.

Pedro es bastante más tonto que Juan. Pedro ist wesentlich dümmer als Juan.

Test 3

Konstruieren Sie Ungleichheit. Die Übersetzungen und die Wörter in Klammern helfen Ihnen dabei.

1. Andar en bicicleta es ______________________ (mucho / bueno) correr. Radfahren ist viel besser als Laufen.
2. Aquí ellos son ______________________ (mucho / feliz) en Londres. Hier sind sie viel glücklicher als in London.
3. El mar me gusta ______________________ (mucho / poco) las montañas. Ich mag das Meer viel weniger als die Berge.
4. María conduce ______________________ (bastante / mal) yo. María fährt wesentlich schlechter als ich.
5. Este libro se puede leer ______________________ (mucho / bien) este otro. Dieses Buch lässt sich viel besser lesen als das andere.

1.2 Gebrauch

- Durch die Steigerungsformen können Lebewesen, Gegenstände oder Begriffe miteinander verglichen werden. Bei Adjektiven, Adverbien und Verben wird eine Eigenschaft (Qualität) verglichen.
  Mi casa es tan grande como la (casa) del vecino. Mein Haus ist genauso groß wie das (Haus) meines Nachbarn.
  Él es más hábil que su hermano. Er ist geschickter als sein Bruder.
  Rodolfo corre más rápidamente que Lorenzo. Rodolfo läuft schneller als Lorenzo.
- Bei Substantiven wird dagegen eine Menge (Quantität) verglichen.
  En mi jardín hay más plantas que en el tuyo. In meinem Garten sind mehr Pflanzen als in deinem.
  En esta botella hay tanto zumo como en la otra. In dieser Flasche ist genauso viel Saft wie in der anderen.
- Wenn der Kontext eindeutig ist, kann der Vergleich verkürzt werden.
  Juan es más bajo (que Pedro). Juan ist kleiner (als Pedro).
  Estos son los edificios más altos (de la ciudad). Das sind die höchsten Gebäude (der Stadt).
- In Ausrufesätzen werden ähnliche Konstruktionen verwendet.
  ¡Cirilo es tan / más tonto! = ¡Qué tonto es Cirilo! Was für ein Dummkopf Cirilo ist!

1.2.1 Gleicher Grad

Der gleiche Grad drückt aus, dass zwei oder mehr Lebewesen, Gegenstände oder Begriffe in Bezug auf ein Merkmal bzw. eine Eigenschaft gleich sind. Die Konstruktion tan ... como bzw. tanto como so / genauso / ebenso (viel/-e) ... wie kennen Sie bereits, im Folgenden lernen Sie weitere Strukturen kennen.

igual de + Adjektiv / Adverb + que	Juan **es igual de** listo **que** tú. Juan ist genauso schlau wie du. Tocas la guitarra **igual de** bien **que** el piano. Du spielst Gitarre genauso gut wie Klavier.
Verb + igual que Verb + como	Hablas **igual que** tu hermana. Du sprichst wie deine Schwester. Lo hicimos **como** querías. Wir haben es gemacht, wie du es wolltest.
el/la/lo/los/las mismo/a/s + Substantiv + que	Cali no tiene **el mismo** clima **que** Cartagena. Cali hat nicht das gleiche Klima wie Cartagena.
la misma cantidad de + Substantiv + que	Pon **la misma cantidad de** leche **que** de agua. Tu genauso viel Milch wie Wasser hinein.
el mismo número de + Substantiv + que	Tengo **el mismo número de** estudiantes **que** el semestre pasado. Ich habe genauso viele Studenten wie im letzten Semester.

Beachten Sie

El mismo número de ... que wird nur bei zählbaren Substantiven verwendet.

1.2.2 Ausdruck der Ungleichheit: Komparativ und Superlativ höheren / niedrigeren Grades

Sie haben bereits in ➠ 1.1 erfahren, dass es im Spanischen zwei Möglichkeiten gibt, Ungleichheit auszudrücken: más ... que und menos ... que, sowohl für den Komparativ als auch für den relativen Superlativ. Bitte merken Sie sich auch die beiden folgenden Strukturen.

el doble de + Substantiv + que	Compré **el doble de** ropa en Roma **que** en Madrid. Ich kaufte in Rom doppelt so viele Kleider wie in Madrid.
la mitad de + Substantiv + que	Necesité **la mitad de** tiempo **que** tú. Ich habe halb so viel Zeit gebraucht wie du.

1.3 Komparativ oder relativer Superlativ?

Wie Sie bereits erfahren haben, hat der relative Superlativ dieselbe Form wie der Komparativ. Im Folgenden erhalten Sie einige Hinweise, wie Sie erkennen, ob es sich um eine komparative oder um eine superlativische Bedeutung handelt.

a) Adjektive

- Enthält die Steigerungsform **keinen Artikel**, kann es sich nur um den Komparativ handeln.
  Estas casas son **más viejas** (que esas). Diese Häuser sind **älter** (als diese da).
- Werden die Steigerungsformen mit dem bestimmten Artikel oder mit dem Possessivbegleiter gebraucht, kann im Prinzip sowohl der Komparativ als auch der Superlativ gemeint sein.
  Les presento a **mis** hijas **mayores.** Ich stelle Ihnen **meine älteren / ältesten** Töchter vor.
  Meist wird ein solcher Satz aber superlativisch aufgefasst, vor allem dann, wenn das Verglichene mit de todo/a/s oder mit einem Relativsatz, der eine verabsolutierende Aussage enthält (z. B. que hay, que he visto / comido etc. [en mi vida]), angeschlossen wird.
  Berlín es **la más** interesante **de todas las ciudades alemanas.** Berlin ist **von allen** deutschen Städten **die interessanteste.**
  Este es **el mejor** libro de inglés **que hay** (en el mercado). Dies ist **das beste** Englischbuch, **das es** (auf dem Markt) **gibt.**

b) Adverbien, Substantive und Verben

- Eine superlativische Bedeutung wird bei Adverbien, Substantiven und Verben durch Umschreibung mit einem Relativsatz des folgenden Typs sowie verabsolutierenden Zusätzen wie de todo/a/s erzielt.
  Él **es el que** corre **más rápidamente** de todos. Er läuft **am schnellsten** von allen.
  Juan **es el chico que más** libros leyó de todos. Juan hat von allen Jungen **am meisten** Bücher gelesen.
  Dora **es la que** trabaja **más** (de todas las colegas). Dora arbeitet (von allen Kolleginnen) **am meisten.**
- Der Ausdruck lo que más me gusta ... was mir am besten gefällt ... wird im Spanischen immer superlativisch aufgefasst. (➠ 3.3.4)
  Lo que más me gusta de ti son tus ojos. Was mir am besten an dir gefällt, sind deine Augen.

Test 4

Haben die folgenden Sätze eine komparative oder superlativische Bedeutung? Ausnahmsweise wird die deutsche Übersetzung nicht angegeben.

1. Mi casa cuesta 350.000 euros, pero la de Pedro cuesta aún más dinero.
2. Este libro es el menos interesante que he leído en mi vida.
3. México D.F. es la ciudad más poblada de América.
4. Sevilla es la ciudad donde más fiestas se celebran.
5. Antonio juega mejor al tenis.
6. Lo que menos me gusta aquí en Alemania es el invierno.

2 Der absolute Superlativ

2.1 Formen

2.1.1 Regelmäßige Formen

a) Adjektive

Der absolute Superlativ wird gebildet, indem man an den Stamm des Adjektivs die Endung -ísimo/a anhängt. Einige wenige Adjektive bilden den absoluten Superlativ mit der Endung -érrimo/a.

feo/a hässlich →**feísimo/a**	Este parque es **feísimo**. Dieser Park ist **potthässlich**.
frío/a kalt →**friísimo/a**	Esta mañana ha estado **friísima**. Heute Morgen war es **eiskalt**.
fácil leicht →facil**ísimo/a**	Este texto es **facilísimo**. Dieser Text ist **kinderleicht**.
pobre arm →**paupérrimo/a**	Esta mujer es **paupérrima**. Diese Frau ist **bettelarm**.

Beachten Sie

Das Anfügen von -ísimo/a verändert die ursprüngliche Akzentsetzung: difícil → dificilísimo, fácil → facilísimo.

b) Adverbien

Adverbien auf -mente bilden den absoluten Superlativ wie Adjektive. Die Adverb-Endung -mente wird an die Superlativ-Form des Adjektivs angehängt.

lentamente langsam → **lentísimamente**	Hazlo **lentísimamente**, por favor. Mach es bitte **sehr langsam**.
claramente deutlich → **clarísimamente**	Te lo he dicho **clarísimamente**, ¿o no? Ich habe es dir doch **sehr deutlich** gesagt, oder?

difícilmente schwierig → **dificilísimamente**	**Dificilísimamente** podré ir a verte mañana. Ich kann dich morgen unmöglich besuchen.

c) Andere Konstruktionen
Der absolute Superlativ kann – analog zur deutschen Konstruktion „sehr" + Adjektiv – im Spanischen auch mit muy sehr + Adjektiv oder mit anderen superlativischen Präfixen bzw. Adverbien ausgedrückt werden (➠ 2.2.2).
Fue un día **muy lindo** / **lindísimo** / **requetelindo**. Es war ein **sehr schöner** / **wunderschöner** Tag.
Me lo dijo **muy claramente** / **sumamente claro** / **clarísimamente**. Er hat es mir **sehr deutlich** gesagt.

2.1.2 Unregelmäßige Formen

a) Unregelmäßige Formen
Einige Adjektive haben eine unregelmäßige Form. Zum Beispiel:

amable freundlich	→	amabilísimo
antiguo alt	→	antiquísimo
fiel treu	→	fidelísimo
joven jung	→	jovencísimo
libre frei	→	libérrimo
pulcro reinlich	→	pulquérrimo
sabio weise	→	sapientísimo

b) Orthographische Besonderheiten
Andere Adjektive weisen orthographische Besonderheiten auf.
Adjektiv-Stamm endet auf -c: -c → **-qu**: rico/a reich / gut → riquísimo/a
Adjektiv-Stamm endet auf -g: **-g** → **-gu**: largo/a lang → larguísimo/a
Adjektiv-Stamm endet auf -z: **-z** → **-c**: feliz glücklich → felicísimo/a

c) Zwei Formen: regelmäßig und unregelmäßig
Einige Adjektive weisen zwei Formen auf: eine regelmäßige und eine unregelmäßige, von denen allerdings die regelmäßige in der Umgangssprache gebräuchlicher ist.

alto groß / hoch	→	altísimo / supremo
amigo freundschaftlich	→	amiguísimo / amicísimo
bajo klein / niedrig	→	bajísimo / ínfimo
bien gut	→	muy bien / óptimamente
bueno gut	→	buenísimo / bonísimo / óptimo
cruel grausam	→	cruelísimo / crudelísimo
difícil schwierig	→	dificilísimo / dificílimo
fuerte stark	→	fuertísimo / fortísimo
grande groß	→	grandísimo / máximo

íntegro ganz / ehrlich	→	integrísimo / integérrimo
mal schlecht	→	malísimamente / pésimamente
malo schlecht	→	malísimo / pésimo
negro schwarz	→	negrísimo / nigérrimo
nuevo neu	→	nuevísimo / novísimo
pequeño klein	→	pequeñísimo / mínimo
pobre arm	→	pobrísimo / paupérrimo

Beachten Sie

In der Umgangssprache wird der absolute Superlativ oft mit muy oder mit anderen superlativischen Adverbien gebildet (➠ 2.2.2).

Es una persona muy amable. Es ist eine sehr nette Person.

Es un gato muy negro. Es ist eine pechschwarze Katze.

Test 5

Ersetzen Sie die folgenden Adjektive durch den absoluten Superlativ. Achten Sie auf die Angleichung der Adjektive.

ein sehr altes Möbelstück	un mueble antiquísimo
1. ein sehr teures Auto	un auto ____________ (caro)
2. eine sehr schwierige Arbeit	un trabajo ____________ (difícil)
3. ein pechschwarzer Hund	un perro ____________ (negro)
4. ein sehr guter Mensch	una persona ____________ (bueno)
5. eine sehr weise Idee	una idea ____________ (sabio)

2.2 Gebrauch

2.2.1 Allgemeines

Der absolute Superlativ drückt einen hohen Grad einer Eigenschaft aus, ohne Bezug auf andere Lebewesen, Gegenstände oder Begriffe.

Lo hizo **muy bien**. Er hat es **sehr gut** gemacht.

Lo hizo **óptimamente**. Er hat es **bestens** gemacht.

Im Deutschen wird der absolute Superlativ mit der Konstruktion „sehr" + Adjektiv wiedergegeben. In der Umgangssprache wird oft auf bildhafte Wortzusammensetzungen zurückgegriffen, z. B. spindeldürr, bildschön, gertenschlank etc.

2.2.2 Alternative Konstruktionen

In der Umgangssprache wird eine superlativische Bedeutung auch lexikalisch oder durch Präfixe ausgedrückt, z. B. requete~, super~. Im gehobenen Sprachgebrauch greift man auf Adverbien wie sumamente oder extraordinariamente zurück. Vergleichen Sie die folgenden Beispiele:

re~ (verstärkt requete~)	¿Cómo está la comida? – **Rerica.** Wie schmeckt dir das Essen? – **Sehr lecker.** Marisol está **requeteflaca.** Marisol ist **spindeldürr.**
super~, sobre~	Esta peli es **superbuena.** Dieser Film ist **saugut.** Este esfuerzo fue **sobrehumano.** Die Anstrengung war **übermenschlich.**
Wiederholung des Adjektivs	Fue un día **lindo lindo.** Es war ein **wunderschöner** Tag.
no ... nada überhaupt nicht	**No** es **nada** tonta. Sie ist **überhaupt nicht** dumm.
eine Reihe von Adverbien auf -mente: z. B. sumamente höchst, extraordinariamente außerordentlich, enormemente ungeheuer, horrorosamente schrecklich	Es **sumamente** inteligente. Er/Sie ist **hoch**intelligent. Es un libro **extraordinariamente** interesante. Es ist ein **hoch**interessantes Buch Es **increíblemente** aburrido. Er/Es ist **ätzend** langweilig. Es **verdaderamente** hermoso. Er ist **bild**schön.
favorita Lieblings~	Esta es mi película **favorita.** Das ist mein **Lieblings**film.
bien	Aurora es un nombre **bien** bonito. Aurora ist ein **sehr** schöner Name.

Beachten Sie

- Súper wird im Spanischen auch wie ein Adjektiv oder Adverb mit der Bedeutung „super", „toll" gebraucht.
  Este jersey te queda súper. Dieser Pulli steht dir super.
  (Nos) lo pasamos súper. Wir hatten viel Spaß.
- In der gepflegten Sprache kann auch superior gebraucht werden.
  Este libro es superior a este otro. Dieses Buch ist besser als das andere.

Test 6

Formen Sie die Sätze nach dem Beispiel um.

Beispiel: Es un pueblo muy pequeño. Es un pueblo pequeñísimo. Es ist ein winziges Dorf.

1. Es una ciudad muy antigua.
   Es una ciudad ______________________. Es ist eine uralte Stadt.

2. Es un libro muy bueno.
   Es un libro ______________________. Es ist ein irre gutes Buch.
3. Es un hotel muy caro.
   Es un hotel ______________________. Es ist ein sündhaft teures Hotel.
4. Es un edificio muy moderno.
   Es un edificio ______________________. Es ist ein ultramodernes Gebäude.
5. Es una película muy mala.
   Es una película ______________________. Es ist ein hundsmiserabler Film.

TIPP

Wenn Sie erst angefangen haben Spanisch zu lernen, empfehlen wir Ihnen, gleich weiter zu ➠ Kapitel 7, *Die Possessivbegleiter* zu gehen.

3 Besonderheiten

3.1 Wiedergabe von „als" beim Vergleich

Das deutsche „als" wird im Spanischen durch de, que und a wiedergegeben. Die Wahl des Vergleichswortes ist von der Art des vorangehenden bzw. nachfolgenden Wortes abhängig.

3.1.1 De

Más de / Menos de wird in den folgenden Fällen verwendet:

más / menos de + Zahlwort	Madrid tiene **más de** tres millones de habitantes. Madrid hat über / mehr als drei Millionen Einwohner. Mercedes no tiene **más de** dos años. Mercedes ist höchstens zwei Jahre alt.[3] Me quedan **menos de** 20 días de vacaciones. Mir bleiben weniger als 20 Tage Urlaub.
más / menos + Substantiv + de + lo/la/los/las que	Comí **más** pescado **de lo que** comiste tú. Ich habe mehr Fisch gegessen als du (gegessen hast). Hay **más** pobreza **de la que** pensaba. Es gibt mehr Armut, als ich dachte. Compré **menos** libros **de los que** habría podido leer. Ich kaufte weniger Bücher, als ich hätte lesen können.

[3] Wörtlich: Mercedes ist nicht älter als zwei Jahre.

	Compré **más** revistas **de las que** compraste tú. Ich kaufte mehr Zeitschriften als du.
Adverbien / Verben + más / menos + de lo + que + (Nebensatz)	Trabajo **más de lo que** me gustaría trabajar. Ich arbeite mehr, als mir lieb ist. Este vino es **mejor de lo que** creíamos. Dieser Wein ist besser, als wir dachten. Me fue **mejor de lo que** esperaba. Es verlief für mich besser als erwartet.
más / menos + de + Artikel + Substantiv / Partizip	Gasto por mes **menos de** la cuenta. Ich gebe im Monat weniger als geplant aus. Gana **menos de** lo esperado. Sie/Er verdient weniger als erwartet.
más / menos + de la mitad de	Comí **menos de la mitad de** la tortilla. Ich aß weniger als die Hälfte von der Tortilla.
más / menos + del doble + que	María trabaja **más del doble que** su esposo. María arbeitet mehr als doppelt so viel wie ihr Ehemann.

Beachten Sie

In der Alltagssprache ist die Tendenz zu beobachten, auch in Vergleichen mit einem Substantiv de lo que zu verwenden anstatt des bestimmten Artikels, der sich nach dem vorangehenden Substantiv richten sollte. (➠ Kapitel 13, *Die Relativpronomen*)

Tiene menos iniciativa **de lo / la que** parece. Er/Sie hat weniger Initiative, als es scheint.

Había **más personas de lo / las que** se había esperado. Es waren mehr Leute da, als man erwartet hatte.

3.1.2 Que

Más que / Menos que wird in den folgenden Fällen verwendet:

vor Substantiven bzw. Pronomen	Hay **más** naranjas **que** manzanas. Es gibt mehr Orangen als Äpfel. María trabaja **más que** tú. María arbeitet mehr als du.
vor Präpositionen	Es **más** interesante vivir en la ciudad **que** en el campo. Es ist interessanter in der Stadt zu leben als auf dem Land.

vor Adverbien	Es **más** bonito comer fuera **que** dentro. Es ist schöner draußen zu essen als drinnen.
vor einem Verb im Infinitiv	Es **más** agradable dormir **que** trabajar. Es ist angenehmer zu schlafen als zu arbeiten.
vor Zahlen und Mengenangaben im Sinne von „nur“	No tengo **más que** 20 euros en el bolsillo. Ich habe nur 20 Euro in der Tasche.[4]

3.1.3 A

Die Präposition a mit der Bedeutung „als“ wird verwendet:

nach superior / inferior besser / schlechter	La nueva novela es **superior a** la última. Der neue Roman ist besser als der letzte.
nach preferir lieber haben / mögen	**Prefiero** el verde **al** rojo. Ich mag lieber grün als rot.

Test 7

Vervollständigen Sie die Sätze mit de, que oder a.

1. Buenos Aires tiene más ______ diez millones de habitantes, ¿verdad? Buenos Aires hat mehr als 10 Millionen Einwohner, nicht wahr?
2. Creo que voy a ganar más ______ lo que pensaba. Ich glaube, dass ich mehr verdienen werde, als ich dachte.
3. Prefiero estar en el parque ______ estar aquí. Ich bin lieber im Park als hier.
4. Me gusta más andar en bicicleta ______ nadar. Fahrradfahren gefällt mir besser als Schwimmen.
5. Es mejor vivir en Potsdam ______ en Berlín. Es ist besser in Potsdam zu leben als in Berlin.

3.2 Weitere Strukturen zum Ausdruck des Komparativs

3.2.1 Cada vez + Komparativ

Um einen zu- bzw. abnehmenden Grad einer Eigenschaft oder Menge auszudrücken, gebraucht man die Konstruktion cada vez + Komparativ.

Pasamos **cada vez más** tiempo en el campo. Wir verbringen **immer mehr** Zeit auf dem Land.

Habla inglés **cada vez mejor**. Er/Sie spricht **immer besser** Englisch.

---

[4] Wörtlich: Ich habe nicht mehr als 20 Euro in der Tasche.

3.2.2 Cuanto + Komparativ, (tanto) + Komparativ

„Je + Komparativ, desto + Komparativ" wird im Spanischen mit der Konstruktion cuanto + Komparativ, (tanto) + Komparativ ausgedrückt.
Cuanto antes vengas, **(tanto) mejor.** **Je früher** du kommst, **desto besser**.
Cuanto más barato sea el vuelo, **(tanto) más** puedo gastar en el alojamiento.
Je billiger der Flug ist, **desto mehr** kann ich für die Unterbringung ausgeben.

3.2.3 Lo + Komparativ + adverbiales Element

„Möglichst + Adjektiv / Adverb" bzw. „so + Adverb + wie (nur) möglich" wird im Spanischen durch lo + Komparativ + posible bzw. mit einem Nebensatz mit poder ausgedrückt.

lo + Komparativ + posible	Mis hijos ponen la música **lo más fuerte posible** para fastidiarnos. Meine Kinder stellen die Musik so laut wie (nur) möglich, um uns zu ärgern. Ven aquí, ponte **lo más cerca posible.** Komm hierher, stell dich so nah wie (nur) möglich heran. Hazlo **lo mejor posible.** Mach es so gut wie du kannst. Queremos salir de vacaciones **lo más pronto posible.** Wir wollen so früh wie möglich / möglichst früh in den Urlaub fahren.
lo + Komparativ + Nebensatz mit poder	Mirasol hizo los deberes **lo más rápidamente que pudo.** Mirasol machte ihre Hausaufgaben so schnell, wie sie nur konnte.

3.3 Weitere superlativische Strukturen

3.3.1 Der/die/das meiste/-n

„Der/Die/Das meiste/-n" wird im Spanischen durch la mayor parte de oder la mayoría de ausgedrückt.
Juan pasó **la mayoría de / la mayor parte de** su vida en un pueblo andaluz.
Juan verbrachte **die meiste** Zeit seines Lebens in einem andalusischen Dorf.

3.3.2 Höchstens

„Höchstens" wird folgendermaßen wiedergegeben:
Asu **no** tiene **más de** 30. Asu ist **höchstens** 30.
Tuve **como mucho** 10 minutos de retraso. Ich hatte **höchstens** 10 Minuten Verspätung.

3.3.3 Spätestens

„Spätestens" heißt auf Spanisch a más tardar oder lo más tarde.
Vengo **a más tardar / lo más tarde** dentro de una hora. Ich komme **spätestens** in einer Stunde.

3.3.4 Preferir

Das Verb preferir lieber / am liebsten mögen hat im Spanischen eine komparative bzw. superlativische Bedeutung.
José **prefiere** los deportes **a** los estudios. José **mag** Sport **lieber als** Lernen.
Esto es lo que **prefiero**. Das **mag** ich **am liebsten**.

Bitte beachten Sie, dass más in Verbindung mit Verben wie gustar gefallen, querer mögen etc. die gleiche Bedeutung wie preferir hat.
A José le **gustan más** los deportes **que** los estudios. José **mag** Sport **lieber als** Lernen.
Esto es lo que **más quiero**. Das ist (es), was ich **am liebsten habe**.
Esto es lo que **más** me **gusta**. Das ist (es), was ich **am liebsten mag**.

Auf den Punkt gebracht

1. *(➠ 1.1)*
Bilden Sie den Komparativ der folgenden Adjektive.

a) bueno gut ____________ b) malo schlecht ____________
c) rico reich ____________ d) grande groß ____________

2. *(➠ 1.2)*
Formulieren Sie Vergleiche wie im Beispiel.
Beispiel: Juan ist größer als Carlos. Juan es <u>más grande que</u> Carlos.

a) Carola ist interessanter als Paola.
Carola es ______________________ (interesante) Paola.
b) Rita ist so lustig wie ihre Mutter.
Rita es ______________________ (gracioso) su madre.
c) Diese ist besser als die anderen.
Esta está ______________________ (bien) las otras.
d) Rocío ist weniger intelligent als Rosa.
Rocío es ______________________ (inteligente) Rosa.

3. *(➠ 1.3)*
Wählen Sie die passende Übersetzung.
a) Celia es más lista que todos sus hermanos. Celia ist (schlauer als alle ihre / die Schlaueste aller ihrer) Geschwister.
b) Pedro es el menos antipático de todo el equipo. Pedro ist (netter als die anderen Mannschaftsmitglieder / der Netteste der ganzen Mannschaft).

4. *(➠ 2.1)*
Ersetzen Sie die Adjektive durch den absoluten Superlativ.
a) Pedro ist sehr nett.
Pedro es ________________. (simpático)
b) Dieser Roman ist sehr schlecht.
Esta novela es ________________. (malo)
c) Das Buch ist sehr gut.
El libro es ________________. (bueno)

5. *(➠ 3)*
Vervollständigen Sie die Sätze mit de, que oder a.
a) Tengo más ____ cien libros. Ich habe mehr als hundert Bücher.
b) Me gusta menos ____ el que tengo ahora. Es gefällt mir weniger als das, das ich jetzt habe.
c) Este cava es superior ____ este otro. Dieser Sekt ist besser als der andere.

Und wenn Sie noch neugierig sind …

Vergleichssätze kommen oft in festen Wendungen (refranes) vor. Was bedeuten wohl die folgenden? (➠ *Lösungen*)

1. Más vale tarde que nunca. ________________________________
2. Es más astuto que un zorro. ______________________________
3. Es más lento que una tortuga. ____________________________
4. Es más tonto que un burro. _______________________________

Bevor Sie dieses Kapitel durcharbeiten, sollten Ihnen ➠ Kapitel 3, *Das Substantiv* und ➠ Kapitel 5, *Das Adjektiv* vertraut sein. Außerdem ist es hilfreich, wenn Ihnen aus dem ➠ Kapitel 10, *Die Personalpronomen* die Formen der Subjektpronomen bekannt sind.

Was Sie vorab wissen sollten

- Die Possessivbegleiter, auch Possessivadjektive genannt, zeigen die Besitzperson an: mi mamá meine Mama, tu papá dein Papa, nuestros hermanos unsere Geschwister.
- Man unterscheidet im Spanischen zwei Klassen von Possessivbegleitern:
  1. Die Possessivbegleiter, die **vor** einem Substantiv bzw. **vor** Adjektiv + Substantiv stehen.
     Nuestro trabajo es muy interesante. Unsere Arbeit ist sehr interessant.
     Su mejor amiga se llama Mariana. Seine/Ihre beste Freundin heißt Mariana.
  2. Die Possessivbegleiter, die immer **nach** dem Substantiv stehen.
     Una hermana **mía** vive también en Francfort. Eine meiner Schwestern wohnt auch in Frankfurt.
- Wie im Deutschen unterscheidet man auch im Spanischen zwischen adjektivischem und pronominalem Gebrauch der Possessiva (➠ Kapitel 11, *Die Begleiter als Pronomen,* 1.2):
  adjektivisch: Mi coche es verde. **Mein** Auto ist grün.
  pronominal: ¿Y el **tuyo**? Und **deins**?
  In diesem Kapitel geht es nur um den adjektivischen Gebrauch.

1 Formen

1.1 Die vorangestellten Possessivbegleiter

Auf Entdeckung

1. Schauen Sie sich die folgende Tabelle an.

	Singular		Plural	
Person	**maskulin**	**feminin**	**maskulin**	**feminin**
1. Singular yo ich	**mi** libro mein Buch	**mi** casa mein Haus	**mis** libros meine Bücher	**mis** casas meine Häuser
2. Singular tú du	**tu** libro dein Buch	**tu** casa dein Haus	**tus** libros deine Bücher	**tus** casas deine Häuser

Die Possessivbegleiter

	Singular		Plural	
Person	**maskulin**	**feminin**	**maskulin**	**feminin**
3. Singular él/ella er/sie Höflichkeits-form usted Sie	**su** libro sein / ihr / Ihr Buch	**su** casa sein / ihr / Ihr Haus	**sus** libros seine / ihre / Ihre Bücher	**sus** casas seine / ihre / Ihre Häuser
1. Plural nosotros/ nosotras wir	**nuestro** libro unser Buch	**nuestra** casa unser Haus	**nuestros** libros unsere Bücher	**nuestras** casas unsere Häuser
2. Plural vosotros/ vosotras ihr	**vuestro** libro euer Buch	**vuestra** casa euer Haus	**vuestros** libros eure Bücher	**vuestras** casas eure Häuser
3. Plural ellos/ellas sie Höflichkeits-form ustedes Sie/ihr[1]	**su** libro ihr / Ihr / euer[1] Buch	**su** casa ihr / Ihr / euer[1] Haus	**sus** libros ihre / Ihre / eure[1] Bücher	**sus** casas ihre / Ihre / eure[1] Häuser

2. Vergleichen Sie die Possessivbegleiter der 1., 2. und 3. Person Singular.
   Zeigen sie das Geschlecht des Besitzobjektes an? (ja / nein)
   Zeigen sie die Zahl des Besitzobjektes an? (ja / nein)
3. Vergleichen Sie nun die Possessivbegleiter der 1. und 2. Person Plural.
   Zeigen sie das Geschlecht des Besitzobjektes an? (ja / nein)
   Zeigen Sie die Zahl des Besitzobjektes an? (ja / nein)
4. Schreiben Sie die Regel bezüglich der Angleichung an das Besitzobjekt auf:

Beachten Sie

- Die vorangestellten Possessivbegleiter werden auch „unbetonte Possessivbegleiter“ genannt.
- Die Formen der 1., 2. und 3. Person Singular sowie der 3. Person Plural richten sich nur im Numerus nach dem Besitzobjekt, die der 1. und 2. Person Plural im Numerus und Genus:
  Vivo con **mi** hermana / **mis** hermanas. Ich wohne mit meiner Schwester / meinen Schwestern zusammen.
  Nuestra calle es muy transitada. Unsere Straße ist sehr befahren.

[1] Sprachgebrauch in Andalusien, auf den Kanarischen Inseln und in Hispanoamerika.

- Der Possessivbegleiter su ist mehrdeutig, je nach Kontext bezeichnet er die folgenden Besitzpersonen: de él von ihm, de ella von ihr, de ellos von ihnen, de ellas von ihnen, de usted von Ihnen, de ustedes von Ihnen. (➠ 2.2.)
- In Andalusien, auf den Kanarischen Inseln und in Hispanoamerika wird su außerdem für die informelle Form vuestro/a euer / eure verwendet, da statt der 2. Person Plural vosotros/as ihr ustedes gebraucht wird. (➠ Kapitel 10, *Die Personalpronomen,* 1.1)

Test 1

a) Setzen Sie die entsprechenden Possessivbegleiter ein. Die Personalpronomen in der ersten Spalte zeigen Ihnen an, welche Person als Besitzer gemeint ist. Beispiel: él – **su** amigo sein Freund.

yo	____ amigo mein Freund	yo	____ amiga meine Freundin
tú	____ hijos deine Kinder	tú	____ jardín dein Garten
ella	____ casa ihr Haus	ustedes	____ plantas Ihre Pflanze
usted	____ amiga Ihre Freundin	ellos	____ discos compactos ihre CDs
nosotras	____ coche unser Auto	vosotros	____ problema euer Problem
nosotros	____ comedor unser Esszimmer	nosotras	____ habitaciones unsere Zimmer

b) Vervollständigen Sie die Sätze mit den Possessivbegleitern. In Klammern steht die Person, auf die sie sich beziehen.

1. Alejandra está casada. (ella) ____ marido es psicólogo. Alejandra ist verheiratet. Ihr Mann ist Psychologe.
2. ¿Vives aún con (tú) ____ padres? Wohnst du noch bei deinen Eltern?
3. Todos los padres quieren a (ellos) ____ hijos. Alle Eltern lieben ihre Kinder.
4. Ayer hablé con mi madre sobre el problema. (ella) ____ propuesta fue muy buena. Gestern sprach ich mit meiner Mutter über das Problem. Ihr Vorschlag war sehr gut.
5. Sra. Vázquez, muchísimas gracias por (usted) ____ ayuda. Frau Vázquez, vielen Dank für Ihre Hilfe.
6. (nosotros) ____ hijas ya van a la escuela. Unsere Töchter gehen schon zur Schule.
7. Aquí tengo (vosotros) ____ libros. Hier habe ich eure Bücher.

1.2 Die nachgestellten Possessivbegleiter

Auf Entdeckung

1. Versuchen Sie, die fehlenden Endungen in der folgenden Tabelle zu ergänzen. Damit erhalten Sie eine komplette Übersicht über die nachgestellten Possessivbegleiter (➠ *Lösungen*).

Die Possessivbegleiter

	Singular		Plural	
Person	**maskulin**	**feminin**	**maskulin**	**feminin**
1. Singular yo ich	un libro **mío** ein Buch von mir	una visión **mía** eine Vision von mir	libros **míos** Bücher von mir	visiones **mías** Visionen von mir
2. Singular tú du	un libro **tuy__** ein Buch von dir	una visión **tuy__** eine Vision von dir	libros **tuy__** Bücher von dir	visiones **tuy__** Visionen von dir
3. Singular él/ella er/sie Höflichkeits-form usted Sie	un libro **suy__** ein Buch von ihm / ihr / Ihnen	una visión **suy__** eine Vision von ihm / ihr / Ihnen	libros **suy__** Bücher von ihm / ihr Ihnen	visiones **suy__** Visionen von ihm / ihr / Ihnen
1. Plural nosotros/ nosotras wir	un libro **nuestr__** ein Buch von uns	una visión **nuestr__** eine Vision von uns	libros **nuestr__** Bücher von uns	visiones **nuestr__** Visionen von uns
2. Plural vosotros/ vosotras ihr	un libro **vuestr__** ein Buch von euch	una visión **vuestr__** eine Vision von euch	libros **vuestr__** Bücher von euch	visiones **vuestr__** Visionen von euch
3. Plural ellos/ellas sie Höflichkeits-form ustedes Sie/ihr[2]	un libro **suy__** ein Buch von ihnen / Ihnen / euch[2]	una visión **suy__** eine Vision von ihnen / Ihnen / euch[2]	libros **suy__** Bücher von ihnen / Ihnen / euch[2]	visiones **suy__** Visionen von ihnen / Ihnen / euch[2]

2. Schreiben Sie die Regel bezüglich der Angleichung an das Besitzobjekt auf:

[2] Sprachgebrauch in Andalusien, auf den Kanarischen Inseln und in Hispanoamerika.

Beachten Sie

- Die nachgestellten Possessivbegleiter werden auch „betonte Possessivbegleiter" genannt. Sie stimmen sowohl in Zahl als auch in Geschlecht mit dem Bezugswort überein und stehen immer **nach** dem Substantiv.
  Un amigo **mío** vive en Caracas. Ein Freund von mir wohnt in Caracas.
  Estas son amigas **mías**. Das sind Freundinnen von mir.
- Nur mío, mía, míos, mías, also die Possessivbegleiter der 1. Person Singular, werden mit einem grafischen Akzent geschrieben.

Test 2

a) Setzen Sie die entsprechenden Possessivbegleiter ein. Die Personalpronomen in der ersten Spalte zeigen Ihnen an, welche Person als Besitzer gemeint ist. Beispiel: él – el amigo **suyo** der Freund von ihm.

yo	un amigo _____	ein Freund von mir
usted	la bellísima casa _____	das wunderschöne Haus von Ihnen
tú	esta idea _____	diese Idee von dir
él	el jardín _____	der Garten von ihm
ellos	aquellos bolis _____	diese Kugelschreiber von ihnen
ella	las buenas amigas _____	die guten Freundinnen von ihr
ustedes	algunos importantes clientes _____	einige wichtige Kunden von Ihnen
él	estos dos hijos _____	diese zwei Kinder von ihm
vosotros	las hijas _____	die Töchter von euch
nosotras	toda la ropa _____	die ganze Kleidung von uns
vosotras	determinados amigos _____	bestimmte Freunde von euch
ellas	unos libros _____	einige Bücher von ihnen

b) Vervollständigen Sie die Sätze mit den Possessivbegleitern. In Klammern steht die Person, auf die sie sich beziehen.

1. Estas tres del 5 de septiembre son las llamadas (yo) ______ a Las Canarias. Diese drei vom 5. September sind meine Anrufe auf die Kanarischen Inseln.
2. La calle (nosotros) ______ no es tan transitada. Unsere Straße ist nicht so befahren.
3. Esta amiga (tú) ______ estudia literatura, ¿no? Diese Freundin von dir studiert Literatur, nicht wahr?
4. Los asientos (ustedes) ______ son el 104 y 105. Ihre Plätze sind die Nummern 104 und 105.
5. ¿Quieres conocer a una muy buena amiga (nosotros) ______? Möchtest du eine sehr gute Freundin von uns kennen lernen?
6. Antonia vende una casa ______. Antonia verkauft eins ihrer Häuser.
7. Padre (nosotros) ______ que estás en los cielos [...]. Vater unser, der du bist im Himmel [...].

2 Gebrauch

Als Begleiter des Substantivs dient das Possessivum der näheren Bestimmung des Substantivs. Es zeigt den Besitzer an.

Vamos a vender **nuestra** casa de fin de semana. Wir haben die Absicht, **unser** Wochenendhaus zu verkaufen.
Vamos a vender una casa **nuestra**. Wir werden **eins unserer** Häuser verkaufen.
Nuestra bestimmt das Besitzobjekt „das Haus" näher: Wir verkaufen nicht irgendein Haus, sondern ein Haus, das uns gehört, **unser** Haus.

Beachten Sie
Wir empfehlen Ihnen, sich den Unterschied zwischen den Personalpronomen und den Possessivbegleitern der 1. und 2. Person Plural gut einzuprägen (➠ Kapitel 10, *Die Personalpronomen*, 1).

	1. Person Plural	2. Person Plural
Personalpronomen als Subjekt **nosotros/as** wir **vosotros/as** ihr	**nosotras** deseamos wir wünschen	**vosotros** regaláis ihr schenkt
Personalpronomen als Objekt **nos** uns **os** euch	**nos** desea er/sie wünscht uns	**os** regala er/sie schenkt euch
Possessivbegleiter **nuestro/a/s** unser/-e **vuestro/a/s** euer/eure	**nuestros** deseos unsere Wünsche	**vuestros** regalos eure Geschenke

2.1 Vom Deutschen abweichender Gebrauch

Wenn die Besitzverhältnisse eindeutig sind, bevorzugt man im Spanischen – konsequenter als im Deutschen – den bestimmten Artikel, vor allem bei Körperteilen, Kleidungsstücken oder persönlichen Gebrauchsgegenständen (➠ Kapitel 4, *Der Artikel*, 1.3.1).

Tienes las manos frías. Deine Hände sind kalt. *Oder:* Du hast kalte Hände.
Ponte la camisa nueva. Zieh dein neues Hemd an.

Beachten Sie
- Wenn der Besitzer Subjekt des Satzes ist, kann man im Deutschen neben dem Possessivbegleiter auch den bestimmten Artikel verwenden, im Spanischen bevorzugt man den bestimmten Artikel bzw. ein reflexives Objekt und den bestimmten Artikel.

(Me) dejé **los** guantes sobre la calefacción. Ich ließ meine / die Handschuhe auf der Heizung liegen.
El niño (**se**) sacó **las** manos del abrigo. Das Kind nahm seine / die Hände aus der Jacke.

- Wenn der Besitzer nicht Subjekt des Satzes ist, benutzt man im Spanischen – wie zum Teil auch im Deutschen – ein Personalpronomen als indirektes Objekt und den bestimmten Artikel (➠ Kapitel 10, *Die Personalpronomen,* 3).
  Le robaron la cartera. Man hat ihm die Brieftasche gestohlen.
  Me duele la cabeza. Mein Kopf tut weh. / Mir tut der Kopf weh.
  Te invito el café. Ich zahle dir den Kaffee.
- Der Possessivbegleiter wird aber stets gebraucht, wenn im Kontext die Besitzverhältnisse nicht deutlich sind.
  ¿Dónde están **mis** guantes? Wo sind **meine** Handschuhe? (Vorher war von den Handschuhen von jemand anderem die Rede, jetzt wird nach den eigenen gefragt.)
  Aquí tienes **mi** sombrero, póntelo porque llueve. Hier ist mein Hut (nicht deiner), setz ihn auf, denn es regnet.

Test 3

Entscheiden Sie, ob in den folgenden Sätzen der Possessivbegleiter oder der Artikel verwendet wird.

1. Estos son (mis / los) hermanos. Das sind meine Brüder.
2. He dejado (mi / el) abrigo en casa. Ich habe meinen Mantel zu Hause gelassen.
3. A María se le llenaron (sus / los) ojos de lágrimas. Ihre Augen (Marías) füllten sich mit Tränen.
4. (Mi / La) hermana trabaja en Berlín. Meine Schwester arbeitet in Berlin.
5. (Nuestro / El) hijo va a cumplir dos años. Unser Kind wird zwei Jahre alt.
6. Este es (mi / el) libro que me compré el otro día. Das ist das Buch, das ich mir neulich kaufte.
7. ¿Dónde está (su / la) chaqueta de Antonio? Wo ist Antonios Jacke?

2.2 De + Personalpronomen vs. Possessivbegleiter

Der Possessivbegleiter su/sus identifiziert den Besitzer nicht eindeutig: Er kann sich sowohl auf eine männliche oder auf eine weibliche Person im Singular oder Plural als auch auf die Höflichkeitsform im Singular oder Plural beziehen. Da in Andalusien, auf den Kanarischen Inseln und in Hispanoamerika (Hisp.) statt der vosotros/as-Form ustedes benutzt wird (➠ Kapitel 10, *Die Personalpronomen*, 1.1), kann sich su/sus dort außerdem auf die 2. Person Plural beziehen. Vergleichen Sie:

sein Freund – su amigo
ihr Freund – su amigo
Ihr Freund – su amigo
euer Freund – su amigo (Hisp.)

seine Freunde – sus amigos
ihre Freunde – sus amigos
Ihre Freunde – sus amigos
eure Freunde – sus amigos (Hisp.)

Mara viene con su amigo y su familia. Mara kommt mit ihrem Freund und seiner / ihrer Familie.

In diesem Satz ist nicht klar, ob su familia die Familie von Mara oder die ihres Freundes ist.

Um Mehrdeutigkeit bzw. Missverständnisse zu vermeiden, kann man in solchen Fällen de él / de ella von ihm / von ihr, de ellos / de ellas von ihnen, de usted / de ustedes von Ihnen bzw. von euch statt su / sus benutzen.

Mara viene con su amigo y la familia de ella. Mara kommt mit ihrem Freund und ihrer Familie.
Mara viene con su amigo y la familia de él. Mara kommt mit ihrem Freund und seiner Familie.

Test 4

Ersetzen Sie die Possessivbegleiter durch eine Konstruktion mit de, um Mehrdeutigkeit auszuschließen.

a) ¿Dónde están las llaves de la oficina? Wo sind die Büroschlüssel? – ¿Las llaves de quién? Wessen Schlüssel?
Beispiel: Sus llaves se han caído al suelo. Ihre Schlüssel sind auf den Boden gefallen. (Claudia) → Las llaves de Claudia se han caído al suelo.

1. **Sus llaves** están en el escritorio. Ihre Schlüssel liegen auf dem Schreibtisch.
(usted Sie) → ______________________________
2. **Sus llaves** están colgadas al lado de la puerta. Seine Schlüssel hängen neben der Tür.
(el secretario der Sekretär) → ______________________________
3. **Sus llaves** no las he visto. Ich habe Ihre / eure Schlüssel nicht gesehen.
(ustedes Sie / ihr [Hisp.]) → ______________________________

b) ¿El amigo de quién? Wessen Freund? ¿Los amigos de quién? Wessen Freunde?
Beispiel: Su amigo vive en Madrid. Ihr Freund wohnt in Madrid. (usted Sie) → El amigo de usted.

1. **Sus amigos** viven en Múnich. Ihre Freunde wohnen in München.
(ellos sie) → ______________________________
2. **Su amigo** vive en Zúrich. Ihr Freund wohnt in Zürich.
(ella sie) → ______________________________
3. **Sus amigos** viven en León. Ihre / Eure (Hisp.) Freunde wohnen in León.
(ustedes Sie / ihr [Hisp.]) → ______________________________

2.3 Vorangestellte vs. nachgestellte Possessivbegleiter

In den folgenden Fällen müssen die Possessivbegleiter nachgestellt werden:

Artikel + Substantiv	El amigo **mío** del que te hablé, todavía no ha vuelto. Der Freund von mir, von dem ich dir erzählte, ist noch nicht zurückgekommen.
Demonstrativbegleiter + Substantiv	**Este** amigo **mío** se llama Gusi. Dieser Freund von mir heißt Gusi.
Zahlwort + Substantiv	**Un** amigo **mío** me escribió después de 10 años. Ein Freund von mir schrieb mir nach 10 Jahren. Encontré **dos** libros **tuyos**. Ich habe zwei Bücher von dir gefunden. (➠ *Beachten Sie)*
Indefinitbegleiter + Substantiv	Conocí a **algunos** amigos **tuyos**. Ich habe ein paar Freunde von dir kennen gelernt.
wenn der Possessivbegleiter besonders betont wird	Son ideas **tuyas**, no **mías**. Das sind deine Ideen, nicht meine.
in Ausrufen	¡Qué desastre, Dios **mío**! Mein Gott, was für eine Katastrophe!
in der Anrede	Quiero decirte, amiga **mía**, que las cosas van muy bien. Ich möchte dir mitteilen, meine liebe Freundin, dass alles sehr gut läuft. Muy señor **mío**: ... Sehr geehrter Herr, ... Querida amiga **mía**: ... Meine liebe Freundin, ...

Beachten Sie

- Die nachgestellten Possessivbegleiter werden häufig prädikativ gebraucht und haben dann die Bedeutung „gehören".
  Esta casa **es nuestra**. Dieses Haus gehört uns.
  No **es mía** la culpa. Das ist nicht meine Schuld.
- Bei der Anrede in Briefen benutzt man auch die vorangestellte Form:
  Mi querida amiga: ... Meine liebe Freundin, ...
  Mi estimada colega: ... Verehrte/ Werte Kollegin, ...
  Weitere Ausdrücke werden in ➠ 3.1 aufgelistet.

– Nach einem Zahlwort wird ausgedrückt, dass eine bestimmte Anzahl unter mehreren gemeint ist: dos hermanas **tuyas** bedeutet „zwei deiner Schwestern", dagegen heißt **tus** dos hermanas „deine zwei Schwestern".

Test 5

Ergänzen Sie die korrekten Possessivbegleiter. Achten Sie darauf, ob sie vorangestellt oder nachgestellt werden.

1. Estos son dos _____ hermanos _____. Das sind zwei meiner Brüder.
2. ¿Es un _____ ex novio _____? Ist das ein Ex-Freund von dir?
3. ¿Es _____ novio _____? Ist das dein Freund?
4. _____ querido _____ hijo: ... Mein lieber Sohn, ...
5. Ella es una _____ conocida _____. Sie ist eine Bekannte von mir.
6. _____ amigos _____ son de Caracas. Unsere Freunde sind aus Caracas.
7. Algunas _____ amigas _____ son de Bogotá. Einige Freundinnen von uns sind aus Bogotá.
8. Muy _____ señores _____: ... Sehr geehrte Damen und Herren, ...

TIPP

Wenn Sie erst angefangen haben Spanisch zu lernen, empfehlen wir Ihnen weiter zu ➠ Kapitel 8, *Die Demonstrativbegleiter* zu gehen.

3 Besonderheiten

Im Folgenden erhalten Sie einen Überblick über die wichtigsten Sonderfälle beim Gebrauch der Possessivbegleiter.

3.1 Possessivbegleiter in feststehenden Wendungen

Auf Entdeckung

Bei einigen präpositionalen Wendungen kann man beide Possessivbegleiter ohne Bedeutungsunterschied benutzen. Vervollständigen Sie die rechte Spalte, wie im Beispiel (➠ *Lösungen*).

Wendungen mit vorangestelltem Possessivbegleiter	Wendungen mit nachgestelltem Possessivbegleiter	
en mi nombre	en nombre mío	in meinem Namen
por su cuenta		selbstständig

en vuestro honor		euch zu Ehren
de su parte		von ihm / ihr / ihnen / Ihnen
por su parte		seinerseits / ihrerseits / Ihrerseits
por su culpa		seinetwegen / ihretwegen / Ihretwegen
en tu lugar		an deiner Stelle
a tu favor		zu deinen Gunsten
a nuestra disposición		zu unserer Verfügung
en mi presencia		in meiner Anwesenheit

Beachten Sie
Bei den Ausdrücken en mi opinión bzw. a mi parecer meiner Meinung nach ist nur die vorangestellte Form gebräuchlich.
En mi opinión, las cosas no son como tú dices. Meiner Meinung nach sind die Dinge nicht so, wie du sie darstellst.

Test 6

Setzen Sie den passenden Possessivbegleiter ein.

1. La directora habló a favor (ella) _____. Die Direktorin hat zu ihren Gunsten gesprochen.
2. Estoy a (usted) _____ entera disposición. Ich stehe ganz zu Ihrer Verfügung.
3. Escribo esta carta en (tú) _____ nombre. Ich schreibe den Brief in deinem Namen.
4. En (nosotros) _____ opinión, esto no es correcto. Unserer Meinung nach ist das nicht richtig.
5. Por culpa (él) _____ perdimos el tren. Seinetwegen haben wir den Zug verpasst.
6. ¡Muchos saludos de parte (nosotros) _____! Viele Grüße von uns!

3.2 Possessivbegleiter mit Ortsadverbien

Der Norm entsprechend werden die zusammengesetzten Präpositionen (Ortsadverb + de) mit den betonten Personalpronomen verwendet
(➠ Kapitel 10, *Die Personalpronomen*, 4):
detrás de mí hinter mir, delante de ti vor dir, cerca de nosotros neben uns

Die Possessivbegleiter

In der Umgangssprache werden die Ortsadverbien oft ohne de mit den nachgestellten Possessivbegleitern verwendet. Dieser Gebrauch gilt jedoch als nicht korrekt. Vergleichen Sie die folgenden Beispiele mit den oben angeführten:

detrás hinter → detrás mío hinter mir
delante vor → delante tuyo vor dir
cerca neben → cerca nuestro neben uns

Auf den Punkt gebracht

1. (➠ *1.1,* ➠ *1.2*)
Welche der folgenden Aussagen sind richtig?
a) Die Possessivbegleiter mi, tu, su etc. (begleiten / ersetzen) ein Substantiv.
b) Die Possessivbegleiter mi, tu, su etc. stehen (immer / meistens) vor dem Substantiv.
c) Die Possessivbegleiter mío, tuyo, suyo etc. stimmen in (Genus / Numerus) mit dem Bezugswort überein.
d) Die Possessivbegleiter mío, tuyo, suyo etc. stehen (vor / nach) dem Substantiv.

2. (➠ *1.1,* ➠ *1.2*)
a) Formen Sie die folgenden Sätze nach dem Muster um und benutzen Sie die entsprechenden Possessivbegleiter.

Una de sus hermanas vive aqui. Eine ihrer Schwestern wohnt hier.	Una hermana **suya** vive aqui.
¿Es vuestra amiga? Ist das eure Freundin?	¿Es una amiga ________?
Sus poemas fueron publicados. Seine Gedichte wurden veröffentlicht.	Estos poemas ________ fueron publicados.
Es una de sus colegas. Sie ist eine Ihrer Kolleginnen.	Es una colega ________.
Nuestras alumnas son las mejores. Unsere Schülerinnen sind die besten.	Las alumnas ________ son las mejores.

b) Gleiche Übung mit den vorangestellten Possessivbegleitern.

Un hermano suyo vive en San Antonio. Einer seiner/ihrer/Ihrer Brüder wohnt in San Antonio.	**Su** hermano vive en San Antonio. Sein Bruder wohnt in San Antonio.
Es un colega nuestro. Er ist ein Mitarbeiter von uns.	Es ________ colega. Er ist unser Mitarbeiter.
¿Son amigos vuestros? Sind sie Freunde von euch?	¿Son ________ amigos? Sind sie eure Freunde?
Vendieron estos cuadros suyos. Diese Bilder von ihr wurden verkauft.	________ cuadros se vendieron todos. Ihre Bilder wurden alle verkauft.
Los alumnos nuestros son los mejores. Unsere Schüler sind die besten.	________ alumnos son los mejores. Unsere Schüler sind die besten.

3. (➠ *2*)

Markieren Sie die korrekte Aussage.

a) Wenn das Besitzverhältnis eindeutig ist, verwendet man (den bestimmten Artikel / den Possessivbegleiter). Me compré (mi / la) bufanda verde. Ich habe mir den grünen Schal gekauft.

b) Wenn der Possessivbegleiter betont wird, wird er (vorangestellt / nachgestellt). Me gustan los amigos de José, pero (tus amigos / los amigos tuyos) no me caen bien. Ich mag Josés Freunde, aber deine Freunde sind mir unsympathisch.

c) Wenn das Substantiv mit einem anderen Begleiter verwendet wird, wird der Possessivbegleiter dem Substantiv (vorangestellt / nachgestellt). (Algunos poemas suyos / Sus algunos poemas) no fueron publicados nunca. Einige seiner Gedichte wurden nie veröffentlicht.

d) Wenn das Substantiv mit einem Zahlwort verwendet wird und man ausdrücken will, dass eine/-r unter mehreren gemeint ist, wird der Possessivbegleiter (vorangestellt / nachgestellt). „Zwei kubanische Freunde von dir" heißt auf Spanisch: tus dos amigos cubanos / dos amigos cubanos tuyos.

e) Um Mehrdeutigkeit zu vermeiden, benutzt man z. B. die Konstruktion de + Personalpronomen. (ja / nein). „Seine Briefe sind sehr langweilig" heißt auf Spanisch, wenn man Mehrdeutigkeit ausschließen will: Sus cartas son muy aburridas. / Las cartas de él son muy aburridas.

8 *Die Demonstrativbegleiter*

Bevor Sie dieses Kapitel durcharbeiten, sollten Ihnen die ➠ Kapitel 3, *Das Substantiv,* ➠ Kapitel 4, *Der Artikel* und ➠ Kapitel 5, *Das Adjektiv* vertraut sein.

Was Sie vorab wissen sollten

- Im Spanischen gibt es im Gegensatz zum Deutschen **drei** Demonstrativbegleiter: **este**, **ese** und **aquel**. Sie verhalten sich wie Adjektive, d. h. sie richten sich in Geschlecht und Zahl nach dem Substantiv, das sie näher bestimmen, und stehen in der Regel **vor** dem Substantiv.
- Die Demonstrativbegleiter situieren Personen, Gegenstände und Begriffe räumlich, zeitlich oder im übertragenen Sinne. Sie kommen daher oft zusammen mit den Ortsadverbien aquí bzw. acá hier, ahí da und allí bzw. allá dort vor.
- Die Demonstrativbegleiter können auch pronominal, d. h. ohne Substantiv verwendet werden.
  Este no lo leí. **Dieses** habe ich nicht gelesen.
  Aquello no lo sabía, de verdad. **Das** habe ich nicht gewusst, wirklich nicht.
  (➠ Kapitel 11, *Die Begleiter als Pronomen,* 1.3)

1 Formen

1.1 Este / esta diese/-r/-s

Hier die Formen im Überblick:

	Singular	Plural
Maskulinum	**este** libro dieses Buch	**estos** libros diese Bücher
Femininum	**esta** casa dieses Haus	**estas** casas diese Häuser

1.2 Ese / esa diese/-r/-s ... da, der/die/das ... da

Auf Entdeckung

Versuchen Sie, in der folgenden Tabelle die fehlenden Endungen einzutragen. Sie können sich für die maskuline Form an Abschnitt ➠ 1.1 orientieren.
(➠ *Lösungen*)

	Singular	Plural
Maskulinum	es__ libro dieses Buch da	es__ libros diese Bücher da
Femininum	es__ casa dieses Haus da	es__ casas diese Häuser da

1.3 Aquel / aquella diese/-r/-s ... dort, der/die/das ... dort, jene/-r/-s

Auf Entdeckung

Versuchen Sie nun, die fehlenden Endungen in der folgenden Übersicht einzutragen. (➠ *Lösungen*)

	Singular	Plural
Maskulinum	aquel libro dieses Buch dort	aquell_ libros diese Bücher dort
Femininum	aquell_ casa dieses Haus dort	aquell_ casas diese Häuser dort

Test 1

Setzen Sie die richtige Form der Demonstrativbegleiter ein. Achten Sie auf die Übereinstimmung.

1. ________ (este) diccionario es muy bueno. Dieses Wörterbuch ist sehr gut.
2. María vive en ________ (ese) casa ahí enfrente. María wohnt in diesem Haus da drüben.
3. ________ (aquel) señoras son docentes de la Universidad. Diese Frauen dort sind Dozentinnen an der Universität.
4. ________ (este) semana no tengo tiempo. Diese Woche habe ich keine Zeit.
5. ________ (ese) autos son carísimos, ¿no? Diese Autos da sind sauteuer, nicht wahr?
6. ________ (ese) blusa que tienes puesta te queda bien. Die Bluse, die du anhast, steht dir gut.
7. ________ (aquel) día, cuando me contaron la noticia, me sentí muy feliz. An dem Tag, als ich die Nachricht erfuhr, war ich sehr glücklich.

2 Gebrauch

2.1 Este / esta

Este bezieht sich auf Personen und Gegenstände, die sich in der unmittelbaren Nähe – örtlich und zeitlich – des Sprechenden befinden und die ihm deshalb auch bewusstseinsmäßig näher sind als mit ese oder aquel bezeichnete. Sie werden oft im Zusammenhang mit den Adverbien **aquí** bzw. **acá** hier und den Personalpronomen und Verbformen der 1. Person (yo ich, nosotros/as wir) verwendet.

Esta carta **de aquí**, ¿es para mí? Dieser Brief hier, ist der für mich?

Este año hemos viajado a Argentina. Dieses Jahr sind wir nach Argentinien gefahren.
Esta mañana me he quedado dormido. Heute Morgen habe ich verschlafen.

2.2 Ese / esa

Es gibt im Deutschen keine direkte lexikalische Entsprechung von **ese**. Je nach Kontext wird ese mit „diese/-r/-s", „diese/-r/-s ... da" oder „der/die/das ... da" wiedergegeben. Ese wird oft im Zusammenhang mit dem Adverb **ahí** da und den Personalpronomen der 2. Person (tú bzw. vos du, vosotros/as bzw. ustedes ihr) sowie der „Sie"-Form (usted/ustedes) gebraucht und weist auf Personen und Gegenstände hin, die sich in der – örtlichen, zeitlichen oder bewusstseinsmäßigen – Nähe des Angesprochenen befinden.
Ese perro es vuestro, ¿verdad? Das ist euer Hund, nicht wahr?
La semana pasada fue tu cumpleaños. Estuve tan liada **ese** día, que se me pasó llamarte. Letzte Woche war dein Geburtstag. An dem Tag hatte ich so viel zu tun, dass ich vergaß dich anzurufen.

2.3 Aquel / aquella

Auch für **aquel** gibt es im Deutschen keine direkte lexikalische Entsprechung (➠ *Beachten Sie*). Es wird oft im Zusammenhang mit den Adverbien **allí** bzw. **allá** dort / dort drüben und den Personalpronomen und Verbformen der 3. Person (außer usted/ustedes) verwendet und weist auf Personen und Gegenstände hin, die sich weder in der Nähe des Sprechenden noch des Angesprochenen befinden.
Aquella carpeta de allí, ¿de quién es? Diese Mappe dort, wem gehört die?

Der Demonstrativbegleiter aquel verweist auf eine Zeit, die weit von der Gegenwart entfernt ist.
En **aquel** tiempo no se sabía lo que iría a pasar. Damals wusste man nicht, was geschehen würde.

Beachten Sie
- Este mit der Angabe der Tageszeit wird mit „heute ..." wiedergegeben: esta mañana heute Morgen / Vormittag, esta tarde heute Nachmittag / Abend, esta noche heute Abend / Nacht.
- Aquel wird häufiger als die deutschen Formen „jene/-r/-s" gebraucht. So kann man im Spanischen in der Umgangssprache sagen: Aquel día me sentí muy bien. Wörtlich: An jenem Tag fühlte ich mich sehr wohl. Im heutigen Deutsch würde man den Satz eher folgendermaßen wiedergeben: An dem Tag (damals) fühlte ich mich sehr wohl.

- Die Wahl des Demonstrativums hat auch gesprächsstrategische Aspekte: Mit este und ese will man dem Gesprächspartner etwas näherbringen (es wird also eine gewisse Emphase, ein gewisses Engagement des Sprechenden deutlich), während man es mit aquel von ihm wegrückt (es wird also eine gewisse Distanz zum Ausdruck gebracht).

Test 2

a) Vervollständigen Sie die Sätze mit den entsprechenden Demonstrativbegleitern.

1. Tomad, __________ regalo es para vosotros. Hier, dieses Geschenk ist für euch.
2. ¿Quiénes viven allí, en __________ piso? Wer wohnt dort, in der Wohnung da?
3. ¿Está libre __________ silla de ahí? Ist dieser Stuhl da frei?
4. ¿Está libre __________ butaca de aquí? Ist der Sitz hier frei?
5. __________ periódicos que están allí, ¿hay que botarlos? Sollen diese Zeitungen dort in den Müll?[1]
6. __________ libros que tienes encima de tu escritorio, ¿ya los has leído? Hast du schon die Bücher gelesen, die auf deinem Schreibtisch liegen?

b) Übersetzen Sie die Demonstrativbegleiter ins Deutsche.

1. Este año ha sido económicamente hablando un desastre. __________ Jahr ist in wirtschaftlicher Hinsicht eine Katastrophe gewesen.
2. En este momento no puedo ir al teléfono. In __________ Moment kann ich nicht ans Telefon gehen.
3. ¿Qué pasó esta mañana? Was ist __________ Morgen passiert?
4. ¿Qué vais a hacer esta noche? Was macht ihr __________ Abend?
5. Aquella vez no supe cómo reaccionar. ______ wusste ich nicht, wie ich hätte reagieren sollen.
6. 1968 marcó un cambio social. En ese / aquel año hubo grandes manifestaciones estudiantiles. 1968 war der Beginn einer sozialen Veränderung. In __________ Jahr gab es viele Studenten-Demonstrationen.

TIPP

Das sind die wichtigsten Informationen zu den Demonstrativbegleitern. Wenn Sie noch Anfänger sind, können Sie jetzt weiter zu ➠ Kapitel 9, *Die Indefinitbegleiter* gehen.

[1] Wörtlich: Diese Zeitungen, die dort sind, muss man sie wegwerfen?

3 Nachstellung der Demonstrativbegleiter

Die Demonstrativbegleiter können auch nachgestellt werden. Damit werden sie hervorgehoben.
La ciudad **esta** se llama Oviedo. Diese Stadt heißt Oviedo.
El chico **ese** del que te hablé se llama Horacio. Der Junge, von dem ich dir erzählt habe, heißt Horacio.

Bei Nachstellung können die Demonstrativbegleiter auch eine **abwertende Bedeutung** haben bzw. eine abwertende Aussage verstärken. Wir empfehlen Ihnen, die Nachstellung der Demonstrativbegleiter nicht zu gebrauchen.
El tipo **ese** es muy peligroso. Der Typ da ist sehr gefährlich.
Las mujeres **esas** cotillean todo el tiempo. Die Frauen da tratschen den ganzen Tag.

Auf den Punkt gebracht

1. *(➡ 1)*

a) Die Singularformen von este, ese und aquel lauten:

maskulin:	est__ juego dieses Spiel	feminin:	est__ pelota dieser Ball
	es__ juego das Spiel da		es__ pelota der Ball da
	aquel__ juego das Spiel dort		aquel__ pelota der Ball dort

b) Die Pluralformen von este, ese und aquel lauten:

maskulin:	est__ juegos diese Spiele	feminin:	est__ pelotas diese Bälle
	es__ juegos die Spiele da		es__ pelotas die Bälle da
	aquel__ juegos die Spiele dort		aquel__ pelotas die Bälle dort

2. *(➡ 2)*

Markieren Sie die richtige Aussage und setzen Sie den passenden Demonstrativbegleiter ein.

a) (Este / Ese / Aquel) wird verwendet für Personen oder Gegenstände, die sich in der unmittelbaren Nähe des Sprechenden befinden.
______ libro me gusta mucho. Dieses Buch gefällt mir sehr.

b) (Este / Ese / Aquel) wird verwendet für Personen oder Gegenstände, die sich in der Nähe des Angesprochenen befinden.
¿ ______ señora es tu madre? Ist diese Frau da deine Mutter?

c) (Este / Ese / Aquel) wird verwendet für Personen oder Gegenstände, die sich weder in der Nähe des Sprechenden noch des Angesprochenen befinden.
¿ ______ chicos son sus alumnos? Sind diese jungen Leute dort ihre Schüler?

Indefinitbegleiter und Artikel sind sich in vielen Aspekten ähnlich. Deshalb ist es ratsam, das ➡ Kapitel 4, *Der Artikel* durchzuarbeiten, bevor Sie sich mit den Indefinitbegleitern beschäftigen.

Was Sie vorab wissen sollten

Indefinitbegleiter, z. B. ninguno kein/-e/-r, alguno irgendein/-e, todo ganz / alle, cada jede/-r/-s, beschreiben Substantive ganz allgemein und unbestimmt.

Was Genus und Numerus betrifft, kann man die Indefinitbegleiter in die folgenden Kategorien unterteilen:

- unveränderlich: cada, demás, diferentes, más, menos
- veränderlich in Bezug auf Genus: ambos, distintos, diversos, ninguno, varios
- veränderlich in Bezug auf Numerus: bastante, cualquiera, semejante, tal
- veränderlich in Bezug auf Genus und Numerus: alguno, cierto, demasiado, mismo, mucho, otro, poco, tanto, todo, un.

Bezüglich des Gebrauchs unterscheidet man zwischen

- Indefinita, die nur adjektivisch, d. h. als Begleiter, verwendet werden. Im Spanischen gibt es nur vier Indefinita, die ausschließlich als Substantivbegleiter gebraucht werden, nämlich cada jeder, cierto ein gewisser, semejante ein derartiger / ein ähnlicher.
  Cierto día vino a verme. An einem **gewissen** Tag kam er mich besuchen.
- Indefinita, die nur pronominal verwendet werden. Sie ersetzen ein Substantiv. (➡ Kapitel 12, *Die Indefinitpronomen*)
  ¿Has encontrado **algo**? Hast du **etwas** gefunden?
- Indefinita, die sowohl adjektivisch als auch pronominal verwendet werden. Hierzu zählt die Mehrzahl der Indefinita.
  Adjektivisch: Hay **muchos** libros. Es gibt **viele** Bücher.
  Pronominal: **Muchos** han llegado tarde. **Viele** sind zu spät gekommen.
- Indefinita, die auch als Adverb verwendet werden, z. B. bastante ziemlich, demasiado zu viel, mucho viel / sehr. (➡ Kapitel 32, *Das Adverb*, 1.1)
  Adjektivisch: Tengo **muchos** amigos. Ich habe **viele** Freunde.
  Pronominal: **Muchos** no vinieron. **Viele** sind nicht gekommen.
  Adverbial: Francisco habla **mucho**. Francisco spricht **viel**.

1 Überblick über die Indefinitbegleiter

Die folgende alphabetisch angelegte Tabelle gibt Ihnen einen Überblick über die spanischen Indefinitbegleiter.

Indefinitbegleiter	Beispiele
algún/alguno/a/s irgendein/-e / (Plural) einige / ein paar / etliche	**Algún** día será millonaria. Eines Tages wird sie Millionärin sein. (Wörtlich: An **irgendeinem** Tag ...) Estaré **algunos** días fuera. Ich werde **einige** Tage weg sein.
ambos/as beide	**Ambos** hermanos estudian psicología. **Beide** Brüder studieren Psychologie.
bastante/s ziemlich viel/-e / genug	Tengo **bastante** hambre. Ich habe **ziemlich viel** Hunger.
cada jede/-r-/s / alle	Voy a nadar **cada** tres días. Ich gehe **alle** drei Tage schwimmen.
cierto/a/s gewisse/-r / manche/-r	Conocí a un **cierto** señor Rosas. Ich habe einen **gewissen** Herrn Rosas kennen gelernt.
cualquiera/cualesquiera irgendein/-e / jede/-r/-s (beliebige)	¿Qué quieres tomar? – **Cualquier** cosa, tengo muchísima sed. Was möchtest du trinken? – Irgendwas, ich bin sehr durstig. (Wörtlich: **irgendeine** Sache ...)
los/las + demás die übrigen	Y tú te quedas con los **demás** niños. Und du bleibst bei den **übrigen** Kindern.
demasiado/a/s zu viel/-e	Has comido **demasiados** espaguetis. Du hast **zu viel** Spaghetti gegessen.
diferentes verschiedene / mehrere	Hay **diferentes** problemas en la empresa. Es gibt **mehrere** Probleme im Betrieb.
distintos/as verschiedene / mehrere	Son **distintos** colores. Das sind **verschiedene** Farben.
diversos/as verschiedene / mehrere	Tengo que comprar **diversas** cosas. Ich muss **verschiedene** Sachen einkaufen.
más mehr	Le serviste **más** carne que a mí. Du hast ihm/ihr **mehr** Fleisch gegeben als mir.

Indefinitbegleiter	Beispiele
menos weniger	Nos queda **menos** tiempo de lo que pensábamos. Uns bleibt **weniger** Zeit, als wir dachten.
Artikel + mismo/a/s der-/die-/dasselbe(n) / (der/die/das) gleiche(n)	Nacimos el **mismo** año. Wir sind im **gleichen** Jahr geboren.
mucho/a/s viel/-e	La abuela tiene **mucha** paciencia. Oma hat **viel** Geduld.
ningún/ninguno/a (gar) kein/-e	No veo **ninguna** posibilidad. Ich sehe **keine** Möglichkeit. Yo con ella no tengo **ningún** problema, ¿por qué lo preguntas? Ich habe **gar kein** Problem mit ihr, warum fragst du?
otro/a/s (ein/-e) andere/-r/-s	¿Por qué no te pones **otros** zapatos? Warum ziehst du nicht **andere** Schuhe an?
poco/a/s wenig/-e	Tenemos **poco** dinero. Wir haben **wenig** Geld.
semejante/s (ein/-e) derartige/-r/-s	**Semejante** pregunta ... ¿cómo se te ocurre? **Was für eine** Frage ... Wie kommst du darauf?
tal/tales (ein/-e) solche/-r/-s / solch/-e (ein/-e) / so ein/-e / (ein/-e) derartige/-r/-s	No digas **tal** tontería. Sag nicht **solch** / **so eine** Dummheit!
tanto/a/s so viel/-e	Ayer había **tantas** personas. Gestern waren **so viele** Leute da. Puedes comer **tantas** golosinas como quieras. Du kannst **so viele** Süßigkeiten essen, wie du willst.
todo/a/s + (Artikel) ganz, alle/-s, jede/-r	**Todos** los días voy al parque. Ich gehe **jeden** Tag in den Park. **Todo** Madrid está en la calle. **Ganz** Madrid ist auf der Straße.
un/a / uno/as ein/-e / (Plural) einige / ein paar / etliche	Tengo **un** amigo holandés / **unos** amigos holandeses. Ich habe **einen** holländischen Freund / **einige** holländische Freunde.
varios/as verschiedene / mehrere	Había **varios** amigos. Es waren **mehrere** Freunde da.

Test 1

Markieren Sie die richtige/-n Möglichkeit/-en. Die Übersetzung hilft Ihnen dabei.

1. Francisca tiene (mucho / demasiado / poco) trabajo. Francisca hat zu viel Arbeit.
2. Tenemos (bastantes / tantos / otros) problemas. Wir haben ziemlich viele Probleme.
3. Tengo (mucha / demasiada / tanta) prisa. Ich habe es sehr eilig.
4. Sírvanse (bastante / tanto / mucho) café como ustedes quieran. Nehmt so viel Kaffee, wie ihr möchtet.
5. Beatriz y Silvio tienen (muchos / bastantes / varios) intereses en común. Beatriz und Silvio haben viele gemeinsame Interessen.
6. Luis no ve (una / alguna / ninguna / Ø) solución al problema. Luis sieht keine Lösung für das Problem.
7. Tenemos (varias / pocas / diversas) propuestas. Wir haben verschiedene Vorschläge.
8. Elena tiene que entender que no puede hacer (tales / ciertas / algunas) cosas. Elena muss verstehen, dass sie gewisse Sachen nicht machen kann.

2 Die gebräuchlichsten Indefinitbegleiter

2.1 Un/una / unos/as

Auf Entdeckung

a) Lesen Sie die folgenden Beispiele.

1. Mira allí, hay un gato. Schau mal dort, da ist ______________ Katze.
2. Aquí tengo unos libros, ¿quieres verlos? Hier habe ich ______________ Bücher, willst du sie sehen?
3. Tengo unas preguntas, ¿tienes un ratito? Ich habe ______________ Fragen, hast du ein bisschen Zeit?
4. Busco un cocinero asturiano, ¿conoces a alguno? Ich suche ______________ asturianischen Koch, kennst du einen?
5. En los cuentos siempre hay un hada. In den Märchen gibt es immer ______________ Fee.

b) Versuchen Sie nun, die Indefinitbegleiter ins Deutsche zu übersetzen. Beachten Sie Folgendes: un/una bezieht sich auf die Zahl **eins** (und nicht auf zwei oder mehrere), unos/unas auf eine kleine, aber unbestimmte Menge. (➠ *Lösungen*)

Beachten Sie
Bei weiblichen Substantiven, die mit **betontem a** oder **ha** beginnen, wird – wie beim bestimmten Artikel (➠ Kapitel 4, *Der Artikel,* 1.1.2) – die männliche Form un benutzt: un hada eine Fee, **aber**: una alondra eine Lerche.
Steht zwischen Artikel und Substantiv ein Adjektiv, wird una beibehalten: una buena hada eine gute Fee.

2.1.1 Der Gebrauch von un/una ein/eine

Un/Una wird in den folgenden Fällen verwendet:

um eine Person oder Sache zu identifizieren bzw. zu beschreiben, v.a. nach dem Verb ser sein + Substantiv (+ Adjektiv)	¿Quién es él? – Francisco, **un** técnico de la empresa. Wer ist es? – Francisco, **ein** Techniker aus dem Betrieb. (Ella) es **una** mujer extraordinaria. Sie ist **eine** außerordentliche Frau.
um sich auf eine Klasse zu beziehen, ohne konkret zu werden	Tengo **un** gatito chiquitito. Ich habe **eine** winzige Katze. En la clínica operaron a **un** enfermo de cáncer. In der Klinik haben sie **einen** Krebskranken operiert. ¿Hay **una** farmacia por aquí cerca? Gibt es **eine** Apotheke in der Nähe?

Beachten Sie
Im Gegensatz zum Deutschen steht vor otro/a (ein/-e) andere/-r/-s nicht der unbestimmte Artikel un/una.
¿Tienes otro lápiz? Hast du einen anderen Bleistift?

2.1.2 Der Gebrauch von unos/as einige / ein paar

Unos/as wird in den folgenden Fällen verwendet:

um eine ungenaue Menge zu bezeichnen: ca. / etwa / ungefähr	De Salta a Neuquén hay **unos** 2000 kilómetros, si no me equivoco. Von Salta nach Neuquén sind es **ca.** 2000 Kilometer, wenn ich mich nicht irre.
mit der Bedeutung „einige", „ein paar" (= algunos/as)	Esta noche voy al cine con **unos** amigos. Heute Abend gehe ich mit **einigen** Freunden ins Kino. Tengo **unos** libros sobre este tema en casa, ¿los quieres? Ich habe **einige** Bücher über dieses Thema zu Hause, willst du sie haben?

in Kombination mit unos/as + pocos/as bzw. unos/as + cuantos/as	En **unas pocas** semanas nos iremos de vacaciones. In **wenigen** Wochen fahren wir in Urlaub. En mi jardín hay **unas cuantas** plantas que están por florecer. In meinem Garten gibt es **ein paar** Pflanzen, die bald blühen.

Beachten Sie
Bei Substantiven, die nur im Plural verwendet werden, steht unos/as auch mit singularischer Bedeutung als Folge der Übereinstimmung zwischen Substantiv und Begleiter.
¿Dónde puedo comprar **unos** anteojos / **unas** gafas de sol? Wo kann ich eine Sonnenbrille kaufen?
Hace mucho frío, ¿me prestas **unos** guantes? Es ist sehr kalt, leihst du mir Handschuhe?

Test 2
Ergänzen Sie die entsprechende Form von un / una / unos / unas.
1. Jesús Díaz, ¿es _____ cantante cubano? Ist Jesús Díaz ein kubanischer Sänger?
2. Estos son _____ ejercicios para practicar. Das sind einige Übungen zum Vertiefen.
3. Aquí hay _____ cuaderno, ¿es tuyo? Hier liegt ein Heft, ist das deins?
4. ¿Quién es Ernesto Sábato? – Es _____ conocido escritor argentino. Wer ist Ernesto Sábato? – Er ist ein bekannter argentinischer Schriftsteller.
5. Tengo _____ problema. Ich habe ein Problem.

2.2 Algún/alguno/a / algunos/as und ningún/ninguno/a

2.2.1 Der Gebrauch von algún/alguno/a/s (irgend)ein/-e / (Plural) einige / manche / etliche

Algún/Alguno ist veränderlich in Genus und Numerus. Alguno wird zu algún, wenn es vor einem männlichen Substantiv steht. Alguno/Alguna sind eine Variante von un/una und haben die folgenden Bedeutungen:

Singular: (irgend)ein/-e	¿Hay **algún** problema si me quedo a dormir esta noche? Ist es **(irgend)ein** Problem, wenn ich heute hier übernachte? ¿Tienes **alguna** película en español? Hast du **irgendeinen** Film auf Spanisch? Tiene que estar en **algún** lugar. Er/Sie muss irgendwo stecken. (Wörtlich: an **irgendeinem** Ort ...)
Plural: einige / manche / etliche	Tengo **algunas** dudas. Ich habe **einige** Fragen.

Beachten Sie

In verneinten Sätzen hat alguno/a dieselbe Bedeutung wie ninguno/a. Es ist zu beachten, dass in diesem Fall alguno/a nachgestellt wird und immer im Singular steht.

No expresó comentario **alguno** al respecto. = No expresó **ningún** comentario al respecto. Er hat keinerlei Kommentar diesbezüglich abgegeben.

2.2.2 Der Gebrauch von ningún/ninguno/a kein/-e

- Ningún/Ninguno wird fast ausschließlich im Singular gebraucht. Es verstärkt die Funktion des Adverbs no.
  No veo **ninguna** solución al problema. Ich sehe **keine** Lösung zu diesem Problem.
- Je nach Kontext kann ninguno/a anstatt un/una verstärkend wirken.
  No era **ningún** tonto. Er war **keineswegs** dumm. Im Gegensatz zu: No era (un) tonto. Er war nicht dumm.
  Ya no era **ningún** niño. Er war **wirklich kein** Kind mehr. Im Gegensatz zu: Ya no era un niño. Er war kein Kind mehr.
- Ninguno wird vor einem männlichen Substantiv zu ningún.
  No tengo **ningún** problema. Ich habe **kein** Problem.
- Ninguno/a kann vorangestellt oder nachgestellt werden, wobei die Voranstellung üblicher ist.
  No hay **ninguna** duda. = No hay duda **ninguna**. Es gibt **keinen** Zweifel daran.

Test 3

Ergänzen Sie die entsprechende Form von algún/alguno/a/s bzw. ningún/ninguno/a.

1. ¿Hay ________________ pregunta? Gibt es irgendeine Frage?
2. No hay ________________ duda. Es gibt gar keinen Zweifel daran.

3. Lo hizo sin ________________ motivo. Er hat es ohne irgendeinen Grund getan.
4. No es ________________ razón para desesperarse. Das ist überhaupt kein Grund zum Verzweifeln.
5. En ________________ horas se irá la abuela. In einigen Stunden wird Großmutter abreisen.

3 Die weiteren Indefinitbegleiter

3.1 Todo/a/s, cada

3.1.1 Der Gebrauch von todo/a/s ganz / alle

Todo wird meist mit Artikel gebraucht: toda la semana die ganze Woche, todas las semanas jede Woche, toda una semana eine ganze Woche. Todo kann aber auch mit einem weiteren Begleiter verwendet werden: todos estos días alle diese Tage. Todo ist in Genus und Numerus veränderlich und kann bedeuten:

ganz / alle	**todo** el mundo die **ganze** Welt, **toda** la vida das **ganze** Leben, **todas** mujeres juntas **alle** Frauen zusammen, **todos** los hombres **alle** Männer / Menschen
todo un + Substantiv hat eine superlativische Bedeutung	A los tres años era **todo** un hombrecito. Er war mit drei Jahren eine Persönlichkeit. (Wörtlich: Er war ein **ganzer** kleiner Erwachsener.)
in prädikativer Funktion: ganz / ein/-e große/-r/-s	Ella es **toda** corazón. Sie hat ein großes Herz. (Wörtlich: Sie ist **ganz** Herz.) Soy **todo** oídos. Ich bin **ganz** Ohr.
unmittelbar vor einem Substantiv oder Substantiv + Adjektiv: alle / jede/-r/-s	Me gusta **todo** tipo de fruta. Ich mag **jede** Art Obst. **Toda** fotografía familiar tiene un poco de historia. **Jedes** Familienfoto enthält ein bisschen Geschichte.
bei Zeitbestimmungen: jede/-r/-s	**todos** los días **jeden** Tag, **todas** las semanas **jede** Woche, **todos** los años **jedes** Jahr

3.1.2 Der Gebrauch von cada jede/-r/-s / alle

Cada ist unveränderlich und wird nur adjektivisch gebraucht: cada dos semanas jede zweite Woche / alle zwei Wochen.
Die Grundbedeutung von cada ist „jede/-r/-s". Hier die Bedeutungen im Überblick:

in Verbindung mit Zahlwörtern (ab zwei) oder anderen Indefinitbegleitern wie cierto, mucho, poco: alle	**cada** tres días **alle** drei Tage **cada** diez minutos **alle** zehn Minuten **cada** pocos días **alle** paar Tage **cada** cierto tiempo von Zeit zu Zeit
in Verbindung mit einem Substantiv: jede/-r/-s	**Cada** niño es un tesoro. **Jedes** (einzelne) Kind ist ein Schatz. Se elige a un representante por **cada** provincia. Es wird ein Vertreter für **jedes** Land gewählt.

Test 4

Setzen Sie die entsprechende Form von todo/a/s + Artikel, cada + Zahl bzw. einen anderen Indefinitbegleiter ein.

1. ________________ (año) viajo a Nicaragua. Jedes Jahr fahre ich nach Nicaragua.
2. Tienes que tomar agua ________________ (dos / hora). Du musst alle zwei Stunden Wasser trinken.
3. Vamos a bailar ________________ (semana). Wir gehen jede Woche tanzen.
4. Ayer estuve ________________ (día) trabajando. Gestern habe ich den ganzen Tag gearbeitet.
5. Me voy al trabajo ________________ (día) en bicicleta. Ich fahre jeden Tag mit dem Fahrrad zur Arbeit.
6. ________________ (diez años) hay una crisis económica. Alle zehn Jahre gibt es eine Wirtschaftskrise.

3.2 Tanto/a/s

Tanto ist in Genus und Numerus veränderlich. Hier der Gebrauch im Überblick:

so viel/-e	**tanto** tiempo **so viel** Zeit, **tanta** lluvia **so viel** Regen, **tantos** años **so viele** Jahre, **tantas** personas **so viele** Leute

in Wendungen	¡**Tanto** tiempo sin verte! Lange nicht gesehen! (Wörtlich: **So viel** Zeit, ohne dich zu sehen!) ¡Han pasado **tantos** años! Wie lange das her ist! (Wörtlich: **So viele** Jahre sind vergangen!)
in Vergleichen: tanto/s ... como so / ebenso / genauso viel/-e ... wie	Ella tiene **tanta** voluntad **como** su madre. Sie hat **so viel** Willensstärke **wie** ihre Mutter.

Beachten Sie

Tanto wird auch adverbial verwendet und ist dann unveränderlich. (➠ Kapitel 32, *Das Adverb*, 1.2.3)

Me alegro **tanto** de verte. Ich freue mich so sehr, dich zu sehen.

Auch in der Superlativform (➠ Kapitel 6, *Vergleichsstrukturen*, 2):

Me alegré **tantísimo** de verte. Ich habe mich wahnsinnig gefreut, dich zu sehen.

Test 5

Setzen Sie die entsprechende Form von tanto/a/s ein.

1. Te lo he dicho _______ veces, ¿por qué no me escuchas? Ich habe es dir so oft[1] gesagt, warum kannst du nicht auf mich hören?
2. Hola, ¡ _______ tiempo! ¿Qué es de tu vida? Hallo, lange nicht gesehen! Was machst du so?
3. Este año ha habido _______ lluvia ... ¡Es increíble! Dieses Jahr hat es so viel geregnet ... Unglaublich!
4. Nunca hemos cosechado _______ fruta como este año. Nie haben wir so viel Obst geerntet wie dieses Jahr.
5. _______ alboroto, ¿para qué? So viel Aufstand, wofür?

3.3 Más – menos, mucho/a/s – poco/a/s, demasiado/a/s, bastante

3.3.1 Der Gebrauch von más mehr – menos weniger

Más und menos sind unveränderlich und werden folgendermaßen verwendet:

mehr	Hay **más** gente que ayer. Es sind **mehr** Leute da als gestern.
weniger	Tengo **menos** ganas que tú. Ich habe **weniger** Lust als du.

[1] Wörtlich: so viele Male

Artikel + **más / menos** + **de** die meisten / die wenigsten	**Las menos (de** las) veces nos hemos encontrado en tu casa. **Die wenigsten** Male haben wir uns bei dir getroffen.
in Kombination mit mucho: viel mehr / viel weniger	Tú tienes que hacer **muchas más** horas extras que yo. Du musst **viel mehr** Überstunden machen als ich.

3.3.2 Der Gebrauch von mucho/a/s viel/-e

Mucho ist in Genus und Numerus veränderlich und hat die Grundbedeutung „viel/-e". Hier der Gebrauch im Überblick:

viel/-e	Había **mucha** gente en la plaza. Es gab **viele** Leute auf dem Platz. Hay **mucho** tráfico. Es gibt **viel** Verkehr.
je nach Substantiv auch: stark / hoch / zu viel/-e / groß etc.	La contaminación es **mucha**. Die Umweltverschmutzung ist **groß / stark**. Tenía **mucha** edad para viajar. Sie war zu alt zum Reisen. (Wörtlich: **hohes** Alter) las **muchas** obligaciones die **unendlichen** Pflichten **mucha** boca gesprächig (Wörtlich: **viel / großer** Mund) **mucho** auto para ellos ein zu schickes / zu großes Auto für sie (Wörtlich: **zu viel** Auto)
mit superlativischer Bedeutung: muchísimo sehr viel/-e	Hay **muchísimos** motivos para sonreír. Es gibt immer einen Grund zum Lächeln. (Wörtlich: **sehr viele** Gründe)

3.3.3 Der Gebrauch von poco/a/s wenig/-e

Poco ist in Genus und Numerus veränderlich und hat die Grundbedeutung „wenig". Hier der Gebrauch im Überblick:

wenig/-e	Vino **poca** gente. Es kamen **wenig** Leute. Hay **poco** tráfico. Es gibt **wenig** Verkehr. Carlos come **poca** carne. Carlos isst **wenig** Fleisch.
je nach Substantiv drückt poco die Bedeutungsaspekte	**pocas** ganas **keine** Lust Tiene **poca** paciencia. Er/Sie hat **wenig / keine** Geduld.

„unzureichende Menge", „Mangel an", „Kleinheit" etc. aus	Es de **poca** estatura. Er/Sie ist klein. (Wörtlich: Er/Sie ist von **kleiner** Statur.) Una semana es **poco** tiempo para el proyecto. Eine Woche ist **zu wenig** Zeit für das Projekt.
un poco (más / menos) de + Substantiv: ein wenig / ein bisschen (mehr / weniger)	¿Me das **un poco más de** ensalada? Gibst du mir **ein bisschen mehr** Salat? Me da **un poco de** vergüenza pedirles algo. Es ist mir **ein wenig** peinlich, sie um etwas zu bitten.
poquísimo más / menos nur wenig mehr / weniger	Argentina tiene **poquísimos más** habitantes que Colombia, o al revés, no estoy segura. Argentinien hat **nur wenig mehr** Einwohner als Kolumbien, oder umgekehrt, ich bin mir nicht sicher.

Beachten Sie
Mucho und poco können in der Bedeutung von „viel" bzw. „sehr" und „wenig" als Adverb gebraucht werden. In diesem Fall ist mucho bzw. poco unveränderlich. (➠ Kapitel, 32, *Das Adverb*)
Laura trabaja mucho. Laura arbeitet viel.
Últimamente cocino poco. In der letzten Zeit koche ich wenig.

Test 6

a) Entscheiden Sie, welche Indefinitbegleiter zu den jeweiligen Sätzen passen. Die Übersetzung hilft Ihnen dabei.
1. Me alegra (mucho / más) verte. Es freut mich sehr, dich zu sehen.
2. ¿Hay (muchas / más) preguntas? Gibt es noch Fragen?
3. Hace (más / mucho) calor que ayer, ¿no te parece? Es ist heißer als gestern, oder?
4. Voy al cine (pocas / muchas) veces. Ich gehe oft[2] ins Kino.
5. Tengo (mucho / más) frío. Mir ist sehr kalt.
6. Manuel es (un poco más / mucho más) bajo que yo. Manuel ist etwas kleiner als ich.

b) Setzen Sie die fehlenden Indefinitbegleiter mucho oder poco mit den entsprechenden Endungen ein. Die Übersetzung hilft Ihnen dabei.
1. Hacía ______________ tiempo que no te veía. Ich habe dich lange nicht gesehen.

[2] Wörtlich: viele Male

2. No tengo ____________ ganas de ir. Ich habe keine große Lust hinzugehen.
3. En esta universidad ____________ estudiantes extranjeros son latinoamericanos. Wenige ausländische Studenten sind Lateinamerikaner an dieser Universität.
4. ____________ amigas mías son españolas. Viele Freundinnen von mir sind Spanierinnen.

3.3.4 Der Gebrauch von bastante/s ziemlich viel/-e / genug

Bastante hat nur eine Singular- und eine Pluralform. Je nach Kontext hat es verschiedene Bedeutungen:

ziemlich viel/-e / recht viel/-e	Pablo tiene **bastantes** problemas. Pablo hat **ziemlich viele** Probleme. He leído **bastantes** libros de Rosa Montero. Ich habe **recht viele** Bücher von Rosa Montero gelesen.
genug / ausreichend	Tengo **bastantes** libros para la monografía. Ich habe **genug** Bücher für die schriftliche Arbeit.

Beachten Sie

Bastante kann auch als Adverb verwendet werden und ist dann unveränderlich. (➠ Kapitel 32, *Das Adverb*, 1.1)

He trabajado bastante por hoy. Ich habe für heute genug gearbeitet.

3.3.5 Der Gebrauch von demasiado/a/s zu (viel/-e)

Demasiado ist in Genus und Numerus veränderlich und hat die Grundbedeutung „zu".

(all) zu (viel/-e)	Tengo **demasiados** problemas. Ich habe **zu viele** Probleme. Tiene **demasiadas** preocupaciones. Er/Sie hat **zu viele** Sorgen.
je nach Substantiv auch: viel / stark / hoch / extrem etc.	Tiene **demasiada** edad para viajar. Er/Sie ist **zu** alt zum Reisen. (➠ 3.3.2 mucho)

Beachten Sie

Demasiado kann auch als Adverb verwendet werden und ist dann unveränderlich. (➠ Kapitel 32, Das Adverb, 1.2.2)

Esto es pedir demasiado. Das ist zu viel verlangt.

Test 7

Wählen Sie zwischen bastante und demasiado. Die Übersetzung hilft Ihnen dabei.

1. ¡Has comprado (demasiada / bastante) fruta! Du hast zu viel Obst gekauft!
2. Hoy tengo (demasiado / bastante) que hacer. ¿Me podrías echar una mano con el crío? Heute habe ich zu viel zu tun. Könntest du mir mit dem Kind helfen?
3. Tenemos (bastantes / demasiadas) deudas para meternos en un gasto más. Wir haben schon genug Schulden, um uns in solche Ausgaben zu stürzen.
4. Este desorden es (demasiado / bastante). ¡Os ponéis ya mismo a ordenar los juguetes! Diese Unordnung ist zu viel. Räumt das Spielzeug sofort auf!
5. No he estudiado (bastante / demasiado) para el examen, ojalá tenga suerte y lo apruebe. Ich habe nicht genug für die Prüfung gelernt, hoffentlich habe ich Glück und bestehe sie.
6. Iñaki no ha aprendido (bastante / demasiado) en su vida, sigue siendo un niño. Iñaki hat nicht allzu viel in seinem Leben gelernt, er ist immer noch ein Kind.

3.4 Otro/a/s, los / las demás

3.4.1 Der Gebrauch von otro/a/s (ein/-e) andere/-r/-s

Otro ist in Genus und Numerus veränderlich und hat grundsätzlich die Bedeutung „(ein/-e) andere/-r/-s". Hier der Gebrauch im Überblick:

(ein/-e) andere/-r/-s	Eso es **otra** cosa. Das ist etwas anderes. (Wörtlich: Das ist **eine andere** Sache.)
Synonym von más mehr: noch (einmal) + Zahlwort (ab zwei)	**Otros** dos cafés, por favor. = Dos cafés más, por favor. **Noch** zwei Kaffee, bitte. Hagámoslo **otra** vez, vamos. Versuchen wir es noch einmal, komm! (Wörtlich: ein **anderes** Mal)
jüngste Vergangenheit	el **otro** día neulich
naheliegende Zukunft	el **otro** domingo am kommenden Sonntag
ningún otro kein/-e andere/-r/-s	No llegó **ningún otro** invitado. Es kam **kein anderer** Gast.
otro poco de etwas mehr / noch etwas	¿**Otro poco de** pastel? **Noch etwas** Kuchen?
otro cualquiera jede/-r/-s andere auch	Fue un viaje de negocios como **otro** (viaje) **cualquiera**. Es war eine Geschäftsreise wie **jede andere auch**.

una y otra vez mehrmals / immer wieder	Inténtalo **una y otra vez** hasta que te salga. Versuche es **mehrmals**, bis es dir gelingt.

Beachten Sie
Anders als im Deutschen steht vor otro nie der unbestimmte Artikel.
Exijo **otra** explicación, esa no me alcanza. Ich fordere eine andere Erklärung, diese reicht mir nicht.

3.4.2 Der Gebrauch von los / las demás die anderen / übrigen

Demás ist unveränderlich und begleitet immer ein Substantiv, das im Plural steht oder eine Gruppe bezeichnet.

die anderen / übrigen	Los **demás** libros están en el salón. Die **übrigen** Bücher sind im Wohnzimmer. La **demás** gente está esperando afuera. Die **anderen** Leute warten draußen.

Beachten Sie
- In der Bedeutung „andere / übrige“ ist los otros / las otras mit los demás / las demás synonym.
  Los otros / Los demás pasajeros no han llegado. Die anderen Passagiere sind noch nicht angekommen.
- Demás kann auch ohne Artikel benutzt werden.
  Trajo algunas postales, ron, cigarros y demás recuerdos de la isla. Er brachte einige Postkarten, Rum, Zigarren und andere Souvenirs von der Insel mit.
- Nicht zu verwechseln ist demás mit dem Adverb de más zu viel / überflüssig.
  Anoche bebí de más. Gestern habe ich zu viel getrunken.

Test 8

Setzen Sie die fehlenden Indefinitbegleiter mit den entsprechenden Endungen ein. Es kann mehrere Möglichkeiten geben.

1. Las ____________ personas que se retiren, por favor. Die übrigen Personen gehen jetzt bitte.
2. El ____________ día vi a Nora en la biblioteca. Neulich habe ich Nora in der Bibliothek gesehen.
3. ¿Me cuentas ____________ historia, mamá? Erzählst du mir noch eine Geschichte, Mama?
4. Hagamos rápido ____________ ejercicio. Lass uns schnell noch eine andere Übung machen.
5. ¡Hazlo ____________ vez! Mach es noch einmal!

3.5 Cualquiera

Cualquiera ist in Bezug auf das Genus unveränderlich, hat aber eine Pluralform, cualesquiera, die jedoch nur in der Schriftsprache verwendet wird. Bei Voranstellung im Singular verkürzt es sich zu cualquier. Hier der Gebrauch im Überblick:

jede/-r/-s beliebige / irgendein/-e	Puedes venir a **cualquier** hora. Du kannst zu **jeder beliebigen** Zeit kommen! / Du kannst kommen, wann du willst. / Du kannst irgendwann kommen. Compra un libro **cualquiera**, da igual. Kauf **irgendein** Buch, es ist egal.
in Wendungen	Lo haré **de cualquier manera**. Ich werde es **auf jeden Fall** tun.
wenn cualquiera einen Nebensatz einleitet: welche/-r / wer / was auch immer	**Cualquiera** (que) sea tu propuesta, estaremos de acuerdo contigo. **Was auch immer** dein Vorschlag ist, wir sind mit dir einverstanden.

Beachten Sie
Steht cualquiera nach dem Substantiv, hat es die Bedeutung „irgendein/-e" bzw. „ein/-e x-beliebige/-r/-s)".
He comprado un vestido **cualquiera**. Ich habe ein x-beliebiges Kleid gekauft.
Tomé un libro **cualquiera**. Ich habe irgendein Buch genommen.

Test 9

Setzen Sie die fehlenden Indefinitbegleiter ein.

1. No sé, compré un vino ____________________. Ich weiß nicht, ich habe irgendeinen Wein gekauft.
2. Olga responderá a ____________________ pregunta. Olga wird auf jede beliebige Frage antworten.
3. Me puedes llamar en ____________________ momento. Du kannst mich jederzeit[3] anrufen.
4. Pueden venir a ____________________ hora, nosotros estaremos en casa. Ihr könnt zu jeder beliebigen Zeit kommen, wir werden zu Hause sein.
5. Puedo salir ____________________ día. Ich kann jeden beliebigen Tag wegfahren.

[3] Wörtlich: in jedem beliebigen Moment

3.6 Mismo/a/s

Mismo ist in Genus und Numerus veränderlich. Hier der Gebrauch im Überblick:

Artikel + mismo/a/s der-/die-/dasselbe(n) / der/die/das gleiche	Este libro es de la **misma** autora. Dieses Buch ist von **derselben** Autorin. Somos del **mismo** barrio. Wir wohnen im **selben** Stadtviertel. Hemos leído los **mismos** libros. Wir haben die **gleichen** Bücher gelesen.
Demonstrativbegleiter / Possessivbegleiter + mismo	Ella se fue ese **mismo** día. Sie ging genau am **gleichen** Tag. Hay un colegio en nuestra **misma** calle. **Genau** in unserer Straße ist eine Schule.
Betonung	Yo **mismo** fui a buscar las actas. Ich **selbst** holte die Akten ab. El accidente sucedió el **mismo** día que Juan llegó. Der Unfall passierte **genau** an dem Tag, als Juan ankam. Nos podemos encontrar en la **misma** Plaza Mayor. Wir können uns **zum Beispiel** auf der Plaza Mayor treffen. Se hablaba a sí **misma**. Sie sprach zu sich **selbst**.
mismo persönlich / mismísimo höchstpersönlich	El **mismo** / **mismísimo** gobernador ha inaugurado el acto. Der Gouverneur **persönlich** / **höchstpersönlich** hat die Veranstaltung eröffnet.

Test 10

Setzen Sie die entsprechenden Formen von mismo/a/s ein.

1. Estamos en la ___________ situación que tú. Wir befinden uns in der gleichen Situation wie du.
2. El cachorro tiene las ___________ orejas que la perra. Der Welpe hat dieselben Ohren wie die Hündin.
3. No ha dejado de hablar de sí ___________. Er hat die ganze Zeit nur von sich selbst geredet.
4. Las niñas ___________ han querido venir. Die Mädchen selbst wollten kommen.
5. Estos son los ___________ libros que vimos el otro día. Das sind die gleichen Bücher, die wir neulich gesehen haben.

3.7 Tal/es, semejante/s

3.7.1 Der Gebrauch von tal/es (ein/-e) derartige/-r/-s / so ein/-e / (ein/-e) solche/-r/-s

Bezüglich des Genus ist tal unveränderlich, die Pluralform ist tales. Der Unterschied zum Deutschen besteht darin, dass tal meist ohne Artikel gebraucht wird.

(ein/-e) derartige/-r/-s	con **tales** motivos aus **derartigen** Gründen
so ein/-e	con **tal** persona mit **so** jemandem
diese/-r	a **tales** horas zu **dieser** Zeit

Beachten Sie

Die Konstruktion un/a + tal + Personenname bedeutet „ein gewisser".
Te llamó una tal Mariana. Eine gewisse Mariana hat dich angerufen.

3.7.2 Der Gebrauch von semejante/s (ein/-e) derartige/-r/-s

Semejante ist nur bezüglich des Numerus veränderlich und kann sowohl vor als auch nach dem Substantiv stehen. Bei Voranstellung wird semejante ohne Artikel verwendet.

(ein/-e) derartige/-r/-s	Con **semejante** explicación no me animé a preguntar más. Mit **einer derartigen** Erklärung traute ich mich nicht, weitere Fragen zu stellen.

Test 11

Setzen Sie die entsprechenden Indefinitbegleiter ein.

1. Me vine con una ________________ Alicia. Ich kam hierher mit einer gewissen Alicia.
2. ________________ ideas no son fructíferas. Derartige Ideen sind nicht nützlich.
3. Con ________________ proyectos no me extraña que estés tan agobiada. Bei solchen Projekten ist es kein Wunder, dass du dich so erschöpft fühlst.
4. Un ________________ profesor Pérez resultó ser un fiasco. Ein gewisser Professor Pérez war ein Fiasko.
5. Llegó con ________________ ínfulas que se tornó insoportable. Er kam mit einem derartigen Dünkel her, dass das Ganze unerträglich wurde.

3.8 Varios/as, diversos/as, distintos/as, diferentes

Wie im Deutschen werden die Indefinitbegleiter varios, diversos, distintos und diferentes kaum unterschieden. Die Grundbedeutung ist „verschiedene", „mehrere". Varios / varias, diversos / diversas und distintos / distintas zeigen das Genus an, bei diferentes ist dies nicht der Fall. Alle diese Indefinita werden nur im Plural verwendet.

verschiedene / mehrere	Tengo **varios** libros. Ich habe **mehrere** Bücher. Tenemos **diversas** opiniones al respecto. Wir haben **verschiedene** Meinungen darüber.

Beachten Sie

Diese Indefinita stehen in der Regel vor dem Substantiv. Bei Nachstellung verlieren distintos/as, diversos/as und diferentes ihren Indefinitcharakter und bedeuten „unterschiedlich" im Sinne von „nicht übereinstimmend".

Tenían opiniones diferentes. Sie hatten unterschiedliche Meinungen.

Varios/as nachgestellt bedeutet „verschiedenster / aller Art".

Los paisajes varios del país. Landschaften aller Art.

Test 12

Setzen Sie die fehlenden Endungen ein und ergänzen Sie dann die entsprechende Übersetzung. In einigen Fällen gibt es zwei Möglichkeiten.

1. Vari__ personas se marcharon antes de comenzar el concierto. ________________ Personen gingen vor Beginn des Konzerts.
2. El terremoto destruyó vari__ edificios. Das Erdbeben zerstörte ________________ Gebäude.
3. Hay soluciones diferent__. Es gibt ________________ Lösungen.
4. Lo dijeron diferent__ personas. Das wurde von ________________ Personen behauptet.
5. Hay divers__ posibilidades. Es gibt ________________ Möglichkeiten.

Auf den Punkt gebracht

1. (➠ *Was Sie vorab wissen sollten*)

Markieren Sie die richtige Alternative.

a) Die Indefinitbegleiter bezeichnen Personen, Gegenstände oder Begriffe, die (genau bestimmt / nicht genau bestimmt) sind.

b) Indefinita, die nur als Begleiter verwendet werden, sind: (cada jede/-r/-s, todo alle / ganz, cierto gewisse/-r/-s, tal solch ein/-e, semejante derartige/-r/-s).

2. *(➠ 1)*
Hier die gängigsten Indefinitbegleiter. Ordnen Sie die spanischen Formen ihren deutschen Entsprechungen zu.

a) algún/alguno/a/s
b) bastante/s
c) demasiado/a/s
d) distintos/as, varios/as, diversos/as
e) mucho/a/s
f) ningún/ninguno/a
g) otro/a/s
h) poco/a/s
i) tal/es
j) tanto/a/s
k) todo/a/s
l) un/una / unos/as

1. so viel/-e
2. (ein-/e) andere/-r/-s
3. irgendein/-e / einige
4. ganz / alle / jede/-r/-s
5. (gar) kein/-e
6. ein/-e / einige
7. solch ein/-e
8. verschiedene / mehrere
9. viel/-e
10. wenig/-e
11. ziemlich viel/-e
12. zu viel/-e

3. *(➠ 2.1)*
Markieren Sie die richtige Alternative.

a) Unos/as wird zur Bezeichnung (ungenauer / genauer) Mengen verwendet.
b) Estamos a (unos / Ø) mil kilómetros de casa. Wir sind etwa tausend Kilometer von zu Hause entfernt.

4. *(➠ 2.2)*
Markieren Sie die richtige Alternative.

a) Si tienes (algún / alguno / alguna) problema, me lo dices. Wenn du ein Problem hast, sag es mir.
b) No se preocupe, no hay (ningún / ninguno / ninguna) inconveniente para seguir adelante con el proyecto. Machen Sie sich keine Sorgen, es gibt überhaupt keinen Hinderungsgrund, das Projekt fortzusetzen.
c) Algunos/as wird oft als (Synonym / Gegensatz) von unos / unas verwendet.
d) Mit ninguno/a wird eine Verneinung (verstärkt / nicht verstärkt).
e) Si ya no tienes (alguna / ninguna) pregunta, puedes irte. Wenn du keine Fragen mehr hast, kannst du gehen.

5. *(➠ 3.1)*
Übersetzen Sie mit todo bzw. cada.

a) der ganze Tag ____________________
b) jeden Tag ____________________
c) jeden zweiten Tag ____________________

6. *(➠ 3.4)*

Markieren Sie die richtige Alternative.

a) Vor otro (steht / steht nicht) der unbestimmte Artikel.
b) El otro día bedeutet auch („neulich“ / „damals“).

7. *(➠ 3.8)*

Markieren Sie die richtige Alternative bzw. setzen Sie den Indefinitbegleiter in der korrekten Form ein.

a) Varios / distintos / diversos (zeigen / zeigen nicht) das Geschlecht an.
b) Varios / distintos / diversos / diferentes werden als Indefinitbegleiter (nur / hauptsächlich) im Plural verwendet.
c) Hablé con _______ personas. Ich habe mit verschiedenen Personen gesprochen.
d) Distintos, diversos und diferentes bedeuten „unterschiedlich“ im Sinne von „nicht übereinstimmend“, wenn sie (vor / nach) dem Substantiv stehen.
e) Diferentes zeigt das Genus (an / nicht an).
f) Hay (diferentes problemas / problemas diferentes) en la economía. Es gibt verschiedene Probleme in der Wirtschaft.

Die Pronomen

1 Funktion

Im Spanischen wie im Deutschen ersetzen Pronomen Substantive, Nominalgruppen (➠ Einführung in *Das Substantiv und seine Begleiter*) oder ganze Sachverhalte und dienen dazu, Wiederholungen zu vermeiden und Bezüge innerhalb eines Textes herzustellen. Der Unterschied zwischen dem Pronomen und dem, was es ersetzt, besteht darin, dass das Pronomen keine eigene Bedeutung besitzt. Diese erschließt sich lediglich aus dem Kontext.
¿Cómo se llaman estas chicas? – **Una** se llama Mariela y **la otra**, Anahí. Wie heißen diese Mädchen? – **Die eine** heißt Mariela, **die andere** Anahí.
La chaqueta de Joaquín es **la negra**, **la mía** es **la roja**. Joaquíns Jacke ist **die schwarze**, **meine** ist **die rote**.
¿Ya ha llegado Juan? – No **lo** sé. Ist Juan schon angekommen? – Ich weiß **es** nicht.

In der Regel greift das Pronomen das Substantiv bzw. die Nominalgruppe wieder auf (pronombre anafórico), aber es kommt auch vor, dass es sie ankündigt, d. h. ihnen vorausgeht (pronombre catafórico).

pronombre anafórico	Tengo varios diccionarios, pero siempre consulto **uno**. Ich habe mehrere Wörterbücher, aber ich schlage immer in **einem** nach.
pronombre catafórico	¿**Quién** ha llamado? – Tu madre. **Wer** hat angerufen? – Deine Mutter. **Les** dije a tus padres que nos visitaran. Ich sagte deinen Eltern, sie sollen uns besuchen.[1]

2 Klassen

Man unterscheidet folgende Klassen von Pronomen:

Personalpronomen (➠ Kapitel 10)	yo ich, tú du, lo es, le ihm / ihr **Ella** no ha venido. **Sie** ist nicht gekommen.
substantivierte Adjektive (➠ Kapitel 11)	Los cuentos de Borges son **los mejores** que he leído. Die Erzählungen von Borges sind **die besten**, die ich je gelesen habe.

[1] In dieser typisch spanischen Konstruktion wird in der deutschen Übersetzung kein Pronomen verwendet. (➠ Kapitel 10, *Die Personalpronomen*, 4.2.1)

Possessivpronomen (➠ Kapitel 11)	el mío meiner, la nuestra unsere Apoyé mi cabeza sobre **la tuya**. Ich lehnte meinen Kopf an **deinen**.
Demonstrativpronomen (➠ Kapitel 11)	este dieses, esa diese, aquellos jene **Esta** es la novia de Marcos. **Dies** ist die Verlobte von Marcos.
„neutrale" Demonstrativpronomen (➠ Kapitel 11)	esto dies / das, eso dies / das da, aquello das dort **Esto** no me gusta. **Das** gefällt mir nicht.
„neutraler" Artikel lo (➠ Kapitel 11)	**Lo** que dices es muy interesante. **Was** du da sagst, ist sehr interessant.
Indefinitpronomen (➠ Kapitel 12)	ninguno / nadie keiner, algo etwas, nada nichts ¿No hay **nadie** en casa? Ist **keiner** da?
Relativpronomen (➠ Kapitel 13)	el cual der / welcher, que der / die / das, quien wer Mi gato, **que** se llama Sol, está durmiendo. Meine Katze, **die** Sol heißt, schläft gerade.
Interrogativpronomen (➠ Kapitel 14)	cuánto wie viel, qué was, quién wer ¿**Quién** es? **Wer** ist da?

Im Deutschen – wie auch im Französischen und Italienischen – gibt es außerdem so genannte **Adverbialpronomen**, d. h. Adverbien mit pronominaler Funktion, z. B. „davon" (französisch en, italienisch ne) oder „(da)hin" (französisch y, italienisch ci). Diese Pronomen beziehen sich auf eine präpositionale Ergänzung und werden im Spanischen entweder gar nicht oder durch eine Konstruktion mit Präposition + Ortsadverb bzw. Präposition + „neutralem" Demonstrativpronomen ausgedrückt.
Ich gehe nicht **hin**. Yo no voy.
Er ist **daran** vorbei gegangen. Pasó **por allí**.
Ich habe genug **davon**. Estoy harto **de eso**.

3 Pronominalphrasen

Sowohl im Spanischen als auch im Deutschen können einige Pronomen (z. B. substantivierte Adjektive, Demonstrativ- und Indefinitpronomen, Zahlwörter) durch Possessiv- und Demonstrativbegleiter, Relativsätze oder Präpositionalattribute zu **Pronominalphrasen** erweitert werden. Die Pronominalphrase hat

im Großen und Ganzen dieselbe Struktur wie die Nominalphrase, im ersteren Fall wird jedoch das vorerwähnte Substantiv ausgelassen.
¿Con cuál de tus hijas has viajado? – Con **la más pequeña**. Mit welcher deiner Töchter bist du gereist? – Mit **der jüngsten**.
¿Han traído el diario? – **El de hoy** sí, pero **el de ayer** no. Ist die Zeitung gekommen? – **Die von heute** schon, aber **die von gestern** nicht.
¡Cuántos libros! ¿Me prestas **ese que tienes en las manos**? So viele Bücher! Leihst du mir **das da, das du in der Hand hast**?
Ya he leído muchas poesías de Neruda. ¿Me puedes recomendar **alguna de Borges**? Ich habe schon viele Gedichte von Neruda gelesen. Kannst du mir **(irgend)eins von Borges** empfehlen?
¿Te gustan estas camisas? – **Estas dos** sí, pero las demás no. Gefallen dir diese Hemden? – **Diese zwei / beiden** ja, aber die anderen nicht.

4 Pronomen mit Präpositionen

Die Pronomen können alleine stehen:
El que busca, encuentra. **Wer** sucht, der findet.
Ven que **te los** presento. Komm, ich werde **sie dir** vorstellen.
Nadie sabe **nada**. **Keiner** weiß **etwas**.

Oder sie können mit einer Präposition verwendet werden:
Ven que te presento **a alguien** que te va a gustar mucho. Komm, ich stelle dir **jemanden** vor, den du sehr mögen wirst.
¿**Con quién** estás saliendo? **Mit wem** gehst du zur Zeit aus?
Me gustaría seguir pensando **en esto**. Ich würde gern **darüber** weiter nachdenken.

Bei den Pronomen mit Präpositionen unterscheidet man zwischen solchen, die nach der Rektion des Verbs eine Präposition verlangen, also Präpositionalobjekte sind, z. B.
Contamos **con todos**. Wir zählen **auf alle**.
Han preguntado **por ti**. Sie haben **nach dir** gefragt.

und solchen, die mit der Präposition a – in der Funktion eines Dativ- bzw. Akkusativobjektes – verwendet werden, z. B.
A mí no me han dicho nada. **Mir** wurde nichts gesagt.
¿**A quién** se lo di? **Wem** habe ich es gegeben?

Sie können nun zum ➠ Kapitel 10, *Die Personalpronomen* weitergehen.

Bevor Sie sich mit diesem Kapitel befassen, sollten Sie die jeweilige Einführung zu den Pronomen und zum Verb lesen.

Was Sie vorab wissen sollten

- Man teilt die Personalpronomen (pronombres personales) nach ihrer Satzfunktion in **Subjekt-** (de sujeto) und **Objektpronomen** (de objeto) ein. Bei den Objektpronomen unterscheidet man wiederum zwischen
  direkten Objektpronomen (pronombres de objeto directo): No **la** he visto. Ich habe **sie** nicht gesehen.
  indirekten Objektpronomen (pronombres de objeto indirecto): **Le** presto mi coche. Ich leihe **ihm/ihr** mein Auto.
  präpositionalen Objektpronomen (pronombres término de preposición): Siempre pregunta **por ti**. Er fragt immer **nach dir**.
  Reflexivpronomen (pronombres reflexivos): **Me** afeito todos los días. Ich rasiere **mich** jeden Tag.
  Reziprokpronomen (pronombres recíprocos): **Se** adoran. Sie lieben sich / einander sehr.
  Den Reflexiv- und Reziprokpronomen ist in der vorliegenden Grammatik ein eigenes Kapitel gewidmet. (➠ Kapitel 28, *Die Reflexivpronomen und reflexiv gebrauchten Verben*)
- Darüber hinaus unterscheidet man zwischen **unbetonten** (átonos) und **betonten** (tónicos) Personalpronomen. Zu den unbetonten gehören die direkten und indirekten Objektpronomen.
  No puedo hacer**lo**. Ich kann **es** nicht machen.
  Cómpra**nos** otro coche. Kauf **uns** ein anderes Auto.
  Zu den betonten Personalpronomen zählen die Subjektpronomen sowie die präpositionalen Objektpronomen.
  ¿Quién ha hecho este pastel? – **Yo**. Wer hat diesen Kuchen gebacken? – **Ich**.
  A mí no me gustan nada los domingos, ¿y **a ti**? **Mir** gefallen Sonntage überhaupt nicht, und **dir**?

Auf Entdeckung

Lesen Sie die folgenden Dialoge. Auf wen beziehen sich jeweils die Pronomen?

1.

Lola: **Tú** eres Isabel, ¿verdad? ¿Y **vosotros** ...? _____ bist Isabel, nicht wahr? Und _____ ...?

Marita: **Yo** soy Marita y **él** es Jorge. _____ bin Marita und _____ ist Jorge.

2.
Lola: Hola, Isabel, ¿cómo **te** va? Hallo Isabel, wie geht es _____?
Isabel: Bien, ¿y **a ti**? Gut, und _____?
Lola: **A mí me** va estupendamente. _____ geht es hervorragend.
3.
Lola: Mira, allí está el señor Ojer. Tú todavía no **lo** conoces, ¿verdad? Schau mal, dort ist Herr Ojer. Du kennst _____ noch nicht, oder?
Isabel: No, ni **a él** ni a su esposa. Nein, weder _____ noch seine Frau.
Lola: Ven que te **los** presento. Komm, ich werde _____ dir vorstellen.

Die Tabelle gibt Ihnen einen Überblick über die Personalpronomen. Im Folgenden werden diese näher erläutert.

	betonte (tónicos) Personalpronomen		**unbetonte (átonos) Personalpronomen**
	als **Subjekt** (➡ 1)	als **betontes Objekt** und als **Präpositionalobjekt** (➡ 3)	als **Objekt** (➡ 2)
Singular	yo ich tú / vos du él er ella sie usted Sie ello das / dies	a mí mich / mir a ti / a vos dich / dir a él ihn / ihm a ella sie / ihr a usted Sie / Ihnen a ello dazu	me mich / mir te dich / dir lo / le ihn / ihm la / le sie / ihr lo / la / le Sie / Ihnen se statt le ihm / ihr
Plural	nosotros/as wir vosotros/as ihr ellos sie ellas sie ustedes Sie / ihr[1]	a nosotros/as uns a vosotros/as euch a ellos sie / ihnen a ellas sie / ihnen a ustedes Sie / Ihnen / euch[1]	nos uns os euch los / les sie / ihnen las / les sie / ihnen los / las / les Sie / Ihnen / euch[1] se statt les ihnen / euch[1]

[1] ➡ 1.1.2

1 Die Subjektpronomen

1.1 Formen

1.1.1 Übersicht

Die Formen der Subjektpronomen lauten:

	Singular		Plural	
1. Person	yo	ich	nosotros / nosotras	wir
2. Person	tú / vos	du	vosotros / vosotras	ihr
3. Person	él	er	ellos	sie
	ella	sie	ellas	sie
	ello	das / dies		
Höflichkeitsform	usted	Sie	ustedes	Sie / ihr[2]

Beachten Sie

- Abweichend vom Deutschen haben die Subjektpronomen im Plural („wir", „ihr" und „sie") auch eine weibliche Form: nosotros / nosotras, vosotros / vosotras und ellos / ellas. Zu beachten ist, dass die maskuline Form auch für gemischte Gruppen von Personen oder Gegenständen verwendet wird, die feminine Form jedoch nur für feminine Personen und Gegenstände.
- Bei der Höflichkeitsform „Sie" unterscheidet man zwischen der Singularform usted (abgekürzt Ud., Vd., U.) und der Pluralform ustedes (Uds., Vds., UU., Udes.). Diesen Formen entspricht die 3. Person Singular bzw. Plural des Verbs und der Objektpronomen. Die Subjektpronomen der Höflichkeitsform werden häufiger verwendet als die Subjektpronomen der anderen Personen. ¿Cómo se llama usted? Wie heißen Sie?
- Ello ist ein neutrales Subjektpronomen, hat aber einen hinweisenden Charakter. Deshalb ist ello nicht mit dem Deutschen „es" gleichzusetzen, eher mit dem Demonstrativpronomen „das" bzw. „dies". Als Subjekt ist der Gebrauch von ello sehr eingeschränkt, meistens wird es mit dem Verb ser sein verwendet: ¿Qué es **ello**? Was ist **das**? **Ello** es delito. **Das** ist kriminell.

Im Alltagsspanisch wird ello meist durch esto bzw. eso ersetzt (➠ Kapitel 11, *Die Begleiter als Pronomen*, 3). Ello verweist nicht auf ein Substantiv, sondern auf einen Sachverhalt, der zuvor geäußert wurde bzw. nicht näher bestimmt ist. Estamos en crisis, pero **ello** no significa que no podamos afrontar el futuro con optimismo. Wir sind in einer Krise, aber **das** bedeutet nicht, dass wir nicht der Zukunft mit Optimismus gegenübertreten können.

---
[2] Gebrauch in Andalusien, auf den Kanaren und in Hispanoamerika (➠ 1.1.2 b)

Meistens wird ello mit Präpositionen gebraucht.
Llegamos tarde, **por ello** no pudimos asistir a la reunión. Wir kamen zu spät, **deshalb** konnten wir nicht an der Sitzung teilnehmen.

Test 1

a) Ergänzen Sie das entsprechende Pronomen.
1. __________ somos María y Paulina. Wir sind María und Paulina.
2. __________ son de Perú. Sie sind aus Peru.
3. ¡__________ estáis locos! Ihr seid verrückt!
4. ¿Cómo está __________? Wie geht es Ihnen?
5. ¿Y cómo es __________?¿Simpático? Und, wie ist er? Sympathisch?

b) Formulieren Sie die Sätze wie im Beispiel mit den Höflichkeitsformen usted / ustedes.

tú / vosotros ¿Hablas francés? Sprichst du Französisch?	**usted / ustedes** ¿Habla usted francés? Sprechen Sie Französisch?
1. ¿Vivís en España? Wohnt ihr in Spanien?	¿Viven __________ en España?
2. Eres argentino, ¿o no? Du bist Argentinier, oder nicht?	Es __________ argentino, ¿o no?
3. Habláis ruso, ¿no? Ihr sprecht Russisch, oder?	Hablan __________ ruso, ¿no?
4. ¿Trabajáis o estudiáis? Arbeitet oder studiert ihr?	__________, ¿trabajan o estudian?

1.1.2 Besonderheiten der 2. Person Singular und Plural

a) Vos

In vielen hispanoamerikanischen Ländern wird statt tú das Pronomen vos gebraucht. Ganz grob kann man drei Verbreitungszonen unterscheiden: In der La-Plata-Region (Argentinien, Uruguay und Paraguay) und in Mittelamerika (außer Karibik, Mexiko und Panama) wird fast ausschließlich vos verwendet. In Kolumbien, Venezuela, Bolivien und Chile werden sowohl vos als auch tú gebraucht. In Peru, Ecuador, Mexiko (außer Chiapas) und in der Karibik wird dagegen ausschließlich tú verwendet. Der Gebrauch von vos wird als **voseo** bezeichnet, der Gebrauch von tú als **tuteo**. Vos hat eine eigene Verbform im Indikativ Präsens und Imperativ. (➠ Kapitel 15, *Der Indikativ Präsens*, 1.2.1, ➠ Kapitel 25, *Der Imperativ*, 1.1.2)

b) **Vosotros/as / ustedes**
In Hispanoamerika, in Andalusien und auf den Kanarischen Inseln wird ausschließlich die Form ustedes für die 2. Person Plural gebraucht, d. h. bei mehreren Personen wird nicht unterschieden, ob man siezt oder duzt. Nur im größten Teil Spaniens benutzt man die Form vosotros / vosotras.

1.2 Gebrauch

Im Spanischen werden die Subjektpronomen (yo ich, tú du usw.) sehr viel seltener als im Deutschen verwendet, da es für jede grammatikalische Person eine eigene Verbform gibt.
Trabaj**o** de 9 a 16. Ich arbeite von 9 bis 16 Uhr.
¿Trabaj**as** en el supermercado? Arbeitest du im Supermarkt?
Trabaj**amos** de lunes a sábado. Wir arbeiten von Montag bis Samstag.

In den folgenden Fällen ist der Gebrauch des Subjektpronomens jedoch obligatorisch:

um eine oder mehrere Personen hervorzuheben (énfasis)	**Yo** vivo en Madrid, ¿y **tú**? **Ich** wohne in Madrid, und **du**? Quiero que **él** lo haga. / Quiero que lo haga **él**. Ich will, dass **er** es macht.
um einen Gegensatz zu betonen	**Él** no vive en Madrid, pero **yo** sí. **Er** wohnt nicht in Madrid, aber **ich** schon. Somos latinoamericanas, **ella** es chilena y **yo** soy argentina. Wir sind Lateinamerikanerinnen, **sie** ist Chilenin und **ich** bin Argentinierin.

Darüber hinaus werden die Subjektpronomen in den folgenden Fällen gebraucht:

wenn die Hauptinformation im Satz das Subjekt ist	¿Quién ha roto el jarrón? – **Yo** (he sido). / (He sido) **yo**. Wer hat die Vase zerbrochen? – **Ich** (bin es gewesen). Esto lo haces **tú**. Das sollst **du** machen.
bei den Adverbien también auch, tampoco auch nicht	Yo estudio en la universidad técnica, ¿y tú? – **Yo** también. / También **yo**. Ich studiere an der technischen Universität, und du? – **Ich** auch.

vor mismo selbst und solo allein	Yo mismo se lo dije a Pedro. **Ich** selbst habe es Pedro gesagt. **Nosotras** solas lo hemos convencido. Wir allein haben ihn überzeugt.
nach den Präpositionen excepto / salvo / menos außer, entre zwischen / unter, según gemäß (➡ 3.2) und den Adverbien incluso / hasta sogar	Incluso **él** quiso volver. Selbst **er** wollte zurückkehren. Entre mi hermano y **yo** no hay secretos. Zwischen **mir** und meinem Bruder gibt es keine Geheimnisse.
in Relativsätzen	**Tú**, que tienes dinero, te lo podrás comprar. **Du**, der du Geld hast, wirst es dir leisten können.
beim Komparativ nach que und como	Mi hermana es más joven que **yo**. Meine Schwester ist jünger als **ich**. Ricardo es tan alto como **tú**. Ricardo ist so groß wie **du**.
als prädikative Ergänzung	Si yo fuera **tú**, no lo haría. Wenn ich **du** wäre, würde ich es nicht tun.
in nebengeordneten Sätzen mit kontrastiver Bedeutung bzw. zur Verdeutlichung	Será como **tú** digas. Es wird schon so sein, wie **du** es sagst. Nos encontraremos donde **él** prefiera. Wir werden uns dort treffen, wo **er** es möchte.
in der Regel bei der Höflichkeitsform usted / ustedes	¿De dónde es **usted**? Wo kommen Sie her?
häufig zur Verdeutlichung, wenn die Person aus der Verbform nicht hervorgeht, z. B. bei der 3. Person Singular sämtlicher Verbformen sowie bei der 1. und 3. Person Singular Imperfekt (Indikativ und subjuntivo), presente de subjuntivo und condicional	**Ella** quería que fuéramos juntos, mientras **él** prefería quedarse solo. Sie wollte, dass wir zusammen hingehen, während er lieber allein blieb.

Beachten Sie

- Für das deutsche neutrale Subjektpronomen „es" in unpersönlichen Ausdrücken gibt es im Spanischen keine Entsprechung. (➠ Kapitel 30, *Unpersönliche Formen*, 2)
  Llueve. Es regnet.
  ¡No es verdad! Es ist nicht wahr!
- Bei den Adverbien también und tampoco kann das Subjektpronomen vorangestellt oder nachgestellt werden.
  Yo no quiero café. – **Yo** tampoco. / Tampoco **yo**. Ich will keinen Kaffee. – **Ich** auch nicht.

Test 2

Stellen Sie fest, ob in den folgenden Sätzen ein Subjektpronomen erforderlich ist, und vervollständigen Sie den Satz gegebenenfalls.

1. (yo) ______ soy austríaco y (yo) ______ trabajo en Potsdam. Ich bin Österreicher und arbeite in Potsdam.
2. Vivo en Hamburgo, y ______ (tú) ¿dónde vives? – (yo) ______ también. Ich wohne in Hamburg, und du? – Ich auch.
3. (ella) ______ vivía en Vigo y (él) ______ en Oviedo. Sie lebte in Vigo und er in Oviedo.
4. Sr. Pérez, ¿(usted) ______, de dónde es? Herr Pérez, wo kommen Sie her?
5. Enrico es más grande que (tú) ______. Enrico ist größer als du.

1.3 Stellung

In der Regel stehen die Subjektpronomen **vor** dem Verb. In den folgenden Fällen werden sie jedoch nachgestellt.

1.3.1 Fragen

Wenn in einer Frage zur Hervorhebung ein Subjektpronomen verwendet wird, so wird es nachgestellt.
¿Qué pensáis vosotros? Was denkt ihr?

Beachten Sie

In Kuba wird das Subjektpronomen in Fragen auch dann verwendet, wenn es nicht hervorgehoben wird, und steht dabei meist vor dem Verb.
¿Cómo tú te llamas? Wie heißt du?

1.3.2 Imperativ

Auch beim Imperativ wird das Subjektpronomen nur zur Hervorhebung gebraucht und steht dann hinter dem Verb.
Hazlo tú. Mach's du!

Beachten Sie
Die Höflichkeitsform wird auch dann oft verwendet, wenn das Pronomen nicht hervorgehoben werden soll.
Diríjase usted a esa ventanilla. Gehen Sie zu diesem Schalter.
Siéntense ustedes aquí, por favor. Bitte, nehmen Sie hier Platz.

1.3.3 Höflichkeitsform

In Aussagesätzen können usted / ustedes grundsätzlich vorangestellt oder nachgestellt werden.
Usted tiene que disculparme un momento. = Tiene usted que disculparme un momento. Entschuldigen Sie mich einen Augenblick!

1.3.4 Sätze, die mit dem Verb enden

Wenn dem Verb keine Ergänzung folgt, kann – muss aber nicht – das Subjektpronomen nachgestellt werden, sofern es betont werden soll.
Me dijo que lo hiciera **yo**. = Me dijo que yo lo hiciera. Er sagte mir, ich solle es machen.
Voy a ayudarte **yo**, pues él no tiene tiempo. = Yo voy a ayudarte, pues él no tiene tiempo. Ich werde dir helfen, da er keine Zeit hat.

In Aufzählungen werden die Subjektpronomen nachgestellt.
Este es Marco y esta soy **yo**. Das ist Marco und das bin **ich**.

Beachten Sie
- Yo wird aus Gründen der Höflichkeit nie an erster Stelle genannt.
  En esta foto estamos **él y yo** en la playa. Auf diesem Foto sind er und ich am Meer.
- Wenn in einem Satz die Hauptinformation das Subjekt ist, aber zusätzlich ein Objekt durch Voranstellung betont wird, wird das Subjektpronomen ebenfalls nachgestellt.
  Esto lo hago **yo**. Das mache ich.
  A mis padres los recoges **tú**. Du holst meine Eltern ab.

TIPP

Wenn Sie erst angefangen haben Spanisch zu lernen, können Sie nun das nächste Kapitel in Angriff nehmen. Die folgenden Abschnitte sollten Sie erst dann bearbeiten, wenn Sie sich mit der ➠ Einführung in *Das Verb und seine Ergänzungen* beschäftigt haben.

2 Die unbetonten Objektpronomen

Im Spanischen unterscheidet man zwischen dem direkten und dem indirekten Objekt (objeto directo und objeto indirecto), die weitgehend mit dem deutschen Akkusativ- und Dativobjekt übereinstimmen.
Direktes Objekt: Ven que te **los** presento. Komm, ich werde **sie** dir vorstellen.
Indirektes Objekt: Ven que **te** los presento. Komm, ich werde sie **dir** vorstellen.

2.1 Formen

2.1.1 Unbetonte direkte Objektpronomen (Akkusativpronomen)

Die Formen der unbetonten direkten Objektpronomen lauten:

	Singular		Plural	
1. Person	me	mich	nos	uns
2. Person	te	dich	os	euch
3. Person	lo / la	ihn / sie / es	los / las	sie
Höflichkeitsform	lo / la	Sie	los / las	Sie / euch[2]

Beachten Sie
Nominale direkte Objekte sowie die betonten Objektpronomen (➠ 3) werden bei Personen und personifizierten Tieren mit der Präposition a angeschlossen (➠ Kapitel 33, *Die Präpositionen*, 2.2.1 und 3). Vergleichen Sie:
He visto **a** Griselda esta mañana. Ich habe heute Morgen Griselda gesehen.
A ella no la he visto esta mañana. Sie habe ich heute Morgen nicht gesehen.
Aber: ¿Conoces Madrid? Kennst du Madrid?

Test 3
Ersetzen Sie die fett gedruckten direkten Objekte durch die entsprechenden unbetonten direkten Objektpronomen.

1. Necesito **las llaves del coche**, ¿______ tienes tú? Ich brauche die Autoschlüssel, hast du sie?

2. ¿Cuándo vas a reservar **el pasaje**? – Mañana mismo ______ reservo. Wann wirst du die Fahrkarte reservieren? – Gleich morgen reserviere ich sie.
3. ¿Qué cuenta **Alicia**? – No sé, hace mucho que no ______ veo. Was gibt es Neues von Alicia? – Ich weiß nicht, ich habe sie lange nicht gesehen.
4. ¿Qué quieres hacer con **estos libros**? – ______ quiero vender. Was willst du mit diesen Büchern machen? – Ich will sie verkaufen.
5. ¿Conoces **a Catalina**? – No, no ______ conozco. Kennst du Catalina? – Nein, ich kenne sie nicht.

2.1.2 Unbetonte indirekte Objektpronomen (Dativpronomen)

Die Formen der unbetonten indirekten Objektpronomen lauten:

	Singular		Plural	
1. Person	me	mir	nos	uns
2. Person	te	dir	os	euch
3. Person	le	ihm / ihr	les	ihnen
Höflichkeitsform	le	Ihnen	les	Ihnen/euch[2]

Test 4

Übersetzen Sie die fett gedruckten indirekten Objektpronomen ins Spanische.

1. ______ lo he dicho mil veces. Ich habe es **dir** tausend Mal gesagt.
2. ______ repliqué que ya lo estaba haciendo. Ich habe **ihnen** geantwortet, dass ich schon dabei war, es zu tun.
3. ¿______ cuentas otra historia, abuelita? Oma, erzählst du **uns** noch eine Geschichte?
4. He hablado con Gustavo; dice que el trabajo ______ gusta. Ich habe mit Gustavo gesprochen; er sagt, die Arbeit gefalle **ihm**.
5. ¿Qué ______ trajo Papá Noel? Was hat **euch** der Weihnachtsmann gebracht?

2.2 Stellung

2.2.1 Ein Pronomen

a) Grundregel

Im Gegensatz zum Deutschen stehen die unbetonten direkten und indirekten Objektpronomen in der Regel **vor** dem konjugierten Verb, d. h. in den zusammengesetzten Zeiten vor dem Hilfsverb. Pronomen und Verb werden nicht getrennt, z. B. durch das Adverb no nicht.

Te comprendo muy bien. Ich verstehe **dich** sehr gut.
Lo he comprado en la feria del libro. Ich habe **es** auf der Buchmesse gekauft.
No **me** gusta tu camisa. Dein Hemd gefällt **mir** nicht.

b) Bei Modalverben und Verbalperiphrasen
Wenn der Satz ein Modalverb – z. B. poder können, tener que müssen – oder eine Verbalperiphrase (perífrasis verbal) – z. B. estar + gerundio, acabar de + infinitivo – enthält, kann das Pronomen entweder vor dem konjugierten Verb oder nach dem Infinitiv bzw. gerundio stehen. Wenn es nachgestellt wird, bildet das Pronomen mit dem Infinitiv bzw. gerundio ein Wort.
Lo puedes comprar en la farmacia. = Puedes compra**rlo** en la farmacia. Du kannst es in der Apotheke kaufen.
Le quiero comprar un regalo original. = Quiero compra**rle** un regalo original. Ich will ihm ein originelles Geschenk kaufen.
Te estoy hablando. = Estoy hablándo**te**, ¿me escuchas? Ich spreche gerade mit dir, hörst du mir zu?

c) Sonderfälle
Beim bejahten Imperativ, beim allein stehenden Infinitiv, beim gerundio und bei unpersönlichen Verbalperiphrasen stehen die Pronomen immer **nach** dem Verb und bilden mit diesem dann **ein Wort**.
Escúchame, por favor, te estoy hablando. Hör mir bitte zu, ich spreche gerade mit dir.
Al **verlo** me asusté. Als ich ihn sah, erschrak ich.
Reconociéndolos (los errores), pedí perdón y me fui. Indem ich sie (meine Fehler) zugab, bat ich um Verzeihung und ging fort.
Hay que **decirle** la verdad. Man muss ihm/ihr die Wahrheit sagen.

Beachten Sie
- Beim verneinten Imperativ stehen die Pronomen dagegen vor dem Verb.
  ¡No **le** creas! Glaub ihm/ihr nicht!
- Bei Modalverben mit der Perfekt-Form des Infinitivs kann das Pronomen vor dem Modalverb stehen oder an den Infinitiv des Hilfsverbs angehängt werden.
  Deberías haber**lo** hecho. = **Lo** deberías haber hecho. Du hättest es machen sollen.

2.2.2 Zwei Pronomen
a) Grundregel
Wenn in einem Satz direkte und indirekte Objektpronomen zusammentreffen, steht – im Gegensatz zum Deutschen – immer das indirekte vor dem direkten Objektpronomen. Ansonsten gelten die in ➠ 2.2.1 dargelegten Regeln.
¿Te gustan mi zapatos? **Me los** compré ayer. Gefallen dir meine Schuhe? Ich habe sie mir gestern gekauft.
Te lo acabo de decir. = Acabo de decír**telo**. Ich habe es dir gerade gesagt.
Cómpra**melo**, por favor. Kauf es mir, bitte.

Beachten Sie
Wenn das Hilfsverb der Verbalperiphrase reflexiv ist, dann wird das unbetonte Objektpronomen nachgestellt.
Se puso a contar**les** con muchos reparos del problema. Er fing an, ihnen sehr vorsichtig von dem Problem zu erzählen.

Test 5

Setzen Sie die entsprechenden Personalpronomen ein. Achten Sie auf die Stellung und evtl. auf den Akzent. Die Übersetzung hilft Ihnen dabei.

1. ¿Sabes el camino? – Sí, _____ _____ acaban _____ _____ de explicar _____ _____ Kennst du den Weg? – Ja, man hat ihn mir gerade erklärt.
2. _____ _____ di _____ _____ otra vez, por favor. Sag es mir noch einmal.
3. Los ladrones se _____ han _____ escapado _____ (a la policía). Die Diebe sind der Polizei entflohen.
4. A mi hijo _____ llevo _____ a la guardería tres veces por semana. Ich bringe meinen Sohn drei Mal in der Woche in den Kindergarten.
5. _____ _____ traje _____ _____ de las vacaciones. Es para ti. Ich habe es dir aus dem Urlaub mitgebracht. Es ist für dich.

b) Abweichungen von der Grundregel

- Die unbetonten Objektpronomen der 2. Person stehen immer vor denen der 1. Person.
  No te me ensucies. Mach dich ja nicht schmutzig.[3]
- Das Reflexivpronomen bzw. das unpersönliche Pronomen se steht immer vor allen unbetonten Objektpronomen.
  Se me cae el plato, ¡ayúdame! Der Teller fällt mir runter, hilf mir!

c) Se anstatt le / les

Treten direkte und indirekte Objektpronomen der 3. Person zusammen auf, dann werden die indirekten Objektpronomen im Singular und Plural le und les durch **se** ersetzt.
¿Cuándo piensas comprar los regalos para tu hermana? – Quiero comprár**selos** mañana mismo. / **Se los** quiero comprar mañana mismo. Wann hast du vor, die Geschenke für deine Schwester zu kaufen? – Ich will **sie ihr** gleich morgen kaufen.
¿Saben tus padres que vas a visitarlos? – No, todavía no, pero **se lo** digo este fin de semana. Wissen deine Eltern, dass du sie besuchen wirst? – Nein, noch nicht, aber ich werde **es ihnen** dieses Wochenende sagen.

[3] Wörtlich: Mach dich mir nicht schmutzig. Das me verstärkt die Aussage des Satzes und wird im Deutschen am besten mit der Partikel „ja" wiedergegeben.

Beachten Sie
Ein Satz wie ¿Se lo doy? kann also bedeuten: Soll ich es ihm / ihr / ihnen / Ihnen geben? Zur Vermeidung dieser Doppeldeutigkeit wird oft a él / a ella / a ellos / a ellas / a usted(es) hinzugefügt. ¿Se lo doy a ella? Soll ich es ihr geben?

Test 6

Vervollständigen Sie die Sätze nach dem Muster.
Oye, la camisa, (a tu hijo) ¿**se la** has comprado recientemente? Sag mal, hast du ihm (deinem Sohn) das Hemd vor kurzem gekauft?

1. Alberto, tu coche, (a Eugenio) ¿____ ____ prestas? Alberto, leihst du ihm dein Auto?
2. Dime, la ropa, (a ellas) ¿____ ____ podrías planchar? Sag mal, könntest du die Wäsche für sie bügeln?
3. Perdón, el libro, (a ella) ¿____ ____ podría usted dejar un momento, por favor? Entschuldigen Sie, könnten Sie ihr bitte das Buch für einen Augenblick geben?
4. Este perfume tan exquisito, (a usted) ¿quién ____ ____ ha regalado? Wer hat Ihnen denn dieses edle Parfüm geschenkt?

d) Pronomen bei der Verneinung
In verneinten Sätzen steht das Adverb no vor den Pronomen.
No lo sé. Ich weiß es nicht.
No me dijo nada. Er/Sie hat mir nichts gesagt.
Das gilt auch für Konstruktionen mit Infinitiv, gerundio bzw verneintem Imperativ.
¿Por qué **no** me lo quieres decir? Warum willst du es mir nicht sagen?
No te estoy hablando. Ich spreche nicht mit dir.
¡**No** lo hagas, por favor! Tu es nicht, bitte!

Wird das Pronomen jedoch an den Infinitiv bzw. an das gerundio angehängt, dann steht no wie üblich vor dem konjugierten Verb.
¿Por qué **no** quieres decírmelo? Warum willst du es mir nicht sagen?
No estoy hablándote. Ich spreche nicht mit dir.

2.3 Gebrauch

Im Wesentlichen unterscheidet sich der Gebrauch der spanischen Objektpronomen nicht von dem der deutschen. In einigen Fällen werden sie jedoch auch dann verwendet, wenn im Deutschen ein nicht-pronominales Objekt gebraucht wird (➠ 4).
Se lo di a María. Ich habe es María gegeben.
A mis padres **les** va bien. Meinen Eltern geht es gut.

2.3.1 Unbetonte direkte Objektpronomen

Die unbetonten direkten Objektpronomen werden bei Verben verwendet, die ein direktes Objekt fordern, und stimmen in der Regel mit den deutschen Akkusativpronomen (Frage: wen oder was?) überein.

Te oigo, sigue hablando. Ich höre **dich**, sprich weiter.

¿**Lo** interrumpo, señor López? Störe ich **Sie**, Herr López?

Lo (al perro) vi con su dueño. Ich habe **ihn** (den Hund) bei seinem Herrchen gesehen.

¿Cuándo vas a comprar los billetes? – **Los** compro después. Wann wirst du die Fahrkarten kaufen? – Ich kaufe **sie** später.

Beachten Sie

Lo kann sich auf eine männliche Person oder Sache, aber auch auf einen ganzen Satz oder Sachverhalt beziehen. Im letztgenannten Fall wird es im Deutschen immer mit „es" wiedergegeben.

Juan se va a casar. ¿Ya **lo** sabes? Juan wird heiraten. Weißt du **es** schon?

2.3.2 Unbetonte indirekte Objektpronomen

Die unbetonten indirekten Objektpronomen werden bei Verben verwendet, die ein indirektes Objekt fordern, und stimmen in der Regel mit den deutschen Dativpronomen (Frage: wem oder was?) überein.

Estoy escribiendo una carta a Mario. → **Le** estoy escribiendo una carta. Ich schreibe Mario gerade einen Brief. → Ich schreibe **ihm** gerade einen Brief.

¿**Os** preparo un café? Soll ich **euch** einen Kaffee machen?

Si veo a Rosa, **le** digo que venga. Wenn ich Rosa sehe, sage ich **ihr**, dass sie kommen soll.

Le compré la comida (al perro). Ich habe **ihm** (dem Hund) das Futter gekauft.

¿Quieres echar**le** una ojeada (al libro)? Willst du einen Blick in das Buch werfen?

Beachten Sie

Wenn ein Satz zwei Objekte enthält, können entweder beide Objekte pronominal ersetzt werden oder nur das indirekte. Es ist nicht möglich, nur das direkte Objekt zu ersetzen (➠ 4).

Ayer le di (a Cecilia) el libro. Gestern habe ich Cecilia das Buch gegeben.

→ Ayer se lo di (a Cecilia). Gestern habe ich es ihr (Cecilia) gegeben.

Aber nicht: *Ayer lo di a Cecilia.

Test 7

Ergänzen Sie die unbetonten Objektpronomen. Die Übersetzung hilft Ihnen dabei. Achten Sie auf die richtige Reihenfolge.

1. ¿Qué _____ das (a los niños) para la escuela? Was gibst du ihnen für die Schule mit?
2. Pero, _____ _____ estoy diciendo, ¿es que no me oyes? Aber ich sage es dir doch gerade, hörst nicht zu?
3. _____ _____ dijeron mil veces. Sie haben es mir tausend Mal gesagt.
4. ¿_____ estás escuchando? Hörst du mich?
5. Diciéndo_____ _____, ganarás más. Wenn du es ihm/ihr sagst, wirst du mehr davon haben.

2.3.3 Leísmo, laísmo, loísmo

Als leísmo im weitesten Sinne bezeichnet man den im spanischen Sprachraum weit verbreiteten Gebrauch von le / les anstatt lo / los bzw. la / las für Personen und Sachen. Am häufigsten wird der leísmo jedoch für männliche Personen verwendet, d. h. le statt lo bzw. les statt los.
¿Conoces a Pedro? – No, no **le** conozco. = No, no **lo** conozco. Kennst du Pedro? – Nein, ich kenne ihn nicht.
Les vi en la fiesta de Juan. = **Los** / **Las** vi en la fiesta de Juan. Ich habe Sie auf Juans Party gesehen.

Von regionaler Bedeutung ist der als loísmo bezeichnete Gebrauch von lo / los anstatt le / les bzw. der als laísmo bezeichnete Gebrauch von la / las anstatt le / les.

Die RAE (Real Academia Española) empfiehlt, den leísmo nur für männliche Personen im Singular zu gebrauchen. Loísmo und laísmo werden dagegen nicht zugelassen. Die Tabelle gibt Ihnen einen Überblick über den von der RAE akzeptierten Gebrauch der unbetonten Objektpronomen.

		direkte Objektpronomen	indirekte Objektpronomen
maskulin	Singular Plural	**lo** / **le** (nur für Personen) los	le les
feminin	Singular Plural	la las	le les

3 Die betonten (= präpositionalen) Objektpronomen

Im Spanischen gibt es neben den bereits erwähnten unbetonten Objektpronomen auch betonte Objektpronomen (pronombres tónicos de objeto). Sie werden auch präpositionale Objektpronomen (pronombres término de preposición) genannt, da sie stets mit Präpositionen verwendet werden.

3.1 Formen

Die präpositionalen Objektpronomen sind mit den Subjektpronomen identisch, mit Ausnahme der 1. und 2. Personal Singular (mí und ti):
A **mí** me gusta este libro, ¿y a ti? Mir gefällt dieses Buch, und dir?

Hier sind sämtliche Formen im Überblick am Beispiel der Präposition a:

	Singular	Plural
1. Person	a mí mich / mir	a nosotros / a nosotras uns
2. Person	a ti dich / dir	a vosotros / a vosotras euch
3. Person	a él ihn / ihm	a ellos sie / ihnen
	a ella sie / ihr	a ellas sie / ihnen
Höflichkeitsform	a usted Sie / Ihnen	a ustedes Sie / Ihnen / euch

Beachten Sie
Bitte beachten Sie die Sonderformen conmigo (< con + mí) mit mir und contigo (< con + ti) mit dir. Alle anderen Personen werden regelmäßig gebildet: con él, con ella, con nosotros etc.
¿Vienes **conmigo** al cine? Kommst du mit mir ins Kino?
No quiero hablar **contigo**. ¡Vete! Ich will nicht mit dir reden. Hau ab!
Voy con **ellos**. Ich gehe mit ihnen.
Con **nosotros** es siempre encantadora. Zu uns ist sie immer bezaubernd.

Test 8

Ergänzen Sie die das richtige Pronomen. Die Übersetzung hilft Ihnen dabei.

1. Esto es para __________. Das ist **für uns**.
2. Cuenta con __________. Zähl **auf mich**.
3. A menudo hablamos de __________. Wir sprechen oft **über euch**.
4. Esto es para __________. Das ist **für ihn**.
5. ¿Por qué hablas siempre de __________? Warum sprichst du immer **von ihr**?

3.2 Gebrauch

Die präpositionalen Objektpronomen werden folgendermaßen gebraucht:

Betonung der direkten und indirekten Objektpronomen	**A ti** te escribo mañana. **Dir** schreibe ich morgen. **A él** no lo invites. Lade **ihn** nicht ein.
Gegenüberstellungen	Le hablo a María, no **a ti**. Ich spreche mit María, nicht mit **dir**.
Verdeutlichung von le / les	¿Qué le importa **a ella**? Was geht **sie** das an? Les parece **a ellos** una muy buena idea. Das scheint **für sie** eine sehr gute Idee zu sein.
Bildung von Präpositionalobjekten bei Verben, die eine bestimmte Präposition fordern	José ha preguntado **por ti**. José hat **nach dir** gerfragt. No te fíes **de él**. Verlass dich nicht **auf ihn**. Siempre pienso **en ti**. Ich denke immer **an dich**.

Beachten Sie

- Die präpositionalen Objektpronomen als direkte oder indirekte Objekte müssen immer durch die entsprechenden unbetonten Objektpronomen wiederholt werden (➠ 4).
  A ella la conocí ayer. **Sie** habe ich gestern kennen gelernt.
  A ellos no **los** he visto desde hace mucho tiempo. **Sie** habe ich lange nicht gesehen.
  ¿Qué **te** parece **a ti**? Wie findest du es?
  No **le** importa **a él**. **Ihm** ist es egal.
- In einer Aufzählung wird die Präposition bei jedem weiteren Objektpronomen wiederholt.
  Les escribí **a ella** y **a él**. Ich habe ihr und ihm geschrieben.
- Nach den Präpositionen excepto / salvo / menos außer, entre zwischen / unter und según gemäß werden die Subjektpronomen verwendet, was allerdings nur für die 1. und 2. Person Singular relevant ist (➠ 1.2).
  Entre **tú** y **yo** no hay nada más que hablar. Zwischen dir und mir gibt es nichts mehr zu besprechen.

Test 9

Ordnen Sie die Sätze nach dem Muster. Achten Sie auf die Stellung bzw. Wiederaufnahme des pronominalen Objekts.

a / ti / gusta / te / bailar salsa → A ti te gusta bailar salsa. Du tanzt gern Salsa.

1. este regalo / lo / te / compré / a / ti
   ______________________________ Dieses Geschenk habe ich dir gekauft.
2. a / ella / encanta / bailar tango / le
   ______________________________ Sie tanzt gern Tango.
3. a / vosotros / vi bailando / os / juntos
   ______________________________ Euch habe ich zusammen tanzen gesehen.
4. ¿ / la / no / a / he visto / tu hermana / ?
   ______________________________ Deine Schwester? Ich habe sie nicht gesehen.
5. expliqué / les / el camino / a / los turistas
   ______________________________ Ich habe den Touristen den Weg erklärt.

4 Die Verdoppelung des direkten und indirekten Objekts

Im Spanischen wird häufig neben dem nominalen Objekt das entsprechende unbetonte Objektpronomen verwendet, so dass die Objektinformation im Satz redundant ist. Dabei lassen sich die folgenden Fälle unterscheiden.

4.1 Vorausgehendes Objekt

Beginnt ein Satz – zur Hervorhebung – mit einem (nominalen oder pronominalen) direkten oder indirekten Objekt statt mit dem Subjekt, so muss das Objekt in Form des unbetonten Objektpronomens wieder aufgegriffen werden. (➠ Kapitel 35, *Der Satzbau*, 1.1.4 b)

La camisa la compré en rebajas. Das Hemd habe ich im Schlussverkauf gekauft.

A Manuel / A él no **le** traje ningún presente. Manuel / Ihm habe ich kein Geschenk gebracht.

A mí me gusta bailar. Ich tanze gern.

Esto no me **lo** creo. Das glaube ich nicht.

Beachten Sie
Ist das Objekt ein Fragepronomen oder nicht näher bestimmt, z. B. durch den Artikel, dann muss es **nicht** durch das entsprechende Pronomen wiederholt werden.
¿Qué vestido has comprado? Was für ein Kleid hast du gekauft?
¿A quién conociste anoche? Wen hast du gestern Abend kennen gelernt?
Miedo no tengo. Angst habe ich keine.
Regalos no he traído. Geschenke habe ich keine gebracht.

4.2 Vorwegnahme des Objekts durch das Pronomen

Auch bei normaler Satzstellung (Subjekt – Prädikat – Objekt) wird im gesamten spanischen Sprachraum das Objekt durch das entsprechende unbetonte Objektpronomen verdoppelt. Dies ist eine Eigentümlichkeit der spanischen Sprache. Es lassen sich folgende Fälle unterscheiden.

4.2.1 Indirektes Objekt

Das indirekte Objekt wird sehr häufig, vor allem in der Umgangssprache, durch das entsprechende unbetonte Objektpronomen vorweggenommen.
Le regalé una novela policíaca **a mi amigo**. Ich habe meinem Freund einen Krimi geschenkt.
¿Ya **le** has dado una mirada **al libro**? Hast du schon einen Blick in das Buch geworfen?

4.2.2 Direktes Objekt

Das direkte Objekt wird nur in den folgenden Fällen durch das entsprechende unbetonte direkte Objektpronomen vorweggenommen.

- Wenn todo/a/s direktes Objekt ist, wird es durch lo / la / los / las vorweggenommen:
  Lo sé **todo**. Ich weiß alles.
  ¿Has visto alguna película de Almodóvar? – Sí, **las** he visto **todas**. Hast du schon einen Film von Almodóvar gesehen? – Ja, ich habe (sie) alle gesehen.
- Wenn das Indefinitpronomen uno sowie Zahlwörter direkte Objekte von Personen sind:
  Si **lo** ven **a uno** robando fruta, enseguida **lo** denuncian. Wenn einer / jemand beim Obstklauen gesehen wird, wird er gleich angezeigt.
  Los conozco **a los cuatro**. Ich kenne (sie) alle vier.

- In den Gebieten des spanischen Sprachraums, in denen es keinen leísmo (➠ 2.3.3) gibt, z. B. in den Ländern des Cono Sur[4], werden auch direkte Objekte von Personen pronominal vorweggenommen, wobei dieser Gebrauch fakultativ ist.
  (La) estoy ayudando **a mamá** en la cocina. Ich helfe gerade meiner Mutter in der Küche.
  (Lo) he visto **a Juan** en la calle. Ich habe Juan auf der Straße gesehen.

Test 10

Ergänzen Sie die unbetonten Objektpronomen. Diejenigen, die fakultativ sind, setzen Sie in Klammern ein.

1. La casa _______ compramos hace dos meses. Das Haus haben wir vor zwei Monaten gekauft
2. No _______ escribo a mi mamá desde hace tres meses. Meiner Mutter habe ich seit drei Monaten nicht mehr geschrieben.
3. A ella no _______ gusta leer. Sie liest nicht gern.
4. A Cris y a Vicky _______ conozco desde que tengo seis años. Cris und Vicky kenne ich seit meinem sechsten Lebensjahr.
5. A ustedes no _______ veo desde hace un año, ¿dónde se habían metido? Euch / Sie habe ich seit einem Jahr nicht gesehen, wo seid ihr / sind Sie denn gewesen?
6. _______ llamo a Silvia ahora mismo por teléfono. Ich rufe Silvia gleich an.

Auf den Punkt gebracht

1. *(➠ 1)*
Die Subjektpronomen werden im Spanischen im Gegensatz zum Deutschen nur verwendet

	ja	nein
a) zur Hervorhebung.	☐	☐
b) zur Verdeutlichung, vor allem in der 3. Person.	☐	☐
c) bei der Höflichkeitsform usted / ustedes.	☐	☐

[4] Südspitze Südamerikas (Chile, Paraguay, Argentinien und Uruguay)

2. *(➠ 2)*
Ergänzen Sie die Pronomen. Die Übersetzung hilft Ihnen dabei.
a) ¿Has visto a Marisa? – No, no _______ he visto en todo el día. Hast du Marisa gesehen? – Nein, ich habe sie den ganzen Tag nicht gesehen.
b) ¿Por qué no _______ saludas? Warum grüßt du ihn nicht?
c) A mi madre le encanta dibujar. ¿Por qué no _______ pides que te ayude con esos dibujos? Meine Mutter zeichnet sehr gern. Warum bittest du sie nicht um Hilfe bei diesen Zeichnungen?
d) Si quieres aprender español, _______ recomiendo que vivas un tiempo en un país de habla hispánica. Wenn du Spanisch lernen willst, empfehle ich dir, eine Zeit lang in einem spanischsprachigen Land zu leben.

3. *(➠ 2.2)*
Markieren Sie die richtige/-n Alternative/-n.
a) Die Personalpronomen stehen unmittelbar (vor / nach) dem konjugierten Verb.
b) Die Personalpronomen stehen in zusammengesetzten Zeiten (vor / nach) dem Hilfsverb.
c) Die Personalpronomen stehen beim bejahten Imperativ (fakultativ / obligatorisch) hinter dem Verb.
d) Die Personalpronomen stehen bei Modalverben (vor dem konjugierten Verb / nach dem Infinitiv).
e) Die Personalpronomen stehen immer (vor / nach) dem Infinitiv und dem gerundio.
f) Das direkte Objektpronomen steht (vor / nach) dem indirekten Objektpronomen.

4. *(➠ 3)*
Ergänzen Sie die präpositionalen Objektpronomen. Die Übersetzung hilft Ihnen dabei.
a) ¿Vienes _____________ al cine? Kommst du mit mir ins Kino?
b) Voy _____________ de vacaciones. Ich fahre mit ihnen in Urlaub.
c) ¿El café es _____________? Ist der Kaffee für Sie?
d) Este libro es _____________. Dieses Buch ist für dich.
e) _____________ todo sería mejor. Ohne ihn wäre alles besser.

5. *(➠ 4)*
Ergänzen Sie die Pronomen. Die Übersetzung hilft Ihnen dabei. Entscheiden Sie, ob das unbetonte Pronomen fakultativ oder obligatorisch ist.
a) Esta lapicera creo que _______ pertenece a María. Dieser Füller gehört María, glaube ich.

b) A mí ______ interesa mucho la política ¿y a ti? Mich interessiert Politik sehr, und dich?
c) Ay, disculpa, a ti no ______ había visto. Oh, entschuldige, ich hatte dich nicht gesehen.
d) El pan no ______ he comprado. Das Brot habe ich nicht gekauft.

Und wenn Sie noch neugierig sind ...

Im Spanischen gibt es eine Reihe von Wendungen, in denen – meist weibliche – Pronomen gebraucht werden. Hier sind einige Beispiele. Versuchen Sie, die Bedeutung aus dem Kontext zu erschließen. Wenn es Ihnen nicht gelingt, schlagen Sie in den ➠ *Lösungen* nach.

1. No me digas nada, ya (me) **la** veo venir.
2. ¡No **la** tomes con mi padre!
3. Si no dejas de molestarme, **te las** vas a ver conmigo.
4. La gramática española **se las** trae.
5. **Me las** arreglo para trabajar y cuidar al niño.
6. **Me las** pagarás.
7. **Se las** da / echa de genio.
8. ¡Pása**(te)lo** bien! / ¡Que (te) **lo** pases bien!
9. Si sigues así, **lo** llevas claro, te despedirán.
10. **Se lo** montó estupendamente.

Bevor Sie dieses Kapitel durcharbeiten, sollten Ihnen die ➡ Kapitel 4, *Der Artikel*, ➡ Kapitel 5, *Das Adjektiv*, ➡ Kapitel 7, *Die Possessivbegleiter*, ➡ Kapitel 8, *Die Demonstrativbegleiter*; ➡ Kapitel 9, *Die Indefinitbegleiter* und ➡ Kapitel 36, *Die Zahlen, Zeit- und Mengenangaben* vertraut sein.

Auf Entdeckung

Lesen Sie die folgenden Sätze:

a) Nuestro trabajo es muy interesante, ¿y **el vuestro**? Unsere Arbeit ist sehr interessant, und **eure**?

b) ¿Me prestas esos discos que escuchamos la última vez? – ¿Cuáles? ¿**Los** de Mercedes Sosa o **esos** de Atahualpa Yupanqui? Leihst du mir die Platten, die wir das letzte Mal gehört haben? – **Welche**? **Die** von Mercedes Sosa oder **die** von Atahualpa Yupanqui?

c) ¿Tienes libros de Carmen Naranjo? – Sí, (tengo) **algunos**. ¿Quieres que te preste **uno**? Hast du Bücher von Carmen Naranjo? – Ja, (ich habe) **einige**. Willst du dir **eins** ausleihen?

Ordnen Sie die pronominalen Strukturen in der linken Spalte den Konstruktionen in der rechten zu. (➡ *Lösungen*)

1. **el vuestro**	a. Indefinitum
2. **los de** Mercedes Sosa	b. Demonstrativum + präpositionales Attribut
3. **esos de** Atahualpa Yupanqui	c. Zahlwort
4. **algunos**	d. Artikel + Possessivum
5. **uno**	e. Artikel + präpositionales Attribut

Was Sie vorab wissen sollten

- Adjektive, Possessiva, Demonstrativa, Indefinita, Interrogativa, Relativa und Zahlwörter können nicht nur als Begleiter (= adjektivisch), sondern auch als Pronomen (= substantivisch) gebraucht werden. Im vorliegenden Kapitel stellen wir Ihnen die substantivierten Adjektive, Possessiva, Demonstrativa und Zahlwörter dar, den Indefinitpronomen (➡ Kapitel 12), den Relativpronomen (➡ Kapitel 13) und den Interrogativa (➡ Kapitel 14) ist jeweils ein eigenes Kapitel gewidmet.
- Im Spanischen gibt es außerdem den so genannten „neutralen Artikel" lo. Lo ist genau genommen kein Begleiter, denn lo wird im Gegensatz zu diesem niemals mit einem Substantiv verwendet. Lo substantiviert u. a. Adjektive, Partizipien und Possessiva, die dann einen abstrakten Charakter erhalten. **Lo malo** de mi trabajo es el sueldo. Das Schlimme an meiner Arbeit ist das Gehalt.

Lo stellt eine Besonderheit des Spanischen dar, aus diesem Grunde wird es in Abschnitt 2 ausführlich behandelt.

- Neben dem „neutralen Artikel" lo gibt es des Weiteren vier unveränderliche „neutrale" Pronomen: ello, esto, eso und aquello. Im Deutschen werden diese Formen meist mit „das" oder „dies" übersetzt. Ello, esto, eso und aquello werden als demonstrative Pronomen bezeichnet und meist synonym verwendet (➠ 3).
  Esto / Eso / Ello es buenísimo. **Das** (hier / da) ist sehr gut.
  Aquello fue horrible. **Das** war schrecklich (damals).

Test 1

Kreuzen Sie an, ob die fett gedruckten Wörter in den folgenden Sätzen als Begleiter (B) oder als Pronomen (P) gebraucht werden.

	B	P
1. ¿Dónde está **la** mochila que tenías ayer? Wo ist der Rucksack, den du gestern hattest?	☐	☐
2. Mi perro se llama Aníbal. – **El mío** se llama Chico. Mein Hund heißt Aníbal. – Meiner heißt Chico.	☐	☐
3. **Nuestra** hija es una sinvergüenza. Unsere Tochter ist sehr frech.	☐	☐
4. Mira, **aquellos** son los Pérez. Schau mal, das da sind die Pérez.	☐	☐
5. ¿Qué libros prefieres? – Yo, **estos**. Welche Bücher möchtest du lieber? – Ich möchte lieber die hier.	☐	☐

1 Substantivischer Gebrauch der Begleiter

In der folgenden Tabelle erhalten Sie einen Überblick über die Begleiter, die als Pronomen verwendet werden.

Adjektive	¿Cuál es tu coche? – Ese **blanco**. Welches ist dein Auto? – Dieses **weiße** da.
Possessiva	¿Me prestas tu coche? Es que **el mío** está roto. Leihst du mir dein Auto? **Mein(e)s** ist nämlich kaputt.
Demonstrativa	**Estas** son mis cosas, no las toques por favor. **Das** sind meine Sachen, lass sie bitte da stehen.
Zahlwörter	¿Cuántas naranjas quiere usted? – Déme **cinco** o **seis**. Wie viele Orangen wollen Sie? – Geben Sie mir **fünf** oder **sechs**.
Relativa	¿Dónde está ese libro **que** tenías ayer? Wo ist dieses Buch, **das** du gestern hattest?
Interrogativa	Quisiera limones. – **¿Cuántos**? Ich hätte gern Zitronen. – **Wie viele**?
Indefinita	¿Tienes preguntas? – No, **ninguna**. Hast du Fragen? – Nein, **keine**.

Beachten Sie
Den Relativpronomen (➡ Kapitel 13), den Interrogativpronomen (➡ Kapitel 14) sowie den Indefinitpronomen (➡ Kapitel 12, 2) ist jeweils ein eigenes Kapitel gewidmet.

1.1 Die substantivierten Adjektive

Adjektive können sowohl im Spanischen als auch im Deutschen durch Begleiter wie die Artikel, Indefinita, Possessiva, Demonstrativa oder Zahlwörter substantiviert werden.
¿Qué te parecen estas canciones? – Para mí son **las mejores**. Wie findest du diese Lieder? – Für mich sind es **die besten**.
¿Te gustan esas camisetas? – **Esta azul** sí me gusta, pero **esa marrón** me parece feísima. Magst du diese T-Shirts? – **Dieses blaue** hier gefällt mir sehr, aber **das braune** da ist potthässlich.
¿Cuántas cebollas le pongo? – **Dos pequeñas** y **tres grandes**. Wie viele Zwiebeln wollen Sie? – **Zwei kleine** und **drei große**.

Beachten Sie

- Ob das Adjektiv durch den Artikel oder durch ein Demonstrativum substantiviert wird, hängt davon ab, was man sagen möchte. Der Artikel hat eine identifizierende oder verallgemeinernden Funktion, das Demonstrativum dagegen eine deiktische (= hinweisende).
  Mira las flores. **Esas azules** son muy lindas. Schau mal die Blumen. **Diese blauen** da sind sehr schön.
  A mí me gustan más **las amarillas**. Ich mag **die gelben** lieber.
- Auch andere Wörter oder Satzglieder, die wie ein Adjektiv fungieren (z. B. Relativsätze), können auf diese Weise substantiviert werden.
  ¿Qué quieres que haga con todos esos libros? – Son **los que te tienes que llevar**. Was soll ich mit diesen Büchern machen? – Es sind **die(jenigen), die du mitnehmen sollst**.
  ¿Quién es Paula? – **La de pelo corto**. Wer ist Paula? – **Die(jenige) mit den kurzen Haaren**.

Test 2

Setzen Sie den substantivierenden Artikel ein. Achten Sie auf das Geschlecht und die Zahl des Substantivs.

1. De las naranjas, ¿quiere ______ más baratas o ______ más caras? Welche Apfelsinen möchten Sie lieber, die billigeren oder die teureren?
2. ¿Cuál de las dos películas te gusta más: ______ de Woody Allen o ______ de Fellini? Welcher Film hat dir besser gefallen, der von Woody Allen oder der von Fellini?
3. Tengo dos vestidos de noche, ¿cuál prefieres: ______ negro o ______ rojo? Ich habe zwei Abendkleider, welches gefällt dir besser: das schwarze oder das rote?
4. Los dos trajes son muy buenos, pero ______ gris oscuro es de mejor calidad. Beide Anzüge sind gut, aber der dunkelgraue ist von besserer Qualität.

1.2 Die Possessivpronomen

Die Possessivpronomen setzen sich aus dem bestimmten Artikel und den Formen der betonten Possessivbegleiter zusammen. (➡ Kapitel 7, *Die Possessivbegleiter*, 1.2)

Mi familia no es de aquí. ¿De dónde es **la tuya**? – **La mía** vive en Medellín. Meine Familie ist nicht von hier. Und woher ist **deine**? – **Meine** wohnt in Medellín.

Mi perro se llama Félix, ¿y **el tuyo**? – **El mío** se llama Tamo. Mein Hund heißt Felix, und **deiner**? – **Meiner** heißt Tamo.

La calle donde vivimos es muy transitada. – **La nuestra**, como da a un bosque, es muy tranquila. Wir wohnen an einer sehr lauten Straße. – **Unsere** ist sehr ruhig, da sie an einen Wald grenzt.

Auf Entdeckung

Versuchen Sie, die fehlenden Endungen in der folgenden Tabelle zu ergänzen. Damit erhalten Sie eine komplette Übersicht über die Possessivpronomen.
(➠ *Lösungen*)

	Singular		Plural	
Person	maskulin	feminin	maskulin	feminin
1. Singular yo ich	el mío meine/-r/-s	la mí___ meine/-r/-s	los mí___ meine	las mí___ meine
2. Singular tú / vos du	el tuy___ deine/-r/-s	la tuy___ deine/-r/-s	los tuy___ deine	las tuy___ deine
3. Singular él er ella sie usted Sie	el suy___ seine/-r/-s / ihre/-r/-s / Ihre/-r/-s	la suy___ seine/-r/-s / ihre/-r/-s / Ihre/-r/-s	los suy___ seine / ihre / Ihre	las suy___ seine / ihre / Ihre
1. Plural nosotros/as wir	el nuestr___ unsere/-r/-s	la nuestr___ unsere/-r/-s	los nuestr___ unsere	las nuestr___ unsere
2. Plural vosotros/as ihr	el vuestr___ eure/-r/-s	la vuestr___ eure/-r/-s	los vuestr___ eure	las vuestr___ eure
3. Plural ellos / ellas sie ustedes Sie / ihr[2]	el suy___ ihre/-r/-s / Ihre/-r/-s / eure/-r/-s	la suy___ ihre/-r/-s / Ihre/-r/-s / eure/-r/-s	los suy___ ihre / Ihre / eure	las suy___ ihre / Ihre / eure

Beachten Sie

- Einige Possessiva werden in festen Ausdrücken gebraucht, z. B. los míos meine Verwandten / meine Familie, los tuyos deine Verwandten / Familie etc.
  Saludos de los míos. Grüße von meiner Familie.
  Saludos a los tuyos. Grüße an deine Familie.
  Weitere feste Wendungen finden Sie in Abschnitt ➠ 3.

[2] Sprachgebrauch in Andalusien, auf den Kanarischen Inseln und in Hispanoamerika

– Der Unterschied zwischen dem Possessivpronomen und dem betonten Possessivbegleiter nach dem Verb ser sein (= attributiver Gebrauch) besteht darin, dass das Possessivpronomen immer mit dem Artikel verwendet wird; außerdem bedeutet die Kombination ser sein + betonter Possessivbegleiter „gehören". Vergleichen Sie die Beispiele:
¿Me das el libro? – ¿Cuál es **el tuyo**? Gibst du mir das Buch? – Welches ist **deins**?
Este libro **es mío**. Dieses Buch **gehört mir**. (Wörtlich: Dieses Buch ist meins.) ↔ Este libro es **el mío**. Dieses Buch ist meins. (Wörtlich: Dieses Buch ist das Meinige / das Meine.)

Test 3

Vervollständigen Sie die folgenden Sätze mit den entsprechenden Possessiva (Pronomen oder Begleiter). In Klammern steht, von welcher Person das Possessivum abgeleitet werden soll.

1. Tienes muebles muy antiguos; ________________ (yo), en cambio, son modernos. Du hast aber alte Möbel, meine dagegen sind modern.
2. ¿Este monedero es ________________ (usted)? Gehört dieser Geldbeutel Ihnen?
3. Nos perdimos. Fue idea ________________ (tú) que fuéramos por aquí. – Te equivocas. Esa fue tu idea. Wir haben uns verlaufen. Das war deine Idee, dass wir hier durch gegangen sind. – Du irrst dich, es war deine Idee.
4. Ese libro es ________________ (él) y aquel es el de Manuela. Das Buch da gehört ihm und das dort ist das von Manuela.
5. ¿Dónde están ________________ (Juan) zapatos? – ¿Los de Juan? Están aquí. Wo sind seine Schuhe? – Die von Juan? Die sind hier.

1.3 Die Demonstrativpronomen

Die Formen der Demonstrativpronomen sind mit denen der Demonstrativbegleiter identisch. Bei den Pronomen ist das Akzentzeichen fakultativ.
Esta es mi hermana. = **Ésta** es mi hermana. Das ist meine Schwester.

Wenn nicht eindeutig ist, ob es sich um den Demonstrativbegleiter oder um das Pronomen handelt, **müssen** die Pronomen mit einem Akzent versehen werden, um die Zweideutigkeit auszuschließen.

Auf Entdeckung

Vervollständigen Sie die Tabelle. Damit erhalten Sie eine komplette Übersicht über die Demonstrativpronomen. (➠ Kapitel 8, *Die Demonstrativbegleiter*, 1)

Die „ersetzte" Person bzw. der „ersetzte" Gegenstand ist		Maskulinum	Femininum	Adverb
in der Nähe des Sprechenden	Singular			aquí / acá hier
	Plural			
in der Nähe des Angesprochenen	Singular			ahí da
	Plural			
weder in der Nähe des Sprechenden noch des Angesprochenen	Singular			allí / allá dort
	Plural			

Beachten Sie

- Die Demonstrativpronomen verweisen auf Lebewesen, Gegenstände und Begriffe, die sich in der (räumlichen, zeitlichen oder bewusstseinsmäßigen) Nähe des Sprechenden (este) oder des Angesprochenen (ese) befinden bzw. die von beiden weiter entfernt sind (aquel).
- In einer Aufzählung bezieht sich este auf die letztgenannte Person oder Sache, aquel auf die erstgenannte.
  Mis tías se llaman María y Encarnación. **Esta** vive en Burgos, **aquella** en León. Meine Tanten heißen María und Encarnación. **Letztere** lebt in Burgos, **erstere** in León.

Test 4

Setzen Sie die entsprechenden Endungen von este, ese und aquel ein. Das Ortsadverb und die Übersetzung helfen Ihnen dabei.

1. ________ (aquí) son mis amigos. Dies (hier) sind meine Freunde.
2. ________ (allí) es nuestra profesora. Das (dort) ist unsere Lehrerin.
3. ________ (ahí) es el coche de Claudio. Das (da) ist das Auto von Claudio.
4. ________ (aquí) es mi tío Juan. Dies (hier) ist mein Onkel Juan.
5. ________ (allí) son mi madre y mi hermana. Das (dort) sind meine Mutter und meine Schwester.

1.4 Die Zahlwörter in pronominalem Gebrauch

Auch Zahlwörter, z. B. Kardinal- und Ordnungszahlen, können pronominal verwendet werden. Bitte beachten Sie, dass sich bei „eins“ das Geschlecht nach dem Substantiv richtet: uno, una. (➠ Kapitel 36, *Die Zahlen, Zeit- und Mengenangaben*, 1)

maskulin	¿Tenéis hijos? – Yo tengo **dos**. – Y yo sólo **uno**. Habt ihr Kinder? – Ich habe **zwei**. – Ich nur **eins**. ¿Cuál de los dos prefieres? – **El primero**. Welchen der beiden möchtest du lieber haben? – **Den ersten**.
feminin	Mira estas velas, ¡qué hermosas! ¿Compramos **una** o **dos**? – Llevemos **dos**. Schau mal, die Kerzen, wie schön! Sollen wir **eine** oder **zwei** kaufen? – Lass uns **zwei** kaufen. ¿Dónde está la casa de Pedro? – Es **la segunda** de esa calle. Wo ist Pedros Haus? – Es ist **das zweite** in dieser Straße.

Beachten Sie

Wenn es sich um eine unbestimmte Menge handelt, wird das Indefinitpronomen algunos/as verwendet. (➠ Kapitel 12, *Die Indefinitpronomen*, 1,1)
¿Tienes libros en español? – Sí, tengo algunos. Hast du Bücher auf Spanisch? – Ja, ich habe einige.

Test 5

Ersetzen Sie das Substantiv nach dem Muster. Achten Sie auf das Geschlecht. Die Übersetzung hilft Ihnen dabei.

La casa, ¿tiene cocina? – Sí, tiene **una**. Hat das Haus eine Küche? – Ja, es hat eine.

1. La casa, ¿tiene balcones? – Sí, tiene ______. Hat das Haus Balkone? – Ja, es hat einen.
2. María, ¿tiene hermanas? – Sí, tiene ______. Hat María Schwestern? – Ja, sie hat drei.
3. Pedro, ¿tiene hermanos? – Sí, tiene ______. Hat Pedro Brüder? – Ja, er hat zwei.
4. ¿Tienes gatos? – Sí, tengo ______. Hast du Katzen? – Ja, ich habe eine.
5. ¿Cuántos años tienes? – Tengo treinta y ______ (31). Wie alt bist du? – Ich bin einunddreißig.

2 Der „neutrale Artikel" *lo*

Der „neutrale Artikel" lo wird zur Substantivierung von Adjektiven, Partizipien, Ordnungszahlen, Possessivpronomen und Adverbien verwendet. Genau genommen ist lo kein Artikel, denn er besitzt weder eine Pluralform noch verschmilzt er mit den Präpositionen a und de. Lo verleiht der Substantivierung einen abstrakten, allgemeinen Charakter.

Lo malo es que tienes razón. **Das Schlimme** daran ist, dass du Recht hast.

Sehen Sie sich die folgende Tabelle an.

Adjektive	**Lo mejor de todo** viene ahora. Das Beste von allem kommt jetzt. **Lo más importante** es que a uno le guste su profesión. Das Wichtigste ist, dass man seinen Beruf mag. **Lo esencial** en la vida es la felicidad. Das Wesentliche im Leben ist, glücklich zu sein. Mira **lo hermoso que es el parque**. Schau, wie schön der Park ist.
Partizipien	Hay que cumplir **lo prometido**. Was man versprochen hat, muss man halten.[3]
Ordnungszahlen	**Lo primero** que voy a hacer al volver a mi casa es llamarte. Das Erste, was ich tue, wenn ich nach Hause komme, ist, dich anzurufen.
Possessivpronomen	**Lo mío** es la literatura. Literatur ist meine Leidenschaft.[4]
Adverbien	Es increíble **lo bien** que se expresa en público. Es ist unglaublich, wie gut er/sie sich in der Öffentlichkeit ausdrückt.
Relativpronomen	**Lo** que te dije ayer, ¿ya lo olvidaste? Hast du das, was ich dir gestern gesagt habe, schon vergessen? Se lo dije todo, después de **lo cual** se dio media vuelta y se fue. Ich habe ihm/ihr alles gesagt, woraufhin er/sie sich umdrehte und wegging.

[3] Wörtlich: Man muss das Versprochene halten.
[4] Wörtlich: Das Meine ist die Literatur.

Beachten Sie
Im Gegensatz zur Substantivierung mit lo behalten die mit dem bestimmten Artikel substantivierten Wörter stets ihre konkrete Bedeutung: el malo ≠ lo malo, der Böse ≠ das Schlimme (daran / an der Sache).

Test 6
Entscheiden Sie, ob lo, el, la oder kein Artikel ∅ verwendet wird. Die Übersetzung hilft Ihnen dabei.

1. _____ mejor es la comida. Das Beste ist das Essen.
2. Con _____ bien que me siento en tu casa ... ¿cómo crees que dejaré de visitarte? Ich fühle mich doch bei dir so wohl ... warum glaubst du denn, dass ich dich nicht mehr besuchen will?[5]
3. _____ mayor de todos se llama Andrés. Der Älteste von allen heißt Andrés.
4. _____ azul no me gusta. Blau mag ich gerne.
5. ¡Mira qué belleza! _____ azul que está el cielo. Sieh mal, wie schön! Wie blau der Himmel ist.
6. Esta actitud me parece _____ mejor. Diese Haltung scheint mir die beste zu sein.
7. Compremos _____ (tomates) maduros. Lass uns die reifen (Tomaten) kaufen.

TIPP

Wenn Sie erst angefangen haben Spanisch zu lernen, können Sie den folgenden Abschnitt zunächst überspringen und gleich weiter zum ➠ Kapitel 12, *Die Indefinitpronomen* gehen.

[5] Wörtlich: So gut wie ich mich bei dir fühle ...

3 Die neutralen Demonstrativpronomen *ello / esto / eso / aquello*

3.1 Form

Die neutralen Demonstrativpronomen ello, esto, eso und aquello werden nur als Pronomen verwendet. Sie sind neutral, d. h. unveränderlich, da sie keine Informationen über Genus und Numerus enthalten.
Esto no me gusta. **Das** gefällt mir nicht.
Dame **eso**, por favor. Gib mir **das**, bitte.
No estoy contento **con aquello**. **Damit** bin ich nicht zufrieden.
Voy a pensar **en ello**. Ich werde **daran** denken.

3.2 Gebrauch

Die neutralen Pronomen verweisen auf einen nicht näher bestimmten Gegenstand oder bereits erwähnten Sachverhalt und können sich auf Wörter, Satzteile, ganze Sätze oder vollständige Aussagen beziehen. Ob man esto, eso oder aquello benutzt, hängt – wie bei den anderen Demonstrativa – von der räumlichen, zeitlichen oder gefühlsmäßigen „Distanz" des Geäußerten zum Sprechenden ab. Vergleichen Sie die folgenden Sätze:

¿Cuánto cuesta **eso**? Wie viel kostet **das**?	Hier wird eso benutzt, weil der Gegenstand sich im Bereich des Angesprochenen befindet.
¿**Esto**? Cien pesos. **Das hier**? Hundert Pesos.	In der Antwort wird esto verwendet, weil sich der Gegenstand jetzt im Bereich des Sprechenden befindet.
Mira **aquello**. ¡Qué bonito! Schau das dort. Wie schön! Todo **aquello** es nuestro. **Das** alles dort gehört uns.	Aquello bezieht sich auf etwas, das weder beim Sprechenden noch beim Angesprochenen ist.

Beachten Sie

- Der Sprechende zeigt auf ein Foto: **Esto** que veis aquí es Córdoba. **Das**, was ihr hier seht, ist Córdoba. Ob das Foto in seiner Nähe oder weiter von ihm entfernt ist, spielt in diesem Fall keine Rolle. Das Foto und die Erfahrungen, die er damit verbindet, sind dem Sprechenden „nah", deshalb benutzt er die Form esto.

- Der Sprechende zeigt auf einen Gegenstand: ¿Sigues con **eso**? Bist du immer noch mit dem Zeug da beschäftigt? Mit eso und aquello drückt man Distanz oder auch Verachtung gegenüber bestimmten Gegenständen, Lebewesen oder Sachverhalten aus.
- Die neutralen Demonstrativpronomen tragen **nie** einen Akzent.

Ello wird in der Regel nur als Subjekt und als Präpositionalobjekt gebraucht. Oft wird ello alternativ zu dem neutralen Demonstrativpronomen eso verwendet. (➠ Kapitel 10, *Die Personalpronomen*, 1.1.1)
¿Qué es **ello** / **eso**? Was ist **das**?
Estoy de acuerdo **con ello** / **eso**. Ich bin **damit** einverstanden.
Déjame en paz, no quiero que hablemos **de ello** / **eso**. Lass mich in Ruhe. Ich will nicht **darüber** sprechen.
Ello kann in Verbindung mit todo auch als direktes Objekt verwendet werden.
No deberías abandonar **todo ello** / **eso**. Du solltest das alles nicht aufgeben.

In Konstruktionen mit ser + Substantiv werden die neutralen Pronomen esto / eso / aquello in der Regel nicht verwendet.
Este / Ese es mi problema. Das ist mein Problem.
Esta / Esa es la razón por la que lo hizo. Das ist der Grund, warum er/sie es getan hat.

Test 7

Vervollständigen Sie die folgenden Sätze mit esto, eso, aquello.

1. ________ es en Barcelona, el parque Güell de Gaudí. Das (hier) ist in Barcelona, der Güell-Park von Gaudí.
2. ¿Qué es ________? – ¿ ________ que tengo en las manos? Un regalo de la abuela. Was ist das (da)? – Das (hier), was ich in der Hand habe? Ein Geschenk von Oma.
3. ¿Qué es ________ que estás comiendo? – Nada, un caramelo. Was isst du denn (da) gerade? – Nur ein Bonbon.
4. ________ es mío, y ________ es tuyo, ¿verdad? Das (hier) ist meins und das (da) ist deins, nicht wahr?
5. Mira, ¿ves ________?, ¿qué será? Schau mal, siehst du das (dort)? Was ist das wohl?

4 Feste Wendungen

Es gibt eine Reihe fester Wendungen mit den in den vorangehenden Abschnitten dargestellten Pronomen. Im Folgenden erhalten Sie einen Überblick über die wichtigsten.

4.1 Feste Wendungen mit Possessivpronomen

Die Possessivpronomen können mit dem bestimmten Artikel bzw. mit lo kombiniert werden.

lo mío / lo tuyo etc. meine / deine etc. Sachen	Toma **lo tuyo** y márchate. Nimm deine Sachen und geh.
lo mío / lo tuyo etc. auch: mein(e) / dein(e) Leidenschaft / Interesse	**Lo mío** es la literatura. Meine Leidenschaft ist die Literatur.
lo nuestro / lo vuestro / lo suyo etc. die Sache mit uns / euch / ihnen etc., auch: unsere / eure / ihre Affäre	Nadie sabe de **lo nuestro** todavía. Noch weiß keiner etwas von unserer Affäre.
estar en lo suyo in seinem Element sein	**Estoy en lo mío**. Ich bin in meinem Element.
ir a lo suyo auf seinen eigenen Vorteil aus sein	Tú **vas** siempre **a lo tuyo**. Du bist stets auf deinen eigenen Vorteil aus.
salirse con la suya seinen Kopf durchsetzen	Al final yo **me salí con la mía**. Schließlich habe ich doch meinen Kopf durchgesetzt.
hacer de las suyas seine üblichen Mätzchen machen / einen seiner Streiche spielen	Mi hijo **ha hecho** esta mañana **una de las suyas**. Mein Sohn hat heute Morgen einen seiner Streiche gespielt.

4.2 Feste Wendungen mit lo

por lo general im Allgemeinen	**Por lo general** me levanto temprano. Im Allgemeinen stehe ich früh auf.
por lo menos mindestens	Vi la peli **por lo menos** tres veces. Ich habe den Film mindestens drei Mal gesehen.

por lo pronto vorläufig / fürs Erste / mal erst	**Por lo pronto** vete a casa, después hablaremos. Geh mal erst nach Hause, nachher sprechen wir.
por lo visto offenbar	**Por lo visto** aún no ha llegado ningún invitado. Offenbar ist noch kein Gast angekommen.
a lo mejor vielleicht	**A lo mejor** nos vemos mañana. Vielleicht sehen wir uns morgen.
a lo sumo höchstens	**A lo sumo**, por la tarde. Höchstens nachmittags.
a lo largo der Länge nach a lo ancho der Breite nach	¡Córtelo **a lo largo / a lo ancho**, por favor! Bitte, schneiden Sie ihn (den Stoff) der Länge / Breite nach!
a lo + Substantiv Art und Weise: wie (ein/-e)	Se tiñó el pelo **a lo Madonna.** Er/Sie färbte sich das Haar wie Madonna. Se viste **a lo adolescente.** Er/Sie zieht sich wie ein Teenager an.
de lo más + Adjektiv Nachdruck bei Komparativstrukturen	Se ha ido a la fiesta **de lo más guapa.** Sie ging ultraschick zur Fete.
de lo más + Adverb Nachdruck bei Komparativstrukturen	En el examen me fue **de lo más bien.** Die Prüfung ist sehr gut gelaufen.
en lo + Adjektiv „Gebiet / Bereich / Ebene“	**en lo político** auf der politischen Ebene **en lo personal** auf der persönlichen Ebene **en lo económico** auf der wirtschaftlichen Ebene

Beachten Sie
Eine ähnliche Bedeutung wie a lo + Substantiv hat der Ausdruck a la + Herkunftsadjektiv: nach + Herkunft + Art.
Calamares a la romana Tintenfisch nach römischer Art

4.3 Feste Wendugen mit eso

Eso wird in der gesprochenen Sprache häufig verwendet. Bitte sehen Sie sich die folgenden Wendungen an.

eso sí / eso no	verstärken „ja“ oder „nein“	**Eso sí** está permitido. Das ist schon erlaubt. **Eso no** lo digas. Sag das bloß nicht.
eso sí que / eso sí que no	bedeutet so viel wie „auf jeden / (gar) keinen Fall“	**Eso sí que** me gustaría. Das würde mir wirklich gefallen. **Eso sí que no** quiero que lo hagas. Ich will auf gar keinen Fall, dass du das tust.
eso es	bedeutet so viel wie „stimmt / richtig / jawohl / ganz genau“	¿Está bien así? – **Eso es.** Ist es so OK? – Ja, genau so.
a eso de	bedeutet „ungefähr / so gegen“ bei der Uhrzeit	Voy a verte **a eso de** las tres. Ich komme so gegen drei zu dir.
y eso que	bedeutet „obwohl“	Se compraron una casa **y eso que** no tienen un duro. Sie haben sich ein Haus gekauft, obwohl sie keinen Cent haben.
por eso	bedeutet „deshalb“	Quiero levantarme temprano, **por eso** me voy ya a dormir. Ich will früh aufstehen, deshalb gehe ich jetzt schon ins Bett.

4.4 Esto de, eso de, aquello de

Diese Konstruktion bedeutet so viel wie „das mit …“ / „die Sache mit …“ / „die Tatsache, dass …“ etc. Sie wird hauptsächlich in der Umgangssprache gebraucht.
Esto de los impuestos no lo entiendo. Das mit den Steuern verstehe ich nicht.
Eso de hacer una cita y tener que esperar es absurdo. Die Tatsache, dass man einen Termin vereinbart und dann warten muss, ist absurd.

Beachten Sie
Man könnte auch lo de benutzen: **Lo de** los impuestos … / **Lo de** hacer …

Auf den Punkt gebracht

1. *(➠ Was Sie vorab wissen sollten)*

a) Demonstrativa, Possessiva und Indefinita können als (Pronomen / Begleiter) verwendet werden.

b) Esto, eso und aquello können als (Pronomen / Begleiter) verwendet werden.

2. *(➠ 1.2)*

Kreuzen Sie an, ob es sich bei den fett gedruckten Possessiva um adjektivischen (A) oder pronominalen Gebrauch (P) handelt.

	A	P
a) ¿Dónde está **mi** diario? Wo ist meine Zeitung?	☐	☐
b) Este es mi libro, pero ¿dónde está **el tuyo**? Das ist mein Buch, aber wo ist deins?	☐	☐
c) Qué hermosa casa; pero **la nuestra** es más grande. Was für ein schönes Haus; aber unseres ist größer.	☐	☐
d) ¿**Vuestro** amigo es suizo? Ist euer Freund Schweizer?	☐	☐
e) Mis gatos no abandonan la casa. – Los **míos** sí salen afuera. Meine Katzen verlassen nie das Haus. – Meine gehen schon nach draußen.	☐	☐

3. *(➠ 1.3)*

Kreuzen Sie an, ob es sich bei den fett gedruckten Demonstrativa um adjektivischen (A) oder pronominalen Gebrauch (P) handelt.

	A	P
a) Mira, **esta** es mi hermana Cecilia. Schau mal, das ist meine Schwester Cecilia.	☐	☐
b) A **estos** señores no los conozco. Diese Herren kenne ich nicht.	☐	☐
c) **Este** país es nuestro. Dieses Land gehört uns.	☐	☐
d) De **esas** ni me hables. Erzähl mir nichts von denen.	☐	☐
f) ¿Dónde está **esa** carta que te di ayer? Wo ist dieser Brief, den ich dir gestern gegeben habe?	☐	☐

4. *(➠ 2)*

Übersetzen Sie die folgenden Wendungen.

a) lo bueno ____________________

b) lo mejor ____________________

c) lo primero ____________________

d) lo que dices ____________________

Nun setzen Sie die Wörter aus a) – d) in den folgenden Text ein. Die Übersetzung hilft Ihnen dabei.

e) ______________ que tienes que hacer es descansar. Zuerst sollst du dich ausruhen.[6]

f) ______________ es cierto. Das, was du sagst, ist wahr.

g) ______________ de la región es el vino. Das Beste an dieser Gegend ist der Wein.

h) ______________ es que no lo conoce nadie. Das Gute daran ist, dass ihn niemand kennt.

5. *(➠ 3)*

Welche der folgenden Aussagen treffen zu, welche nicht?	ja	nein
a) Die Demonstrativpronomen esto, eso und aquello gleichen sich ihrem Bezugswort an.	☐	☐
b) Esto gibt das deutsche neutrale Pronomen „das" wieder, wenn es sich auf die erste Person bezieht: Esto que he escrito no lo entiendo. Was ich da geschrieben habe, kann ich nicht mehr entziffern.	☐	☐
c) Eso wird dann verwendet, wenn sich der Gegenstand weder in der Nähe des Sprechenden noch des Angesprochenen befindet: Eso que dices no lo comparto. Was du sagst, entspricht nicht meiner Meinung.	☐	☐

[6] Wörtlich: Das Erste, was du tun sollst, ist dich auszuruhen.

12 *Die Indefinitpronomen*

Bevor Sie dieses Kapitel lesen, sollten Sie das ➠ Kapitel 9, *Die Indefinitbegleiter* sowie die ➠ Einführung in *Die Pronomen* durcharbeiten. Im vorliegenden Kapitel werden die gängigsten nur pronominal verwendeten Indefinita behandelt, d. h. die Indefinita mit substantivischem Gebrauch.

Was Sie vorab wissen sollten

- Indefinita sind Wörter, die zur Kennzeichnung einer unbestimmten Anzahl oder Menge von Personen und Gegenständen dienen, z. B. algunos einige, muchos viele, nadie niemand usw.
  Muchos me comprenden. **Viele** verstehen mich.
  Nadie me comprende. **Keiner** versteht mich.
- Man unterscheidet zwischen Indefinita, die nur pronominal (= substantivisch) gebraucht werden (indefinidos propiamente dichos), z. B. alguien jemand, nadie niemand, und solchen, die auch als Begleiter (= adjektivisch) verwendet werden (pronombres indefinidos del discurso), z. B. alguno/a/s irgendein/-e / einige, mucho/a/s viel/-e.
- Die Indefinita, die nur als Pronomen verwendet werden, sind unveränderlich und grammatikalisch immer maskulin Singular.
  ¿Había en la fiesta **alguien** conocido? Gab es auf der Fete jemanden, den du kanntest?[1]
  No, **nadie** (conocido). Nein, niemanden.
  ... y, ¿**algo** nuevo? ... und etwas Neues?
  Nada nuevo. Auch nichts Neues.
  Trotzdem können sie sich auf mehrere Personen beziehen – genauso wie im Deutschen.
  ¿Había **alguien** conocido? – Claro que sí, los de siempre. Gab es jemanden, den du kanntest? – Ja natürlich, die Üblichen.

[1] Wörtlich: jemand Bekanntes

1 Überblick über die gängigsten Indefinitpronomen

1.1 Indefinita, die auch als Begleiter verwendet werden

Die folgende Tabelle gibt Ihnen einen Überblick über die gängigsten Indefinita, die auch als Begleiter (➠ Kapitel 9, *Die Indefinitbegleiter*) verwendet werden (pronombres indefinidos del discurso). Diese sind veränderlich, deshalb finden Sie in der mittleren Spalte Angaben bezüglich der Veränderung von Genus bzw. Numerus.

alguno/a jemand / (irgend)eine/-r / algunos/as manche / einige / ein paar		¿Quiere **alguna** (de vosotras) un café? Möchte **eine / jemand** (von euch) einen Kaffee? **Algunos** quieren hacer la mili. **Einige** wollen den Militärdienst machen.
bastante/s ziemlich viel/-e	bastante/s ist im Genus unveränderlich	A la Expo fueron **bastantes**, pero no la cantidad que se esperaba. Die Expo wurde von **ziemlich vielen** besucht; aber nicht die Anzahl, die erwartet wurde.
cualquiera alle / jeder / irgendeine/-r cualesquiera irgendwelche	das Genus ist unveränderlich	Eso lo sabe **cualquiera**. Das weiß **jeder**. Por mí puedes comprar **cualquiera**. Meinetwegen kannst du **irgendeinen** kaufen. Puedes comprar **cualesquiera**. Du kannst **irgendwelche** kaufen.
los / las demás andere / übrige lo demás der Rest / alles andere / alles übrige	die Artikel los bzw. las geben das Genus an	Los **demás** son de palo. Sprichwort: Man soll sich von den **anderen** nicht beeinflussen lassen. Wörtlich: Die **anderen** sind aus Holz. Lo **demás** no me interesa. **Alles andere** interessiert mich nicht.
demasiado/a/s zu viel/-e		¿Cuántos eran en la fiesta? – Muchos ... **demasiados**. Wie viele waren auf der Fete? – Viele ... **zu viele**.

demasiado/a/s zu viel/-e		Eran **demasiadas** (mujeres). Es waren **zu viele** (Frauen).
mucho/a/s viel/-e		¿Andas con dinero? – No **mucho**. Hast du Geld dabei? – Nicht **viel**. **Muchos** viajan a Mallorca. **Viele** reisen nach Mallorca.
ninguno/a (gar) kein/-e / kein/-e einzige/-r	ninguno wird nur im Singular gebraucht	No ha venido **ninguno** (de los invitados) hasta ahora. Bis jetzt ist **kein einziger** (Gast) gekommen.
otro/a/s (ein/-e) andere/-r lo otro das andere / die andere Sache		¿Quiere usted **otras**? Wollen Sie **andere**? **(Los) otros** quieren tener siempre (la) razón. **Die anderen** wollen immer Recht haben. ¿Ya sabes **lo otro**? Weißt du schon **die andere Sache**?
poco/a/s wenig/-e muy pocos/as sehr wenig/-e / die wenigsten	die Kombination mit muy reduziert noch mehr die Menge und hat dadurch eine superlativische Bedeutung	Yo tengo mucho y tú, **poco**. Ich habe viel und du **wenig**. Me contento con **poco**. Ich bin mit **wenig** zufrieden. **Pocos** viajan a Sudamérica. **Wenige** reisen nach Südamerika. **Muy pocos** viajan a la Antártida. **Die wenigsten** reisen in die Antarktis.
tanto/a/s ... (como) so viel/-e ... (wie)	tanto im Singular bezieht sich auf Gegenstände und Begriffe, tantos im Plural auf Personen	Hay **tanto** para ver. Es gibt **so viel** zu sehen. No fueron **tantos**. **So viele** sind nicht hingegangen.
todo alles todos/as alle	todo im Singular bezieht sich auf Gegenstände, Begriffe und ganze Sachverhalte, todos im Plural auf Personen el todo das Ganze	Lo sé **todo**. Ich weiß **alles**. **Todos** han venido. **Alle** sind gekommen. **el todo** y sus partes **das Ganze** und seine Teile

un/una eine/-r / jemand / man unos/as einige / manche / ein paar		Ha venido **uno** y ha preguntado por ti. Es ist **einer** / **jemand** gekommen und hat nach dir gefragt. Necesito **unas** de algodón. Ich brauche ein paar aus Baumwolle.
varios/as mehrere / manche	varios/as wird nur im Plural verwendet	¿Cuántos vinieron? – **Varios.** Wie viele kamen? – **Mehrere.**

Beachten Sie

Zu alguno / alguna

Alguno / alguna übernehmen die Endung des Nomens, für das sie stehen.
¿Puede ayudarme **alguna de vosotras?** Kann mir **eine** von euch helfen?
¿Puede ayudarme **alguno de vosotros?** Kann mir **einer** von euch helfen?

Zu cualquiera

Cualquiera hat eine Pluralform, cualesquiera, die fast ausschließlich in der Schriftsprache zu finden ist.

Zu todo/a/s

Wenn todo/a/s direktes Objekt ist, so muss es durch lo / los / la / las vorweggenommen werden. (➠ Kapitel 10, *Die Personalpronomen*, 4.2.2)
¿Cuántos limones quiere? – Me **los** llevo **todos.** Wie viele Zitronen möchten Sie? – Ich nehme **alle**.

Zu uno / una

Uno wird oft in der Bedeutung „man" benutzt, vor allem mit reflexiven Verben. (➠ Kapitel 30, *Unpersönliche Formen*, 1.2.1)
Uno se lava la cara. **Man** wäscht sich das Gesicht.
Una está harta de escuchar siempre lo mismo. **Man** hat es satt, immer das gleiche zu hören.

Test 1

a) Werden die fett gedruckten Indefinita als Indefinitbegleiter (B) oder als Indefinitpronomen (P) gebraucht? Kreuzen Sie die richtige Kategorie an.

		B	P
1.	Tengo **algunos** días de vacaciones. Ich habe einige Tage Urlaub.	☐	☐
2.	**Algunos** no quisieron siquiera probar el pastel. Einige wollten nicht mal den Kuchen probieren.	☐	☐
3.	**Todos los** días voy al centro. Jeden Tag gehe ich ins Zentrum.	☐	☐
4.	Lo quieres **todo** o nada. Du willst alles oder nichts.	☐	☐

5. Deme unas **pocas**, no más. Geben Sie mir nur ein paar, nicht mehr. ☐ ☐
6. Muy **pocas** personas no sienten estrés. Nur wenige Leute sind frei von Stress. ☐ ☐
7. Hemos visto **tantos** castillos. Wir haben so viele Schlösser gesehen. ☐ ☐
8. **Tantos** que no distingo uno del otro. So viele, dass ich das eine nicht mehr vom anderen unterscheiden kann. ☐ ☐
9. **Lo otro** que te di, debes guardártelo. Das andere, das ich dir gegeben habe, sollst du für dich behalten. ☐ ☐
10. **El otro** día te vi en el centro. Neulich habe ich dich im Zentrum gesehen. ☐ ☐

b) Lesen Sie die folgenden Sätze und entscheiden Sie sich für die richtige Möglichkeit; in einigen Fällen hilft Ihnen die Übersetzung dabei.
1. ¿Tienes (todo / todos)? – No, me faltan las llaves. Hast du alles? – Nein, mir fehlen noch die Schlüssel.
2. ¿Cuántos espectadores hubo en la obra de teatro? – (Muchos / Demasiados). Wie viele Zuschauer waren in der Theateraufführung? – Viele.
3. ¿Vinieron (todo / todos)? – ¡Sí! Sind alle gekommen? – Ja!
4. Cojo estos tres libros, (los demás / lo demás) los dejo sobre la mesa, ¿de acuerdo? Ich nehme diese drei Bücher mit, die übrigen lasse ich auf dem Tisch, einverstanden?
5. Tengo (todo / tanto) que hacer que no sé por dónde empezar. Ich habe so viel zu tun, dass ich nicht weiß, wo ich anfangen soll.

1.2 Indefinita, die nur pronominal verwendet werden

Die indefinidos propiamente dichos sind unveränderlich. Zu ihnen zählen:

nada nichts	algo und nada stehen für Gegenstände	No les traje **nada**. Ich habe ihnen **nichts** mitgebracht.
algo (et)was		¿Me has traído **algo**? Hast du mir **etwas** mitgebracht?
nadie niemand	alguien, quienquiera / quienesquiera und nadie stehen für Personen	¿Vino alguien? – No, **nadie**. Ist jemand gekommen? – Nein, **niemand**.
alguien jemand		**Alguien** vino. ¿Abres la puerta? **Jemand** ist gekommen. Machst du die Tür auf?

quienquiera / quienesquiera irgendein/-e / wer ... auch (immer)		**Quienquiera** que sea, no abriré la puerta. **Wer** es **auch** ist, ich werde die Tür nicht öffnen.

Beachten Sie

Zu nada, nadie

Nada und nadie werden oft mit anderen Wörtern, die eine Verneinung ausdrücken, verwendet und haben dann zum Teil im Deutschen eine positive Bedeutung (➠ 2.4).

No quiero **nada**. Ich will **nichts**.

Nunca me visita **nadie**. **Nie** besucht mich **jemand**.

Zu quienquiera

Quienquiera ist eine Variante von cualquiera; es bezeichnet aber nur Personen. Die Pluralform quienesquiera kommt meistens in Wendungen dieses Typs vor: quienesquiera que vengan wer auch immer kommt.

2 Gebrauch

2.1 Algo, alguien, nadie, nada

- Algo und alguien werden in bejahten Aussagesätzen bzw. in Fragesätzen gebraucht.
  Quiero comer **algo**. Ich möchte **etwas** essen.
  ¿Vino **alguien**? Ist **jemand** gekommen?
- Nada und nadie haben die entgegengesetzte Bedeutung von algo und alguien. Sie werden hauptsächlich in verneinten Aussagesätzen (➠ 2.4) bzw. in Fragesätzen verwendet.
  Lo siento, pero no tengo **nada** en casa. Es tut mir Leid, aber ich habe **nichts** zu Hause?
  No, parece que no hay **nadie**. Nein, es sieht so aus, als ob **keiner** da wäre.

Test 2

Lesen Sie die folgenden Sätze und markieren Sie die richtige Alternative. Die Übersetzung hilft Ihnen dabei.

1. En la asamblea no había (alguien / nadie) conocido y como siempre, (algo / nada) nuevo. In der Versammlung war kein Bekannter da und, wie üblich, gab es auch nichts Neues.
2. A la reunión vino (alguien / nadie) muy interesante. Es kam jemand zu der Besprechung, der sehr interessant war.

3. Tengo (algo / nada) para ti. Ich habe was für dich.
4. No te he traído (algo / nada). Lo siento. Ich habe dir nichts mitgebracht. Es tut mir Leid.

2.2 Alguien, alguno/a/s

Im modernen Spanisch wird alguien in der Bedeutung „jemand" häufiger als alguno/a/s benutzt.
Necesito a **alguien** (**alguno** / **alguna**) que me ayude. Ich brauche **jemanden**, der mir hilft.
Me gustaría que sea **alguien** (**alguno** / **alguna**) que tenga mucha fantasía. Es müsste **jemand** sein, der viel Phantasie hat.

Wenn aber das Geschlecht näher bestimmt werden soll, wird alguno/a/s bevorzugt, denn im Gegensatz zu alguien ist alguno/a/s veränderlich.
Que venga **alguna** que sepa improvisar. Es soll **jemand** (eine Frau) kommen, die improvisieren kann.
Que venga **alguno** que sepa tocar un instrumento musical. Es soll **jemand** (ein Mann) kommen, der ein Musikinstrument spielen kann.

2.2.1 Nähere Bestimmung im Singular

Zur näheren Bestimmung benutzt man alguien mit der Präposition de bei Wortklassen, die keine Mehrzahl angeben (Adjektiv, Adverb, Substantiv).
Adverb: alguien de aquí jemand von hier
Substantiv: alguien de la escuela jemand von der Schule

2.2.2 Nähere Bestimmung im Plural

Mit Wortklassen in der Mehrzahl wird dagegen alguno/a/s benutzt, z. B. alguno de vosotros jemand von euch, algunas de nosotras einige von uns, algunos de los maestros y maestras einige der Lehrer und Lehrerinnen, algunas de las virtudes cristianas einige der christlichen Tugenden.

Test 3

Setzen Sie alguien oder alguno/a ein.
1. ¿Conoces a ____________ que quiera hacer un tandem? Kennst du jemanden, der ein Tandem machen will?
2. Preferiría que para este trabajo contratáramos a una mujer; ¿conoces a ____________? Mir wäre es lieber, wenn wir für diese Arbeit eine Frau nehmen würden; weißt du jemanden?

3. Te han llamado por teléfono, creo que era ____________ de tu trabajo. Es hat jemand für dich angerufen; ich glaube, es war jemand von deiner Arbeit.
4. ¿Quiere ____________ de vosotras un trozo de pastel? Möchte eine von euch ein Stück Kuchen?
5. ¿Sabes de ____________ que quiera trabajar de canguro? Kennst du jemanden, der als Babysitter arbeiten will?

2.3 Nadie, ninguno

Generell kann man sagen, dass nadie häufiger benutzt wird als ninguno.
Nadie / Ninguno lo dijo. **Keiner** sagte es.

In einigen Fällen mit implizierter oder einer zweiten Verneinung wird nadie und ninguno im Deutschen positiv wiedergegeben.
Regresé a casa sin que **ninguna** de mis hermanas lo supiera. Ich kehrte nach Hause zurück, ohne dass **eine** meiner Schwestern es merkte.
Nunca se interesó por **nadie**. Er/Sie interessierte sich nie für **jemanden**.

Auch in Vergleichen werden diese Indefinitpronomen positiv übersetzt.
Adrián ha jugado más que **nadie / ninguno** de los niños. Adrián spielte mehr als **alle anderen** Kinder / **jedes andere** Kind.

Beachten Sie
Der Ausdruck don nadie bezeichnet eine unbedeutende Person, sozusagen einen „Niemand“.
Juan es un don nadie. Juan ist ein Niemand.

2.3.1 Nähere Bestimmung im Singular

Bezüglich der näheren Bestimmung gilt für nadie dasselbe wie für alguien (➠ 2.2.1), z. B. nadie de aquí niemand von hier, nadie del gobierno niemand von der Regierung.

2.3.2 Nähere Bestimmung im Plural

Ninguno/a wird – analog zu alguno/a/s (➠ 2.2.2) – bevorzugt in Konstruktionen im Plural verwendet, z. B. ninguno de ustedes keiner von Ihnen / euch, ninguna de mis tías keine meiner Tanten, ninguna de nosotras keine von uns. Dadurch wird das Geschlecht näher bestimmt.

Test 4

Entscheiden Sie, ob in den folgenden Sätzen nadie oder ninguno verwendet wird. In einigen Fällen sind beide möglich.

1. (Nadie / Ninguno) sabía de qué estaba hablando el presidente. Keiner wusste, wovon der Präsident sprach.
2. ¿No sabe (nadie / ninguno) de ustedes, si el tren pasa a la una? Weiß jemand von euch, ob der Zug um eins fährt?
3. Jamás conocí a (nadie / ninguno) del pueblo vecino. Ich habe nie jemand vom Nachbardorf kennen gelernt.
4. ¿Quién es ese? – Un don (nadie / ninguno), no le hagas caso. Wer ist das? – Ein Niemand, hör nicht auf ihn.
5. Se esmera más que (nadie / ninguno) en la clase. Er/Sie bemüht sich mehr als jeder / jede andere im Kurs.

2.4 Verneinung

Mit den Indefinitpronomen nada, nadie und ninguno/a lässt sich ein verneinter Satz auf zweierlei Weise bilden (➠ Kapitel 35, *Der Satzbau*, 1.2):

- Sie werden nachgestellt, wenn eine zweite Negation, z. B. die Adverbien no oder nunca, vorangeht.
  No ha venido **nadie**. / **No** ha venido **ninguno**. **Niemand** ist gekommen.
  No quiero **nada**, gracias. Ich mag **nichts**, danke.
- Sie können aber auch vor dem konjugierten Verb stehen. In diesem Fall ist keine weitere Verneinung nötig.
  Nadie ha venido. / **Ninguno** ha venido. **Keiner** ist gekommen.

Test 5

Verneinen Sie die folgenden Sätze.

1. ¿Conoces a alguien llamado Nicolás? Kennst du jemanden namens Nicolás? → ¿No conoces a ____________ llamado Nicolás? Kennst du niemanden namens Nicolás?
2. Me enteré de algo nuevo, ¿te lo cuento? Ich habe etwas Neues erfahren, soll ich es dir erzählen? → No me enteré de ____________ nuevo. Ich habe nichts Neues erfahren.
3. ¿Conoces a alguien aquí? Kennst du jemanden hier? → Él no conoce a ____________ aquí. Er kennt keinen hier.
4. ¿Conoces alguna ciudad española? Kennst du irgendeine spanische Stadt? → Yo no conozco ____________. Ich kenne keine.
5. Vi a algunos de tus colegas en el teatro. Ich habe einige deiner Kollegen im Theater gesehen. → No vi a ____________ de tus colegas en el teatro. Ich habe keinen deiner Kollegen im Theater gesehen.

TIPP

Das sind die wichtigsten Informationen zu den Indefinitpronomen. Wenn Sie noch Anfänger sind, können Sie nun zu ➠ Kapitel 13, *Die Relativpronomen* weitergehen.

3 Besonderheiten zu *algo* und *nada*

3.1 Algo

Algo wird im Großen und Ganzen wie das deutsche „(et)was" benutzt. Es kann mit Wörtern verschiedener Klassen kombiniert werden und dabei unterschiedliche Nuancen ausdrücken.

algo als Substantiv	(et)was	Él tenía **un algo** interesante, no sabría decirte qué. Er hatte **etwas** Interessantes, ich kann dir nicht sagen was.
algo anstatt alguna cosa	irgend(et)was	¿Te pasa **algo** / alguna cosa? Hast du **irgendwas**?
algo + para / que + Infinitiv	etwas zum / für	¿Tienes **algo para** leer? Hast du **etwas zum** Lesen? Busco **algo que** comer. Ich suche **etwas zum** Essen. ¿Tienes **algo que** hacer mañana? Hast du für morgen **etwas** vor?
algo + de + Substantiv	etwas / ein bisschen	¿Quieres **algo de** café? Magst du **etwas** Kaffee? Necesitas **algo de** paciencia con el niño. Du brauchst **etwas** / **ein bisschen** Geduld mit dem Kind.
algo (+ de) + Adjektiv	partitive Bedeutung	¿Hay **algo (de)** interesante en la tele? Gibt's **was** Interessantes im Fernsehen?
algo es algo	besser als nichts	¿Cuánto te pagan por hora? – Cinco euros – ¿Poco, no? – Y ... **algo es algo.** Wie viel zahlen sie dir für die Stunde? – Fünf Euro. – Wenig, nicht wahr? – Na ja ... besser als nichts.

Beachten Sie
Zur partitiven Bedeutung
Die partitive Bedeutung wird im Spanischen viel seltener als in anderen romanischen Sprachen verwendet, dennoch kommt sie in den folgenden Strukturen vor: haber oder tener + algo / poco / mucho / nada + de:
¿Tienes un poco de pan? Hast du ein Stückchen Brot?
Esta ciudad no tiene nada de bonita. Diese Stadt hat überhaupt nichts Schönes.
En este lugar hay mucho de todo. An diesem Ort gibt es von allem etwas.[2]

Test 6

Vervollständigen Sie die folgenden Sätze. Achten Sie auf mögliche Begleitwörter und grammatikalische Veränderungen.

1. Estoy aburrida, ¿tienes __________ leer? Ich langweile mich, hast du etwas zum Lesen?
2. Hay __________ que no entiendo, ¿me lo puedes explicar? Etwas verstehe ich nicht, kannst du es mir erklären?
3. Sólo tengo 50 euros, espero que te alcance. – Y bueno, __________. Ich habe nur 50 Euro, ich hoffe, es reicht dir. – Na ja, besser als nichts.
4. ¿Quedó __________ almuerzo? Ist was vom Mittagessen übrig geblieben?
5. Quisiera __________, pero no sé qué exactamente. Ich hätte gern etwas, aber ich weiß nicht genau was.

3.2 Nada

Nada wird in der Regel wie das deutsche „nichts" benutzt. Hier sind weitere Verwendungen:

nada + de + Adjektiv nada + Adjektiv nada (als Substantiv)	nichts / Nichts	**nada de** particular **nichts** Besonderes **nada** especial **nichts** Besonderes **La nada** existe. **Das Nichts** existiert.
nada geht eine weitere Negation voraus: nunca / nadie / ninguno … nada	etwas	De niño casi nunca decía **nada**. Als Kind sagte er fast nie **etwas**. Nadie se atrevió a decir **nada**. Niemand wagte es, **etwas** zu sagen.

[2] Wörtlich: … viel von allem.

para nada	gar nicht / überhaupt nicht	La conferencia no me gustó **para nada**. Der Vortrag gefiel mir **überhaupt nicht**.
nada de nada	ganz und gar nichts / überhaupt nichts	No logró en toda su vida **nada de nada**. Er hat es in seinem ganzen Leben zu **überhaupt nichts** gebracht.

Test 7

Vervollständigen Sie die folgenden Sätze.

1. No me apetece ________, gracias, es que acabo de comer. Ich mag überhaupt nichts, danke. Ich habe gerade gegessen.
2. ¿Qué tal la fiesta? – ________ especial. Wie war die Party? – Nichts Besonderes.
3. ¿Te gustó la ceremonia? – No, ________. Todo fue muy soso. Wie hat dir die Zeremonie gefallen? – Gar nicht, es war alles sehr langweilig.
4. Hoy no he podido hacer absolutamente ________ porque mi ordenador se ha colgado. Heute konnte ich gar nichts machen, weil mein Computer abgestürzt ist.
5. ¿No te ha dicho ________? ¡Qué raro! Hat er dir nichts gesagt? Komisch!

4 Weitere Indefinitpronomen

4.1 La mayoría, la mayor parte / cantidad, (una) gran parte, la totalidad

Diese Indefinita werden oft durch die Präposition de von + Artikel + Substantiv ergänzt, z. B. la mayoría de los participantes die meisten Teilnehmer, la mayor parte de los habitantes der größte Teil der Einwohner, (una) gran parte de la república der größte Teil der Republik, la totalidad de la población die gesamte Bevölkerung.

In einigen Regionen – vor allem in Katalonien – wird oft der Artikel weggelassen, z. B. la inmensa mayoría de (los) automovilistas die meisten Autofahrer, la mayor parte de (los) especialistas die meisten Experten.

In allgemeinen Aussagen über Personen wird die Ergänzung oft weggelassen. A la mayoría nos molesta el ruido. Lärm stört die meisten (von uns).

Beachten Sie, dass auf la mayoría, (una) gran parte und la mayor parte ein Verb im Singular oder Plural folgen kann.

La mayoría de las plantas necesita / necesitan luz. Die meisten Pflanzen brauchen Licht.

In einigen Fällen wird jedoch der Plural bevorzugt.
La mayoría de las propiedades físicas y químicas son idénticas. Die meisten physikalischen und chemischen Eigenschaften sind identisch.

Wenn die Ergänzung mit de ein Kollektivum bezeichnet, dann steht das Verb im Singular.
La mayoría de la gente vive en la miseria. Die meisten Menschen leben in Armut.

Beachten Sie
Analoge Konstruktionen gibt es für la / una minoría die / eine Minderheit bzw. la menor parte der geringste Teil. Diese werden aber nicht so oft verwendet wie die oben genannten.
La minoría (de los niños) va a la escuela. Die wenigsten (Kinder) gehen zur Schule.

4.2 Los/las más de, los/las menos de

Auch diese Indefinita bedeuten „die meisten" bzw. „die wenigsten". Wenn es der Kontext erlaubt, kann die Ergänzung mit der Präposition de weggelassen werden.
Todos estaban contentos. Los más reían a carcajadas. Alle waren glücklich; die meisten lachten laut.

Test 8

Wählen Sie die korrekten Verbformen.

1. La mayoría de las mujeres que estudia (opta / optan) por las carreras de humanidades. Die meisten Frauen entscheiden sich für ein geisteswissenschaftliches Studium.
2. La mayor parte de los niños (come / comen) en la escuela. Die meisten Kinder essen in der Schule.
3. Casi la totalidad de la gente hispanohablante (vive / viven) en Hispanoamérica. Die meisten Spanischsprechenden leben in Hispanoamerika.
4. Una minoría de los alumnos españoles (tiene / tienen) computadoras en sus casas. Die wenigsten spanischen Schüler haben Computer zu Hause.
5. Hoy en día una gran parte de la población (vive / viven) en las ciudades. Heutzutage lebt der größte Teil der Bevölkerung in Städten.

4.3 Fulano/a, Mengano/a, Zutano/a, Perengano/a

Die Indefinita Fulano/a, Mengano/a, Zutano/a und Perengano/a werden immer substantivisch gebraucht. Sie ersetzen den Namen einer Person, die man nicht kennt bzw. deren Namen man nicht angeben will. Fulano/a kann auch allein gebraucht werden. Die anderen Indefinita werden immer in dieser Reihenfolge verwendet.
Parece que Fulano todavía no vino. Es scheint, als ob Herr Soundso noch nicht angekommen ist.
¿Quiénes eran? – Los de siempre: Fulano, Mengano, Zutano y Perengano. Wer war dort? – Wie immer: Hinz und Kunz.

Fulano, Mengano usw. können durch de tal bzw. de cual ergänzt werden, z. B. Fulana de tal Frau Soundso, Mengano de cual Herr Soundso.
¿Dónde está Fulano de tal? – Ni idea. Wo ist denn Herr Dingsbums? – Keine Ahnung.

Mit Artikel bzw. Adjektiv wird Fulano/a wie ein Substantiv verwendet und hat eine pejorative Bedeutung. Es wird dann kleingeschrieben.
Ahí viene el fulano, no sigas hablando. Da kommt der Typ, sei jetzt still.
Die weibliche Form la fulana bedeutet im Spanischen „Prostituierte".

4.4 Weitere Indefinitpronomen

In der folgenden Tabelle finden Sie einen Überblick über weitere Indefinitpronomen.

ambos/as / los/las dos (die) beide(n) / zusammen	los/las dos wird in der gesprochenen Sprache häufiger als ambos verwendet; in beiden Fällen wird das Genus gekennzeichnet; wenn es nicht bekannt ist, wird das Maskulinum bevorzugt	En las soluciones de los problemas **ambos** contribuyen. Zur Lösung der Probleme tragen **beide** bei. **Los dos** iban a la escuela juntos. **Die beiden** gingen zusammen in die Schule.

cada uno/a / cada cual / cada quien jedermann / ein/-e jede/-r / jede/-r Einzelne		**Cada uno / cual / quien** sabe lo que hace. **Jeder** weiß, was er tut. **Cada una / cual / quien** de las niñas tiene una habitación. **Jedes** der Mädchen hat ein Zimmer für sich.
cualquiera	als Substantiv hat un/una cualquiera eine abwertende Bedeutung	No le hagas caso, es **un cualquiera**. Hör nicht auf ihn, er ist es nicht wert.
	¡cualquiera ...! mit Ausrufezeichen wird ironisch verwendet	¡**Cualquiera** te entiende! Wer soll dich verstehen!
Artikel + mismo/a/s	Artikel + mismo/a/s de siempre / antes derselbe wie immer / früher	¿Quiénes vinieron? – **Los mismos** de siempre. Wer ist gekommen? – **Dieselben wie immer.**
	(me) da lo mismo das ist (mir) egal	**Da lo mismo** si vamos al cine o al teatro. **Es ist egal**, ob wir ins Kino oder ins Theater gehen. ¿Salimos o nos quedamos en casa? – **Me da lo mismo**. Gehen wir aus oder bleiben wir zu Hause? – **Es ist mir egal**.
tal	Artikel + tal der/die/das Betreffende y tal und so / und so weiter	**La tal** no vino cuando tenía que venir. **Die Betreffende** kam nicht, wann sie kommen sollte. Me habló de su familia, su mujer, su hija **y tal**. Er erzählte mir von seiner Familie, seiner Frau, seiner Tochter **und so weiter**.

tanto/a/s	Zahlwort + tantos über ...	(Ella) tendrá **veintitantos** años. Sie wird wohl **über zwanzig** sein.
	a las tantas spät in der Nacht	Juan llegó **a las tantas**. Juan kam **spät in der Nacht** an.
	otros tantos ebenso viele	A la reunión acudieron cinco empleados de la editorial y **otros tantos** de la imprenta. Auf die Versammlung kamen fünf Angestellte vom Verlag und **ebenso viele** von der Druckerei.
	otro tanto dasselbe / nochmals so viel	Doña María habló una hora de su hijo y **otro tanto** de su hija. Doña María erzählte eine Stunde von ihrem Sohn und **nochmals so lang** von ihrer Tochter.
	tantos otros noch viele andere / weitere	Y pasaron **tantos otros** años ... Und es vergingen **noch viele weitere** Jahre ...
Artikel + último/a/s der/die/das Letzte/-n / Jüngste/-n		Era **lo último** que nos faltaba. Das fehlte uns noch.[3] **Los últimos** serán los primeros. **Die Letzten** werden die Ersten sein. **La última** de las hermanas se llama Cecilia. **Die Jüngste** der Schwestern heißt Cecilia.
Artikel + único/a/s der/die/das Einzige/-n		**Lo único** que quiero es que te calles un minuto. **Das Einzige**, was ich möchte, ist, dass du eine Minute ruhig bist. **El único** que lo sabía hacer era Juan. **Der Einzige**, der das machen konnte, war Juan. **La única** que estaba allí era ella. Sie war **die Einzige**, die da war.

[3] Wörtlich: Das war **das Letzte**, was uns fehlte.

uno/una	uno/una mismo/a man ... selbst	**Una** misma lo puede hacer. **Man** kann das **selbst** machen.
	uno que otro einige	Vino **uno que otro**. Es kamen **einige**.
	uno (solo) ein/-e einzige/-r	Vino **uno** (solo). Es kam nur **einer** / **ein einziger**.
	(Artikel) + uno ... (Artikel) + otro der/die/das eine ... der/die/ das andere	No me interesa ni **lo uno** ni **lo otro**. Es interessiert mich weder **das eine** noch **das andere**.
	unos ... otros die einen ... die anderen	**Unos** iban, **otros** venían. **Die einen** gingen, **die anderen** kamen.
	(Artikel) + uno y (Artikel) + otro beide (zusammen)	Cuando hay problemas, **(el) uno** y **(el) otro** son responsables. Wenn es Probleme gibt, sind **beide** verantwortlich.
	de uno/a/s a otro/a/s von einem/r zum/r nächsten	La abeja va **de una a otra** (flor) libando el néctar. Die Biene fliegt **von einer** Blume **zur nächsten** und saugt dabei den Nektar.
	uno/a por uno/a eins nach dem anderen	Contó los regalos **uno por uno**. Er/Sie zählte die Geschenke **eins nach dem anderen**.

Auf den Punkt gebracht

Markieren Sie die richtigen Aussagen.

1. *(➠ 1.1)*

a) Folgende Indefinita sind im Geschlecht unveränderlich: (alguno / cualquiera / lo demás / ninguno / un).

b) Tanto im Singular bezeichnet (Gegenstände / Personen).

c) Todos im Plural bezeichnet (Gegenstände / Personen).

2. (➠ 2)
a) Algo und nada stehen für (Gegenstände / Personen).
b) Alguien und nadie stehen für (Gegenstände / Personen).

3. (➠ 2.2)
a) Alguien wird (häufiger als / genauso häufig wie) alguno/a gebraucht.
b) Um das Geschlecht näher zu bestimmen, wird (alguien / alguno) verwendet.

4. (➠ 2.4)
a) Die Indefinita nadie, nada und ninguno/a werden dem konjugierten Verb (nachgestellt / vorangestellt), wenn der Satz das Adverb no bzw. nunca enthält.
b) No (nada sé / sé nada). Ich weiß nichts.
c) (Nadie tiene / Tiene nadie) ganas de ir. Keiner hat Lust hinzugehen.

5. (➠ 3)
a) Algo (entspricht meist / entspricht nicht) „(et)was“, nada „nichts“.
b) Aquí tengo (algo / nada) para ti. Hier habe ich was für dich.
c) ¿Te pasa (algo / nada)? – No, (nada / algo), ¿por qué? Hast du was? – Nein, nichts, warum?

6. (➠ 4)
a) La mayoría wird immer im (Singular / Plural) verwendet.
b) Los dos bedeutet (beide / zu zweit).
c) Lo último wird für (Gegenstände und Begriffe / Personen) verwendet.

13 Die Relativpronomen

Bevor Sie dieses Kapitel durcharbeiten, sollte Ihnen die ➡ Einführung in *Die Pronomen* und das Kapitel 11, *Die Begleiter als Pronomen* vertraut sein.

Was Sie vorab wissen sollten

- Die Relativpronomen erfüllen im Spanischen wie im Deutschen gleichzeitig zwei Funktionen: Sie ersetzen Substantive, Pronomen oder Adverbien (= Bezugswörter im Hauptsatz) und sie verbinden zwei Sätze miteinander. So wird die Wiederholung von Satzelementen vermieden, wodurch ein komplexer Satz entsteht.
  Me encontré con esa chica. A **esa chica** la conocí hace dos semanas. →
  Me encontré con esa chica **a la que** conocí hace dos semanas.
  Ich habe diese junge Frau getroffen, **die** ich vor zwei Wochen kennen gelernt habe.
- Relativpronomen können sich auch auf ganze Sätze oder Sachverhalte beziehen (➡ 2.3 und 3.2.2).
  Paco ha aprobado el examen, **lo que** me parece increíble. Paco hat die Prüfung bestanden, **was** ich unglaublich finde.
- Das Bezugswort muss nicht materiell im Hauptsatz vorkommen, es kann entweder unbestimmt oder impliziert sein, d. h. aus dem Kontext hervorgehen (➡ 2.2.1, 3.1, 3.2.1 und 5.1).
  El que necesite ayuda que me llame. **Wer** Hilfe braucht, **(der)** kann mich anrufen.
  La que está pintada de azul es mi casa. Das blau angestrichene ist mein Haus.[1] (➡ Kapitel 11, *Die Begleiter als Pronomen*, 1.1.)
- Es gibt veränderliche und unveränderliche Relativpronomen.
  Veränderlich: quien, el que, el cual, cuyo, cuanto.
  Unveränderlich: que, lo que, lo cual, como, cuando, (a)donde.
- Man unterscheidet zwischen notwendigen (= spezifizierenden) und nicht notwendigen (= explizierenden) Relativsätzen. Letztere liefern Informationen, die für das Verständnis des Hauptsatzes nicht erforderlich sind. Nur diese werden durch Kommata vom Hauptsatz abgetrennt. (➡ 5.2.2 und ➡ Kapitel 2, *Die Schreibung*, 3.2.2)
- Der Relativsatz verhält sich wie ein Adjektiv (➡ Einführung in *Das Substantiv und seine Begleiter*, ➡ Kapitel 4, *Das Adjektiv*), d. h. er hat attributive Funktion, fügt also dem Substantiv oder Pronomen neue Informationen hinzu. Vergleichen Sie:
  la casa **azul** das **blaue** Haus ↔ la casa **que está pintada de azul** das Haus, **das blau angestrichen ist**.

[1] Wörtlich: **Das, das** blau angestrichen ist, ist mein Haus.

Auf Entdeckung

Lesen Sie die folgenden Sätze und unterstreichen Sie die Wörter, auf die sich die (fett gedruckten) Relativpronomen beziehen.

Beispiel: Tengo un niño **que** tiene casi 10 meses. Ich habe ein Kind, **das** fast 10 Monate alt ist.

1. Tengo tres hijos **que** ya van a la escuela. Ich habe drei Kinder, **die** schon zur Schule gehen.
2. Mis amigas, **a las que** aprecio mucho, están viviendo en España. Meine Freundinnen, **die** ich sehr schätze, wohnen zur Zeit in Spanien.
3. Mi hermana, **la que** tuvo su tercer hijo, es un año mayor que yo. Meine Schwerster, **die** ihr drittes Kind bekommen hat, ist ein Jahr älter als ich.
4. Mis padres, **a quienes** no veo desde hace un año, viven en Colombia. Meine Eltern, **die** ich seit einem Jahr nicht gesehen habe, leben in Kolumbien.

1 Übersicht über die Relativpronomen

Die folgende Tabelle gibt Ihnen einen Überblick über die Formen und den Gebrauch der Relativpronomen.

Relativpronomen	Bezug / Gebrauch	Beispiele
que	– Personen und Gegenstände – als Subjekt und als direktes Objekt (bei Gegenständen)	He leído un libro **que** es muy interesante. Ich habe ein Buch gelesen, **das** sehr interessant ist.
el que / los que / la que / las que	– Personen und Gegenstände – in nicht notwendigen Relativsätzen zur Verdeutlichung des Bezugsworts statt que / quien (oraciones especificativas apositivas ➠ 5.2) – auch mit unbestimmtem oder impliziertem Bezugswort anstatt quien / quienes (➠ Kapitel 11, *Die Begleiter als Pronomen*, 1.1)	Dame el libro, **el que** te di ayer, por favor. Gib mir das Buch, das, das ich dir gestern gegeben habe. **Los** (interesados) **que** (= Quienes) quieran venir que vengan. **Die / Diejenigen** (Interessenten), **die** kommen möchten, sollen kommen.

Die Relativpronomen

Relativ-pronomen	Bezug / Gebrauch	Beispiele
a + Artikel + que	– Personen – als Präpositionalobjekt, v. a. als direktes (bei Personen) und indirektes Objekt	Era un joven **al que** le decían «el ñato». Er war ein Bursche, **den** sie „el ñato" nannten.
Präposition + Artikel + que	– Personen, Gegenstände – als Präpositionalobjekt bzw. -ergänzung	Estas son las herramientas **con las que** puedes esculpir. Das sind die Werkzeuge, **mit denen** du schnitzen kannst. El lugar **al que** fueron era muy agradable. Der Ort, **wohin** sie gegangen sind, war sehr angenehm.
lo que	– vorausgehender Satz oder Sachverhalt – mit unbestimmtem oder impliziertem Bezugswort – häufig nach todo	Haz **lo que** quieras. Mach (**das**,) **was** du willst. **Todo lo que** ves te pertenece. **Alles**, **was** du hier siehst, gehört dir.
Präposition + lo que	– vorausgehender Satz oder Sachverhalt (auch impliziert) – als Präpositionalobjekt	¿Te acuerdas **de lo que** te conté? Kannst du dich **daran** erinnern, **was** ich dir erzählt habe?
quien / quienes	– Personen – als Subjekt mit unbestimmtem oder impliziertem Bezugswort (wie der Artikel + que) – als Subjekt in nicht notwendigen Relativsätzen mit ausdrücklichem Bezugswort (wie que und Artikel + cual)	**Quien** (= El que) necesite ayuda, que me llame. **Wer** Hilfe braucht, **(der)** kann mich anrufen. Los invitados, **quienes** (= que / los cuales) llegaron anoche, están en el hotel. Die Gäste, **die** gestern angekommen sind, sind im Hotel.
Präposition + quien / quienes	– Personen – als Präpositionalobjekt, v.a. als direktes und	Vera era una niña muy despierta, **a quien** (= a la que / a la cual) todos

Relativpronomen	Bezug / Gebrauch	Beispiele
	indirektes Objekt (nur bei Personen) – in notwendigen und nicht notwendigen Relativsätzen – immer ersetzbar durch Artikel + que bzw. Artikel + cual	querían. Vera war ein sehr waches Kind, **das** alle mochten. El chico **con quien** (= con el que / con el cual) salgo es guapísimo. Der Junge, **mit dem** ich ausgehe, sieht sehr gut aus.
el cual / los cuales / la cual / las cuales	– Personen und Gegenstände – in nicht notwendigen Relativsätzen zur Verdeutlichung des Bezugsworts statt que / quien	Hay que motivar a los jugadores, **los cuales** (= que / quienes) parecen estar muy desanimados. Man muss die Spieler motivieren, **die** sehr entmutigt wirken.
Präposition + el cual / la cual / los cuales / las cuales	– Personen und Gegenstände – in notwendigen Relativsätzen – wird in der schriftlichen Sprache Präposition + Artikel + que vorgezogen	Es un amigo **al cual** hace mucho que no veo. Es ist ein Freund, **den** ich seit langem nicht gesehen habe. Esta fue la razón **por la cual** renunció. Das war der Grund, **weshalb** er gekündigt hat.
lo cual	– vorausgehender Satz oder Sachverhalt	Dicen que Verónica se va, **lo cual** nos entristece mucho. Man sagt, dass Verónica weggeht, **was** uns sehr Leid tut.
Präposition + lo cual	– vorausgehender Satz oder Sachverhalt	El verano es en Alemania muy lindo, **por lo cual** preferimos irnos de vacaciones en los meses de invierno. Der Sommer ist in Deutschland sehr schön, **deshalb** machen wir lieber in den Wintermonaten Urlaub.

Die Relativpronomen

Relativ-pronomen	Bezug / Gebrauch	Beispiele
cuyo / cuya / cuyos / cuyas	– veränderlich nach dem folgenden Substantiv – nur als Begleiter: Personen und Gegenstände	Mario, **cuya hija** ya tiene 25 años, no aparenta la edad que tiene. Mario, **dessen Tochter** schon 25 Jahre alt ist, sieht jünger aus, als er ist.
cuanto / cuanta / cuantos / cuantas	– veränderlich – als Begleiter und Pronomen mit oder ohne Bezugswort – oft mit todo/a/s alles / alle und tanto/a/s so viel/-e verwendet – kann durch todo/a/s el / la / los / las / lo que ersetzt werden	Coman y beban todo **cuanto** (= todo lo que) quieran. Essen und trinken Sie so viel wie / alles, **was** Sie wollen. Fueron tantos niños **cuantos** fueron invitados. Es sind so viele Kinder hingegangen, **wie** eingeladen waren.

Folgende Adverbien übernehmen die Funktion der Relativpronomen Artikel + que / cual; sie werden daher adverbios relativos genannt.

como	– kann mit oder ohne Bezugswort verwendet werden	Estábamos de acuerdo sobre la manera **como** (= en la que / en la cual) lo haríamos. Wir waren uns darüber einig, **wie** wir es machen würden.
cuando	– kann mit oder ohne Bezugswort verwendet werden	¿Te acuerdas del tiempo **cuando** (= en el que / en el cual) íbamos a la escuela? Kannst du dich an die Zeit erinnern, **als** wir zur Schule gingen?
donde / adonde / de donde / por donde	– kann mit oder ohne Bezugswort verwendet werden	Este es el lugar **donde** (= en el que / en el cual) estaba la estación. Das ist der Ort, **wo** sich der Bahnhof befand.

2 Das Relativpronomen *que*

Que ist das meistgebrauchte Relativpronomen. Que ist unveränderlich und kann mit Präpositionen verwendet werden (➠ 2.2.2 und 2.2.3). Hinsichtlich seiner Funktion im Satz kann que als Subjekt, als direktes bzw. indirektes Objekt, als Präpositionalobjekt sowie in Adverbialbestimmungen vorkommen (➠ 2.1). Einige Grammatiker betrachten que und die Kombination Artikel + que als zwei verschiedene Relativpronomen. In dieser Grammatik wird que als ein Relativpronomen und der Artikel + que als eine Variante betrachtet.

2.1 Que

Que kann im Satz die folgenden Funktionen haben (die Bezugswörter sind jeweils unterstrichen):

als Subjekt	Es <u>una película</u> **que** ha ganado un premio. Das ist <u>ein Film</u>, **der** einen Preis gewonnen hat.
als direktes Objekt (Akkusativobjekt) bei Gegenständen	Dicen que <u>la película</u> **que** quiero ver es muy buena. <u>Der Film</u>, **den** ich sehen will, soll sehr gut sein.
in Adverbialbestimmungen	Ven <u>a las tres</u> **que** tengo tiempo. Komm <u>um drei</u>, ich habe **dann** Zeit.

2.2 Artikel + que

2.2.1 Gebrauch des Artikels + que

Die Relativpronomen el / la / los / las + que werden gebraucht:

in nicht notwendigen Relativsätzen (oraciones especificativas apositivas) zur Verdeutlichung des Bezugswortes statt que oder quien (bei Personen); der Relativsatz wird durch Kommata abgetrennt	Los padres de mis amigas, **los / las que** (= que / quienes) viven en Italia, son muy ricos. Die Eltern meiner Freundinnen, **die** in Italien leben, sind steinreich.
bei unbestimmtem oder aus dem Kontext hervorgehendem Bezugswort statt quien / quienes mit der Bedeutung „der(jenige), der"; oft in Sprichwörtern	**Los que** (= Quienes) quieren van a venir. **Die(jenigen), die** es mögen, werden schon kommen. **El que** busca encuentra. **Wer** suchet, der findet.

mit attributiver Funktion, d. h. wie ein Adjektiv bzw. präpositionales Attribut (Kapitel 11, *Die Begleiter als Pronomen,* 1.1)	**El que** lleva gafas (= El de gafas) es mi hijo. **Der, der** eine Brille trägt, (= Der mit der Brille) ist mein Sohn.

2.2.2 Gebrauch der Präposition a + Artikel + que
In der Regel werden direkte und indirekte Objekte bei Personen mit a gebildet. Auch das Relativpronomen wird daher mit der Präposition a + Artikel + que verwendet. (➠ Kapitel 10, *Die Personalpronomen*, 2.1, 3.1 und ➠ Kapitel 33, *Die Präpositionen*, 3). Dasselbe gilt für Adverbialbestimmungen und Präpositionalergänzungen (➠ 2.2.3).

Als direktes Objekt (Akkusativobjekt)	Esta es la persona **a la que** conocí en mis últimas vacaciones. Ihn/Sie habe ich im letzten Urlaub kennen gelernt.[2]
Als indirektes Objekt (Dativobjekt)	La chica **a la que** le doy clases se llama Nora. Das Mädchen, **dem** ich Unterricht gebe, heißt Nora.

Beachten Sie
- In der Umgangssprache wird zur Angabe des direkten Objekts bei Personen die Präposition a + Artikel oft weggelassen, in der gepflegten Sprache ist der oben beschriebene Sprachgebrauch mit a dagegen zwingend.
  Umgangssprache: El chico **que** invitaste era muy majo.
  Gepflegte Sprache: El chico **al que** invitaste era muy majo. Der junge Mann, **den** du eingeladen hast, war sehr nett.
- Als direktes bzw. indirektes Objekt kann a + Artikel + que durch a quien / a quienes bzw. a + Artikel + cual ersetzt werden.
  El chico **a quien** / **al cual** invitaste era muy majo.

Test 1
Entscheiden Sie, ob in den folgenden Sätzen das Relativpronomen que oder a + Artikel + que verwendet wird. Dafür müssen Sie zuerst feststellen, ob das Relativpronomen die Funktion des Subjekts, des direkten oder des indirekten Objekts hat.
1. Víctor es el chico (al que / que) voy a ver mañana. Víctor besuche ich morgen.[3]

---
[2] Wörtlich: Das ist <u>die Person</u>, **die** ich im letzten Urlaub kennen gelernt habe.
[3] Wörtlich: Víctor ist der Junge, den ich morgen besuche.

2. Este es el colega (al que / que) estudia italiano conmigo. Das ist der Kollege, der mit mir Italienisch lernt.
3. Antonio es el amigo (al que / que) le regalamos el compact de Caballé. Antonio ist der Freund, dem wir die Caballé-CD geschenkt haben.
4. Es un libro (al que / que) se lee fácilmente. Es ist ein Buch, das sich leicht lesen lässt.
5. Esta es mi amiga, (a la que / que) conociste ayer. Das ist meine Freundin, die du gestern kennen gelernt hast.

2.2.3 Gebrauch anderer Präpositionen + Artikel + que

Wenn ein Relativsatz eine Adverbialbestimmung (der Zeit, des Ortes usw.) oder eine Präpositionalergänzung (hablar con sprechen mit, hablar de sprechen von usw.) ersetzt, dann wird in der Regel die Präposition + Artikel + que verwendet:

in Adverbialbestimmungen (Zeit, Ort, Grund, Mittel usw.)	El bolígrafo **con el que** escribo es buenísimo. Der Kugelschreiber, **mit dem** ich schreibe, ist sehr gut. La casa **en la que** vivo es nueva. Das Haus, **in dem** ich wohne, ist neu.
in Präpositionalergänzungen (complemento de régimen), z. B. hablar de sprechen von, hablar sobre sprechen über	El libro **sobre el que** hablamos, ¿dónde lo consigo? Das Buch, **worüber / über das** wir sprachen, wo kann ich es bekommen? El motivo **por el que** se fue es incomprensible. Der Grund, **weshalb** er/sie weggegangen ist, ist unbegreiflich.

Beachten Sie

Nach einsilbigen Präpositionen wie a, de, en, por oder con (nicht jedoch sin) + Artikel + que wird in der Umgangssprache der Artikel manchmal weggelassen.

Lo conocimos el día **en que** tuvo lugar la inauguración. Wir lernten ihn an dem Tag kennen, **an dem / als** die Eröffnung stattfand.

Vamos al restaurante **en que** nos conocimos. Wir gehen in das Restaurant, **in dem / wo** wir uns kennen gelernt haben.

Esta es la casa **en que** nací. Das ist das Haus, **in dem** ich geboren wurde.

Estos son los amigos **de que** te hablé. Das sind die Freunde, **von denen** ich dir erzählte.

Test 2

Ergänzen Sie Präposition + Artikel + Relativpronomen que. Die Angaben in Klammern helfen Ihnen dabei.

1. El accidente ____________ me refiero (referirse a) tuvo lugar el domingo pasado. Der Unfall, auf den ich mich beziehe, fand am letzten Sonntag statt.
2. El pueblo ____________ nací (nacer en) se llama Plaza Huincul. Das Dorf, in dem ich geboren wurde, heißt Plaza Huincul.
3. No me gustaba nada la gente ____________ salí (salir con) anoche. Die Leute, mit denen ich gestern Abend aus war, gefielen mir überhaupt nicht.
4. El subsidio de paro ____________ vivimos (vivir de) lo han reducido a 300 euros. Das Arbeitslosengeld, von dem wir leben, wurde auf 300 Euro gekürzt.

2.3 Lo que

Die deutsche Konstruktion „(das), was" wird meist mit lo que ausgedrückt. Man bezieht sich damit nicht auf ein bestimmtes Wort, sondern auf einen Sachverhalt, der im Spanischen durch das Pronomen lo repräsentiert wird. Dieser Sachverhalt kann impliziert oder im vorausgehenden Satz genannt sein. Bitte beachten Sie, dass lo unveränderlich ist.
Impliziert: No entiendo **lo que** dices. Ich verstehe nicht **(das,) was** du sagst.
Im vorausgehenden Satz: Me enteré de que a Claudio le va mejor, **lo que** me alegra mucho. Ich habe gehört, dass es Claudio besser geht, **was** mich sehr freut.

Wenn das Verb eine bestimmte Präposition verlangt, wird diese in der Konstruktion mit lo que beibehalten, z. B. hablar de reden von / über.
Quería que habláramos **de lo que** sucedió anoche. Er/Sie wollte, dass wir **über das / darüber** reden, **was** gestern Abend passiert ist.

Beachten Sie
Wenn sich lo que auf einen ganzen vorausgehenden Satz bezieht, kann es durch y esto, cosa que oder lo cual ersetzt werden (➠ 3.2.2).
Me enteré de que a Claudio le va mejor, **y esto / cosa que / lo cual** me alegra mucho.

Test 3

Setzen Sie que, Artikel + que oder lo que ein.
1. Muchos turistas alemanes ________ van a España no hablan castellano. Viele deutsche Touristen, die nach Spanien fahren, können kein Spanisch.
2. ________ tiene el pelo a lo rasta es mi hermana. Die mit den Rastalocken ist meine Schwester[4].

[4] Wörtlich: Die, die die Rastalocken hat, ist meine Schwester.

3. ¿Ya te olvidaste de _______ te dije ayer? Hast du das, was ich dir gestern gesagt habe, schon vergessen?
4. También hoy llegas tarde, _______ me disgusta mucho. Auch heute kommst du zu spät, was mir sehr missfällt.
5. _______ mucho abarca, poco aprieta. Wer viel beginnt, zu nichts es bringt.

TIPP

Wenn Sie erst angefangen haben Spanisch zu lernen, empfehlen wir Ihnen, den folgenden Abschnitt zu einem späteren Zeitpunkt durchzuarbeiten und zunächst mit ➠ Kapitel 14, *Die Interrogativa* weiterzumachen.

3 Die Relativpronomen *quien / cual / cuyo / cuanto*

3.1 Quien

Das Relativpronomen quien bezieht sich nur auf Personen und hat eine Singular- und eine (selten gebrauchte) Pluralform: quien und quienes. In nicht notwendigen Relativsätzen mit ausdrücklichem Bezugswort ist es mit dem Relativpronomen Artikel + que bzw. Artikel + cual (➠ 3.2) austauschbar.
Quien wird eher in der Schriftsprache verwendet und kommt außerdem oft in Sprichwörtern vor: **Quien** (= El que) busca, encuentra. Wer suchet, der findet.
Hier der Gebrauch im Überblick:

mit unbestimmtem oder impliziertem Bezugswort (wie das Relativpronomen Artikel + que).	**Quien** (= El que) mucho duerme, poco aprende. Wörtlich: **Wer** viel schläft, lernt wenig.
als Subjekt in nicht notwendigen Relativsätzen anstatt que bzw. Artikel + cual (➠ *Beachten Sie*)	María, **quien** (= que / la cual) es mexicana, vino con Luis a visitarnos. María, **die** Mexikanerin ist, kam uns mit Luis besuchen.
in Sätzen mit ser sein im Hauptsatz (➠ 5.3)	Fue Martín **quien** (= el que) me lo dijo. Es war Martín, **der** es mir gesagt hatte.
anstatt alguien bzw. nadie	No hay **quien** (= nadie que) pueda informarme. Es gibt keinen, **der** mich informieren kann.

mit Präpositionen kann quien in notwendigen und nicht notwendigen Relativsätzen gebraucht werden (wie Präposition + Artikel + que)	Aquellos muchachos **de quienes** (= de los que) te hablé ... Die Jungs dort, **von denen** ich dir erzählte, ... La chica **con quien** (= con la que) salgo se llama Abril. Das Mädchen, **mit dem** ich ausgehe, heißt Abril. Esa señora, **a quien** (= a la que) viste ayer, era su madre. Diese Frau, **die** du gestern gesehen hast, war seine Mutter.

Beachten Sie

In notwendigen Relativsätzen ist dagegen nur que möglich.
El tío **que** lleva sombrero no es amigo mío. Der Typ, **der** den Hut aufhat, ist kein Freund von mir.
Einige Grammatiker sind der Meinung, dass quien / quienes als Subjekt auch nicht in nicht notwendigen Relativsätzen gebraucht werden sollte. In diesen Fällen wird meistens que bzw. Artikel + cual / cuales verwendet (➠ 3.2).
Los alumnos, **que** / **los cuales** faltaron por la nieve, están justificados. Die Schüler, **die** wegen des Schnees gefehlt haben, sind entschuldigt.

Test 4

Entscheiden Sie sich für das richtige Relativpronomen. In einigen Fällen sind mehrere möglich.

1. (Que / Quienes) comieron la tarta en mal estado enfermaron. Diejenigen, die den verdorbenen Kuchen gegessen haben, sind krank geworden.
2. Hablé con el señor (al que / a quien) me presentaste ayer. Ich habe mit dem Herrn gesprochen, den du mir gestern vorgestellt hast.
3. Teresa es la persona (con la que / con quien) hablé ayer. Teresa ist die Person, mit der ich gestern sprach.
4. Este es el joven (del que / de quien) te hablamos la semana pasada. Das ist der Junge, von dem wir dir letzte Woche erzählt haben.
5. No me fío (de quien / de quienes) hablan mucho. Ich vertraue denen nicht, die viel reden.

3.2 Cual

3.2.1 Artikel + cual

Cual wird immer mit dem bestimmten Artikel gebraucht. Dieser passt sich dem Bezugswort in Genus und Numerus an. Der Artikel + cual wird sowohl für Personen als auch für Gegenstände verwendet (siehe auch ➠ 2.2). Hier der Gebrauch im Einzelnen:

als Subjekt in nicht notwendigen Relativsätzen zur Verdeutlichung des Bezugswortes statt que oder quien	La madre de mi amigo, **el cual / la cual** (= que / el que / la que / quien) vive en Italia, está muy enferma. Die Mutter meines Freundes, **der / die** in Italien lebt, ist sehr krank.
nach Präpositionen, meist mehrsilbigen, auch mit a zur Bildung des direkten und indirekten Objekts bei Personen in notwendigen und nicht notwendigen Relativsätzen	Mi casa, **alrededor de la cual** se extiende un gran parque, no tiene jardín. Mein Haus, **um das herum** sich ein großer Park erstreckt, hat keinen Garten. La casa **en la cual** paso mis veranos es preciosa. Das Haus, **in dem** ich immer den Sommer verbringe, ist wunderschön.
nach Indefinitpronomen	En el desierto hay muchas serpientes, **algunas de las cuales** son muy venenosas. In der Wüste gibt es viele Schlangen, **von denen einige** sehr giftig sind.
in Nebensätzen mit demonstrativem Charakter	Estuvimos en una conferencia, acabada **la cual** (= esta) saludamos al conferenciante. Wir waren in einem Vortrag, als **dieser** zu Ende war, haben wir den Referenten begrüßt.

Beachten Sie
In den folgenden Fällen kann cual nicht (Artikel +) que bzw. quien ersetzen.
- Bei impliziertem Bezugswort: **El que / Quien** quiera celeste, que le cueste. Sinngemäß: Wer etwas will, soll sich dafür anstrengen. Wörtlich: **Derjenige, der** es himmelblau will, soll sich dafür anstrengen.
- In notwendigen Relativsätzen ohne Präposition: El homenaje **que** se hizo costó muchísimo dinero. Die Gedenkfeier, **die** abgehalten wurde, war sehr kostspielig.
- In Sätzen mit ser sein: Con Pedro fue **con el que / con quien** me encontré. Pedro habe ich getroffen.

Als Alternative zu el que wird el cual in Hispanoamerika häufiger als in Spanien verwendet.

Test 5
Setzen Sie die korrekte Form von el cual ein. Bitte achten Sie auf die Angleichung der Präpositionen. Überlegen Sie, in welchen Fällen auch der Artikel + que verwendet werden kann.

1. Te mando unas fotos del hombre de __________ estoy enamorada. Ich schicke dir einige Fotos von dem Mann, in den ich verliebt bin.
2. Me ha contado algunas cosas en __________ no había pensado. Er/Sie hat mir einige Dinge erzählt, über die ich nie nachgedacht habe.
3. Las amigas de mis primos, __________ llegaron ayer, me trajeron un regalo. Die Freundinnen meiner Cousins, die gestern angekommen sind, haben mir ein Geschenk mitgebracht.
4. Es un amigo a __________ quiero mucho. Es ist ein Freund, den ich sehr mag.

3.2.2 Lo cual

Lo cual bezieht sich wie lo que (➠ 2.3) auf einen vorausgehenden Satz bzw. Sachverhalt.

Me enteré de que a Ramón le va mejor, **lo cual / lo que** me alegra mucho. Ich habe gehört, dass es Ramón besser geht, **was** mich sehr freut.

Auch lo cual kann mit einer Präposition gebraucht werden.

Se lo dije todo, **después de lo cual** se dio media vuelta y se fue. Ich habe ihm/ihr alles gesagt, **woraufhin** er/sie sich umdrehte und wegging.

Beachten Sie

In notwendigen Relativsätzen – auch mit Präposition – kann lo cual nicht lo que ersetzen.

¿Te acuerdas de **lo que** te conté ayer? Kannst du dich daran erinnern, **was** ich dir gestern erzählt habe?

Test 6

Setzen Sie den Artikel + cual oder lo cual ein. Bitte achten Sie auf die Angleichung der Präpositionen.

1. Este precio no es el acordado, __________ me disgusta mucho. Dieser Preis ist nicht der abgemachte, was mir gar nicht gefällt.
2. El precio, __________ habíamos acordado antes del viaje, no superaba los mil euros. Der Preis, den wir vor der Reise abgemacht hatten, war nicht mehr als tausend Euro.
3. El libro de __________ hablamos es muy bueno. Das Buch, von dem wir sprachen, ist sehr gut.
4. El libro que me regalaste es muy bueno, __________ me alegra mucho. Das Buch, das du mir geschenkt hast, ist sehr gut, was mich sehr freut.

3.3 Cuyo/a/s

3.3.1 Allgemeines

Cuyo/a/s wird für Personen und Gegenstände gebraucht. Cuyo/a/s hat eine doppelte Funktion: Als Pronomen bezieht es sich auf ein im Hauptsatz genanntes Substantiv, als Begleiter passt es sich in Genus und Numerus dem nachfolgenden Substantiv an.
Es una cantante **cuyo** nombre no recuerdo. Es ist eine Sängerin, **deren** Name mir entfallen ist.
Es un autor **cuyos** libros quisiera leer. Es ist ein Autor, **dessen** Bücher ich gern lesen würde.
Son jóvenes **cuya** motivación es admirable. Es sind Jugendliche, **deren** Motivation bewundernswert ist.
Es la joven **cuyas** hermanas viven en Sevilla. Es ist das Mädchen, **deren** Schwestern in Sevilla leben.

Beachten Sie

- Es ist wichtig zu beachten, dass sich cuyo/a/s dem nachfolgenden Substantiv anpasst und nicht, wie im Deutschen, dem Bezugswort im Hauptsatz.
- Auch cuyo/a/s kann mit Präpositionen gebraucht werden.
  A la conferencia asistió el profesor **en cuyas** obras se basa nuestra investigación. Der Professor, **auf dessen** Werk sich unsere Untersuchung stützt, nahm an der Konferenz teil.

Test 7

Setzen Sie die entsprechenden Formen von cuyo, cuya, cuyos, cuyas ein.

1. Tengo una amiga ________ padre es arquitecto. Ich habe eine Freundin, deren Vater Architekt ist.
2. El director, ________ nombre no recuerdo ahora, rodó una nueva película. Der Regisseur, an dessen Namen ich mich gerade nicht erinnere, hat einen neuen Film gedreht.
3. Encontré una oficina ________ ubicación es muy central. Ich habe ein Büro gefunden, dessen Lage sehr zentral ist.
4. Marina, ________ hijos ya son grandes, ha vuelto a trabajar. Marina, deren Kinder schon groß sind, hat wieder angefangen zu arbeiten.
5. Nino, ________ novia ha viajado a Ecuador a estudiar por un año, está muy triste. Nino, dessen Verlobte für ein Jahr zum Studieren nach Ecuador gegangen ist, ist sehr traurig.

3.3.2 Besonderer Gebrauch
Es gibt eine Reihe von festen Ausdrücken, in denen cuyo die ursprüngliche possessive Bedeutung zugunsten einer demonstrativen verloren hat. Die RAE empfiehlt in diesem Fall immer, den Demonstrativbegleiter zu verwenden.
No has comprendido el artículo, **en cuyo caso** / en este caso no podrás escribir el informe. Du hast den Artikel nicht verstanden, **deshalb** / **daher** wirst du den Bericht nicht schreiben können.
No estaremos un mes en casa, **por cuya razón** / por esta razón necesitaremos alguien que cuide a los gatos. Wir werden einen Monat verreist sein, **aus diesem Grund** brauchen wir jemanden, der auf die Katzen aufpasst.

3.4 Cuanto/a/s

Cuanto/a/s wird mit impliziertem Bezugswort am Satzanfang verwendet, wobei oft todo/a/s alles / alle und manchmal auch tanto/a/s so viel/-e vorausgeht.
(**Todo**) **cuanto** haga, te parecerá siempre poco. **Alles**, **was** ich tue, wird für dich immer ungenügend sein.
Invita a **tantas** (personas) **cuantas** quieras. / Invita a **todas cuantas** quieras. Lade **so viele** (Leute) ein, **wie** du willst.

Statt todo cuanto kann man auch todo lo que sagen.
Te daré **todo cuanto** / **todo lo que** necesites para que puedas estudiar. Ich gebe dir **alles**, **was** du brauchst, damit du studieren kannst.

4 Adverbien statt Relativpronomen

Statt den zusammengesetzten Relativpronomen en / a + (Artikel +) que / cual können oft die unveränderlichen Adverbien donde, Präposition + donde, cuando oder como verwendet werden.
Ort: La casa en (la) que / **donde** viví de pequeña está en venta. Das Haus, **in dem** / **wo** ich als Kind gelebt habe, wird verkauft.
Zeit: El día en (el) que / (en) que / **cuando** apruebe el examen haré una gran fiesta. An dem Tag, **an dem** ich die Prüfung bestehe, gebe ich eine große Party.

4.1 Donde

Esta noche vamos a cenar en el restaurante **donde** nos conocimos. Heute Abend essen wir in dem Restaurant, **in dem** / **wo** wir uns kennen gelernt haben.
Vamos a San Francisco, **donde** mis padres tienen una casa. Wir fahren nach San Francisco, **wo** meine Eltern ein Haus haben.

4.2 Präposition + donde

El lugar **de donde** vengo está en el desierto. Der Ort, **woher / von dem** ich komme, ist in der Wüste.
El parque **por donde** solemos pasear es una atracción turística. Der Park, **durch den** wir immer spazieren gehen, ist eine Touristenattraktion.
Estuvimos en el lago **adonde** vamos todos los fines de semana. Wir waren an dem See, **an den** wir jedes Wochenende fahren.

4.3 Cuando

El último día del curso, **cuando** intercambiamos los números de teléfonos, no pensábamos que llegaríamos a casarnos. Am letzten Tag des Kurses, **als** wir unsere Telefonnummern austauschten, hatten wir nicht gedacht, dass wir heiraten würden.

4.4 Como

La manera **como** vivían escandalizaba a mucha gente. Die Art, **wie** sie lebten, schockierte viele Leute.
Este es el modo **como** se trata a los niños. Das ist die Art, **wie** man Kinder behandelt.

Test 8

Ergänzen Sie die folgenden Sätze mit den entsprechenden Relativpronomen.

1. Alemania, ________ ahora vivo, es un país muy frío. Deutschland, wo ich jetzt lebe, ist ein sehr kaltes Land.
2. Esta es la forma ________ hay que hablar con la gente. Das ist die Art, wie man mit den Leuten sprechen sollte.
3. Fue en el año 86 ________ regresé a Sevilla. Es war im Jahr 86, als ich nach Sevilla zurückkehrte.
4. La pensión ________ fui es hermosísima. Die Pension, in die ich gegangen bin, ist wunderschön.

5 Besonderheiten

Der kommende Abschnitt behandelt spezielle Fragestellungen in Bezug auf die Relativpronomen.

5.1 Relativsätze mit unbestimmtem oder impliziertem Bezugswort (antecedente no explícito)

Wenn der Hauptsatz kein explizites Bezugswort enthält, d. h. wenn das Bezugswort unbestimmt ist oder nur aus dem Kontext hervorgeht, werden im Spanischen die folgenden Konstruktionen gebraucht.

5.1.1 Artikel + que

Der Artikel passt sich dem gedachten Bezugswort in Geschlecht und Zahl an.
El que / La que quiera asistir al curso deberá inscribirse. **Derjenige, der / Diejenige, die** am Kurs teilnehmen will, muss sich einschreiben. / **Wer** am Kurs teilnehmen will, ...
Los que / Las que quieran asistir al curso deberán inscribirse. **Diejenigen, die** am Kurs teilnehmen wollen, müssen sich einschreiben. / **Wer** am Kurs teilnehmen will, ...

5.1.2 Cuanto/a/s / quien / quienes

Auch cuanto passt sich dem gedachten Bezugswort in Geschlecht und Zahl an, quien nur in der Zahl.
Cuantos quieran venir que vengan. **(Alle) diejenigen, die** kommen wollen, sollen kommen.
Hay **quienes** viajan con gusto y **quienes** prefieren quedarse en casa. Es gibt **Leute / Menschen, die** gerne reisen, und **solche, die** lieber zu Hause bleiben.
Quien quiera asistir al curso, deberá inscribirse. / **Quienes** quieran asistir al curso, deberán inscribirse. **Wer** am Kurs teilnehmen will, muss sich einschreiben.

Beachten Sie
Quien / quienes / cuantos können auch mit einer Präposition verwendet werden.
Habla **con quienes** / **con cuantos** te pueden echar una mano. Sprich **mit denjenigen, die** dir helfen können.

Test 9

Setzen Sie das passende Relativpronomen ein.

1. ¿Me puedo servir sidra? – Sí, claro sírvete __________ quieras. Darf ich mir Sidre einschenken? – Klar, nimm dir so viel, wie du willst.
2. __________ quiera viajar al trópico, tendría que gozar de buena salud. Wer in die Tropen reisen will, sollte bei guter Gesundheit sein.
3. __________ escribieron son mis amigos peruanos. Die, die geschrieben haben, sind meine peruanischen Freunde.
4. __________ estás viendo acá en la foto son mis hermanas. Die, die du hier auf dem Foto siehst, sind meine Schwestern.

5.2 Arten von Relativsätzen

Man unterscheidet zwei Arten von Relativsätzen: notwendige oder spezifizierende (especificativas) und nicht notwendige oder explizierende = erklärende (explicativas).

5.2.1 Spezifizierende oder notwendige Relativsätze (oraciones especificativas)

Sie haben die Funktion, das Bezugswort näher zu bestimmen, zu identifizieren bzw. von anderen zu unterscheiden.

¿Me prestas el CD **que** escuchamos ayer en tu casa? Leihst du mir die CD, **die** wir gestern bei dir gehört haben?

Las personas **que** hablan más de tres idiomas tienen buenas probabilidades de conseguir un trabajo. Die Leute, **die** mehr als drei Sprachen sprechen, haben gute Chancen, einen Job zu finden.

5.2.2 Explizierende oder nicht notwendige Relativsätze (oraciones explicativas)

Sie fügen zwar eine weitere Information hinzu, diese ist aber für das Verständnis des Satzes nicht notwendig.

Mi hijo, **que** está enfermo, lloriquea y se queja todo el día. Mein Sohn, **der** krank ist, weint und klagt den ganzen Tag.

Vamos a ver a mis padres, **los cuales** se van mañana de vacaciones, así me despido de ellos. Lass uns meine Eltern besuchen, **die** morgen in Urlaub fahren, damit ich mich von ihnen verabschieden kann.

Beachten Sie

- Die explizierenden Relativsätze werden immer durch Kommata abgetrennt.
- Es gibt eine Unterklasse der explizierenden Relativsätze, die so genannten

oraciones explicativas apositivas. Diese werden nur mit Artikel + que verwendet, niemals mit quien / quienes bzw. Artikel + cual.
¿Me traes el libro, **el (libro) que** te di ayer? Bringst du mir das Buch, das (nicht ein anderes Buch) ich dir gestern gegeben habe?
Che, vos, **la (chica) que** tiene la bufanda roja, ¿cómo te llamás? Hallo, du mit dem roten Schal, wie heißt du denn?

Test 10

Entscheiden Sie, ob die folgenden Sätze explizierende (E) oder spezifizierende (S) Relativsätze sind. Setzen Sie gegebenenfalls die Kommata.

1. La velada de tango que organizamos fue un fiasco. Der Tango-Abend, den wir organisierten, war ein Fiasko.
2. Del viaje que fue largo y agotador me quedó, a pesar de ello, un recuerdo agradable. Von der Reise, die lang und anstrengend war, behielt ich trotzdem eine angenehme Erinnerung.
3. Con los sellos de tu carta que me fascinaron se gestó el otro collage. Mit den Briefmarken deines Briefs, die mich faszinierten, ist die andere Collage entstanden.
4. Platero a quien todos los hispanohablantes conocen es una figura de una novela. Platero, den alle Spanischsprechenden kennen, ist eine Romanfigur.

5.3 Relativsätze zur Hervorhebung von Satzteilen

Mit Hilfe von Relativsätzen können Satzteile hervorgehoben werden. (➡ Kapitel 35, *Der Satzbau*, 4.1) Die folgende Tabelle gibt Ihnen einen Überblick über die verschiedenen Möglichkeiten.

lo + que und das Verb ser sein: – Ser kann vor oder nach dem betonten Satzteil stehen. – Lo que kann auch bei nicht näher bestimmten Personen / Sachen (ohne a) stehen.	Necesitas paciencia. Du brauchst Geduld. → **Es paciencia lo que** necesitas.[5] → **Paciencia es lo que** necesitas.[6] Du brauchst Geduld. Buscamos un cocinero. Wir suchen einen Koch. → **Lo que buscamos es** un cocinero.[7] → **Un cocinero es lo que** buscamos.[8] Wir suchen einen Koch.

[5] Wörtlich: Es ist Geduld, was du brauchst.
[6] Wörtlich: Geduld ist das, was du brauchst.
[7] Wörtlich: Das, was wir suchen, ist ein Koch.
[8] Wörtlich: Einen Koch ist, was wir suchen.

Das Subjekt bzw. das Objekt kann durch ein Relativpronomen (Artikel + que bzw. quien / quienes bei Personen) wieder aufgenommen werden.	María sabe de qué va. María weiß, worum es geht. → **María es la que** (= quien) sabe de qué va. María weiß, worum es geht. Estoy buscando el libro de Paco. Ich suche gerade Pacos Buch. → **Es el libro de Paco el que** estoy buscando. Ich suche gerade Pacos Buch.
– mit Präpositionen	Estoy hablando con mi hija. Ich spreche gerade mit meiner Tochter. → Con mi hija **es con la que** (= con quien) estoy hablando. Ich spreche gerade mit meiner Tochter.
– Anpassung bei Singular bzw. Plural	Tú lo has dicho, no yo. Du hast es gesagt, nicht ich. → **Eres tú quien** (= la que / el que) lo ha dicho, no yo. Du hast es gesagt, nicht ich. Ellos empezaron. Sie haben angefangen. → Fueron ellos **quienes** (= los que) empezaron. Sie haben angefangen. / Sie waren es, die angefangen haben.
Bei Adverbialbestimmungen werden como, cuando und donde / adonde / de donde / por donde verwendet.	Nos vimos ayer. Wir haben uns gestern gesehen. → **Ayer fue cuando** nos vimos. Gestern haben wir uns gesehen. Se hace así. Es muss so gemacht werden. → **Así es como** se hace. So muss es gemacht werden. Los primeros años vivimos en la casa de mis abuelos. Wir lebten die ersten Jahre bei meinen Großeltern. → **Fue en la casa de mis abuelos donde** vivimos los primeros años. Bei meinen Großeltern lebten wir die ersten Jahre.

Beachten Sie

Mit Hilfe eines Relativsatzes kann man im Spanischen Substantiven, Verben und Adverbien eine superlativische Bedeutung verleihen. (➠ Kapitel 6, *Vergleichsstrukturen*, 1.1, 1.3 und 3.3.4). Vergleichen Sie die folgenden Beispiele. Bei Adverbien: Viviana es la que más fuerte se ríe. Viviana lacht am lautesten.

Bei Substantiven: Nicolás es el que menos inhibiciones tiene. Nicolás hat am wenigsten Hemmungen.
Bei Verben: Tú fuiste la que más corrió. Du bist am meisten gelaufen.

Auch lo que más / menos me gusta … was mir am besten / am wenigsten gefällt … hat im Spanischen eine superlative Bedeutung:
Lo que más me gusta es comer y **lo que menos me gusta es** limpiar. Was mir am meisten gefällt, ist essen, und was mir am wenigsten gefällt, ist putzen.

5.4 Verbmodus in Relativsätzen (Indikativ vs. subjuntivo)

Bevor Sie diesen Abschnitt lesen, sollte Ihnen das ➠ Kapitel 22, *Das **presente de subjuntivo***, 2.3 vertraut sein.
Das Verb in Relativsätzen kann im Indikativ oder im subjuntivo stehen. Der Indikativ wird verwendet, wenn das Bezugswort bekannt ist bzw. der Inhalt des Satzes als bekannt vorausgesetzt wird. Ist dies nicht der Fall, dann steht das Verb im subjuntivo. Das Bezugswort wird zwar durch den Relativsatz näher bestimmt, diese Bestimmung wird aber als Wunsch bzw. Bedingung betrachtet.

Die folgende Tabelle gibt Ihnen einen Überblick über den Gebrauch des subjuntivo in Relativsätzen:

wenn der Hauptsatz ein Indefinitum wie cualquier, quienquiera etc. enthält	Necesito cualquiera que **hable** francés. Ich brauche jemanden, der Französisch spricht.
in Relativsätzen ohne explizites Bezugswort	Quien te **haya dicho** eso es un mentiroso. Wer auch immer dir das gesagt hat, hat gelogen.
in Relativsätzen mit finaler Bedeutung	Buscaremos a alguien que nos **ayude** (= para que nos ayude). Wir werden jemanden suchen, der uns helfen wird (damit er uns hilft).
bei verneinten Hauptsätzen	No tengo amigos que **puedan** ayudarte. Ich habe keine Freunde, die dir helfen könnten.

Beachten Sie
Einige Adverbien und relative Superlative werden sowohl mit dem Indikativ als auch mit dem subjuntivo gebraucht.
Es el libro **más interesante** que he leído / haya leído. Das ist das interessanteste Buch, das ich jemals gelesen habe.
Sólo conozco a cuatro personas que saben / sepan ruso. Ich kenne nur vier Leute, die Russisch können.

Test 11

Überlegen Sie, ob die Verben in den folgenden Relativsätzen im Indikativ oder im subjuntivo stehen müssen, und ergänzen Sie die Verbformen.

1. Queremos comprar un terreno que __________ (estar) frente al bosque. Wir wollen ein Grundstück kaufen, das gegenüber dem Wald liegt.
2. Queremos comprar el terreno que __________ (estar) frente al bosque. Wir wollen das Grundstück kaufen, das gegenüber dem Wald liegt.
3. Haz lo que __________ (tú / querer). Mach (das,) was du willst.
4. Necesitamos a una persona que __________ (cocinar) comida vegetariana. Wir brauchen jemand, der vegetarisch kocht.
5. Buscamos profesores que __________ (conocer) la pedagogía de Montessori. Wir suchen Lehrer, die die Pädagogik von Montessori kennen.
6. No conozco muchas personas que __________ (hablar) tan bien como tú. Ich kenne nicht viele Leute, die so gut wie du sprechen.

Auf den Punkt gebracht

1. (➠ Was Sie vorab wissen sollten)
Treffen die folgenden Aussagen zu oder nicht?

a) Mit den Relativpronomen kann man die Wiederholung von Satzelementen vermeiden. (ja / nein)
b) Que ist das am häufigsten gebrauchte Relativpronomen. (ja / nein)
c) Relativsätze haben attributive Funktion, d. h. sie fügen einem Substantiv oder Pronomen neue Informationen hinzu, wie z. B. ein Adjektiv. (ja / nein)

2. (➠ 2)
Ergänzen Sie die fehlenden Präpositionen + Relativpronomen, wenn nötig.

a) Fuimos al lago __________ vamos todos los fines de semana. Wir fuhren an den See, an den wir jedes Wochenende fahren.

b) La casa ________ viví de pequeña está en venta. Das Haus, in dem ich als Kind gelebt habe, wird verkauft.
c) No han aceptado la invitación, ________ me parece fatal. Sie haben die Einladung nicht angenommen, was ich sehr schlimm finde.
d) Este es un problema ________ habría que encontrar una solución inmediatamente. Das ist ein Problem, für das man sofort eine Lösung finden müsste.

3. (➠ 3.1)
Markieren Sie die richtige Alternative.
a) Quien kann nur für Personen stehen. (ja / nein)
b) Quien kann nicht mit Präpositionen gebraucht werden. (ja / nein)
c) Quien wird stets mit Artikel gebraucht. (ja / nein)
d) El chico (a quien / al que / al cual) vi el otro día era el hijo de mi colega. Der Junge, den ich neulich sah, war der Sohn meiner Kollegin.

4. (➠ 3.2)
Treffen die folgenden Aussagen zu oder nicht?
a) Cual wird immer mit dem Artikel verwendet. (ja / nein)
b) La cual kann in folgendem Beispiel que ersetzen: Mi hermana, que vive en Norteamérica, vendrá la próxima semana. Meine Schwester, die in Amerika lebt, kommt nächste Woche. (ja / nein)
c) El cual kann in folgendem Beispiel que ersetzen: Este es el amigo que llegó ayer. Das ist der Freund, der gestern angekommen ist. (ja / nein)
d) El cual kann in folgendem Beispiel que ersetzen: El que no llora, no mama. Sinngemäß: Wer nicht schreit, bekommt nichts. (ja / nein)
e) Lo cual und lo que sind immer austauschbar. (ja / nein)

5. (➠ 3.3)
Markieren Sie die richtige Alternative und setzen Sie die korrekte Form von cuyo ein.
a) Cuyo passt sich (dem Bezugswort im Hauptsatz / dem nachfolgenden Substantiv) in Genus und Numerus an.
b) Los López, ________ hijos conocemos, son personas muy cultas. Die López, deren Kinder wir kennen, sind sehr gebildete Menschen.

6. (➠ 4)
Ersetzen Sie die folgenden Adverbien durch Relativpronomen.
a) El lugar adonde / ________ vamos se llama Serena. Der Ort, wo wir hinfahren, heißt Serena.
b) Fueron al restaurante donde / ________ se conocieron. Sie gingen in das Restaurant, in dem sie sich kennen lernten.

7. (→ 5.2)
Entscheiden Sie, ob die folgenden Sätze explizierende oder spezifizierende Relativsätze sind. Setzen Sie dann gegebenenfalls die Kommata.

a) Lamentablemente ya no encuentro los libros que me prestaste. Leider finde ich die Bücher nicht mehr, die du mir geliehen hast.
b) Diana a la cual apenas conocía se convirtió con el tiempo en una de mis mejores amigas. Diana, die ich kaum kannte, wurde mit der Zeit eine meiner besten Freundinnen.
c) Borges que era argentino fue uno de los mejores escritores del siglo XX. Borges, der Argentinier war, war einer der besten Schriftsteller des 20. Jahrhunderts.

Was Sie vorab wissen sollten

- Dieses Kapitel bietet einen Überblick über die spanischen Interrogativa (= Fragewörter), unabhängig von ihrer Funktion im Satz. Man kann folgende Funktionen unterscheiden:
  Begleiter (adjektivisch): ¿**Cuántas** cartas has escrito? **Wie viele** Briefe hast du geschrieben?
  Pronominal: ¿A **quién** le escribes la carta? **Wem** schreibst du den Brief?
  Adverbial: ¿**Cuándo** sueles levantarte por la mañana? **Wann** stehst du morgens auf?
- Qué und cuánto/a/s können als Begleiter und als Pronomen gebraucht werden, quién/es dagegen nur als Pronomen. Uneinig sind sich die Grammatiker über den Gebrauch von cuál/es. Einige sind der Meinung, dass cuál/es nur pronominal (pronombres interrogativos propiamente dichos) zu verwenden ist, andere lassen auch den Gebrauch als Begleiter zu (➠ 4).
- Die Interrogativa tragen immer einen grafischen Akzent: qué, cómo, quién, cuál, cuánto.
  ¿**Cómo** te llamas? **Wie** heißt du?
- Qué, cómo, quién und cuánto werden auch in Ausrufesätzen gebraucht.
  ¡**Qué** lindo nombre! **Was für ein** schöner Name! / **Welch** schöner Name!
- Wie im Deutschen leiten die Interrogativa auch im Spanischen sowohl direkte als auch indirekte Fragen ein.
  ¿A **quién** estamos esperando? Auf **wen** warten wir?
  Preguntó a **quién** estábamos esperando. Er hat gefragt, auf **wen** wir warten.
- Sowohl bei Frage- als auch bei Ausrufesätzen steht am Anfang des Satzes ein umgedrehtes Frage- bzw. Ausrufezeichen: ¿ bzw. ¡ (➠ Kapitel 2, *Die Schreibung*, 3.1).

TIPP

Das umgedrehte Frage- und Ausrufezeichen wird durch folgende Tastenkombinationen erzeugt, wobei die Zahlen auf der NUM-Tastatur eingegeben werden, während die linke „Alt"-Taste gedrückt wird: Alt + 168 für ¿, Alt + 173 für ¡

1 Die wichtigsten Interrogativa

1.1 Übersicht über die wichtigsten Interrogativa

Die folgende Tabelle gibt Ihnen eine Übersicht über die am häufigsten gebrauchten Interrogativa:

qué	was / welche/-r/-s / wie / was für (ein/-e)	¿Qué quieres tomar? **Was** möchtest du trinken? ¿Qué libros tienes? **Welche** Bücher hast du? ¡Qué lindo! **Wie** schön!
quién / quiénes	wer	¡Quién sabe! **Wer** weiß es! ¿Quiénes son ustedes? **Wer** sind Sie?
cuál / cuáles	welche/-r/-s / was für (ein/-e)	¿Cuál quieres? **Welches** willst du haben? ¿Cuáles? – Estos de aquí. **Welche**? – Diese hier.
cuánto / cuánto/a/s	wie viel/-e	¿Cuánto es? **Wie viel** kostet es? ¿Cuántos años tienes? Wie alt bist du?[1] ¡Cuánta gente! **Wie viele** Leute!
cómo	wie	¿Cómo estás? **Wie** geht es dir? ¡Cómo llueve! **Wie** (sehr) es regnet!
dónde	wo	¿Dónde vives? **Wo** wohnst du?
cuándo	wann	¿Cuándo vienes? **Wann** kommst du?

Test 1

Setzen Sie das richtige Fragewort ein.

1. ¡Pobre mujer! ¡__________ le toman el pelo! Arme Frau! Wie sie auf den Arm genommen wird!
2. ¿__________ son los nuevos colegas? Wer sind die neuen Kollegen?
3. ¿__________ os vais? Wann fahrt ihr weg?
4. ¿__________ es? Wer ist da?
5. ¡__________ niño precioso! Was für ein hübscher Junge!

[1] Wörtlich: **Wie viele** Jahre hast du?

6. ¿__________ aprendes español? Wo lernst du Spanisch?
7. ¿__________ dices? Was sagst du?
8. ¡__________ tiempo sin vernos! Lange nicht gesehen![2]

1.2 Interrogativa in Kombination mit Präpositionen

Einige Interrogativa werden mit Präpositionen gebildet (siehe auch ➠ Kapitel 33, *Die Präpositionen*). In der Tabelle finden Sie die wichtigsten Kombinationen.

adónde / a dónde / para donde	wohin / wo ... hin	¿**Adónde** vas? **Wohin** gehst du? / **Wo** gehst du **hin**?
de dónde	woher	¿**De dónde** eres? **Von wo / Woher** bist du? ¿**De dónde** sale toda esta gente? **Woher** kommen all diese Leute?
a quién	wem / wen	¿**A quién** llamas? **Wen** rufst du an? ¿**A quién** te refieres? **Auf wen** beziehst du dich?
con quién	mit wem	¿**Con quién** vives? **Mit wem** wohnst du zusammen? ¿**Con quién** sale? **Mit wem** geht er/sie?
de quién	wessen / wem	¿**De quién** es este auto? **Wessen** Auto ist das? ¿**De quién** es esto? **Wem** gehört das?
en qué	woran / worauf / worin / an was / auf was / in was	¿**En qué** piensas? **An was / Woran** denkst du? ¿**En qué** hemos quedado? **Was** haben wir vereinbart?

[2] Wörtlich: Wie viel Zeit ohne uns zu sehen!

para qué	wozu	¿**Para qué** estudias castellano? **Wozu** lernst du Spanisch?
por qué	warum / wieso / weshalb	¿**Por qué** no vienes con nosotros? **Warum** kommst du nicht mit uns? ¿**Por qué** estás cansada? **Wieso** bist du so müde?
desde cuándo	seit wann	¿**Desde cuándo** vives aquí? **Seit wann** wohnst du hier?
hasta cuándo	bis wann	¿**Hasta cuándo** tienes tiempo? **Bis wann** hast du Zeit?
para cuándo	für wann	¿**Para cuándo** reservamos la habitación? **Für wann** bestellen wir das Zimmer?
con / a / usw. + cuál/es	Präposition + welche/-r/-s / was für (ein/-e)	¿**Con cuáles** (herramientas) trabaja un escultor? **Mit welchen** (Werkzeugen) arbeitet ein Bildhauer? ¿**A cuáles** te refieres? **Auf welche** beziehst du dich?

Test 2

Setzen Sie das richtige Fragewort ein. Die Übersetzung hilft Ihnen dabei.

1. ¿________________ quieres seguir esperando? Bis wann willst du warten?
2. ¿________________ vives en Alemania? Seit wann lebst du in Deutschland?
3. ¿________________ te vas de viaje? Mit wem verreist du?
4. ¿________________ es este libro? Wessen Buch ist das?
5. ¿________________ todas estas flores? Wofür alle diese Blumen?
6. ¿________________ te encontraste ayer en la fiesta? Wen hast du gestern auf der Party getroffen?
7. ¿________________ países hay guerra en estos momentos? In welchen Ländern ist gerade Krieg?
8. ¿________________ lo necesitas? Für wann brauchst du es?
9. ¿________________ son tus amigos? Woher stammen deine Freunde?
10. ¿________________ trabajas tanto? Warum arbeitest du so viel?
11. ¿________________ va usted a esta hora? Wo gehen Sie um diese Uhrzeit noch hin?

2 Das Fragewort *qué*

Das Fragewort qué ist unveränderlich und kann als Begleiter (adjektivisch) und pronominal verwendet werden.

Adjektivisch:	¿Qué edad tiene tu abuelita? Wie alt ist deine Oma?[3] ¡Qué ideas tienes! Was für Ideen du hast!
Pronominal:	¿Qué quieres? Was möchtest du?

2.1 Qué in Fragesätzen

2.1.1 Mit Substantiven

Qué als Begleiter eines Substantivs bedeutet „welche/-r/-s" bzw. „was für (ein/-e)" und fragt nach der Eigenschaft von Personen oder Gegenständen.
¿Qué superficie tiene México? Wie groß ist Mexiko?[4]
¿Qué libro es ese? Welches / Was für ein Buch ist das?
¿Qué libros lees generalmente? Welche / Was für Bücher liest du im Allgemeinen?
El profesor nos ha indicado qué libros tendremos que leer este semestre. Der Professor hat uns gesagt, welche / was für Bücher wir in diesem Semester lesen sollen.

2.1.2 Mit Verben

Qué wird wie im Deutschen in der Bedeutung „was" verwendet, um nach dem Objekt des Verbs zu fragen.
¿Qué te gusta hacer en tu tiempo libre? Was machst du gern in deiner Freizeit?
¿Qué prefieres: leer o escribir? Was machst du lieber: lesen oder schreiben?

2.1.3 Mit Präpositionen

Qué kann mit Präpositionen verwendet werden. Sie hängen oft von der Rektion des Verbs oder des Substantivs ab (complemento de régimen), d. h. ob ein Verb oder Substantiv eine bestimmte Präposition fordert, z. B. pensar en denken an, soñar con träumen von, miedo a Angst vor usw. (➠ Kapitel 33, *Die Präpositionen*, 5.1).
¿A qué hora empieza el concierto? Um wie viel Uhr fängt das Konzert an?
¿En qué país vives? In welchem Land lebst du?
¿En qué piso vives? In welchem Stock wohnst du?
¿De qué color es tu vestido nuevo? Welche Farbe hat dein neues Kleid?[5]

---

[3] Wörtlich: Welches Alter hat deine Oma?
[4] Wörtlich: Welche Fläche hat Mexiko?
[5] Wörtlich: Von welcher Farbe ist dein Kleid?

2.2 Qué in Ausrufesätzen

In Ausrufesätzen dient qué der Verstärkung einer subjektiven Aussage; es kann Substantive, Adjektive oder andere Wörter begleiten:

mit Substantiven	¡Qué mujer! Was für eine Frau! ¡Qué persona más interesante! Was für eine interessante Person! ¡Qué ciudad más bonita! Was für eine schöne Stadt!
mit Adjektiven	¡Qué bonito! Wie schön! ¡Qué cansada estoy hoy! Wie kaputt ich heute bin! ¡Qué tonto eres! Wie dumm du bist!
mit Adverbien	¡Qué bien! Wie gut! ¡Qué pronto has llegado! Wie schnell du angekommen bist!

Beachten Sie
Neben qué gibt es weitere Möglichkeiten, Ausrufesätze zu bilden:

¡Qué coche!	¡Vaya coche!	Was für ein Wagen!
¡Qué amigos (que) tienes!	¡Vaya amigos que tienes!	Was für Freunde du hast!
¡Qué contento se puso!	¡Cómo se puso de contento!	Wie er sich gefreut hat!
¡Qué bien (que) canta!	¡Lo bien que canta!	Wie gut sie/er singt!

Test 3

Setzen Sie qué oder eine Präposition + qué ein. Die deutsche Übersetzung hilft Ihnen dabei.

1. ¿__________ película estáis hablando? Über welchen Film redet ihr?
2. ¿__________ (tipo de) música te gusta? Welche Musik gefällt dir?
3. ¿__________ color es tu bicicleta? Welche Farbe hat dein Fahrrad?
4. ¿__________ te gusta de este bar? Was gefällt dir an dieser Bar?
5. ¿__________ estás pensando? Woran denkst du gerade?

3 Das Fragewort *quién / quiénes*

Quién wird nur für Personen verwendet. Es besitzt eine Pluralform: quiénes. Die deutsche Übersetzung lautet immer „wer“. Quiénes kann auch mit einem Verb in der 1. und 2. Person Plural verwendet werden und bedeutet dann „wer von uns / euch“.

3. Person Singular:	¿Quién viene con nosotros? Wer kommt mit uns?
3. Person Plural:	¿Quiénes vienen con nosotros? Wer kommt mit uns?
1. Person Plural:	¿Quiénes vamos? Wer von uns geht hin?
2. Person Plural:	¿Quiénes vais? Wer von euch geht hin?

3.1 Quién / quiénes mit der Bedeutung „wen“, „wem“, „wessen“

Quién / quiénes fragt nicht nur nach dem Subjekt, sondern auch nach dem direkten Objekt (wen?) und nach dem indirekten Objekt (wem?). Da das Spanische keine Deklination wie das Deutsche kennt, können die Fragewörter quién / quiénes im Akkusativ (wen?), im Dativ (wem?) und im Genitiv (wessen?) nur mit der Präposition a bzw. de ausgedrückt werden. In den ersten zwei Fällen muss die Präposition a vor quién / quiénes stehen, im letzteren steht die Präposition de.

Akkusativ:	¿A quién esperas? Wen erwartest du?
Dativ:	¿A quiénes de ustedes les gusta la ópera? Wem von Ihnen gefällt die Oper?
Genitiv:	¿De quién es el libro? Wessen Buch ist das? / Wem gehört das Buch? ¿De quién es la culpa? Wessen Schuld ist es?

3.2 Quién / quiénes mit weiteren Präpositionen

Quién / quiénes kann auch mit anderen Präpositionen verwendet werden. Einige Beispiele:
¿Para quién es ese libro que has comprado? Für wen ist das Buch, das du gekauft hast?
¿Con quiénes hablabais? Mit wem habt ihr gesprochen?
¿En quién estás pensando? An wen denkst du gerade?

3.3 Quién in Ausrufesätzen

Quién wird in folgenden Wendungen verwendet:
¡Quién sabe! Wer weiß!
¡Quién lo diría! Wer hätte das gedacht!

Quién wird oft in Sätzen mit dem imperfecto de subjuntivo bzw. pluscuamperfecto de subjuntivo gebraucht und drückt einen als Ausruf geäußerten Wunsch aus. (➠ Kapitel 23, *Das **imperfecto de subjuntivo***; ➠ Kapitel 24, *Zusammengesetzte Zeiten der Vergangenheit*)
¡Quién pudiera saberlo! Wer könnte es wohl wissen!
¡Quién no lo quisiera! Wer wollte das nicht!
¡Quién no quisiera ser famosa! Wer wäre denn nicht gern berühmt!
¡Quién lo hubiera dicho! Wer hätte das gedacht!

Test 4

Setzen Sie das richtige Fragewort ein.
1. ¿__________ quieres invitar? Wen willst du einladen?
2. ¿__________ trabajáis? Mit wem arbeitet ihr?
3. ¿__________ escriben ustedes? Wem schreiben Sie?
4. ¿__________ es este diccionario? Wessen Wörterbuch ist das?
5. ¡__________ te entiende! Wer versteht dich!
6. ¿__________ es ese regalo? Für wen ist dieses Geschenk?
7. ¡__________ se lo dices! Wem sagst du das!

4 Das Fragewort *cuál / cuáles*

4.1 Formen

4.1.1 Cuál / cuáles

Auch das Fragewort cuál hat eine Pluralform: cuáles.

Singular:	¿Cuál (tren) tomas? Welchen (Zug) nimmst du?
Plural:	¿Cuáles (libros) me recomiendas? Welche (Bücher) empfiehlst du mir?

4.1.2 Mit Präpositionen

In Verbindung mit einer Präposition kann cuál folgendermaßen verwendet werden:
¿De cuál (película) estás hablando? Von welchem (Film) sprichst du?
¿A cuál (libro) te refieres? Welches (Buch) meinst du?

4.2 Gebrauch

Cuál / cuáles fragt nach Personen, Lebewesen oder Gegenständen, und zwar nach Eigenschaften oder einer Auswahl aus einer bestimmten Menge.
Es wird im modernen Spanisch, insbesondere in Spanien, fast ausschließlich pronominal verwendet.
Aquí hay muchos vestidos bonitos. ¿Cuál de todos me llevo? Hier sind viele schöne Kleider. Welches soll ich nehmen?
¿Cuál es tu propuesta? Was für einen Vorschlag hast du?
¿Cuál de todas tus amigas vive en Barcelona? Welche von allen deinen Freundinnen wohnt in Barcelona?
De los libros que leíste, ¿cuáles son los mejores? Welche von den Büchern, die du gelesen hast, sind die besten?
Als Begleiter, d.h. vor Substantiven, wird in der Regel qué gebraucht. In Hispanoamerika schwankt der Sprachgebrauch zwischen cuál / cuáles und qué.
¿Cuáles / Qué parientes dices? Welche Verwandten meinst du?

Test 5

Setzen Sie cuál oder cuáles ein.

1. ¿__________ de los dos es tu hermano? Welcher von beiden ist dein Bruder?
2. ¿__________ es tu problema? Was ist dein Problem?
3. ¿Con __________ amigos te encuentras hoy por la noche? Welche Freunde triffst du heute Abend?
4. ¿En __________ casa vives? In welchem Haus wohnst du?
5. ¿__________ capítulo tenemos que leer? Welches Kapitel sollen wir lesen?
6. ¿__________ son los resultados del análisis? Was sind die Ergebnisse der Untersuchung?
7. ¿__________ es tu opinión al respecto? Was ist deine Meinung dazu?

4.3 Qué oder cuál

4.3.1 Als Begleiter von Substantiven

Adjektivisch gebrauchtes cuál / cuáles kann durch qué ersetzt werden (➠ 4.2). Wir empfehlen Ihnen jedoch, nur qué zu verwenden.
¿Qué / Cuál deporte te gusta más? Welchen Sport magst du am liebsten?
¿Qué / Cuál color te gusta más? Welche Farbe magst du lieber?

4.3.2 Als Pronomen

Als Pronomen sind cuál / cuáles und qué nicht austauschbar. Im Gegensatz zu qué wird mit cuál nach etwas oder jemandem aus einer Gruppe gefragt. Die Antwort lautet oft: esta, ese usw. Die Gruppe, aus der ausgewählt wird, wird oft mit cuál / cuáles + de + Substantiv wiedergegeben.
¿Cuál (de las dos películas) prefieres? – Esta. Welchen (der beiden Filme) ziehst du vor? – Diesen.
¿Cuál (de estos) es mejor? – Ese, el verde. Welcher (von diesen) ist besser? – Dieser, der grüne.

Die Frage mit qué setzt voraus, dass man überhaupt nichts weiß; die Antwort ist offen.	Die Frage mit cuál setzt voraus, dass man schon weiß, worum es geht; es handelt sich um eine Auswahl.
¿Qué quieres tomar: té o café? Was möchtest du: Tee oder Kaffee?	¿Cuál quieres: el rojo o el verde? Welches willst du: das Rote oder das Grüne?
¿Qué hiciste ayer? Was hast du gestern gemacht?	¿Cuáles (de estos pasteles) hiciste? Welche (von diesen Kuchen) hast du gebacken?
¿Qué prefieres? Was magst du lieber?	¿Cuál eliges / prefieres? Welches magst du lieber?

Beachten Sie

Cuál + ser ist eine wichtige Struktur, die sehr oft verwendet wird. Vergleichen Sie die folgenden Beispiele mit cuál und qué.
¿Cuál es la diferencia? Was ist der Unterschied?[6]
¿Cuáles son tus hijos? Was sind deine Kinder (aus dieser Gruppe von Kindern)?
¿Cuál es la causa de tanto alboroto? Was ist der Grund für diesen Lärm?[7]

¿Qué es esto? Was ist das?
¿Qué es esta mancha? Was für ein Fleck ist das?
¿Qué es este escándalo? Was für ein Aufstand ist das?

Zusammenfassend kann man sagen, dass
- cuál + ser eine identifizierende Funktion hat: ¿**Cuál es** tu casa? Welches ist dein Haus?
- qué + ser eine definierende Funktion hat: ¿**Qué es** lo que quieres? Was willst du?

Cual (ohne Akzent) wird oft in der literarischen Sprache mit der Bedeutung „wie", als eine Variante von como, verwendet.
Sus ojos, cual dos luceros, brillaban en la madrugada. Seine/Ihre Augen leuchteten in der Dämmerung wie zwei Morgensterne.

Test 6

Setzen Sie das richtige Fragewort ein.
1. ¿_______ comida te gusta más? Was ist dein Lieblingsessen?
2. ¿_______ (de estos cuadros) te gusta más? Welches (von diesen Bildern) gefällt dir besser?
3. Dime _______ te pasa. Sag mir, was mit dir los ist.
4. ¿_______ películas has visto últimamente? Welche Filme hast du in der letzten Zeit gesehen?
5. ¿_______ son tus libros? Welche sind deine Bücher?
6. ¿_______ café quieres? Tengo con cafeína y descafeínado. Was für einen Kaffee magst du? Ich habe welchen mit und ohne Koffein.
7. ¿_______ es tu casa? Welches ist dein Haus?

---
6 Wörtlich: Welcher ist der Unterschied?
7 Wörtlich: Welcher ist der Grund für diesen Lärm?

5 Das Fragewort *cuánto*

5.1 Formen

Auf Entdeckung

In ➠ Kapitel 4, *Das Adjektiv*, 1 haben Sie die Adjektiv-Endungen gelernt. Cuánto gleicht sich wie ein Adjektiv seinem Bezugswort an. Versuchen Sie, die fehlenden Endungen in der folgenden Tabelle zu ergänzen. (➠ *Lösungen*)

	maskulin	feminin
Singular	cuánt__ tiempo wie viel Zeit	cuánt__ fruta wie viel Obst
Plural	cuánt__ libros wie viele Bücher	cuánt__ casas wie viele Häuser

5.1.1 Mit Präpositionen

Cuánto kann mit verschiedenen Präpositionen kombiniert werden.
¿A cuántos amigos les diste esta dirección? Wie vielen Freunden hast du diese Adresse gegeben?
¿Hace cuánto tiempo que esperas? Seit wann / Wie lange wartest du?
¿De cuánto dinero se trata? Um wie viel Geld handelt es sich?
¿Para cuántas personas es esta cena? Für wie viele Personen ist dieses Abendessen?
¿En cuántos países has estado ya? In wie vielen Ländern bist du schon gewesen?

Beachten Sie
Es gibt einige Wendungen, die mit a cuánto gebildet werden.

Datumsangabe:	¿A cuánto estamos hoy? Den Wievielten haben wir heute?
Preisangabe:	¿A cuánto están las manzanas esta semana? Was kosten die Äpfel diese Woche?
Entfernung:	¿A cuánto está Salamanca de Madrid? Wie weit ist Salamanca von Madrid entfernt?

5.1.2 Mit Adjektiven

Cuánto verliert die Silbe -to, wenn es vor Adjektiven beider Geschlechter steht. Dieser Gebrauch kommt hauptsächlich in der literarischen Sprache vor.
¡Cuán bello! Wie schön!
No sabes cuán fácil me resultó el examen. Du weißt nicht, wie leicht die Prüfung für mich war. (ironisch)

In der Umgangssprache wird cuán / cuánto durch folgende Konstruktionen ersetzt:
¡Qué fácil me resultó el examen! Wie leicht die Prüfung für mich war!
¡No puedes imaginarte lo fácil que fue el examen! Du kannst dir nicht vorstellen, wie leicht die Prüfung war! (➠ Kapitel 11, *Die Begleiter als Pronomen*, 2)

5.2 Gebrauch

Mit cuánto fragt man nach der Menge oder Anzahl von Personen, Lebewesen oder Gegenständen. Es kann als Begleiter eines Substantivs oder pronominal verwendet werden. Es kann aber auch „wie lange" bedeuten.
¿Cuánto durará la reunión? – Unas dos horas. Wie lange wird wohl die Sitzung dauern? – Etwa zwei Stunden.

5.2.1 Als Begleiter von Substantiven

Cuánto kann unmittelbar vor einem Substantiv stehen; in diesem Fall handelt es sich um einen adjektivischen Gebrauch.
¿Cuánto tiempo tienes hoy? Wie viel Zeit hast du heute?
¿Cuántos libros has leído? Wie viele Bücher hast du gelesen?

Cuánto wird auch in Ausrufesätzen verwendet.
¡Cuánta gente hay aquí! Wie viele Leute hier sind!
¡Cuántos amigos tenéis! Wie viele Freunde ihr habt!

Beachten Sie
Andere Konstruktionen für Ausrufesätze mit cuánto:

¡Cuánta gente hay aquí! / ¡Cuántas personas!	¡Qué de gente que hay aquí! / ¡Qué de personas!	Wie viele Leute hier sind!
¡Cuántos amigos tenéis!	¡La de amigos que tenéis!	Wie viele Freunde ihr habt!
¡Cuánto trabaja!	¡Lo que trabaja!	Wie viel er arbeitet!
¡Cuánto tiempo sin verte!	¡Hace tiempo que no nos vemos / te veo!	Lange nicht gesehen!

5.2.2 Als Pronomen

Cuánto kann ein Substantiv ersetzen; in diesem Fall handelt es sich um einen pronominalen Gebrauch.

¿Cuántos de tus amigos han venido? Wie viele von deinen Freunden sind gekommen?
¿Cuántas de tus amigas trabajan y cuántas estudian? Wie viele von deinen Freundinnen arbeiten und wie viele studieren?
¿Cuánto cuesta esta camisa? Wie viel kostet dieses Hemd?

Test 7
Setzen Sie die richtige Form von cuánto ein.
1. ¿__________ idiomas sabes? Wie viele Sprachen sprichst du?
2. ¿__________ cuesta esta bicicleta? Wie viel kostet dieses Fahrrad?
3. ¿__________ manzanas quieres? Wie viele Äpfel willst du?
4. ¿__________ años tiene el niño? Wie alt ist das Kind?
5. ¿__________ harina compro? Wie viel Mehl soll ich kaufen?
6. ¿__________ personas es esta habitación? Für wie viele Personen ist dieses Zimmer?
7. ¿__________ vino quieres? Wie viel Wein willst du?

6 Das Fragewort *cómo*

Cómo ist unveränderlich und fragt nach der Art und Weise und nach dem Zustand von Personen, Lebewesen und Gegenständen.
¿Cómo te llamas? Wie heißt du?
¿Cómo estás? Wie geht es dir?
¿Cómo se pronuncia su apellido? Wie spricht man Ihren Namen aus?
¿Cómo se escribe? Wie schreibt sich das?

Cómo kann auch in Ausrufesätzen verwendet werden.
¡Cómo trabaja! Wie viel er arbeitet!
¡Cómo vuela el tiempo! Wie schnell die Zeit vergeht!
¡Cómo has cambiado! Wie du dich verändert hast!

Beachten Sie
- Statt cómo kann man in Ausrufesätzen lo que + Verb verwenden.
  ¡Cómo trabaja! / ¡Lo que trabaja! Wie viel er arbeitet!
- In der Wendung „Wie gefällt es dir?“ kann man „wie“ nicht mit cómo wiedergeben. Man sagt z. B. ¿Te gusta la música?, was sowohl „Gefällt dir die Musik?“ als auch „Wie gefällt dir die Musik?“ heißt. Man kann auch fragen: ¿Qué te parece la música? (➠ Kapitel 31, *Besonderheiten bei Verben*, 4.1.2)
- In der Umgangssprache wird häufig ¿qué tal? in der Bedeutung „wie geht's?“, „wie findest du?“ oder „wie ist / war?“ verwendet.
  Hola, ¿qué tal? Hallo, wie geht's?
  ¿Qué tal la película? Wie ist / war der Film?

Die Interrogativa

Auf den Punkt gebracht

1. (➠ 1)
Die wichtigsten Fragewörter sind:
___________ warum, ___________ wie, ___________ wo, ___________
wann, ___________ / ___________ was / welche/-r/-s

2. (➠ 2)
Markieren Sie die richtige Alternative.
a) Das Fragewort qué fragt nach (Personen / Gegenständen / Sachverhalten).
b) Das Fragewort qué ist (unveränderlich / veränderlich).
c) Das Fragewort qué (kann / kann nicht) mit einer Präposition verwendet werden.
d) ¿(Qué / Cuál) haces hoy por la noche? Was machst du heute Abend?

3. (➠ 3)
Markieren Sie die richtige Alternative bzw. ergänzen Sie die Sätze.
a) Das Fragewort quién ist (veränderlich / unveränderlich).
b) Das Fragewort de quién bedeutet (wem / wessen).
c) ¿___________ viene mañana? Wer kommt morgen?
d) ¿___________ le escribes? Wem schreibst du?
e) ¿___________ (Plural) vais al cine? Wer von euch geht mit ins Kino?

4. (➠ 4.3)
Qué oder cuál?
a) ¿(Qué / Cuál) es el teléfono de tu hermana? Wie ist die Telefonnummer deiner Schwester?
b) ¿(Qué / Cuál) hace usted? Was machen Sie beruflich?
c) ¿En (qué / cuál) calle vive? In welcher Straße wohnen Sie?
d) ¿(Qué / Cuáles) lenguas habla? Welche Sprachen sprechen Sie?
e) ¡(Qué / Cuál) sol! Was für eine (herrliche) Sonne!

5. (➠ 5)
Markieren Sie die richtige Alternative bzw. ergänzen Sie die richtige Form von cuánto.
a) Das Fragewort cuánto hat (zwei / vier) Formen, nämlich (Singular / Plural / maskulin / feminin).
b) ¿___________ días se quieren quedar en Ratisbona? Wie viele Tage bleibt ihr in Regensburg?
c) ¿___________ semanas estarás fuera? Wie viele Wochen wirst du unterwegs sein?
d) ¡___________ has dormido! Wie viel du geschlafen hast!

Das Verb und seine Ergänzungen

1 Die Verbklassen

- Im Spanischen wie im Deutschen unterscheidet man persönliche und unpersönliche Formen des Verbs. Die persönlichen Verbformen (formas personales) sind diejenigen, die konjugiert werden, z. B. canto ich singe, cantas du singst, canta er singt, cantan sie singen. Unpersönliche Verbformen (formas no personales) dagegen lassen sich nicht konjugieren. Zu ihnen gehört der Infinitiv (infinitivo), z. B. cantar singen, das Partizip (participio), z. B. cantado gesungen, sowie das gerundio, z. B. cantando singend.
- Nach der Endung des Infinitivs (Grundform) unterscheidet man im Spanischen drei Klassen von Verben, denen drei Konjugationsklassen (conjugaciones) entsprechen.
  1. Klasse: Verben auf **-ar**, z. B. habl-**ar** sprechen
  2. Klasse: Verben auf **-er**, z. B. le-**er** lesen
  3. Klasse: Verben auf **-ir**, z. B. escrib-**ir** schreiben.

  Die Mehrheit der Verben gehört zur Klasse auf -ar.
- Viele der gebräuchlichsten Verben sind unregelmäßig, z. B. hacer machen, ir gehen, ser sein, venir kommen usw. Die meisten gehören zur zweiten und dritten Klasse.
- Jede Klasse hat eine Reihe von Endungen (desinencias), die verschiedene Informationen enthalten. Hier am Beispiel des Verbs cantar singen und den Verbformen canto ich singe und cantamos wir singen:

Verbklasse	cantar 1. Klasse (Verben auf -ar)
Person	canto 1. Person (Ich-Form) cantamos 1. Person (Wir-Form)
Numerus (Zahl der Personen: Singular oder Plural)	canto Singular cantamos Plural
Tempus (Zeit)	canto Präsens cantamos Präsens oder perfecto simple
Modus	canto Indikativ cantamos Indikativ

2 Die Endungen

Die Formen des Verbs werden aus dem Infinitiv abgeleitet und bestehen aus dem Stamm und den Endungen. Der Stamm trägt die Bedeutung des Verbs, den Endungen entnehmen wir Informationen über Person, Zahl der Personen (Singular oder Plural), Zeit und Modus. Vergleichen Sie das Spanische mit dem Deutschen am Beispiel des Verbs hablar sprechen.

Spanisch		Deutsch	
Stamm	Endung	Stamm	Endung
habl-	-**ar**	**sprech-**	**-en**
habl-	-o	**ich sprech-**	**-e**

Beachten Sie

Wichtig ist im Spanischen die Unterscheidung zwischen **stamm- und endungsbetonten Formen**, denn bei einigen Verben diphthongiert der betonte Vokal in den stammbetonten Formen.

	nicht-diphthongierendes Verb, z. B. hablar sprechen	diphthongierendes Verb, z. B. contar (er)zählen
stammbetonte Formen	hablo, hablas, habla, hablan	cuento, cuentas, cuenta, cuentan
endungsbetonte Formen	hablamos, habláis	contamos, contáis

2.1 Informationen über die Person

Aus den Endungen kann man ersehen, **wer** oder **was** der Träger der Handlung ist (ich, du, er, wir, Sie usw.). Für den Indikativ Präsens lauten die Endungen z. B.:

Person	Singular		Plural	
1.	(yo)	habl-**o**	(nosotros/nosotras)	habl-**amos**
2.	(tú)	habl-**as**	(vosotros/vosotras)	habl-**áis**
3.	(él/ella/usted)	habl-**a**	(ellos/ellas/ustedes)	habl-**an**

Wie Sie sehen, hat jede Person ihre eigenen Endungen. Deshalb wird im Spanischen oft – mit Ausnahme der Höflichkeitsform – auf die Personalpronomen verzichtet. (➠ Kapitel 10, *Die Personalpronomen*, 1)

Test

Trennen Sie den Stamm und die Endung bei den folgenden Verben, z. B. llev-o ich trage.

1.	bailamos wir tanzen	________	7.	comen sie essen	________
2.	creer glauben	________	8.	enseñar lehren	________
3.	escribo ich schreibe	________	9.	estudiáis ihr studiert	________
4.	llaman sie rufen	________	10.	llevar tragen	________
5.	subir steigen	________	11.	leo ich lese	________
6.	hablan sie sprechen	________	12.	trabajáis ihr arbeitet	________

2.2 Informationen über die Zeit

Jede konjugierte Verbform enthält außerdem Informationen darüber, **wann** die entsprechende Handlung stattfindet, z. B.
Präsens (Gegenwart): habl-**o** ich spreche
Imperfekt (Vergangenheit): habl-**aba** ich sprach
Futur (Zukunft): habl-**aré** ich werde sprechen

Wie im Deutschen gibt es auch im Spanischen einfache und zusammengesetzte Zeiten. Die einfachen Zeiten bestehen aus nur einer konjugierten Form, z. B. presente: canto ich singe, pretérito imperfecto: cantaba ich sang, pretérito perfecto simple: canté ich sang. Die zusammengesetzten Zeiten werden aus dem konjugierten Hilfsverb haber haben / sein und dem Partizip Perfekt gebildet, z. B. pretérito perfecto compuesto: he cantado ich habe gesungen, pretérito pluscuamperfecto: había cantado ich hatte gesungen.

2.3 Informationen über den Modus

Außerdem enthält die Verbform Informationen über den Modus. Im Spanischen gibt es – wie im Deutschen – die Modi Indikativ und Imperativ. Anders als im Deutschen, aber gemeinsam mit den anderen romanischen Sprachen, verfügt das Spanische über einen weiteren Modus, den subjuntivo. (➡ Kapitel 22–24)

Unter Modus versteht man die Art und Weise, wie der Sprechende eine Äußerung betrachtet. Den Modus Indikativ verwendet er, wenn er sie als real und sicher betrachtet.
Den Modus subjuntivo verwendet er, wenn er eine Äußerung als gewünscht, möglich oder fiktiv betrachtet.
Den Modus Imperativ verwendet er, wenn er will, dass eine Äußerung als Befehl oder Bitte aufgefasst wird.

3 Übersicht über die Zeiten und Modi

Die folgende Tabelle gibt Ihnen einen Überblick über die Zeiten und Modi im Spanischen am Beispiel der 1. Person Singular des Verbs hablar sprechen sowie über die unpersönlichen Formen (formas no personales). Eine Übersicht über sämtliche Verbformen in allen Zeiten und Modi finden Sie im Anhang.

modo (Modus)	formas simples (einfache Formen)	formas compuestas (zusammengesetzte Formen)
indicativo (Indikativ)	presente (Präsens) hablo ich spreche	pretérito perfecto compuesto (Perfekt) he hablado ich habe gesprochen
	pretérito imperfecto (Imperfekt) hablaba ich sprach	pretérito pluscuamperfecto (Plusquamperfekt) había hablado ich hatte gesprochen
	pretérito perfecto simple (indefinido) hablé ich sprach	pretérito anterior (Plusquamperfekt) hube hablado ich hatte gesprochen
	futuro (Futur I) hablaré ich werde sprechen	futuro perfecto (Futur II) habré hablado ich werde gesprochen haben
	condicional hablaría ich würde sprechen	condicional perfecto habría hablado ich hätte gesprochen

modo (Modus)	formas simples (einfache Formen)	formas compuestas (zusammengesetzte Formen)
subjuntivo	presente (Präsens) hable	pretérito perfecto (Perfekt) haya hablado
	pretérito imperfecto (Imperfekt) hablara / hablase	pretérito pluscuamperfecto (Plusquamperfekt) hubiera / hubiese hablado
	futuro (Futur I) hablare	futuro perfecto (Futur II) hubiere hablado

modo (Modus)	imperativo afirmativo (bejahter Imperativ)	imperativo negativo (verneinter Imperativ)
imperativo (Imperativ)	habla sprich hable sprechen Sie hablemos lasst uns sprechen hablad sprecht hablen sprechen Sie	no hables sprich nicht no hable sprechen Sie nicht no hablemos lasst uns nicht sprechen no habléis sprecht nicht no hablen sprechen Sie nicht

formas no personales (unpersönliche Formen)	formas simples (einfache Formen)	formas compuestas (zusammengesetzte Formen)
infinitivo (Infinitiv)	infinitivo simple (Präsens-Form des Infinitivs) hablar sprechen	infinitivo compuesto (Perfekt-Form des Infinitivs) haber hablado gesprochen haben
gerundio (Gerundium)	gerundio simple (Gerundium) hablando	gerundio compuesto (Perfekt-Form des Gerundiums) habiendo hablado
participio (Partizip)	participio simple (Partizip) hablado gesprochen	

Einige der hier aufgeführten grammatikalischen Begriffe werden Ihnen aus dem Deutschen bekannt sein, z. B. Indikativ: indicativo, Imperativ: imperativo, Partizip: participio, Infinitiv: infinitivo. Andere Phänomene haben keine Entsprechung im Deutschen, wie subjuntivo und gerundio. Näheres darüber erfahren Sie in den jeweiligen Kapiteln.

Beachten Sie
Im Spanischen gibt es mehr Zeiten der Vergangenheit als im Deutschen. Im Deutschen sind es drei: Imperfekt, Perfekt und Plusquamperfekt. Im Spanischen dagegen fünf: imperfecto, perfecto simple, perfecto compuesto, pluscuamperfecto und pretérito anterior.

Während im Deutschen der Gebrauch des Perfekts bzw. des Präteritums eher eine Frage der stilistischen oder regionalen Vorliebe ist, ist mit den spanischen

Vergangenheitszeiten jeweils ein bestimmter Verbalaspekt[1], d. h. eine semantische Komponente, verbunden.

Wir werden in den folgenden Kapiteln Schritt für Schritt die einzelnen Zeiten besprechen.

4 Das Passiv

Wie im Deutschen gibt es auch im Spanischen neben den aktiven Formen des Verbs (ich liebe, ich liebte usw.) die entsprechenden passiven Formen (ich werde geliebt, ich wurde geliebt usw.). Das Passiv kann im Spanischen mit dem Verb ser + Partizip bzw. estar + Partizip gebildet werden. Ser entspricht dann dem deutschen „werden", estar entspricht in der Regel dem deutschen „sein". (➠ Kapitel 29, *Das Passiv*) Die meisten Verben, die ein direktes Objekt zulassen, also transitive Verben, können neben der aktiven Form auch eine passive Form in allen Zeiten und Modi bilden, z. B.:
Presente de indicativo: El museo **está cerrado** hasta las tres de la tarde. Das Museum **ist** bis drei Uhr nachmittags **geschlossen**.
Perfecto simple de indicativo: Ese coche **fue construido** en 1930. Dieses Auto **wurde** 1930 **gebaut**.
Presente de subjuntivo: No quiero que **sean molestados**. Ich will nicht, dass sie **gestört werden**.

5 Ergänzungen des Verbs

Es gibt Sätze, die nur aus Subjekt und Prädikat bestehen.
Ignacio duerme. Ignacio schläft.
El nene está llorando. Das Kind weint.
Andere Verben verlangen jedoch eine oder mehrere Ergänzungen, damit ein Satz vollständig ist.
Mis hermanas son **muy simpáticas**. Meine Schwestern sind **sehr sympathisch**.
Mañana **le** compraré **el regalo a Nicolás**. Morgen werde ich **Nicolás das Geschenk** kaufen.

Die folgende Tabelle gibt Ihnen eine Übersicht über die Ergänzungen des Verbs. (➠ Einführung in *Das Substantiv und seine Begleiter*, ➠ Kapitel 10, *Die Personalpronomen*, ➠ Kapitel 32, *Das Adverb*, ➠ Kapitel 33, *Die Präpositionen*)

[1] Unter „Verbalaspekt" versteht man eine Kategorie, die den zeitlichen Verlauf eines verbalen Geschehens beschreibt, wobei man zwischen einem durativen oder imperfektiven und einem punktuellen oder perfektiven Aspekt unterscheidet.

1. Direktes Objekt	No conozco **a María**. Ich kenne **María** nicht. (wen? – a María María.)
2. Indirektes Objekt	No quiero decir**le** nada del asunto. Ich will **ihm/ihr** nichts darüber sagen. (wem? – le ihm/ihr)
3. Direktes und indirektes Objekt	Me gustaría presentar**te a mi hermana**. Ich würde **dir** gern **meine Schwester** vorstellen. (wem / wen? – te dir / a mi hermana meine Schwester)
4. Präpositionalobjekt	Empiezo **con el trabajo** a las ocho. Ich beginne **mit der Arbeit** um acht. (mit wem oder was? – con el trabajo mit der Arbeit)
5. Ergänzung im Nominativ (Subjektergänzung oder Subjektkomplement): mit dem Verb ser / estar sein oder parecer scheinen ist die Ergänzung in der Regel ein Adjektiv oder ein Satzglied im Nominativ.	La corrupción es **la ruina de la economía**. Die Korruption ist **der Ruin der Wirtschaft**. La tormenta parece **amenazante**. Der Sturm wirkt **bedrohlich**. (wie ist / wirkt / scheint wer oder was? – la ruina de la economía der Ruin der Wirtschaft / amenazante bedrohlich)
6. Ergänzung des Objekts	Lo considero **un gran mentiroso**. Ich halte ihn **für einen großen Lügner**. (wen / wem für was etc.? – un gran mentiroso für einen großen Lügner)
7. Ortsergänzung	**Aquí** no hay ninguna panadería. **Hier** gibt es keine Bäckerei. (wo? – aquí hier)
8. Zeitergänzung	**El lunes** empiezan las clases. **Am Montag** beginnt der Unterricht. (wann? – el lunes am Montag)
9. Ergänzung der Art und Weise	Marcos vive **en la pobreza**. Marcos lebt in Armut. (wie? – en la pobreza in Armut)

Auf den Punkt gebracht

1. *(➠ 1)*
Ergänzen Sie die Sätze bzw. markieren Sie die richtige Alternative.
a) Im Spanischen gibt es drei Klassen von Verben, die sich in der Konjugation unterscheiden. Nach ihren (Personenendungen / Infinitivendungen) teilt man die spanischen Verben ein in Verben auf _____, _____ und _____.
b) Die Mehrzahl der Verben endet auf _____.

2. *(➠ 2)*
Ergänzen Sie die Sätze bzw. markieren Sie die richtige Alternative.
a) Alle Verbformen werden aus dem Infinitiv abgeleitet und bestehen aus Stamm und _________.
b) Einer Verbform kann man Informationen über _________, _________, _________ und _________ entnehmen.
c) Bei einigen Verben diphthongieren die (stammbetonten / endungsbetonten) Formen.
d) In der Regel braucht man im Spanischen (das Personalpronomen / kein Personalpronomen) zur Bezeichnung der Person.
e) Die Höflichkeitsform wird im Singular durch die Endungen der (2. / 3.) Person Singular ausgedrückt.
f) Zusammengesetzte Zeiten werden mit dem Partizip Perfekt des Verbs und mit den einfachen Zeiten der Hilfsverben (haber / tener) gebildet.
g) Im Spanischen gibt es (wie im Deutschen / anders als im Deutschen) die Modi Indikativ und Imperativ.
h) Im Spanischen gibt es einen Modus mehr als im Deutschen. Wie heißt er? __________

3. *(➠ 3)*
Markieren Sie die richtige Alternative.
a) Im Spanischen gibt es (genauso viele / mehr) Zeiten der Vergangenheit wie / als im Deutschen.
b) Das gerundio hat im Deutschen (eine Entsprechung / keine Entsprechung).

4. *(➠ 4)*
Markieren Sie die richtige Alternative.
a) Neben den aktiven Formen des Verbs gibt es auch die entsprechenden passiven Formen. Das gilt (für das Deutsche und das Spanische / nur für das Spanische).
b) Das Passiv wird im Spanischen mit dem Hilfsverb (ser / haber) gebildet.

15 Der Indikativ Präsens

Bevor Sie sich mit diesem Kapitel beschäftigen, sollten Sie das ➠ Kapitel 10, *Die Personalpronomen* und die ➠ Einführung in *Das Verb und seine Ergänzungen* gelesen haben.

Was Sie vorab wissen sollten

Der Indikativ Präsens (presente de indicativo) wird in der Regel wie im Deutschen gebraucht.

1 Formen

Jede der drei Verbklassen (conjugaciones) hat eigene Endungen für den Indikativ Präsens.

1.1 Die regelmäßigen Verben auf -ar, -er, -ir

Auf Entdeckung

1. Lesen Sie die folgenden Sätze.

¿Me **escuchas**? – Sí, te **escucho**. Continúa hablando. Hörst du mir zu? – Ja, ich höre dir zu. Sprich ruhig weiter.
Él **escucha** con mucha atención. Er hört aufmerksam zu.
Ustedes **escuchan** música tecno y nosotros **escuchamos** pop fusión. Sie hören Tecno und wir hören Pop Fusion.
Mi hermana **aprende** muy rápido. Meine Schwester lernt sehr schnell.
Usted **aprende** francés, ¿verdad? Sie lernen Französisch, nicht wahr?
Nosotros **vivimos** en Madrid, y vosotros, ¿dónde **vivís**? Wir leben in Madrid, und ihr, wo lebt ihr?

2. Vervollständigen Sie die folgende Tabelle mit den entsprechenden Endungen. Versuchen Sie, die Endung und die Betonung zu kennzeichnen. (➠ *Lösungen*)

		escuch-ar hören	aprend-er lernen	viv-ir leben
Singular	1. Person		aprend-o	viv-o
	2. Person		aprend-es	viv-es
	3. Person			viv-e
Plural	1. Person		aprend-emos	
	2. Person	escuch-áis	aprend-éis	
	3. Person		aprend-en	viv-en

Beachten Sie

Zusammenfassend kann man feststellen, dass

- die Endung der 1. Person Singular für alle drei Klassen gleich ist, nämlich -o. hablar sprechen → hablo, leer lesen → leo, escribir schreiben → escribo.
- die Höflichkeitsformen im Singular usted und Plural ustedes grammatikalisch der 3. Person Singular bzw. Plural entsprechen, im Deutschen dagegen nur der 3. Person Plural.
- die Betonung der Verben im Indikativ Präsens auf dem Stamm liegt.

Singularformen:	habl-**o**	le-**es**	escrib-**e**
3. Person Plural:	habl-**an**	le-**en**	escrib-**en**

Eine Ausnahme bilden die Formen der 1. und 2. Person Plural, die auf der Endung betont werden.

1. Person Plural:	habl-**amos**	le-**emos**	escrib-**imos**
2. Person Plural:	habl-**áis**	le-**éis**	escrib-**ís**

Test 1

a) Geben Sie an, um welche Person es sich bei den folgenden Verbformen handelt.

1. llevo tragen
2. trabaja arbeiten
3. lleváis bringen
4. suben einsteigen
5. baila tanzen
6. enseñas lehren
7. escuchan zuhören
8. leemos lesen
9. tomáis nehmen

yo	tú	él / ella / usted	nosotros / nosotras	vosotros / vosotras	ellos / ellas / ustedes

b) Vervollständigen Sie die folgenden Sätze.

1. ¿Cómo te _______________ (tú / llamar)? Wie heißt du?
2. ¿Conoces a mi amiga? Pues nada, te _______________ (yo / presentar) a Julia. Julia, este es Juan. Kennst du meine Freundin? Also, ich stelle dir Julia vor. Julia, das ist Juan.
3. Este verano _______________ (yo / viajar) a las islas Canarias. In diesem Sommer fahre ich auf die Kanarischen Inseln.
4. ¿Con quiénes _______________ (vivir) tus amigos? Mit wem wohnen deine Freunde zusammen?

1.2 Besonderheiten

In diesem Abschnitt werden die wichtigsten regionalen Unterschiede hinsichtlich der Formen des Indikativ Präsens erläutert. (➠ Kapitel 10, *Die Personalpronomen*, 1.1)

1.2.1 2. Person Singular: vos / tú du

Vos (veraltet „euch") wird anstatt der 2. Person Singular tú u. a. in Argentinien, Costa Rica, El Salvador, Guatemala, Honduras, Nicaragua, Paraguay und Uruguay benutzt. Bitte beachten Sie die besonderen Verbformen.

escuchar	vos escuch-**ás**
aprender	vos aprend-**és**
vivir	vos viv-**ís**

Beachten Sie

Wenn Sie die 2. Person Singular vos mit der 2. Person Plural vosotros/as vergleichen, können Sie feststellen, dass vos ähnlich wie vosotros/as konjugiert wird: Bei den Verben auf -ar und -er fällt das -i weg, bei den Verben auf -ir sind die Formen identisch. Auch die Betonung liegt jeweils auf der Endung.

vosotros/as	habl-**áis**	le-**éis**	escrib-**ís**
vos	habl-**ás**	le-**és**	escrib-**ís**

Im Folgenden werden in den Verb-Tabellen nur die Fälle aufgeführt, die von dieser Regel abweichen.

1.2.2 2. Person Plural: ustedes / vosotros ihr

Ustedes wird in Hispanoamerika, in Andalusien und auf den Kanaren anstatt vosotros/as gebraucht. Während jemand aus Madrid fragt: ¿cómo estáis? (wie geht es euch?), würde eine Person aus Bogotá fragen: ¿cómo están? (wie geht es Ihnen / euch?). Dabei geht die Unterscheidung zwischen der Höflichkeitsform und der „ihr"-Form im Plural verloren.

Test 2

a) Geben Sie an, um welche Person es sich bei den folgenden Verbformen handelt.

1. trabajás arbeiten
2. comen essen
3. habla sprechen
4. creéis glauben
5. enseñás lehren
6. escribe schreiben
7. subes einsteigen
8. partís abreisen
9. estudiás lernen
10. escribes schreiben
11. estudias lernen
12. llamáis rufen
13. rompés zerbrechen
14. conocés kennen
15. viven leben

tú	vos	usted	vosotros/as	ustedes

b) Eine Möglichkeit, auf Spanisch einen Vorschlag zu machen, ist die Konstruktion y si + **konjugiertes Verb**:
¿Y si cantamos una canción? Wie wäre es, wenn wir ein Lied singen würden?
Vervollständigen Sie die Tabelle nach dem angegebenen Muster. Verwenden Sie dabei die Stichworte in der ersten Spalte.

	Fragen Sie jemanden, den Sie duzen: tú / vos	Fragen Sie jemanden, den Sie siezen: usted	Fragen Sie mehrere Personen, die Sie duzen oder siezen: vosotros / ustedes
cantar una canción ein Lied singen	¿Y si cantas una canción? ¿Y si cantás una canción?	¿Y si canta usted una canción?	¿Y si cantáis una canción? ¿Y si cantan una canción?
1. mirar la TV fernsehen			
2. comer calamares Calamares essen			
3. abrir la carta ahora den Brief jetzt aufmachen			

1.3 Unregelmäßigkeiten bei der 1. Person Singular

Es gibt eine Reihe von Verben, bei denen nur die 1. Person Singular unregelmäßig ist.

-go **hacer** machen / tun: **hago**, haces, hace, hacemos, hacéis, hacen
poner stellen / setzen / legen: **pongo**, pones, pone, ponemos, ponéis, ponen
salir ausgehen / abfahren: **salgo**, sales, sale, salimos, salís, salen

	Beachten Sie **traer** bringen: **traigo**, traes, trae, traemos, traéis, traen **caer** fallen: **caigo**, caes, cae, caemos, caéis, caen
-oy	**dar** geben: **doy**, das, da, damos, dais, dan **estar** sich befinden: **estoy**, estás, está, estamos, estáis, están
-zco	**nacer** geboren werden: **nazco**, naces, nace, nacemos, nacéis, nacen **conocer** kennen / kennen lernen: **conozco**, conoces, conoce, conocemos, conocéis, conocen **crecer** wachsen: **crezco**, creces, crece, crecemos, crecéis, crecen
	Die meisten Verben, die auf **-acer**, **-ecer**, **-ocer** und **-ucir** enden, werden genauso konjugiert.

Beachten Sie
Die zusammengesetzten Verben weisen die gleichen Unregelmäßigkeiten auf.

conocer	desconocer nicht (er)kennen / (bei Kindern) fremdeln, reconocer erkennen
hacer	deshacer zerlegen / kaputtmachen, rehacer noch einmal tun
poner	deponer absetzen / ablegen, proponer vorschlagen, suponer vermuten

Test 3

a) Geben Sie den Infinitiv der folgenden Verbformen an.

1. dais ______
2. caigo ______
3. hago ______
4. crecéis ______
5. pongo ______
6. conozco ______
7. propones ______
8. traigo ______
9. doy ______
10. estoy ______

b) Konjugieren Sie die in Klammern angegebenen Verben. Das Subjekt ist unterstrichen.

1. Me he comprado <u>este abrigo</u>. ¿Qué te ______ (parecer)? Ich habe diesen Mantel gekauft. Wie findest du ihn?
2. ¿No me ______ (<u>tú</u> / reconocer)? Erkennst du mich nicht?
3. ¡Guille! ¿Dónde ______ (<u>tú</u> / estar)? – ______ (<u>yo</u> / estar) en la cocina. Guille, wo bist du? – Ich bin in der Küche.
4. ¿Me ______ (<u>vosotros</u> / traducir) esta carta, por favor? Übersetzt ihr mir bitte diesen Brief?
5. <u>El país</u> ______ (producir) una gran cantidad de petróleo. Das Land produziert eine große Menge Öl.

1.4 Unregelmäßige Verben (irregularidades propias)

Es gibt einige wichtige Verben, deren Unregelmäßigkeiten sich nicht systematisieren lassen. Hier eine Übersicht.

		decir sagen	**haber** haben / sein	**ir** gehen	**oír** hören	**oler** riechen
Singular	1. Person	digo	he	voy	oigo	huelo
	2. Person	dices	has	vas	oyes	hueles
	3. Person	dice	ha	va	oye	huele
Plural	1. Person	decimos	hemos	vamos	oímos	olemos
	2. Person	decís	habéis	vais	oís	oléis
	3. Person	dicen	han	van	oyen	huelen

		saber wissen	**ser** sein	**tener** haben	**venir** kommen	**ver** sehen
Singular	1. Person	sé	soy	tengo	vengo	veo
	2. Person	sabes	eres	tienes	vienes	ves
	3. Person	sabe	es	tiene	viene	ve
Plural	1. Person	sabemos	somos	tenemos	venimos	vemos
	2. Person	sabéis	sois	tenéis	venís	veis
	3. Person	saben	son	tienen	vienen	ven

Beachten Sie

- Haber wird als Hilfsverb für die Bildung der zusammengesetzten Zeiten gebraucht. (➠ Kapitel 18, *Zusammengesetzte Zeiten der Vergangenheit*)
  He estado enferma hasta hoy. **Ich bin** bis heute krank **gewesen**.
  Außerdem besitzt es eine unpersönliche Form: hay es gibt / ist / sind.
  Hay tres libros sobre la mesa. **Es sind** drei Bücher auf dem Tisch.
- Die Verbformen für das Pronomen vos sind wie in ➠ 1.2 erklärt: tenés, olés, sabés etc. Nur ser sein weist eine unregelmäßige Form auf: sos.
  Sos un sinvergüenza. **Du bist** ein frecher Bengel.
- Die zusammengesetzten Verben weisen die gleichen Unregelmäßigkeiten auf.

tener	contener enthalten, detener festnehmen, retener behalten usw.
venir	convenir vereinbaren, prevenir vorbeugen usw.
decir	contradecir widersprechen, desdecir nicht entsprechen, predecir voraussagen

Test 4

a) Geben Sie an, um welche Person es sich bei den folgenden Verben handelt.

1. son
2. habéis
3. venimos
4. oís
5. ves
6. vienes
7. oléis
8. sé
9. vamos
10. eres
11. digo
12. tengo
13. es
14. ven
15. huele

yo	tú	él / ella / usted	nosotros / nosotras	vosotros / vosotras	ellos / ellas / ustedes

b) Konjugieren Sie die in den Klammern angegebenen Verben.

1. ¿De dónde __________ (tú / ser)? Wo kommst du her?
2. __________ (yo / ser) de la ciudad de Panamá. Ich bin aus Panamá City.
3. ¿__________ (ustedes / venir) conmigo? Kommen Sie mit mir?
4. __________ (yo / ver), __________ (yo / ver)! Ich sehe, was du nicht siehst.
5. Yo no __________ (haber) estado nunca en Venezuela. Ich bin nie in Venezuela gewesen.
6. __________ (ellos / decir) que es un país muy lindo. Sie sagen, es ist ein sehr schönes Land.
7. ¿Me __________ (tú / oír)? Se oye muy mal. Kannst du mich hören? Die Verbindung ist sehr schlecht.
8. ¿Cuántos años __________ (tener) tu hijo? Wie alt ist dein Sohn?
9. __________ (tú / oler) muy bien, ¿qué perfume usas? Du riechst sehr gut, welches Parfüm benutzt du?

1.5 Verben mit Stammvokaländerung

1.5.1 Verben mit Diphthongierung

In allen drei Klassen gibt es jeweils eine Gruppe von Verben, bei denen in den **stammbetonten** Formen – d. h. in den Singular-Formen sowie in der 3. Person Plural – der **Stammvokal** **e** bzw. **o** zu **ie** bzw. **ue** diphthongiert.

Verbklasse	Verb	stammbetonte Formen	endungsbetonte Formen
1. auf -ar	comenzar beginnen	comienzo, comienzas, comienza, comienzan	comenzamos, comenzáis
	contar zählen	cuento, cuentas, cuenta, cuentan	contamos, contáis
2. auf -er	entender verstehen	entiendo, entiendes, entiende, entienden	entendemos, entendéis
	poder können	puedo, puedes, puede, pueden	podemos, podéis
3. auf -ir	preferir vorziehen	prefiero, prefieres, prefiere, prefieren	preferimos, preferís
	dormir schlafen	duermo, duermes, duerme, duermen	dormimos, dormís

Beachten Sie

- Nicht alle Verben, die im Stamm ein e bzw. o enthalten, diphthongieren, z. B.
  comentar kommentieren: comento usw.
  colocar legen: coloco usw.
  Sie müssen also zu jedem neuen Verb dazulernen, ob es eine Diphthongierung aufweist.
- Das Verb jugar spielen ist das einzige mit einer Diphthongierung des Stammvokals u zu ue: juego, juegas, juega, jugamos, jugáis, juegan.
- Bei der 1. und 2. Person Plural bleiben die Stammvokale e bzw. o erhalten. Dies gilt auch für die vos-Form: comenzás, jugás, podés, preferís.
- Weitere Verben mit Diphthongierung: calentar erhitzen, cerrar schließen, doler weh tun, empezar beginnen, mostrar zeigen, pensar denken, poder können, probar (aus)probieren / beweisen, querer wollen / lieben, sonar klingen, soñar träumen, volver zurückkehren usw.
  Die zusammengesetzten Verben weisen die gleichen Veränderungen auf.
  mostrar demostrar beweisen
  probar aprobar genehmigen, comprobar feststellen usw.
  sonar consonar harmonieren, disonar misstönen, resonar ertönen
  volver devolver zurückgeben, revolver rühren usw.
  doler condoler bemitleiden
  Das gilt auch für alle Verben, die auf **-over** enden:
  mover bewegen, conmover erschüttern usw.

- Neben dem Indikativ Präsens weisen auch das presente de subjuntivo und der Imperativ die genannten Diphthongierungen auf. (➠ Kapitel 22, *Das **presente de subjuntivo***, 1.1 und ➠ Kapitel 25, *Der Imperativ*, 1)

Test 5

Ergänzen Sie die Verbformen. Alle hier aufgeführten Verben diphthongieren.

1. ¿Te ____________ (tú / acordarte) de mí? Erinnerst du dich an mich?
2. ¿A qué hora se ____________ (acostar) tus hijos? Wann gehen deine Kinder ins Bett?
3. ¿Qué te parece si ____________ (nosotras / almorzar) juntas? Wie wäre es, wenn wir zusammen Mittag essen würden?
4. Mañana ____________ (vosotras / empezar) a las siete. Morgen fangt ihr um sieben an.
5. El que busca, (él / encontrar) ____________ Wer suchet, der findet.
6. ¿Me ____________ (ustedes / entender)? Verstehen Sie mich?

1.5.2 Verben mit „Vokalschwächung"

Bei einigen Verben auf -ir wird der Stammvokal e in den stammbetonten Formen zu **i**. Im Spanischen nennt man dieses Phänomen debilitación vocálica (wörtlich: Vokalschwächung).

	stammbetonte Formen	endungsbetonte Formen
pedir bitten	pido, pides, pide, piden	pedimos, pedís

Beachten Sie

- Wie bei der Diphthongierung weisen die 1. und 2. Person Plural sowie die vos-Form keine „Vokalschwächung" auf: vos pedís.
- Weitere Verben mit Vokalschwächung: competir konkurrieren, corregir verbessern, elegir wählen, reír lachen, repetir wiederholen, seguir folgen, servir (be)dienen, vestir ankleiden usw.
- Wieder weisen die zusammengesetzten Verben dieselben Änderungen auf:
  reír sonreír lächeln
  seguir conseguir erreichen, perseguir verfolgen, proseguir fortsetzen
  pedir despedirse sich verabschieden, expedir versenden, impedir verhindern

Test 6

Ergänzen Sie die Verbformen. Alle hier aufgeführten Verben weisen eine „Vokalschwächung“ auf.

1. El niño todavía no se _________ (desvestir) solo. Das Kind kann sich noch nicht alleine ausziehen.
2. Tú _________ (freír) las patatas, mientras yo corto la cebolla. Du brätst die Kartoffeln, während ich die Zwiebeln schneide.
3. ¿Os _________ (vosotros / teñir) el pelo? Färbt ihr euch die Haare?
4. ¿_________ (tú / seguir) estudiando medicina? Studierst du weiter Medizin?
5. ¿_________ (tú / repetir) lo que has dicho? Wiederholst du, was du gesagt hast?
6. El niño _________ (reír) con muchas ganas. Das Kind lacht aus vollem Hals.

TIPP

Jedes gute Wörterbuch gibt Aufschluss über die Unregelmäßigkeiten der Verben. Beispiele aus Slaby-Grossmann:
reír [-i-, pres río] Das heißt, das Verb reír lachen hat eine Stammvokaländerung, nämlich e wird zu i, Präsensform río ich lache.
rodar [-ue-] Das heißt, das Verb rodar rollen / drehen hat eine Diphthongierung, nämlich o wird zu ue.
roer [pres roo od royo od roigo] Das heißt, das Verb roer nagen ist unregelmäßig in der 1. Person Präsens, wobei es drei Varianten gibt.

2 Gebrauch

Das Präsens dient dazu, Handlungen oder Zustände der Gegenwart, Gewohnheiten und in bestimmten Fällen sogar Handlungen in der Vergangenheit bzw. Zukunft auszudrücken. Die folgende Tabelle gibt Ihnen einen Überblick über den Gebrauch des Präsens.

1. Für die Gegenwart im weiteren Sinn, z. B. bei sich wiederholenden und gewohnheitsmäßigen Handlungen sowie für allgemeingültige Tatsachen.	Todos los días nado en el lago. Jeden Tag schwimme ich im See. Cuando viene, siempre tomamos un té. Immer wenn sie/er kommt, trinken wir Tee. La tierra es redonda. Die Erde ist rund.
2. Für Inhaltsangaben, auch für Berichte über vergangene	La película trata de un hombre que se llama Leopoldo. Der Film erzählt

	Tatsachen, um der Erzählung eine besondere Lebendigkeit zu verleihen (presente histórico).	von einem Mann namens Leopoldo. Allende muere el 11 de septiembre de 1973. Allende stirbt am 11. September 1973.
3.	Anstelle einer Zeit der Zukunft, wobei die Zeitbestimmung meist erwähnt wird. (➠ Kapitel 32, *Das Adverb*)	Mañana viajamos a Hamburgo. Morgen fahren wir nach Hamburg.
4.	Anstelle des Imperativs.	Cuando salgas a la calle, ¿me compras el periódico? Wenn du raus gehst, kauf mir bitte die Zeitung.
5.	Als Ausdruck einer realen Bedingung.	Si vienes, tomamos un té tranquilamente. Wenn du kommst, trinken wir gemütlich einen Tee.
6.	Um zu fragen, ob man etwas tun soll. Das Verb deber sollen kann in diesem Fall nicht gebraucht werden.	¿Compro el pan? Soll ich das Brot kaufen? ¿Abro la ventana? Soll ich das Fenster aufmachen? ¿Quieres que te llame? Soll ich dich anrufen?

Beachten Sie

Im Spanischen wird die Konstruktion estar + gerundio verwendet für Handlungen, die sich gerade abspielen.
En este momento estoy escribiendo una carta. Im Augenblick schreibe ich einen Brief. (➠ Kapitel 26, *Infinite Verbformen*, 4.5)

Test 7

Lesen Sie die folgenden Sätze und entscheiden Sie, um welchen Gebrauch (siehe Tabelle) es sich jeweils handelt:
a = Gegenwart im weiteren Sinn, b = Inhaltsangaben, c = Zukunft, d = anstelle des Imperativs, e = für reale Bedingungen, f = um zu fragen, ob man etwas tun soll.

1. ¿Le das una manzana al niño? Gibst du dem Kind einen Apfel? ☐
2. En 1945 termina la segunda guerra mundial. 1945 endet der 2. Weltkrieg. ☐
3. Si mañana no llueve, vamos al zoológico. Wenn es morgen nicht regnet, gehen wir in den Zoo. ☐

4. Este verano vamos a Centroamérica. In diesem Sommer fliegen wir nach Mittelamerika. ☐
5. Corro dos veces por semana. Ich jogge zwei Mal in der Woche. ☐
6. Cuando estoy en casa, me siento bien. Immer wenn ich zu Hause bin, fühle ich mich wohl. ☐
7. ¿Qué hacemos ahora? Was sollen wir jetzt tun? ☐

TIPP

Dies sind die wichtigsten Informationen über das Präsens. Wir empfehlen Ihnen, gleich zum ➠ Kapitel 16, *Das **pretérito perfecto simple*** bzw. zum ➠ Kapitel 22, *Das **presente de subjuntivo*** weiter zu gehen und auf die Besonderheiten zu einem späteren Zeitpunkt zurückzukommen.

3 Orthographische bzw. phonetische Besonderheiten

Bei einigen Verben gibt es orthographische Änderungen, die sich aus der Aussprache ableiten. Bevor Sie dieses Kapitel durcharbeiten, sollten Ihnen die ➠ Kapitel 1, *Die Aussprache* und ➠ Kapitel 2, *Die Schreibung* präsent sein.

3.1 Orthographische Besonderheiten

Einige Änderungen in der Schreibweise haben als Ziel, die Aussprache des Verbstamms zu bewahren bzw. einen Hiatus zu vermeiden.

3.1.1 Veränderungen bei der 1., 2., 3. Person Singular und 3. Person Plural

Bei Verben auf -uir wird vor a, e und o ein y eingefügt, um einen Hiatus zu vermeiden. Das gilt auch für andere Modi. (➠ Kapitel 22, *Das **presente de subjuntivo***)

Verben, die auf -uir enden	-y-	**huir** fliehen: **huyo**, **huyes**, **huye**, huimos, huís, **huyen** Weitere Verben: concluir ableiten, construir bauen, destruir zerstören, disminuir vermindern usw.

3.1.2 Orthographische Veränderungen bei der 1. Person Singular

Bei den Verben auf -ger und -gir wird das g vor a und o zu j. Das gilt auch für das presente de subjuntivo.

Verben, die auf -ger und -gir enden	-jo	**proteger** beschützen: **protejo**, proteges, protege, protegemos, protegéis, protegen **dirigir** leiten: **dirijo**, diriges, dirige, dirigimos, dirigís, dirigen

Bei den Verben auf -guir wird das gu vor a und o zu g. Das gilt auch für alle Formen des presente de subjuntivo.

Verben, die auf -guir enden	-go	**seguir** fortsetzen: **sigo**, sigues, sigue, seguimos, seguís, siguen

Bei den Verben auf -cer bzw. auf -cir wird das c vor a und o zu z.

Verben, die auf -cer enden nach Konsonanten	-zo	**vencer** (be)siegen: **venzo**, vences, vence, vencemos, vencéis, vencen Weitere Verben: convencer überzeugen, ejercer ausüben, mecer wiegen usw.

Beachten Sie

Diese orthographischen Besonderheiten werden durch die in 1.5.1 und 1.5.2 genannten Besonderheiten „überlagert". Hier einige Beispiele:
corregir verbessern → corrijo, elegir wählen → elijo, regir regieren → rijo, conseguir erreichen → consigo, perseguir verfolgen → persigo, proseguir fortsetzen → prosigo, cocer kochen → cuezo etc.

Test 8

a) Welches ist der Infinitiv der folgenden Verbformen? Die Bedeutung der Verben können Sie der obigen Tabelle entnehmen.

1. cuezo ____________
2. elijo ____________
3. sigo ____________
4. consigues ____________
5. corrijo ____________
6. concluyo ____________
7. prosigue ____________
8. destruye ____________
9. disminuyo ____________
10. venzo ____________

b) Bilden Sie die 1. Person Singular und die 1. Person Plural der folgenden Verben.

1. distinguir unterscheiden ____________ ____________
2. convencer überzeugen ____________ ____________
3. corregir verbessern ____________ ____________
4. construir bauen ____________ ____________

3.2 Phonetische Besonderheiten: Verben auf -iar, -uar

Je nachdem ob das -i- bzw. das -u- in den stammbetonten Formen einen Hiatus oder einen Diphthong mit dem Vokal der Endung bildet, wird es betont oder nicht. (➠ Anhang, *Verbformen*, 2.1.8)

3.2.1 Hiatus

Bei diesen Verben bildet das -i- bzw. -u- in der 1., 2., 3. Person Singular und in der 3. Plural mit dem Vokal der Endung einen Hiatus, d.h. es wird betont und trägt einen grafischen Akzent.
desviar umleiten: **desvío, desvías, desvía**, desviamos, desviáis, **desvían**
actuar handeln: **actúo, actúas, actúa**, actuamos, actuáis, **actúan**

Weitere Verben: acentuar betonen, ampliar erweitern, confiar vertrauen, continuar fortsetzen, criar aufziehen, desafiar herausfordern, efectuar bewirken, enfriar abkühlen, enviar schicken, esquiar Ski fahren, exceptuar ausnehmen, fiar bürgen, guiar führen, habituar gewöhnen, situar stellen, variar variieren etc.

3.2.2 Diphthong

Bei diesen Verben bildet das -i- bzw. -u- in der 1., 2., 3. Person Singular und in der 3. Plural mit dem Vokal der Endung einen Diphthong und wird daher nicht betont.
estudiar studieren: estudio, estudias, estudia, estudiamos, estudiáis, estudian
santiguar bekreuzigen: santiguo, santiguas, santigua, santiguamos, santiguáis, santiguan

Weitere Verben: anunciar ankündigen, averiguar ermitteln, cambiar wechseln / ändern, desaguar entwässern, envidiar beneiden, limpiar reinigen, pronunciar aussprechen etc.

Test 9

Konjugieren Sie die folgenden Verben.

1. confiar vertrauen ____________________
2. esquiar Ski fahren ____________________
3. limpiar sauber machen ____________________
4. continuar fortsetzen ____________________
5. averiguar ermitteln ____________________

Auf den Punkt gebracht

1. *(➡ 1.1)*

1.1 Markieren Sie die richtige Alternative bzw. ergänzen Sie die Übersetzungen.

a) Die 1. Person Singular lautet: hablar sprechen → ______, leer lesen → ______, escribir schreiben → ______.

b) Die 1., 2. und 3. Person Singular sowie die 3. Person Plural, z. B. escuch-o, escuch-as, escuch-a, escuch-an, aprend-o, aprend-es, aprend-e, aprend-en usw. tragen die Betonung auf (dem Stamm / der Endung).

c) Die 1. und 2. Person Plural escuch-amos, escuch-áis, aprend-emos, aprend-éis usw. tragen die Betonung auf (dem Stamm / der Endung).

1.2 Um welche Person handelt es sich? Ergänzen Sie die entsprechende Form in der Übersetzung.

a) Vivimos en Buenos Aires. __________ (leben) in Buenos Aires.

b) Se llama Antonio. __________ (heißen) Antonio.

c) ¿Qué estudian? Was __________ (studieren)?

d) ¿Habláis castellano? __________ (sprechen) Spanisch?

e) Trabajo en el Departamento de Idiomas. __________ (arbeiten) im Sprachenzentrum.

2. *(➡ 1.3)*

Ordnen Sie die folgenden Verben in die richtige Spalte ein.

a) salir ausgehen
b) ofrecer anbieten
c) estar sich befinden
d) dar geben
e) parecer scheinen
f) caer fallen

1. Person Singular → -oy	1. Person Singular → -go	1. Person Singular → -zco

3. *(➡ 1.4)*

Ergänzen Sie die richtige Verbform.

a) __________ (ser) Paula y Guillermo. Das sind Paula und Guillermo.

b) ¿__________ (tú / ir) al cine mañana? Gehst du morgen ins Kino?

c) ¿Cómo me __________ (yo / ver)? Wie sehe ich aus?

d) ¿Cuántos años __________ (tener) tu marido? Wie alt ist dein Mann?

e) Nos __________ (nosotros / ver) mañana. Wir sehen uns morgen.

f) No te __________ (yo / oír), ¿podrías hablar más alto? Ich höre dich nicht, könntest du lauter sprechen?

4. (➠ 1.5)
Ordnen Sie die folgenden diphthongierenden Verben dem jeweiligen Typ zu.

a) almorzar
b) dormir
c) empezar
d) pensar
e) poder
f) querer
g) reír
h) repetir
i) servir

-e- → -ie-	-o- → -ue-	-e- → -i-

5. (➠ 2)
Kreuzen Sie an, welche Aussage zutrifft und welche nicht.

Das Präsens wird gebraucht,	ja	nein
a) um Zukünftiges auszudrücken.	☐	☐
b) anstelle des Imperativs.	☐	☐
c) um reale Bedingungen auszudrücken.	☐	☐
d) um Vergangenes lebendiger auszudrücken.	☐	☐

6. (➠ 3.1)
Sind die folgenden Aussagen richtig oder falsch?

	ja	nein
a) Bei Verben, die auf -uir enden, wie z. B. construir bauen, wird in allen Formen des Indikativ Präsens das -i- durch -y- ersetzt: construyo etc.	☐	☐
b) Verben, die auf -gir enden, wie z. B. elegir wählen, behalten in allen Formen des Indikativ Präsens das -j-: elijo etc.	☐	☐

7. (➠ 3.2)
Wie lauten die Präsens-Formen der folgenden Verben?

a) continuar fortsetzen: ________________________________

b) enviar schicken: ________________________________

Was Sie vorab wissen sollten

- Das pretérito perfecto simple oder pretérito indefinido ist eine Zeit der Vergangenheit. Es stellt, zusammen mit dem imperfecto (➠ Kapitel 17, *Das **pretérito imperfecto***), die wichtigste Erzählzeit dar. Eine zusammenfassende Betrachtung der Vergangenheitszeiten im Spanischen finden Sie in ➠ Kapitel 19, *Der Gebrauch der Vergangenheitszeiten* (*Indikativ*).
- Wie Sie bereits aus der Einführung erfahren haben, gibt es im Deutschen keine genaue Entsprechung für das pretérito perfecto simple, da sich die beiden deutschen Vergangenheitszeiten Perfekt (ich habe gesungen) und Präteritum (ich sang) nicht durch die gleichen Aspekte wie im Spanischen unterscheiden. (➠ Einführung in *Das Verb und seine Ergänzungen*, 3)
- Grundsätzlich kann man sagen, dass das pretérito perfecto simple für vergangene Handlungen und Ereignisse verwendet wird, die in einem für den Sprecher abgeschlossenen Zeitraum stattgefunden haben.
  Ayer hice la compra. Gestern kaufte ich ein.
  Anteayer llovió. Vorgestern regnete es.

1 Formen

1.1 Regelmäßige Formen

Auf Entdeckung

1. Lesen Sie die folgenden Sätze.

Ayer mi hermana **conoció** a tus hijos. Gestern hat meine Schwester deine Kinder kennen gelernt.
Escribí un libro hace muchos años. Ich schrieb vor vielen Jahren ein Buch.
¿Cuándo **viajaste** a Bolivia? Wann bist du nach Bolivien gereist?
El año pasado **viajamos** a Sicilia. Im vorigen Jahr reisten wir nach Sizilien.
Os conocisteis en la editorial, ¿no? Ihr habt euch im Verlag kennen gelernt, oder?
El año pasado (ellos) se **escribieron** con regularidad. Im letzten Jahr haben sie sich regelmäßig geschrieben.

2. Ergänzen Sie nun die Endungen in der folgenden Tabelle. Damit erhalten Sie einen Überblick über die regelmäßigen Formen des pretérito perfecto simple in allen drei Verbklassen. (➠ *Lösungen*)

		viaj-ar reisen	**conoc-er** kennen (lernen)	**escrib-ir** schreiben
Singular	1. Person	viaj-é	conoc-___	escrib-___
	2. Person	viaj-___	conoc-iste	escrib-___
	3. Person	viaj-ó	conoc-___	escrib-___
Plural	1. Person	viaj-___	conoc-imos	escrib-___
	2. Person	viaj-asteis	conoc-___	escrib-___
	3. Person	viaj-aron	conoc-___	escrib-___

3. Versuchen Sie nun, die Betonung zu kennzeichnen. (➠ *Lösungen*)

Beachten Sie

- Die Betonung der 1. und 3. Person Singular liegt auf der Endung: viajé, viajó; conocí, conoció; escribí, escribió
- Die zweite und dritte Klasse von Verben haben die gleichen Endungen: -í, -iste, -ió, -imos, -isteis, -ieron.
- Die 1. Person Plural des Indikativ Präsens und des pretérito perfecto simple der Verben auf -ar haben die gleiche Form.
  Trabajamos todo el día. Wir arbeiten den ganzen Tag. / Wir haben den ganzen Tag gearbeitet.

Test 1

a) Trennen Sie bei den folgenden Verben die Endung vom Stamm, z. B. llev-é ich trug.

1. bailamos wir tanzten ________
2. llamaste du riefst ________
3. barrí ich kehrte ________
4. escribió er/sie schrieb ________
5. hablaron sie sprachen ________
6. echasteis ihr warft ________

b) Setzen Sie die folgenden Verben in allen Personen ins pretérito perfecto simple. Kennzeichnen Sie jeweils die Betonung.

1. preguntar fragen

____

2. comer essen

____

3. vivir leben

____

c) Setzen Sie die Verben in Klammern in der angegebenen Person ins pretérito perfecto simple.

1. ¿Qué canción ______________ (tú / practicar) la última clase? Welches Lied hast du in der letzten Unterrichtsstunde geübt?
2. ¿A quiénes te ______________ (ellos / presentar) ayer en la inauguración? Wer wurde dir gestern bei der Eröffnung vorgestellt?
3. ¿Cuánto ______________ (vosotros / perder) el año pasado en las acciones? Wie viel habt ihr letztes Jahr mit euren Aktien verloren?
4. Tengo un dolor de cabeza, ¿qué ______________ (nosotros / beber) anoche en la fiesta? Ich habe schreckliche Kopfschmerzen, was haben wir gestern auf der Fete getrunken?
5. Cuando ______________ (yo / volver) del viaje, me ______________ (yo / enterar) de la noticia. Als ich von der Reise zurückkehrte, erfuhr ich die Nachricht.

1.2 Unregelmäßige Verben

Es gibt eine Reihe von Verben, deren Formen im pretérito perfecto simple unregelmäßig sind. Bitte beachten Sie, dass bei diesen Verben die Betonung der 1. und 3. Person Singular immer auf den Stamm fällt, im Gegensatz zu den regelmäßigen Formen. Dadurch entfällt der Akzent.

Regelmäßiges Verb:	Yo cant<u>é</u> óperas. Ich sang Opern.
	Ella viv<u>ió</u> en Madrid. Sie wohnte in Madrid.
Unregelmäßiges Verb:	Yo t<u>u</u>ve un sueño raro. Ich hatte einen seltsamen Traum.
	Él est<u>u</u>vo en Barcelona. Er war in Barcelona.

1.2.1 Veränderungen des Stammvokals bzw. Stammkonsonanten

Einige Verben verändern im pretérito perfecto simple ihren Stammvokal, andere Verben einen Stammkonsonanten und wieder andere Verben beides.

a) Stammvokal

-e- → -i-	**venir** kommen: vine, viniste, vino, vinimos, vinisteis, vinieron
-a- → -i-	**hacer** machen: hice, hiciste, hizo, hicimos, hicisteis, hicieron
-o- → -u-	**poder** können: pude, pudiste, pudo, pudimos, pudisteis, pudieron

b) Stammkonsonant

-c- → -j-	**seducir** verführen: seduje, sedujiste, sedujo, sedujimos, sedujisteis, sedujeron

c) Stammvokal + Stammkonsonant

-ab- → -up-	**caber** (hinein)passen: cupe, cupiste, cupo, cupimos, cupisteis, cupieron
	saber wissen: supe, supiste, supo, supimos, supisteis, supieron
-er- → -is-	**querer** wollen / lieben: quise, quisiste, quiso, quisimos, quisisteis, quisieron

Beachten Sie
Es gibt einige Verben, bei denen in allen Formen ein -uv- zwischen Stamm und Endung tritt.

-uv-	**andar** gehen: anduve, anduviste, anduvo, anduvimos, anduvisteis, anduvieron **estar** sein / sich befinden: estuve, estuviste, estuvo, estuvimos, estuvisteis, estuvieron

1.2.2 Sonderformen

Viele der gebräuchlichsten Verben sind unregelmäßig.

dar geben: di, diste, dio, dimos, disteis, dieron
decir sagen: dije, dijiste, dijo, dijimos, dijisteis, dijeron
haber haben: hube, hubiste, hubo, hubimos, hubisteis, hubieron
poner legen, stellen: puse, pusiste, puso, pusimos, pusisteis, pusieron
ser / ir sein / gehen: fui, fuiste, fue, fuimos, fuisteis, fueron
tener haben / besitzen: tuve, tuviste, tuvo, tuvimos, tuvisteis, tuvieron
traer bringen: traje, trajiste, trajo, trajimos, trajisteis, trajeron
ver sehen: vi, viste, vio, vimos, visteis, vieron

Beachten Sie

- Die zusammengesetzten Verben weisen die gleichen Unregelmäßigkeiten auf, z. B.:

venir	prevenir vorbeugen: previne, previniste, previno …
hacer	rehacer wieder machen: rehice, rehiciste, rehizo …
decir	predecir voraussagen: predije, predijiste, predijo …
poner	proponer vorschlagen: propuse, propusiste, propuso …
tener	retener behalten: retuve, retuviste, retuvo …
traer	atraer anziehen: atraje, atrajiste, atrajo …
ver	prever voraussehen: preví, previste, previó …

- Die vos-Formen (2. Person Singular) sind jeweils mit den tú-Formen identisch, z. B. tú/vos trabajaste, tú/vos comiste, tú/vos escribiste.

Test 2

a) Geben Sie an, um welche Person es sich bei den folgenden Verbformen handelt. Die Bedeutung der Verben können Sie den Tabellen von ➠ 1.2 entnehmen.

1. di
2. dijiste
3. estuvimos
4. hizo
5. pudieron
6. quisiste
7. fuisteis
8. vinimos
9. tuvieron
10. fui
11. quise
12. pudo

yo	tú	él / ella / usted	nosotros / nosotras	vosotros / vosotras	ellos / ellas / ustedes

b) Unterstreichen Sie nun die betonten Silben.

c) Setzen Sie die Verben in Klammern in der angegebenen Person ins pretérito perfecto simple.

1. María ____________ (decir) que vendría mañana. María sagte, dass sie morgen kommen würde.
2. Ayer Guillermo no ____________ (hacer) las compras. Gestern hat Guillermo nicht eingekauft.
3. Anteayer ____________ (yo / ir) al cine con Marianela. Vorgestern ging ich mit Marianela ins Kino.
4. No ____________ (yo / querer) llamarte ayer, porque era muy tarde. Ich wollte dich nicht anrufen, weil es schon spät war.
5. Cuando estuvisteis en Figueres, ¿____________ (vosotros / ir) al museo Dalí? Seid ihr ins Dalí-Museum gegangen, als ihr in Figueres wart?

1.3 Besonderheiten

1.3.1 Stammvokaländerung: Unregelmäßigkeiten in der 3. Person

Einige Verben auf -ir weisen nur in der 3. Person Singular und Plural eine Unregelmäßigkeit auf: Im pretérito perfecto simple wird aus dem Stammvokal -e- → -i- bzw. aus dem -o- → -u-.

-e- → -i-	**seguir** folgen: seguí, seguiste, **siguió**, seguimos, seguisteis, **siguieron** **Weitere Verben** convertirse sich verwandeln, despedirse sich verabschieden, elegir wählen, mentir lügen, pedir bitten, preferir vorziehen, reír lachen, repetir wiederholen, sentir bedauern, sentirse sich fühlen, servir bedienen, vestirse sich anziehen etc.
-o- → -u-	**dormir** schlafen: dormí, dormiste, **durmió**, dormimos, dormisteis, **durmieron** **Weiteres Verb** morir sterben

Test 3

Setzen Sie die folgenden Verben in allen Personen ins pretérito perfecto simple. Kennzeichnen Sie jeweils die Betonung.

1. pedir bitten ______________________
2. reír lachen ______________________
3. morir sterben ______________________

1.3.2 Orthographische Veränderungen in der 1. Person Singular

Einige Verben der ersten Klasse weisen, z. T. aus phonetischen Gründen, eine orthographische Veränderung in der 1. Person Singular auf.

Verben auf -zar	**-zar → -cé**	**comenzar** beginnen: **comencé**, comenzaste, comenzó, comenzamos, comenzasteis, comenzaron **Weitere Verben** almorzar zu Mittag essen, cruzar überqueren, empezar beginnen etc.
Verben auf -car	**-car → -qué**	**buscar** suchen: **busqué**, buscaste, buscó, buscamos, buscasteis, buscaron **Weitere Verben** equivocar verfehlen, explicar erklären, practicar üben, sacar herausholen etc.

Verben auf -gar	**-gar → -gué**	**llegar** ankommen: **llegué**, llegaste, llegó, llegamos, llegasteis, llegaron **Weitere Verben** jugar spielen, negar verneinen, pagar bezahlen etc.
Verben auf -guar	**-guar → -güé**	**averiguar** ermitteln: **averigüé**, averiguaste, averiguó, averiguamos, averiguasteis, averiguaron **Weitere Verben** apaciguar beruhigen, santiguar bekreuzigen etc.

1.3.3 Orthographische Veränderungen in der 3. Person
Bei einigen wenigen Verben der zweiten und dritten Klasse verändert sich in der 3. Person Singular und Plural die Schreibung.

-i- → -y-	**creer** glauben: creí, creíste, **creyó**, creímos, creísteis, **creyeron** **huir** fliehen: huí, huiste, **huyó**, huimos, huisteis, **huyeron** **Weitere Verben** atribuir zuschreiben, caer fallen, construir bauen, contribuir beitragen, leer lesen, oír hören etc.

Test 4

Setzen Sie die Verben in Klammern in der angegebenen Person ins pretérito perfecto simple.

1. En la cena de anoche me ____________ (yo / tragar) un bocado muy rápido y me atraganté. ¡Qué papelón! Beim gestrigen Abendessen aß ich zu schnell und verschluckte mich. Wie peinlich!
2. No me ____________ (él / creer) hasta que llamaron. Er hat mir nicht geglaubt, bis sie anriefen.
3. En la conferencia de la semana pasada ____________ (yo / bostezar) sin pausa. Auf dem Vortrag letzte Woche gähnte ich ununterbrochen.
4. La fiesta del martes pasado la ____________ (organizar) yo. Die Fete am letzten Dienstag habe ich organisiert.
5. Ya te lo ____________ (yo / explicar) ayer. Ich habe es dir gestern schon erklärt.

2 Gebrauch

Das pretérito perfecto simple wird vor allem in Berichten, Erzählungen und zusammenhängenden Schilderungen gebraucht. Es ist die eigentliche Erzählzeit, d. h. es lässt eine „Geschichte" fortschreiten. Die Handlungen bzw. Ereignisse folgen in einer abgeschlossenen Zeit aufeinander.

Das pretérito perfecto simple wird daher in der Regel für Handlungen und Ereignisse gebraucht, die nur einmalig stattfanden. Die Funktion des pretérito perfecto simple ist es zu informieren und zu erzählen.

Cuando **estuve** de vacaciones en Salzburgo, **fui** al monte de los Capuchinos. Un domingo **subí** el Unterberg y ese mismo día **conocí** a una chica a la que, como a mí, también le gustaba caminar. Als ich in Salzburg Urlaub machte, ging ich zum Kapuzinerberg. An einem Sonntag stieg ich auf den Unterberg und am gleichen Tag lernte ich eine Frau kennen, die wie ich gern wanderte.

Die Einmaligkeit bzw. Abgeschlossenheit des Geschehens wird durch bestimmte Adverbien oder Adverbialbestimmungen ausgedrückt, die oft im Zusammenhang mit dem pretérito perfecto simple verwendet werden, z. B. ayer gestern, una vez einmal, el verano pasado vergangenen Sommer, el año pasado letztes Jahr, en Navidad zu Weihnachten, el lunes de la semana pasada am Montag der vergangenen Woche, el mes pasado im letzten Monat etc.

El año pasado no **fui** a esquiar porque no había nieve. Im letzten Jahr ging ich nicht Ski fahren, weil es keinen Schnee gab.
Ayer me **encontré** con Antonio. Gestern traf ich mich mit Antonio.
En 1989 **cayó** el muro de Berlín. 1989 fiel die Berliner Mauer.

Test 5

Setzen Sie die in Klammern angegebenen Verben ins pretérito perfecto simple.

1. Salvador Dalí ________ (nacer) el 11 de mayo de 1904 en Figueres. Salvador Dalí wurde am 11. Mai 1904 in Figueres geboren.
2. En 1922 ________ (ir) a estudiar a Madrid. 1922 ging er zum Studium nach Madrid.
3. Allí ________ (ingresar) en la «Residencia de estudiantes». Dort lebte er in der „Residencia de estudiantes".
4. Durante este tiempo Dalí se ________ (hacer) amigo de un grupo de artistas españoles; entre ellos el cineasta Luis Buñuel. In dieser Zeit freundete sich Dalí mit einigen spanischen Künstlern an, unter ihnen der Regisseur Luis Buñuel.

5. ________ (colaborar) con Luis Buñuel en la película «Un perro andaluz», cuya realización ________ (resultar) muy importante para el cine surrealista. Er drehte mit Luis Buñuel den Film „Ein andalusischer Hund", der sehr wichtig für das surrealistische Kino wurde.
6. En 1936 algunos artistas surrealistas ________ (acusar) a Dalí de fascita. 1936 wurde Dalí von einigen Surrealisten beschuldigt, ein Faschist zu sein.
7. El 23 de enero de 1989 ________ (morir) dejando casi toda su obra al Estado español. Am 23. Januar 1989 starb Dalí und hinterließ fast sein gesamtes Werk dem spanischen Staat.

TIPP

Dies sind die wichtigsten Informationen zum pretérito perfecto simple. Wenn Sie noch Anfänger sind, empfehlen wir Ihnen, zunächst die ➡ Kapitel 17, *Das **pretérito imperfecto*** und ➡ Kapitel 18, *Zusammengesetzte Zeiten der Vergangenheit (Indikativ)* durchzuarbeiten. Bevor Sie sich aber mit ➡ Kapitel 19, *Der Gebrauch der Vergangenheitszeiten (Indikativ)* befassen, sollten Sie den nächsten Abschnitt lesen.

3 Weiterer Gebrauch des *pretérito perfecto simple*

- Das pretérito perfecto simple wird gebraucht, um Anfang und Ende oder eine begrenzte Dauer einer Handlung auszudrücken.
  Estuve en el centro desde las nueve de la mañana. Ich war seit neun Uhr morgens in der Stadt.
  Viví tres años en Colombia. Ich lebte drei Jahre in Kolumbien.
- Es wird außerdem für aufeinander folgende Handlungen benutzt.
  Cerré la puerta y **apagué** la luz. Ich habe die Tür geschlossen und das Licht ausgemacht.
  Llegué a las nueve, **tomé** un baño y me **fui** a la cama. Ich kam um neun Uhr an, ich nahm ein Bad und ging ins Bett.
- Es wird des Weiteren verwendet für Handlungen, die eintreten, während andere gerade stattfinden. Letztere stehen dabei in der Regel im imperfecto. (➡ Kapitel 17, *Das **pretérito imperfecto***, ➡ Kapitel 19, *Der Gebrauch der Vergangenheitszeiten*)
  Estaba trabajando en casa cuando **llegó** visita. Ich arbeitete gerade zu Hause, als Besuch kam.
  Cuando iba al trabajo, me **encontré** con Mariana. Als ich auf dem Weg zur Arbeit war, habe ich Mariana getroffen.

Test 6

Setzen Sie die Verben in Klammern in der angegebenen Person ins pretérito perfecto simple. Geben Sie an, um welchen Gebrauch es sich handelt.

1. Ayer ___________ (nosotros / ir) a la manifestación, Marisa ___________ (quedarse) una hora y ___________ (ella / volverse) a casa muerta de frío. Gestern gingen wir zur Demonstration, Marisa blieb eine Stunde und kam durchgefroren nach Hause zurück.
2. La manifestación ___________ (durar) desde las diez hasta las tres de la tarde. Die Demo dauerte von zehn bis drei Uhr nachmittags.
3. ___________ (yo / estar) en el centro hasta las cinco de la tarde. Ich war bis fünf Uhr abends in der Stadt.
4. Cuando estaba en la manifestación, me ___________ (encontrar) con amigos. Als ich auf der Demo war, habe ich Freunde getroffen.

Auf den Punkt gebracht

1. *(➠ 1.1)*

Tragen Sie die regelmäßigen Endungen des pretérito perfecto simple in die folgende Tabelle ein.

		Verben auf -ar	Verben auf -er/-ir
Singular	1. Person	___________	___________
	2. Person	___________	___________
	3. Person	___________	___________
Plural	1. Person	___________	___________
	2. Person	___________	___________
	3. Person	___________	___________

2. *(➠ 1.2.1)*

Setzen Sie die folgenden Verben in allen Personen ins pretérito perfecto simple.

a) venir kommen ___________
b) hacer machen ___________
c) poder können ___________
d) querer wollen ___________
e) estar sich befinden ___________

3. *(➠ 1.2.2)*
Setzen Sie die folgenden Verben in allen Personen ins pretérito perfecto simple.
a) dar geben ____________________
b) predecir voraussagen ____________________
c) proponer vorschlagen ____________________
d) ser / ir sein / gehen ____________________
e) obtener bekommen ____________________

4. *(➠ 1.3.2)*
Wie lautet das pretérito perfecto simple der 1. Person Singular der folgenden Verben?
a) empezar beginnen __________
b) explicar erklären __________
c) jugar spielen __________
d) averiguar ermitteln __________

5. *(➠ 1.3.1, 1.3.3)*
Wie lautet das pretérito perfecto simple der 3. Person Singular und Plural der folgenden Verben?
a) repetir wiederholen __________ __________
b) dormir schlafen __________ __________
c) leer lesen __________ __________

6. *(➠ 2, ➠ 3)*
Markieren Sie die richtigen Aussagen.
a) Das pretérito perfecto simple wird für aufeinander folgende abgeschlossene Handlungen (verwendet / nicht verwendet).
b) Das pretérito perfecto simple wird oft mit Adverbialbestimmungen gebraucht, die einen (abgeschlossenen / nicht abgeschlossenen) Zeitraum bezeichnen.
c) (Estuve / Estoy) en casa hasta la tarde. Ich war bis zum Nachmittag zu Hause.

Bevor Sie dieses Kapitel durcharbeiten, sollten Sie ➠ Kapitel 16, *Das **pretérito perfecto simple*** gelesen haben.

Was Sie vorab wissen sollten

Obwohl es auch im Deutschen ein Präteritum gibt, unterscheidet sich der Gebrauch vom spanischen pretérito imperfecto. (➠ Einführung in *Das Verb und seine Ergänzungen*, 3; ➠ Kapitel 19, *Der Gebrauch der Vergangenheitszeiten [Indikativ]*)

1 Formen

1.1 Regelmäßige Formen

Auf Entdeckung

1. Lesen Sie die folgenden Sätze.

Hablaba constantemente. Er/Sie sprach ununterbrochen.
Con ese profesor no **aprendíamos** mucho. Bei diesem Lehrer lernten wir nicht viel.
¿**Vivíais** en casa de vuestros padres? Habt ihr bei euren Eltern gewohnt?
¿**Hablabas** conmigo? Hast du mit mir gesprochen?
Hablaban varias lenguas. Sie sprachen mehrere Sprachen.
(Yo) **vivía** entonces con mi amiga. Ich wohnte damals mit meiner Freundin zusammen.

2. Ergänzen Sie nun in der Tabelle die fehlenden Formen des pretérito imperfecto und kennzeichnen Sie den betonten Vokal. (➠ *Lösungen*)

		habl-ar sprechen	**aprend-er** lernen	**viv-ir** leben
Singular	1. Person		aprend-ía	
	2. Person	habl-abas	aprend-ías	viv-ías
	3. Person		aprend-ía	viv-ía
Plural	1. Person	habl-ábamos		viv-íamos
	2. Person	habl-abais	aprend-íais	
	3. Person		aprend-ían	viv-ían

Das pretérito imperfecto

Beachten Sie

- Der „Stamm“ des pretérito imperfecto hat nur zwei Endungen, nämlich -aba- für die erste Konjugation und -ía- für die zweite und dritte Konjugation.
- Die Betonung im pretérito imperfecto liegt auf der vorletzten Silbe. Eine Ausnahme bildet die 1. Person Plural, die auf der drittletzten Silbe betont wird.

Test 1

a) Ordnen Sie die folgenden konjugierten Verben der jeweiligen Verbklasse zu. Schreiben Sie den Infinitiv – falls Sie ihn kennen – in die entsprechende Spalte.

1. caminabas du liefst
2. quería er/sie wollte
3. llovía es regnete
4. vivíamos wir lebten
5. estudiábais ihr studiertet
6. nevaba es schneite

Verben auf -ar	Verben auf -er bzw. -ir

b) Setzen Sie die in Klammern angegebenen Verben im pretérito imperfecto ein.

1. Antes mi abuela no ____________ (saber) conducir, pero ahora tiene carnet de conducir. Früher konnte meine Oma nicht Auto fahren, aber jetzt hat sie den Führerschein.
2. Antes vosotras ____________ (tener) mucho estrés, pero ahora vivís más relajadas. Früher hattet ihr viel Stress, aber heute lebt ihr entspannter.
3. Antes ____________ (yo / gastar) todo lo que tenía, ahora soy más cuidadosa. Früher gab ich alles aus, was ich hatte, heute bin ich vorsichtiger.
4. Antes mis hijos ____________ (querer) aprender a escalar, ahora ya no les interesa. Früher wollten meine Söhne klettern lernen, jetzt interessieren sie sich nicht mehr dafür.

1.2 Die unregelmäßigen Formen

Nur drei Verben haben unregelmäßige imperfecto-Formen: ser sein, ir gehen und ver sehen.

		ser sein	ir gehen	ver sehen
Singular	1. Person	era	iba	veía
	2. Person	eras	ibas	veías
	3. Person	era	iba	veía
Plural	1. Person	éramos	íbamos	veíamos
	2. Person	erais	ibais	veíais
	3. Person	eran	iban	veían

Test 2

Setzen Sie die in Klammern angegebenen Verben im pretérito imperfecto ein.

1. Estaba tan oscuro, que no ____________ (yo / ver) nada. Es war so dunkel, dass ich nichts sah.
2. No sabía exactamente cuándo fue, ____________ (ser) un viernes por la tarde, eso sí lo sabía. Er/Sie wusste nicht genau, wann es gewesen war, es war auf jeden Fall an einem Freitag Nachmittag.
3. Cuando ____________ (nosotros / ir) a la universidad, empezó a llover. Als wir unterwegs zur Universität waren, fing es an zu regnen.
4. Cuando ____________ (nosotras / ser) chicas, ____________ (vivir) en el campo. Als wir Kinder waren, lebten wir auf dem Land.
5. ____________ (ellos / ir) por la carretera cuando de repente se cruzó un ciervo. Sie fuhren über die Landstraße, als plötzlich ein Reh über den Weg lief.

Beachten Sie

Die vos-Formen (2. Person Singular) sind jeweils mit den tú-Formen identisch, z. B. tú/vos trabajabas, tú/vos comías, tú/vos escribías.

Das gilt auch für die unregelmäßigen Formen, z. B. tú/vos eras, tú/vos ibas, tú/vos veías.

2 Gebrauch

Das pretérito imperfecto wird häufig in Verbindung mit den anderen Zeiten der Vergangenheit, vor allem mit dem pretérito perfecto simple und dem pretérito perfecto compuesto, gebraucht. Es kann aber auch unabhängig von diesen Zeiten oder anstatt anderer Zeiten verwendet werden, z. B. anstatt des Präsens oder des condicional (➠ 2.2).

2.1 Das pretérito imperfecto als Zeit der Vergangenheit

2.1.1 Das pretérito imperfecto für Beschreibungen

Das pretérito imperfecto wird für Beschreibungen verwendet, z. B. von Landschaften, Wettererscheinungen, Jahreszeiten, Eigenschaften von Gegenständen oder Personen, Situationen, außerdem zur Angabe der Uhrzeit, des Datums etc.
Era un hombre muy guapo, **era** alto y **tenía** el cabello oscuro. Er war ein gut aussehender Mann, er war groß und hatte schwarze Haare.
Eran las ocho de la mañana cuando llegó. Es war acht Uhr morgens, als er/sie ankam.

Test 3

Beschreiben Sie Ihre Stadt, wie sie früher war. Setzen Sie die imperfecto-Formen der in Klammern angegebenen Verben ein.

1. ______________ (haber) una plaza en frente de la iglesia. Gegenüber der Kirche gab es einen Platz.
2. Alrededor de la plaza ______________ (estar), además de la iglesia, el banco y el ayuntamiento. An dem Platz war außer der Kirche auch die Bank und das Rathaus.
3. No ______________ (haber) tranvías, ni metro, sólo ______________ (circular) los autobuses de vez en cuando. Es gab weder Straßenbahn noch U-Bahn, es fuhren nur gelegentlich Busse.
4. La gente ______________ (ser) muy amistosa, se ______________ (ellos / ayudar) unos a otros. Die Leute waren sehr freundlich, sie halfen sich gegenseitig.
5. La vida ______________ (ser) tranquila. Das Leben war ruhig.

2.1.2 Das pretérito imperfecto für Gewohnheiten

Das pretérito imperfecto dient zur Beschreibung von Gewohnheiten oder Zuständen, die sich mit einer gewissen Regelmäßigkeit in der Vergangenheit wiederholt haben. Dabei werden oft folgende Adverbialbestimmungen gebraucht: generalmente im Allgemeinen / in der Regel, todas las mañanas jeden Morgen, todos los días jeden Tag, siempre immer, antes früher etc.

Cuando **vivía** en Madrid, **iba** casi siempre al mismo bar. Als ich in Madrid lebte, ging ich fast immer in dieselbe Bar.
Todos los lunes nos **levantábamos** a las tres de la madrugada. Jeden Montag standen wir um drei Uhr morgens auf.

Test 4

Beschreiben Sie, was Sie in der Vergangenheit regelmäßig getan haben. Setzen Sie wieder die imperfecto-Formen der in Klammern angegebenen Verben ein.

1. ______________ (yo / levantarse) muy pronto porque me ______________ (gustar) correr por la mañana temprano. Ich stand sehr früh auf, weil ich gern früh morgens joggen ging.
2. ______________ (yo / ducharse) con agua fría para fortalecer el sistema inmunológico. Ich duschte mich mit kaltem Wasser, um das Immunsystem zu stärken.
3. ______________ (yo / encontrarse) una vez por semana con mis amigas. Ich traf mich einmal in der Woche mit meinen Freundinnen.
4. ______________ (yo / soler) viajar a los alrededores de la ciudad para caminar o andar en bicicleta. Ich fuhr oft ins Grüne, um spazieren zu gehen oder Fahrrad zu fahren.
5. Si ______________ (hacer) calor, me ______________ (gustar) bañarme en el lago. Wenn es heiß war, badete ich gern im See.

2.1.3 Das pretérito imperfecto für gleichzeitig ablaufende Handlungen

Das pretérito imperfecto drückt gleichzeitig ablaufende Handlungen in der Vergangenheit aus (simultaneidad), wobei oft das Adverb mientras (que) während gebraucht wird.
Mientras (que) ella se **bañaba**, yo **preparaba** el mate. Während sie ein Bad nahm, bereitete ich den Mate-Tee zu.

Beachten Sie

Auch das gerundio drückt Gleichzeitigkeit aus. (➡ Kapitel 26, *Infinite Verbformen*, 3)
Ayer mientras yo estaba hablando con mi amiga mi marido **estaba limpiando** la casa. Gestern putzte mein Mann das Haus, während ich mit meiner Freundin sprach.

Test 5

Vervollständigen Sie die folgenden Sätze mit den imperfecto-Formen der in Klammern angegebenen Verben.

1. Mientras Mariela ______________ (bañarse), ______________ (escuchar) música. Während Mariela badete, hörte sie Musik.
2. Marcos ______________ (comer) y ______________ (beber) mientras ______________ (mirar) la televisión. Marcos aß und trank, während er fernsah.
3. ______________ (yo / caminar) por el parque y ______________ (pensar) en lo que habíamos hablado. Ich ging im Park spazieren und dachte an das, was wir besprochen hatten.
4. ______________ (nosotras / cantar) y ______________ (bailar) de alegría. Wir sangen und tanzten vor Freude.
5. Rosario ______________ (estar) sentada con Mario y los dos ______________ (fumar) puros y ______________ (beber) whisky. Rosario saß mit Mario zusammen und beide rauchten Zigarren und tranken Whisky.

2.1.4 Das pretérito imperfecto als Hintergrund für Handlungen

Das pretérito imperfecto dient zur Beschreibung von Vorgängen, die zum Zeitpunkt eines anderen Geschehens in der Vergangenheit (das meist im pretérito perfecto simple steht) noch nicht abgeschlossen sind, also gewissermaßen den Hintergrund – ähnlich wie ein Bühnenbild – zu diesem Geschehen bilden, wobei Anfang und Ende des Vorgangs keine Rolle spielen.

Cuando **quería** llamarte, sonó el teléfono. Als ich dich anrufen wollte, klingelte das Telefon.

Hoy por la mañana, cuando hemos llegado a Bilbao, **estaba** lloviendo a cántaros. Als wir heute Morgen in Bilbao ankamen, goss es in Strömen.

2.1.5 Das pretérito imperfecto für Erklärungen

Eine Erklärung bzw. ein Grund wird meistens im pretérito imperfecto angegeben.

Ayer no pude ir a tu casa porque **tenía** fiebre. Gestern konnte ich nicht zu dir kommen, weil ich Fieber hatte.

Este año no hemos podido ir de vacaciones porque no **teníamos** dinero. Dieses Jahr konnten wir nicht in Urlaub fahren, weil wir kein Geld hatten.

2.1.6 Das pretérito imperfecto für Vergleiche

Bei einem Vergleich zwischen früher und heute benutzt man häufig das pretérito imperfecto.

Antes **comíamos** muchos lípidos, ahora los evitamos. Früher haben wir sehr fett gegessen, heute vermeiden wir es.
Antes ellas **almorzaban** con apuro, ahora se toman su tiempo. Früher aßen sie ihr Mittagessen in Eile, heute nehmen sie sich Zeit dafür.

Test 6

Vervollständigen Sie die Angaben über Paulas Leben, indem Sie die in Klammern angegebenen Verben im pretérito imperfecto einsetzen.

1. En 1998 Paula ______________ (vivir) en Berlín. 1998 lebte Paula in Berlin.
2. ______________ (ir) todavía a la escuela. Sie ging noch zur Schule.
3. ______________ (vivir) con su familia. Sie wohnte bei ihrer Familie.
4. ______________ (hacer) mucho deporte. Sie trieb viel Sport.
5. Como ______________ (hacer) muchas actividades, ______________ (tener) muchos amigos. Da sie viel unternahm, hatte sie viele Freunde.
6. De noche ______________ (salir) poco. Abends ging sie wenig aus.
7. De vez en cuando ______________ (ir) a una discoteca. Manchmal ging sie in die Disko.
8. ______________ (estar) contenta de vivir en Berlín. Sie war froh, in Berlin zu leben.

TIPP

Wenn Sie erst angefangen haben Spanisch zu lernen, können Sie jetzt weiter zu ➠ Kapitel 18, *Zusammengesetzte Zeiten der Vergangenheit (Indikativ)* gehen.

2.2 Weiterer Gebrauch des pretérito imperfecto

Das pretérito imperfecto wird oft anstatt des Präsens mit verschiedenen kommunikativen Absichten gebraucht, z. B. als Ausdruck von Höflichkeit oder zur Äußerung eines Wunsches.
¿Qué **deseaba**? Was wünschen Sie? **Anstatt**: ¿Qué desea?
Quería ir al cine pero no sé qué película ir a ver. Ich wollte ins Kino gehen, aber ich weiß nicht, welchen Film ich mir ansehen soll. **Anstatt**: Quiero ir al cine ... Ich will ins Kino gehen ... bzw. Querría ir al cine ... Ich würde gern ins Kino gehen ... (➠ Kapitel 21, *Das **condicional***, 1.3.1)

Das pretérito imperfecto wird auch verwendet, um eine Berichterstattung lebendig bzw. spannend zu gestalten.
En 2002 **moría** la reina madre después de 101 años de vida. 2002 starb Königin Mutter in ihrem 101. Lebensjahr.

Im Folgenden finden Sie eine ausführliche Darstellung dieses Gebrauchs des pretérito imperfecto.

2.2.1 Das pretérito imperfecto als Höflichkeitsform

Mit dem pretérito imperfecto kann man eine Bitte oder eine Ablehnung viel höflicher als mit dem Präsens formulieren. Es wird in diesem Gebrauch hauptsächlich mit Verben des Wünschens, Bittens, Wollens usw. benutzt.

Quería preguntarte si me **podías** ayudar con esto. Ich wollte dich fragen, ob du mir dabei helfen kannst.

Te **llamaba** para decirte que no puedo ir a tu fiesta, lo siento mucho. Ich wollte dir sagen, dass ich nicht zu deiner Party kommen kann, es tut mir schrecklich Leid.[1]

¿Qué **deseaba**? – **Quería** saber el precio de ese cuadro. Was wünschen Sie? – Ich möchte gern den Preis dieses Gemäldes wissen.

Test 7

Vervollständigen Sie die folgenden Sätze mit den imperfecto-Formen der in Klammern angegebenen Verben.

1. Te ______________ (yo / llamar) para decirte que mañana no habrá reunión. Ich wollte dir sagen, dass morgen keine Besprechung stattfindet.
2. ______________ (yo / querer) saber cuándo sale el tren para Madrid. Ich wollte wissen, wann der Zug nach Madrid fährt.
3. ¿Qué ______________ (desear) usted? Was wünschen Sie?
4. La señora ______________ (querer) saber el precio de estos zapatos. Die Dame möchte den Preis dieser Schuhe wissen.
5. (Al teléfono) ______________ (yo / ser) para saber si puedo venir mañana a su hora de consulta. (Am Telefon) Ich wollte wissen, ob ich morgen in Ihre Sprechstunde kommen kann.

2.2.2 Das pretérito imperfecto zur Äußerung einer Absicht

Mit dem pretérito imperfecto kann man eine Absicht ausdrücken. Man hat zwar eine Entscheidung getroffen, ist aber noch für eine andere Möglichkeit offen.

Y tú, ¿dónde vas a ir de vacaciones? – Yo **pensaba** irme a Uruguay. Und du, wohin fährst du in Urlaub? – Ich dachte, ich könnte nach Uruguay fahren.

¿Qué piensas hacer esta noche? – **Quería** ir al cine, ¿y tú? Was hast du heute Abend vor? – Ich wollte ins Kino gehen, und du?

---

[1] Wörtlich: Ich rief dich an, um dir zu sagen …

2.2.3 Das pretérito imperfecto zur „Effekthascherei"

In der geschriebenen Sprache wird das pretérito imperfecto, vor allem in der journalistischen Berichterstattung, auch zur Wiedergabe von einmaligen Handlungen oder Ereignissen verwendet, um den Sensationscharakter einer Nachricht zu unterstreichen.

En aquel mismo instante **estallaba**, a pocos metros de allí, la última bomba que daría fin a la guerra. Im selben Moment explodierte wenige Meter entfernt die letzte Bombe, die dann den Krieg beenden sollte.

En 1989 **caía** el muro de Berlín ante la sorpresa de todo el mundo. 1989 fiel die Berliner Mauer zum Erstaunen der ganzen Welt.

Test 8

Ergänzen Sie die imperfecto-Formen.

1. ¿Qué piensas hacer esta noche? – Nada especial, ______________ (yo / pensar) pasar una noche tranquila. Was hast du heute Abend vor? – Nichts Besonderes, ich habe gedacht, ich mache mir einen ruhigen Abend.
2. ¿______________ (tú / saber) que Miguel y Alejandra se casan este fin de semana? Hast du gewusst, dass Miguel und Alejandra am kommenden Wochenende heiraten?
3. En 1580 Juan de Garay ______________ (fundar) por segunda vez Santa María del Buen Aire. 1580 gründete Juan de Garay zum zweiten Mal Santa María del Buen Aire.

2.2.4 Das pretérito imperfecto zum Ausdruck einer Bedingung

Das pretérito imperfecto kann auch eine Bedingung in der Vergangenheit ausdrücken. Dieser Gebrauch kommt fast ausschließlich in der gesprochenen Sprache vor. Wir empfehlen Ihnen, ihn nur zur Kenntnis zu nehmen und nicht selbst anzuwenden.

Si lo **sabía**, no **venía**. Hätte ich es gewusst, wäre ich nicht gekommen. **Anstatt**: Si lo hubiese sabido, no habría / hubiera venido.

(Dijo que) si **tenía** dinero, se **compraba** el coche. (Er sagte,) wenn er Geld hätte, würde er sich das Auto kaufen. **Anstatt**: Si tuviera dinero, se compraría el coche.

(➡ Kapitel 23, *Das **imperfecto de subjuntivo***, ➡ Kapitel 21, *Das **condicional***, ➡ Kapitel 27, *Der Gebrauch der Zeiten und Modi*).

2.2.5 Das pretérito imperfecto zur Wiedergabe von Träumen und in Rollenspielen

Zur Wiedergabe von Träumen benutzt man oft das pretérito imperfecto.
Anoche soñé que **estábamos** en casa y tú me **preguntabas** si ... Gestern Nacht träumte ich, dass wir zu Hause waren und du mich gefragt hast, ob ...
Außerdem verwenden Kinder das imperfecto in Rollenspielen: Y dale que tú **eras** la mamá, y yo **era** el papá ... Also, du bist die Mutter und ich bin der Vater ...

Test 9

Ergänzen Sie die imperfecto-Formen.
Anoche tuve un sueño: Gestern Nacht hatte ich einen Traum:

1. ______________ (yo / ir) al cine. Ich ging ins Kino.
2. La gente ______________ (guardar) tranquilamente su turno en la taquilla. Jeder wartete ruhig am Schalter.
3. ______________ (empezar) la película puntualmente. Der Film fing pünktlich an.
4. Nadie ______________ (hablar) en voz alta. Niemand redete laut.
5. Nadie ______________ (comer) ni crujientes patatas fritas ni palomitas. Niemand aß Chips oder Popcorn.
6. Nadie ______________ (entrar) tarde pisando a todos los de la fila. Niemand kam zu spät und trat allen in der Reihe auf die Füße.
7. Nadie me ______________ (pegar) patadillas en la butaca. Niemand stieß mit den Füßen gegen meine Sitzlehne.
8. En fin, anoche tuve un sueño y los sueños sueños son. ¡Ah!, y la película ______________ (ser) buena. Tja, gestern hatte ich einen Traum, aber Träume sind Schäume. Ach ja! Und der Film war gut.

3 Das *pretérito imperfecto* in der indirekten Rede (*discurso referido*)

Das pretérito imperfecto wird zur Wiedergabe dessen gebraucht, was andere Personen in der Vergangenheit gesagt haben. Wenn das in der direkten Rede Gesagte im Präsens ausgedrückt wurde, wird es in der indirekten Rede im imperfecto wiedergegeben. (➠ Kapitel 27, *Der Gebrauch der Zeiten und Modi,* 2)

Direkte Rede:

Frida: –¿**Sabes** algo de la historia mexicana? Frida: „Weißt du etwas über die mexikanische Geschichte?“

Indirekte Rede:

Frida preguntó ayer si **sabía** algo de la historia mexicana. Frida fragte gestern, ob ich etwas über die mexikanische Geschichte wüsste.

Wenn in der direkten Rede das pretérito imperfecto benutzt wurde, dann bleibt das Berichtete im pretérito imperfecto.

Direkte Rede:
María: –Paco **era** una persona muy interesada. Cuando **tenía** algún problema, **venía** a verme; y si no, no **aparecía** por casa. María: „Paco war ein sehr eigennütziger Mensch. Wenn er irgendein Problem hatte, kam er zu mir; und wenn nicht, ließ er sich nicht blicken."
Indirekte Rede:
María estaba enfadada con Paco porque él **era** una persona muy interesada; cuando **tenía** algún problema, **iba** a verla; y si no, no **aparecía** por su casa. María ärgerte sich über Paco, weil er ein sehr eigennütziger Mensch war; wenn er irgendein Problem hatte, kam er zu ihr; und wenn nicht, ließ er sich nicht blicken.

Test 10

Eine Freundin von Ihnen, die Sie lange nicht gesehen hat, erzählt Ihnen von ihrem Leben. Berichten Sie dann in der indirekten Rede, was sie Ihnen erzählt hat.

1. Quiero cambiar de trabajo porque estoy harta de mis colegas. Ich möchte meinen Arbeitsplatz wechseln, weil mir meine Kollegen auf die Nerven gehen. → Marianela me contó que ______________________________.
   Marianela erzählte mir, dass sie ihren Arbeitsplatz wechseln wollte, weil ihr ihre Kollegen auf die Nerven gingen.
2. Mi hija menor ya va a la escuela. Meine jüngste Tochter geht schon zur Schule. → Marianela me contó que ______________________________.
   Marianela erzählte mir, dass ihre jüngste Tochter schon zur Schule gehe.
3. Mi marido quiere comprarse un auto nuevo. Mein Mann will sich ein neues Auto kaufen. → Marianela me contó que ____________________.
   Marianela erzählte mir, dass ihr Mann sich ein neues Auto kaufen wolle.
4. A mí me gusta el color rojo, pero él prefiere el negro. Mir gefällt rot, aber er mag schwarz lieber. → Marianela me contó que ________________.
   Marianela erzählte mir, dass ihr rot gefalle, aber er schwarz lieber möge.
5. Si no encontramos una casa mejor, nos vamos a quedar en la de ahora. Wenn wir kein besseres Haus finden, dann werden wir im alten bleiben. → Marianela me contó que ______________________________.
   Marianela erzählte mir, dass sie im alten Haus bleiben würden, wenn sie kein besseres fänden.

Das pretérito imperfecto

Auf den Punkt gebracht

1. *(➠ 1)*

Beantworten Sie die folgenden Fragen.

a) Die Verben auf -ar haben die folgenden imperfecto-Endungen:

____

b) Die Verben auf -er und -ir haben die folgenden imperfecto-Endungen:

____

c) Welche drei Verben haben unregelmäßige imperfecto-Formen?

____

d) Wie lauten die imperfecto-Formen der folgenden Verben?

andar gehen tú ______________
ver sehen nosotros ______________
ir gehen usted ______________

2. *(➠ 2)*

2.1 Welche Aussagen treffen zu, welche nicht?

Das pretérito imperfecto wird gebraucht für

	ja	nein
a) Beschreibungen	☐	☐
b) punktuelle Ereignisse	☐	☐
c) Absichten und Vorhaben	☐	☐
d) gleichzeitig ablaufende Handlungen	☐	☐
e) Gewohnheiten	☐	☐
f) Erklärungen bzw. Gründe	☐	☐

2.2 Entscheiden Sie, um welchen Gebrauch des pretérito imperfecto es sich bei den folgenden Sätzen handelt, und ergänzen Sie die Verbformen.

a) En aquella época ______________ (nosotros / ir) siempre en bici a la escuela. Damals fuhren wir immer mit dem Fahrrad zur Schule.

b) Mientras Mario ______________ (cocinar), Laura ______________ (preparar) la ensalada. Während Mario kochte, bereitete Laura den Salat zu.

c) No pude llamarte porque no ______________ (yo / tener) tu número de teléfono. Ich konnte dich nicht anrufen, weil ich deine Telefonnummer nicht hatte.

d) Mi abuela ______________ (tener) la costumbre de caminar todos los días. Meine Oma hatte die Gewohnheit, täglich spazieren zu gehen.

e) ______________ (hacer) frío, nevaba y llovía. Es war kalt, es schneite und regnete.

f) Hoy ______________ (nosotros / querer) ir al cine, ¿vienes con nosotros? Heute haben wir vor, ins Kino zu gehen, kommst du mit?

3. *(➠ 3)*
Geben Sie die folgenden Sätze in der indirekten Rede wieder.

a) –Tienes que venir inmediatamente.
Tu madre dijo que ____________ que ir inmediatamente. Deine Mutter sagte, du sollst sofort kommen.

b) –Nos conocíamos del año de intercambio.
Me contó que se ____________ del año de intercambio. Er/Sie erzählte mir, dass sie sich vom Austauschjahr her kannten.

c) –¿Puedes venir a buscarme?
Pedro me preguntó si ____________ ir a buscarlo. Pedro fragte mich, ob du ihn abholen könntest.

d) –No sé nada.
Respondió que no ____________ (saber) nada. Sie antwortete, dass sie von nichts wüsste.

Zusammengesetzte Zeiten der Vergangenheit (Indikativ)

Bevor Sie sich mit diesem Kapitel beschäftigen, sollten Sie die ➠ Einführung in *Das Verb und seine Ergänzungen*, das ➠ Kapitel 15, *Der Indikativ Präsens* sowie die ➠ Kapitel 16, *Das* ***pretérito perfecto simple*** und ➠ Kapitel 17, *Das* ***pretérito imperfecto*** gelesen haben.

Was Sie vorab wissen sollten

- Zu den zusammengesetzten Zeiten der Vergangenheit des Modus Indikativ zählen das pretérito perfecto compuesto, das pretérito pluscuamperfecto sowie das pretérito anterior.
- Im Spanischen wird für die Bildung der zusammengesetzten Zeiten aller Verben nur **ein Hilfsverb** verwendet: **haber** haben / sein. Den zweiten Bestandteil bildet das **Partizip Perfekt** des jeweiligen Verbs. Die Verbformen von haber geben an, wer handelt, das Partizip Perfekt trägt die Hauptbedeutung des Verbs.
- Anders als bei den zusammengesetzten Zeiten im Deutschen stehen im Spanischen Hilfsverb und Partizip Perfekt stets zusammen, d. h. sie werden im Satz nie getrennt.
  Lidia no **ha llegado** en este tren. Lidia **ist** nicht mit diesem Zug **gekommen**.

1 Die Bildung des Partizip Perfekt

Das Partizip Perfekt (participio) ist Bestandteil sämtlicher zusammengesetzter Zeiten.

1.1 Die regelmäßigen Verben auf -ar, -er, -ir

Die regelmäßigen Verben auf -ar, -er, -ir bilden das Partizip Perfekt wie folgt:

lleg-**ar**	lleg-**ado**
comprend-**er**	comprend-**ido**
viv-**ir**	viv-**ido**

Beachten Sie

- Sowohl die regelmäßigen Verben auf -er als auch die auf -ir bilden das Partizip Perfekt auf -ido.
- Das Partizip ist unveränderlich.
  ¿Sabes? Este fin de semana **Ignacio ha conocido** a una chica guapísima. Übrigens, am Wochenende hat Ignacio ein sehr hübsches Mädchen kennen gelernt.
  El libro que **Martina ha leído** es interesantísimo. Das Buch, das Martina gelesen hat, ist sehr interessant.

Test 1

Bilden Sie das Partizip Perfekt der folgenden Verben.

1. lavar waschen	________	7. andar gehen	________
2. haber haben / sein	________	8. cantar singen	________
3. entender verstehen	________	9. crecer wachsen	________
4. dormir schlafen	________	10. hablar sprechen	________
5. repartir verteilen	________	11. poder können	________
6. salir ausgehen	________	12. vender verkaufen	________

1.2 Unregelmäßige Formen

Im Folgenden werden zunächst die gängigsten unregelmäßigen Formen des Partizip Perfekt aufgeführt. Weitere unregelmäßige Formen des Partizip Perfekt finden Sie im ➠ Anhang, *Verbformen*.

a) **Verben auf -er**

Infinitiv	Partizip
hacer machen	hecho
poner stellen /setzen	puesto
resolver lösen	resuelto
romper zerbrechen	roto
ser sein	sido
ver sehen	visto
volver zurükkehren	vuelto

b) **Verben auf -ir**

Infinitiv	Partizip
abrir öffnen	abierto
cubrir zudecken	cubierto
decir sagen	dicho
describir beschreiben	descrito
escribir schreiben	escrito
ir gehen	ido
morir sterben	muerto

Beachten Sie

Die zusammengesetzten Verben weisen die gleichen Unregelmäßigkeiten auf.

poner	posponer verschieben: pospuesto
hacer	rehacer noch einmal machen: rehecho
volver	revolver umrühren: revuelto

Test 2

Bilden Sie Sätze nach dem Muster.

todavía no / han / abrir / las tiendas → Todavía no han abierto las tiendas.
Die Geschäfte haben noch nicht aufgemacht.

1. Ana / no / ha / escribir el informe → ________
   Ana hat den Bericht nicht geschrieben.
2. Julián / ya / ha / poner la tele → ________
   Julián hat schon den Fernseher angeschaltet.
3. en la radio / han / decir / que va a llover → ________
   Im Radio haben sie gesagt, dass es regnen wird.

4. Marisa / todavía no / ha / volver a casa → ______________________
   Marisa ist noch nicht nach Hause gekommen.
5. Diana / ha / ir / ya / a la iglesia → ______________________
   Diana ist schon zur Kirche gegangen.

2 Das *pretérito perfecto compuesto*

2.1 Formen

Das pretérito perfecto compuesto besteht aus zwei Teilen:
- dem Präsens des Hilfsverbs haber (haben / sein) und
- dem Partizip Perfekt des entsprechenden Verbs.

Ellos no **han llegado** todavía. Sie sind noch nicht angekommen.
Lo **he comprendido** perfectamente. Ich habe es vollkommen verstanden.

Auf Entdeckung

1. Lesen Sie die folgenden Sätze.

Nunca **has vivido** en los Estados Unidos, ¿verdad? Du hast nie in den USA gelebt, nicht wahr?
Nunca **he vivido** allí. Nie habe ich dort gelebt.
Jamás **hemos llegado** tarde al trabajo. Wir sind noch nie zu spät zur Arbeit gekommen.
Todavía no **han llegado** los invitados. Die Gäste sind noch nicht angekommen.
¿Quién **ha llegado**? Wer ist gekommen?
¿Ya **habéis comido**? Habt ihr schon gegessen?

2. Setzen Sie die fehlenden Formen des Indikativ Präsens von haber ein. Sie erhalten so einen Überblick über das pretérito perfecto compuesto. (➠ *Lösungen*)

		lleg-ar ankommen	**com-er** essen	**viv-ir** leben
Singular	1. Person			he vivido
	2. Person			has vivido
	3. Person	ha llegado		
Plural	1. Person	hemos llegado		
	2. Person		habéis comido	
	3. Person	han llegado		

TIPP

Achten Sie darauf, dass das h in den Formen von haber, z. B. in he, has, ha, hemos, habéis, han **nicht** gesprochen wird, also: ['e], ['as], ['a], ['emos], [a'ßeis], ['an].

2.2 Gebrauch

- Der Gebrauch des pretérito perfecto compuesto entspricht weitgehend dem des englischen *Present perfect*.
  ¿**Has estado** alguna vez en Inglaterra? **Have you** ever **been** in England?
- Trotz der Ähnlichkeit in der Bildung unterscheidet sich der Gebrauch des pretérito perfecto compuesto in zweierlei Hinsicht vom deutschen Perfekt: Im Spanischen ist das Perfekt kein Erzähltempus, d. h. es ist nicht möglich, eine Geschichte im pretérito perfecto compuesto zu erzählen. Im Deutschen dagegen ist es durchaus möglich.
  Im Deutschen kann man mit dem Perfekt auch einen abgeschlossenen, gegenwärtigen Zustand wiedergeben: „Ich habe das Geld in Aktien angelegt" bedeutet u. a., dass das Geld jetzt gerade angelegt ist. Im Spanischen wird dies mit Hilfe einer Verbalperiphrase (➠ Kapitel 26, *Infinite Verbformen*) ausgedrückt: Tengo el dinero invertido en acciones. bzw. El dinero está invertido en acciones.
- Das pretérito perfecto compuesto wird in Spanien häufiger gebraucht als in Hispanoamerika.

2.2.1 Der Zeitraum wird als noch nicht abgeschlossen betrachtet

Das pretérito perfecto compuesto wird im Allgemeinen verwendet bei einmaligen Handlungen oder Ereignissen, die in einem Zeitraum stattgefunden haben, der im Moment des Sprechens noch nicht als abgeschlossen betrachtet wird. Entsprechende Zeitangaben sind z. B. hoy heute, esta mañana heute Morgen, esta tarde / noche heute Abend, este año / mes / día dieses Jahr / diesen Monat / heute, alguna vez schon einmal, en esta ocasión bei dieser Gelegenheit, nunca nie, siempre immer, todavía no noch nicht, últimamente in der letzten Zeit, ya schon.

¿Qué has hecho esta semana? Was hast du in dieser Woche gemacht?
Nunca hemos estado en Turingia. Wir sind nie in Thüringen gewesen.

2.2.2 Der Zeitraum wird als gegenwärtig betrachtet

Das pretérito perfecto compuesto wird auch bei Handlungen oder Ereignissen verwendet, die subjektiv als gegenwärtig wahrgenommen werden, entweder weil sie die Erklärung für etwas Gegenwärtiges sind oder weil sie noch als wichtig bzw. relevant empfunden werden.
Estoy buscando mis gafas, ¿las has visto? Ich suche meine Brille, hast du sie gesehen?
Habla tan bien castellano porque ha vivido varios años en Madrid. Er/Sie spricht so gut Spanisch, weil er/sie einige Jahre in Madrid gelebt hat.

2.2.3 Der Zeitraum wird als unbestimmt betrachtet

Das pretérito perfecto compuesto wird in der Regel bei Handlungen oder Ereignissen verwendet, die in einem unbestimmten Zeitraum stattgefunden haben, bzw. im Fragesatz, wenn man nach der Realisierung einer Handlung fragt.
¿Has leído algo de Cela? Hast du mal was von Cela gelesen?
Sí, «La Colmena» la he leído dos veces. Ja, „La Colmena" habe ich zwei Mal gelesen.
¿Has estado alguna vez en Austria? Bist du schon mal in Österreich gewesen?

Beachten Sie
In einigen Regionen Spaniens (z. B. in Galicien und Asturien) sowie in Hispanoamerika (z. B. in Argentinien und Mexiko) wird statt des pretérito perfecto compuesto fast ausschließlich das pretérito perfecto simple benutzt.
¿Leíste algo de Cela? Hast du mal was von Cela gelesen?
Sí, «La Colmena» la leí dos veces. Ja, „La Colmena" habe ich zwei Mal gelesen.
Estoy buscando mis anteojos, ¿los viste? Ich suche meine Brille, hast du sie gesehen?

Test 3

Setzen Sie Formen des pretérito perfecto compuesto ein.

1. Estos tres años ____________ (ser) los mejores de mi vida. Die letzten drei Jahre sind die besten meines Lebens gewesen.
2. Aunque te suene a excusa, hasta ahora no ____________ (yo / poder) hacerlo. Auch wenn es dir wie eine Ausrede vorkommt, ich konnte es bis jetzt nicht erledigen.
3. Cuando estudiaba en Córdoba, conocí a muchas personas. Nos ____________ (escribir) durante todo este tiempo y de esto hace ya veinte años. Als ich in Córdoba studierte, lernte ich viele Leute kennen. Wir haben uns die ganze Zeit geschrieben, obwohl es zwanzig Jahre her ist.
4. Estoy buscando mi monedero, ¿lo ____________ (ver)? Ich suche mein Portmonnee, hast du es gesehen?

TIPP

Falls Sie sich jetzt mit den anderen Zeiten und Modi beschäftigen möchten, können Sie entweder zum ➠ Kapitel 20, *Das Futur* oder zum ➠ Kapitel 22, *Das **presente de subjuntivo*** gehen.

3 Das *pretérito pluscuamperfecto*

3.1 Formen

Auch das pretérito pluscuamperfecto ist eine zusammengesetzte Zeit der Vergangenheit. Es wird mit den imperfecto-Formen von haber (haben / sein) und dem Partizip Perfekt gebildet, z. B. había llegado ich / er / sie / Sie war / waren angekommen.

Auf Entdeckung

Sie kennen bereits die Formen des Partizip Perfekt (➠ 1) und des pretérito imperfecto (➠ Kapitel 17). Versuchen Sie, die Tabelle mit den entsprechenden Formen von haber und dem Partizip Perfekt des jeweiligen Verbs zu ergänzen. So erhalten Sie einen Überblick über die Formen des pretérito pluscuamperfecto.

		lleg-ar ankommen	**com-er** essen	**viv-ir** leben
Singular	1. Person			
	2. Person			
	3. Person			
Plural	1. Person			
	2. Person			
	3. Person			

Test 4

Setzen Sie die Formen des pretérito pluscuamperfecto ein.

1. Cuando llegué a casa, Nina ya se ________________ (ir). Als ich nach Hause kam, war Nina schon weggegangen.
2. Los jóvenes se ________________ (decir) todo y, de este modo, hicieron las paces. Die Jugendlichen hatten sich alles gesagt und so konnten sie sich versöhnen.

3. Verena ________________ (estar) de vacaciones en Grecia, por eso estaba tan morena. Verena hatte Urlaub in Griechenland gemacht, deshalb war sie so braun.
4. Nora ________________ (dar) una gran fiesta y por esa razón estaba sin dinero. Nora hatte ein großes Fest gegeben und hatte deshalb kein Geld.
5. Cuando llegó finalmente el tren, era demasiado tarde. La clase ________________ (comenzar) a las 8. Als der Zug endlich ankam, war es zu spät. Der Unterricht hatte um 8 Uhr begonnen.

3.2 Gebrauch

Mit dem pretérito pluscuamperfecto werden – ähnlich wie mit dem Plusquamperfekt im Deutschen – Handlungen bzw. Zustände in der Vergangenheit ausgedrückt, die sich vor anderen Vorgängen in der Vergangenheit vollzogen haben. Diese Vorgänge spielen sich in einer so genannten „Vorvergangenheit" ab.
Marisa me **había llamado** varias veces la semana pasada y ayer, finalmente, pudimos hablar. Marisa hatte mich vorige Woche mehrmals angerufen und gestern haben wir endlich miteinander sprechen können.
Das pretérito pluscuamperfecto hat meistens eine erklärende Funktion.
Luis estaba de buen humor porque **había terminado** la traducción. Luis war gut gelaunt, weil er die Übersetzung beendet hatte.

3.2.1 Das pretérito pluscuamperfecto als Zeit der „Vorvergangenheit"

Das pretérito pluscuamperfecto wird gebraucht, um Handlungen oder Zustände der Vergangenheit in Beziehung zu – ebenfalls vergangenen – Handlungen oder Zuständen zu setzen. Das pretérito pluscuamperfecto stellt dabei die „Vorvergangenheit" dar und dient meistens als Erklärung, als Rahmen oder als Beschreibung – ähnlich wie das pretérito imperfecto (➠ Kapitel 17, *Das **pretérito imperfecto***) –, die Haupthandlungen stehen dagegen in der Regel im pretérito imperfecto, pretérito perfecto simple oder pretérito perfecto compuesto.

„Vorvergangenheit": pretérito pluscuamperfecto	Vergangenheit: pretérito imperfecto / perfecto simple / perfecto compuesto
Como Lina **había terminado** su trabajo, Da Lina die Arbeit beendet hatte,	**tenía** tiempo y se **fue** al cine. / **tenía** tiempo y se **ha ido** al cine. hatte sie nun Zeit und ging ins Kino.
Ya **había empezado** a llover Es hatte schon angefangen zu regnen,	cuando **salí** / **he salido** de casa. als ich aus dem Haus ging.

Test 5

Setzen Sie die Formen des pretérito pluscuamperfecto der in Klammern angegebenen Verben ein.

1. Andrea ______________ (ir) a correr una hora el jueves y cuando llegó a casa, se encontró con cinco llamadas. Andrea hatte am Donnerstag eine Stunde gejoggt und als sie nach Hause kam, hatte sie fünf Nachrichten auf dem Anrufbeantworter.
2. Antonio me regaló el mismo disco compacto que yo me ______________ (comprar) la semana pasada. Antonio schenkte mir eine CD, die ich mir vorige Woche schon gekauft hatte.
3. Bruno ______________ (dormir) mal y se levantó de mal humor. Bruno hatte schlecht geschlafen und wachte schlecht gelaunt auf.
4. Ya sabíamos de qué iba porque ______________ (hablar) del tema dos días antes. Wir wussten schon, worum es ging, denn wir hatten schon zwei Tage zuvor darüber geredet.
5. Aquella noche os ______________ (vosotras / ir) a la cama a las 10, por eso, cuando sonó el teléfono a medianoche, ya estabais durmiendo. An jenem Abend wart ihr um 10 Uhr ins Bett gegangen, deshalb habt ihr schon geschlafen, als das Telefon gegen Mitternacht klingelte.

3.2.2 Das pretérito pluscuamperfecto in der indirekten Rede

a) Direkte Rede: pretérito perfecto simple oder compuesto

Wenn die direkte Rede im pretérito perfecto simple oder compuesto steht, wird in der indirekten Rede das pretérito pluscuamperfecto verwendet.

Direkte Rede: –No tuve tiempo. oder –No he tenido tiempo. „Ich hatte keine Zeit".

Indirekte Rede: Dijo que no **había tenido** tiempo. Er sagte, dass er keine Zeit gehabt habe / hätte.

b) Direkte Rede: pretérito pluscuamperfecto

Wenn die direkte Rede im pretérito pluscuamperfecto steht, bleibt es in der indirekten Rede erhalten.

Direkte Rede: –(Yo) no había cobrado la herencia y, por eso, no pude comprarme el coche nuevo. „Ich hatte das Erbe nicht bekommen, deshalb konnte ich mir das neue Auto nicht kaufen."

Indirekte Rede: Dijo que no **había cobrado** la herencia y, por eso, no **había podido** comprarse el coche nuevo. Er/Sie sagte, dass er/sie das Erbe nicht bekommen hatte und sich deshalb das neue Auto nicht kaufen konnte.

Test 6

Geben Sie die Originalaussage wieder.

1. –Marcos vino a las tres. „Marcos kam um drei Uhr.“
   Me dijo que Marcos ______________ a las tres. Er/Sie sagte mir, dass Marcos um drei gekommen war.
2. –¿Has estado alguna vez en Mallorca? „Bist du schon mal in Mallorca gewesen?“
   Me preguntó si ______________ en Mallorca. Er/Sie fragte mich, ob ich schon mal in Mallorca gewesen wäre.
3. –El teléfono había sonado toda la tarde y, por eso, no pude dormir la siesta. „Das Telefon hatte den ganzen Nachmittag geklingelt, so dass ich keinen Mittagsschlaf machen konnte.“
   Me contó que el teléfono ______________ toda la tarde y, por eso, no ______________ dormir la siesta. Sie/Er erzählte mir, dass das Telefon den ganzen Nachmittag geklingelt hätte, so dass sie/er keinen Mittagsschlaf machen konnte.
4. –No pude asistir al encuentro por razones familiares. „Ich konnte aus familiären Gründen nicht an dem Treffen teilnehmen.“
   El señor Oñate nos contestó por carta que no ______________ asistir por razones familiares. Herr Oñate schrieb uns, er habe / hätte aus persönlichen Gründen nicht teilnehmen können.

3.2.3 Besonderheit beim Gebrauch des pretérito pluscuamperfecto

Das pretérito pluscuamperfecto wird auch benutzt, um Höflichkeit auszudrücken.

No **habías debido** de molestarte. Du hättest dich nicht bemühen müssen. / Es wäre nicht nötig gewesen.

Beachten Sie

Statt dem pretérito pluscuamperfecto wird oft auch das pretérito imperfecto de subjuntivo benutzt, vor allem im schriftlichen Sprachgebrauch und in der Zeitungs- bzw. Nachrichtensprache. (➠ Kapitel 23, *Das **imperfecto de subjuntivo***)

No debieras / habías debido de molestarte. Es wäre nicht nötig gewesen.

Después de que la policía llegara / había llegado al lugar del hecho, llegó la ambulancia. Nachdem die Polizei am Tatort angekommen war, traf der Rettungswagen ein.

4 Das *pretérito anterior*

Was Sie vorab wissen sollten

Das pretérito anterior ist eine zusammengesetzte Zeit der Vergangenheit, die ähnlich wie das pretérito pluscuamperfecto gebraucht wird. Es wird aber in der gesprochenen Sprache kaum verwendet.

4.1 Formen

Das pretérito anterior wird mit dem pretérito perfecto simple von haber (haben / sein) und dem Partizip Perfekt gebildet.
Apenas **hube llegado**, sonó el teléfono. Kaum war ich angekommen, als das Telefon klingelte.

Auf Entdeckung

Sie kennen bereits die Formen des pretérito perfecto simple (➠ Kapitel 16). Versuchen Sie, die Tabelle mit den entsprechenden Formen von haber und dem Partizip Perfekt des jeweiligen Verbs zu ergänzen. So erhalten Sie einen Überblick über die Formen des pretérito anterior. (➠ *Lösungen*)

		lleg-ar ankommen	com-er essen	viv-ir leben
Singular	1. Person			
	2. Person			
	3. Person			
Plural	1. Person			
	2. Person			
	3. Person			

Test 7

Bilden Sie das pretérito anterior der in Klammern angegebenen Verben. Die jeweilige Person entnehmen Sie der deutschen Übersetzung. Achten Sie auf die Reflexivpronomen.

1. Tan pronto como ______________ (ver), ... Sobald er gesehen hatte, ...
2. Después de que usted ______________ (marcharse), ... Nachdem Sie gegangen waren, ...
3. Luego que ______________ (levantarse), ... Nachdem sie aufgestanden war, ...

4. Cuando ______________ (llegar) allí, ... Als wir dort angekommen waren, ...
5. En cuanto ______________ (pintar), ... Sobald ich gemalt hatte, ...
6. Apenas ______________ (salir), ... Kaum wart ihr hinausgegangen, ...
7. Tan pronto como ______________ (leer) el libro, ... Sobald du das Buch gelesen hattest, ...

4.2 Gebrauch

- Wie das pretérito pluscuamperfecto bezeichnet das pretérito anterior Vorgänge in der Vergangenheit, die sich vor anderen Vorgängen in der Vergangenheit vollzogen haben. Der Unterschied besteht darin, dass mit dem pretérito anterior eine Handlung beschrieben wird, die **unmittelbar vor** der anderen Handlung stattgefunden hat.
  Después de que la policía **hubo llegado** al lugar del hecho, llegó la ambulancia. Nachdem die Polizei am Tatort eingetroffen war, kam der Rettungswagen an.
- Anders als das pretérito pluscuamperfecto wird das pretérito anterior **nur in Nebensätzen** (Temporalsätze) verwendet, die von den Konjunktionen después de que nachdem, luego que nachdem, cuando als, apenas kaum, tan pronto como sobald, en cuanto sobald, no bien kaum usw. eingeleitet werden. (➠ Kapitel 34, *Die Konjunktionen,* 4)
  En cuanto **hubo hablado** con el señor Pérez, se sintió más tranquila. Gleich nachdem sie mit Herrn Pérez gesprochen hatte, fühlte sie sich ruhiger.
- Das pretérito anterior wird hauptsächlich in der gehobenen Sprache und eher geschrieben als gesprochen verwendet. Das pretérito anterior wird in der gesprochenen Sprache durch das pretérito pluscuamperfecto oder pretérito perfecto simple ersetzt.
  Enzo habló con su madre por teléfono después de que hubo llegado / había llegado / llegó a Oviedo. Enzo rief seine Mutter an, nachdem er in Oviedo angekommen war / ankam.
  Apenas hubo sabido / había sabido / supo Rosario de la llegada de Silvio, fue a verlo. Sobald Rosario von Silvios Ankunft erfahren hatte / erfuhr, ging sie zu ihm.

Beachten Sie
- Nebensätze, die mit después de que nachdem + pretérito anterior bzw. pretérito pluscuamperfecto eingeleitet werden und das gleiche Subjekt wie der Hauptsatz haben, können durch die folgende Konstruktion ersetzt werden: después + haber (Hilfsverb im Infinitiv) + Partizip Perfekt. (➠ Kapitel 26, *Infinite Verbformen,* 1.3.2)

Después de que Mara hubo / había llegado, llamó a Hugo. = **Después de haber llegado**, Mara llamó a Hugo. Nachdem Mara angekommen war, rief sie Hugo an.

- Nebensätze, die mit apenas sobald + pretérito anterior bzw. pretérito pluscuamperfecto eingeleitet werden und das gleiche Subjekt wie der Hauptsatz haben, können durch die folgende Konstruktion ersetzt werden: apenas + Partizip Perfekt. (→ Kapitel 26, *Infinite Verbformen*, 2.3.3)
  Apenas Claudio hubo / había llegado, fue a la casa de Cati. = **Apenas llegado**, Claudio fue a la casa de Cati. Sobald Claudio angekommen war, ging er zu Cati.

Test 8

Ergänzen Sie die Verbformen im pretérito anterior.

1. Apenas Antonia y Carlos ______________ (casarse), se fueron a la ciudad. Nachdem Antonia und Carlos geheiratet hatten, zogen sie in die Stadt.
2. Después de que Silvia ______________ (escribir) la carta, se sintió mejor. Nachdem Silvia den Brief geschrieben hatte, fühlte sie sich besser.
3. Cuando ______________ (llegar) el tren, todos los pasajeros bajaron. Als der Zug angekommen war, stiegen alle Fahrgäste aus.

Auf den Punkt gebracht

1. *(→ 2.1)*

Ergänzen Sie die Formen des pretérito perfecto compuesto.

Singular	1. Person	______________	(abrir öffnen)
	2. Person	______________	(vender verkaufen)
	3. Person	______________	(comprar kaufen)
Plural	1. Person	______________	(ir gehen)
	2. Person	______________	(entender verstehen)
	3. Person	______________	(romper kaputt machen)

2. *(→ 2.2)*

Markieren Sie die richtige Alternative.

a) Der Gebrauch des pretérito perfecto compuesto entspricht eher dem des (deutschen Perfekt / englischen *Present perfect*).
b) Es ist (möglich / nicht möglich), mit dem pretérito perfecto compuesto eine Geschichte zu erzählen.
c) Der Zeitraum, auf den sich das pretérito perfecto compuesto bezieht, wird vom Sprecher als (abgeschlossen / nicht abgeschlossen) betrachtet.

3. *(➠ 3.1)*
Ergänzen Sie die Formen des pretérito pluscuamperfecto.

Singular	1. Person	______________	(asentir bestätigen)
	2. Person	______________	(hacer machen)
	3. Person	______________	(haber haben / sein)
Plural	1. Person	______________	(ver sehen)
	2. Person	______________	(decir sagen)
	3. Person	______________	(poner stellen / legen)

4. *(➠ 3.2)*
Markieren Sie die richtige Alternative bzw. ergänzen Sie die entsprechenden Verbformen im pretérito pluscuamperfecto.

a) Der Gebrauch des pretérito pluscuamperfecto entspricht weitgehend dem des deutschen (Perfekts / Plusquamperfekts).
b) Wenn man Handlungen oder Ereignisse der Vergangenheit in Beziehung zu – auch vergangenen – Handlungen oder Ereignissen setzen will, benutzt man das (pretérito pluscuamperfecto / pretérito imperfecto).
c) Das pretérito pluscuamperfecto drückt eine „Vorvergangenheit" für Handlungen oder Zustände aus, die im (pretérito imperfecto / pretérito perfecto compuesto / pretérito perfecto simple) wiedergegeben werden.
d) Ya ______________ (yo / leer) la noticia en el diario cuando me lo contaste. Ich hatte die Nachricht schon gelesen, als du mir davon erzählt hast.
e) No los ______________ (nosotros / ver) en todos esos años, hasta que un día nos los encontramos en la calle. Wir hatten sie all die Jahre nicht gesehen, bis wir sie eines Tages zufällig auf der Straße trafen.
f) Cecilia y Catalina no nos ______________ (escribir) nunca, hasta hoy. Cecilia und Catalina hatten uns nie geschrieben, bis heute.

5. *(➠ 3.2.2)*
Verwandeln Sie die direkte Rede in indirekte Rede.

a) –¿Has ido a ver a tu madre? „Hast du deine Mutter besucht?"
Le pregunté por teléfono si (él) ______________ (ir a ver) a su madre. Ich fragte ihn am Telefon, ob er seine Mutter besucht habe.
b) –Muchas gracias por traerme el libro. „Danke, dass du mir das Buch gebracht hast."
Me agradeció porque le (yo) ______________ (llevar) el libro. Sie dankte mir dafür, dass / weil ich ihr das Buch gebracht hatte.
c) –María se fue. „Maria ist gegangen."
Quería hablar con ella pero me dijeron que ya se (ella) ______________ (ir). Ich wollte mit ihr sprechen, aber mir wurde gesagt, dass sie schon gegangen sei.

6. *(➠ 4.1)*
Ergänzen Sie die Formen des pretérito anterior.

Singular	1. Person	______________	(perder verlieren)
	2. Person	______________	(llamar anrufen)
	3. Person	______________	(trabajar arbeiten)
Plural	1. Person	______________	(ir gehen)
	2. Person	______________	(llegar ankommen)
	3. Person	______________	(leer lesen)

7. *(➠ 4.2)*
Markieren Sie die richtige Alternative.

a) Der Gebrauch des pretérito anterior entspricht eher dem des (pretérito pluscuamperfecto / pretérito imperfecto).
b) Das pretérito anterior drückt Vorgänge in der Vergangenheit aus, die sich (vor / unmittelbar vor) anderen Vorgängen in der Vergangenheit vollzogen haben.
c) Das pretérito anterior wird hauptsächlich in der (geschriebenen / gesprochenen) Sprache verwendet.
d) Das pretérito anterior kommt nur in (Hauptsätzen / Nebensätzen) vor.
e) Das pretérito anterior kann in der gesprochenen Sprache durch das (pretérito perfecto simple / pretérito pluscuamperfecto) ersetzt werden.

Der Gebrauch der Vergangenheitszeiten (Indikativ)

Dieses Kapitel bietet einen Überblick über die wichtigsten Aspekte beim Gebrauch der spanischen Vergangenheitszeiten. Mit den Formen und dem Gebrauch sollten Sie bereits vertraut sein: ➠ Kapitel 16, *Das **pretérito perfecto simple***, 1 und 2, ➠ Kapitel 17, *Das **pretérito imperfecto***, 1 und 2 und ➠ Kapitel 18, *Zusammengesetzte Zeiten der Vergangenheit (Indikativ)*.

1 Pretérito perfecto simple vs. perfecto compuesto vs. imperfecto

Im ersten Abschnitt werden die verschiedenen Zeiten der Vergangenheit einander gegenüber gestellt; diese Gegenüberstellung beschränkt sich auf die Grundregeln des Zeitengebrauchs, wie sie in den jeweiligen Kapiteln dargelegt werden.

1.1 Gegenüberstellung perfecto simple vs. perfecto compuesto

perfecto simple	perfecto compuesto
Zeitbestimmungen	
ayer gestern, la semana pasada letzte Woche, en (el año) 1990 (im Jahr) 1990 etc. Ayer **fui** al cine. Gestern bin ich ins Kino gegangen.	este año dieses Jahr, hoy heute, todavía no noch nicht, hasta ahora bis jetzt etc. Esta semana **he ido** al cine. Diese Woche bin ich ins Kino gegangen.
Für einmalige, punktuelle und abgeschlossene Handlungen. Der Zeitraum, in dem sich die Handlung abgespielt hat,	
wird als abgeschlossen betrachtet, die Wirkung der Handlung wird vom Sprechenden als ohne Bezug zur Gegenwart angesehen. Mi padre **murió** hace tres años. Mein Vater ist vor drei Jahren gestorben.	wird als nicht abgeschlossen betrachtet, die Wirkung der Handlung ist noch in der Gegenwart für den Sprechenden spürbar. Mi padre **ha muerto** hace tres años. Mein Vater ist vor drei Jahren gestorben.

Beachten Sie

In einigen Regionen Spaniens (z. B. Asturien, Galizien) und in großen Teilen Hispanoamerikas (vor allem Cono Sur[1], Mittelamerika) wird das perfecto simple dem perfecto compuesto vorgezogen.

[1] Argentinien, Chile, Uruguay, Paraguay

TIPP

Wir empfehlen Ihnen, sich bei der Wahl zwischen perfecto simple und perfecto compuesto an Adverbien oder Zeitangaben wie „gestern“ oder „heute Morgen“ zu orientieren.

Test 1

Vervollständigen Sie die folgenden Sätze.

1. ¿____________ (tú / estar) alguna vez en Sudamérica? Bist du schon mal in Südamerika gewesen?
2. ¿A qué hora ____________ (tú / levantarse) ayer? Wann bist du gestern aufgestanden?
3. ¿Qué ____________ (hacer) el fin de semana pasado? Was habt ihr am letzten Wochenende gemacht?
4. Todavía no ____________ (yo / poder) hablar con Antonio. Ich habe noch nicht mit Antonio sprechen können.
5. En 1995 ____________ (yo / estar) por primera vez en Cuba. 1995 war ich zum ersten Mal in Kuba.
6. Mariana ____________ (volver) esta semana de su viaje. Mariana ist diese Woche von ihrer Reise zurückgekehrt.

1.2 Gegenüberstellung perfecto simple / compuesto vs. imperfecto

perfecto simple / compuesto	imperfecto
– Informationen, die für das Fortschreiten der Erzählung notwendig sind (neue Informationen); **Frage**: was geschah danach?	– Informationen, die für das Fortschreiten der Erzählung nicht notwendig sind (Hintergrundinformationen), z. B. Beschreibungen von Personen, Situationen und Stimmungen, Erklärungen etc.; **Frage**: was war (schon)? / wie war es?
Ayer **vino** Nicola a visitarme. Nicola **era** la vecina de la otra casa. Nicola hat mich gestern besucht. Nicola war die Nachbarin der alten Wohnung. Esta semana **he estado** con Miriam, la que **estaba** en tu fiesta. Diese Woche habe ich mich mit Miriam, die auf deiner Party war, getroffen.	
– Zeitbestimmungen: **perfecto simple**: anteayer vorgestern,	– Zeitbestimmungen: generalmente normalerweise, todas las mañanas

el año pasado letztes Jahr, una vez einmal etc. **perfecto compuesto**: esta semana diese Woche, hasta hoy bis heute, alguna vez schon einmal etc.	jeden Morgen, mientras während, antes früher, desde hace / hacía + Zeitangabe seit etc.
Nos **conocimos** el año pasado. Nos **encontrábamos** entonces todos los viernes en la plaza. Wir lernten uns letztes Jahr kennen. Wir trafen uns damals jeden Freitag auf dem Platz.	
– Zeitlich begrenzte Handlungen: **Viví / He vivido** tres años en ese barrio. Ich habe drei Jahre in diesem Stadtviertel gelebt.	– Anfang und Ende der Handlung spielen keine Rolle: En aquel entonces **vivíamos** en ese barrio. Damals lebten wir in diesem Stadtviertel.
– Aufeinanderfolgende Handlungen: Ayer **limpié** / Hoy **he limpiado** la casa, **trabajé** / **he trabajado** en el jardín y finalmente me **di** / **he dado** un baño. Gestern / Heute habe ich das Haus geputzt, im Garten gearbeitet und schließlich habe ich gebadet.	– Gleichzeitig stattfindende Handlungen: Mientras mi familia **dormía**, yo **trabajaba**. Während meine Familie schlief, arbeitete ich.
– Bei Verben des „Sagens“ zur Einleitung der indirekten Rede (➠ Kapitel 27, 2.1.2):	– In der indirekten Rede, wenn der Hauptsatz in einer Zeit der Vergangenheit und die Originalaussage in der direkten Rede im Präsens steht:
María: –Te espero. María: „Ich warte auf dich.“ María **dijo** que me **esperaba**. María sagte, dass sie auf mich warte.	

Beachten Sie

Das Deutsche greift auf lexikalische Sprachmittel – z. B. Adverbien wie „plötzlich“, „dann“, „auf einmal“, „gerade“ – zurück, um die semantischen Unterschiede zwischen den verschiedenen Zeiten deutlich zu machen. Vergleichen Sie:

Se **cerró** la puerta. Plötzlich ging die Tür zu.

Cuando llegaste, **llovió / empezó a llover**. Als du ankamst, begann es zu regnen. ↔ Cuando llegaste, **llovía**. Als du ankamst, regnete es (gerade).

Test 2

Entscheiden Sie, ob in den folgenden Sätzen das imperfecto oder das perfecto simple / compuesto verwendet wird, und markieren Sie die richtige Alternative.

1. La noche del 15 de abril, cuando (llegaron / llegaban) los padres, los niños (dormían / durmieron). Am Abend des 15. April, als die Eltern zurückkamen, schliefen die Kinder.
2. A los 2 años (llegó / llegaba) a Neuquén y allá (vivió / vivía) hasta los 18. Mit zwei kam sie/er nach Neuquén und dort lebte sie/er bis zum 18. Lebensjahr.
3. La semana pasada (empezamos / empezábamos) a trabajar a las diez. Letzte Woche fingen wir um zehn an zu arbeiten.
4. Esta semana (he ido / iba) tres veces a verte. Diese Woche habe ich dich drei Mal besucht.

2 Pretérito pluscuamperfecto vs. pretérito anterior

Das pretérito pluscuamperfecto und das pretérito anterior sind zusammengesetzte Zeiten der Vorvergangenheit, d. h. sie drücken abgeschlossene Handlungen aus, die sich vor anderen Handlungen der Vergangenheit vollzogen haben. Vergleichen Sie die folgenden Beispiele:

Me desperté con dolor de cabeza porque **había dormido** muy mal. Ich wachte mit Kopfweh auf, weil ich sehr schlecht geschlafen hatte.

Zuerst fand die Handlung des Nebensatzes (había dormido) statt, dann die des Hauptsatzes (desperté). Beide Handlungen sind also abgeschlossen.

Cuando me desperté, me **dolía** la cabeza. Als ich aufwachte, tat mir den Kopf weh.

Hier ist die Handlung des Hauptsatzes, ausgedrückt durch das imperfecto, nicht abgeschlossen, denn sie kann vor dem Aufwachen begonnen und sich danach fortgesetzt haben.

In der folgenden Tabelle werden das pretérito anterior und das pretérito pluscuamperfecto einander gegenübergestellt.

pretérito anterior	pretérito pluscuamperfecto
Stets in Verbindung mit Konjunktionen wie cuando als, apenas kaum, así que so dass, después (de) que nachdem, en seguida que / tan	Bei Zeitbestimmungen wie por aquellos días damals, una noche eines Abends, por primera vez zum ersten Mal und in Verbindung mit

pronto como sobald, wobei im Hauptsatz meist das perfecto simple steht. **Después (de) que** hubieron cenado, pidieron una copa de coñac. Nachdem sie gegessen hatten, bestellten sie einen Cognac. **Enseguida que** hubo llegado a casa, tomó un baño caliente. Gleich nachdem er/sie zu Hause angekommen war, nahm er/sie ein heißes Bad.	anderen Zeiten der Vergangenheit, z. B. pretérito imperfecto und perfecto simple. María **era** Licenciada en Filosofía y Letras. Forzosamente **había tenido** que estudiar la historia alemana. María war Magister. Sie hatte bestimmt deutsche Geschichte lernen müssen.

Beachten Sie

- Im heutigen Spanisch wird das pretérito anterior nur in der literarischen Sprache verwendet. In der Alltagssprache wird es durch das pretérito pluscuamperfecto bzw. durch das perfecto simple ersetzt.
  Luego que **hubo amanecido** / **había amanecido** / **amaneció**, regresé a casa. Nachdem die Sonne aufgegangen war, kehrte ich nach Hause zurück.
- Das pretérito pluscuamperfecto kann auch in einfachen Sätzen gebraucht werden, in der Regel mit Adverbien wie nunca / jamás nie, ya schon.
  Nunca te **había visto** de esa manera. Ich hatte dich nie so erlebt.
- Das pretérito pluscuamperfecto wird auch benutzt, um Höflichkeit oder Zurückhaltung auszudrücken.
  No **habías debido** de molestarte. Du hättest dich nicht bemühen müssen. / Es wäre nicht nötig gewesen.

Test 3

Vervollständigen Sie die folgenden Sätze.

1. El domingo pasado contesté las dos cartas que ____________________ (yo / recibir) el día anterior. Letzten Sonntag habe ich die zwei Briefe beantwortet, die ich am Tag zuvor bekommen hatte.
2. En cuanto lo ____________________ (él / decir), se marchó. Nachdem er das gesagt hatte, fuhr er fort.
3. Ayer, a estas horas, ya ____________________ (yo / comer). Gestern um diese Zeit hatte ich schon gegessen.
4. Cuando tú llamaste, Alejandra ____________________ (salir) hacía una hora. Als du anriefst, war Alejandra schon eine Stunde weg.

3 Bedeutungsänderung im Deutschen

Eine Reihe von Verben wird im Deutschen unterschiedlich wiedergegeben, je nachdem ob sie im perfecto (simple / compuesto) oder im imperfecto gebraucht werden. Hier werden die wichtigsten aufgeführt.

Verb	imperfecto	perfecto simple / compuesto
conocer kennen / kennen lernen	Nos **conocíamos** de la escuela. Wir **kannten** uns aus der Schule.	Ayer **conocí** a una chica majísima. Gestern **lernte** ich ein sehr nettes Mädchen **kennen**.
saber wissen / erfahren	No **sabía** nada. Ich **wusste** nichts davon.	Lo **supe** cuando leí el periódico. Ich **erfuhr** es, als ich die Zeitung las.
tener haben / bekommen	**Tenían** tres hijos. Sie **hatten** drei Kinder.	En septiembre **tuvo** su tercer bebé. Im September **bekam** sie ihr drittes Kind.
ir unterwegs sein / gehen bzw. fahren	**Íbamos** a la escuela cuando nos encontramos con Mario. Wir **waren unterwegs** zur Schule, als wir Mario trafen.	En 1992 **fuimos** de vacaciones a México. 1992 **fuhren** wir nach Mexiko in Urlaub.
sentirse mal sich schlecht fühlen / schlecht werden	Úrsula se **sentía** mal. Úrsula **fühlte sich** schlecht.	Úrsula se **sintió** mal. Úrsula **wurde** schlecht.
poder können / schaffen	**Podíamos** trabajar muy bien juntos. Wir **konnten** sehr gut zusammen arbeiten.	No **pudo** abrir la puerta. Er **schaffte** es nicht, die Tür aufzumachen.

Test 4

Entscheiden Sie anhand der Übersetzung, ob imperfecto oder perfecto simple verwendet wird.

1. Nos (conocimos / conocíamos) en la playa. Wir lernten uns am Strand kennen.
2. No (sabía / supe) nada, lo siento. Ich wusste nichts davon, es tut mir Leid.
3. Él no (fue / iba) al concierto. Er ging nicht zum Konzert.

4. Cuando (íbamos / fuimos) a casa, nos encontramos a Bárbara. Als wir gestern auf den Weg nach Hause waren, trafen wir Bárbara.
5. (Tuve / Tenía) un niño. Ich bekam ein Kind.

TIPP

Der folgende Abschnitt beschäftigt sich mit vertiefenden Überlegungen zum Gebrauch der spanischen Vergangenheitszeiten. Als Anfänger müssen Sie sich damit noch nicht befassen. Sie können zu ➠ Kapitel 20, *Das Futur* weitergehen.

4 Der Aspekt

Wie Sie aus den bisherigen Darlegungen gesehen haben, ist der Gebrauch der Vergangenheitszeiten im Spanischen sehr viel komplexer als im Deutschen. Während im Deutschen die Wahl zwischen Präteritum (z. B. „ich machte“) oder Perfekt (z. B. „ich habe gemacht“) regionalen oder stilistischen Vorlieben folgt, wobei in der Umgangssprache generell das Perfekt häufiger verwendet wird, verbinden sich im Spanischen mit der Wahl der Vergangenheitszeit bestimmte semantische Kategorien, die man als „Aspekt“ bezeichnet.

4.1 Definition

Unter Aspekt versteht man eine grammatische Kategorie, die den zeitlichen Verlauf eines verbalen Geschehens beschreibt, wobei man im Spanischen bei den Vergangenheitszeiten zwischen imperfektivem (= durativem) und perfektivem (= punktuellem) Aspekt unterscheidet.

Imperfektiv = kontinuierlicher Verlauf, d. h. die Handlung wird in ihrem Verlauf betrachtet, Zeit: imperfecto.
De pequeña **vivía** con mis abuelas. Als ich ein Kind war, lebte ich bei meinen Großeltern.
Antes me **gustaba** caminar. Früher wanderte ich oft.

Perfektiv = Anfang und Ende der Handlung werden betrachtet, Zeiten: perfecto simple, perfecto compuesto, pluscuamperfecto, perfecto anterior.
De 1995 a 1999 **vivimos** en Barcelona. Von 1995 bis 1999 lebten wir in Barcelona.
La película me **gustó** mucho. Der Film hat mir gut gefallen.

4.2 Imperfektive (= durative) vs. perfektive (= punktuelle) Verben

Einige Verben haben schon von ihrer Bedeutung her einen imperfektiven (= durativen) bzw. perfektiven (= punktuellen) Charakter. Entsprechend werden sie häufig – aber nicht immer – entweder mit dem pretérito perfecto simple bzw. compuesto oder mit dem pretérito imperfecto verwendet.

Die imperfektiven bzw. durativen Verben (verbos imperfectivos / permanentes) bezeichnen den Verlauf einer Handlung, Anfang und Ende der Handlung spielen keine Rolle, z. B. cantar singen, jugar spielen, llover regnen, nevar schneien, pasear spazieren gehen, permanecer bleiben, tener haben, vivir leben etc.
Cuando **tenía** 15 años, estalló la guerra. Als ich 15 Jahre alt war, brach der Krieg aus.

Die perfektiven bzw. punktuellen Verben (verbos perfectivos / desinentes) beschreiben dagegen Anfang und Ende bzw. die Vollziehung einer Handlung, z. B. comprender begreifen, empezar beginnen, entrar eintreten, estallar ausbrechen, llegar ankommen, morir sterben usw.
Cuando **cumplí** 13 años, fue el golpe militar. Als ich 13 wurde, fand der Militärputsch statt.

Test 5

Wählen Sie auf Grund der perfektiven oder imperfektiven Bedeutung des Verbs zwischen perfecto simple und imperfecto.

1. (Salimos / Salíamos) hacia las cinco. Wir fuhren gegen fünf Uhr ab.
2. (Vivieron / Vivían) en Caracas cuando nació su hijo. Sie lebten in Caracas, als ihr Sohn geboren wurde.
3. Sólo (quiso / quería) ser respetado. Er wollte nur respektiert werden.
4. Mi abuelo (falleció / fallecía) en 1998. Mein Großvater starb 1998.
5. Ayer (comenzó / comenzaba) la Semana Santa. Gestern begann die Karwoche.

4.3 Der Aspekt in Verbindung mit Adverbialbestimmungen

a) **Durante**
Durante ohne messbare Zeitangabe wird meist mit dem imperfecto verwendet, mit Zeitangabe dagegen mit dem perfecto.
Joaquín **caminaba** mucho durante las vacaciones. Joaquín ging während der Ferien viel spazieren.
Joaquín **caminó** durante dos horas. Joaquín ging zwei Stunden spazieren.

b) **En**
En + Zeitspanne wird nur dann mit dem imperfecto verwendet, wenn es sich um einen gewohnheitsmäßigen Vorgang handelt.
Comí en diez minutos. Ich aß in zehn Minuten. ↔
Cuando iba a la escuela, **comía** en diez minutos. Früher, als ich in die Schule ging, aß ich (gewöhnlich) in zehn Minuten.

c) **Siempre / nunca**
Siempre wird mit dem imperfecto verwendet, wenn es die Bedeutung „bei jeder Gelegenheit" hat, dagegen mit dem perfecto, wenn es sich auf eine begrenzte Zeit bezieht, z. B. im Sinne von todos estos años. Dasselbe gilt für nunca.
Siempre **estaba** enfermo. Er war immer krank. (verschiedene Krankheiten / Gelegenheiten)
Siempre (= toda la vida / todos estos años) **estuvo** enfermo de tuberculosis (= una sola enfermedad). Er litt schon immer (= das ganze Leben / die ganzen Jahre) an Tuberculose (= an einer Krankheit).
Nunca **estaba** / **estuvo** enfermo. Er war nie krank.

Test 6

Entscheiden Sie auf Grund der Adverbialbestimmung, ob imperfecto oder perfecto simple gebraucht wird.

1. Marisa te (esperaba / esperó) durante media hora. Marisa hat eine halbe Stunde auf dich gewartet.
2. (Bajaba / Bajó) las escaleras en un segundo. Sie lief die Treppe in einer Sekunde herunter.
3. (Estábamos / Estuvimos) casados durante cinco años. Wir waren fünf Jahre verheiratet.
4. Siempre (cuidaba / cuidó) a su hermana enferma. Sie hat sich das ganze Leben lang um ihre kranke Schwester gekümmert.

Auf den Punkt gebracht

1. *(➠ 1.2)*

Wann wird das imperfecto (I), wann das perfecto (P) verwendet?	I	P
a) Für Beschreibungen von Stimmungen, Situationen, Orten, Personen etc.	☐	☐
b) Mit Zeitangaben wie antes früher, todos los días jeden Tag.	☐	☐
c) Wenn der Satz das Ergebnis oder die Schlussfolgerung einer Handlung ist.	☐	☐
d) Für neu einsetzende Handlungen.	☐	☐

2. (➠ *1.1*, ➠ *1.2*)
Markieren Sie die richtige Alternative.
a) Todos los días Manuela se (levantaba / ha levantado) a las cinco de la mañana. Pero hoy se (levantaba / ha levantado) a las siete. Jeden Tag stand Manuela um fünf Uhr auf, aber heute ist sie schon um sieben Uhr aufgestanden.
b) Ayer por la mañana Sebastián (estaba / estuvo) en el tranvía, y de pronto se (sentaba / sentó) a su lado una persona que le (parecía / pareció) conocida. Gestern Morgen saß Sebastián in der Straßenbahn, und plötzlich hat sich jemand neben ihn gesetzt, der ihm bekannt vorkam.
c) Hoy a la tarde (íbamos / hemos ido) a comprar y al salir del supermercado, (nevaba / ha nevado). Heute Nachmittag sind wir einkaufen gegangen und als wir aus dem Supermarkt kamen, schneite es.
d) No (había / ha habido) mucho tráfico porque esta semana (empezaban / han empezado) las vacaciones escolares. Diese Woche war nicht viel Verkehr, weil die Schulferien angefangen haben.
e) Nunca (estábamos / hemos estado) en Nicaragua, pero Natalia (estaba / estuvo) tres veces. Wir sind nie in Nicaragua gewesen, aber Natalia war schon drei Mal da.

3. (➠ *3*)
Wie übersetzen Sie die folgenden Verbformen?
a) Lo conocí en las vacaciones de verano. (Ich lernte ihn/sie im Sommerurlaub kennen. / Ich kannte ihn/sie aus dem Sommerurlaub.)
b) Conocíamos a la señora Caldas del trabajo. (Wir kannten Frau Caldas von der Arbeit. / Wir lernten Frau Caldas in der Arbeit kennen.)
c) Lo supe ayer. (Ich erfuhr es gestern. / Ich wusste es gestern schon.)
d) Sabíamos que no era así. Wir (erfuhren / wussten), dass es nicht so ist.

4. (➠ *4*)
Überlegen Sie, ob die Verben einen perfektiven (P) oder imperfektiven (I) Aspekt haben. Setzen Sie dann das imperfecto oder perfecto simple ein.
a) En 1929 Frida Kahlo ______________ (casarse) con Diego Rivera y 10 años más tarde ______________ (divorciarse) de él. 1929 heiratete Frida Kahlo Diego Rivera und ließ sich zehn Jahre später von ihm scheiden.
b) Ella también ______________ (querer) pintar frescos como Diego Rivera; pero él la ______________ (convencer) de que ella ______________ (tener) un talento propio y que ______________ (deber) seguir trabajando en lo suyo. Sie wollte auch Fresken malen wie Diego Rivera, aber er überzeugte sie davon, dass sie ein eigenes Talent hatte und dass sie weiter daran arbeiten sollte.

Was Sie vorab wissen sollten

- Wie im Deutschen unterscheidet man auch beim spanischen Futur zwischen einer einfachen (futuro = Futur I) und einer zusammengesetzten Form (futuro perfecto = Futur II).
- In der ursprünglichen Bedeutung drückt das Futur eine Absicht, eine Pflicht bzw. eine Möglichkeit zur Realisierung einer Handlung aus. Im modernen umgangssprachlichen Spanisch wird dieser Gebrauch teilweise durch die Verbalperiphrase ir + a + Infinitiv ersetzt. (➠ Kapitel. 26, *Infinite Verbformen*)
  Iré a verte mañana. = **Voy a** verte mañana. Ich werde dich morgen besuchen.

1 Formen

1.1 Regelmäßige Formen

Auf Entdeckung

1. Lesen Sie die folgenden Sätze.

¿No **llamarás** ahora? ¡Es tardísimo! Du wirst doch jetzt nicht anrufen? Es ist schon sehr spät!
Te **llamaremos** apenas lleguemos. Wir werden dich anrufen, sobald wir ankommen.
No sé qué hora es exactamente, **serán** las ocho. Ich weiß nicht genau, wie spät es ist, es wird ca. acht Uhr sein.
¿**Será** posible? Ist das denn möglich?
Os escribiré cuando tenga un poco de tiempo, ¿sí? Ich werde euch schreiben, sobald ich etwas Zeit habe, O.K.?
¿Me **escribiréis** una postal? Werdet ihr mir eine Postkarte schreiben?

2. Tragen Sie – ausgehend von den Beispielsätzen in 1. – die Formen des futuro der drei Verben in die Tabelle ein und kennzeichnen Sie die Endungen. Beachten Sie, dass diese für alle drei Verbklassen gleich sind.

		llam-ar (an)rufen	**s-er** sein	**escrib-ir** schreiben
Singular	1. Person			
	2. Person			
	3. Person			
Plural	1. Person			
	2. Person			
	3. Person			

Beachten Sie
Die Futur-Formen setzen sich aus dem Stamm und den Endungen zusammen. Aus didaktischen Gründen könnte man sagen, dass der Stamm mit dem Infinitiv identisch ist. Die Endungen sind für alle Verbklassen gleich und tragen stets die Betonung: -é, -ás, -á, -emos, -éis, -án.

Test 1

Vervollständigen Sie die Sätze mit den Formen des Futurs.

1. Mañana ______________ (yo / tomar) el tren urbano para llegar puntual a la oficina. Morgen werde ich die S-Bahn nehmen, um pünktlich im Büro zu sein.
2. Hoy por la noche ______________ (nosotros / comer) algo juntos. Heute Abend werden wir zusammen etwas essen.
3. Si sales el jueves a las ocho, ______________ (tú / llegar) a eso de las diez. Wenn du am Donnerstag um acht fährst, wirst du gegen zehn ankommen.
4. A partir del próximo semestre Darina ______________ (estudiar) en Múnich. Ab dem nächsten Semester wird Darina in München studieren.
5. Primero ______________ (vosotras / terminar) vuestro trabajo y después ______________ (nosotras / hablar) del resto. Zuerst werdet ihr die Arbeit beenden, dann werden wir über den Rest reden.

1.2 Unregelmäßige Formen

Viele gebräuchliche Verben, z. B. poder können, poner stellen, hacer tun, weisen Besonderheiten beim Stamm auf. Die Endungen sind dieselben wie bei den regelmäßigen Formen.

1.2.1 Einige Verben auf -er verlieren das -e-

Bei einigen wenigen Verben auf -er, z. B. haber haben / sein (als Hilfsverb), poder können, saber wissen, querer wollen, entfällt das -e- der Infinitivendung: haber + -é → **habré**, poder + -ás → **podrás**, saber + -emos → **sabremos**, querer + -éis → **querréis** usw.

1.2.2 Einige Verben auf -er bzw. -ir mit eingeschobenem -d-

Einige Verben auf -er, z. B. poner stellen, tener haben (als Vollverb), tener que müssen, und auf -ir, z. B. salir ausgehen, venir kommen, weisen neben der in 1.2.1 dargestellten Besonderheit ein eingeschobenes -d- auf: pon- + -er- + -é → **pondré**, ten- + -er- + -ás → **tendrás**, sal- + -ir- + -emos → **saldremos** usw.

1.2.3 Decir sagen und hacer machen / tun
Decir sagen und hacer machen / tun haben einen eigenen Futur-Stamm, nämlich dir- + -emos → **diremos** und har- + -éis: **haréis**.

Beachten Sie
- Die zusammengesetzten Verben haben die gleichen Unregelmäßigkeiten:
  hacer rehacer noch einmal tun: reharé, ...
  tener detener festnehmen: detendré, ...
  poner proponer vorschlagen: propondré, ...
  venir prevenir vorbeugen: prevendré, ...
- Die Unregelmäßigkeiten bei den Futur-Formen werden beim condicional beibehalten. (➠ Kapitel 21, *Das **condicional***, 1.2)

Test 2
Setzen Sie die unregelmäßigen Futur-Formen ein.

		poder können	**poner** stellen	**hacer** machen
Singular	1. Person			
	2. Person			
	3. Person			
Plural	1. Person			
	2. Person			
	3. Person			

2 Gebrauch

2.1 Das Futur für Handlungen und Ereignisse in der Zukunft

Das Futur wird für Handlungen und Ereignisse verwendet, die in der Zukunft stattfinden.
El próximo mes **comenzaré** un curso de inglés. Nächsten Monat **werde ich** einen Englischkurs **anfangen**.

Beachten Sie
- Das Futur kann durch das Präsens ersetzt werden, wenn aus dem Zusammenhang deutlich wird, dass es sich um Handlungen oder Ereignisse handelt, die sich in der Zukunft abspielen, z. B. durch Verwendung eines Zeitadverbs.
  ¿Qué haces mañana? Was machst du morgen?

- Das Futur wird wie im Deutschen in der Umgangssprache selten verwendet. Im Spanischen benutzt man stattdessen oft die Verbalperiphrase ir + a + Infinitiv. Diese wirkt unmittelbarer und lebendiger als das Futur. Im Englischen finden Sie einen ähnlichen Gebrauch mit *going to*.
  ¿Adónde / A dónde vas a ir de vacaciones el próximo año? Wohin wirst du nächstes Jahr in Urlaub fahren?
- Will man Handlungen oder Ereignisse beschreiben, die in **unmittelbarer Zukunft** stattfinden, so benutzt man die Verbalperiphrase estar por + Infinitiv.
  Estaba por llamar a mis padres, cuando sonó el teléfono y ... eran ellos. Ich war im Begriff meine Eltern anzurufen, als das Telefon klingelte ... sie waren dran.
  El tren está por salir. ¡Date prisa! Der Zug wird gleich abfahren. Beeil dich!
  (➠ Kapitel 26, *Infinite Verbformen*, 4.3.2)

Test 3

Ersetzen Sie den unterstrichenen Satz durch einen mit dem futuro.

1. ¿Qué vas a tomar? – Un café, por favor. Was trinkst du? – Einen Kaffee, bitte.

   ____

2. Hoy a la tarde voy a ir de compras. ¿Quieres acompañarme? Heute Nachmittag gehe ich einkaufen. Willst du mich begleiten?

   ____

3. Nos vamos (a ir) de vacaciones. Por eso este desorden. Wir fahren in Urlaub. Deshalb diese Unordnung.

   ____

4. En los próximos meses va a haber inflación. In den nächsten Monaten wird es eine Inflation geben.

   ____

2.2 Das Futur zum Ausdruck von Wahrscheinlichkeit (futuro de probabilidad)

Das Futur wird für Vermutungen, Zweifel, Verdacht oder Wahrscheinlichkeit verwendet.

Será como tú dices. Es wird wohl so sein, wie du es sagst.
Norma **tendrá** unos treinta años. Norma wird etwa 30 Jahre alt sein.

2.3 Das Futur zum Ausdruck von Überraschung (futuro de sorpresa)

Das Futur wird auch in Frage- und Ausrufesätzen gebraucht, in denen Überraschung, Erstaunen, Besorgnis oder Beunruhigung ausgedrückt werden soll.
¡**Será** posible que siempre llegue tarde! Ist es möglich, dass er/sie immer zu spät kommt!
¡Si **serás** tonto! So ein Dummkopf!
¿Te **atreverás** a negarlo? Du wagst es zu leugnen?

2.4 Das Futur zum Ausdruck von Befehlen (futuro de mandato)

Das Futur kann den Imperativ bei nachdrücklichen Aufforderungen und Geboten ersetzen.
¡No lo **harás**! Das wirst du nicht tun!
Irás allí sin chistar. Du wirst ohne Widerrede hingehen.
No **matarás**. Du sollst nicht töten.
Cuando vengas de la escuela, **ordenarás** tu habitación. Wenn du von der Schule kommst, wirst du dein Zimmer aufräumen.

2.5 Das Futur in Bedingungssätzen

In Bedingungssätzen steht das Futur im Hauptsatz.
Si vienes a las cuatro, te **esperaré** en casa. Wenn du um vier Uhr kommst, werde ich zu Hause auf dich warten.

Beachten Sie
Wenn ein Temporalsatz sich auf die Zukunft bezieht, wird im Spanischen statt des Futurs das presente de subjuntivo verwendet. (➡ 4.3 und ➡ Kapitel 22, *Das **presente de subjuntivo***)
Cuando **llegue** el tren, iremos a tu casa. Wenn / Sobald der Zug ankommt, werden wir zu dir fahren.

Test 4
Drückt das Futur in den folgenden Sätzen eine Handlung in der Zukunft (Z), eine Vermutung (V), eine Überraschung (Ü) oder eine Aufforderung (A) aus?
1. Dina llegará mañana. Dina wird morgen ankommen.
2. ¿Dónde estarán los niños? Wo sind wohl die Kinder?
3. Ahora irás a verlo y le dirás todo. Jetzt wirst du zu ihm gehen und ihm alles sagen.

4. ¿Será verdad? Ob es wahr ist?
5. Hoy no tomaré el autobús, iré a pie. Heute werde ich nicht den Bus nehmen, ich werde zu Fuß gehen.
6. ¿Qué hora es? – Serán las doce. Wie spät ist es? – Es wird zwölf Uhr sein.

TIPP

Wenn Sie noch Anfänger sind, können Sie den nächsten Abschnitt zunächst überspringen und zu einem späteren Zeitpunkt durcharbeiten. Sie können dann zu ➠ Kapitel 21, *Das* ***condicional*** gehen.

3 Das *futuro perfecto*

3.1 Formen

Das futuro perfecto ist die zusammengesetzte Zeit der Zukunft (Futur II). Wie die anderen zusammengesetzten Zeiten im Spanischen wird auch das futuro perfecto mit den Futur-Formen des Hilfsverbs haber (➠ 1.1) und dem Partizip Perfekt des jeweiligen Verbs gebildet. (➠ Kapitel 18, *Zusammengesetzte Zeiten der Vergangenheit (Indikativ)*, 1)
Cuando tú llegues a tu casa, yo ya **habré llegado** a la mía. Wenn du zu Hause angekommen bist, werde ich auch bei mir angekommen sein.
No lo **habrás entendido**. Du wirst das wohl nicht verstanden haben.

Auf Entdeckung

1. Lesen Sie die folgenden Sätze.

Cuando llegues, **habré terminado** con esto, te lo prometo. Wenn du kommst, werde ich hiermit fertig sein, das verspreche ich dir.
Hoy a las cinco **habrán terminado** con los arreglos. Heute um fünf Uhr werden sie mit der Renovierung fertig sein.
¿**Habrán tenido** un accidente? Ob sie wohl einen Unfall gehabt haben?
A finales de agosto ya **habremos tenido** el niño. Ende August werden wir schon das Kind bekommen haben.
No sé si ya **habrá venido** la correspondencia. Ich weiß nicht, ob die Post schon gekommen ist.
¿No **habrás venido** con las manos vacías? Du wirst doch wohl nicht mit leeren Händen gekommen sein?

2. Tragen Sie – ausgehend von den Beispielsätzen in 1. – die Formen des futuro perfecto der drei Verben in die folgende Tabelle ein.

		termin-ar beenden	**ten-er** haben	**ven-ir** kommen
Singular	1. Person			
	2. Person			
	3. Person			
Plural	1. Person			
	2. Person			
	3. Person			

Test 5

a) Setzen Sie die Sätze ins futuro perfecto.
b) Übersetzen Sie sie dann ins Deutsche.

Beispiel:
Lía ha visto la película. Lía hat den Film gesehen.
Lía habrá visto la película. Lía wird den Film gesehen haben.

1. Adela se ha ido. Adela ist weggegangen.
   Adela ____________________.
   ____
2. Pepe y Guillermo se han encontrado. Pepe und Guillermo haben sich getroffen.
   Pepe y Guillermo ____________________.
   ____
3. Nora ha estado aquí. Nora ist hier gewesen.
   Nora ____________________ aquí.
   ____
4. Mariano ha cocinado fideos. Mariano hat Nudeln gekocht.
   Mariano ____________________ fideos.
   ____
5. Eugenio se ha quedado en casa. Eugenio ist zu Hause geblieben.
   Eugenio ____________________ en casa.
   ____

3.2 Gebrauch

Der Gebrauch des futuro perfecto entspricht weitgehend dem im Deutschen, auch wenn es im Deutschen nicht so häufig benutzt wird.

3.2.1 Das futuro perfecto für Handlungen und Ereignisse in der Zukunft

Das futuro perfecto wird für Handlungen und Ereignisse gebraucht, die vor anderen Handlungen und Ereignissen in der Zukunft stattfinden („Vornachzeitigkeit"). Das futuro perfecto steht also in Beziehung zu einer anderen zukünftigen Handlung. Im Deutschen kann in diesen Fällen auch das Perfekt verwendet werden.

Mañana a esta hora, Pedro ya **habrá dado** el examen. Morgen um diese Zeit **wird** Pedro die Prüfung schon **gemacht haben.** / Morgen um diese Zeit **hat** Pedro die Prüfung schon **gemacht**.

Cuando tú vengas a mi casa, yo ya **habré comido.** Wenn du zu mir kommst, **werde** ich schon **gegessen haben**. / Wenn du zu mir kommst, **habe** ich schon **gegessen**.

3.2.2 Das futuro perfecto zum Ausdruck von Wahrscheinlichkeit (futuro perfecto de probabilidad)

Außerdem drückt das futuro perfecto Wahrscheinlichkeit oder Vermutungen über vergangene Vorgänge aus.

Os cuento cosas que todos **habréis vivido** alguna vez. Ich erzähle euch etwas, was ihr alle vielleicht schon mal erlebt habt.

¿**Habrán escrito**? Ob sie wohl geschrieben haben?

3.2.3 Das futuro perfecto zum Ausdruck von Erstaunen (futuro perfecto de sorpresa)

Wie mit dem futuro kann man auch mit dem futuro perfecto Verwunderung bzw. Erstaunen ausdrücken.

¡**Habrase visto**! Hat man so was schon gesehen?

¡Si lo **habré intentado**! Und ob ich es versucht habe!

Test 6

Drückt das futuro perfecto in den folgenden Sätzen eine in der Zukunft abgeschlossene Handlung (Z), Wahrscheinlichkeit bzw. Vermutung (V) oder Überraschung (Ü) aus?

1. Mamá ya habrá llegado. Mama wird vermutlich schon angekommen sein.
2. ¡Habrase visto semejante insolencia! Hat man so was Freches schon gesehen?

3. Se habrá ido. Er ist wohl schon gegangen.
4. En algunas semanas Ángeles y Facundo habrán terminado el proyecto. In einigen Wochen werden Ángeles und Facundo das Projekt beendet haben.
5. ¡Qué raro! Esperanza no ha llegado aún, habrá habido mucho tráfico. Seltsam! Esperanza ist noch nicht da, vielleicht ist viel Verkehr.
6. Mañana a esta hora ya habremos llegado al mar. Morgen um diese Zeit werden wir schon am Meer angekommen sein.

4 Besonderheiten

4.1 Futuro vs. futuro perfecto

Sowohl das futuro als auch das futuro perfecto dienen dazu, eine Hypothese über einen bestimmten Sachverhalt auszudrücken. Der Unterschied besteht darin, dass die Handlung beim futuro perfecto schon abgeschlossen ist.
No encuentro mis anteojos. – ¿No te los **habrás dejado** en la oficina? – No, no lo creo. **Estarán** en algún lugar de la casa. Ich finde meine Brille nicht. – Ob du sie im Büro liegen gelassen hast? – Nein, das glaube ich nicht, sie werden wohl irgendwo im Haus sein.

Test 7

Formulieren Sie die folgenden Vermutungen mit dem futuro bzw. futuro perfecto. Das zu ersetzende Verb ist jeweils fett gedruckt. Die Angaben in Klammern helfen Ihnen dabei. Beispiel:
Esta casa (debe de **ser**) <u>**será**</u> muy cara. Dieses Haus wird wohl sehr teuer sein.

1. Margarita va siempre muy bien vestida. (Debe de **tener**) ______________ mucho dinero. Margarita ist immer sehr gut angezogen. Sie wird wohl viel Geld haben.
2. Lucas no está. (Seguramente **se ha quedado**) ______________ en la oficina. Lucas ist nicht da, er ist wohl im Büro geblieben.
3. ¡Qué mal aspecto tiene Luis hoy! (Seguro que **ha tomado**) ______________ de más anoche. Wie schlecht Luis heute aussieht! Er wird wohl gestern Abend viel getrunken haben.
4. ¡Qué flaco se ha puesto! (Seguro que **está**) ______________ enfermo. Wie dürr er geworden ist! Er ist wohl krank.
5. Luján no ha llegado aún, (quizás **se ha olvidado**) ______________ de la reunión. Luján ist noch nicht angekommen, vielleicht hat sie das Treffen vergessen.
6. Elisabeth está muy feliz. (Tal vez **se ha enamorado**) ______________. Elisabeth ist sehr glücklich, vielleicht hat sie sich verliebt.

4.2 Futuro vs. condicional

Sowohl das futuro als auch das condicional dienen dazu, Vermutungen zu äußern. Um Vermutungen über etwas bereits Geschehenes auszudrücken, verwendet man das condicional bzw. condicional perfecto. Um Vermutungen über etwas zu äußern, das noch mit der Gegenwart in Verbindung steht, verwendet man dagegen das futuro bzw. das futuro perfecto.

	condicional vs. futuro	condicional perfecto vs. futuro perfecto
Vergangenheit	No sé qué le **pasaría** ayer a Begoña. Estaba muy rara. Ich weiß nicht, was gestern mit Begoña los war. Sie war sehr seltsam.	Ayer Martín se veía cansadísimo. **Habría trabajado** muchísimo. Gestern sah Martín sehr müde aus. Er wird wohl viel gearbeitet haben.
Gegenwart	¿Dónde está Matilde? – **Estará** todavía en la escuela. Wo ist Matilde? – Sie wird wohl noch in der Schule sein.	Se ve muy cansada. **Habrá trabajado** mucho. Sie sieht sehr müde aus. Sie wird wohl viel gearbeitet haben.

Test 8

Entscheiden Sie, ob futuro / futuro perfecto oder condicional / condicional perfecto benutzt werden muss. Das zu ersetzende Verb ist jeweils fett gedruckt. Die Angaben in Klammern helfen Ihnen dabei.

1. Roberto parecía preocupado la última semana. (Seguramente **tuvo**) ________________ problemas con su trabajo. Roberto sah letzte Woche besorgt aus. Wahrscheinlich hat er Probleme in der Arbeit gehabt.
2. Los vecinos llamaron anoche a la policía. (Seguramente **les molestó**) ________________ el ruido de la fiesta. Die Nachbarn haben gestern Nacht die Polizei gerufen. Sie fühlten sich wahrscheinlich durch den Lärm der Fete gestört.
3. ¿Por qué están los bomberos? – No sé, (seguramente **hay**) ________________ una emergencia. Warum ist die Feuerwehr hier? – Keine Ahnung, wahrscheinlich ein Notfall.
4. Hoy estaban todos contentos en la oficina. (Seguro que **les han aumentado**) ________________ el sueldo. Heute waren alle im Büro zufrieden. Sie haben wahrscheinlich eine Gehaltserhöhung bekommen.

4.3 Presente / perfecto de subjuntivo vs. futuro / futuro perfecto

Bevor Sie diesen Abschnitt lesen, sollten Sie die ➠ Kapitel 22, 23, 24, *Der **subjuntivo*** und ➠ Kapitel 34, *Die Konjunktionen*, 4 gelesen haben.
In Temporalsätzen, die sich auf die Zukunft beziehen, steht der subjuntivo, während im Hauptsatz das Futur gebraucht wird, und zwar das futuro, wenn die Handlung des Hauptsatzes noch stattfindet, und das futuro perfecto, wenn sie bereits stattgefunden hat. Vergleichen Sie die folgenden Fälle.

4.3.1 Presente de subjuntivo vs. futuro / futuro perfecto

Cuando **llegues** a casa, **cenaremos**. Wenn / Sobald du nach Hause kommst, werden wir zu Abend essen.
Cuando tú **llegues** a casa, yo ya **habré cenado**. Wenn du nach Hause kommst, werde ich schon zu Abend gegessen haben.

4.3.2 Perfecto de subjuntivo vs. futuro / futuro perfecto

Cuando **hayas llegado** a casa, **cenaremos**. Wenn / Sobald du nach Hause gekommen bist, werden wir zu Abend essen.
Cuando tú **hayas llegado** a casa, yo **habré cenado**. Wenn du nach Hause gekommen bist, werde ich schon zu Abend gegessen haben.

Test 9

Vervollständigen Sie die Sätze nach dem Muster. Wählen Sie zwischen dem futuro, dem presente de subjuntivo oder dem perfecto de subjuntivo.
(Dormir) Dormiré cuando (comer) haya comido. Ich werde schlafen, wenn ich gegessen habe.

1. Tania (salir) sólo ________________ cuando (llamar) ________________ a Lea. Tania wird erst ausgehen, wenn sie Lea angerufen hat.
2. Te (yo / enviar) ________________ el libro, cuando lo (terminar) ________________ de leer. Ich werde dir das Buch schicken, wenn ich es zu Ende gelesen habe.
3. Federico te (llamar) ________________ cuando (saber) ________________ algo. Federico wird dich anrufen, sobald er etwas weiß.
4. (Nosotros / poder) ________________ irnos de vacaciones, cuando (tú / aclarar) ________________ el asunto. Wir werden in Urlaub fahren können, sobald du diese Angelegenheit geklärt hast.

5. Te (nosotras / escribir) ________________ una postal apenas (llegar) ________________ a Cuba. Wir werden dir eine Postkarte schreiben, sobald wir in Kuba ankommen.

Auf den Punkt gebracht

1. *(➠ 1.1)*
Tragen Sie die (regelmäßigen) Futur-Formen der folgenden Verben auf -ar, -er und -ir in die Tabelle ein.

		viajar reisen	romper zerbrechen	vivir leben
Singular	1. Person	________	________	________
	2. Person	________	________	________
	3. Person	________	________	________
Plural	1. Person	________	________	________
	2. Person	________	________	________
	3. Person	________	________	________

2. *(➠ 1.2)*
Tragen Sie die (unregelmäßigen) Futur-Fomen der folgenden Verben in die Tabelle ein.

		salir ausgehen	querer wollen	decir sagen
Singular	1. Person	________	________	________
	2. Person	________	________	________
	3. Person	________	________	________
Plural	1. Person	________	________	________
	2. Person	________	________	________
	3. Person	________	________	________

3. *(➠ 2)*
Markieren Sie die richtige Alternative.

a) Das Futur im Spanischen bezeichnet (nur / nicht nur) Handlungen und Ereignisse, die in der Zukunft stattfinden.
b) Der Gebrauch der Periphrase ir + a + Infinitiv ersetzt das Futur in der (gesprochenen / geschriebenen) Sprache.
c) Das Futur kann durch das Präsens (ersetzt / nicht ersetzt) werden, wenn es eindeutig ist, dass es sich um Vorgänge handelt, die in der Zukunft stattfinden.

4. (➠ 3.1)
Tragen Sie die Formen des futuro perfecto der folgenden Verben auf -ar, -er und -ir in die Tabelle ein.

		cortar schneiden	tener haben	salir ausgehen
Singular	1. Person	________	________	________
	2. Person	________	________	________
	3. Person	________	________	________
Plural	1. Person	________	________	________
	2. Person	________	________	________
	3. Person	________	________	________

5. (➠ 3.2)
Markieren Sie die richtige Alternative.
a) Das futuro perfecto bezeichnet Handlungen oder Ereignisse, die in der Zukunft (vor / nach) anderen Handlungen oder Ereignissen stattfinden.
b) Mit dem futuro perfecto kann man Vermutungen über (vergangene / zukünftige) Vorgänge ausdrücken.
c) ¿A qué hora se fueron? – (Ha sido / Habrá sido / Será) a las 10. Wann sind sie abgefahren? – Es wird etwa 10 Uhr gewesen sein.

6. (➠ 4.1)
Markieren Sie die richtige Alternative bzw. ergänzen Sie die richtige Verbform.
a) Das futuro drückt eine Vermutung aus, die noch in Beziehung zur (Gegenwart / Zukunft) steht und nicht abgeschlossen ist.
b) ¿Dónde están los chicos? – (Seguramente están jugando) ________ con el ordenador. Wo sind denn die Kinder? – Wahrscheinlich spielen sie mit dem Computer.
c) Das futuro perfecto drückt eine Vermutung aus, die (schon abgeschlossen / noch nicht abgeschlossen) ist.
d) No encuentro las llaves, (seguro que las he olvidado) ________ en el bar. Ich finde die Schlüssel nicht, bestimmt habe ich sie in der Bar vergessen.

7. (➠ 4.2)
Markieren Sie die richtige Alternative.
a) Mit dem futuro kann man Vermutungen äußern, die sich auf ein gegenwärtiges Geschehen beziehen, die Erzählzeit ist die (Gegenwart / Zukunft).
b) Estoy buscando a Pedro, ¿dónde (estará / estaría)? Ich suche gerade Pedro, wo er wohl steckt?

c) Mit dem futuro perfecto kann man Vermutungen über etwas Geschehenes äußern, die Erzählzeit ist die (Gegenwart / Vergangenheit).
d) Pedro no está, (habrá / habría) salido. Pedro ist nicht da, er wird wohl ausgegangen sein.
e) Mit dem condicional und condicional perfecto kann man Vermutungen in der (Vergangenheit / Gegenwart) ausdrücken.
f) Ayer (habría llegado / llegaría) puntualmente, pero el tren se retrasó. Gestern wäre ich pünktlich gewesen, aber der Zug hatte Verspätung.

8. *(➠ 4.3)*
Markieren Sie die richtige Alternative.
a) In einem temporalen Nebensatz, der sich auf die Zukunft bezieht, steht das Verb im (futuro / presente bzw. perfecto de subjuntivo).
b) Rosana te llamará, cuando (llegará / llegue) Lía. Rosana wird dich anrufen, sobald Lía ankommt.
c) Podrás ir a jugar con tus amigos, cuando (hayas hecho / habrás hecho) tus deberes. Du kannst mit deinen Freunden spielen, wenn du deine Hausaufgaben gemacht hast.

Auf Entdeckung

Lesen Sie die folgenden Sätze.

1. ¿Me **esperarías** un momento? **Würdest** du einen Moment auf mich **warten**?
2. Yo que tú no **participaría**. Ich an deiner Stelle **würde** nicht **teilnehmen**.
3. Si pudieran, nos **acompañarían**. Wenn sie könnten, **würden** sie uns **begleiten**.
4. Nunca **hablaríamos** mal de nuestros amigos. Wir **würden** niemals schlecht über unsere Freunde **sprechen**.
5. ¿Me **leeríais** este párrafo? **Würdet** ihr mir diesen Abschnitt **vorlesen**?
6. Creo que él no **haría** semejante cosa. Ich glaube, er **würde** so etwas nicht **tun**.

Welche Unterschiede können Sie in der deutschen und der spanischen Konstruktion in Bezug auf die Hilfsverben entdecken?

Was Sie vorab wissen sollten

- Das condicional drückt, ähnlich wie der deutsche Konjunktiv II, eine Möglichkeit aus oder kennzeichnet eine Handlung als bedingt.
- Das spanische condicional hat im Gegensatz zum deutschen Konjunktiv II ein vollständiges Formensystem und kommt ohne Hilfsverben aus.
- Das condicional besitzt zwei Zeitformen: condicional und condicional perfecto.

1 Das *condicional*

1.1 Die regelmäßigen Formen

Die Formen des condicional werden wie die des Futur (➠ Kapitel 20, *Das Futur,* 1) aus dem Infinitiv und der spezifischen Endung für jede Person gebildet. Bei den regelmäßigen Formen bleibt der Infinitiv unverändert und die Endungen sind für jede der drei Verbgruppen gleich.

Auf Entdeckung

Versuchen Sie nun anhand der Beispielsätze zu Beginn des Kapitels, in denen die Endungen für alle Personen aufgeführt sind, die folgende Tabelle zu vervollständigen. (➠ *Lösungen*)

		cant-ar singen	entend-er verstehen	traduc-ir übersetzen
Singular	1. Person	cantaría	entendería	
	2. Person			traducirías
	3. Person			
Plural	1. Person			
	2. Person			
	3. Person			

Test 1

Ergänzen Sie die Formen des condicional.

1. ¿Crees que lo ____________ (reconocer / tú)? Glaubst du, du würdest ihn wiedererkennen?
2. Ellos no ____________ (deber) trabajar tanto. Sie sollten nicht so viel arbeiten.
3. ____________ (vivir / nosotros) felices en Sevilla. Wir würden sehr gern in Sevilla leben.
4. ¿Qué ____________ (preferir / vosotros)? Was hättet ihr lieber?
5. ____________ (comer / yo) algo antes de salir. Ich würde gern etwas essen, bevor wir gehen.
6. A él le ____________ (gustar) ir al cine hoy. Er würde gern ins Kino gehen.

1.2 Die unregelmäßigen Formen

Bei den unregelmäßigen Formen verändert sich der Stamm des Verbs, die Endungen sind aber dieselben wie bei den regelmäßigen Formen.

1.2.1 Verben mit eingeschobenem -d-

venir kommen → vendría etc.
poner setzen / stellen / legen → pondría etc.
salir ausgehen → saldría etc.
tener haben → tendría etc.

1.2.2 Verben mit verkürztem Infinitiv

saber wissen / können → sabría etc.
caber hineinpassen → cabría etc.

poder können → podría etc.
haber sein / haben (Hilfsverb) → habría etc.

1.2.3 Weitere unregelmäßige Verben

hacer machen / tun → haría etc.
decir sagen → diría etc.
querer wollen / mögen → querría etc.

Beachten Sie

Zusammengesetzte Verben, die eins dieser unregelmäßigen Verben enthalten, werden genauso konjugiert wie diese.

poner suponer vermuten, reponerse sich erholen
decir contradecir widersprechen
hacer deshacer kaputt machen / auseinander nehmen / auflösen

Test 2

Ergänzen Sie die Formen des condicional.

1. Yo no ____________ (decir) eso. Ich würde das nicht sagen.
2. ¿Me ____________ (hacer / tú) un favor? Würdest du mir einen Gefallen tun?
3. Por favor, ¿me ____________ (poder / ustedes) ayudar a levantar esta caja? Könnten Sie mir helfen diese Kiste anzuheben?
4. Si no hiciera tanto frío, la gente ____________ (salir) más. Wenn es nicht so kalt wäre, würden die Leute mehr ausgehen.
5. Si no vivierais tan lejos, ____________ (venir / nosotros) más a menudo. Wenn ihr nicht so weit entfernt wohntet, würden wir öfter kommen.
6. ¿Qué ____________ (elegir / vosotros) en mi lugar? Was würdet ihr an meiner Stelle aussuchen?

1.3 Gebrauch

Das condicional wird in vielen Fällen genauso benutzt wie der deutsche Konjunktiv II. Im Deutschen wird dabei häufig das Hilfsverb „werden" benutzt.

1.3.1 Gleiche Verwendung wie im Deutschen

a) Hypothetischer Sachverhalt

Mit dem condicional kann man einen hypothetischen Sachverhalt ausdrücken.
Con un nuevo auto me **sentiría** más seguro. Mit einem neuen Auto **würde** ich mich sicherer **fühlen**.
¿Qué **dirías** tú? Was **würdest** du **sagen**?
¿Qué **harías** tú en mi lugar? Was **würdest** du an meiner Stelle **tun**?

Das condicional wird oft auch in Verbindung mit dem pretérito imperfecto de subjuntivo zum Ausdruck einer irrealen Bedingung verwendet. (➡ Kapitel 27, *Der Gebrauch der Zeiten und Modi,* 3)

Si tuviera tiempo, **iría.** Hätte ich Zeit, **würde** ich **kommen.**

Si Carlos fuera un verdadero amigo, me **ayudaría.** Wenn Carlos ein echter Freund wäre, **würde** er mir **helfen.**

b) Ratschlag, Aufforderung, Vorschrift

Mit dem condicional kann ein Ratschlag, eine Aufforderung, eine Vorschrift usw. höflich oder abschwächend formuliert werden, oft in Verbindung mit Modalverben.

Podrías tomar el bus. Du **könntest** den Bus nehmen.

No **deberías** comer tanto. Du **solltest** nicht so viel essen.

Me **tendrías** que avisar mañana. Du **müsstest** mir morgen Bescheid sagen.

¿Me **ayudarías** con esto, por favor? **Würdest** du mir bitte damit **helfen**?

Sería lindo. Es **wäre** schön.

c) Indirekte Rede

Das condicional wird in der indirekten Rede verwendet, wenn der Hauptsatz in einer Zeit der Vergangenheit steht, der Nebensatz mit que aber auf eine gegenwärtige oder zukünftige Handlung verweist.

Direkte Rede:	Mañana vengo. Morgen komme ich.
Indirekte Rede:	Dijo que **vendría** mañana. Er sagte, dass er morgen **kommen würde.**
Direkte Rede:	¿Vas a ir a la fiesta? Wirst du zur Party gehen?
Indirekte Rede:	Me preguntó si **iría** a la fiesta. Er fragte mich, ob ich zur Party **gehen würde.**

Test 3

a) Formulieren Sie die Sätze höflich. Verwenden Sie das Modalverb, das in Klammern angegeben ist.

1. Rat: ¡No fumes tanto! Rauch nicht so viel!
   (deber) ______________________. Du solltest nicht so viel rauchen.
2. Aufforderung: ¡Cierra la ventana! Schließ das Fenster!
   (poder) ______________________. Könntest du das Fenster schließen?
3. Vorschlag: ¿Vamos a pasear? Gehen wir spazieren?
   (poder) ______________________. Wir könnten spazieren gehen.

b) Verwandeln Sie die direkte in die indirekte Rede. Der Hauptsatz ist vorgegeben.
1. Claudio: –Trataré de ser puntual. Claudio: „Ich werde versuchen pünktlich zu sein."
Claudio dijo que ______________________. Claudio sagte, dass er versuchen würde, pünktlich zu sein.
2. Cecilia: –¿Me acompañas mañana? Cecilia: „Begleitest du mich morgen?"
Cecilia me preguntó si ______________________. Cecilia fragte mich, ob ich sie morgen begleiten würde.
3. Emilio: –Tendrás que comprar el regalo tú, porque hoy no tengo tiempo. Emilio: „Du wirst das Geschenk kaufen müssen, weil ich heute keine Zeit habe."
Emilio me dijo que ______________________. Emilio sagte mir, dass ich das Geschenk kaufen müsse, weil er heute keine Zeit habe.

c) Ergänzen Sie die fehlenden Verbformen.
1. ¿Qué película me ____________ (recomendar / tú) para esta noche? Welchen Film würdest du mir für heute Abend empfehlen?
2. Si no te ofrecieron un buen sueldo, no ____________ (aceptar / yo) el trabajo. Wenn man dir kein gutes Gehalt angeboten hat, würde ich die Arbeit nicht annehmen.
3. ¿Te ____________ (animar / tú) a acompañarme? Hättest du Lust, mich zu begleiten?
4. Si os contara lo que me pasó la semana pasada, no me ____________ (creer / vosotros). Wenn ich euch erzählte, was mir letzte Woche passiert ist, würdet ihr mir nicht glauben.
5. Pensé que ____________ (llegar / ellos) antes. Ich dachte, dass sie früher ankommen würden.

1.3.2 Vom Deutschen abweichende Verwendung

Das condicional kann auch Vermutungen über etwas bereits Geschehenes zum Ausdruck bringen, im Deutschen werden in diesem Fall verschiedene Umschreibungen verwendet.

Llamó alguien para ti. No entendí el nombre. – ¿Quién **sería**? Jemand hat für dich angerufen. Ich habe den Namen aber nicht verstanden. – Wer **mag** es **gewesen sein**?

¡Qué raro que Andrés no haya venido ayer! **Estaría** enfermo. Seltsam, dass Andrés gestern nicht gekommen ist. Er **wird wohl** krank gewesen sein.

Die Vermutung bezieht sich auf etwas bereits Abgeschlossenes, das keinen Bezug zur Gegenwart hat.

Beachten Sie

- Um Vermutungen über etwas bereits Geschehenes auszudrücken, dessen Auswirkungen sich aber auf die Gegenwart beziehen, wird das futuro perfecto verwendet.
  No ha llegado Martín, **habrá perdido** el tren. Martín ist noch nicht da, er **wird (wohl)** den Zug **verpasst haben**. (➠ Kapitel 20, *Das Futur*, 2)
- Für Vermutungen über etwas Gegenwärtiges wird das futuro verwendet.
  Están tocando el timbre. ¿Quién **será**? Es klingelt. Wer **ist** das **wohl**?
  (➠ Kapitel 20, *Das Futur*, 2)

Test 4

Formulieren Sie die folgenden Aussagen als Vermutungen.

1. Él tenía entonces cuarenta años. Er war damals vierzig.
   ______________________. Er wird damals wohl vierzig gewesen sein.
2. Anoche Silvia no contestó el teléfono. Ya estaba durmiendo. Gestern ist Silvia nicht ans Telefon gegangen. Sie hat schon geschlafen.
   [...] ______________________. [...] Sie wird wohl schon geschlafen haben.
3. Ayer Pablo no llamó para felicitarme. No se acordó. Gestern hat Pablo nicht angerufen, um mir zu gratulieren. Er hat nicht daran gedacht.
   [...] ______________________. [...] Er wird wohl nicht daran gedacht haben.

TIPP

Wenn Sie erst angefangen haben Spanisch zu lernen, empfehlen wir Ihnen, zum ➠ Kapitel 25, *Der Imperativ* zu gehen.

2 Das *condicional perfecto*

2.1 Formen

Auf Entdeckung

a) Lesen Sie die folgenden Sätze.

1. Yo no **habría dicho** eso. Ich **hätte** das nicht **gesagt**.
2. Ese día mejor nos **habríamos quedado** en casa. An jenem Tag **wären** wir besser zu Hause **geblieben**.
3. Si lo hubieras explicado de otra forma, quizás te **habrían entendido** mejor. Wenn du es anders erklärt hättest, **hätten** sie dich vielleicht besser **verstanden**.
4. ¿Qué **habrías hecho** tú en mi lugar? Was **hättest** du an meiner Stelle **getan**?
5. Él no **habría venido** si yo no hubiera insistido. Er **wäre** nicht **gekommen**, wenn ich nicht darauf bestanden hätte.

6. Seguramente os **habríais aburrido**. Ihr **hättet** euch bestimmt **gelangweilt**.

b) Formulieren Sie die Regel zur Bildung des condicional compuesto.

________________ + ________________

c) Ergänzen Sie die fehlenden Formen von haber mit Hilfe der Beispielsätze in a). (➠ *Lösungen*)

	haber	+ Partizip Perfekt	
yo	habría	comido	ich hätte gegessen
tú/vos	________	trabajado	du hättest gearbeitet
él/ella/usted	________	salido	er/sie wäre ausgegangen
nosotros/as	________	escuchado	wir hätten zugehört
vosotros/as	________	cantado	ihr hättet gesungen
ellos/ellas/ustedes	________	empezado	sie/Sie hätten angefangen

Beachten Sie

Die Formen des condicional perfecto werden mit dem Hilfsverb haber und dem Partizip Perfekt gebildet, wobei haber im condicional steht.

- Wie in anderen zusammengesetzten Zeiten gibt es nur ein Hilfsverb haber, nicht wie im Deutschen „haben“ und „sein“.
- Zu den regelmäßigen und unregelmäßigen Formen des Partizip Perfekt sehen Sie ➠ Kapitel 18, *Zusammengesetzte Zeiten der Vergangenheit (Indikativ)*, 1.

Test 5

Ergänzen Sie die entsprechenden Formen des condicional perfecto.

1. decir / yo ____________ ich hätte gesagt
2. caminar / ellos ____________ sie wären gelaufen
3. escribir / nosotros ____________ wir hätten geschrieben
4. mirar / tú ____________ du hättest geschaut
5. entender / ustedes ____________ Sie hätten verstanden
6. hacer / vosotros ____________ ihr hättet getan

2.2 Gebrauch

Das condicional perfecto wird für Aussagen in der Vergangenheit verwendet.
¿Qué habría hecho sin ti? Was hätte ich ohne dich gemacht?

2.2.1 Hypothetische Sachverhalte

Con un auto nuevo me **habría sentido** más seguro. Mit einem neuen Auto **hätte** ich mich sicherer **gefühlt**.

Me **habría gustado** ir a tu charla. Ich **wäre** gerne zu deinem Vortrag **gekommen**.

Es wird auch in Verbindung mit dem pretérito pluscuamperfecto de subjuntivo zum Ausdruck einer irrealen Bedingung der Vergangenheit verwendet.
(➠ Kapitel 27, *Der Gebrauch der Zeiten und Modi,* 3)
Si hubiera tenido tiempo, **habría venido**. Wenn ich Zeit gehabt hätte, **wäre** ich **gekommen**.
Si Carlos hubiera sido un verdadero amigo, me **habría ayudado**. Wenn Carlos ein echter Freund gewesen wäre, **hätte** er mir **geholfen**.

2.2.2 Vermutungen über Ereignisse der Vorvergangenheit
Im Deutschen wird das Plusquamperfekt zusammen mit einem Adverb wie „vielleicht" oder „wohl" verwendet.
No sé qué te había pasado ese día. Estabas de pésimo humor. – **Habría dormido** mal. Ich weiß nicht, was mit dir an dem Tag los war. Du hattest sehr schlechte Laune. – Ich **hatte wohl** schlecht **geschlafen**.

2.2.3 Indirekte Rede
In der indirekten und erlebten Rede wird das condicional perfecto als so genanntes „Futur der Vergangenheit" verwendet, wenn der Satz in der direkten Rede im futuro perfecto steht. (➠ Kapitel 27, *Der Gebrauch der Zeiten und Modi,* 2)

Direkte Rede:	Para mañana lo habré terminado, te lo aseguro. Morgen werde ich es beendet haben, ich versichere es dir.
Indirekte Rede:	Carlos me aseguró que **habría terminado** el trabajo para la semana que viene. Carlos versicherte mir, dass er die Arbeit bis zur nächsten Woche **beendet haben würde**.

Test 6

a) Verwandeln Sie die direkte in die indirekte Rede. Der Hauptsatz ist vorgegeben.

1. Les pregunté: –¿Habréis leído el artículo para mañana? Ich fragte sie: „Werdet ihr den Artikel bis morgen gelesen haben?"
   Les pregunté si ______________________. Ich fragte sie, ob sie den Artikel bis morgen gelesen haben würden.
2. Él dijo: –Lo habré resuelto todo antes del fin de semana. Er sagte: „Vor dem Wochenende werde ich alles gelöst haben."
   Él dijo que ______________________. Er sagte, dass er alles vor dem Wochenende gelöst haben würde.
3. En el trabajo quisieron saber: –¿Te habrás recuperado para la semana que viene? Bei der Arbeit wollten sie wissen: „Wirst du bis zur nächsten Woche wieder gesund sein?"

En el trabajo quisieron saber si ______________________________.
In der Arbeit wollten sie wissen, ob ich bis zur nächsten Woche wieder gesund sein würde.

b) Ergänzen Sie die fehlenden Verbformen.

1. ¡Qué lástima que ya no dan más la película! Me __________________ (gustar) verla. Wie schade, dass der Film nicht mehr gezeigt wird! Ich hätte ihn gerne gesehen.
2. ¿Te acuerdas de la conversación con Pablo? ¿Qué __________________ (decir) tú en mi lugar? Erinnerst du dich an die Unterhaltung mit Pablo? Was hättest du an meiner Stelle gesagt?
3. ¡Qué lástima que ya se fue Andrea! Por todo lo que has contado, creo que nos __________________ (llevar bien). Wie schade, dass Andrea schon abgereist ist! Nach allem, was du erzählt hast, glaube ich, dass wir uns gut verstanden hätten.
4. Ayer me __________________ (quedar) más tiempo, pero estaba muerta de sueño. Ich wäre gestern gern länger geblieben, aber ich war todmüde.
5. Si me hubieras hecho caso, no te __________________ (pasar) esto. Wenn du auf mich gehört hättest, wäre dir das nicht passiert.

3 Sonderfälle: Modalverben

Für die Modalverben gelten in einigen Fällen andere Regeln, wie Sie im Folgenden sehen werden.

3.1 Das condicional der Modalverben

3.1.1 Imperfecto de subjuntivo statt condicional

Querer wird häufig – vor allem in Hispanoamerika – nicht im condicional, sondern im imperfecto de subjuntivo verwendet, und zwar in der Form auf -ra. (➠ Kapitel 23, *Das **imperfecto de subjuntivo***)

Quisiera (statt **Querría**) ayudarte con tu mudanza, pero estoy ocupado este fin de semana. Ich **würde** dir **gern** bei deinem Umzug helfen, aber ich habe dieses Wochenende zu tun.

Auch andere Modalverben werden in dieser Weise verwendet, z. B. deber:
La próxima vez **debieras** (statt **deberías**) tener más cuidado. Das nächste Mal **solltest** du etwas vorsichtiger sein.

3.1.2 Imperfecto de indicativo statt condicional
Statt der Form des condicional wird oft auch das Imperfekt verwendet, um Höflichkeit oder Zurückhaltung auszudrücken.
Quería (statt **querría**) pedirte un favor. Ich **wollte** dich um einen Gefallen bitten.
Quería (statt **querría**) preguntarte algo. Ich **wollte** dich etwas fragen.

3.2 Das condicional perfecto der Modalverben

Wie für das condicional gibt es auch hier verschiedene Möglichkeiten, das condicional perfecto zu bilden:

3.2.1 Haber im condicional + Partizip Perfekt des Modalverbs + Infinitiv des Hauptverbs
Habrías podido tomar el autobús. Du **hättest** den Bus **nehmen können**.
Habría debido hacer un curso de francés. Ich **hätte** einen Französischkurs **machen sollen**.

3.2.2 Modalverb im condicional + haber + Partizip Perfekt
Podrías haber tomado el autobús. Du **hättest** den Bus **nehmen können**.
Debería haber hecho un curso de francés. Ich **hätte** einen Französischkurs **machen sollen**.

3.2.3 Pluscuamperfecto de subjuntivo statt condicional perfecto
Auch das condicional perfecto kann durch eine Form des subjuntivo ersetzt werden: das pluscuamperfecto de subjuntivo, beide Formen sind korrekt.
Hubiera / Habría querido ir. Ich hätte hingehen wollen.
Hubiera / Habría podido ir al cine, pero al final no quise. Ich hätte ins Kino gehen können, aber ich wollte dann doch nicht.
Hubiera / Habría debido terminar la tarea, pero no tuve ganas. Ich hätte die Aufgabe fertig machen sollen, aber ich hatte keine Lust.

Test 7
Schreiben Sie zu den Sätzen im pluscuamperfecto de subjuntivo die beiden Formen des condicional perfecto.
1. Hubiera podido ir. Ich hätte gehen können.
   a) ______________________ b) ______________________
2. Hubiera tenido que dormir. Er hätte schon schlafen müssen.
   a) ______________________ b) ______________________

3. Hubiéramos debido escuchar. Wir hätten zuhören sollen.
   a) ______________________ b) ______________________
4. Hubierais querido ir. Ihr hättet gehen wollen.
   a) ______________________ b) ______________________
5. Hubieras debido hacerlo. Du hättest es tun sollen.
   a) ______________________ b) ______________________

Auf den Punkt gebracht

1. (➠ *1*)

1.1 Markieren Sie die richtige Alternative.

a) Das condicional (wird / wird nicht) mit einem Hilfsverb konstruiert.
b) Die Endungen für die drei Verbgruppen im condicional sind (gleich / verschieden).
c) Die Endungen werden an den (Infinitiv / Stamm) des Verbs angehängt.

1.2 Ergänzen Sie die Formen des condicional.

a) poner / tú ____________
b) salir / él ____________
c) hacer / nosotros ____________
d) saber / vosotros ____________
e) venir / ellos ____________
f) tener / yo ____________

2. (➠ *3*)

2.1 Markieren Sie die richtige Alternative.

Das condicional perfecto wird mit dem Hilfsverb haber (im condicional, z. B. habría / im imperfecto, z. B. había) und dem Partizip Perfekt gebildet.

2.2 Ergänzen Sie die Formen des condicional perfecto.

a) ver / ustedes ____________
b) avisar / él ____________
c) hacer / yo ____________
d) escribir / tú ____________
e) ver / nosotros ____________
f) poner / vosotros ____________

3. (➠ *2*, ➠ *4*)

3.1 Markieren Sie die richtige Alternative.

a) Das condicional wird für Vermutungen in der (Gegenwart / Vergangenheit) verwendet.

b) Das condicional perfecto wird verwendet, um Bedauern über etwas (Vergangenes / Gegenwärtiges) auszudrücken.
c) Das condicional kann in Verbindung mit dem (imperfecto de subjuntivo / futuro) eine irreale Bedingung ausdrücken.
d) Mit dem condicional kann man eine Aufforderung (höflicher / direkter) formulieren.

3.2 Ergänzen Sie die Verbformen im condicional oder condicional perfecto.
a) Si tuviera más tiempo, __________ (leer / yo) más. Wenn ich mehr Zeit hätte, würde ich mehr lesen.
b) Nos __________ (gustar) ir, pero ese día estábamos todos resfriados. Wir wären sehr gern hingegangen, aber an dem Tag waren wir alle erkältet.
c) ¿Me __________ (ayudar / tú) con esto, por favor? Würdest du mir bitte damit helfen?
d) Ana estaba muy callada anoche. __________ (estar) cansada. Ana war sehr still gestern Abend. Sie wird müde gewesen sein.

4. (➠ *Indirekte Rede*)
4.1 Markieren Sie die richtige Alternative.
a) In der indirekten Rede wird das condicional verwendet, wenn der Satz in der direkten Rede im (futuro / futuro compuesto) steht.
b) In der indirekten Rede wird das condicional perfecto verwendet, wenn der Satz in der direkten Rede im (futuro / futuro compuesto) steht.

4.2 Verwandeln Sie die direkte in indirekte Rede.
a) Carlos preguntó: –¿Vendrás mañana? Carlos fragte: „Wirst du morgen kommen?“
Carlos preguntó si ____________________________. Carlos fragte, ob ich morgen kommen würde.
b) Rubén quiso saber: –¿Habrás terminado pronto el trabajo? Rubén wollte wissen: „Wirst du die Arbeit bald beendet haben?“
Rubén quiso saber si ____________________________. Rubén wollte wissen, ob ich die Arbeit bald beendet haben würde.
c) Ariel dijo: –Os visitaré el fin de semana. Ariel sagte: „Ich werde euch am Wochenende besuchen.“
Ariel dijo que ____________________________. Ariel sagte, dass er uns am Wochenende besuchen würde.

5. (➠ *5*)
Markieren Sie die richtige Alternative.
a) Bei Modalverben kann anstelle des condicional auch (imperfecto de subjuntivo / subjuntivo) verwendet werden.
b) (Quisiera / Quiera) saber cuánto cuesta esta chaqueta. Ich möchte gern wissen, was diese Jacke kostet.

22 Das presente de subjuntivo

Bevor Sie sich mit diesem Kapitel beschäftigen, sollten Sie die ➠ Einführung in *Das Verb und seine Ergänzungen* sowie das ➠ Kapitel 15, *Der Indikativ Präsens* gelesen haben.

Was Sie vorab wissen sollten

- Der Gebrauch des subjuntivo entspricht **nicht** dem des deutschen Konjunktiv. Deshalb benutzen wir die spanische Bezeichnung.
- Der subjuntivo wird hauptsächlich im Nebensatz verwendet. Dieser wird meist durch die Konjunktion que eingeleitet. Bitte beachten Sie, dass vor que **kein Komma** steht.
- Ob der subjuntivo gebraucht wird oder nicht, hängt von der Sprechabsicht oder von bestimmten Konjunktionen bzw. Adverbien ab. Diese „Auslöser" befinden sich in der Regel im Hauptsatz.
  Tina **no cree que** tú te vayas mañana. Tina glaubt nicht, dass du morgen wegfährst.
  Quiero hablar contigo **antes de que** te vayas. Ich will mit dir sprechen, bevor du wegfährst.
  Ojalá deje de llover. Hoffentlich hört es auf zu regnen.
  Probablemente no lleguemos a tiempo si seguimos en este atasco. Wahrscheinlich kommen wir nicht rechtzeitig an, wenn wir weiter in diesem Stau stecken.
- Der subjuntivo umfasst sechs Zeiten, drei einfache und drei zusammengesetzte:

einfache Zeiten	zusammengesetzte Zeiten
presente de subjuntivo	pretérito perfecto de subjuntivo
pretérito imperfecto de subjuntivo	pretérito pluscuamperfecto de subjuntivo
futuro de subjuntivo	futuro perfecto de subjuntivo

- Das futuro de subjuntivo (z. B. cantare, comiere, escribiere etc.) und das futuro perfecto de subjuntivo (z. B. hubiere cantado, hubiere comido, hubiere escrito etc.) kommen fast nur in Gesetzestexten oder Sprichwörtern vor. Da diese Zeiten in der Alltagssprache nicht mehr aktiv gebraucht werden, behandeln wir sie in der vorliegenden Grammatik nicht. Einige Beispiele: sea lo que fuere wie auch immer, si así no fuere andernfalls. Heutzutage wird stattdessen meist der imperfecto de subjuntivo verwendet: sea lo que fuera, si así no fuera.

1 Formen

Auf Entdeckung

1. Lesen Sie die folgenden Sätze.

¿Quieres que **escribamos** juntas la carta? Möchtest du, dass wir den Brief gemeinsam schreiben?
¡Qué casualidad que ustedes **vivan** en la misma casa! Was für einen Zufall, dass ihr/Sie im selben Haus lebt/leben!
Os pido que **trabajéis** en silencio. Ich bitte euch still zu arbeiten.
¡Que lo **pases** bien! (Hab) viel Spaß!
La maestra les recomienda a los niños que **aprendan** la poesía de memoria. Die Lehrerin empfiehlt den Kindern, das Gedicht auswendig zu lernen.
¿Te parece que **comamos** juntos a las ocho? Bist du einverstanden, dass wir heute um acht zusammen essen?

2. Vergleichen Sie die Infinitive der in den Sätzen verwendeten Verben mit den Formen des presente de subjuntivo.

Verbklasse	auf -ar	auf -er	auf -ir
presente de subjuntivo	trabaj-éis pas-es	aprend-an com-amos	escrib-amos viv-an

3. Wie lautet die Regel zur Bildung des presente de subjuntivo?
Verben, die auf -ar enden, ______________________________
Verben, die auf -er bzw. -ir enden, ______________________________

1.1 Regelmäßige Formen

Die folgenden Regeln gelten für alle Verben im presente de subjuntivo.

- Die regelmäßigen Formen werden von der 1. Person Singular des Indikativ Präsens abgeleitet.
- Die Betonung beim presente de subjuntivo liegt jeweils auf dem Stamm, mit Ausnahme der 1. und 2. Person Plural – wie im Indikativ Präsens.
- Die Endungen der Verben auf -er und -ir sind identisch.
- Die Endungen für die 1. und 3. Person Singular sind in jeder Verbklasse jeweils gleich. Zur Unterscheidung der Person ist daher, wenn dies nicht aus dem Zusammenhang hervorgeht, der Gebrauch der Subjektpronomen erforderlich.
  No creo que **él** hable bien francés. Ich glaube nicht, dass **er** gut Französisch spricht.
  María no cree que **yo** hable bien francés. María glaubt nicht, dass **ich** gut Französisch spreche.

22 *Das presente de subjuntivo*

Die folgende Tabelle gibt Ihnen einen Überblick über die Formen des presente de subjuntivo.

		habl-ar sprechen	**cre-er** glauben	**viv-ir** leben
Singular	1. Person	habl-e	cre-a	viv-a
	2. Person	habl-es	cre-as	viv-as
	3. Person	habl-e	cre-a	viv-a
Plural	1. Person	habl-emos	cre-amos	viv-amos
	2. Person	habl-éis	cre-áis	viv-áis
	3. Person	habl-en	cre-an	viv-an

Beachten Sie

Zu den regelmäßigen Verben zählen wir auch diejenigen, die zwar Unregelmäßigkeiten und Besonderheiten im Indikativ Präsens aufweisen, deren presente de subjuntivo jedoch „regelmäßig" aus der 1. Person Singular abgeleitet werden kann. Dabei sind folgende Einschränkungen zu beachten:

- Bei den Verben auf -zar wird das z in allen subjuntivo-Formen zu c, z. B. empiece.
- Aus phonetischen Gründen wird bei den Verben auf -gar vor die subjuntivo-Endungen ein u eingeschoben, z. B. pague, bei den Verben auf -car wird das c zu qu, z. B. saque.
- Bei den diphthongierenden Verben findet auch im subjuntivo bei der 1. und 2. Person Plural jeweils keine Diphthongierung statt.

Besonderheit	**1. Person Singular Indikativ Präsens**	**presente de subjuntivo**
Unregelmäßigkeit in der 1. Person Singular	salgo hago conozco	salga, etc. haga, etc. conozca, etc.
irregularidades propias	**digo** **tengo** **vengo** **veo**	**diga**, etc. **tenga**, etc. **venga**, etc. **vea**, etc.
Diphthongierung	comienzo cuento	comience, etc. **aber:** comencemos, comencéis cuente, etc. **aber:** contemos, contéis

Besonderheit	1. Person Singular Indikativ Präsens	presente de subjuntivo
„Vokalschwächung“	pido	pida, etc.
orthografische Besonderheiten	huyo protejo sigo venzo	huya, etc. proteja, etc. siga, etc. venza, etc.
Besonderheiten in der Betonung (➠ Kapitel 15, 3.2)	continúo envío	continúe, etc. **aber:** continuemos, continuéis envíe, etc. **aber:** enviemos, enviéis

Beachten Sie

Bei den Verben sentir und dormir ändert sich jeweils in der 1. und 2. Person Plural der Stammvokal: sintamos, sintáis, durmamos, durmáis. Diese Besonderheit weisen alle Verben auf -entir und -erir, z. B. herir verletzen, mentir lügen, referir berichten sowie morir sterben auf.

Test 1

a) Wie lauten die Formen des presente de subjuntivo der folgenden Verben?

cerrar schließen ______________________

poner setzen ______________________

preferir vorziehen ______________________

b) Setzen Sie die Formen des presente de subjuntivo ein. Das Subjekt des Nebensatzes geht aus der Übersetzung hervor.

1. ¿Es posible que nos ______________ (encontrar) mañana? Ist es möglich, dass wir uns morgen treffen?
2. Espero que te ______________ (quedar) con nosotros. Ich hoffe, dass du bei uns bleibst.
3. No creo que Graciela ______________ (vender) la casa. Ich glaube nicht, dass Graciela das Haus verkauft.

1.2 Unregelmäßige Formen

Nur sieben Verben haben „eigene“ unregelmäßige subjuntivo-Formen, die sich nicht aus der 1. Person Singular Präsens ableiten lassen.

		caber passen	dar geben	estar sein	haber haben
Singular	1. Person	quepa	dé	esté	haya
	2. Person	quepas	des	estés	hayas
	3. Person	quepa	dé	esté	haya
Plural	1. Person	quepamos	demos	estemos	hayamos
	2. Person	quepáis	deis	estéis	hayáis
	3. Person	quepan	den	estén	hayan

		ir gehen	saber wissen	ser sein
Singular	1. Person	vaya	sepa	sea
	2. Person	vayas	sepas	seas
	3. Person	vaya	sepa	sea
Plural	1. Person	vayamos	sepamos	seamos
	2. Person	vayáis	sepáis	seáis
	3. Person	vayan	sepan	sean

Test 2

Setzen Sie die unregelmäßigen Formen des presente de subjuntivo ein. Das Subjekt des Nebensatzes geht aus der Übersetzung hervor.

1. Quiero que ______________ (ser) más cuidadosa con tus cosas. Ich will, dass du sorgfältiger mit deinen Sachen umgehst.
2. Espero que ______________ (estar) contenta. Ich hoffe, du bist zufrieden.
3. Es una pena que no ______________ (ir) de vacaciones. Es ist schade, dass wir nicht in Urlaub fahren.
4. Ojalá ______________ (ser) puntual. Hoffentlich bist du pünktlich.

TIPP

Wenn Sie die sieben unregelmäßigen Verben sowie die Besonderheiten im Indikativ Präsens beherrschen und sich die für den presente de subjuntivo spezifischen Endungen einprägen, können Sie sämtliche Formen bilden. Im Zweifelsfall schlagen Sie in den ➠ *Verbformen* im Anhang nach.

2 Gebrauch

Was Sie vorab wissen sollten

Die folgenden Informationen zum Gebrauch beziehen sich auf sämtliche Zeiten des subjuntivo, also nicht nur auf das presente de subjuntivo.

Beim Gebrauch des subjuntivo sind folgende Aspekte zu beachten:

- Mit dem subjuntivo werden bestimmte Sprechabsichten ausgedrückt, z. B. Gefühle, Wünsche, Zweifel, Möglichkeit, Wahrscheinlichkeit oder subjektive Wertungen.
  Siento que tengas que quedarte en casa. Es tut mir Leid, dass du zu Hause bleiben musst.
- Bestimmte Konjunktionen fordern den subjuntivo, einige Adverbien können mit dem subjuntivo verwendet werden.
  Os necesito **para que** me ayudéis a ordenar. Ich brauche euch, damit ihr mir beim Aufräumen helft.
  Quizás lo sepa / sabe él. Vielleicht weiß er es.
- Beim Gebrauch des subjuntivo ist es wichtig, dass an der Handlung zwei verschiedene Personen bzw. grammatische Subjekte beteiligt sind.
  Puede ser que no volvamos a vernos. Es kann sein, dass wir uns nicht wiedersehen. (Subjekte: es / wir)
  Le rogamos que nos conteste pronto. Wir bitten Sie, uns bald zu antworten. (Subjekte: wir / Sie)

2.1 Der subjuntivo zum Ausdruck von Subjektivität

Verben und Wendungen, die Subjektivität ausdrücken, leiten in der Regel einen Nebensatz mit que dass ein.

2.1.1 Der subjuntivo bei Verben der Gefühlsäußerung

Freude alegría	Me alegro de que **vengas**. Ich freue mich, dass du kommst.
Erstaunen asombro / sorpresa	Me extraña / sorprende que no **venga**. Es erstaunt / wundert mich, dass er nicht kommt.
Ärger enfado / enojo	Me da rabia / Me enfada que **haga** esto. Es macht mich wütend / Es ärgert mich, dass er das tut.
Missfallen disgusto	No me gusta que se **encuentre** con él. Es gefällt mir nicht, dass sie sich mit ihm trifft.

Furcht temor	Temo que no **diga** la verdad. Ich fürchte, dass er/sie nicht die Wahrheit sagt.
Zweifel duda	Dudo de / No creo que lo **sepas**. Ich glaube nicht / Ich bezweifle, dass du das weißt.
Bedauern pena	Siento mucho / Qué pena que no **puedas** venir. Es tut mir sehr Leid, dass du nicht kommen kannst.
Mitgefühl compasión / comprensión	Entendemos bien que **esté** cansado. Wir verstehen gut, dass er müde ist.
Entschuldigung disculpa	Perdone / Perdón que lo/la **moleste**. Entschuldigen Sie die Störung.[1]

Beachten Sie

- Nach Verben und Wendungen, die Sicherheit und Gewissheit ausdrücken, wie z. B. (estar) seguro (de) sicher sein, saber wissen, ser verdad wahr sein, estar claro klar sein etc., steht dagegen der Indikativ.
  Seguro que todavía **hay** entradas para el concierto. Bestimmt gibt es noch Karten für das Konzert.
- Nach der Konjunktion si mit der Bedeutung „ob" steht immer der Indikativ.
  No estoy seguro de si **hay** entradas. Ich bin nicht sicher, ob es noch Karten gibt.
  No sé si **viene**. Ich weiß nicht, ob er kommt.
- Nach si im Sinne von „falls/wenn" kann der Indikativ oder der subjuntivo stehen: Temo que si el bebé viene se contagie. Ich fürchte, dass sich das Baby ansteckt, falls es mitkommt.
  Temo que si viniera se contagiara. Ich fürchte, dass es sich anstecken würde, falle es mitkäme.

Test 3

Stellen Sie fest, ob in den folgenden Sätzen der subjuntivo erforderlich ist, und markieren Sie die richtige Möglichkeit.

1. Estoy muy contento de que lo (sepas / sabes). Ich bin sehr froh, dass du das weißt.
2. Temo que Maximiliano no (llegue / llega) a tiempo. Ich befürchte, dass Maximiliano nicht rechtzeitig ankommt.
3. Veo que (estés / estás) mejor de salud. Ich sehe, dass es dir gesundheitlich besser geht.
4. Me extraña que Raúl no (conteste / contesta) mis mensajes electrónicos. Es wundert mich, dass Raúl meine E-Mails nicht beantwortet.

[1] Wörtlich: Entschuldigen Sie, dass ich Sie störe.

2.1.2 Der subjuntivo bei Verben der Willensäußerung / Beeinflussung (verbos de influencia)

Hoffnung esperanza	Esperamos que **cambie** el tiempo. Wir hoffen, dass sich das Wetter ändert. ¡Ojalá **cambie** el tiempo! Hoffentlich ändert sich das Wetter!
Aufforderung / Befehl mandato / orden / pedido	Si ves a Bruno, dile que **venga**. Wenn du Bruno siehst, sag ihm, er soll kommen. Quiero que **vayas** a casa de tu hermana. Ich will, dass du zu deiner Schwester fährst. Te ordeno que **limpies** tu habitación inmediatamente. Ich befehle dir, dein Zimmer sofort aufzuräumen. ¡No te **sientes** en el suelo! Setz dich nicht auf den Boden! Te exijo que me lo **expliques**. Ich verlange von dir, es mir zu erklären.
Wunsch deseo	(Te deseo) ¡que **aproveche**! (Ich wünsche dir einen) guten Appetit!
Bitte ruego / petición	Te pido, por favor, que lo **olvides**. Ich bitte dich darum, es zu vergessen. Te suplico que me **disculpes**. Ich flehe dich an, mir zu verzeihen. Necesito que me **ayudes**. Ich brauche deine Hilfe.[2]
Erlaubnis / Verbot permiso / prohibición	Mis padres me permitieron que **vaya** solo. Meine Eltern haben mir erlaubt, allein zu gehen. Te prohíbo que lo **digas**. Ich verbiete dir, es zu sagen.
Rat / Empfehlung consejo / recomendación	Te aconsejo / recomiendo que no **vayas**. Ich rate / empfehle dir nicht hinzugehen.
Gelingen logro	Siempre logra que todos **confíen** en él. Er schafft es immer, dass alle ihm vertrauen. La maestra hace que todos se **sientan** interesados. Die Lehrerin schafft es, dass alle interessiert sind.

[2] Wörtlich: Ich brauche, dass du mir hilfst.

Beachten Sie
- In vielen Fällen entspricht der spanischen Konstruktion mit que im Deutschen ein Infinitivsatz.
- Ojalá hoffentlich wird in Hauptsätzen verwendet (➠ 3.1).
- Auch Verben der Kommunikation wie decir sagen, escribir schreiben usw. können eine Aufforderung, einen Ratschlag, einen Befehl oder ein Verbot ausdrücken, so dass das Verb des Nebensatzes im subjuntivo stehen muss:

wenn es sich um eine Aufforderung etc. an einen Dritten handelt	Susi dice que **vayas** a visitarla. Susi sagt, du sollst sie besuchen.
zur Wiederholung einer Bitte	¿Me pasas el libro? – ¿Qué dices? – (Te digo) que me **pases** el libro. Gibst du mir das Buch? – Wie, bitte? – Du sollst mir das Buch geben.

Wenn dagegen das Verb keine Aufforderung etc. impliziert, dann steht es im Indikativ.
Susi dice que te espera. Susi sagt, dass sie auf dich wartet.

Test 4
Stellen Sie fest, ob in den folgenden Sätzen der subjuntivo erforderlich ist, und markieren Sie die richtige Möglichkeit.
1. Jorge no quiere que (tengas / tienes) problemas. Jorge will nicht, dass du Probleme bekommst.
2. Mi padre no me permite que (salga / salgo) sola. Mein Vater erlaubt mir nicht, alleine auszugehen.
3. ¿Le podrías decir a María que me (llame / llama)? Kannst du Maria sagen, dass sie mich anrufen soll?
4. Te aconsejo que le (preguntes / preguntas) antes de usar sus cosas. Ich rate dir, ihn/sie zu fragen, bevor du seine/ihre Sachen benutzt.

2.1.3 Der subjuntivo in persönlichen Stellungnahmen
Mit dem subjuntivo kann man Meinungen und Stellungnahmen in Frage stellen bzw. verneinen. Verben des Sagens, des Wissens, des Glaubens und des Denkens werden mit dem subjuntivo gebraucht, wenn sie verneint werden, d. h. wenn ein Zweifel an der Richtigkeit einer Aussage zum Ausdruck gebracht werden soll. Ansonsten wird für Meinungsäußerungen der Indikativ verwendet.

Mit dem Indikativ	Mit dem subjuntivo
Nach Verben und Ausdrücken der Meinungsäußerung, z. B.: creer glauben, estar convencido überzeugt sein, decir sagen, imaginarse vorstellen, opinar meinen, parecer scheinen, pensar denken, ser de la opinión der Meinung sein, suponer vermuten, tener la impresión den Eindruck haben. Creo que viene. Ich glaube, dass er kommt. Pienso que lo sabes. Ich denke, dass du es weißt. Supongo que lo va a hacer. Ich vermute, dass er/sie es tun wird.	Werden diese Verben bzw. Ausdrücke verneint, dann benutzt man den subjuntivo: **No** creo que **venga**. Ich glaube nicht, dass er kommt. **No** me parece que **sea** así. Es scheint mir nicht so zu sein.[3] **No** digo que **sea** él. Ich sage nicht, dass er es ist.

Beachten Sie
Wenn man eine rhetorische Frage stellt und die Bestätigung der eigenen Meinung erwartet, benutzt man meistens den subjuntivo.
¿Cree usted que eso sea correcto? Glauben Sie etwa, dass das richtig ist?

Test 5

Stellen Sie fest, ob in den folgenden Sätzen der subjuntivo erforderlich ist, und markieren Sie die richtige Möglichkeit.

1. Me parece conveniente que se lo (digáis / decís) en persona. Es scheint mir angebracht, dass ihr es ihm/ihr persönlich sagt.
2. No digo que (vayamos / vamos) todos juntos sin avisar. Ich sage nicht, dass wir alle zusammen gehen sollten, ohne Bescheid zu sagen.
3. No creo que este traje (sea / es) tan caro. Ich glaube nicht, dass dieser Anzug so teuer ist.
4. Creo que Lucía (esté / está) cansada. Ich glaube / denke, dass Lucia müde ist.

2.1.4 Der subjuntivo zum Ausdruck von Wertungen

Um Wertungen (juicios de valor) auszudrücken, benutzt man oft unpersönliche Wendungen, z. B. ser sein + Adjektiv / Substantiv, estar + Adverb oder Verben wie bastar genügen oder convenir angebracht sein.

[3] Wörtlich: Es scheint mir nicht, dass es so ist.

Es necesario que **charlemos** sobre el asunto. Es ist notwendig, dass wir über die Angelegenheit reden.
Es lógico que a tu edad no **sepas** qué hacer. Es ist logisch, dass du in deinem Alter nicht weißt, was du tun sollst.
Está bien que **vengas** a las tres. Es ist gut, dass du um drei kommst.
Basta que **vengas** a la hora que puedas. Es genügt, dass du kommst, sobald du kannst.

Weitere Ausdrücke:
es (des)aconsejable es ist (nicht) ratsam
es conveniente es ist angebracht
es extraño es ist seltsam
es (in)imaginable es ist (un)denkbar
es importante es ist wichtig
es malo es ist schlecht
es maravilloso es ist wunderbar
es mejor es ist besser
es normal es ist normal
es obligatorio es ist obligatorisch
es peor es ist schlimmer
es triste es ist traurig
es una lástima es ist schade
es una pena es ist schade

Diese Konstruktionen verlangen immer den subjuntivo im Nebensatz, es sei denn es handelt sich um Äußerungen, die Wahrheit, Sicherheit oder Gewissheit ausdrücken, z. B. es evidente es ist offensichtlich, es verdad es ist wahr, está / es claro es ist klar.
Es verdad que no tenemos ganas de salir. Es ist wahr, dass wir keine Lust haben auszugehen.

Test 6
Stellen Sie fest, ob in den folgenden Sätzen der subjuntivo erforderlich ist, und markieren Sie die richtige Möglichkeit.
1. Es admirable que Paula (sepa / sabe) tanto. Es ist bewundernswert, dass Paula so viel weiß.
2. Es una pena que no (viajemos / viajamos) juntos por el mundo. Es ist schade, dass wir nicht zusammen durch die Welt reisen.
3. Es una lástima que los viajes (cuesten / cuestan) tanto dinero. Es ist schade, dass Reisen so viel Geld kosten.
4. Es importante que (leas / lees) mucho en voz alta. Es ist wichtig, dass du viel vorliest.

2.2 Der subjuntivo in Nebensätzen mit Konjunktionen

Es gibt Konjunktionen, die immer den subjuntivo fordern, und solche, die je nach Sprechabsicht sowohl mit dem subjuntivo als auch mit dem Indikativ verwendet werden. (➡ Kapitel 34, *Die Konjunktionen*, ab 4.2.)

2.2.1 Konjunktionen, die immer mit dem subjuntivo gebraucht werden

antes de que bevor	Antes de que te **vayas**, ¿vamos a tomar algo? Wollen wir was trinken, bevor du gehst?
en cuanto / no bien sobald el día / la noche / la próxima vez / etc. en que an dem Tag / an dem Abend / das nächste Mal / etc., als / wenn hasta que bis	En cuanto **llegue** Francisco, te llamamos. Sobald Francisco ankommt, werden wir dich anrufen. La próxima vez que nos **veamos**, te devuelvo el libro. Das nächste Mal, wenn wir uns sehen, gebe ich dir das Buch zurück. Hasta que no **sepamos** adónde va este mueble, **no lo moveremos**. Wir bewegen dieses Möbelstück nicht, bis wir wissen, wohin damit.
con tal de que / siempre que vorausgesetzt, dass a condición (de) que unter der Bedingung, dass	Da igual a la hora que vengas, con tal de que **vengas**. Es ist egal, um wie viel Uhr du kommst, vorausgesetzt / Hauptsache du kommst. Podéis ir al cine siempre que no **vengáis** a casa demasiado tarde. Ihr dürft ins Kino gehen, vorausgesetzt, dass ihr nicht zu spät nach Hause kommt. Iré a condición (de) que me **ayudes** con mis tareas. Ich werde hingehen, unter der Bedingung, dass du mir mit den Hausaufgaben hilfst.
(en) caso de que im Falle dass / falls a no ser que es sei denn	En caso de que **quieras** venir, avísame con tiempo. Im Falle dass du kommen willst, gib mir rechtzeitig Bescheid. Voy a verte a no ser que **quieras** venir tú. Ich werde dich besuchen, es sei denn du willst kommen.
sin que ohne dass	Voy a hacer el examen sin que nadie lo **sepa**. Ich werde die Prüfung machen, ohne dass jemand es erfährt.
para que / a fin de que / con el fin de que damit	Te ayudo para que lo **consigas**. Ich helfe dir, damit du es schaffst.
por muy + Adjektiv / Adverb + que so … auch / wenn … auch noch so	Por muy bonito que **sea**, no lo compro. So schön es auch sein mag, ich kaufe es nicht. Por muy bien que **esté** la película, no iré a verla. So gut der Film auch sein mag, ich werde ihn nicht anschauen.

por más / mucho / (muy) poco + que so viel / wenig ... auch	Por mucho que **corras**, si no dejas de comer tanto, no adelgazarás. So viel du auch joggst, wenn du nicht aufhörst so viel zu essen, wirst du nicht abnehmen.
por mucho/a/s / (muy) poco/a/s + Substantiv + que so viel / wenig ... auch	Por muy poca grasa que **tenga** ese pollo, no lo voy a comer. So wenig Fett dieses Hähnchen auch haben mag, ich werde es nicht essen.

2.2.2 Konjunktionen, die sowohl mit dem subjuntivo als auch mit dem Indikativ gebraucht werden

In der Tabelle sind einige dieser Konjunktionen mit Beispielsätzen aufgeführt.

	subjuntivo	Indikativ
apenas	sobald Llámame por teléfono apenas **llegues**. Ruf mich an, sobald du ankommst.	sobald Apenas me despierto, siento el dolor de espalda. Sobald ich aufwache, habe ich Rückenschmerzen.
a pesar de que	auch wenn A pesar de que Mario no **estudie** demasiado, saldrá bien en todos los exámenes. Auch wenn Mario nicht so viel lernt, wird er immer alle Prüfungen bestehen.	obwohl A pesar de que no sabía mucho, he aprobado el examen. Obwohl ich nicht viel gewusst habe, habe ich die Prüfung bestanden.
aunque	selbst wenn / auch wenn Aunque **llueva**, iré a verte. Selbst wenn es regnet, werde ich dich besuchen.	obwohl Aunque llueve, iré a verte. Obwohl es regnet, werde ich dich besuchen.
cuando	wenn / sobald Cuando **sepa** la fecha del examen, te aviso. Wenn ich den Prüfungstermin erfahre, sage ich dir Bescheid.	jedesmal / immer wenn Cuando tengo tiempo, doy un paseo. Immer wenn ich Zeit habe, gehe ich spazieren.

	subjuntivo	Indikativ
mientras (que)	solange Mientras **llueva**, no podremos salir. Solange es regnet, können wir nicht rausgehen.	während Mientras yo cocino, tú podrías hacer la compra. Während ich koche, könntest du einkaufen gehen.

Beachten Sie
Der subjuntivo wird verwendet, wenn sich der Nebensatz auf die Zukunft bezieht, der Indikativ, wenn er sich auf die Vergangenheit oder auf eine Erfahrungstatsache bezieht.

Test 7

Stellen Sie fest, ob in den folgenden Sätzen der subjuntivo erforderlich ist, und markieren Sie die richtige Möglichkeit.

1. Aunque me lo (expliques / explicas) mil veces, no lo entenderé. Auch wenn du es mir tausend Mal erklärst, werde ich es nicht verstehen.
2. Cuando me voy de vacaciones, (vuelva / vuelvo) como nueva. Immer wenn ich Urlaub mache, komme ich als neuer Mensch zurück.
3. Cuando (vengas / vienes) a mi casa, te mostraré los muebles. Wenn du zu mir kommst, werde ich dir die Möbel zeigen.
4. Mientras no (hablemos / hablamos), no podremos tomar una decisión. Solange wir nicht reden, werden wir keine Entscheidung treffen können.

2.3 Der subjuntivo in Relativsätzen

Der subjuntivo steht in Relativsätzen, wenn das Bezugswort etwas Unbekanntes, nicht Vorhandenes oder nicht näher Bestimmtes bezeichnet. Vergleichen Sie die folgenden Beispiele.
Juan quiere casarse con una mujer que **sea** inteligente. Juan will eine Frau heiraten, die klug ist.
Juan va a casarse con una mujer que **es** muy inteligente. Juan wird eine Frau heiraten, die sehr intelligent ist.
Im ersten Satz wünscht sich Juan eine solche Frau, im zweiten kennt Juan die Frau bereits.
Hier der Gebrauch im Überblick. Der subjuntivo wird in Relativsätzen verwendet,

wenn das Verb des Hauptsatzes eine Forderung oder einen Wunsch ausdrückt,	Quiero una casa que **tenga** jardín. Ich will ein Haus, das einen Garten hat. Busco una secretaria que **hable** tres

z. B. nach Verben wie buscar suchen, desear wünschen, exigir fordern, necesitar brauchen, querer wollen oder nach einem Imperativ bzw. wenn der Hauptsatz eine doppelte Verneinung enthält.	lenguas. Ich suche eine Sekretärin, die drei Sprachen spricht. Hazlo como **quieras**. Mach es, wie du willst. No hay nada que me **moleste** más que la estupidez. Es gibt nichts, was mich mehr ärgert als Dummheit. No conozco a nadie que me **pueda** ayudar. Ich kenne niemanden, der mir helfen kann.
wenn das Bezugswort impliziert ist	El que **quiera**, que venga. Derjenige, der es will, soll kommen.
die von Indefinita eingeleitet werden wie quienquiera que wer auch immer, cualquiera jeder beliebige, dondequiera wo auch immer usw.	Quienquiera que **tenga** tu libro, te lo devolverá. Wer auch immer dein Buch hat, er wird es dir zurückgeben. Dondequiera que **vayas**, encontrarás a personas amables. Wohin du auch gehst, du wirst nette Leute treffen.

Weitere Informationen zum Gebrauch des subjuntivo in Relativsätzen finden Sie in ➠ Kapitel 13, *Die Relativpronomen*, 5.4.

Test 8

Stellen Sie fest, ob in den folgenden Sätzen der subjuntivo erforderlich ist, und markieren Sie die richtige Möglichkeit.

1. Estoy buscando un auto que (gaste / gasta) poco. Ich suche ein Auto, das wenig Benzin verbraucht.
2. Dora está contenta con su auto nuevo que (gaste / gasta) poco. Dora ist froh über ihr neues Auto, das wenig Benzin verbraucht.
3. Creo que no hay una mujer que no (conozca / conoce) ese libro. Ich glaube, es gibt keine Frau, die dieses Buch nicht kennt.
4. Haydeé es una mujer que yo (conozca / conozco) desde que tenemos seis años. Haydeé ist eine Frau, die ich seit meinem sechsten Lebensjahr kenne.

TIPP

Diese Informationen über den Gebrauch gelten für alle Zeiten des subjuntivo. Wenn Sie noch Anfänger sind, können Sie sich zunächst mit ➠ Kapitel 23, *Das **imperfecto de subjuntivo*** beschäftigen und die folgenden Abschnitte später durcharbeiten.

3 Besonderheiten im Gebrauch

3.1 Der subjuntivo im Hauptsatz

In den folgenden Fällen wird der subjuntivo im Hauptsatz verwendet:

- Bei Wünschen, Aufforderungen an Dritte bzw. bei der Wiederholung einer Aufforderung; der Hauptsatz ist dabei impliziert:
  (Espero) ¡que **descanses**! Schlaf gut!
  (Te deseo) ¡que los **cumplas** feliz! Herzlichen Glückwunsch!
  (Te deseo) ¡que **aproveche**! Guten Appetit!
  (Deseamos que) ¡**viva** la vida! Es lebe das Leben!
  ¡Que Pablo **venga** inmediatamente! Pablo soll sofort kommen!
  (Te acabo de decir) que me **traigas** los libros. (Ich habe dir gerade gesagt,) du sollst mir die Bücher bringen.
- Beim Imperativ (➠ Kapitel 25, *Der Imperativ*, 2):
  ¡No te **preocupes**! Mach dir keine Sorgen!
  ¡**Déme** tres naranjas, por favor! Geben Sie mir bitte drei Orangen.
- In Wendungen wie:
  Pase lo que **pase**, me quedaré en casa. Egal was passiert, ich werde zu Hause bleiben.
  Sea como **sea**, esta historia no me gusta. Wie dem auch sei, diese Geschichte gefällt mir nicht.
  Te **guste** o no te **guste**, lo harás. Ob es dir gefällt oder nicht, du wirst es tun.
  Lo quiero tener, **cueste** lo que **cueste** / **sea**. Ich will es haben, koste es, was es wolle.
  ¡**Vaya** pregunta! Was für eine Frage!
- Nach Adverbien der Wahrscheinlichkeit bzw. des Zweifels wie acaso / quizá(s) / tal vez vielleicht, posiblemente möglicherweise, probablemente wahrscheinlich steht je nach Sprechabsicht der subjuntivo, wenn die Unwahrscheinlichkeit überwiegt, oder der Indikativ, wenn die Wahrscheinlichkeit überwiegt (➠ 3.3); nach ojalá hoffentlich wird stets der subjuntivo gebraucht.
  Tal vez viajamos / **viajemos** a Guatemala este año. Vielleicht fahren wir dieses Jahr nach Guatemala.
  ¡Ojalá **apruebes** el examen! Hoffentlich bestehst du die Prüfung!
  ¡Ojalá **hubiera tenido** una cámara! Schade, dass ich keinen Fotoapparat gehabt hatte!

Test 9

Entscheiden Sie, aus welchem Grund der subjuntivo verwendet wird:

a) um einen Wunsch auszudrücken.
b) um eine Vermutung auszudrücken.
c) bei einigen Wendungen.

1. ¡Que te vaya bien! Mach's gut! ☐
2. Probablemente no estén en casa. Wahrscheinlich sind sie nicht zu Hause. ☐
3. Ojalá tengamos suerte. Hoffentlich haben wir Glück. ☐
4. Llame quien llame, no estoy para nadie. Egal wer anruft, ich bin für niemanden da. ☐

3.2 Subjuntivo oder Infinitiv?

In einigen Fällen wird statt dem subjuntivo eine Infinitiv-Konstruktion gebraucht. (➠ Kapitel 26, *Infinite Verbformen,* 1.3)

- Ist das Subjekt im Haupt- und Nebensatz unbestimmt, kann der Nebensatz durch einen verkürzten Infinitivsatz ersetzt werden.
  Es una idiotez darle tantas vueltas a las cosas. Es ist idiotisch, sich über alles den Kopf zu zerbrechen.
- Wenn das Subjekt im Haupt- und Nebensatz gleich ist, wird ebenfalls eine Infinitiv-Konstruktion verwendet.
  Graciela quiere viajar sola. Graciela will alleine reisen.
  Me permito tener vacaciones. Ich erlaube mir, Urlaub zu machen.
  Odio comer tanto. Ich hasse es, zu viel zu essen.
- Bei einigen Verben der Beeinflussung ist meist sowohl der subjuntivo als auch eine Infinitiv-Konstruktion möglich.
  María le prohibió a su hija que **asistiera** / asistir a la fiesta. María hat ihrer Tochter verboten, auf die Party zu gehen.
  Te aconsejo que no lo **hagas** / no hacerlo. Ich rate dir, es nicht zu tun.

Beachten Sie
Bei Verben der (verneinten) persönlichen Stellungnahme wird auch dann der subjuntivo statt einer Infinitiv-Konstruktion verwendet, wenn der Nebensatz das gleiche Subjekt wie der Hauptsatz hat.
No creo / Dudo que yo **vaya** al cine hoy por la noche. Ich bezweifle, dass ich heute ins Kino gehe.

Test 10

Subjuntivo oder Infinitiv? Markieren Sie die richtige Möglichkeit.

1. Es mejor (que vayas / ir) en tren. Es ist besser, mit dem Zug zu fahren.
2. Quiero (que vaya / ir) a descansar. Ich will mich ausruhen.
3. Miriam quiere (que salgamos / salir) juntos. Miriam möchte, dass wir zusammen ausgehen.
4. Es necesario (que Federico encuentre / encontrar) una solución. Es ist nötig, dass Federico eine Lösung findet.

3.3 Wahrscheinlichkeit: subjuntivo oder Indikativ?

Möglichkeit bzw. Vermutung kann sowohl mit dem subjuntivo als auch mit dem Indikativ ausgedrückt werden. (➠ Kapitel 20, *Das Futur*, 2.2 und 3.2.2). Je nachdem ob eine Aussage als möglich / wahrscheinlich oder unmöglich / unwahrscheinlich dargestellt werden soll, wird der Indikativ oder der subjuntivo verwendet.

3.3.1 Subjuntivo und Indikativ

Die folgenden Adverbien werden je nach Sprechabsicht mit subjuntivo oder Indikativ verwendet. Benutzt man den subjuntivo, gibt man zu verstehen, dass man die Aussage als eher unwahrscheinlich betrachtet.

quizá(s) vielleicht	Quizá(s) **tengas** / tienes razón. Vielleicht hast du Recht.
tal vez vielleicht	Tal vez **vayamos** / vamos esta noche. Vielleicht gehen wir heute Abend hin.
acaso vielleicht	Acaso **venga** / viene más tarde. Vielleicht kommt er später.
posiblemente möglicherweise	Posiblemente **tengas** / tienes razón, mañana lo sabremos con certeza. Möglicherweise hast du Recht, morgen werden wir es sicher wissen.
probablemente wahrscheinlich	Probablemente **viaje** / viajaré a Mallorca. Wahrscheinlich werde ich nach Mallorca reisen.

3.3.2 Indikativ

Nur mit dem Indikativ verwendet werden:

a lo mejor vielleicht	A lo mejor llego a las 7 en punto. Vielleicht komme ich genau um sieben an.
seguramente sichererlich	Seguramente viene a las diez. Er/Sie wird sicherlich um zehn kommen.
seguro sicher	Seguro que no viene. Es ist sicher, dass er/sie nicht kommt.

Test 11

Stellen Sie fest, ob in den folgenden Sätzen der subjuntivo erforderlich ist, und markieren Sie die richtige Möglichkeit. In Klammern steht, ob die jeweilige Aussage als sicher (+) oder nicht sicher (–) angesehen wird.

1. A lo mejor no (venga / viene) hoy. Vielleicht kommt er heute nicht. (+)
2. Quizás (haya / hay) un atasco. Vielleicht gibt es einen Stau. (–)
3. Seguro que lo (haga / hace). Bestimmt tut er das. (+)
4. Tal vez (sea / es) demasiado tarde. Vielleicht ist es zu spät. (–)

4 Die Zeitenfolge beim *presente de subjuntivo*

Der Gebrauch der Zeiten und Modi im Zeitgefüge folgt im Spanischen festen Regeln. Da die Zeit im Nebensatz immer von der im Hauptsatz abhängt, muss auf die Zeit des Verbs im Hauptsatz besonders geachtet werden. Der presente de subjuntivo wird im Zeitgefüge verwendet, wenn das Verb des Hauptsatzes im Präsens, Futur, Perfekt oder Imperativ steht. Was die zeitliche Reihenfolge der Handlungen im Haupt- und im Nebensatz angeht, lassen sich zwei Fälle unterscheiden.

4.1 Gleichzeitigkeit

Die Handlungen im Haupt- und im Nebensatz finden gleichzeitig statt.

Verb im Hauptsatz	Verb im Nebensatz
Präsens, Futur, Perfekt	presente de subjuntivo

Me alegro de que **vengas** a verme. Ich freue mich, dass du mich besuchen kommst.
Me alegraré de que **vengas** a la fiesta. Ich freue mich, dass du auf die Party kommst.
Nos ha dicho que **hagamos** esto. Er/Sie hat uns gesagt, dass wir das tun sollen.

4.2 Nachzeitigkeit

Die Handlung des Nebensatzes findet nach der des Hauptsatzes statt, d. h. der Nebensatz bezieht sich auf etwas Zukünftiges.

Verb im Hauptsatz	Verb im Nebensatz
Präsens, Futur, Perfekt, Imperativ	presente de subjuntivo

Te pido que **vengas** mañana. Ich bitte dich, morgen zu kommen.
Le exigiré a Manuel que no **vuelva** a verla. Ich werde von Manuel verlangen, dass er sie nicht wiedersieht.
Nos han recomendado que **seamos** puntuales en la conferencia de mañana. Sie haben uns empfohlen, beim morgigen Vortrag pünktlich zu sein.
Diles que **llamen** más tarde. Sag ihnen, sie sollen später anrufen.

Test 12

Entscheiden Sie, ob die Handlung im Nebensatz gleichzeitig (G) oder nachzeitig (N) stattfindet.

1. Espero que Cecilia esté ahora en casa. Ich hoffe, dass Cecilia jetzt zu Hause ist. ☐
2. Le ruego que llame mañana sin falta. Ich bitte Sie, morgen unbedingt anzurufen. ☐
3. Nos ha dicho que vayamos inmediatamente. Er hat uns gesagt, wir sollen sofort hingehen. ☐
4. Pídele que te ayude. Bitte ihn darum, dir zu helfen. ☐

Auf den Punkt gebracht

1. (➠ *Was Sie vorab wissen sollten*)
Markieren Sie die richtige Alternative.

a) Der subjuntivo umfasst zwei / vier / sechs Zeiten.
b) Alle Zeiten des subjuntivo werden hauptsächlich im (Hauptsatz / Nebensatz) verwendet.
c) Der Gebrauch des subjuntivo (entspricht / entspricht nicht) dem Gebrauch des deutschen Konjunktivs.

2. (➠ *1.1*)
Markieren Sie die richtige Alternative bzw. tragen Sie die Formen ein.

a) Die Formen des presente de subjuntivo werden von der (1. / 2. / 3.) Person Singular des Indikativ Präsens abgeleitet.
b) Die Verben auf -ar haben im presente de subjuntivo die Endung (-e / -a), die auf -er die Endung (-e / -a).

c) Wie lauten die Formen des subjuntivo de presente der folgenden Verben?
conducir fahren ____________________
decir sagen ____________________
sentir fühlen ____________________

3. *(➠ 1.2)*
Markieren Sie die richtige Alternative bzw. tragen Sie die Formen ein.
a) Im presente de subjuntivo gibt es (vier / fünf / sieben) unregelmäßige Verben im eigentlichen Sinn. Um welche handelt es sich?
____
b) Wie lauten die Formen des subjuntivo de presente der folgenden Verben:
haber haben ____________________
ir gehen ____________________
ser sein ____________________

4. *(➠ 2)*
Der subjuntivo im Nebensatz steht in den folgenden Fällen: ja oder nein?
a) Nach Verben und Ausdrücken der Meinungsäußerung wie creer, parecer, pensar. (ja / nein)
b) Nach Verben und Wendungen der Gefühlsäußerung wie alegrarse de, extrañarse de, temer. (ja / nein)
c) Nach Verben und Wendungen der Hoffnung und der Erwartung wie esperar. (ja / nein)
d) Nach Verben und Wendungen, die Sicherheit und Gewissheit ausdrücken, wie es seguro, está claro. (ja / nein)
e) Nach Verben des Wünschens und Wollens wie desear. (ja / nein)
f) Nach Verben, die Unsicherheit oder Zweifel ausdrücken, wie dudar, no estar seguro. (ja / nein)
g) Nach Verben der Erlaubnis und des Verbots wie permitir, prohibir. (ja / nein)
h) Nach allen Konjunktionen. (ja / nein)
i) Nach allen unpersönlichen Ausdrücken. (ja / nein)

5. *(➠ 2.3)*
Der subjuntivo steht in den folgenden Fällen: ja oder nein? Markieren Sie die richtige Alternative.
a) In allen Relativsätzen. (ja / nein)
Helga es una colega que Blanca (conozca / conoce) desde hace muchos años. Helga ist eine Kollegin, die Blanca seit vielen Jahren kennt.

b) In Relativsätzen, wenn der vorausgehende Hauptsatz eine doppelte Verneinung enthält. (ja / nein)
No conozco a nadie que (sepa / sabe) hablar diez idiomas. Ich kenne niemand, der zehn Sprachen spricht.
c) In Relativsätzen, wenn das Verb des Hauptsatzes einen Wunsch ausdrückt. (ja / nein)
Quiero una casa que (sea / es) grande. Ich will ein Haus, das groß ist.

6. *(➠ 3.2, ➠ 3.3)*
Subjuntivo, Indikativ oder Infinitiv? Markieren Sie die richtige Alternative.
a) Queremos (que viajemos / viajar) a Costa Rica. Wir wollen nach Costa Rica fahren.
b) Es extraño (que se viva / vivir) así. Es ist merkwürdig so zu leben.
c) Me encanta (que seas / ser) como eres. Ich finde es toll, dass du so bist, wie du bist.
d) Me gusta (que hago / hacer) deporte. Ich mache gerne Sport.
e) Posiblemente no (vayamos / vamos) a la fiesta. Möglicherweise werden wir nicht zur Party gehen.
f) Es muy probable que no (venga / viene). Es ist ziemlich wahrscheinlich, dass er nicht kommt.
g) A lo mejor (lleguemos / llegamos) tarde. Vielleicht kommen wir zu spät.

Das imperfecto de subjuntivo

Bevor Sie sich mit diesem Kapitel beschäftigen, sollten Sie ➠ Kapitel 22, *Das* ***presente de subjuntivo*** gelesen haben.

1 Formen

Was Sie vorab wissen sollten

- Es gibt für das imperfecto de subjuntivo zwei verschiedene Endungen: -ra und -se. Beide sind gleichwertig und in den meisten Fällen austauschbar. Si fuéramos / fuésemos a Burgos, podríamos visitar a Federico. Wenn wir nach Burgos fahren würden, könnten wir Federico besuchen.
- In höflichen Ausdrücken kann nur die Form auf -ra verwendet werden (➠ 2.2). Quisiera ver esos zapatos. Ich würde gern diese Schuhe anprobieren.
- Die Wahl zwischen -ra und -se kann regionale, persönliche oder stilistische Gründe haben. Einige Grammatiker behaupten, in der gesprochenen Sprache bevorzuge man -se, in der schriftlichen -ra; andere meinen dagegen, dass in Hispanoamerika -ra und in Spanien -se häufiger sei. Wir empfehlen Ihnen jedenfalls, sich zuerst nur eine Form einzuprägen und später die zweite dazuzulernen. Ab ➠ 1.2 werden wir nur die Form auf -ra angeben.

1.1 Regelmäßige Formen

Auf Entdeckung

Versuchen Sie, die Formen des imperfecto de subjuntivo der angegebenen Verben in die Tabelle einzutragen. Die Endungen des imperfecto de subjuntivo lauten:

Verben auf -ar: -ara, -aras, -ara, -áramos, -arais, -aran bzw.
-ase, -ases, -ase, -ásemos, -aseis, -asen

Verben auf -er/-ir: -iera, -ieras, -iera, -iéramos, -ierais, -ieran bzw.
-iese, -ieses, -iese, -iésemos, -ieseis, -iesen

		cant-ar singen	**com-er** essen	**viv-ir** leben
Singular	1. Person	cantara / cantase	comiera / comiese	viviera / viviese
	2. Person			
	3. Person			
Plural	1. Person			
	2. Person			
	3. Person			

Beachten Sie
Die 1. Person Plural trägt einen grafischen Akzent: cantáramos, cantásemos, comiéramos, comiésemos, escribiéramos, escribiésemos.

Test 1

Bilden Sie das imperfecto de subjuntivo der folgenden Verben:
1. Person Singular: yo ich = 3. Person Singular: él er / ella sie / usted Sie
bailar tanzen _______ vender verkaufen _______ escribir schreiben _______
2. Person Singular: tú / vos du
tirar ziehen _______ conocer kennen _______ salir weggehen _______
1. Person Plural: nosotros / nosotras wir
enseñar zeigen _______ beber trinken _______ abrir öffnen _______

1.2 Unregelmäßige Formen

Es gibt wenige Verben, die im imperfecto de subjuntivo Unregelmäßigkeiten aufweisen. Diese betreffen den Stamm, die Endungen sind in der Regel dieselben. Die wenigen Fälle, in denen sich auch die Endung ändert, werden in diesem Abschnitt behandelt. Die meisten unregelmäßigen Verben werden vom Stamm der 3. Person Plural des pretérito perfecto simple (indefinido) abgeleitet (➠ Kapitel 16, *Das **pretérito perfecto simple***, 2.1.2).

poner **pus**-ieron → pusiera, pusieras, pusiera, pusiéramos, pusierais, pusieran
saber **sup**-ieron → supiera, supieras, supiera, supiéramos, supierais, supieran
tener **tuv**-ieron → tuviera, tuvieras, tuviera, tuviéramos, tuvierais, tuvieran

Auf Entdeckung

Versuchen Sie nun, die Tabelle mit den Formen von dar geben, estar sich befinden, haber haben / vorhanden sein, hacer machen und ir / ser gehen / sein auszufüllen (➠ *Lösungen*). Die entsprechenden Formen des pretérito perfecto simple sind: dieron, estuvieron, hubieron, hicieron, fueron.

		dar	estar	haber	hacer	ir / ser
Singular	1. Person					
	2. Person					
	3. Person					
Plural	1. Person					
	2. Person					
	3. Person					

Beachten Sie
Einige Verben, z. B. decir sagen, leer lesen sowie sämtliche Verben auf -(d)ucir, verlieren das -i- der Endung, wie beim pretérito perfecto simple.

decir	**dij**-eron → dijera, dijeras, etc.
leer	**ley**-eron → leyera, leyeras, etc.
traducir	**traduj**-eron → tradujera, tradujeras, etc.

Test 2
Konjugieren Sie die folgenden Verben.
1. traer bringen ____________
2. caer fallen ____________
3. oír hören ____________

2 Gebrauch

Was Sie vorab wissen sollten

Das imperfecto de subjuntivo ist zwar eine Zeit der Vergangenheit, es kann sich aber auch auf die Gegenwart oder auf die Zukunft beziehen.

Bezug auf die Vergangenheit	Lamenté que ayer no **tuvieras** tiempo. Ich bedauerte sehr, dass du gestern keine Zeit hattest.
Bezug auf die Gegenwart	Querría que hoy nos **viéramos**, es por eso que te llamo. Ich wollte, dass wir uns heute sehen, deshalb rufe ich dich an.
Bezug auf die Zukunft	Me gustaría que nos **encontráramos** mañana por la mañana. Ich fände es gut, wenn wir uns morgen früh treffen würden.

2.1 In Nebensätzen

Das imperfecto de subjuntivo wird hauptsächlich in Nebensätzen verwendet. „Auslöser" sind dieselben Verben, Ausdrücke, Konjunktionen und Konstruktionen, die für die anderen Zeiten des subjuntivo gelten und im Kapitel über das presente de subjuntivo behandelt wurden. (➠ Kapitel 22, *Das **presente de subjuntivo***, 2) Das imperfecto de subjuntivo wird hauptsächlich dann verwendet, wenn das Verb des Hauptsatzes in einer Zeit der Vergangenheit oder im condicional steht. Hier einige Beispiele:

Gefühlsäußerung	Temí que no **llegáramos** a tiempo. Ich habe befürchtet, dass wir nicht rechtzeitig ankommen würden.
Willensäußerung	Le pedí a Juan que me **contestara** lo más pronto posible. Ich bat Juan, mir so schnell wie möglich zu antworten.
verneinte Stellungnahme	No pensé que **fuese** tan grave. Ich dachte nicht, dass es so schlimm wäre.
Wertung / unpersönliche Ausdrücke	Era indispensable que le **ayudáramos**. Es war unbedingt notwendig, dass wir ihr/ihm helfen.
Möglichkeit	Podría ser que no nos **volviéramos** a ver. Es könnte sein, dass wir uns nicht wieder sehen.
Konjunktionen	Le di el juguete al niño para que **dejara** de gritar. Ich gab dem Kind das Spielzeug, damit es aufhörte zu schreien.
Relativsätze	Pedro no conocía a nadie que **pudiera** ayudarle. Pedro kannte niemanden, der ihm helfen könnte.

Beachten Sie
In Hauptsätzen wird das imperfecto de subjuntivo nach bestimmten Adverbien wie tal vez (➠ Kapitel 22, *Das **presente de subjuntivo***, 3.1) und in Ausrufen mit Wunschcharakter verwendet.
Tal vez no debiera ir. Vielleicht sollte ich nicht hingehen.
¡Ojalá fuéramos millonarios. Wären wir doch Millionäre!
¡Quién tuviera el permiso de conducir! Hätte ich doch den Führerschein!
¡Ni que yo fuera adivino! Ich bin doch kein Hellseher!

Test 3

Markieren Sie die richtige Möglichkeit: imperfecto de subjuntivo oder imperfecto de indicativo?

1. Muchos científicos estaban convencidos de que la cuestión ya (estaba / estuviera) resuelta. Viele Wissenschaftler waren davon überzeugt, dass das Problem schon gelöst war.
2. Yo no me esperaba que Alejandra no (tenía / tuviera) tiempo. Ich rechnete nicht damit, dass Alejandra keine Zeit hätte.
3. Quería que te (quedabas / quedaras) en casa. Ich wollte, dass du zu Hause bleibst.

4. Era increíble que (llovía / lloviera) tanto tiempo. Es war unglaublich, dass es so lange regnete.
5. Le pedí que (venía / viniera) ayer. Ich habe ihn/sie gestern gebeten zu kommen.

2.2 In höflichen Wendungen

Das imperfecto de subjuntivo wird verwendet, um einen Wunsch, eine Bitte oder eine Aufforderung höflich auszudrücken oder um persönliche Stellungnahmen abzuschwächen. Beachten Sie, dass in diesem Zusammenhang nur die Formen auf -ra der Verben querer wollen, deber sollen und poder können zulässig sind. (➠ Kapitel 21, *Das* ***condicional***, 1.3.1 und 3)

Quisiera hablar con Marcela. = Querría hablar con Marcela. Ich möchte mit Marcela sprechen.

Es algo que **debieras** hacer sin falta. = Es algo que deberías hacer sin falta. Es ist etwas, das du unbedingt machen solltest.

2.3 In Bedingungssätzen

Das imperfecto de subjuntivo wird in Bedingungssätzen verwendet, wenn es sich um eine irreale, d. h. nicht erfüllbare oder unwahrscheinliche Bedingung bzw. Hypothese in der Gegenwart[1] handelt. Im Folgesatz, d. h. im Hauptsatz, steht dagegen das condicional. (➠ Kapitel 21, *Das* ***condicional***, 1.3.1)

Bedingung (Nebensatz) imperfecto de subjuntivo	Folge (Hauptsatz) condicional
Si **tuviera** dinero, Wenn ich Geld hätte, Si **vinieras** a las cuatro, Wenn du um vier kommen würdest,	me iría a Latinoamérica. würde ich nach Lateinamerika fahren. te esperaría. würde ich auf dich warten.

Beachten Sie

Hypothetische Vergleiche, die sich auf die Gegenwart und Zukunft beziehen, d. h. Konstruktionen mit como si als ob, werden ebenfalls mit dem imperfecto de subjuntivo ausgedrückt[2].

Julio gasta dinero como si fuera millonario. Julio gibt Geld aus, als ob er ein Millionär wäre.

---

[1] Irreale Bedingungssätze in der Vergangenheit siehe ➠ Kapitel 21, *Das* ***condicional***, 2.2.1 und ➠ Kapitel 27, *Der Gebrauch der Zeiten und Modi*.

[2] Hypothetische Vergleiche in der Vergangenheit siehe ➠ Kapitel 24, *Zusammengesetzte Zeiten der Vergangenheit (**subjuntivo**)*, 2.2.3.

Test 4

Vervollständigen Sie die folgenden Sätze.

1. Si Óscar _________ (tener) coche, te llevaría al aeropuerto. Wenn Óscar ein Auto hätte, würde er dich zum Flughafen bringen.
2. Si _________ (ustedes / terminar) este trabajo para el viernes, nos harían un gran favor. Wenn Sie diese Arbeit bis Freitag abschließen würden, täten Sie uns einen großen Gefallen.
3. Si sus amigos se _________ (ir) más tarde, Verónica podría irse con ellos. Wenn seine/ihre Freunde später abfahren würden, könnte Verónica mit ihnen fahren.
4. Si mi hija _________ (ser) más grande, podría hacer un viaje con ella. Wenn meine Tochter größer wäre, könnte ich mit ihr eine Reise machen.
5. Llamaría a Juan si _________ (yo / tener) su número de teléfono. Ich würde Juan anrufen, wenn ich seine Telefonnummer hätte.

3 Die Zeitenfolge beim *imperfecto de subjuntivo*

Wie Sie in ➠ Kapitel 22, *Das* ***presente de subjuntivo***, 4 erfahren haben, folgt der Gebrauch der Zeiten und Modi im Haupt- und im Nebensatz festen Regeln.

3.1 Überblick

Die Tabelle gibt Ihnen einen Überblick über die Zeitenfolge, wenn im Nebensatz das imperfecto de subjuntivo verwendet wird.

Verb im Hauptsatz: Indikativ	Verb im Nebensatz: imperfecto de subjuntivo
perfecto simple	Me alegré de que lo **hicieras** ayer. Ich freute mich, dass du es gestern gemacht hast.
imperfecto	Deseaba que nos **viéramos** pronto. Ich wünschte mir, dass wir uns bald wieder sehen.
pluscuamperfecto	Le habían exigido que **aprendiera** alemán. Sie hatten von ihm verlangt, dass er Deutsch lernte.
condicional	Me gustaría que nos **encontráramos** a cenar. Ich fände es schön, wenn wir uns zum Essen treffen würden.
condicional perfecto	Si hubiese sido tan importante, me habrían pedido que **asistiera**. Wenn es so wichtig gewesen wäre, hätten sie mich gebeten daran teilzunehmen.

Beachten Sie
- Bei Vorzeitigkeit kann auch der Indikativ Präsens im Hauptsatz stehen.
  Lamento que ayer te **sintieras** mal. Es tut mir Leid, dass du dich gestern schlecht gefühlt hast.
- Das imperfecto de subjuntivo wird ebenfalls im Nebensatz verwendet, wenn im Hauptsatz das imperfecto de subjuntivo steht.
  Quisiera que **terminaras** cuanto antes tu trabajo. Ich hätte gern, dass du heute deine Arbeit so schnell wie möglich beendest.

3.2 Vorzeitigkeit, Gleichzeitigkeit, Nachzeitigkeit

Wie bereits erwähnt (➠ 2) kann sich das imperfecto de subjuntivo auf die Vergangenheit, die Gegenwart und auf die Zukunft beziehen. Entsprechend unterscheidet man, was das Zeitverhältnis zwischen Haupt- und Nebensatz anbetrifft, zwischen Vor-, Gleich- und Nachzeitigkeit.
- **Vorzeitigkeit** bedeutet, dass die Handlung im Nebensatz **vor** der des Hauptsatzes stattgefunden hat.
- **Gleichzeitigkeit** bedeutet, dass die Handlungen im Haupt- und Nebensatz auf der **gleichen** Zeitstufe liegen.
- **Nachzeitigkeit** bedeutet, dass die Handlung im Nebensatz zeitlich **nach** der des Hauptsatzes stattfindet.

Vorzeitigkeit	No creo que Juan se **comiera** ayer toda la pizza. Ich glaube nicht, dass Juan gestern die ganze Pizza aufgegessen hat.
Gleichzeitigkeit	Les gustaría que **fuéramos** todas juntas. Sie hätten gern, dass wir alle zusammen hingehen.
Nachzeitigkeit	Me encantaría que **saliéramos** esta noche a cenar. Ich fände es toll, wenn wir heute Abend essen gehen würden.

Beachten Sie
Bei Vorzeitigkeit kann statt dem imperfecto de subjuntivo auch das perfecto (Hauptsatz im Präsens) bzw. pluscuamperfecto de subjuntivo (Hauptsatz in einer Zeit der Vergangenheit) verwendet werden. ➠ Kapitel 24, *Zusammengesetzte Zeiten der Vergangenheit (**subjuntivo**)*
No creo que Juan se **haya comido** toda la pizza.
No creía que Juan se **hubiera comido** toda la pizza.

Test 5

Entscheiden Sie, ob die Handlungen im Nebensatz vorzeitig (V), gleichzeitig (G) oder nachzeitig (N) stattfinden.

1. ¡Qué pena que no me acompañaras! Schade, dass du mich nicht begleitet hast.
2. Yo te aconsejaría que pensaras antes de hablar. Ich würde dir raten nachzudenken, bevor du sprichst.
3. Le rogué que llamara mañana sin falta. Ich bat Sie, morgen unbedingt anzurufen.
4. Quería que vinieras a verme. Ich wollte, dass du mich besuchen kommst.
5. Me pidió que le prestara un poco de dinero. Er hat mich gebeten, ihm ein bisschen Geld zu leihen.

Auf den Punkt gebracht

1. *(➠ Was Sie vorab wissen sollten)*
Markieren Sie die richtige Alternative.

a) Das imperfecto de subjuntivo (entspricht / entspricht nicht) dem deutschen Konjunktiv II.
b) Die Formen auf -ra und -se sind (immer / meistens) austauschbar.
c) Bei (höflichen Ausdrücken / Verben der Meinungsäußerung) wird nur die Form auf -ra verwendet.

2. *(➠ 1.2)*
Wie lauten die Formen des imperfecto de subjuntivo der folgenden Verben?

andar gehen ______________________________
haber haben / sein ______________________________
venir kommen ______________________________
tener haben ______________________________

3. *(➠ 2)*
Markieren Sie die richtige Alternative.

a) „Auslöser“ für den imperfecto de subjuntivo (sind / sind nicht) dieselben Verben, Ausdrücke, Konjunktionen und Konstruktionen wie bei den anderen Zeiten des subjuntivo.
b) El jefe exigió que le (tuviéramos / tuvimos) informado. Der Chef forderte, dass wir ihn regelmäßig informieren.
c) El redactor dijo que le (mandaras / mandaste) el manuscrito mañana. Der Redakteur sagte, dass du ihm das Manuskript morgen schicken sollst.

d) Se fueron enamorando sin que ella (se diera / se dio) cuenta. Sie verliebten sich, ohne dass sie es merkte.
e) Te llamé para que me (dijeras / digas) cuándo ibas a venir. Ich habe dich angerufen, um zu erfahren, wann du kommst.
f) Si (estuviera / estaba) enferma como tú ahora, me quedaría en cama. Wenn ich so krank wäre wie du jetzt, würde ich im Bett bleiben.

4. *(➠ 3)*
Markieren Sie die richtige Alternative.
a) Das imperfecto de subjuntivo im Zeitgefüge wird hauptsächlich verwendet, wenn das Verb im Hauptsatz (im Präsens / in einer Zeit der Vergangenheit / im condicional) steht.
b) (Quiero / Quería) tener todo listo antes de que llegara Berta. Ich wollte alles fertig machen, bevor Berta kam.
c) Después de que se lo pidiera tres veces, finalmente me (devolvió / devuelve) el libro. Nachdem ich ihn/sie drei Mal darum gebeten habe, hat er/sie mir das Buch schließlich zurückgegeben.
d) (Faltó / Faltara) poco para que mi padre ganara la lotería. Es hat nur wenig gefehlt und mein Vater hätte im Lotto gewonnen.

Zusammengesetzte Zeiten der Vergangenheit (subjuntivo) 24

Bevor Sie sich mit diesem Kapitel beschäftigen, sollten Sie ➠ Kapitel 18, *Zusammengesetzte Zeiten der Vergangenheit (Indikativ)* und ➠ Kapitel 22, *Das* ***presente de subjuntivo*** gelesen haben.

Was Sie vorab wissen sollten

Zu den zusammengesetzten Zeiten der Vergangenheit des Modus subjuntivo zählen das perfecto de subjuntivo und das pluscuamperfecto de subjuntivo.

1 Das *perfecto de subjuntivo*

1.1 Formen

Wie alle zusammengesetzten Zeiten besteht auch das perfecto de subjuntivo aus zwei Teilen: dem presente de subjuntivo des Hilfsverbs haber und dem Partizip Perfekt des jeweiligen Verbs. Die Bildung des Partizips können Sie in ➠ Kapitel 18, *Zusammengesetzte Zeiten der Vergangenheit (Indikativ)*, 1 nachlesen.

Auf Entdeckung

Sie kennen bereits die Formen des presente de subjuntivo. Versuchen Sie, die entsprechenden Formen von haber in die Tabelle einzutragen. Sie erhalten so einen Überblick über die Bildung des perfecto de subjuntivo.

		haber (presente de subjuntivo)	Partizip
Singular	1. Person		
	2. Person		
	3. Person		trabajado gearbeitet
Plural	1. Person		comido gegessen
	2. Person		vivido gelebt
	3. Person		

Test 1

Vervollständigen Sie die Sätze in der zweiten Spalte mit den Formen des perfecto de subjuntivo. Benutzen Sie dabei die Verben in den Sätzen der ersten Spalte.

Beispiel: Lía ha visto la película. Lía hat den Film gesehen. No creo que Lía haya visto la película. Ich glaube nicht, dass Lía den Film gesehen hat.

1. Adela se ha ido. Adela ist weggegangen. — Temo que Adela se __________. Ich befürchte, dass Adela gegangen ist.
2. Nora ha estado en casa. Nora ist bei uns gewesen. — Es posible que Nora __________ en casa. Es ist möglich, dass Nora bei uns gewesen ist.
3. Habéis trabajado rápido. Ihr habt schnell gearbeitet. — Espero que __________ rápido. Ich hoffe, ihr habt schnell gearbeitet.
4. Hemos visto a Beto. Wir haben Beto gesehen. — ¿Quieres irte antes de que __________ __________ a Beto? Willst du weggehen, bevor wir Beto gesehen haben?
5. Has aprobado el examen. Du hast die Prüfung bestanden. — Es una suerte que __________ el examen. Es ist ein Glück, dass du die Prüfung bestanden hast.

1.2 Gebrauch

Das perfecto de subjuntivo wird hauptsächlich im Nebensatz verwendet. „Auslöser" sind dieselben Verben, Ausdrücke, Konjunktionen und Konstruktionen, die für die anderen Zeiten des subjuntivo gelten und im Kapitel über das presente de subjuntivo behandelt wurden (➠ Kapitel 22, *Das **presente de subjuntivo***, 2). Hier einige Beispiele:

Gefühlsäußerung	Lamentamos que no **hayáis venido**. Wir bedauern, dass ihr nicht gekommen seid.
Willensäußerung	Espero que **hayáis hecho** los deberes. Ich hoffe, ihr habt eure Hausaufgaben gemacht.
verneinte Stellungnahme	No creo que **haya habido** tantos muertos como dicen. Ich glaube nicht, dass es so viele Tote gegeben hat, wie behauptet wird.
Wertung / unpersönliche Ausdrücke	Es importante que lo **hayas dicho** personalmente. Es ist wichtig, dass du es persönlich mitgeteilt hast.
Möglichkeit	¿Puede ser que nos **hayamos equivocado** de hora? Kann es sein, dass wir uns in der Uhrzeit geirrt haben?
Relativsätze	Pueden irse los que **hayan terminado** (con) el trabajo. Diejenigen, die mit der Arbeit fertig sind, können gehen.

Konjunktionen	Iré apenas **haya recibido** la invitación. Ich werde hingehen, sobald ich eine Einladung erhalten habe.
Adverbien	Quizás no **haya tenido** ganas de venir. Vielleicht hat er keine Lust gehabt zu kommen.

Beachten Sie
Wenn das Verb des Hauptsatzes im Präsens steht, kann im Nebensatz das presente de subjuntivo oder das perfecto de subjuntivo verwendet werden. Der Unterschied besteht darin, dass beim perfecto de subjuntivo die Handlung im Nebensatz bereits abgeschlossen ist und sich **vor** der Handlung im Hauptsatz abgespielt hat, während sie beim presente de subjuntivo gleichzeitig oder in der Zukunft stattfindet. Vergleichen Sie die folgenden Beispiele:
No creo que venga Juan. Ich glaube nicht, dass Juan kommt / kommen wird.
No creo que **haya venido** Juan. Ich glaube nicht, dass Juan (schon) gekommen ist.

Test 2
Markieren Sie die richtige Möglichkeit: Indikativ oder subjuntivo?
1. Es una pena que te (hayas / has) quedado en casa. Es ist schade, dass du zu Hause geblieben bist.
2. Me extraña que Marisa y Sebastián se (hayan / han) separado. Es wundert mich, dass Marisa und Sebastián sich getrennt haben.
3. ¿Sabes que Clara y Diego (hayan / han) tenido un bebé? Weißt du schon, dass Clara und Diego ein Kind bekommen haben?
4. Me parece que Catalina se (haya / ha) olvidado de sacar a pasear al perro. Ich glaube, Catalina hat vergessen, mit dem Hund Gassi zu gehen.
5. No creo que Gustavo (haya / ha) regado las plantas; mira cómo están. Ich glaube nicht, dass Gustavo die Pflanzen gegossen hat; schau, wie sie aussehen.

1.3 Gebrauch im Zeitgefüge

Das perfecto de subjuntivo wird im Zeitgefüge verwendet, wenn das Verb des Hauptsatzes im Präsens, Futur, Perfekt oder Imperativ steht und die Handlung im Nebensatz vor der im Hauptsatz stattfindet (= **Vorzeitigkeit**).

Verb im Hauptsatz	Verb im Nebensatz
Präsens, Futur, Perfekt	perfecto de subjuntivo
Me alegra que **hayas venido** a verme. Es freut mich, dass du mich besucht hast.	

Estaré muy feliz cuando **hayas acabado** tu libro. Ich werde sehr glücklich sein, wenn du dein Buch fertig geschrieben hast.
Me ha puesto negra que no **hayas lavado** los platos. Ich habe mich sehr darüber geärgert, dass du das Geschirr nicht abgewaschen hast.
Avísame cuando **hayas terminado** de cocinar. Sag mir Bescheid, wenn du fertig bist mit Kochen.

Test 3

Markieren Sie die richtige Möglichkeit: presente de subjuntivo oder perfecto de subjuntivo? Die Übersetzung hilft Ihnen dabei, die richtige Zeit zu wählen.

1. Hoy estoy muy cansada, aunque (duerma / haya dormido) suficiente. Heute bin ich sehr müde, obwohl ich heute Nacht genug geschlafen habe.
2. No puedo imaginarme que Graciela (comprenda / haya comprendido) lo que dijimos. Ich kann mir nicht vorstellen, dass Graciela verstanden hat, was wir gesagt haben.
3. No puedo imaginarme que Graciela (sepa / haya sabido) de lo que estamos hablando. Ich kann mir nicht vorstellen, dass Graciela weiß, worüber wir gerade reden.
4. Esperamos que el nuevo colaborador (trabaje / haya trabajado) en los últimos años en el extranjero. Wir erwarten, dass der neue Mitarbeiter in den vergangenen Jahren im Ausland gearbeitet hat.
5. Esperamos que la nueva colaboradora (trabaje / haya trabajado) en los próximos años en el extranjero. Wir erwarten, dass die neue Mitarbeiterin in den nächsten Jahren im Ausland arbeitet.

2 Das *pluscuamperfecto de subjuntivo*

2.1 Formen

Das pluscuamperfecto de subjuntivo ist eine zusammengesetzte Zeit der Vergangenheit und besteht aus zwei Teilen: dem imperfecto de subjuntivo des Hilfsverbs haber und dem Partizip Perfekt des jeweiligen Verbs.

Auf Entdeckung

Sie kennen die Formen des imperfecto de subjuntivo (➠ Kapitel 23, *Das **imperfecto de subjuntivo***, 1). Versuchen Sie, die entsprechenden Formen von haber in die Tabelle einzutragen. Sie erhalten so einen Überblick über die Bildung des pluscuamperfecto de subjuntivo. Denken Sie daran, dass es im imperfecto de subjuntivo zwei Formen gibt: eine auf -ra und eine auf -se.

Zusammengesetzte Zeiten der Vergangenheit (subjuntivo)

		haber (imperfecto de subjuntivo)	Partizip
Singular	1. Person		trabajado gearbeitet comido gegessen vivido gelebt
	2. Person		
	3. Person		
Plural	1. Person		
	2. Person		
	3. Person		

Test 4

Vervollständigen Sie die Sätze mit den Formen des pluscuamperfecto de subjuntivo.

1. Temí que Alfonsina se ________________ (ir). Ich befürchtete, dass Alfonsina weggegangen war.
2. A mis padres les habría gustado que mi hermano ________________ (terminar) los estudios. Meine Eltern hätten sich gewünscht, dass mein Bruder sein Studium beendet hätte.
3. En aquel momento no podíamos creer que un atleta ________________ (alcanzar) esa marca. Damals konnten wir nicht glauben, dass ein Sportler so ein Ergebnis erzielt hätte.
4. Fue una pena que Elvira ________________ (quedarse) en casa. Es war schade, dass Elvira zu Hause geblieben war.

2.2 Gebrauch

2.2.1 Gebrauch nach „Auslösern"

Auch das pluscuamperfecto de subjuntivo wird in der Regel im Nebensatz verwendet. „Auslöser" sind auch für diese Zeit die Verben, Ausdrücke, Konjunktionen und Konstruktionen, die für die anderen Zeiten des subjuntivo gelten und im Kapitel über das presente de subjuntivo behandelt wurden (➡ Kapitel 22, *Das **presente de subjuntivo***, 2). Hier einige Beispiele:

Gefühlsäußerung	Tuve miedo de que **hubieras tenido** un accidente. Ich hatte Angst, du hättest einen Unfall gehabt.
verneinte Stellungnahme	Nunca pensé que Cuca **hubiera querido** ser abogada. Ich dachte nie, dass Cuca Rechtsanwältin hätte werden wollen.

Wertung / unpersönliche Ausdrücke	Habría sido imposible que **hubiéramos terminado** ayer. Es wäre unmöglich gewesen, gestern damit fertig zu werden.
Konjunktionen	Me siento como si **hubiera comido** una tonelada de piedras. Ich habe schreckliches Magendrücken.[1]
Relativsätze	No sabía de nadie que **hubiera mencionado** esta historia antes. Ich kannte niemanden, der diese Geschichte früher erwähnt hatte.
Adverbien	Tal vez no **hubiera debido** hacerlo. Vielleicht hätte ich es nicht tun sollen.

Beachten Sie

Der Unterschied zwischen dem imperfecto de subjuntivo und dem pluscuamperfecto de subjuntivo besteht darin, dass beim pluscuamperfecto die Handlung im Nebensatz gegenüber der Handlung im Hauptsatz abgeschlossen ist und sich **vor** dieser abgespielt hat. Vergleichen Sie die folgenden Beispiele:
No creí que Juan **escribiera** esa carta. Ich glaubte nicht, dass Juan diesen Brief schrieb / schreiben würde.
No creí que Juan **hubiera escrito** esa carta. Ich glaubte nicht, dass Juan diesen Brief geschrieben hatte.

Test 5

Imperfecto de subjuntivo oder pluscuamperfecto de subjuntivo? Setzen Sie die richtige Form ein. Die Übersetzung hilft Ihnen dabei.

1. Buscábamos una secretaria que ________________ (vivir) en Buenos Aires. Wir suchten eine Sekretärin, die in Buenos Aires gelebt hatte.
2. Buscábamos una secretaria que ________________ (vivir) en Buenos Aires. Wir suchten eine Sekretärin, die in Buenos Aires lebte.
3. Temí que te ________________ (tú / olvidar) de mí. Ich hatte Angst, dass du mich vergessen hattest.
4. Temí que te ________________ (tú / olvidar) de mí. Ich fürchtete, dass du mich vergessen hast.
5. Me habría gustado que ________________ (nosotras / ir) al cine. Es hätte mir gefallen, wenn wir zusammen ins Kino gegangen wären.
6. Me gustaría que ________________ (nosotras / ir) al cine. Es würde mir gefallen, wenn wir zusammen ins Kino gingen.

2.2.2 In Bedingungssätzen

Enthält der Bedingungssatz eine irreale Bedingung in der Vergangenheit, d. h. eine Handlung, die nicht stattgefunden hat, aber unter anderen Bedingungen

[1] Wörtlich: Ich fühle mich, als ob ich eine Tonne Steine gegessen hätte.

hätte stattfinden können, dann steht dort das pluscuamperfecto de subjuntivo. Im Folgesatz wird in der Regel das condicional oder condicional perfecto verwendet. (➠ Kapitel 21, *Das* ***condicional***, 1.3.1 und 2.2.1)

a) Pluscuamperfecto de subjuntivo – condicional

Bedingung (Nebensatz) pluscuamperfecto de subjuntivo	Folge (Hauptsatz) condicional
Si **hubiese estudiado**, Wenn ich studiert hätte,	sabría (ahora) más. wüsste ich (jetzt) mehr.

b) Pluscuamperfecto de subjuntivo – condicional perfecto / pluscuamperfecto de subjuntivo

Bedingung (Nebensatz) pluscuamperfecto de subjuntivo	Folge (Hauptsatz) condicional perfecto / pluscuamperfecto de subjuntivo
Si **hubiera tenido** dinero, Wenn ich Geld gehabt hätte,	habría / hubiera viajado a Argentina. wäre ich nach Argentinien gefahren.

Beachten Sie
Im modernen Spanisch wird im Hauptsatz neben dem condicional perfecto auch das pluscuamperfecto de subjuntivo verwendet, wobei die Formen auf -ra und -se sowohl im Haupt- als auch im Nebensatz austauschbar und gleichwertig sind.
Si hubieses / hubieras venido antes, te habría / hubiera / hubiese esperado en casa. Wenn du früher gekommen wärst, hätte ich auf dich zu Hause gewartet.

Test 6

Pluscuamperfecto de subjuntivo, condicional oder condicional perfecto? Setzen Sie die richtige Form ein.

1. Si lo ________________ (yo / saber), no ________________ (yo / ir). Hätte ich das gewusst, wäre ich nicht hingegangen.
2. Si ________________ (tú / estar) en la clase, lo ________________ (tú / saber). Wärst du im Unterricht gewesen, wüsstest du es (jetzt).
3. Si ________________ (vosotras / venir) a tiempo, Mauricio os ________________ (poder) acompañar. Wärt ihr rechtzeitig gekommen, hätte Mauricio euch begleiten können.
4. Si ________________ (ustedes / llegar) antes, no ________________ (nosotros / tener) que tomar el taxi. Wären Sie früher angekommen, müssten wir jetzt kein Taxi nehmen.

5. Si ________________ (tú / comprar) el libro aquel día, no ________________ (tú / pagar) ahora tanto por él. Hättest du das Buch damals gekauft, würdest du jetzt nicht so viel dafür bezahlen.

2.2.3 Como si als ob

Der hypothetische Vergleich mit como si als ob für die Vergangenheit wird mit dem pluscuamperfecto de subjuntivo ausgedrückt.

Se comportó como si **hubiera sido** millonario. Er benahm sich, als ob er Millionär (gewesen) wäre.

Beachten Sie

Mit dem imperfecto de subjuntivo bezieht sich der hypothetische Vergleich auf etwas Gegenwärtiges (➠ Kapitel 23, *Das **imperfecto de subjuntivo***, 2.3), mit dem pluscuamperfecto de subjuntivo dagegen auf etwas Vergangenes bzw. Abgeschlossenes.

Habla castellano como si **fuera** chilena. Sie spricht Spanisch, als ob sie Chilenin wäre.

Habla la variante chilena como si **hubiera nacido** en Chile. Sie spricht die chilenische Variante, als ob sie in Chile geboren wäre.

Bei diesen Vergleichen kann man auch tan / tanto ... como si ... benutzen. (➠ Kapitel 34, *Die Konjunktionen*, 3.1)

Habla **tan bien** la variante chilena **como si** hubiera nacido en Chile. Sie spricht die chilenische Variante so gut, als ob sie in Chile geboren wäre.

Test 7

Wandeln Sie die folgenden Sätze in hypothetische Vergleiche in der Gegenwart bzw. Vergangenheit um. Die Übersetzung hilft Ihnen dabei. Beispiel:

No es abogado y, sin embargo, vive hablando de leyes. Er ist kein Rechtsanwalt und trotzdem spricht er ständig über Gesetze.

Vive hablando de leyes como si fuera abogado. Er spricht ständig über Gesetze, als ob er Rechtsanwalt wäre.

1. No es rico y, sin embargo, vive malgastando dinero. Er ist nicht reich und trotzdem gibt er mit vollen Händen Geld aus.

   ____
   ____
   Er gibt mit vollen Händen Geld aus, als ob er reich wäre.

2. Le dolía muchísimo la cabeza. (Había fumado mucho). Er hatte schreckliches Kopfweh. (Er hatte viel geraucht).

   ____
   ____
   Er hatte schreckliches Kopfweh, als ob er viel geraucht hätte.

3. No era un príncipe, pero se comportaba como tal. Er war kein Prinz, aber er benahm sich wie einer.
____
____
Er benahm sich, als ob er ein Prinz wäre.

4. Su bicicleta no es nueva, pero parece nueva. Ihr Fahrrad ist nicht neu, aber es sieht wie neu aus.
____
____
Ihr Fahrrad sieht aus, als ob es neu wäre.

2.3 Gebrauch im Zeitgefüge

Das pluscuamperfecto de subjuntivo wird im Zeitgefüge verwendet, wenn das Verb des Hauptsatzes im imperfecto de indicativo, pretérito perfecto simple (indefinido), condicional perfecto, pluscuamperfecto de indicativo oder pluscuamperfecto de subjuntivo steht und die Handlung im Nebensatz **vor** der im Hauptsatz stattfindet (= **Vorzeitigkeit**).

Verb im Hauptsatz:	Verb im Nebensatz: pluscuamperfecto de subjuntivo
imperfecto de indicativo	Me alegraba que **hubieran preparado** una fiesta para mi regreso. Es freute mich, dass sie ein Fest für meine Rückkehr vorbereitet hatten.
pretérito perfecto simple (indefinido)	Me alegró que mi familia me **hubiera ido** a esperar al aeropuerto. Es freute mich, dass meine Familie zum Flughafen gefahren war, um mich abzuholen.
condicional simple	Me alegraría que **hubiera aprobado** el examen. Es würde mich freuen, wenn er die Prüfung bestanden hätte.
condicional perfecto	Me habría alegrado que **hubieras venido** conmigo. Es hätte mich gefreut, wenn du mit mir gekommen wärst.
pluscuamperfecto de indicativo	Me había alegrado que me **hubieran invitado** a su casa. Es hatte mich gefreut, dass sie mich zu sich nach Hause eingeladen hatten.
pluscuamperfecto de subjuntivo	Hubiera querido que **hubieras estudiado**. Ich hätte mir gewünscht, dass du studierst.

Zusammengesetzte Zeiten der Vergangenheit (subjuntivo)

Test 8

Wählen Sie die richtige Zeit des Verbs im Hauptsatz. Die Übersetzung hilft Ihnen dabei.

1. Mariana se (alegró / ha alegrado) de que Pablo la hubiera invitado al cine. Mariana hat sich darüber gefreut, dass Pablo sie ins Kino eingeladen hatte.
2. (Habríamos preferido / Preferiríamos) que nos hubiera ofrecido ir con él. Es wäre uns lieber gewesen, wenn er uns angeboten hätte mit ihm zu fahren.
3. (Lamento / Lamenté) mucho que no hubiéramos podido venir. Es tat mir wirklich Leid, dass wir nicht kommen konnten.
4. (Hubiera sido / Habría sido / Había sido) mejor que hubierais abierto las ventanas. Es wäre besser gewesen, wenn ihr die Fenster aufgemacht hättet.
5. Yo también me (hubiera sentido / sentiría) muy mal si se hubiera ido sin decir adiós. Auch ich würde mich sehr schlecht fühlen, wenn er abgereist wäre, ohne sich zu verabschieden.

Auf den Punkt gebracht

1. *(➠ 1.1)*

Setzen Sie die richtige Verbform im perfecto de subjuntivo ein.

a) No creo que Elvira ________________ (regresar). Ich glaube nicht, dass Elvira zurückgekehrt ist.

b) No creo que nosotros ________________ (ver) la película. Ich glaube nicht, dass wir den Film gesehen haben.

c) Espero que Abril y Virtudes ________________ (llegar) bien a su casa. Ich hoffe, dass Abril und Virtudes gut zu Hause angekommen sind.

2. *(➠ 1.2, ➠ 1.3)*

Markieren Sie die richtige Alternative.

a) Das perfecto de subjuntivo wird hauptsächlich im (Hauptsatz / Nebensatz) verwendet.

b) „Auslöser" für den Gebrauch des perfecto de subjuntivo sind (dieselben / andere) Verben, Ausdrücke, Konjunktionen und Konstruktionen wie für die anderen Zeiten des subjuntivo.

c) No creo que (haya / ha) solucionado el problema de esta mañana. Ich glaube nicht, dass er das Problem von heute Morgen gelöst hat.

d) Das perfecto de subjuntivo wird im Zeitgefüge verwendet, wenn das Verb des Hauptsatzes im (Präsens / Perfekt / Futur / Imperfekt / Plusquamperfekt / condicional) steht.

e) Das perfecto de subjuntivo wird im Zeitgefüge verwendet, wenn die Handlung im Nebensatz (vor / nach) der im Hauptsatz (stattgefunden hat / stattfinden wird).
f) Me han pedido que lo (haya explicado / explique). Sie haben mich darum gebeten es zu erklären.

3. *(➠ 2.1)*
Setzen Sie die richtige Verbform im pluscuamperfecto de subjuntivo ein.
a) Mariana se alegró de que Pablo la ________________ (invitar) al cine. Mariana freute sich darüber, dass Pablo sie ins Kino eingeladen hatte.
b) Me dijo que si ________________ (él / estudiar), habría aprobado el examen. Er sagte mir, wenn er gelernt hätte, hätte er die Prüfung bestanden.
c) María no te había perdonado que ________________ (tú / olvidar) su nombre. María hatte dir nicht verziehen, dass du ihren Namen vergessen hattest.

4. *(➠ 2.2)*
Markieren Sie die richtige Alternative.
a) Beim pluscuamperfecto de subjuntivo hat die Handlung im Nebensatz (bereits stattgefunden / noch nicht stattgefunden).
b) Lamentamos mucho que no lo (hubiera hecho / hiciera). Wir bedauerten sehr, dass er es nicht getan hatte.
c) Das pluscuamperfecto de subjuntivo steht in Bedingungssätzen, wenn es sich um eine (reale / irreale) Bedingung in der (Gegenwart / Vergangenheit) handelt.
d) Si no (hubiera sido / fuera) tan vaga en la escuela, ahora (tuviera / tendría) una mejor nota en el bachillerato. Wenn ich in der Schule nicht so faul gewesen wäre, hätte ich jetzt ein besseres Abitur.
e) Das pluscuamperfecto de subjuntivo wird im Zeitgefüge verwendet, wenn das Verb des Hauptsatzes (im Präsens / in einer Zeit der Vergangenheit) steht.
f) Me ofendió que no me (hayan / hubieran) invitado. Ich fühlte mich beleidigt, dass sie mich nicht eingeladen hatten.

Was Sie vorab wissen sollten

- Der Imperativ ist die Befehlsform. Es gibt einen bejahten und einen verneinten Imperativ mit jeweils verschiedenen Verbformen.
  Vamos al cine. Lass uns ins Kino gehen.
  No **vayamos** a la fiesta. Lass uns nicht zu der Party gehen.
- Die Stellung des Pronomens ist beim bejahten und beim verneinten Imperativ unterschiedlich.
  ¡Cómpra**me** un helado! Kauf mir ein Eis!
  ¡No **te** compres tantas cosas! Kauf dir nicht so viele Sachen.
- Die Ausrufezeichen werden bei Sätzen im Imperativ verwendet, um einen Ausrufcharakter und eine emotionale Beteiligung kenntlich zu machen. Feste Regeln zur Verwendung der Ausrufezeichen gibt es also nicht.

1 Der bejahte Imperativ

1.1 2. Person Singular: tú du

1.1.1 Die regelmäßigen Formen

Auf Entdeckung

a) Lesen Sie die folgenden Sätze.

1. ¡**Mira** cómo está el mar! Parece de postal. (mirar) Schau dir mal das Meer an! Es sieht aus wie auf einer Postkarte.
2. **Lee** esta entrevista. Es interesantísima. (leer) Lies dieses Interview, es ist sehr interessant.
3. **Escríbe**le una tarjeta de cumpleaños a tu abuela. (escribir) Schreib deiner Großmutter eine Geburtstagskarte!

b) Wie wird die Imperativform für tú gebildet? Der Infinitiv der Verben ist in Klammern angegeben. Formulieren Sie die Regel.

____

Beachten Sie

- Die Imperativform von tú ist mit der 3. Person Singular der Präsenskonjugation identisch.
  Fabián **escucha** música. Fabián hört Musik. → ¡**Escucha**! Hör zu!
  La niña **come** sin ganas. Das Mädchen isst lustlos. → ¡**Come**! Iss!
- Die unregelmäßigen Formen des Präsens, z. B. die diphthongierenden Formen wie entender verstehen → entiende und die Formen mit Vokaländerung wie pedir bitten / bestellen → pide, sind auch im Imperativ unregelmäßig.
  Entiende lo que te digo. Versteh doch, was ich dir sage.
  Pide lo que tú quieras. Bestell, was immer du willst.

Test 1

Bildien Sie die Imperativformen für die 2. Person Singular.

1. escribir schreiben ______
2. cantar singen ______
3. firmar unterschreiben ______
4. producir produzieren ______
5. pensar denken ______
6. volver zurückkommen ______

1.1.2 Die unregelmäßigen Formen

Es gibt eine Reihe von unregelmäßigen Imperativ-Formen in der 2. Person Singular.

decir → di sag	¡Dilo de una vez! Sag es endlich!
hacer → haz mach	¡Haz tus tareas! Mach deine Hausaufgaben!
ir(se) → ve(te) geh	¡Vete ya! Vas a llegar tarde. Geh schon, sonst kommst du zu spät!
poner → pon stell	¡Pon eso en la mesa, por favor! Stell das bitte auf den Tisch!
salir → sal geh raus	¡Sal a pasear un rato, el día está precioso! Geh doch spazieren, der Tag ist wunderschön!
ser → sé sei	¡Sé feliz! Sei glücklich!
tener → ten habe	¡Ten un poco de paciencia! Hab ein wenig Geduld!
venir → ven komm	¡Ven conmigo! Te quiero mostrar algo. Komm mit! Ich will dir etwas zeigen.

Beachten Sie

Für das Pronomen vos (➠ Kapitel 15, *Der Indikativ Präsens*) gibt es auch im Imperativ eine eigene Form: statt escucha heißt sie escuchá. Die unregelmäßigen Formen verändern sich ebenfalls: statt di → decí, statt sal → salí, statt ven → vení usw. Die diphthongierenden Formen, die mit tú im Imperativ den Diphthong beibehalten, verlieren ihn bei vos: vuelve → volvé, piensa → pensá.

Test 2

Ergänzen Sie die Imperativformen für tú von den in Klammern angegebenen Verben.

1. ¡______ eso ahí! (poner) Stell das da hin!
2. ¡______ de aquí! (salir) Geh raus hier!
3. ¡______, lo compré para ti. (tener) Nimm, ich habe es für dich gekauft.
4. ¡______ lo que te diga. (hacer) Tu, was ich dir sage!
5. ¡______ la verdad. (decir) Sag die Wahrheit!
6. ¡______ amable con tus hermanos. (ser) Sei lieb zu deinen Brüdern!

1.2 2. Person Plural: vosotros/as ihr

Diese Form hat in allen drei Verbgruppen die Endung -d. Vom Infinitiv des Verbs ausgehend, wird das -r durch -d ersetzt. Der Imperativ von vosotros/as hat keine unregelmäßigen Formen.
hablar → hablad sprecht, comer → comed esst, salir → salid geht hinaus

Test 3
Schreiben Sie die Formen des Imperativs für vosotros/as.

1. beber trinken ________
2. escuchar zuhören ________
3. decir sagen ________
4. adivinar raten ________
5. ir gehen ________
6. leer lesen ________

TIPP

Bevor Sie sich mit den folgenden Abschnitten beschäftigen, sollten Sie sich mit ➠ Kapitel 22, *Das **presente de subjuntivo*** vertraut gemacht haben.

1.3 Der Imperativ von usted Sie, nosotros/as wir, ustedes Sie

Der Imperativ von usted, nosotros/as und ustedes ist mit den entsprechenden Formen des subjuntivo identisch. In der folgenden Tabelle finden Sie ein Beispiel für jede der drei Konjugationen.

	usted	nosotros/as	ustedes
escuchar	escuche hören Sie	escuchemos hören wir	escuchen hören Sie
comer	coma essen Sie	comamos essen wir	coman essen Sie
decidir	decida entscheiden Sie	decidamos entscheiden wir	decidan entscheiden Sie

Beachten Sie

- Der Imperativ des Verbs ir lautet für nosotros/as: vayamos. Aber auch die Indikativ-Form vamos kann als Aufforderung verwendet werden, allerdings nur für den bejahten Imperativ. Die Form vamos ist die gebräuchlichere.
  ¡Vamos a tomar una copa! Gehen wir einen trinken!
- In Hispanoamerika, in Andalusien und auf den Kanarischen Inseln wird die ustedes-Form statt der vosotros/as-Form verwendet.

Test 4

Ergänzen Sie die entsprechende Form des Imperativs.

1. ¡_________! (hablar / nosotros) Reden wir!
2. ¡_________! (esperar / ustedes) Warten Sie!
3. Está muy oscuro. _________ (encender / nosotros) la luz. Es ist zu dunkel. Lasst uns das Licht anschalten.
4. _________ (ir / nosotros) a tomar un café. Gehen wir einen Kaffee trinken!
5. _________ (cantar / nosotros) una canción. Lasst uns ein Lied singen.
6. _________ con cuidado (ir / usted) por la ruta, hay muchas curvas. Fahren Sie vorsichtig auf der Straße, es gibt viele Kurven.
7. _________ (prestar / ustedes) atención, por favor. Hören Sie bitte zu.

2 Der verneinte Imperativ

Auf Entdeckung

a) Lesen Sie die folgenden Sätze.

1. ¡No digas estupideces! Red kein dummes Zeug!
2. No lea ese artículo, no vale la pena. Lesen Sie diesen Artikel nicht, es lohnt sich nicht.
3. No nos vayamos todavía, es muy temprano. Lasst uns noch nicht gehen, es ist noch früh.
4. ¡No creáis que no me he dado cuenta! Glaubt nicht, dass ich es nicht bemerkt habe.
5. No se preocupen, va a salir todo bien. Machen Sie sich keine Sorgen, es wird schon klappen.

A. Te pido que me digas la verdad. Ich bitte dich, mir die Wahrheit zu sagen.

B. Es importante que usted lea primero las instrucciones. Es ist wichtig, dass Sie zuerst die Anleitung lesen.

C. Me alegro de que vayamos a Cuba este verano. Ich freue mich, dass wir diesen Sommer nach Kuba fahren.

D. Probablemente no me creáis lo que os voy a contar. Wahrscheinlich werdet ihr mir nicht glauben, was ich euch erzähle.

E. Espero que no se preocupen por lo de ayer, no fue nada grave. Ich hoffe, Sie machen sich keine Sorgen wegen gestern. Es war nichts Schlimmes.

b) Bei den Sätzen in der linken Spalte handelt es sich um den verneinten Imperativ, bei denen in der rechten um Sätze im subjuntivo. Formulieren Sie die Regel zur Bildung des verneinten Imperativs.

____ (➠ *Lösungen*)

Test 5

Ergänzen Sie die Formen des verneinten Imperativs.

1. Mejor no _______ (venir / tú) hoy. Estamos todos resfriados. Komm heute lieber nicht. Wir sind alle erkältet.
2. Mejor no _______ (ir / nosotros) a la función de las once. Es muy tarde para mí. Lasst uns lieber nicht zu der Vorstellung um elf gehen. Das ist zu spät für mich.
3. No me _______ (despertar / vosotros) muy temprano. Estoy de vacaciones. Weckt mich nicht zu früh. Ich habe Ferien.
4. Mejor no _______ (salir / usted) a la noche. Es muy peligroso. Gehen Sie nachts besser nicht aus. Es ist sehr gefährlich.
5. ¡No le _______ (hacer / ustedes) caso! Hören Sie nicht auf ihn/sie!

TIPP

Für Abschnitt 3 sollten Sie ➠ Kapitel 10, *Die Personalpronomen* bereits durchgearbeitet haben. Falls Sie sich damit noch nicht beschäftigt haben, können Sie zu ➠ Abschnitt 4 weitergehen.

3 Der Imperativ mit Pronomen

Der Imperativ kann von Reflexiv- und von Objektpronomen begleitet werden. Die Stellung der Pronomen ist beim bejahten und beim verneinten Imperativ verschieden. (➠ Kapitel 28, *Die Reflexivpronomen und reflexiv gebrauchten Verben*)

3.1 Beim bejahten Imperativ

Das Pronomen wird immer an die Imperativform angehängt. Wie auch in anderen Fällen, in denen das Pronomen angehängt wird, setzt man einen Akzent.

¡Cuídese! Passen Sie auf sich auf!
¡Acuéstate! Leg dich schlafen!
¡Bótalo! Wirf es weg!

Beachten Sie

Zur Akzentsetzung können Sie sich Folgendes merken:

- Wenn ein Imperativ mit zwei Pronomen gebildet wird, erhält das Wort **immer** einen grafischen Akzent, und zwar an der Stelle, an der das Verb normalerweise auch betont wird, z. B. compra kaufe → cómpramelo kauf es mir, da gib → dámelo gib es mir.
- Wenn der Imperativ nur ein Pronomen enthält, gibt es verschiedene

Möglichkeiten: Bei Formen, die ohnehin einen Akzent tragen, wie está sei, dé geben Sie, bleibt dieser erhalten: estáte quieto zappel nicht herum[1], déme geben Sie mir.

- Bei Verbformen, die sonst keinen Akzent tragen und auf der vorletzten Silbe betont werden, z. B. bota wirf weg, cuida pass auf, wird ein Akzent auf der Silbe gesetzt, die auch weiterhin betont werden soll: bótalo wirf es weg, cuídate pass auf dich auf.

  (➠ Kapitel 1, *Die Aussprache*, 3.3)

Test 6

Schreiben Sie, wie im Beispiel, den Imperativ des vorgegebenen Verbs zusammen mit dem entsprechenden Pronomen.
Beispiel: usted / escuchar / a mí Sie / zuhören / mir → ¡Escúcheme! Hören Sie mir zu!

1. tú / anotar / la tarea du / aufschreiben / die Hausaufgabe
   ____________________ Schreib sie auf!
2. vosotros / creer / a él ihr / glauben / ihm
   ____________________ Glaubt ihm!
3. usted / llamar / a mí Sie / anrufen / mich
   ____________________ Rufen Sie mich an!
4. tú / vestir / al niño du / anziehen / das Kind
   ____________________ Zieh es an!
5. nosotros / ver / la película wir / ansehen / den Film
   ____________________ Lasst ihn uns ansehen!

Wie immer, wenn mehrere Pronomen zusammentreffen, gilt die Regel: Dativ vor Akkusativ.
¡Dí**melo**! Sag es mir!
Quiero ese chocolate. ¡Compra**melo**! Ich will diese Schokolade. Kauf sie mir!
Wenn das Dativpronomen le mit einem Akkusativpronomen zusammentrifft, wird es zu se.
¡Dí**selo**! Sag es ihm/ihr!
(➠ Kapitel 10, *Die Personalpronomen*, 2.2)

Wenn ein Reflexivpronomen mit einem Akkusativpronomen zusammentrifft, steht das Reflexivpronomen an erster Stelle.
Mira cómo está tu pelo. ¡Péina**telo**! Schau dir deine Haare an. Kämm sie dir!
¡Qué manos sucias! ¡Láva**telas**! Was für schmutzige Hände! Wasch sie dir!

Beachten Sie
Bei reflexiven Konstruktionen im Imperativ fällt bei der 1. Person Plural, nosotros/as, das -s weg, z. B. irse gehen → ¡Vámonos! Gehen wir!

[1] Wörtlich: sei still

In der 2. Person Plural, vosotros/as, fällt im bejahten Imperativ das -d weg, z. B. sentarse sich setzen → ¡Sentaos! Setzt euch!

Test 7

Ersetzen Sie, wie im Beispiel, die Substantive durch Pronomen. Beachten Sie, dass le zu se wird, wenn ein weiteres Pronomen folgt. Sie können sich an der Übersetzung orientieren.

Beispiel: regalar / un disco / a tu madre schenken / eine Platte / deiner Mutter → ¡Regálaselo! Schenk es ihr!

1. tú / explicar / el problema / a mí erklären / das Problem / mir
   ______________________ Erkläre es mir!
2. calentar / la comida / para ti warm machen / das Essen / dir
   ______________________ Mach es dir warm!
3. tú / dar / el juguete / a tu hermano du / geben / das Spielzeug / deinem Bruder
   ______________________ Gib es ihm!
4. vosotros / lavarse / las manos ihr / waschen / die Hände
   ______________________ Wascht sie euch!
5. tú/ traer / el libro / a mí du / bringen / das Buch / mir
   ______________________ Bring es mir!
6. vosotros / llevarse / la llave ihr / mitnehmen / den Schlüssel
   ______________________ Nehmt ihn mit!

3.2 Beim verneinten Imperativ

Das Pronomen steht zwischen dem Adverb no und der Imperativform.
¡No **le** creas! Glaub ihm nicht!
¡No **me** mienta! Belügen Sie mich nicht!
¡No **os** escondáis! Versteckt euch nicht!

Wenn mehrere Pronomen zusammentreffen, gelten dieselben Regeln wie in 3.1:
- Dativ vor Akkusativ: No **me lo** pidas. Bitte mich nicht darum!
- le wird zu se: No **se lo** cuentes. Erzähl es ihm nicht.

Test 8

Verwandeln Sie die bejahten Imperativformen in verneinte.

1. ¡Hazme caso! Hör auf mich!
   ______________ Hör nicht auf mich!
2. ¡Bébelo! Trink es!
   ______________ Trink es nicht!

3. ¡Póntelo! Zieh ihn dir an!
   _______________ Zieh ihn dir nicht an!
4. ¡Recógelo! Heb es auf!
   _______________ Heb es nicht auf!
5. ¡Dígamelo! Sagen Sie es mir!
   _______________ Sagen Sie es mir nicht!
6. ¡Llámala! Ruf sie an!
   _______________ Ruf sie nicht an!
7. ¡Leedlo! Lest es!
   _______________ Lest es nicht!
8. ¡Veámosla! Lasst ihn uns sehen!
   _______________ Lasst ihn uns nicht sehen!

4 Gebrauch des Imperativs

Da der Imperativ u. a. einen Befehl ausdrückt, ist es wichtig, eine Vorstellung davon zu haben, wann man ihn gebrauchen kann und in welchen Situationen man besser auf eine andere Art der Aufforderung zurückgreifen sollte.

4.1 Condicional statt Imperativ

- Zwischen nicht miteinander bekannten Personen wird der Imperativ selten verwendet. Wenn Sie z. B. eine Ihnen unbekannte Person im Bus bitten möchten, das Fenster zu schließen, wäre ein Satz wie ¡Cierre la ventana! Schließen Sie das Fenster! eindeutig ein Verstoß gegen die Regeln der Höflichkeit.
  Stattdessen würde man einer fremden Person gegenüber diese Aufforderung als Frage im condicional formulieren: ¿Cerraría la ventana, por favor? Würden Sie bitte das Fenster schließen? (➠ Kapitel 21, *Das* ***condicional***)
- Häufig wird dabei das Verb poder können verwendet: ¿Me podría abrir la puerta, por favor? Könnten Sie mir bitte die Tür aufmachen?
- Eine weitere Möglichkeit, eine Bitte besonders höflich zu auszudrücken, vor allem dann, wenn es sich um einen wirklichen Gefallen und keine Selbstverständlichkeit handelt, ist die Formel: Sería (usted) tan amable de … Wären Sie so freundlich …, z. B. wenn man jemanden bittet, beim Tragen zu helfen: ¿Sería (usted) tan amable de ayudarme? Wären Sie so freundlich, mir zu helfen?

4.2 Situationen, in denen der Imperativ erlaubt ist

4.2.1 Einen Befehl erteilen

Bei einem eindeutigen Hierarchiegefälle kann man den Imperativ verwenden, z. B.

- zwischen Eltern und Kindern: ¡Acuéstate! Geh schlafen!
- zwischen Lehrer und Schülern: ¡Abrid / Abran vuestros / sus libros en la página 55! Schlagt eure Bücher auf Seite 55 auf!
- zwischen Chef und Untergebenem: ¡Llame al señor Pérez y dígale que llego media hora más tarde! Rufen Sie Herrn Pérez an und sagen Sie ihm, dass ich eine halbe Stunde später komme!

4.2.2 Einen Rat geben

Um einem Freund bzw. einer Freundin einen Rat zu erteilen, kann der Imperativ problemlos verwendet werden.
¡Hazme caso, no la llames más! Hör auf mich, ruf sie nicht mehr an!
Auch als Aufforderung unter Freunden ist der Imperativ denkbar.
¡Acuéstate, mujer! ¡Estás muerta de sueño! Geh schlafen, Mädchen! Du fällst ja um vor Müdigkeit!

4.2.3 Warnungen

Als Warnung ist der Imperativ durchaus gebräuchlich, vorausgesetzt, dass die Situation eine schnelle Reaktion erfordert.
¡No toque ese cable! Es peligroso. Fassen Sie dieses Kabel nicht an! Es ist gefährlich.
¡Tenga cuidado! Seien Sie vorsichtig!

4.2.4 Höfliche Aufforderungen

In bestimmten Situationen, wenn der Gesprächspartner um Erlaubnis gebeten hat, kann mit dem Imperativ geantwortet werden.
¿Puedo hacerle una pregunta? – Sí, dígame. Darf ich Sie etwas fragen? – Ja, gerne.[2]
Vor allem in Spanien ist auch die Wiederholung des Imperativs sehr gebräuchlich, um Erlaubnis auszudrücken.
¿Le molesta si fumo? – Para nada. Fume, fume. Stört es Sie, wenn ich rauche? – Aber nein, rauchen Sie nur.
¿Me permite pasar? – Pase, pase. Darf ich hereinkommen? – Bitte, kommen Sie herein.

[2] Wörtlich: Sagen Sie mir.

Auch Aufforderungen, z. B. Gästen gegenüber, wenn sie eindeutig höflich zu verstehen sind.
Beim Eintreten: Pase. Kommen Sie herein.
Beim Essen: Sírvase usted primero. Nehmen Sie sich zuerst.
Auch: Póngase cómodo. Está usted en su casa. Machen Sie es sich bequem. Fühlen Sie sich wie zu Hause.

4.2.5 Feste Ausdrücke in bestimmten Situationen
Es gibt eine Reihe von festen Ausdrücken im Imperativ, die man auch fremden Personen gegenüber verwenden kann, ohne sich respektlos zu verhalten.
a) Mire ... Schauen Sie ... wird oft als Füllwort verwendet, um eine Denkpause zu überbrücken, z. B. wenn man nach dem Weg gefragt wird und über die Antwort noch etwas nachdenken muss.
Disculpe, ¿me podría decir dónde está el Ayuntamiento, por favor? – Mire, no estoy seguro, pero creo que es en esa dirección. Entschuldigen Sie, könnten Sie mir sagen, wo das Rathaus ist? – Na ja, ich bin nicht sicher, aber ich glaube, es ist in dieser Richtung.
Oder auch zur Einleitung eines Gespräches oder Satzes.
Mire, lo mejor será que usted piense en mi propuesta tranquilamente. Schauen Sie, das Beste wird es sein, wenn Sie in Ruhe über meinen Vorschlag nachdenken.

b) In Einkaufssituationen sind verschiedene Formeln mit dem Imperativ möglich, z. B. Tome. / Tenga. Nehmen Sie! Déme ... Geben Sie mir ...
Tome, aquí está su vuelto. Nehmen Sie, hier ist Ihr Wechselgeld.
Déme un kilo de tomates. Geben Sie mir ein Kilo Tomaten!

c) Um Erstaunen oder Ungläubigkeit auszudrücken.
¡Vaya! (entspricht in etwa dem Ausruf: Na so was!) oder ¡No me diga! (bedeutet in etwa: im Ernst? Wirklich?)

d) ¡Dígame! In Spanien die übliche Formel am Telefon, so wie z. B. „Hallo?“ im Deutschen.

e) Verschiedene Arten von Anleitungen wie Kochrezepte oder Gebrauchsanweisungen.
Mientras tanto lave las verduras y séquelas con un paño limpio ... Waschen Sie währenddessen das Gemüse und trocknen Sie es mit einem sauberen Handtuch ab ...
Hier ist auch der Infinitiv sehr gebräuchlich.
Cortar la carne en trozos, aderezarla con sal, pimienta y eneldo ... Das Fleisch in Stücke schneiden und mit Salz, Pfeffer und Dill würzen ...

Test 9

a) Entscheiden Sie, ob die jeweils angegebene Formulierung zur Situation passt oder nicht.

1. Sie möchten in einem Restaurant ein Glas Leitungswasser: Tráigame un vaso de agua, por favor. Bringen Sie mir bitte ein Glas Wasser.
2. In einem Geschäft, zum Verkäufer: ¿Sería tan amable de darme 100 gramos de jamón? Wären Sie so freundlich, mir 100 g Schinken zu geben?
3. Einen anderen Kunden im Supermarkt bitten, ob er Ihnen behilflich ist: ¿Sería tan amable de alcanzarme una lata de tomates? No llego. Wären Sie so freundlich, mir eine Dose Tomaten herunterzuholen? Ich komme nicht heran.
4. Sie fragen eine fremde Person nach der Zeit: Dígame la hora, por favor. Sagen Sie mir bitte, wie spät es ist.

b) Wie würden Sie die Bitten, die Sie als unpassend markiert haben, stattdessen formulieren? Mit Podría ..., Sería tan amable ... oder mit dem Imperativ?

1. ____________________
2. ____________________
3. ____________________
4. ____________________

4.3 Weitere Möglichkeiten, eine Aufforderung zu formulieren

- Man kann eine Aufforderung auch als Frage formulieren.
  ¿Bajas la música, por favor? Machst du bitte die Musik leiser?
  Wenn dabei, wie im Beispiel, der Indikativ und nicht das condicional (¿Bajarías la música, por favor? Würdest du bitte die Musik leiser stellen?) verwendet wird, entspricht dies eher einem Befehl als einer höflichen Bitte.
- Im Spanischen benutzt man auch den Infinitiv, um eine Aufforderung zu formulieren, besonders bei Verbotsschildern oder Gebrauchsanweisungen.
  No fumar. Nicht Rauchen. ¡No pisar el césped! Den Rasen nicht betreten!
  Wenn die Aufforderung an eine konkrete Person gerichtet ist, wird die Präposition a vorangestellt.
  ¡Niños, a comer! Kinder, kommt essen!
- Wie im Deutschen kann man eine Aufforderung auch durch einen Aussagesatz formulieren.
  ¡Ahora mismo te vas a dormir! Du gehst jetzt auf der Stelle schlafen!
- Es gibt wie im Deutschen einige Ausdrücke, die eine Aufforderung beinhalten, die ein Verb nicht unbedingt erforderlich machen.
  ¡Tranquilo! Ganz ruhig!, ¡Fuera! Raus!, ¡Silencio! Ruhe!

Test 10

a) Kreuzen Sie an, ob der Imperativ in den folgenden Situationen möglich ist oder nicht.

		ja	nein
1. Warnung	Sie sagen einem Kind, dass es nicht über die Straße gehen soll. (no cruzar la calle)	☐	☐
2. Befehl	Die Chefin bittet die Sekretärin, Herrn Oñate zu sagen, er soll hereinkommen. (decirle que pase)	☐	☐
3. Verbot	Der Vater verbietet dem Sohn, etwas von der Straße aufzuheben. (no levantarlo)	☐	☐
4. Bitte	Sie sind in einem Restaurant und möchten, dass der Kellner Ihnen die Karte bringt. (traer la carta)	☐	☐
5. Rat, Empfehlung	Sie raten einer Freundin, dass sie nicht zu Hause bleiben, sondern abends ausgehen soll. (no quedarse en casa, salir de noche)	☐	☐
6. Anleitung	Ein Kochrezept: das Mehl mit der Butter verrühren und die Eier hinzufügen. (mezclar la harina con la manteca y agregar los huevos)	☐	☐
7. Erlaubnis	Sie bitten Ihren Sitznachbarn im Bus, Sie vorbeizulassen. (dejar pasar)	☐	☐
8. höfliche Aufforderung	Sie bitten Ihren Gast, sich noch mehr von dem Essen zu nehmen. (servirse más)	☐	☐

b) Formulieren Sie nun mit den angegebenen Verben die entsprechenden Aussagen im Imperativ und / oder mit den möglichen Alternativen, z. B.:

1. ¡No cruces la calle! oder: ¡Cuidado!
2. ____________________
3. ____________________
4. ____________________
5. ____________________
6. ____________________
7. ____________________
8. ____________________

Auf den Punkt gebracht

1. (➠ *1*)

1.1 Markieren Sie die richtige/-n Alternative/-n.

a) Die Form von tú im bejahten Imperativ entspricht der 3. Person Singular des Präsens (Indikativ / subjuntivo).

b) Die Form von vosotros im Imperativ wird aus dem (Infinitiv / subjuntivo) abgeleitet.

c) Die Formen von usted, ustedes und nosotros entsprechen der jeweiligen Form des Präsens (subjuntivo / Indikativ).

1.2 Schreiben Sie die Imperativformen der folgenden Verben.
a) escuchar / tú ____________
b) escribir / usted ____________
c) decir / nosotros ____________
d) salir / vosotros ____________
e) dar / ustedes ____________

2. (➠ *2*)
2.1 Markieren Sie die richtige Alternative.
a) Alle Formen des verneinten Imperativs leiten sich aus dem (Infinitiv / subjuntivo) ab.
b) Die Imperativform steht (vor / hinter) dem Verneinungsadverb.

2.2 Wandeln Sie die Formen des bejahten Imperativs in verneinte um.
a) ¡Ven! Komm her! ____________
b) ¡Escucha! Hör zu! ____________
c) ¡Mira! Schau mal! ____________
d) ¡Oye! Hör mal! ____________
e) ¡Sal! Geh weg! ____________
f) ¡Escriba! Schreiben Sie! ____________

3. (➠ *3*)
3.1 Markieren Sie die richtige Alternative.
a) Beim verneinten Imperativ wird das Pronomen (vorangestellt / nachgestellt).
b) Beim bejahten Imperativ wird das Pronomen (vorangestellt / nachgestellt).

3.2 Setzen Sie die in Klammern angegebenen Pronomen an die richtige Stelle. Setzen Sie auch den Akzent, wenn nötig.
a) ¡_____ayuda _____! (le) Hilf ihm!
b) ¡No _____ mientas _____! (me) Belüg mich nicht!
c) ¡_____ recoge _____! (lo) Heb es auf!

4. (➠ *4*)
Markieren Sie die richtige/-n Alternative/-n.
a) Der Imperativ (kann / kann nicht) verwendet werden für eine Warnung oder einen Befehl.
b) Um eine Bitte höflich zu formulieren, verwendet man im Spanischen (den Infinitiv / das condicional).
c) Kreuzen Sie an, in welchen der folgenden Situationen man den Imperativ benutzen kann, ohne unhöflich zu sein:

	ja	nein
1. In einem Geschäft, z. B.: Déme ... Geben Sie mir ...	☐	☐
2. In einem Restaurant, z. B.: Tráigame ... Bringen Sie mir ...	☐	☐
3. Im Bus, z. B.: ¡Déjeme pasar! Lassen Sie mich vorbei!	☐	☐

Was Sie vorab wissen sollten

- Der Infinitiv, das Partizip Perfekt und das gerundio sind so genannte infinite Verbformen. Anders als die finiten Formen des Indikativs, des subjuntivo und des Imperativs werden die infiniten Formen nicht konjugiert, d. h. sie enthalten keine Informationen zu Person, Zahl, Zeit und Modus.
- Das Deutsche kennt den Infinitiv und das Partizip, für das gerundio gibt es dagegen keine Entsprechung.
- Infinitiv-, gerundio- und Partizipialkonstruktionen dienen der Verkürzung von Nebensätzen. Voraussetzung ist, dass Haupt- und Nebensatz dasselbe Subjekt haben.
  Cuando Mercedes llegó a casa, llamó a Federico. Als Mercedes zu Hause angekommen war, rief sie Federico an. →
  Partizipialkonstruktion: Una vez **llegada** a casa, Mercedes llamó a Federico. Zu Hause angekommen, rief Mercedes Federico an.

1 Der Infinitiv *(el infinitivo)*

Der Infinitiv (= Grundform) ist die Form, in der das Verb im Wörterbuch erscheint.

1.1 Einfache und zusammengesetzte Form, Aktiv und Passiv

Wie im Deutschen gibt es im Spanischen vier Formen des Infinitivs: eine einfache (Infinitiv Präsens) und eine zusammengesetzte (Infinitiv Perfekt), und zwar jeweils im Aktiv und Passiv:

	Aktiv		Passiv	
	einfach	zusammengesetzt	einfach	zusammengesetzt
Verben auf -ar	fundar gründen	haber fundado gegründet haben	ser fundado gegründet werden	haber sido fundado gegründet worden sein
Verben auf -er	comer essen	haber comido gegessen haben	ser comido gegessen werden	haber sido comido gegessen worden sein
Verben auf -ir	eligir wählen	haber elegido gewählt haben	ser elegido gewählt werden	haber sido elegido gewählt worden sein

Zur Bildung des Partizips siehe ➠ Kapitel 18, *Zusammengesetzte Formen der Vergangenheit (Indikativ)*, 1. Zur Bildung des Passivs siehe ➠ Kapitel 29, *Das Passiv*, 1.1.

Beachten Sie
Ob der Infinitiv Präsens oder Perfekt verwendet wird, hängt – wie im Deutschen – vom Zeitverhältnis zwischen der Handlung im Haupt- und im Nebensatz ab. Finden die beiden Handlungen gleichzeitig statt, verwendet man den Infinitiv Präsens, ist die Handlung im Infinitivsatz schon vollzogen, verwendet man den Infinitiv Perfekt.
Se fue sin **hacerlo / haberlo hecho.** Er/Sie ging, ohne es zu machen / ohne es gemacht zu haben.
Lo supo antes de **ir** / después de **haber ido** a la fiesta. Er/Sie erfuhr es, bevor er/sie hin ging / nachdem er/sie hingegangen war.

Test 1
Markieren Sie die richtige Möglichkeit.
1. Amelia y Vanesa están felices de (estar / haber estado) en el Caribe. Amelia und Vanesa sind glücklich, in der Karibik gewesen zu sein.
2. Voy al centro a (comprar / haber comprado) el periódico. Ich gehe in die Stadt, um die Zeitung zu kaufen.
3. Confieso (equivocarme / haberme equivocado). Ich gebe zu, mich geirrt zu haben.
4. Estamos contentos de (encontrarlo / haberlo encontrado) cuando estuvimos en Bogotá. Wir sind froh, ihn getroffen zu haben, als wir in Bogotá waren.

1.2 Gebrauch

1.2.1 Funktionen des Infinitivs im Satz
Der Infinitiv verhält sich im Satz wie ein (maskulines) Substantiv und kann einen Begleiter, z. B. einen Artikel oder ein Adjektiv etc., haben: el danzar das Tanzen, el comer sano das gesunde Essen, nuestro sentir unser Fühlen.
Su andar era digno de admirar. Ihr Gehen (Gang) war schön anzusehen.

Eine Reihe von Infinitiven sind lexikalisiert, ihre Bedeutung weicht sogar leicht von der ursprünglichen Bedeutung ab, z. B.:
deber müssen → el deber die Pflicht / los deberes die Hausaufgaben
ser sein → el ser das Wesen / los seres Wesen, z. B. los seres humanos die Menschen
poder können → el poder / los poderes Macht / Vollmacht / Befugnis

In seiner Eigenschaft als Nomen kann der Infinitiv die üblichen Satzfunktionen übernehmen:

Subjekt	**Callar** es oro. Schweigen ist Gold.
Objekt	Traté de **llamarte por teléfono**. Ich habe versucht, dich telefonisch zu erreichen.
prädikative Ergänzung	Lo importante es **disfrutar la vida**. Es ist wichtig, das Leben zu genießen.
Ergänzung eines Substantivs	Tengo ganas de **pasear**, ¿vienes? Ich habe Lust spazieren zu gehen. Kommst du mit?
Ergänzung eines Adjektivs	Esta canción es fácil de **aprender**. Dieses Lied ist leicht zu lernen.
adverbiale Bestimmung	**Por no haber empollado**, suspendí el examen. Weil ich nicht genug gebüffelt hatte, fiel ich in der Prüfung durch.

1.2.2 Der Infinitiv mit der Funktion eines Verbs

Der Infinitiv verhält sich im Satz aber auch wie ein finites Verb und kann z. B. ein Objekt oder ein Adverb haben:

Objekt	Quisiera regalar**te este libro**. Ich würde dir gern dieses Buch schenken.
adverbiale Bestimmung	Me gusta ir **al mar**. Ich fahre gerne ans Meer.
präpositionales Objekt	Se negó a hablar **de eso**. Er/Sie weigerte sich, darüber zu sprechen.
Adverb	Se puso a gritar **desesperadamente**. Sie begann verzweifelt zu schreien.

Beachten Sie

Der Infinitiv kann mit Pronomen verwendet werden, wobei diese an den Infinitiv angehängt werden (bei zusammengesetzten Verben an das Hilfsverb) bzw. vor dem Modalverb stehen. (➠ Kapitel 10, *Die Personalpronomen*, 2.2)

Quiero contar**te** lo que me pasó. = **Te** quiero contar lo que me pasó. Ich will dir erzählen, was mir passiert ist.

Quería haber**me** mudado el fin de semana pasado, pero no pudo ser. Ich wollte am Wochenende schon umgezogen sein, aber es war nicht möglich.

Test 2

Wandeln Sie die folgenden Sätze nach dem Muster um.
Te lo voy a decir. Eso me hará bien. → El decírtelo me hará bien. Ich werde es dir sagen. Das wird mir gut tun.

1. Viajamos mucho y eso nos permite conocer nuevas culturas. → ______________________________ Wir reisen viel, das ermöglicht es uns, fremde Kulturen kennen zu lernen.
2. Estudian español y eso les abre nuevos horizontes. → ______________________________ Sie lernen Spanisch, das erweitert ihren Horizont.
3. Viven en las afueras de la ciudad y eso los aísla de la vida social. → ______________________________ Sie leben außerhalb der Stadt, das isoliert sie vom gesellschaftlichen Leben.
4. Su mujer trabaja y eso causa problemas familiares. → ______________________________ Seine Frau arbeitet, das schafft Probleme mit der Familie.

1.3 Infinitivkonstruktionen

Der Infinitiv kann mit oder ohne Präposition an das Verb angeschlossen werden. Im Folgenden werden nur die gängigsten Konstruktionen dargestellt.

1.3.1 Infinitiv ohne Präpositionen

Modalverben wie querer wollen, saber können / wissen, deber sollen etc.	**Quiero hacer** un viaje por el mundo. Ich will eine Weltreise machen. ¿**Sabes** conducir? Kannst du Autofahren?
Verben der Wahrnehmung wie ver sehen, mirar schauen, oír hören, sentir hören / fühlen etc.	Lo **escucho hablar** en la otra habitación. Ich hörte ihn im Nebenzimmer sprechen. Cuando lo **vi venir**, me escondí. Als ich ihn kommen sah, versteckte ich mich.
Verben des Wünschens wie desear wünschen, der Notwendigkeit wie necesitar brauchen oder des Willens wie mandar befehlen etc.	**Deseo verte** lo antes posible. Ich wünsche mir, dich so bald wie möglich zu sehen. Le **ordenó volver**. Er/Sie befahl ihm/ihr zurückzukommen.

Unpersönliche Ausdrücke	**Es hermoso caminar** descalzo en la arena. Es ist wunderschön, barfuß auf dem Sand zu laufen.
Indirekte Fragesätze mit Interrogativa	No sé **a quién invitar**. Ich weiß nicht, wen ich einladen soll.
Weitere Verben: dejar lassen / erlauben, soler etwas zu tun pflegen, intentar versuchen etc.	¡**Déjame hablar**! Lass mich ausreden! **Solemos pasar** las vacaciones en Austria. Wir verbringen den Urlaub gewöhnlich in Österreich. **Intenta llamar**me. Versuch mich anzurufen.

Beachten Sie:

- Das Verb deber sollen in Verbindung mit der Präposition de drückt eine Vermutung aus.
  Debió de haber tenido algún problema. Vermutlich hat er eine Problem gehabt.
- Weitere Ausdrücke, die mit dem Infinitiv verwendet werden, finden Sie in Abschnitt ➠ 4.

1.3.2 Infinitiv mit Präpositionen

Infinitivkonstruktionen mit Präpositionen ersetzen Nebensätze. Siehe auch ➠ Kapitel 33, *Die Präpositionen*, 5.

a) Infinitiv mit a

konditionale Bedeutung (= si wenn / falls)	**A ser** cierta la noticia, tendremos que viajar de inmediato. Wenn die Nachricht wahr ist, müssen wir sofort hinfahren.
finale Bedeutung (= para um zu)	Salgo **a caminar**. Ich gehe spazieren.
al + Infinitiv drückt Gleichzeitigkeit bzw. „unmittelbar nach" aus und wird für Nebensätze der Zeit, des Grundes und der Bedingung gebraucht	**al salir** el sol bei Sonnenaufgang, **al caer** la noche bei Einbruch der Dunkelheit **Al gritar** tanto, enroquenció. Da er so viel geschrien hat, wurde er heiser. **Al salir** de la clase, me encontré con Antonio. Als ich aus dem Unterricht kam, traf ich Antonio. Los gatitos murieron **al nacer**. Die Kätzchen starben bei der Geburt.
Wendungen	**a ser** posible falls möglich, **a decir** verdad um die Wahrheit zu sagen A pesar de + Infinitiv bildet konzessive Sätze (= aunque obwohl):

	A pesar de sentirse enfermo, no quiere ir al médico. Obwohl er sich krank fühlt, will er nicht zum Arzt gehen. A condición de + Infinitiv bildet Bedingungssätze: Puedes venir a tomar el café **a condición de comprar** dulces. Du kannst zum Kaffeetrinken zu mir kommen, unter der Bedingung, dass du Gebäck kaufst.

b) Infinitiv mit con

modale Bedeutung (= indem)	Hijo, **con gritar** no ganas nada. Mein Sohn, durch Schreien erreichst du nichts.
konzessive Bedeutung (= aunque auch wenn)	**Con** no **ir**, no arreglarás nada. Auch wenn du nicht hingehst, wird es nicht besser.

c) Infinitv mit de

konditionale Bedeutung (= si wenn)	**De haberlo** sabido, no hubiera ido. Wenn ich es gewusst hätte, wäre ich nicht gekommen.
kausale Bedeutung (= porque weil, como da)	Le duele la barriga **de** (tanto) **comer**. Vom vielen Essen bekam er/sie Bauchschmerzen.

d) Infinitiv mit por

kausale Bedeutung (= porque weil, como da)	**Por** no **abrigarse**, ahora está resfriado. Weil er sich nicht warm genug angezogen hatte, ist er jetzt krank.

e) Infinitiv mit sin

ohne zu	Se fue **sin decir** adiós. Er ging, ohne sich zu verabschieden.
noch nicht vollzogene Handlung	La vajilla está todavía **sin lavar**. Das Geschirr ist immer noch nicht gespült.

f) Infinitiv nach antes de / después de

antes de + Infinitiv	No te pude llamar **antes de salir**. Ich konnte dich nicht anrufen, bevor ich aus dem Haus ging.
después de + Infinitiv	**Después de comer**, te llamaré. Nach dem Essen werde ich dich anrufen.

Test 3
Wandeln Sie die folgenden Nebensätze in verkürzte Infinitivkonstruktionen nach dem Muster um.
Lo despidieron porque había robado. → Lo despidieron por haber robado. Ihm wurde gekündigt, weil er gestohlen hatte.

1. **Cuando llegué a casa**, me di cuenta que no tenía las llaves. Als ich nach Hause kam, merkte ich, dass ich keine Schlüssel hatte. → ______________________
2. Se habían perdido el comienzo de la película **porque habían llegado tarde**. Sie hatten den Anfang des Films verpasst, weil sie zu spät gekommen waren. → ______________________
3. **En caso de que pudiera viajar**, me iría a la Gomera. Wenn ich verreisen könnte, würde ich nach La Gomera fahren. → ______________________
4. **Ha llovido tanto** que se ha perdido la cosecha. Es hat so viel geregnet, dass die Ernte ausgefallen ist. → ______________________
5. **Si contestas**, te evitarás un problema. Wenn du antwortest, hast du ein Problem weniger. → ______________________

1.4 Besonderheiten

1.4.1 Infinitiv statt Imperativ
In der Umgangssprache wird oft der Infinitiv anstatt des Imperativs gebraucht (➠ Kapitel 25, *Der Imperativ*, 4.2), und zwar meist mit der Präposition a.
¡A comer! Zu Tisch!
Tú, ¡a callar! Du hältst den Mund!
¡A trabajar! An die Arbeit!

Ohne a wird der Infinitiv bei unpersönlichen Warnhinweisen gebraucht.
No fumar Nicht rauchen.

1.4.2 Feste Ausdrücke
In der Umgangssprache werden feste Ausdrücke wie a ver, a ver si ... verwendet: A ver si te pones a trabajar. Im Satz funktioniert a ver wie ein abgeschwächter Imperativ: Fang an zu arbeiten. Wörtlich: Mal sehen, ob du gleich / irgendwann anfängst zu arbeiten.
¡A ver qué haces sin mí! Du wirst schon sehen, was du ohne mich tust!
A ver si nos vemos pronto. Hoffentlich sehen wir uns bald.

2 Das Partizip Perfekt (*el participio*)

Im Spanischen gibt es zwar auch ein Partizip Präsens (participio presente), es handelt sich dabei aber nur um einzelne, als Adjektive bzw. substantivierte Adjektive gebrauchte Formen, z. B. brillante glänzend, ardiente brennend / glühend, interesante interessant, el/la hablante der/die Sprechende, el/la amante der/die Liebhaber-/in, el/la presidente der/die Präsident/-in.

2.1 Formen

Zur Bildung des Partizip Perfekt verweisen wir Sie auf ➠ Kapitel 18, *Zusammengesetzte Zeiten der Vergangenheit (Indikativ)*, 1.

2.2 Verben mit zwei Partizipien

Einige Verben haben zwei Partizipien: ein regelmäßiges (z. B. corregido korrigiert) und ein unregelmäßiges (z. B. correcto richtig). Nur das regelmäßige Partizip wird in den zusammengesetzten Zeiten gebraucht. Das unregelmäßige wird als Adjektiv verwendet, wobei es in Geschlecht und Zahl mit dem Substantiv übereinstimmt.
No he **corregido** los exámenes. Ich habe die Prüfungen noch nicht korrigiert.
La respuesta es **correcta**. Die Antwort ist richtig.

Hier weitere Beispiele:

Verb	regelmäßiges Partizip	unregelmäßiges Partizip
completar vervollständigen	Ya he **completado** la lista. Ich habe die Liste schon vervollständigt.	La lista está **completa**. Die Liste ist vollständig.
concretar konkretisieren	No he **concretado** nada hasta ahora. Ich habe bis jetzt nichts konkretisiert.	El proyecto es **concreto**. Das ist ein konkretes Projekt.
elegir wählen	Han **elegido** al mismo presidente. Sie haben denselben Präsidenten gewählt.	El presidente **electo** es Ramírez. Der gewählte Präsident heißt Ramírez.
expresar ausdrücken / äußern	He **expresado** mi alegría. Ich habe meine Freude gezeigt / ausgedrückt.	Las condiciones están **expresas** en el contrato. Die Bedingungen stehen ausdrücklich im Vertrag.

Test 4

Im Folgenden finden Sie weitere Beispiele von Verben, die zwei Partizipien haben. Versuchen Sie, aus dem Kontext heraus das richtige Partizip einzusetzen. Beachten Sie, dass das „Adjektiv" in Genus und Numerus übereinstimmen muss.

1. confundir verwechseln → confundido / confuso
   He ________________ la hora. Ich habe die Uhrzeit verwechselt.
   Esto es muy ________________. Das ist sehr verwirrend.
2. desnudarse (sich) ausziehen → desnudado / desnudo
   Están ________________. Sie sind nackt.
   Se han ________________. Sie haben sich ausgezogen.
3. despertarse aufwachen → despertado / despierto
   Nos hemos ________________ a las seis. Wir sind um sechs Uhr aufgewacht.
   Estoy ________________. Ich bin wach.
4. extender ausbreiten → extendido / extenso
   La superficie del país es muy ________________. Die Fläche des Landes ist sehr groß.
   La miseria se ha ________________ por todo el país. Das Elend hat sich im ganzen Land verbreitet.
5. limpiar putzen → limpiado / limpio
   Mi madre ha ________________ todo en tres horas. Meine Mutter hat alles in drei Stunden geputzt.
   Tengo los zapatos ________________. Ich habe saubere Schuhe.

2.3 Gebrauch

Das Partizip wird, wie bereits in den Kapiteln 18 und 24 dargestellt, für die zusammengesetzten Zeiten des Indikativs und des subjuntivo verwendet. Weiterhin wird es zur Bildung des Vorgangspassivs mit ser sein (➠ Kapitel 29, *Das Passiv*, 1) und des Zustandspassivs mit estar (➠ Kapitel 29, *Das Passiv*, 2) gebraucht. Auch wird das Partizip als Adjektiv (➠ 2.3.1) und als Bestandteil von verbalen Umschreibungen (➠ 4.2) verwendet.

2.3.1 Das Partizip mit der Funktion eines Adjektivs

Das Partizip Perfekt kann im Satz wie ein Adjektiv verwendet werden. Wie dieses stimmt es in Genus und Numerus mit dem Substantiv überein: niño querido geliebter Junge, niña amada geliebtes Mädchen, niños mimados verwöhnte Kinder.

Beachten Sie
Um zu prüfen, ob das Partizip als Adjektiv verwendet wird, kann man es durch einen Relativsatz ersetzen. (➠ Kapitel 13, *Die Relativpronomen*, 2):
niño querido → niño que es querido Junge, der gemocht wird
plantas florecidas → plantas que han florecido Pflanzen, die blühen / geblüht haben

2.3.2 Das Partizip mit der Funktion eines Verbs
Das Partizip in den (mit dem Hilfsverb haber gebildeten) zusammengesetzten Zeiten ist unveränderlich: maskulin und Singular.
El padre ha llamad**o** a su hijo. Der Vater hat seinen Sohn gerufen.
La madre ha llamad**o** a su hijo. Die Mutter hat ihren Sohn gerufen.

Wenn ein anderes Hilfsverb (tener, estar, ser) in Verbindung mit dem Partizip verwendet wird, dann passt sich das Partizip in Genus und Numerus dem Substantiv an.
Tengo escrit**as** dos canciones. Ich habe schon zwei Lieder geschrieben.
Las cartas ya están escrit**as**. Die Briefe sind schon geschrieben.

Beachten Sie
- Nach estar hat das Partizip die Funktion einer prädikativen Ergänzung und passt sich dann dem Subjekt an. Diese Konstruktion wird als Zustandspassiv bezeichnet (➠ Kapitel 29, *Das Passiv*, 2).
- Zusammen mit ser dient das Partizip zur Bildung des Vorgangspassivs (➠ Kapitel 29, *Das Passiv*, 1).
  Das Partizip kann außer nach ser und estar auch nach einer Reihe anderer Verben stehen. Die gängigsten Verbalumschreibungen (perífrasis verbales) werden in Abschnitt ➠ 4.2 behandelt.

2.3.3 Partizipialkonstruktionen
Weiterhin ist das Partizip Bestandteil von Partizipialkonstruktionen, die verkürzte Nebensätze darstellen. Diese werden im Deutschen immer mit adverbialen Nebensätzen wiedergegeben. Das Partizip kann sich auf ein nachfolgendes Substantiv beziehen, das nicht zum Hauptsatz gehört (construcción absoluta), oder auf ein Substantiv, das zum Hauptsatz gehört (construcción conjunta).
Construcción absoluta: **Después de presentadas las personas,** se siguió con el protocolo. Nachdem die Personen vorgestellt wurden, fuhr man mit dem Protokoll fort.
Construcción conjunta: Nos conocimos en <u>un curso</u> **realizado por el Instituto**. Wir haben uns in einem Kurs kennen gelernt, der vom Institut organisiert wurde.

In diesen Partizipialkonstruktionen kann das Partizip die üblichen Ergänzungen eines Vollverbs haben.
Objekt: Comprado **el pan**, nos dispusimos a desayunar. Nachdem wir das Brot gekauft hatten, konnten wir anfangen zu frühstücken.
Präpositionalobjekt: Ocupados **con el niño**, se olvidaron la comida en el horno. Sie haben das Essen im Ofen vergessen, weil sie mit dem Kind beschäftigt waren.

Die folgende Tabelle gibt Ihnen einen Überblick über die Adverbialbestimmungen, die durch eine Partizipialkonstruktion verkürzt werden können.

Relativsätze: Das Partizip richtet sich nach dem Bezugswort.	En el parque hay juegos para niños **hechos** de madera (= que han sido hechos de madera). Auf dem Spielplatz gibt es Kinderspielzeug aus Holz.
Temporalsätze: Das Partizip bezeichnet eine Handlung, die vor der des Hauptverbs stattgefunden hat.	**Pasadas las diez**, llegué a casa. Nach zehn Uhr bin ich zu Hause angekommen. **Después de terminada la clase**, fui a casa. Nachdem der Unterricht zu Ende war, bin ich nach Hause gegangen.
Konzessivsätze: Das Partizip hat eine einschränkende Bedeutung.	La casa, **si bien construida con materiales de mala calidad**, es muy confortable. Das Haus, obwohl es aus schlechten Materialien gebaut ist, ist sehr gemütlich.
Konditionalsätze: Das Partizip entspricht einem durch si eingeleiteten Konditionalsatz.	**No terminado el trabajo hasta el domingo**, tendremos que postergar el plazo. Wenn wir die Arbeit bis Sonntag nicht schaffen, werden wir den Termin verschieben müssen.

Beachten Sie
Die oben genannten Konstruktionen können durch Adverbien bzw. Adverbialphrasen eingeleitet werden, wie z. B. apenas kaum, una vez erst … als, después de nachdem, antes de bevor.
Una vez comidos, llevé a los niños a la cama. Erst als die Kinder gegessen hatten, habe ich sie ins Bett gebracht.

Test 5

Verwandeln Sie die ursprünglichen Sätze in Partizipialkonstruktionen.
Beispiel: Después de que termine la fiesta, los niños se irán a la cama.
→ Después de terminada la fiesta, los niños se irán a la cama. Wenn das Fest zu Ende ist, werden die Kinder schlafen gehen.

1. Después de que llegara Marisa a su casa, se dispuso a preparar la cena. Nachdem Marisa zu Hause angekommen war, hat sie das Abendessen zubereitet. → ______
2. Pedro es una persona que todos conocen. Pedro ist jemand, den alle kennen. → ______
3. Primero cenamos y después damos un paseo. Zuerst essen wir zu Abend, danach machen wir einen Spaziergang. → ______
______
4. Antes de que se muriera el abuelo, mis abuelos se fueron a vivir a la ciudad. Bevor mein Großvater gestorben ist, sind meine Großeltern in die Stadt gezogen. → ______

3 Das *gerundio*

3.1 Formen

Auf Entdeckung

In den folgenden Sätzen finden Sie eine gerundio-Form für jede Verbklasse. Können Sie eine Regel ableiten, wie das gerundio gebildet wird?
¿Qué estás cocinando? Was kochst du gerade?
¿Qué estáis haciendo? Was macht ihr gerade?
¿Qué está escribiendo? Was schreibt er/sie gerade?

Das gerundio wird durch Anhängen folgender Endungen an den Verbstamm gebildet: Verben auf -ar: ______, auf -er: ______, auf -ir: ______

Beachten Sie
Einige Verben auf -er und -ir haben folgende Unregelmäßigkeiten:
- -iendo → -yendo: caer fallen → cayendo, leer lesen → leyendo, oír hören → oyendo, ir gehen → yendo sowie alle Verben auf -uir, z. B. construir bauen → construyendo.
- Bei den Verben auf -ir, die im Präsens die Besonderheit e → ie und e → i aufweisen, wird das e des Verbstamms im gerundio zu i: z. B. pedir bitten → pidiendo, sentir fühlen → sintiendo, reír lachen → riendo.
- Bei den Verben auf -ir, die im Präsens die Besonderheit o → ue aufweisen, wird das o des Verbstamms im gerundio zu u: z. B. dormir schlafen → durmiendo, morir sterben → muriendo, poder können → pudiendo.

Man unterscheidet ein einfaches und ein zusammengesetztes gerundio. Das zusammengesetzte gerundio stellt eine abgeschlossene Handlung dar, die vor einer anderen stattfindet.
Habiendo encontrado el amor de mi vida, me casé. Nachdem ich meine große Liebe getroffen hatte, heiratete ich.

An das gerundio können Pronomen angehängt werden.
Diciéndo**noslo**, se levantó y se marchó. Nachdem er/sie es uns gesagt hatte, stand er/sie auf und ging fort.
Habiéndo**la** escuchado cantar, quedé impresionada. Nachdem ich sie singen gehört hatte, war ich sehr beeindruckt.

Test 6

Bilden Sie das gerundio der folgenden Verben.

1. decir sagen	____________	5. oír hören	____________
2. seguir folgen	____________	6. ver sehen	____________
3. poder können	____________	7. repetir wiederholen	____________
4. hacer machen	____________	8. ir gehen	____________

3.2 Gebrauch

Was Sie vorab wissen sollten

- Das gerundio ersetzt wie das Partizip einen Nebensatz und hat dabei wie dieses die Funktion einer adverbialen Bestimmung.
- Das gerundio drückt stets eine Handlung in ihrem Verlauf aus, d. h. es hat einen imperfektiven Aspekt. (➠ Kapitel 19, *Der Gebrauch der Vergangenheitszeiten*, 4)
  Enseñando se aprende. Indem man lehrt, lernt man.
  Pasé mi infancia **jugando**. Ich verbrachte meine Kindheit spielend.
- Die Beziehung zwischen dem gerundio und dem Verb im Hauptsatz ist sehr eng; das gerundio kann daher nicht verwendet werden, um Nachzeitigkeit, eine Folge oder eine Nachwirkung auszudrücken.
  El accidente se produjo en la medianoche del jueves *resultando muertas tres personas. Der Unfall ereignete sich um Mitternacht, dabei gab es drei Tote. In diesem Fall ist der Tod der Personen eine Folge des Unfalls, es darf also kein gerundio verwendet werden, sondern ein weiterer Hauptsatz. Dennoch ist dies ein häufiger Fehler selbst bei Muttersprachlern.

3.2.1 Das gerundio als Adverb

Das gerundio hat dieselbe Funktion wie ein modales Adverb und antwortet auf die Frage „wie?“, d. h. es beschreibt die Umstände, unter denen die Handlung im Hauptsatz stattfindet. Im Deutschen verwendet man entweder einen Nebensatz mit einer Konjunktion oder, seltener, das Partizip Präsens.
Me contestó **sonriendo**. Er/Sie antwortete mir lächelnd. / … und lächelte dabei.
Me dijo **llorando** que no me fuera. Er/Sie sagte mir weinend, ich solle nicht weggehen.

Beachten Sie

In einigen Fällen kann das gerundio als Adjektiv und sogar als Substantiv gebraucht werden. Die RAE empfiehlt jedoch stattdessen einen Relativsatz.

Cuidado con el agua **hirviendo** (= que está hirviendo). Vorsicht mit dem kochenden Wasser.

Decreto **nombrando** (= por el cual se nombra) gobernador. Dekret zur Ernennung eines Gouverneurs.

3.2.2 Das gerundio ohne Hauptsatz

Das gerundio kann in einigen Fällen auch ohne Hauptsatz gebaucht werden:

in Ausrufesätzen	¡Siempre **fastidiando**! Immer machst du / macht er/sie / machen Sie / macht ihr Ärger!
in elliptischen Sätzen (Umgangssprache)	**pasando** el rato die Zeit totschlagen, **bebiendo** un trago einen Schluck trinken
als Bildunterschrift	Madonna **cantando** en Berlín Madonna bei einem Auftritt in Berlin, San Martín **cruzando** los Andes San Martín bei der Überquerung der Anden
anstatt des Imperativs	¡Vamos, **andando**! Los, weitergehen!

3.2.3 Das gerundio in verkürzten Nebensätzen

Das gerundio kann sich auf einen Satzteil beziehen (construcción conjunta) oder in einer absoluten Konstruktion gebraucht werden (construcción absoluta).

Im ersten Fall bezieht sich das gerundio auf das Subjekt oder Objekt des Verbs im Hauptsatz und hat dabei die Funktion einer adverbialen Bestimmung (➡ 3.2.1).

Juana, **sonriendo**, me saludó. Lächelnd hat sich Juana von mir verabschiedet.

Te vi **fumando** en la sala de estar. Ich habe dich beim Rauchen im Wohnzimmer gesehen.

In absoluten Konstruktionen kann das gerundio dagegen ein eigenes Subjekt haben, das immer nachgestellt wird. Die gerundio-Konstruktion wird durch Kommata vom Hauptsatz getrennt und kann vor oder nach diesem stehen. Die folgende Tabelle gibt Ihnen einen Überblick über die adverbialen Nebensätze, die durch gerundio-Konstruktionen ersetzt werden können.

Koordination = y und	El coche subió a la acera **atropellando** (= y atropelló) a un ciclista. Das Auto fuhr auf den Gehweg und überfuhr dabei einen Fahrradfahrer.
Modale Bedeutung = ¿cómo? wie?	Se dirigió a mí **bostezando**. Er wandte sich gähnend an mich.
Temporale Bedeutung = ¿cuándo? wann?	**Habiendo entrado** (= Después de que había entrado) en la sala, me di cuenta que no era el lugar que buscaba. Nachdem ich den Saal betreten hatte, merkte ich, dass das nicht der Ort war, den ich suchte.
Kausale Bedeutung = ¿por qué? warum?	**Estando** los padres (= Como los padres están) presentes, el niño no tiene miedo. Da die Eltern dabei sind, hat das Kind keine Angst.
Konditionale Bedeutung = si falls / wenn	**Sabiendo** (= Si se sabe) idiomas, se tienen más posibilidades laborales. Wenn man Sprachen kann, hat man mehr Berufschancen.
Konzessive Bedeutung = aunque auch wenn	**Aún teniendo** (= Aunque tuviera) más dinero, yo no haría ese viaje. Auch wenn ich mehr Geld hätte, würde ich diese Reise nicht machen.
Adversative Bedeutung = pero aber	Este local quedará cerrado los lunes y martes **permaneciendo** (= pero permanecerá) abierto de miércoles a domingo. Dieser Laden ist montags und dienstags geschlossen, bleibt aber mittwochs bis sonntags weiterhin geöffnet.

Test 7

Ersetzen Sie das Verb in Klammern durch eine gerundio-Konstruktion. Beispiel: Se quebró la pierna (esquiar). → Se quebró la pierna esquiando. Er/Sie brach sich beim Skifahren das Bein.

1. (Hablar) ______________ se entiende la gente. Man versteht sich, indem man miteinander spricht.
2. Catalina volvió (llorar) ______________ de la escuela. Catalina kam weinend aus der Schule zurück.
3. (Tener) ______________ tanto dinero y es tan amarrete. Er hat so viel Geld und trotzdem ist er so geizig.
4. Es que tú siempre hablas ______________ (gritar). Du schreist immer, wenn du sprichst.

4 *Perífrasis verbales* (verbale Umschreibungen)

Perífrasis verbales sind Verbindungen aus einem konjugierten Verb und einer unpersönlichen Verbform, d. h. dem Infinitiv, Partizip oder dem gerundio. Das konjugierte Verb verliert dabei meistens seine Grundbedeutung. So besteht die Verbindung voy a escribir z. B. aus dem Verb ir gehen, aus der Präposition a nach / zu und aus dem Infinitiv escribir schreiben und bedeutet: ich werde schreiben.

4.1 Aspekt

Mit den perífrasis verbales erhält das Verb eine zusätzliche Bedeutung: den Aspekt. Vergleichen Sie: escucho música (imperfectivo) vs. estoy escuchando música (perfectivo) ich höre Musik vs. ich höre gerade Musik. (➠ Kapitel 19, *Der Gebrauch der Vergangenheitszeiten*, 4)

Die perífrasis verbales können nach dem Aspekt wie folgt klassifiziert werden:
- perífrasis incoactivas o ingresivas: beziehen sich auf den Beginn bzw. auf einen Zeitpunkt unmittelbar vor dem Beginn einer Handlung;
- durativas: beziehen sich auf den Verlauf einer Handlung;
- (re)iterativas: beziehen sich auf die Wiederholung einer Handlung;
- perfectivas y puntuales: beziehen sich auf das Ende oder auf einen bestimmten Zeitpunkt der Handlung ohne Berücksichtigung anderer Zeitpunkte (davor oder danach).

Die feinen Bedeutungsnuancen dieser perífrasis verbales können im Deutschen oft nicht wortwörtlich übersetzt werden, vielmehr muss auf andere Konstruktionen, z. B. mit Adverbien, zurückgegriffen werden.
Estoy hablando por teléfono. Ich telefoniere **gerade**.

4.2 Perífrasis verbales vs. feste Wendungen

Es ist wichtig, die perífrasis verbales von den festen Wendungen zu unterscheiden. Bei Letzteren gibt es kein Haupt- und Nebenverb, die Bedeutung liegt also in der Konstruktion insgesamt, d. h. die Teile können nicht getrennt werden, ohne dass die Bedeutung verloren geht. Hier einige Beispiele:
echar de menos vermissen: Te he echado mucho de menos. Ich habe dich sehr vermisst.
dar a conocer mitteilen: Ayer dieron a conocer las nuevas medidas económicas. Gestern wurden die neuen Wirtschaftsmaßnahmen mitgeteilt.
hacer llegar schicken: El libro te lo hago llegar por correo. Das Buch schicke ich dir mit der Post.

querer decir bedeuten: Esto quiere decir que no voy. Das bedeutet, dass ich nicht hingehe.
¡Vete (tú) a saber! / ¡Vaya (usted) a saber! Wer weiß!

4.3 Perífrasis verbales mit dem Infinitiv

4.3.1 Perífrasis modales

Diese perífrasis verbales haben die Bedeutungsaspekte Pflicht, Notwendigkeit, Wunsch, Möglichkeit, Wahrscheinlichkeit usw.

perífrasis verbal	Bedeutung	Beispiele
deber	drückt Pflicht aus	**Debe llover** pronto, mira las pobres plantas. Es ist nötig, dass es bald regnet, schau dir die Pflanzen an!
deber de	drückt Vermutung aus	Mi madre **debe de haber llegado** a su casa. Meine Mutter ist wohl schon angekommen.
haber de	drückt Pflicht und Notwendigkeit aus, wird meist im Futur benutzt	Pronto lo **habremos de saber**. Wir werden es bald erfahren.
hay que	nur für Personen verwendbar in der Bedeutung „man muss / sollte“	**Hay que escribir** un libro, plantar un árbol y tener un hijo. Man sollte ein Buch schreiben, einen Baum pflanzen und ein Kind bekommen.
pensar	drückt Pläne und Absichten aus	Este fin de semana **pensamos ir** al cine. Dieses Wochenende haben wir vor, ins Kino zu gehen.
poder	drückt Befähigung, Erlaubnis, Pflicht und Möglichkeit aus	¿**Puedo abrir** la ventana? Darf ich das Fenster aufmachen? Mi hijo **puede estar** ahora de camino a casa. Mein Kind dürfte jetzt wohl auf dem Weg nach Hause sein.

perífrasis verbal	Bedeutung	Beispiele
querer	drückt Wunsch, Absicht und unmittelbare Zukunft aus	**Queremos ir** de vacaciones. Wir wollen / werden in Urlaub fahren. Dos lágrimas **querían asomarse** a sus ojos. Zwei Tränen waren dabei, seine/ihre Augen zu benetzen.
tener que	drückt Pflicht aus	**Tendrías que haberte ido** a casa. Du hättest nach Hause gehen sollen.

4.3.2 Perífrasis aspectuales

Diese perífrasis verbales spiegeln den jeweiligen Aspekt des Verbs wider.

perífrasis verbal	Bedeutung	Beispiele
acabar de	bezeichnet eine Handlung, die in der unmittelbaren Vergangenheit („gerade / soeben") stattgefunden hat	**Acaba de llamar** Magdalena para decir que no puede venir. Magdalena hat gerade angerufen, um zu sagen, dass sie nicht kommen kann.
acabar / terminar de	drückt das Ende einer Handlung aus	Cuando **termine / acabe de escribir** esta carta, yo me voy. Wenn ich diesen Brief zu Ende geschrieben habe, gehe ich. **No acabo de entenderlo.** Ich kann es einfach nicht verstehen.
comenzar / empezar / ponerse a	drückt den Anfang einer Handlung aus	¡**Empecemos a trabajar**! Lass uns jetzt mit der Arbeit anfangen! Después del aplauso **se puso a cantar**. Nach dem Applaus fing er/sie an zu singen.
echar a	bedeutet dasselbe wie ponerse a, wird meist mit Verben wie andar, correr, volar etc. verwendet	En ese momento, **eché a correr** para alcanzar el autobús. In diesem Augenblick fing ich an zu laufen, um den Bus zu erreichen.

perífrasis verbal	Bedeutung	Beispiele
echarse a	gleiche Bedeutung wie ponerse a, beschreibt eine plötzlich einsetzende Handlung, wird meist mit Verben wie reír, llorar, temblar etc. verwendet	El niño **se echó a llorar.** Das Kind brach in Tränen aus.
estar a punto de / estar por / para	drückt eine unmittelbar bevorstehende Handlung aus	**Estaba a punto de llamarte**, ¡qué coincidencia! Ich wollte dich gerade anrufen, so ein Zufall! Los deberes **están para / por hacer.** Die Hausaufgaben sind noch zu machen.
dejar de	bedeutet „aufhören etwas zu tun"	¿Cuando vas a **dejar de fumar**? Wann wirst du aufhören zu rauchen?
no dejar de	bedeutet „nicht versäumen etwas zu tun"	**No dejes de llamarme.** Vergiss nicht mich anzurufen.
cesar / parar de	wird meistens in verneinten Sätzen gebraucht	**No ha cesado de nevar.** Es hat nicht aufgehört zu schneien. **No para de hablar** ni un minuto. Er/Sie redet ununterbrochen.
ir a	drückt (nahe) Zukunft und Absicht aus; drückt Wahrscheinlichkeit aus	**Voy a preparar** la cena. Ich bereite (jetzt gleich) das Abendessen zu. ¿**Vas a trabajar**? Gehst du (jetzt) zur Arbeit? / Wirst du arbeiten?
soler / acostumbrar	drückt aus, dass man etwas gewöhnlich tut	Antes de empezar el día **suelo meditar.** Bevor ich den Tag beginne, pflege ich zu meditieren.
volver a	drückt die Wiederholung einer Handlung aus	Cuando nos **volvamos a ver**, vamos al cine. Wenn wir uns wieder sehen, gehen wir ins Kino.

4.3.3 Weitere perífrasis verbales

perífrasis verbal	Bedeutung	Beispiele
acabar / terminar por	bedeutet „etwas schließlich tun“	Siempre **acabo por darte** la razón. Ich gebe dir schließlich immer Recht.
acertar a	bedeutet „etwas zufällig tun“	**Acertó a pasar** por mi casa. Er ist zufällig bei mir vorbeigekommen.
alcanzar a	bedeutet „gelingen / es schaffen“	**No alcanzo a ver** tus intenciones. Es gelingt mir nicht, deine Absichten zu durchschauen.
llegar a	bedeutet „werden“ im Zusammenhang mit Berufen, Posten usw.	**Llegó a ser** ministro. Er wurde Minister.
quedar en	drückt eine Abmachung / Verabredung aus	**Quedamos en** vernos mañana. Wir haben verabredet, uns morgen zu sehen.
tardar en	bedeutet „(Zeit) brauchen etwas zu tun“	La herida **tardó en curar** dos semanas. Die Wunde brauchte zwei Wochen, um zu heilen.
no tener por qué / no haber por qué	bedeutet „keinen Grund / Anlass haben zu“	La gente **no tiene por qué quejarse.** Die Leute haben keinen Grund zum Jammern. **No hay por qué** (hacerlo). Es gibt keinen Grund es zu tun.
venir a ser / costar / ganar etc.	bedeutet „ungefähr sein / kosten / verdienen usw.“	Esto **viene a ser** lo mismo. Das ist ungefähr dasselbe.

Test 8
Wandeln Sie die folgenden Sätze in perífrasis verbales um. In manchen Fällen sind mehrere möglich. Beispiel: Has llegado otra vez tarde. → Has vuelto a llegar tarde. Du bist wieder zu spät gekommen.

1. Casi te llamo. Ich war gerade dabei dich anzurufen.

2. Ya no quiero usar más el coche. Ich will das Auto nicht mehr benutzen.

3. Este año voy a Chile otra vez. Dieses Jahr werde ich nochmal nach Chile fahren.

4. Recién llegamos. Wir sind gerade angekommen.

5. Finalmente nos contestaron. Schließlich antworteten sie uns.

6. ¿Sales otra vez con Ana? Gehst du nochmal mit Ana aus?

4.4 Perífrasis verbales mit dem Partizip

Die perífrasis verbales mit Partizip drücken in der Regel das Resultat eines Verlaufs bzw. Prozesses aus. Mit diesen Konstruktionen lassen sich viele Nuancen wiedergeben, die im Deutschen oft nur schwer übersetzt werden können.

perífrasis verbal	Bedeutung	Beispiele
andar	betont den Verlauf einer Handlung	Desde hacía unos días **andaba preocupada**. Seit einigen Tagen sah sie besorgt aus.
acabar / terminar	betont einen Zustand am Ende eines Prozesses	**Acabó perdido**: sin dinero, sin amigos, sin familia. Er beendete sein Leben ohne Geld, ohne Freunde, ohne Familie.
dar por	bedeutet „erklären für / betrachten als"	**Dio por terminada** la discusión. Er erklärte die Diskussion für beendet.
darse por	bedeutet „sich fühlen"	No **nos dimos por aludidos**. Wir fühlten uns nicht angesprochen.
dejar	betont einen Zustand am Ende eines Prozesses	La fiesta me **dejó agotada**. Ich war fix und fertig nach der Fete.
encontrarse	bedeutet „sich fühlen"	**Se encontraba cansado**. Er fühlte sich müde.

perífrasis verbal	Bedeutung	Beispiele
estar	Zustandspassiv (➠ Kapitel 29, *Das Passiv*, 2)	**Está prohibido** (= Ha sido prohibido / Se ha prohibido) por la ley. Es ist per Gesetz verboten.
hallarse	Zustandspassiv (➠ Kapitel 29, *Das Passiv*, 4)	La actividad económica **se halla paralizada**. Die wirtschaftliche Aktivität stagniert.
ir	betont einen Zustand	Siempre **iba acompañada** por su madre. Sie wurde immer von ihrer Mutter begleitet.
llevar + Mengenangabe	betont das Ergebnis bis zu einem bestimmten Zeitpunkt	Con esta **llevo** tres hojas **escritas**. Mit dieser Seite habe ich schon drei geschrieben. **Llevamos corregidos** cinco exámenes. Fünf Prüfungen wurden (schon) korrigiert.
mostrarse	bedeutet „sich zeigen / erweisen"	**Se mostró agradecida**. Sie zeigte sich dankbar.
parecer	bedeutet „aussehen"	**Parecía enfadada**. Sie sah verärgert aus.
permanecer	betont einen Zustand	**Permaneció callada** toda la noche. Sie war den ganzen Abend schweigsam.
quedar(se)	betont einen plötzlich eintretenden Zustand	**Se quedó pasmado** al saberlo. Er war sprachlos, als er es erfuhr. **Me quedé asombrada** al verte venir. Ich war überrascht, als ich dich kommen sah. El problema **quedó resuelto**. Das Problem wurde gelöst. Me **quedé pensativo/a**. Ich wurde nachdenklich. Uy, qué tarde. **Me quedé dormida**. Oh, schon so spät. Ich habe verschlafen.

perífrasis verbal	Bedeutung	Beispiele
resultar / salir	betont das Ergebnis einer Handlung (➡ Kapitel 29, *Das Passiv*, 4)	**Resultaron heridas** dos personas. Zwei Personen wurden verletzt.
seguir	bedeutet „etwas weiterhin sein"	La bigamia **sigue prohibida** (= está aún / todavía prohibida). Bigamie ist weiterhin verboten.
sentirse	bedeutet „sich fühlen"	**Se sentía desilusionado.** Er fühlte sich enttäuscht.
tener	betont die Wiederholung einer Handlung	Te **tengo dicho** que no vayas. Ich habe dir schon oft / ausdrücklich gesagt, du sollst nicht hingehen.
verse	Passiversatz (➡ Kapitel 29, *Das Passiv*, 4)	Los chicos no **se verán afectados.** Die Kinder werden nicht darunter leiden.

Test 9

a) Entscheiden Sie, ob die perífrasis verbales in den folgenden Sätzen passend übersetzt sind. Wenn nicht, korrigieren Sie die Übersetzung.

1. Mi vecina quedó embarazada del cuarto hijo. Meine Nachbarin erwartete ihr viertes Kind.
2. Marcia tiene escritas diez páginas del trabajo. Marcia hat gerade zehn Seiten ihrer Arbeit geschrieben.
3. Siempre anda distraída. Er/Sie verläuft sich immer.
4. La habitación está pintada de verde. Das Zimmer ist grün gestrichen.
5. Las fotos salieron rayadas. Die Fotos haben Streifen.

b) Wandeln Sie die folgenden Sätze nach dem Beispiel um.
Ha aprobado cinco exámenes. → Lleva cinco exámenes aprobados. Er/Sie hat schon fünf Prüfungen bestanden.

1. Este es el tercer libro que publica. Das ist das dritte Buch, das er/sie veröffentlicht. →
____
2. Ya os he dicho que saquéis al perro a pasear por la mañana y por la tarde. Ich habe euch schon oft gesagt, dass ihr mit dem Hund morgens und abends Gassi gehen sollt. →
____

3. Ayer mi marido corrió una hora y media. Después de correr estaba agotadísimo. Mein Mann ist gestern anderthalb Stunden gelaufen, danach war er erschöpft. →

4. Ya lo ha decidido, yo no creo que se vuelva atrás. Er/Sie hat es schon entschieden, ich glaube nicht, dass er/sie es rückgängig macht. →

4.5 Perífrasis verbales mit dem gerundio

perífrasis verbal	Bedeutung	Beispiele
acabar / terminar	drückt das Ende eines Prozesses aus	**Acabó siendo** jefa de sección. Sie ist Bereichsleiterin geworden.
andar	betont Nachdruck und Wiederholung	Siempre **anda preguntando** por vosotros. Er/Sie fragt ständig nach euch.
continuar / seguir / proseguir	drückt eine sich fortsetzende Handlung aus	Mi marido **sigue hablando** por teléfono. Mein Mann telefoniert immer noch.
empezar / comenzar	drückt den Beginn einer Handlung aus	**Empezó trabajando** de confitero y hoy es agente de seguros. Er fing als Konditor an und heute ist er Versicherungsvertreter.
estar	bedeutet „gerade dabei sein, etwas zu tun"	Renata **está hablando** desde hace una hora por teléfono. Renata telefoniert schon seit einer Stunde.
ir	betont eine allmähliche, sich verstärkende Entwicklung	Mi español **va mejorando**. Mein Spanisch wird immer besser.
llevar	betont die Dauer einer Handlung	**Lleva dos horas hablando** con la vecina. Er/Sie spricht schon seit zwei Stunden mit der Nachbarin.
quedar(se)	betont die Fortdauer einer Handlung	Después de leer el libro **se quedó pensando**. Nachdem er/sie das Buch gelesen hatte, wurde er/sie nachdenklich.

perífrasis verbal	Bedeutung	Beispiele
salir	drückt eine plötzlich einsetzende Handlung aus	Si no **sales corriendo**, perderás el tren. Wenn du nicht jetzt sofort gehst, wirst du den Zug verpassen.
venir	drückt eine Handlung aus, die in der Vergangenheit angefangen hat und sich in der Gegenwart fortsetzt	Ellos **vienen estudiando** para el examen desde hace un año. Sie bereiten sich schon seit einem Jahr auf die Prüfung vor.

Test 10

Ersetzen Sie die fett gedruckten Ausdrücke durch perífrasis verbales.

1. **Todavía estudia** Educación Física. Er/Sie studiert immer noch Sport.

   ____

2. **Al final fue** el presidente del país. Schließlich wurde er Staatspräsident.

   ____

3. **Ayer** llovió, **hoy** también **y mañana lloverá.** Es wird weiterregnen.

   ____

4. Con los años el carácter **mejora y mejora.** Mit den Jahren wird der Charakter immer besser.

   ____

Auf den Punkt gebracht

1. *(➠ 1.1)*
Wie lautet der Infinitiv Perfekt der folgenden Verben?

a) soñar träumen ______________

b) querer wollen ______________

c) escribir schreiben ______________

2. *(➠ 1.2)*
Markieren Sie die richtige/-n Alternative/-n.

a) Ein Infinitiv wird (mit / ohne) Präposition an ein Verb angeschlossen.

b) Der Infinitiv ohne Präposition steht (nach Modalverben / nach Verben der sinnlichen Wahrnehmung / nach Verben des Sagens / nach Verben des Wunsches / nach indirekten Fragesätzen / nach direkten Fragesätzen).

c) Der Infinitiv mit der Präposition a bildet (Finalsätze / Modalsätze).
d) Espero (Ø / de / a) regresar pronto. Ich hoffe bald zurückzukommen.
e) Soñaba (a / con / de) ganar muchísimo dinero. Er/Sie träumte davon, viel Geld zu gewinnen.
f) Vengo (a / para / por) explicarte eso. Ich komme, um dir das zu erklären.

3. *(➠ 2.1.2)*
Entscheiden Sie, ob das regelmäßige oder das unregelmäßige Partizip benutzt wird. Die Übersetzung hilft Ihnen dabei.
a) madurar reifen: madurado / maduro
Las frutas están ______________. Das Obst ist reif.
Los niños han ______________ de golpe. Die Kinder sind erwachsen geworden.
b) secar trocknen: secado / seco
¿Ya os habéis ______________ el pelo? Habt ihr euch schon die Haare getrocknet?
Este pastel está ______________. Dieser Kuchen ist trocken.
c) llenar (aus)füllen: llenado / lleno
He ______________ el formulario. Ich habe das Formular ausgefüllt.
El vaso está ______________. Das Glas ist voll.

4. *(➠ 2.2)*
Markieren Sie die richtige/-n Alternative/-n bzw. ergänzen Sie die Sätze.
a) Das Partizip (dient / dient nicht) zur Bildung der zusammengesetzten Zeiten des Indikativs und des subjuntivo.
b) Das Partizip wird zur Bildung des (Vorgangspassivs mit ser / Zustandspassivs mit estar) verwendet.
c) Das Partizip wird auch wie ein (Adjektiv / Substantiv / Adverb) gebraucht.
d) Das Partizip kann zur Bildung von satzverkürzenden Konstruktionen verwendet werden, wenn Haupt- und Nebensatz (dasselbe Subjekt / verschiedene Subjekte) haben.
e) Los papeles ________________ (← que se habían perdidos), fueron encontrados. Die verlorenen Papiere wurden gefunden.
f) Una vez ________________ (← manzanas que hemos cosechado) para el invierno, las almacenamos en el sótano. Nachdem wir die Äpfel für den Winter gepflückt hatten, haben wir sie im Keller gelagert.

5. *(➠ 3.1)*
Wie lauten die gerundio-Formen der folgenden Verben?
a) divertirse sich amüsieren ________________
b) venir kommen ________________
c) vestirse sich anziehen ________________

d) dormir schlafen ____________________
e) traer bringen ____________________

6. (➠ 3.2)
Markieren Sie die richtige/-n Alternative/-n bzw. ergänzen Sie die Sätze.
a) Das gerundio ist eine infinite Verbform, für die es im Deutschen (eine / keine) Entsprechung gibt.
b) Das gerundio drückt eine Handlung in ihrem Verlauf aus. (ja / nein)
c) Das gerundio verkürzt einen (Temporalsatz / Modalsatz / Konditionalsatz).
d) ____________________ (← Cuando estaba comprando) el libro, vi a Paola. Als ich das Buch kaufte, sah ich Paola.
e) Vimos a unos jóvenes ____________________ (← que leían) en el parque. Wir sahen einige Jugendliche, die im Park lasen.

7. (➠ 4)
Markieren Sie die richtige perífrasis verbal. Die Übersetzung hilft Ihnen dabei.
a) La semana pasada (dejé de fumar / dejé fumando). Letzte Woche hörte ich auf zu rauchen.
b) La concentración de sal (va a aumentar / va aumentando). Die Salzkonzentration nimmt allmählich zu.
c) Juanita (anda estresada / anda estresando) en el trabajo. Seit einiger Zeit hat Juanita Stress bei der Arbeit.
d) Les (tengo prohibido / estoy prohibiendo) entrar en mi despacho. Ich habe ihnen schon mehrmals verboten, in mein Büro zu kommen.

27 Der Gebrauch der Zeiten und Modi

Dieses Kapitel bietet einen Überblick über die wichtigsten Aspekte beim Gebrauch der spanischen Zeiten und Modi. Es ist ratsam, alle Kapitel über das Verb (➠ Kapitel 15 bis ➠ Kapitel 26) vorher bearbeitet zu haben.

Was Sie vorab wissen sollten

Haupt- und Nebensatz stehen in einem bestimmten Verhältnis zueinander, das sowohl die Wahl der Zeiten als auch die Wahl der Modi (Indikativ oder subjuntivo) beeinflusst.

1 Kriterien bei der Wahl der Zeiten und Modi im Nebensatz

Welche Zeiten und welche Modi im Nebensatz stehen, hängt im Spanischen von folgenden Faktoren ab:

- ob im Hauptsatz „Auslöser" für den Indikativ oder für den subjuntivo stehen;
- von der Erzählzeit, d. h. der Zeit, in der die Aussage stattgefunden hat bzw. stattfindet;
- von der Perspektive, d. h. dem Zeitverhältnis zwischen Haupt- und Nebensatz.

1.1 Wahl des Modus im Nebensatz

Wie Sie aus dem ➠ Kapitel 22, *Das **presente de subjuntivo***, 2 wissen, gibt es Nebensätze, in denen der Indikativ und solche, in denen der subjuntivo gebraucht wird. Die Regeln („Auslöser"), die Sie in den vorigen Kapiteln kennen gelernt haben, sind die Voraussetzung, um zu entscheiden, ob im Nebensatz der Indikativ oder der subjuntivo stehen muss.

Test 1

Stellen Sie fest, ob im Nebensatz der Indikativ oder der subjuntivo stehen muss, und markieren Sie die richtige Lösung.

	Indikativ	subjuntivo
1. Verónica no cree que Verónica glaubt nicht, dass es gutes Wetter geben wird.	hará buen tiempo.	haga buen tiempo.
2. Es importante que Es ist wichtig, dass sich Marta entspannt.	Marta se relaja.	Marta se relaje.

	Indikativ	subjuntivo
3. Marina esperaba que Marina hoffte, dass alles gut gehen würde.	todo salió bien.	todo saliera bien.
4. Juan sabía que la historia Juan wusste, dass die Geschichte nicht wahr war.	no era verdad.	no fuera verdad.
5. A Carlota le parece bien que Julio Carlota findet es gut, dass Julio nicht kommt.	no viene.	no venga.

1.2 Wahl der Zeit im Nebensatz

Für die Wahl der Zeit im Nebensatz ist die Zeit im Hauptsatz ausschlaggebend. Entscheidend ist dabei der Moment, in dem die Aussage stattfindet.
Man unterscheidet zwischen
- Zeiten der Gegenwartsgruppe: Präsens, Futur, perfecto compuesto;
- Zeiten der Vergangenheitsgruppe: Imperfekt, condicional, perfecto simple, pretérito pluscuamperfecto.

Beachten Sie
Das condicional im Hauptsatz kann als Zeit der Gegenwartsgruppe angesehen werden, wenn es eine gegenwärtige Handlung ausdrückt:
Diría que son las diez. Ich würde sagen, es ist zehn Uhr.

1.3 Perspektive der Zeiten

Die Wahl der Zeit im Nebensatz ist außerdem abhängig vom Zeitverhältnis zwischen Haupt- und Nebensatz.
Wenn der Sprechende in der Gegenwart redet, dann ist die Erzählzeit die Gegenwart. **Aus dieser Perspektive** gibt es dann eine Gegenwart, eine Zukunft und eine Vergangenheit. Vergleichen Sie die folgenden Beispiele:

Hauptsatz	Nebensatz	Perspektive
Präsens Me alegro Ich freue mich,	de que vengas hoy a visitarme. dass du mich heute besuchst.	Gegenwart
	de que hayas venido a visitarme. dass du mich besucht hast.	Vergangenheit

Hauptsatz	Nebensatz	Perspektive
	de que vengas mañana a visitarme. das du mich morgen besuchst.	Zukunft
perfecto simple Me alegré Ich freute mich,	de que hoy vinieras a visitarme. dass du mich heute besuchst.	Gegenwart
	de que vinieras a visitarme ayer. dass du mich gestern besucht hast.	Vergangenheit

1.4 Zeitangaben

Bei einer Reihe von Zeitangaben hängt der Gebrauch davon ab, ob die Perspektive des Sprechenden in der Gegenwart oder in der Vergangenheit liegt.

Gegenwart: Aurelio sabe que Blanca ha salido **hoy** muy temprano de casa. Aurelio weiß, dass Blanca heute sehr früh aus dem Haus gegangen ist.

Vergangenheit: Aurelio sabía que **aquel día** Blanca había salido muy temprano de casa. Aurelio wusste, dass Blanca an jenem Tag sehr früh aus dem Haus gegangen war.

Die folgende Tabelle enthält einige Zeitangaben, die die Perspektive des Sprechenden deutlich machen. In vielen Fällen werden diese Angaben nicht verwendet, weil sie aus dem Kontext heraus klar sind.

Die Perspektive des Sprechenden liegt in der Gegenwart.	Die Perspektive des Sprechenden liegt in der Vergangenheit.
ahora jetzt hoy heute este año dieses Jahr	en ese / aquel momento zu dem Zeitpunkt ese día / aquel día an diesem / jenem Tag ese año / aquel año in diesem / jenem Jahr
anteayer vorgestern hace dos años vor zwei Jahren la semana pasada vorige Woche el año pasado voriges Jahr	el día antes / el día anterior am Tag vorher dos años antes zwei Jahre vorher la semana anterior die Woche zuvor el año anterior das Jahr zuvor

Die Perspektive des Sprechenden liegt in der Gegenwart.	Die Perspektive des Sprechenden liegt in der Vergangenheit.
pasado mañana übermorgen	el día después am Tag danach / darauf
en diez meses in zehn Monaten	diez meses más tarde zehn Monate später
el próximo año nächstes Jahr en dos años in zwei Jahren	al año siguiente im folgenden Jahr después de dos años nach zwei Jahren

Test 2

Stellen Sie fest, ob die fett gedruckten (Neben-)Sätze aus einer gegenwärtigen oder vergangenen Perspektive erzählt werden. Die Zeitangaben helfen Ihnen dabei.

1. Aquel día me enteré de **que había desaparecido Rodolfo Walsh**. An jenem Tag erfuhr ich, dass Rodolfo Walsh verschwunden war.
2. Valeria espera **que mañana venga Silvia**. Valeria hofft, dass Silvia morgen kommt.
3. Había llovido una semana entera, día y noche, **por esa razón, dos días después, estaba todo bajo agua**. Es hatte eine ganze Woche, Tag und Nacht geregnet, deshalb war zwei Tage später alles unter Wasser.
4. Sandra quiere **que vayamos a verla hoy**. Sandra möchte, dass wir sie heute besuchen.
5. Suponíamos entonces **que estaría deprimido**. Wir vermuteten damals, dass er deprimiert war.

1.5 Zeitenfolge in subjuntivo-Sätzen

Für die Verwendung der Zeiten in subjuntivo-Nebensätzen sind die Zeit des Verbs im Hauptsatz und das Zeitverhältnis zwischen Haupt- und Nebensatz entscheidend.

a) Hauptsatz in einer Zeit der Gegenwartsgruppe

Zeitverhältnis	Hauptsatz	Nebensatz	Zeit
Gleichzeitigkeit / Nachzeitigkeit	Es / Será importante Es ist wichtig,	que **venga.** dass er kommt.	presente de subjuntivo
Vorzeitigkeit	Es / Será importante Es ist wichtig,	que **haya venido.** dass er gekommen ist.	perfecto de subjuntivo

b) Hauptsatz in einer Zeit der Vergangenheitsgruppe

Zeitverhältnis	Hauptsatz	Nebensatz	Zeit
Gleichzeitigkeit / Nachzeitigkeit	Fue / Sería importante Es war / wäre wichtig,	que **viniera**. dass er kam / kommt.	imperfecto de subjuntivo
Vorzeitigkeit	Fue / Sería importante Es war / wäre wichtig,	que **hubiera venido**. dass er gekommen ist.	pluscuam-perfecto de subjuntivo

Beachten Sie
Bei Vorzeitigkeit kann statt dem perfecto de subjuntivo (Hauptsatz im Präsens) bzw. pluscuamperfecto de subjuntivo (Hauptsatz in einer Zeit der Vergangenheit) auch das imperfecto de subjuntivo verwendet werden. ➠ Kapitel 24, *Zusammengesetzte Zeiten der Vergangenheit **(subjuntivo)***
No creo que Juan se **haya comido / comiera** toda la pizza. Ich glaube nicht, dass Juan die ganze Pizza aufgegessen hat.
No creía que Juan se **hubiera comido / comiera** toda la pizza. Ich glaubte nicht, dass Juan die ganze Pizza aufgegessen hatte.

Test 3
Entscheiden Sie, ob die Handlungen im Nebensatz vorzeitig (V), gleichzeitig (G) oder nachzeitig (N) stattfinden.

1. Lamento que no hayamos podido viajar. Ich bedauere, dass wir nicht abreisen konnten.
2. Yo te aconsejaría que vinieras a las tres. Ich würde dir raten, um drei zu kommen.
3. Les gustaría que fuéramos todas juntas. Sie hätten gern, dass wir alle zusammen hingehen.
4. Me encantaría que saliéramos esta noche a cenar. Ich würde es toll finden, wenn wir heute Abend essen gehen würden.

2 Die indirekte Rede

Was Sie vorab wissen sollten

- Unter indirekter bzw. berichteter Rede (discurso referido bzw. estilo indirecto) versteht man die Wiedergabe einer Aussage durch einen Dritten. Der Hauptsatz oder Einführungssatz enthält ein Verb des Sagens, des Mitteilens oder des Fragens (verbos de comunicación), z. B. admitir zugeben, comunicar mitteilen, confesar gestehen, contar erzählen, referir referieren, preguntar fragen. Der Nebensatz wird immer mit que dass eingeleitet.
  Matilde llamó y se disculpó diciendo que terminaría el trabajo con dos semanas de retraso. Matilde rief an und entschuldigte sich, dass sie die Arbeit mit zwei Wochen Verspätung beenden würde.
- Im Spanischen unterscheidet man zwei Arten der indirekten Rede: mit Indikativ und mit subjuntivo. Der Indikativ steht bei der Wiedergabe von Informationen, der subjuntivo dagegen bei der Wiedergabe von Bitten und Befehlen. Im Deutschen steht in der indirekten Rede gewöhnlich der Konjunktiv, Bitten und Aufforderungen werden in der Regel mit dem Verb „sollen" ausgedrückt.
  Indikativ: Nos afirmó que **había estado** allí. Er versicherte uns, dass er dort **gewesen sei**.
  Subjuntivo: Dile que **haga** ese trabajo. Sag ihr, dass sie diese Arbeit **erledigen soll**.
- Auch für die indirekte Rede gelten die Kriterien, die Sie im Abschnitt 1 kennen gelernt haben. Die Wahl der Zeit in der indirekten Rede ist abhängig von der Zeit im Hauptsatz und von der Zeit der Originalaussage.
  Rita nos **ha contado** que Marisa **está viviendo ahora** en Panamá. Rita hat uns erzählt, dass Marisa jetzt in Panama lebe.
  Rita nos **contó** que Marisa **había estado viviendo** cinco años en Panamá. Rita hat uns erzählt, dass Marisa fünf Jahre in Panama gelebt habe.
- Für die indirekte Frage gilt dieselbe Zeitenfolge wie für die indirekte Rede. Wenn die direkte Frage ein Fragewort enthält, dann leitet dieses Fragewort auch die indirekte Frage ein. Enthält die direkte Frage kein Fragewort, also bei Entscheidungsfragen, dann steht si ob als einleitende Konjunktion.
  Carlos me ha preguntado **cuándo** se ha ido Leticia. Carlos hat mich gefragt, **wann** Leticia abgefahren sei.
  Carlos me ha preguntado **si** Leticia se ha ido. Carlos hat mich gefragt, **ob** Leticia abgefahren sei.

2.1 Veränderungen bei der Wiedergabe in der indirekten Rede

In der indirekten Rede wird die Originalaussage dem Standpunkt desjenigen angepasst, der die Äußerung wiedergibt. Demzufolge ändern sich einige Elemente im Satz wie z. B. die Personalpronomen, die Demonstrativpronomen, die Zeitangaben, die Ortsangaben und die Zeitenfolge der Verben.

2.1.1 Lexikalische Veränderungen

In der indirekten Rede werden die Pronomen, Zeit- und Ortsangaben auf den Standpunkt des Berichtenden bezogen.

Auf Entdeckung

Was sich im Satz ändert, hängt von der jeweiligen Situation ab. Lesen Sie die Originalaussage und vergleichen Sie diese mit den drei Situationen. Was hat sich in der indirekten Rede jeweils verändert?

Originalaussage: Marisa zu Pablo

Marisa: –Si no me doy prisa con esto, no podré ir mañana a tu casa. „Wenn ich mich damit nicht beeile, werde ich dich morgen nicht besuchen können."

1. Eine dritte Person erzählt es weiter:

Marisa le dijo (a Pablo) que si no se daba prisa con aquello, no podría ir al otro día a su casa. Marisa sagte zu Pablo, dass sie ihn am kommenden Tag nicht besuchen könne, wenn sie sich nicht damit beeilte.

---

2. Die Sprecherin der Originalaussage ein paar Tage später:

Marisa: –Le dije (a Pablo) que si no me daba prisa con eso, no podría ir al día siguiente a su casa. „Ich habe Pablo gesagt, dass ich ihn am kommenden Tag nicht besuchen könnte, wenn ich mich nicht damit beeilte."

---

3. Der Gesprächspartner der Originalaussage:

Pablo: –Me dijo que si no se daba prisa con eso, no podría venir el día después a mi casa. „Sie sagte mir, dass wenn sie sich nicht damit beeilte, sie mich am Tag danach nicht besuchen kommen könnte."

Beachten Sie

Die direkte Rede steht im Spanischen gewöhnlich zwischen Gedankenstrichen. Ein Zitat kann zwischen Gedankenstrichen oder (meist eckigen) Anführungszeichen stehen.

–Es una mujer muy hermosa –dijeron a coro. „Sie ist eine wunderschöne Frau", sagten alle gleichzeitig.

Adolfo Bioy Casares dijo: «El recuerdo que deja un libro a veces es más importante que el libro en sí.» Adolfo Bioy Casares sagte: „Die Erinnerung, die ein Buch hinterlässt, ist manchmal wichtiger als das Buch selbst."

Test 4

Entscheiden Sie sich für die richtigen Verbformen.

1. Ana me (dijo / decía) que (vino / venía) a las seis de la tarde. Ana sagte mir, dass sie um sechs Uhr käme.
2. Pero después (pensó / pensaba) que (fue / era) mejor si (vino / venía) más temprano. Danach dachte sie aber, es wäre besser, wenn sie früher käme.
3. Así que (vino / venía) a las cinco pero yo todavía no (estuve / estaba) en casa. Also kam sie um fünf Uhr, aber ich war noch nicht zu Hause.
4. La pobre (esperó / esperaba) una hora ante la puerta de casa. Die Arme hat eine Stunde vor der Tür gewartet.

2.1.2 Verbtypen im Einleitungssatz

Die indirekte Rede ist in der Regel abhängig von einem Verb des Sagens bzw. Mitteilens und der Konjunktion que dass. Die Verben, die die indirekte Rede einleiten (verbos introductorios), können in vier großen Gruppen unterteilt werden.

Verben des Sagens und Mitteilens	admitir zugeben, afirmar behaupten, agregar / añadir hinzufügen, comentar bemerken, comunicar mitteilen, contar erzählen, continuar / seguir diciendo fortfahren, explicar erklären, gritar laut sagen / schreien, insinuar andeuten, negar verneinen, reconocer erkennen / zugeben, repetir wiederholen
Verben des Fragens und Antwortens	preguntar fragen, querer saber wissen wollen, (no) saber (nicht) wissen, contestar / replicar / responder antworten
Verben, die in der Zukunft liegende Informationen einführen	advertir warnen / aufmerksam machen, anunciar ankündigen, avisar benachrichtigen / Bescheid sagen, informar informieren, predecir voraussagen, prometer versprechen
Verben, die eine indirekte Aufforderung ausdrücken	aconsejar raten, esperar erwarten, exigir fordern, mandar / ordenar befehlen / anordnen, pedir bitten, pretender beabsichtigen, proponer vorschlagen, recomendar empfehlen, reprochar vorwerfen, rogar bitten, solicitar beantragen, sugerir vorschlagen / nahelegen

Beachten Sie
Die Verben der indirekten Aufforderung verlangen in der Regel den subjuntivo. Solicitó que le **dieran** un nuevo ordenador. Sie hat beantragt, dass sie ihr einen neuen Rechner besorgen.

Test 5
Die folgenden Sätze sind Zitate berühmter Persönlichkeiten. Ersetzen Sie das Verb dijo jeweils durch eines der folgenden: sostener behaupten, afirmar behaupten, advertir warnen, declarar erklären.

1. H. Selfridge dijo que el cliente tenía siempre la razón. H. Selfridge sagte, dass der Kunde immer Recht habe.
2. Leonardo da Vinci dijo que quien no amaba la vida, no la merecía. Leonardo da Vinci sagte, dass der, der das Leben nicht liebe, es nicht verdiene.
3. Cayo Salostio dijo que cada hombre era el arquitecto de su propia fortuna. Cayo Salostio sagte, dass jeder der Architekt des eigenen Schicksals sei.
4. Santiago Ramón y Cajal dijo que o se tenían muchas ideas y pocos amigos, o muchos amigos y pocas ideas. Santiago Ramón y Cajal sagte, dass man entweder viele Ideen und wenige Freunde oder viele Freunde und wenige Ideen habe.
5. San Agustín dijo que errar era humano, que perseverar en el error era diabólico. Augustinus sagte, dass irren menschlich, im Irrtum verharren teuflisch sei.

2.2 Zeitenfolge und Modusgebrauch in der indirekten Rede

Für die Verwendung der Zeiten im Nebensatz sind die Zeit des Verbs im Einleitungssatz und die der Originalaussage maßgebend.

2.2.1 Einleitungssatz in einer Zeit der Gegenwartsgruppe

Wenn der Einleitungssatz in einer Zeit der Gegenwartsgruppe (Präsens / Futur / perfecto compuesto) steht, bleibt die Zeit der Originalaussage erhalten.
Tina: –Hoy **voy** a la fiesta. Tina: „Ich gehe heute zur Party.“
Tina dice / dirá / ha dicho que hoy **va** a la fiesta. Tina sagt / wird sagen / hat gesagt, sie gehe heute zur Party.
Tina: –Ayer **fui** a la fiesta. Tina: „Gestern ging ich zur Party.“
Tina dice / dirá / ha dicho que ayer **fue** a la fiesta. Tina sagt / wird sagen / hat gesagt, sie sei gestern zur Party gegangen.

Beachten Sie
Die meist gebrauchten Zeiten des einleitenden Hauptsatzes sind Präsens und perfecto compuesto, Futur wird seltener verwendet.

Test 6

Versuchen Sie, die folgenden Sätze in die indirekte Rede zu setzen. Benutzen Sie dabei das Präsens oder das perfecto compuesto. Achten Sie auf die lexikalischen Veränderungen.

1. –Hoy voy a tu fiesta. „Ich gehe heute zu deiner Party."
   Rosalía ha dicho que ______________________.
2. –Iré primero a mi casa. „Ich werde zuerst zu mir fahren."
   Máximo dice que ______________________.
3. –Iría a la fiesta, pero esta noche no tengo tiempo. „Ich würde zur Party gehen, aber ich habe heute Abend keine Zeit."
   Guillermo ha dicho que ______________________.
4. –Esta mañana he hecho las maletas. „Heute Morgen habe ich die Koffer gepackt."
   Priscila ha dicho que ______________________.
5. –Ayer olvidé las llaves en la oficina. „Gestern habe ich die Schlüssel im Büro vergessen."
   Florencia dice que ______________________.

2.2.2 Einleitungssatz in einer Zeit der Vergangenheitsgruppe

Wenn der Einleitungssatz in einer Zeit der Vergangenheitsgruppe (perfecto simple / perfecto compuesto / Imperfekt / Plusquamperfekt) steht, verändert sich die Zeit der Originalaussage. Dabei kann man folgende Fälle unterscheiden. Einleitungssatz: Dijo / Ha dicho / Decía / Había dicho … Er/Sie hat gesagt / sagte / hatte gesagt, …

Originalaussage	Zeit	indirekte Rede	Zeit
Termino mi trabajo. Ich beende meine Arbeit.	Präsens	que **terminaba** su trabajo. dass er seine Arbeit beende.	Imperfekt
Terminaré mi trabajo. Ich werde meine Arbeit beenden.	Futur I	que **terminaría** su trabajo. dass er seine Arbeit beenden werde / würde.	condicional
Habré terminado mi trabajo. Ich werde meine Arbeit beendet haben.	Futur II	que **habría terminado** su trabajo. dass er seine Arbeit beendet haben werde / würde.	condicional perfecto

Der Gebrauch der Zeiten und Modi

Originalaussage	Zeit	indirekte Rede	Zeit
Terminaba mi trabajo. Ich habe meine Arbeit beendet.	Imperfekt	que **terminaba** su trabajo. dass er seine Arbeit beendet habe / hätte.	Imperfekt
Terminé mi trabajo. Ich habe meine Arbeit beendet.	perfecto simple	que **había terminado** su trabajo. dass er seine Arbeit beendet habe / hätte.	Plusquamperfekt
He terminado mi trabajo. Ich habe meine Arbeit beendet.	perfecto compuesto	que **había terminado** su trabajo. dass er seine Arbeit beendet habe / hätte.	Plusquamperfekt
Había terminado mi trabajo. Ich hatte meine Arbeit beendet.	Plusquamperfekt	que **había terminado** su trabajo. dass er seine Arbeit beendet habe / hätte.	Plusquamperfekt
Terminaría mi trabajo. Ich würde meine Arbeit beenden.	condicional	que **terminaría** su trabajo. dass er seine Arbeit beenden würde.	condicional
Habría terminado mi trabajo. Ich hätte meine Arbeit beendet.	condicional perfecto	que **habría terminado** su trabajo. dass er seine Arbeit beendet hätte.	condicional perfecto

Beachten Sie

- Für den Gebrauch der Zeiten im Nebensatz ist darauf zu achten, ob der Sprechende sich von dem, was er wiedergibt, distanzieren will oder nicht. Zum Ausdruck der Distanz nimmt man im Spanischen eine Vergangenheitszeit, im Deutschen dagegen den Konjunktiv I.
  Él dijo que la película no **valía** la pena. Er sagte, der Film **sei** nicht empfehlenswert.
  Wenn man die Aussage des anderen als seine eigene wiedergegeben will, d. h. wenn man sich nicht distanzieren will, nimmt man im Spanischen eine Gegenwartszeit, d. h. die Zeit der Originalaussage bleibt erhalten; im Deutschen wird in diesem Fall der Indikativ verwendet.
  Él dijo que la película **vale** la pena. Er sagte, der Film **ist** empfehlenswert.
- Das perfecto compuesto ist eine Zeit, die sowohl der Gegenwarts- als auch der Vergangenheitsgruppe angehören kann.

Juan: –Lo pensaré. Juan: „Ich werde darüber nachdenken."
Juan ha dicho que lo **pensará / pensaría.** Juan hat gesagt, dass er darüber nachdenken werde.

- Steht die Originalaussage im condicional, condicional perfecto, Imperfekt oder Plusquamperfekt, dann bleibt die Zeit der Originalaussage erhalten, auch wenn die Zeit des Hauptsatzes in der Vergangenheit steht.
- In der Umgangssprache wird anstatt dem Plusquamperferkt oft das perfecto simple gebraucht.

Test 7

Rekonstruieren Sie die Originalaussagen zu den folgenden Sätzen in der indirekten Rede. Beispiel:
Quiso saber dónde vivías. Er wollte wissen, wo du wohnst. → ¿Dónde vives? Wo wohnst du?

1. Carlos me dijo una semana atrás que vendría el jueves siguiente. Carlos hat mir vor einer Woche gesagt, dass er am nächsten Donnerstag kommen würde. → ____________________
2. Carlos me iba a avisar un día más tarde si venía o no. Carlos wollte mir einen Tag später mitteilen, ob er komme oder nicht. → ____________________
3. María nos avisó de que Mauro había llegado bien. María benachrichtigte uns, dass Mauro gut angekommen sei. → ____________________
4. Mariela me contó que había estado de vacaciones en los Estados Unidos diez años atrás. Mariela erzählte mir, dass sie vor zehn Jahren Urlaub in Amerika gemacht habe. → ____________________
5. Elba dijo que regresaría después de diez días. Elba sagte, dass sie nach zehn Tagen zurückkommen würde. → ____________________

2.2.3 Aufforderungssätze in der indirekten Rede

a) Einleitungssatz in einer Zeit der Gegenwartsgruppe

Pide / Ha pedido ... Er/Sie bittet darum / Er/Sie hat darum gebeten ...

Originalaussage	Zeit / Modus	indirekte Rede	Zeit / Modus
¡Déjame en paz! Lass mich in Ruhe!	bejahter Imperativ	que la **dejes** en paz. sie in Ruhe zu lassen.	presente de subjuntivo
¡No me molestes! Stör mich nicht!	verneinter Imperativ	que no la **molestes.** sie nicht zu stören.	presente de subjuntivo

b) Einleitungssatz in einer Zeit der Vergangenheitsgruppe
Pidió / Pedía / Había pedido … Er/Sie bat darum / Er/Sie hatte darum gebeten …

Originalaussage	Zeit / Modus	indirekte Rede	Zeit / Modus
¡Déjame en paz! Lass mich in Ruhe!	bejahter Imperativ	que la **dejaras** en paz. sie in Ruhe zu lassen.	imperfecto de subjuntivo
¡No me molestes! Stör mich nicht!	verneinter Imperativ	que no la **molestaras**. sie nicht zu stören.	imperfecto de subjuntivo

Test 8

Setzen Sie die folgenden Aussagen in die indirekte Rede. Denken Sie daran, dass que dass nicht weggelassen werden darf. Beispiel:
Llama a tu madre. Ruf deine Mutter an. → María dijo que llamaras a tu madre. María sagte, du sollst deine Mutter anrufen.

1. No olvides de comprar el pan. Vergiss nicht, Brot zu kaufen. → Marcela te pidió ______________________. Marcela bat dich Brot zu kaufen.
2. Hablad más despacio. Sprecht langsamer. → Mario os ordenó ______________________. Mario befahl euch langsamer zu sprechen.
3. No hagamos tanto ruido. Wir sollen nicht so laut sein. → Gema nos dijo ______________________. Gema sagte uns, dass wir nicht so laut sein sollen.
4. No cruces la calle. Geh nicht über die Straße. → Raúl te prohibió ______________________. Raúl hat dir verboten über die Straße zu gehen.

3 Bedingungssätze (*oraciones condicionales*)

In diesem Abschnitt finden Sie eine zusammenfassende Darstellung der verschiedenen Arten von Bedingungssätzen.

3.1 Reale Bedingungssätze (oraciones condicionales reales)

In diesen Sätzen macht der Sprechende keine Angaben über die Erfüllbarkeit der Bedingung.

Hauptsatz	Nebensatz	
Präsens Indikativ **Me quedo** en casa Ich bleibe zu Hause,	Präsens Indikativ si **llueve**. wenn es regnet.	Gewohnheiten
Futur Indikativ **Viajaré** a España Ich werde nach Spanien reisen,	Präsens Indikativ si me **dan** el dinero. wenn man mir das Geld gibt.	Vorhersagen
Imperativ **Cómprame** el libro Kauf mir das Buch,	Präsens Indikativ si **vas** a España. wenn du nach Spanien fährst.	Befehle, Ratschläge, Bitten

3.2 Irreale Bedingungssätze (oraciones condicionales irreales)

In diesen Sätzen betrachtet der Sprechende die Bedingung als unrealisierbar oder nicht erfüllt.

Hauptsatz	Nebensatz	
condicional **Viajaría** a España Ich würde nach Spanien reisen,	imperfecto de subjuntivo si me **dieran** el dinero. wenn man mir das Geld gäbe.	in der Gegenwart nicht realisierbar, in der Zukunft unwahrscheinlich
condicional **Viajaría** a España Ich würde nach Spanien reisen,	pluscuamperfecto de subjuntivo si me **hubieran dado** el dinero. wenn man mir das Geld gegeben hätte.	in der Vergangenheit nicht realisiert, die Folgen beziehen sich auf die Gegenwart

Hauptsatz	Nebensatz	
condicional perfecto **Habría viajado** a España Ich wäre nach Spanien gereist,	pluscuamperfecto de subjuntivo si me **hubieran dado** el dinero. wenn man mir das Geld gegeben hätte.	in der Vergangenheit nicht realisiert, die Folgen beziehen sich auf die Vergangenheit

Test 9

Verbinden Sie die Sätze der beiden Spalten miteinander.

1. Si lo supiera, Wenn ich es wüsste,	a. te lo diría. würde ich es dir sagen.
2. Si mañana hace buen tiempo, Wenn morgen schönes Wetter ist,	b. me habría encontrado con amigos. hätte ich Freunde wiedergesehen.
3. Si hubiera ido a la fiesta, Wenn ich zur Party gegangen wäre,	c. tampoco te lo habría dicho. hätte ich es dir auch nicht gesagt.
4. Si vas a casa, Wenn du nach Hause gehst,	d. iré al lago a nadar. werde ich zum See baden gehen.
5. Si lo hubiese sabido, Wenn ich es gewusst hätte,	f. avísame. sag mir Bescheid.

3.3 Weitere konditionale Konstruktionen

Auch die folgenden Konjunktionen bzw. Konstruktionen können Bedingungssätze einleiten. Siehe auch ➠ Kapitel 34, *Die Konjunktionen*, 4.7.

de + Infinitiv: wenn	**De** no **saber** nada antes del lunes, te llamaré. Wenn ich bis Montag nichts weiß, werde ich dich anrufen.
sin + Infinitiv: wenn ... nicht	**Sin estudiar**, no aprobarás el examen. Wenn du nicht lernst, wirst du die Prüfung nicht bestehen.
gerundio: indem	**Trabajando** duro, podrás realizar tus sueños. Indem du hart arbeitest, wirst du deine Träume erfüllen.

con tal de que / siempre que vorausgesetzt, dass / wenn ... nur	Podéis ir al cine **siempre que** no **vengáis** a casa demasiado tarde. Ihr dürft ins Kino gehen, vorausgesetzt, dass ihr nicht zu spät nach Hause kommt.
a condición de que nur ... wenn	Te acompañaré **a condición de que** me **ayudes** con las tareas de la casa. Ich werde dich nur beglei ten, wenn du mir bei der Hausarbeit hilfst.
a no ser que es sei denn	Voy a verte **a no ser que quieras** venir tú. Ich werde dich besuchen, es sei denn du willst kommen.
(en) caso de que für den Fall, dass / falls	**En caso de que** tú **quieras** venir, te puedo explicar el camino. Für den Fall, dass du kommen willst, kann ich dir den Weg erklären.

Beachten Sie
Cuando wenn leitet einen temporalen Nebensatz, d. h. keinen Bedingungssatz ein. Wenn von einem gegenwärtigen oder vergangenen Ereignis die Rede ist, muss der Indikativ gebraucht werden, wenn die Handlung des Nebensatzes dagegen in der Zukunft liegt, steht der subjuntivo.
Indikativ: Cuando **tengo** tiempo y dinero, viajo a ver a mi familia. Immer wenn ich Zeit und Geld habe, fahre ich zu meiner Familie.
Indikativ: Cuando **llegó** su marido, ella estaba arreglada para salir. Als ihr Mann kam, war sie schon bereit zum Ausgehen.
Subjuntivo: Cuando **termine** la clase, iré al centro. Wenn der Unterricht vorbei ist, werde ich in die Stadt fahren.
Subjuntivo: Cuando **haya terminado** mis exámenes, me iré de vacaciones. Wenn ich meine Klausuren geschrieben habe, werde ich in den Urlaub fahren.

Auf den Punkt gebracht

1. *(➠ 1)*
Welche Zeiten und Modi im Nebensatz stehen, hängt im Spanischen von den folgenden Faktoren ab:
a) ____________________
b) ____________________
c) ____________________

2. *(➠ 1.2)*
a) Zu den Zeiten der Gegenwartsgruppe zählen: ____________________
b) Zu den Zeiten der Vergangenheitsgruppe zählen: ____________________

3. *(➠ 2)*
Markieren Sie die richtige/-n Alternative/-n.
a) In der indirekten Rede steht der Indikativ zur Wiedergabe von (Informationen / Befehlen).
b) In indirekten Entscheidungsfragen steht (si ob / das Fragewort).
c) In der indirekten Rede werden folgende Elemente angepasst: (Personalpronomen / Demonstrativpronomen / Konjunktionen).
d) Wenn der Einführungssatz im Präsens steht, dann bleibt die Zeit der Originalaussage (erhalten / nicht erhalten).

4. *(➠ 2.2.2)*
Markieren Sie die richtige Alternative. Steht der Einleitungssatz in einer Zeit der Vergangenheit, so werden in der indirekten Rede in Abhängigkeit von der Originalaussage die folgenden Zeiten gebraucht:
a) Originalaussage: Präsens – indirekte Rede: (Präsens / Imperfekt / Plusquamperfekt).
b) Originalaussage: perfecto simple – indirekte Rede: (condicional / Imperfekt / Plusquamperfekt).
c) Originalaussage: condicional – indirekte Rede: (condicional / Imperfekt / presente de subjuntivo).
d) Originalaussage: Plusquamperfekt – indirekte Rede: (condicional perfecto / Imperfekt / Plusquamperfekt).
e) Originalaussage: Imperativ – indirekte Rede: (condicional / presente de subjuntivo / imperfecto de subjuntivo).

5. *(➠ 3)*
Markieren Sie die richtige Alternative.
a) In realen Bedingungssätzen steht im Nebensatz (presente de subjuntivo / Präsens Indikativ), wenn im Hauptsatz Futur steht.
Si (apruebes / apruebas) el examen, te regalaré un viaje. Wenn du die Prüfung bestehst, werde ich dir eine Reise schenken.
b) In irrealen Bedingungssätzen steht im Nebensatz (condicional / imperfecto de subjuntivo), wenn im Hauptsatz condicional steht.
Si (aprobarías / aprobaras) el examen, te regalaría un viaje. Wenn du die Prüfung bestehen würdest, würde ich dir eine Reise schenken.
c) In irrealen Bedingungssätzen steht im Nebensatz (pluscuamperfecto de subjuntivo / imperfecto de subjuntivo), wenn im Hauptsatz condicional perfecto steht.
Si (hubieras aprobado / aprobaras) el examen, te habría regalado un viaje. Wenn du die Prüfung bestanden hättest, hätte ich dir eine Reise geschenkt.

Auf Entdeckung

a) Lesen Sie die folgenden Sätze.

1. María **se** levanta a las tres. Maria steht um drei auf.
2. **Me** ducho todos los días. Ich dusche jeden Tag.
3. Anoche **nos** dormimos tarde. Gestern sind wir spät eingeschlafen.
4. Juan y Miguel **se** despidieron ayer de nosotros. Juan und Miguel verabschiedeten sich gestern von uns.
5. ¿**Os** despertasteis por el ruido? Seid ihr vom Lärm aufgewacht?
6. Espero que **te** diviertas en la fiesta. Ich hoffe, du amüsierst dich auf der Party.

b) Auf welches Wort beziehen sich jeweils die markierten Pronomen in den Sätzen?

c) Welche Unterschiede können Sie in den Beispielen 1, 2, 3 und 5 zwischen den deutschen und den spanischen Sätzen feststellen?

Was Sie vorab wissen sollten

- In den reflexiven oder rückbezüglichen Konstruktionen sind Subjekt und Objekt dieselbe Person.

	nicht- reflexive Konstruktion	reflexive Konstruktion
	Manuel lava los platos. Manuel wäscht die Teller.	Manuel **se** lava todas las mañanas. Manuel wäscht **sich** jeden Morgen.
Subjekt	Wer wäscht? → Manuel	Wer wäscht? → Manuel
Objekt	Wen/Was wäscht Manuel? → die Teller	Wen/Was wäscht Manuel? → sich

- Das Wort, mit dem die Rückbezüglichkeit ausgedrückt wird, z. B. se, heißt **Reflexivpronomen** und ersetzt, wie alle Pronomen, ein Substantiv. (➠ Einführung in *Die Pronomen*)
- Die reflexiven Verben im Spanischen stimmen nur teilweise mit den deutschen überein.

1 Die Reflexivpronomen und Reziprokpronomen: Formen

1.1 Formen der Reflexivpronomen

Die Reflexivpronomen lauten:

	Singular	Plural
1. Person	me mich / mir	nos uns
2. Person	te dich / dir	os euch
3. Person	se sich	se sich

- Die Reflexivpronomen ersetzen ein Objekt, das dieselbe Person oder Sache bezeichnet wie das Subjekt des Satzes, d. h. die Handlung fällt auf das Subjekt selbst zurück.
  ¿Os aburristeis mucho? Habt **ihr euch** sehr gelangweilt?
- Die Reflexivpronomen der 1. und 2. Person stimmen mit den Dativ- und Akkusativpronomen überein.
- Im Spanischen gibt es, wie Sie in der Tabelle sehen, keine Unterscheidung zwischen „mich" und „mir" sowie zwischen „dich" und „dir" (➡ 1.4).

1.2 Formen der Reziprokpronomen

- Die Reziprokpronomen drücken eine wechselseitige Handlung zwischen zwei oder mehr Personen aus. In Form und Stellung stimmen sie mit den reflexiven Pronomen überein, stellen aber eine besondere Form der Reflexivität dar, weil das Subjekt immer im Plural stehen muss.
- Die Reziprokpronomen sind daher mit den Reflexivpronomen im Plural identisch: nos uns, os euch, se sich. Man könnte das Wort „einander" ergänzen.
  Alberto y Laura se escriben emails bastante seguido. Alberto und Laura schreiben sich / einander ziemlich häufig E-Mails.
  Nos queremos mucho. Wir mögen uns / einander sehr.

Test 1

a) Ergänzen Sie die entsprechenden Reflexiv- bzw. Reziprokpronomen.

		REF	REZ
1.	¿Por qué no (tú) ____ vistes de una vez? Warum ziehst du dich nicht endlich an?	☐	☐
2.	(nosotros) ____ vemos mañana. Wir sehen uns morgen.	☐	☐

3. (él) ____ ha disculpado por haber llegado tarde.
   Er hat sich entschuldigt, weil er zu spät kam. ☐ ☐
4. Señora Rinaldi, ¿____ acuerda de mí?
   Frau Rinaldi, erinnern Sie sich an mich? ☐ ☐
5. No (nosotros) ____ entendemos para nada.
   Wir verstehen uns überhaupt nicht. ☐ ☐

b) Kreuzen Sie nun an, ob es sich jeweils um eine reflexive (REF) oder um eine reziproke (REZ) Konstruktion handelt.

1.3 Die Reflexivpronomen nach Präpositionen

Wie die Objektpronomen (➠ Kapitel 10, *Die Personalpronomen*, 2.3) verändern sich auch die Reflexiv- und Reziprokpronomen nach Präpositionen. Das reflexive bzw. reziproke Pronomen se wird zu sí nach jeder Präposition, und zu consigo mit der Präposition con. Die weiteren Formen stimmen mit denen der betonten Objektpronomen überein: a mí, a ti, (a sí), a nosotros/as, a vosotros/as, (a sí).

Siempre está hablando **de sí (mismo)**. Sie spricht immer **von sich**.
Habla **consigo** misma. Sie spricht **mit sich selbst**.
Eran tan diferentes **entre sí**, que no parecían hermanos. Sie unterschieden **sich** so sehr **voneinander**, dass sie nicht wie Brüder wirkten.

Beachten Sie
Im Beispiel Habla consigo misma muss das Pronomen mit dem Wort mismo selbst verstärkt werden.

Test 2

Vervollständigen Sie die Sätze mit se oder sí?

1. ______ despidió de ellos con lágrimas y besos. Er verabschiedete sich von ihnen mit Tränen und Küssen.
2. Lo decidieron entre ______. Sie entschieden darüber unter sich.
3. Los pueblos se culpaban entre ______. Die Völker beschuldigten sich gegenseitig.
4. Es tan egoísta que lo quiere todo para ______. Er ist so egoistisch, dass er alles für sich beansprucht.
5. Él no parece muy seguro de ______. Er scheint sich seiner selbst nicht sehr sicher.

1.4 Syntaktische Funktionen des Reflexivpronomens

Das Reflexivpronomen kann sowohl die Funktion des direkten Objekts als auch die des indirekten Objekts haben. Von der Form her unterscheiden sich die Reflexivpronomen dabei nicht.

1.4.1 Das Reflexivpronomen als direktes Objekt

Da das **direkte Objekt** weitgehend mit dem deutschen **Akkusativ** übereinstimmt, lässt sich die Funktion des Reflexivpronomens mit der entsprechenden Frage **„wen?“ oder „was?“** ermitteln, z. B.:
Manuel se lava. Manuel wäscht sich.
Frage: Wen oder was wäscht Manuel? Antwort: sich = direktes Objekt (Akkusativ)

1.4.2 Das Reflexivpronomen als indirektes Objekt

Da das **indirekte Objekt** weitgehend mit dem deutschen **Dativ** übereinstimmt, lässt sich die Funktion des Reflexivpronomens mit der entsprechenden Frage **„wem?“ oder „was?“** ermitteln, z. B.:
Manuel se lava las manos. Manuel wäscht sich die Hände.
Frage: Wem wäscht Manuel die Hände? Antwort: sich = indirektes Objekt (Dativ)

Beachten Sie
Im Deutschen ist dieser Unterschied deutlicher, da die Reflexivpronomen zumindest in einigen Fällen verschieden sind:
Du putzt **dir** die Zähne. → Dativ
Du hast **dich** gut erholt. → Akkusativ

Test 3

Geben Sie an, welche Funktion das Reflexiv- bzw. Reziprokpronomen in den folgenden Sätzen hat: direktes Objekt (DO) oder indirektes Objekt (IO).

1. Te lavas las manos. Du wäschst dir die Hände.
2. Ellos se despiden. Sie verabschieden sich.
3. María se viste. María zieht sich an.
4. Marcelo y Francisco se dan la mano. Marcelo und Francisco geben sich die Hand.
5. Julián se compró un auto nuevo. Julián hat sich ein neues Auto gekauft.

2 Stellung des Reflexiv- bzw. Reziprokpronomens

In den meisten Fällen steht das Reflexiv- bzw. Reziprokpronomen – im Gegensatz zum Deutschen – **vor** dem Verb, wie Sie bereits in den Sätzen am Anfang des Kapitels feststellen konnten. In der Grundform der reflexiven Verben bilden der Infinitiv des Verbs und das Pronomen ein Wort: lavarse sich waschen. In dieser Form erscheinen die reflexiven Verben auch im Wörterbuch.

2.1 Voranstellung

- In den einfachen sowie in den zusammengesetzten Zeiten steht das Pronomen **immer** vor dem konjugierten Verb.
  Me siento cómoda en mi nuevo trabajo. Ich fühle mich wohl bei meiner neuen Arbeit.
  Mañana **me** levantaré más temprano. Morgen werde ich früher aufstehen.
  No **se** había acordado de mandarle una postal a María. Er hatte nicht daran gedacht, María eine Postkarte zu schicken.
- Beim verneinten Imperativ wird das Pronomen vorangestellt.
  ¡No **te** burles! Mach dich nicht lustig!
  ¡No **se** preocupe! Machen Sie sich keine Sorgen!

2.2 Nachstellung

Beim bejahten Imperativ wird das Pronomen angehängt.
¡Compórta**te**! Benimm dich!
¡Despiérte**se**! Wachen Sie auf!

Beachten Sie
Die Tatsache, dass das nachgestellte Pronomen immer direkt an das Wort angehängt wird, hat Auswirkungen auf die Betonung. Aus diesem Grund wird ein Akzent auf der Silbe gesetzt, die auch weiterhin betont werden soll, z. B. él se despierta er wacht auf → despiértate wach auf.
(➠ Kapitel 2, *Die Schreibung*)

Bei unpersönlichen Ausdrücken wie hay que oder es posible, auf die ein Infinitiv folgt, wird das Pronomen an den Infinitiv angehängt.
Hay que levanta**rse** muy temprano mañana. Man muss morgen sehr früh aufstehen.
Es imposible no reír**se** de sus chistes. Es ist unmöglich, nicht über seine/ihre Witze zu lachen.

2.3 Voranstellung oder Nachstellung

Beim gerundio und in den verbalen Umschreibungen mit Infinitiv, die zusammen mit einem konjugierten Verb gebildet werden, kann das Pronomen sowohl vor dem konjugierten Verb als auch nach der Form des gerundio bzw. dem Infinitiv stehen. Beide Möglichkeiten sind gebräuchlich.
Se está duchando. / Está duchándo**se**. Er/Sie duscht gerade.
¿**Te** quieres acostar ya? / ¿Quieres acostar**te** ya? Möchtest du schon schlafen gehen?
Voy a levantar**me**. / **Me** voy a levantar. Ich werde aufstehen.

Test 4

Ergänzen Sie das entsprechende Reflexivpronomen an der richtigen Stelle. Setzen Sie, wenn nötig, einen Akzent.

1. ¿____ encontrasteis____ de casualidad? Habt ihr euch zufällig getroffen?
2. De joven siempre ____ acostaba ____ tarde. Als ich jung war, ging ich immer spät schlafen.
3. Aldo dice que ____ siente ____ bien aquí. Aldo sagt, dass er sich hier wohl fühle.
4. ¡No ____ escondas ____! Versteck dich nicht!
5. ¿____ acordaremos ____ de llamarlo? Ob wir daran denken werden, ihn anzurufen?
6. ¡____ levanta___! Steh auf!
7. Me parece que él ____ está burlando____ de ti. Es scheint mir, dass er sich über dich lustig macht.
8. ¿____ hay que levantar____ ya? Müssen wir schon aufstehen?
9. ¿____ estáis divirtiendo____? Amüsiert ihr euch?

2.4 Reflexivpronomen in Verbindung mit anderen Pronomen

Wenn in einem Satz ein Reflexiv- bzw. Reziprokpronomen mit einem direkten oder indirekten Pronomen zusammentrifft, steht – im Gegensatz zum Deutschen – das Reflexivpronomen vor dem anderen.
Ohne Pronomen: El niño ya **se** ata solo los cordones. Das Kind bindet **sich** schon alleine die Schnürsenkel zu.
Mit Pronomen: El niño ya **se los** ata solo. Das Kind bindet **sie sich** schon alleine zu.
Dies gilt auch für die Formen, in denen das Pronomen an das Verb angehängt wird, z. B. beim bejahten Imperativ.
¡Láva**te** las manos! Wasch **dir** die Hände! → ¡Láva**telas**! Wasch **sie dir**!

Test 5

Ersetzen Sie die unterstrichenen Wörter durch Pronomen und bilden Sie einen Satz wie im Beispiel.

Ella se peina el cabello. → Se lo peina.
Sie kämmt sich die Haare. → Sie kämmt sie sich.

1. Germán se fracturó el brazo. → ______________________
   Germán hat sich den Arm gebrochen.
2. Me leí «Harry Potter» en un día. → ______________________
   Ich habe „Harry Potter" an einem Tag gelesen.
3. Ponte una chaqueta. → ______________________
   Zieh dir eine Jacke an.
4. Me corté el dedo con un vidrio. → ______________________
   Ich habe mir an einer Scherbe in den Finger geschnitten.

3 Die Reflexivverben

Dieser Abschnitt soll Sie mit dem Gebrauch der Reflexivverben vertraut machen und Ihnen einen vergleichenden Überblick über Reflexivverben im Spanischen und im Deutschen geben.

3.1 Gebrauch der Reflexivverben

Reflexiv- und Reziprokpronomen werden ähnlich wie im Deutschen in Verbindung mit bestimmten Verben benutzt wie vestirse sich anziehen, lavarse sich waschen, abrazarse sich umarmen. Diese Verben können reflexiv und nicht reflexiv gebraucht werden.

- Peinar kämmen als transitives Verb:
  La madre peina al niño. (direktes Objekt) Die Mutter kämmt den Jungen.
  La madre le peina el cabello. (indirektes Objekt) Die Mutter kämmt ihm die Haare.
- Peinarse sich kämmen als reflexives Verb:
  Maribel se peina. (Reflexivpronomen = direktes Objekt) Maribel kämmt sich.
  La niña se peina el cabello. (Reflexivpronomen = indirektes Objekt) Das Mädchen kämmt sich die Haare.

Beachten Sie

Je nachdem ob ein Verb reflexiv gebraucht wird oder nicht, kann es zu Bedeutungsänderungen kommen. In Abschnitt 3.3.4 dieses Kapitels finden Sie dazu eine ausführliche Darstellung.

Test 6

Vervollständigen Sie die Sätze mit den entsprechenden Pronomen (reflexiv, direkt, indirekt).

1. ¿Qué tal la conferencia? – Un desastre, ___ aburrí como una ostra. Wie war die Konferenz? – Eine Katastrophe, ich habe mich schrecklich gelangweilt.
2. ¿A qué hora quiere usted que ___ despierte? Um wie viel Uhr soll ich Sie wecken?
3. Mario ___ disculpó por haber llegado tarde. Mario hat sich entschuldigt, weil er zu spät gekommen ist.
4. A Esteban ___ llamo mañana. Esteban rufe ich morgen an.
5. Si quieres ___ encontramos mañana. Wenn du willst, können wir uns morgen treffen.
6. El dinero, ¿dónde ___ cambio? Wo kann ich Geld wechseln?

3.2 Verstärkung des Pronomens

- Das Reflexivpronomen kann durch Hinzufügung von a + betonte Form des Reflexivpronomens + mismo selbst verstärkt werden (➠ Kapitel 9, *Die Indefinitbegleiter*).
  Valórate a ti mismo. Schätze dich selbst.
  Hay que conocerse a sí mismo. Man muss sich selbst kennen.
- Auch das Verhältnis der Gegenseitigkeit kann unterstrichen werden durch el uno al otro / los unos a los otros / la una a la otra der/die eine den/die anderen oder das Adverb mutuamente gegenseitig.
  Amaos los unos a los otros. Liebt euch untereinander.
  Estos dos parecen odiarse mutuamente. Diese beiden scheinen sich gegenseitig zu hassen.

Test 7

Verstärken Sie die Reflexiv- und Reziprokpronomen. Markieren Sie mit Hilfe der Übersetzung die richtige Alternative.

1. Los hijos de la difunta se consolaban (a sí mismo / mutuamente). Die Kinder der Verstorbenen trösteten sich gegenseitig.
2. Él toda su vida se ha engañado (mutuamente / a sí mismo). Er hat sich sein ganzes Leben lang selbst betrogen.
3. Julia e Inés pasan el día entero insultándose (la una a la otra / a sí mismas). Julia und Inés beschimpfen sich den ganzen Tag gegenseitig.
4. A veces no me entiendo (a mí mismo / el uno al otro). Manchmal verstehe ich mich selbst nicht.

3.3 Reflexivverben im Deutschen und im Spanischen

Im Folgenden finden Sie einen Überblick über die Reflexivverben im Deutschen und im Spanischen.
Einige Verben können sowohl im Spanischen als auch im Deutschen reflexiv gebraucht werden, z. B. aburrirse sich langweilen, acordarse sich erinnern, despedirse sich verabschieden, encontrarse sich treffen, sentarse sich setzen, vestirse sich anziehen, divertirse sich amüsieren, quejarse sich beklagen.
Siéntate, por favor. Setz dich doch bitte.
¿Dónde te encontraste con Paulina? Wo hast du dich mit Paulina getroffen?

Beachten Sie
Quejarse wird ausschließlich reflexiv gebraucht.

3.3.1 Nur im Spanischen reflexiv

Andere Verben werden im Deutschen nicht-reflexiv, im Spanischen dagegen reflexiv verwendet, z. B. ahogarse ertrinken, arrepentirse bereuen, caerse fallen, callarse schweigen, enfermarse krank werden, mudarse / cambiarse de casa umziehen, quedarse bleiben, darse cuenta bemerken, rebelarse rebellieren.
Francisco **se** cambia de casa el domingo, podríamos ir a ayudarle. Francisco zieht am Sonntag um, wir könnten ihm dabei helfen.
Me voy a quedar un ratito más. Ich werde noch ein bisschen bleiben.

Beachten Sie
Von den oben aufgeführten Verben können arrepentirse und darse cuenta nur reflexiv gebraucht werden.

3.3.2 Nur im Deutschen reflexiv

Einige Verben sind im Deutschen reflexiv und im Spanischen nicht-reflexiv, z. B. sich verschlechtern empeorar, sich ereignen suceder / ocurrir, sich ausruhen descansar, sich erinnern recordar.
¿Descansaste el fin de semana? Hast du **dich** am Wochenende ausgeruht?
No puedo recordar dónde he visto a ese hombre antes. Ich kann **mich** nicht erinnern, wo ich diesen Mann schon einmal gesehen habe.

Test 8

Entscheiden Sie, ob ein Reflexivpronomen erforderlich ist. Wenn ja, ergänzen Sie es.

1. No ___ acuerdo dónde he dejado las llaves. Ich erinnere mich nicht, wo ich die Schlüssel gelassen habe.

2. Espero que algún día Miguel ___ arrepienta. Ich hoffe, dass Miguel es eines Tages bereuen wird.
3. Pero no estés ahí parada, ¡siénta___! Steh doch nicht so herum. Setz dich!
4. Dicen que ____ han sucedido cosas raras en esa casa. Man sagt, dass in dem Haus dort merkwürdige Dinge geschehen sind.
5. ¡Estoy cansadísimo! – Bueno, anda a descansar___. Ich bin total kaputt! – Na, dann geh dich ausruhen
6. La situación ___ empeora cada día. Die Situation verschlechtert sich jeden Tag.

3.3.3 Bedeutungsänderung

Im Spanischen gibt es Verben, deren Bedeutung sich ändert, je nachdem ob sie reflexiv oder nicht-reflexiv gebraucht werden.

reflexiv	nicht-reflexiv
acordarse sich erinnern	acordar etwas vereinbaren
dormirse einschlafen	dormir schlafen
despertarse aufwachen	despertar aufwecken
levantarse aufstehen / sich erheben	levantar hochheben
llamarse heißen	llamar rufen
cambiarse umziehen	cambiar wechseln
encontrarse sich befinden / sich treffen	encontrar finden
despedirse sich verabschieden	despedir kündigen / verabschieden

Beachten Sie

- Auch einige Verben der Bewegung können reflexiv gebraucht werden und dabei ihre Bedeutung geringfügig ändern. So drückt z. B. ir gehen eher eine zielgerichtete Bewegung aus:
  Hoy a la tarde voy a la biblioteca. Heute Nachmittag gehe ich in die Bibliothek.
  Irse dagegen bedeutet eher „einen Ort verlassen“.
  ¿Está Alicia? – No, se fue hace un momento. Ist Alicia da? – Nein, sie ist schon vor einer Weile gegangen.
- Auch estar sich befinden / sein wird mit einigen Adjektiven zusammen reflexiv gebraucht.
  Estate quieto. Zappel nicht so herum.[1]

Test 9

Entscheiden Sie anhand der Übersetzung, ob das Reflexivpronomen ergänzt werden muss oder nicht.

[1] Wörtlich: Sei ruhig.

1. Yo ___ llamo María. Ich heiße María.
2. Yo ___ llamo a Juan. Ich rufe Juan an.
3. ___ levantó con dificultad de la silla. Er erhob sich mit Mühe vom Stuhl.
4. Cuando ___ levanté las cajas noté que pesaban mucho. Als ich die Kisten hochhob, merkte ich, dass sie sehr schwer waren.
5. Creo que Pamela ___ cambió de casa la semana pasada. Ich glaube, Pamela ist letzte Woche umgezogen.
6. Necesito cambiar___ dinero. Ich muss Geld wechseln.

4 Reflexiver Gebrauch von nicht reflexiven Verben

Es gibt im Spanischen eine Reihe von Verben, die reflexiv gebraucht werden können, ohne dass sie Rückbezüglichkeit im eigentlichen Sinn ausdrücken. In der Umgangssprache ist dieser Gebrauch häufig zu finden. Diese Verwendung der Reflexivpronomen stellt eine Besonderheit des Spanischen dar und ist nicht ins Deutsche zu übersetzen bzw. lässt sich in einigen Fällen mit anderen Konstruktionen wiedergeben.

4.1 Reflexivverben mit der Bedeutung von „lassen"

Diese Verwendung eines Reflexivpronomens entspricht der deutschen Passivkonstruktion mit „lassen". Hier einige Beispiele:

- cortarse el pelo sich die Haare schneiden lassen:
  Fui a la peluquería a cortarme el pelo. Ich ging zum Friseur, um mir die Haare schneiden zu lassen.
- examinarse sich prüfen lassen:
  Me examiné de gramática. Ich habe mich in Grammatik prüfen lassen.
- operarse sich operieren lassen:
  Se operó del apéndice. Er hat sich den Blinddarm operieren lassen.
- Weitere Verben: extraerse (un diente) sich (einen Zahn) ziehen lassen, retratarse sich porträtieren lassen.
  (➠ Kapitel 31, *Besonderheiten bei Verben*, 4.3)

4.2 Se + Dativ

In einigen Fällen wird das Reflexivpronomen mit dem indirekten Pronomen zusammen verwendet und drückt dann eine Art von Passivität aus:
No **se me** pasa la fiebre. Das Fieber geht nicht weg.

La fiebre ist hier Subjekt, me gibt die betroffene Person an. Eine solche Konstruktion erfordert immer das Reflexivpronomen se, das sich auf das Subjekt bezieht bzw., wenn es kein Subjekt gibt, unpersönlich ist. Weitere Beispiele:
Ya **se le** pasará el enojo. Die Wut wird schon vorbeigehen (bei ihm/ihr).
No **se me** ocurre nada, ¿y a ti? Mir fällt nichts ein, und dir?
Se me olvidó. Ich habe es vergessen.
Se le cayó el vaso. Das Glas ist ihm/ihr runtergefallen.

Test 10

Ergänzen Sie, wie im Beispiel, das Reflexiv- und das Dativpronomen.
Beispiel: ¿_____ (a ti) pasó el resfrío? → ¿Se te pasó el resfrío? Ist deine Erkältung vorbei?

1. ______ complicó (a mí) el asunto. Die Angelegenheit wurde für mich kompliziert.
2. ¿______ (a ti) pasó el enojo? Ist dein Ärger vorbei?
3. ______ (a él) olvidó avisarme. Er hat vergessen, mich zu benachrichtigen.

4.3 Verben des Konsums

- Bestimmte Verben des Konsums werden häufig, besonders in der gesprochenen Sprache, mit einem Reflexivpronomen benutzt.
  ¿Vamos a tomar**nos** un café? Gehen wir einen Kaffee trinken?
  Statt: ¿Vamos a tomar un café? Gehen wir einen Kaffee trinken?
  Beide Varianten sind möglich, durch das Reflexivpronomen wird dem Satz eine Nuance von persönlicher Beteiligung gegeben.
- Oft wird diese Konstruktion verwendet, um deutlich zu machen, dass es sich um eine „Leistung“ handelt.
  Se bebió media botella de whisky. Er hat eine halbe Flasche Whisky getrunken.
  Anoche **me** fumé un paquete entero de cigarrillos. Gestern Abend habe ich eine ganze Schachtel Zigaretten geraucht.
  Me gustó tanto el libro que **me** lo leí en un día. Das Buch hat mir so sehr gefallen, dass ich es an einem Tag gelesen habe.

Beachten Sie
Das, was „konsumiert“ wird, muss in solchen Konstruktionen immer mit angegeben werden.
Me comí una tortilla en el almuerzo. Ich habe eine Tortilla zu Mittag gegessen.
Aber: ¿Ya comiste? Hast du schon gegessen? → ohne Reflexivpronomen

4.4 Verben geistiger Wahrnehmung

Auch bestimmte Verben geistiger Wahrnehmung können als Reflexivkonstruktion verwendet werden. Bei ihnen sind ebenfalls beide Varianten möglich, reflexiv und nicht-reflexiv.
¿**Te** lo aprendiste todo de memoria? Hast du das alles auswendig gelernt?
Se cree todo lo que le dicen. Er glaubt alles, was man ihm sagt.
Él **se** conoce la ciudad como la palma de su mano. Er kennt die Stadt wie seine Westentasche.
Me lo supuse. Ich habe es vermutet.

Beachten Sie
Bei saber wissen ändert sich die Bedeutung leicht, wenn es reflexiv verwendet wird. Es hat dann eher die Bedeutung von „etwas beherrschen". ¿Ya **te** sabes toda la lección? Kannst du schon die ganze Lektion?

Test 11

In welchen Sätzen könnte man das Reflexivpronomen weglassen?
1. ¿Ya **te** leíste el libro? Se lo quiero devolver a Martín. Hast du das Buch schon gelesen? Ich möchte es Martín zurückgeben.
2. Ayer **me** levanté tempranísimo. Ich bin gestern sehr früh aufgestanden.
3. ¿Quieres un poco más? – No, gracias, ya **me** comí dos platos. Möchtest du noch ein bisschen? – Nein, danke, ich habe schon zwei Portionen gegessen.
4. ¿**Te** has dado cuenta de que los precios de los vuelos han bajado? Hast du bemerkt, dass die Preise für Flüge gesunken sind?

Auf den Punkt gebracht

1. (➠ *1*)
1.1 Markieren Sie die richtige/-n Alternative/-n.
a) Das Reflexivpronomen kann im Satz die Funktion des (Dativobjekts / Akkusativobjekts) haben.
b) Die Reziprokpronomen sind mit den Reflexivpronomen im (Singular / Plural) identisch.

1.2 Setzen Sie das richtige Pronomen ein. Die Übersetzung hilft Ihnen dabei.
a) ____ levantaste tarde ayer. Du bist gestern spät aufgestanden.
b) ____ ducho todos los días. Ich dusche jeden Tag.
c) ____ despedimos al mediodía. Wir haben uns mittags verabschiedet.
d) Diego y Hernán ____ aburrieron en la fiesta. Diego und Hernán haben sich auf der Party gelangweilt.

1.3 Entscheiden Sie, ob es sich bei den Sätzen um reflexive oder reziproke Konstruktionen handelt.

2. (➠ *2*)

2.1 Kreuzen Sie die möglichen Stellungen an, die das Pronomen in den verschiedenen Satzkonstruktionen haben kann:

	vorangestellt	nachgestellt
a) zusammengesetzte Vergangenheitsformen	☐	☐
b) gerundio	☐	☐
c) bejahter Imperativ	☐	☐
d) verneinter Imperativ	☐	☐

2.2 Ergänzen Sie die entsprechenden Pronomen an der richtigen Stelle.

a) ¿Has visto a Claudio? – ____ está duchando____. Hast du Claudio gesehen? – Er duscht gerade.

b) ____ es importante quedar____ hasta el final. Es ist wichtig, bis zum Ende zu bleiben.

c) ____ hay que dar____ un gusto de vez en cuando. Man muss sich ab und zu etwas gönnen.

d) ¿____ has acostado ____ tarde anoche? Bist du gestern spät ins Bett gegangen?

3. (➠ *3*)

Markieren Sie die richtige/-n Alternative/-n.

a) Llamar rufen / nennen (verändert / verändert nicht) seine Bedeutung, wenn es reflexiv gebraucht wird.

b) Um ein Reflexivpronomen zu verstärken, wird die Konstruktion Präposition + sí + (mismo / propio) verwendet.

c) Zur Verstärkung von Reziprokpronomen wird (el uno al otro / mutuamente) verwendet.

4. (➠ *4*)

Markieren Sie die richtige Alternative.

a) Einige reflexive Konstruktionen im Spanischen werden ins Deutsche mit (lassen / werden) übersetzt.

b) Wie lautet die Übersetzung? Me hice la permanente. Ich habe mir eine Dauerwelle (gemacht / machen lassen).

c) In einem Satz wie: Se me olvidó llamarlo. Ich habe vergessen, ihn anzurufen. gibt me (die betroffene Person / das Objekt) an.

d) In einem Satz wie: ¿Te tomaste la leche? Hast du deine Milch getrunken? (verändert sich die Bedeutung / verändert sich die Bedeutung nicht), wenn te weggelassen wird.

Bevor Sie sich mit diesem Kapitel beschäftigen, sollten Ihnen alle Verbzeiten vertraut sein.

Was Sie vorab wissen sollten

Die meisten Verben, die ein direktes Objekt zulassen, also transitive Verben, können neben der aktiven Form (z. B. ich liebe) auch eine passive Form (ich werde geliebt) in allen Zeiten und Modi bilden.

Auf Entdeckung

Lesen Sie die folgenden Sätze.

1. Las medidas **fueron anunciadas** ayer por el ministro. Die Maßnahmen **wurden** gestern vom Minister **angekündigt**.
2. El discurso ya **está preparado**. Die Rede **ist** schon **vorbereitet**.
3. **Se esperan** cambios fundamentales. Es **werden** grundlegende Veränderungen **erwartet**.

Wenn Sie die Sätze im Spanischen und im Deutschen vergleichen: Wie viele verschiedene Möglichkeiten das Passiv auszudrücken erkennen Sie jeweils?

(➠ *Lösungen*)

1 Vorgangspassiv

Mit dem Vorgangspassiv kann eine Handlung wiedergegeben werden. Von der Form her ist es dem deutschen Passiv mit „werden" sehr ähnlich.
Esta pieza **fue compuesta** por Chopin. Dieses Stück **wurde** von Chopin **komponiert**.
Allerdings wird diese Passivform im gesprochenen Spanisch selten gebraucht. Sie ist fast ausschließlich in der Schriftsprache zu finden.

1.1 Formen

Das Vorgangspassiv wird mit der konjugierten Form des Verbs ser und dem Partizip Perfekt gebildet. Das Partizip wird dem Subjekt in Zahl und Geschlecht angeglichen. Zur Bildung des Partizip Perfekt siehe ➠ Kapitel 18, *Zusammengesetzte Zeiten der Vergangenheit (Indikativ)*, 1.
Esta **pieza** fue **compuesta** recientemente. Dieses Stück wurde kürzlich komponiert.
El **disco** fue **grabado** recientemente. Die Platte wurde kürzlich aufgenommen.

Beachten Sie

- In den zusammengesetzten Zeiten bleibt das Partizip des Hilfsverbs ser unverändert.
  Esta semana ha **sido** inaugurada la feria de turismo. In dieser Woche ist die Tourismus-Messe eröffnet worden.
- Unpersönliche Sätze wie „es wird eine Abwertung des Peso erwartet" werden im Spanischen nicht mit dem Vorgangspassiv wiedergegeben, sondern mit der Konstruktion se + aktive Verbform (➠ 3).

Test 1

Ergänzen Sie die Endungen des Partizips.

1. El partido será transmitid___ por Telecinco. Das Spiel wird von Telecinco übertragen werden.
2. Los nuevos modelos de SEAT serán presentad___ en la feria de Barcelona. Die neuen SEAT-Modelle werden auf der Messe von Barcelona vorgestellt werden.
3. La primera gramática del español fue escrit___ en 1492. Die erste spanische Grammatik wurde 1492 geschrieben.
4. El congreso ha sid___ organizad___ por la asociación de escritores. Der Kongress ist vom Schriftstellerverband organisiert worden.

1.2 Der Urheber im Passivsatz

Beim Vorgangspassiv kann, wie im Deutschen, der Urheber der Handlung angegeben werden. Dieser Urheber wird mit der Präposition por angeschlossen.

Aktiv:

Subjekt	Verb	direktes Objekt
Velázquez	pintó	«Las Meninas».
Velázquez	malte	„Die Hoffräulein".

Passiv:

Subjekt	Verb	Urheber
«Las Meninas»	fue pintado	**por** Velázquez.
„Die Hoffräulein"	wurde gemalt	**von** Velázquez.

Test 2

Ergänzen Sie das Partizip (das entsprechende Verb ist unterstrichen) und den Urheber (das entsprechende Substantiv ist fett gedruckt).

1. **Cecilia Roth** <u>protagonizó</u> la película «Todo sobre mi madre». Cecilia Roth spielte die Hauptrolle im Film „Alles über meine Mutter".
   La película «Todo sobre mi madre» fue ______________ ______________.
2. **Ernesto Sábato** <u>escribió</u> la novela «El túnel». Ernesto Sábato schrieb den Roman „El túnel".
   La novela «El túnel» fue ______________ ______________
3. **Puccini** <u>compuso</u> la ópera «La Bohème». Puccini hat die Oper „La Bohème" komponiert.
   La ópera «La Bohème» fue ______________ ______________.
4. **La policía** <u>buscó</u> a los secuestradores durante tres semanas. Die Polizei suchte die Entführer drei Wochen lang.
   Los secuestradores fueron ______________ ______________.
5. **La corte** <u>condenó</u> a los delincuentes a 5 años de prisión. Das Gericht verurteilte die Straftäter zu fünf Jahren Gefängnis.
   Los delincuentes fueron ______________ ______________

2 Zustandspassiv

Das Zustandspassiv beschreibt das Resultat einer Handlung. Im Deutschen wird es mit Hilfe des Verbs „sein" gebildet, im Spanischen mit estar und dem Partizip Perfekt. Wie beim Vorgangspassiv wird das Partizip dem Subjekt angeglichen:
¿Sabes si ya vendieron la **casa**? – Sí, creo que ya está **vendida**. Weißt du, ob das Haus schon verkauft wurde? – Ja, ich glaube, es ist schon verkauft.

Mit dem Zustandspassiv kann, wie im Deutschen, auch das Resultat von reflexiven Verben wiedergegeben werden.
¿Ya **se despertaron** los niños? – Sí, **están despiertos** desde las siete. Sind die Kinder schon aufgewacht? – Ja, sie sind seit sieben wach.

Beachten Sie
In einigen Fällen entspricht dem spanischen Zustandspassiv ein eigenes Verb im Deutschen: estar sentado sitzen, estar acostado (im Bett) liegen, estar parado[1] stehen.

[1] Hispanoamerika

Test 3
Bilden Sie mit den angegebenen Verben Sätze im Zustandspassiv. Achten Sie auf das Geschlecht des Subjekts.

1. La comida ya ________________ (preparar). Das Essen ist schon gemacht.
2. Las puertas ________________ recién ________________ (pintar), así que no las toques. Die Türen sind frisch gestrichen, fass sie also nicht an.
3. Pablo ya ________________ (acostarse). Estaba muy cansado. Pablo liegt schon im Bett. Er war sehr müde.
4. He traído la ropa de la lavandería, así que ya ________________ (lavar) y ________________ (planchar). Ich habe die Wäsche aus der Wäscherei geholt, sie ist also schon gewaschen und gebügelt.

3 *Pasiva refleja* und unpersönliche Form mit *se*

In der gesprochenen Sprache wird das Passiv eher vermieden und die Aussage meist aktiv formuliert, z. B. durch die so genannte pasiva refleja, die keine Entsprechung im Deutschen hat.

3.1 Pasiva refleja

Diese Passivkonstruktion wird mit dem Pronomen se und der aktiven Verbform gebildet.
Se vendieron las casas hace un año. Die Häuser wurden vor einem Jahr verkauft.
Ein Urheber kann in dieser Konstruktion nicht angegeben werden. Das syntaktische Subjekt des Satzes, in diesem Fall las casas, steht meist hinter dem Verb. Das Verb wird diesem Subjekt angeglichen.

- Wenn das Subjekt im Singular steht, steht das Verb in der 3. Person Singular: En Uruguay se **habla** español. In Uruguay wird Spanisch gesprochen.
- Wenn das Subjekt im Plural steht, steht das Verb in der 3. Person Plural: En Europa se **hablan** muchas lenguas. In Europa werden viele Sprachen gesprochen.

Test 4
Markieren Sie die richtige Alternative.

1. En esta feria, se (venden / vende) antigüedades. Auf diesem Markt werden Antiquitäten verkauft.

2. En Alemania, siempre se (doblan / dobla) las películas. In Deutschland werden Filme immer synchronisiert.
3. Para el fin de semana se (espera / esperan) fuertes tormentas. Für das Wochenende werden starke Stürme erwartet.
4. Mira, en esa casa se (alquilan / alquila) habitaciones. Schau mal, in diesem Haus dort werden Zimmer vermietet.
5. Dentro de poco se (introducirá / introducirán) la ecotasa en Mallorca. In Mallorca wird in Kürze die Ökosteuer eingeführt.

3.2 Unpersönliche Form mit se

Wie bereits eingangs erwähnt, kann das Passiv nur bei transitiven Verben, also Verben mit direktem Objekt, gebildet werden. Trotzdem ist die se-Konstruktion auch bei einigen intransitiven Verb möglich, z. B. Se bailó mucho. Es wurde viel getanzt. / Man tanzte viel.
Es handelt sich hierbei um die unpersönliche Form, die ebenfalls mit se gebildet wird und im Deutschen sowohl mit „werden" als auch mit „man" wiedergegeben wird. (➠ Kapitel 30, *Unpersönliche Formen,* 3)

Der Unterschied zwischen unpersönlicher Form und pasiva refleja wird in Singularkonstruktionen nicht deutlich. Der Satz
Se filmó la película en Canadá.
kann sowohl passivisch (Der Film **wurde** in Kanada **gedreht**.) als auch unpersönlich (**Man drehte** den Film in Kanada.) interpretiert werden.

Bei Pluralkonstruktionen dagegen wird der Unterschied deutlich:

se **filmaron** las películas die Filme wurden gedreht	pasiva refleja → das Verb wird angeglichen
se **filmó** las películas man drehte die Filme	unpersönliche Form → das Verb wird nicht angeglichen

In diesem Fall sind beide Konstruktionen möglich und korrekt, im heute gesprochenen Spanisch wird aber meist die angeglichene Form, die pasiva refleja, bevorzugt.

Beachten Sie
Bei Konstruktionen mit se, in denen das direkte Objekt eine Person ist (also mit der Präposition a angeschlossen wird), steht das Verb immer in der 3. Person Singular. Vergleichen Sie die folgenden Beispiele:
Se ve poco a Juan por aquí. Juan wird hier selten gesehen. / Man sieht Juan hier selten.
Se recibió a los reyes con entusiasmo. Die Könige wurden mit Begeisterung empfangen. / Man empfing die Könige mit Begeisterung.

4 Verbalperiphrasen mit passivischer Bedeutung

Die folgenden Verben haben, wenn sie mit dem Partizip Perfekt verwendet werden, eine passivische Bedeutung, allerdings mit anderen Nuancen als das mit ser und estar gebildete Passiv. Diese können im Deutschen nur schwer wiedergegeben werden.

4.1 Verse, encontrarse, hallarse

Diese Verben drücken einen Zustand aus. Der Urheber wird meist mit angegeben.
Su reputación **se vio** seriamente **afectada** por los acontecimientos. Sein Ruf **wurde** durch die Ereignisse ernsthaft **beschädigt**.
El desarrollo económico **se encontró favorecido** por la reciente baja de intereses. Die wirtschaftliche Entwicklung **wurde** von der letzten Zinssenkung **begünstigt**.

4.2 Quedar, resultar

Diese Verben drücken einen passivischen Vorgang einschließlich der Folgen aus.
En las recientes tormentas **resultaron / quedaron heridas** tres personas. Während der vergangenen Unwetter **wurden** drei Personen **verletzt**.

4.3 Continuar, seguir, permanecer

Diese Verben drücken das Fortdauern eines Zustands aus.
La biblioteca **permanece cerrada** durante el mes de agosto. Die Bibliothek **bleibt** über den August **geschlossen**.

4.4 Ir, venir

In Verbindung mit Verben wie introducir einleiten, preceder vorausgehen, seguir folgen, condicionar bestimmen werden auch ir und venir statt ser / estar verwendet.
El CD **viene introducido** por una canción de Mercedes Sosa. Die CD **wird** von einem Lied von Mercedes Sosa **eingeleitet**.

Test 5

Versuchen Sie, die entsprechende Nuance herauszufinden, und markieren Sie die richtige Alternative.

1. El discurso del presidente (se vio / siguió) interrumpido por los abucheos. Die Rede des Präsidenten wurde von den Pfeifkonzerten unterbrochen.
2. La ruta (sigue / viene) ocupada por los ecologistas. Die Straße wird weiterhin von den Umweltschützern besetzt.
3. Muchas casas (resultaron / continuaron) dañadas en el terremoto. Viele Häuser wurden bei dem Erdbeben beschädigt.
4. La conjunción «para que» (va / permanece) seguida de subjuntivo. Der Konjunktion „para que" folgt der „subjuntivo".

Auf den Punkt gebracht

1. (➠ *1*)

1.1 Markieren Sie die richtige Alternative.

a) Das Vorgangspassiv wird im Deutschen mit „werden" gebildet und im Spanischen mit (ser / estar) und dem Partizip.
b) Das Partizip (wird dem Subjekt angeglichen / ist unveränderlich).
c) Das Partizip von ser (sido) in zusammengesetzten Zeiten (ist unveränderlich / wird dem Subjekt angeglichen).
d) Der Urheber des Passivsatzes wird mit der Präposition (para / por) angeschlossen.

1.2 Verwandeln Sie die aktiven Sätze in passive.

a) Gaudí construyó la catedral «La Sagrada Familia». Gaudí baute die Kathedrale „La Sagrada Familia".

____.

Die Kathedrale „La Sagrada Familia" wurde von Gaudí gebaut.

b) Miguel de Cervantes escribió el «Quijote». Miguel de Cervantes schrieb den „Quijote".

____.

Der „Quijote" wurde von Miguel de Cervantes geschrieben.

2. (➠ *2*)

Markieren Sie die richtige Alternative.

a) Das Zustandspassiv wird im Deutschen meist mit „sein" gebildet und im Spanischen mit dem Verb (ser / estar).
b) Es beschreibt (eine Handlung / das Resultat einer Handlung).

c) Das Partizip (wird dem Subjekt angeglichen / ist unveränderlich).
d) Pedro y Juan están muy (cansado / cansados). Pedro und Juan sind sehr erschöpft.
e) Las puertas están (pintadas / pintado). Die Türen sind gestrichen.

3. (➠ *3*)
Markieren Sie die richtige Alternative.
a) Mit der pasiva refleja kann der Urheber der Handlung (angegeben / nicht angegeben werden).
b) Das Verb wird dem Objekt (angeglichen / nicht angeglichen).
c) Se (dieron / dio) a conocer ayer las nuevas medidas de seguridad. Gestern wurden die neuen Sicherheitsmaßnahmen bekannt gegeben.
d) Se (promulgarán / promulgará) próximamente la nueva ley de inmigración. In Kürze wird das neue Einwanderungsgesetz verabschiedet werden.

4. (➠ *4*)
Markieren Sie die richtige Alternative.
a) Einer deutschen Passivkonstruktion entsprechen auch Verbalperiphrasen mit z.B. resultar, verse, quedar + (Partizip Perfekt / Infinitiv).
b) La piscina (permanece / se ve) cerrada durante el mes de julio. Das Schwimmbad bleibt über den Juli geschlossen.
c) Algunas viviendas (resultaron / vienen) dañadas en las últimas inundaciones. Einige Häuser wurden durch die letzten Überschwemmungen beschädigt.

Bevor Sie dieses Kapitel lesen, sollten Sie sich mit ➠ Kapitel 10, *Die Personalpronomen* und mit den Zeiten des Indikativs vertraut gemacht haben.

Was Sie vorab wissen sollten

Unpersönliche Konstruktionen sind solche, in denen kein Subjekt benannt wird, entweder weil es nicht bekannt ist oder weil man es nicht nennen möchte.

Auf Entdeckung

a) Lesen Sie die folgenden Sätze.

1. En Bélgica se habla francés y flamenco. In Belgien spricht man Französisch und Flämisch.
2. En invierno llueve mucho aquí. Im Winter regnet es hier viel.
3. Preguntaron por ti. Sie haben nach dir gefragt.
4. Hay que ver esa película. Diesen Film muss man sehen.

b) Vergleichen Sie die spanischen und deutschen Sätze. Versuchen Sie zu erkennen, welches Wort jeweils die Unpersönlichkeit ausdrückt. (➠ *Lösungen*)

	1.	2.	3.	4.
Spanisch	______	______	______	______
Deutsch	______	______	______	______

1 Unpersönliche Formen mit verallgemeinertem Subjekt

Den unpersönlichen Formen, die Sie in diesem Abschnitt kennen lernen werden, ist gemeinsam, dass ihnen ein (zumeist) menschliches Subjekt zugrunde liegt, das aber nicht genannt wird. Die verschiedenen Formen unterscheiden sich untereinander dadurch, dass sich der Sprecher in die Aussage entweder mit einbezieht oder sich ausschließt.

1.1 3. Person Plural

– Bei einer Aussage mit dieser Konstruktion schließt sich der Sprecher aus. Das Verb steht in der 3. Person Plural, das entsprechende Pronomen (ellos) entfällt aber. Sie kann – trotz des Plurals – verwendet werden, wenn der Urheber der Handlung eine Einzelperson und entweder nicht bekannt ist oder nicht bekannt werden soll. In der gesprochenen Sprache ist diese unpersönliche Form häufig anzutreffen. Für die Übersetzung ins Deutsche gibt es verschiedene Möglichkeiten: mit „man", als Passiv und mit dem unpersönlichen „sie".

Esta noche **dan** una película con Carmen Maura. Heute Abend **wird** ein Film mit Carmen Maura **gezeigt**.[1]

Me **aumentaron** el sueldo. **Man** hat mir das Gehalt erhöht.[2]

- In wenigen Fällen kann diese Konstruktion auf andere Weise übersetzt werden:

  ¿Escuchaste? **Tocaron** el timbre / **Llamaron** a la puerta. Hast du gehört? **Es hat geklingelt / geklopft**.[3]

  ¿Qué **dan** en el cine / en la televisión? Was **läuft** heute im Kino / Fernsehen?
- Die 3. Person Plural kann auch verwendet werden, um über eine Personengruppe zu sprechen, z. B. um bestimmte Gewohnheiten eines Kollektivs anzugeben.

  En México **comen** muy picante. In Mexiko **wird** sehr scharf **gegessen**. / In Mexiko **isst man** sehr scharf.

  Eine gängige Formulierung, um eine allgemeine Behauptung auszudrücken, ist dicen que ... man sagt, dass ..., was im Deutschen eher mit „ich habe gehört, dass ..." wiedergegeben wird.

  Dicen que es muy caro sacar la licencia de conducir aquí. Ich habe gehört, dass es hier sehr teuer sein soll, den Führerschein zu machen.

Beachten Sie

Wenn es um ein Kollektiv geht, werden häufig auch unbestimmte Subjekte wie la gente die Leute oder todo el mundo alle (Leute) verwendet. Diese Substantive werden – im Gegensatz zum Deutschen – nur im Singular gebraucht, und auch die Verbform steht immer in der 3. Person Singular.

En el sur la gente **es** más hospitalaria que en el norte. Im Süden **sind** die Leute gastfreundlicher als im Norden.

Todo el mundo **está** descontento con la situación económica. Alle **sind** unzufrieden mit der wirtschaftlichen Situation.

Test 1

Ersetzen Sie das unterstrichene Subjekt durch die unpersönliche Konstruktion in der 3. Person Plural. Das entsprechende Verb ist fett gedruckt.

1. ¿Ya escuchaste? La editorial X **quiere** publicar el libro de Alejandra. Hast du schon gehört? Der Verlag X will das Buch von Alejandra veröffentlichen.

   ____

   Sie wollen das Buch von Alejandra veröffentlichen.

---

[1] Wörtlich: Heute Abend **zeigen sie** einen Film mit Carmen Maura.

[2] Wörtlich: **Sie haben** mir das Gehalt **erhöht**.

[3] Wörtlich: **Sie haben geklingelt**. / **Sie haben** an die Tür **geklopft**.

2. La gente **dice** que van a subir los precios. Die Leute sagen, dass die Preise erhöht werden.

   Ich habe gehört, dass die Preise erhöht werden.
3. Te **llamó** una mujer de la agencia de viajes. Eine Frau vom Reisebüro hat für dich angerufen.

   Du hast einen Anruf aus dem Reisebüro bekommen.
4. En el Caribe la gente **baila** mucha salsa. In der Karibik tanzen die Leute viel Salsa.

   In der Karibik tanzt man viel Salsa.

1.2 Weitere Formen

Die folgenden Formen werden ebenfalls häufig für allgemeine bzw. unpersönliche Aussagen verwendet.

1.2.1 Uno / una

Im Unterschied zur Konstruktion mit der 3. Person Plural bezieht sich der Sprecher in Aussagen mit uno / una, tú und nosotros/as selbst mit ein.
Uno / una wird im Deutschen mit „man" wiedergegeben. Da sich der Sprecher selbst mit einbezieht, kann eine Konstruktion mit uno / una nicht als Passivsatz übersetzt werden.
En la casa de Isabel **uno** siempre lo pasa bien. Bei Isabel amüsiert **man** sich immer.

1.2.2 2. Person Singular

Die 2. Person Singular kann, wie im Deutschen, eine unpersönliche bzw. allgemeine Aussage ausdrücken. Tú du bzw. te dich / dir bezieht sich dann nicht so sehr auf den Gesprächspartner, als vielmehr auf ein unbestimmtes, allgemeines Subjekt, in das sich der Sprecher selbst mit einbezieht. In der Umgangssprache ist diese Form üblicher als uno / una.
Es siempre lo mismo: **te** esfuerz**as** y nadie **te** lo valora. Es ist immer dasselbe: **Du** strengst **dich** an, aber niemand erkennt es **dir** an.

1.2.3 1. Person Plural

Auch die 1. Person Plural kann Unpersönlichkeit ausdrücken.
En Alemania **tenemos** fama de ser puntuales. **Wir** in Deutschland **haben** den Ruf pünktlich zu sein.

Si sigue haciendo frío, este año no **tendremos** verano. Wenn es weiter so kalt ist, **werden wir** dieses Jahr keinen Sommer **haben**.

Test 2

Überlegen Sie, ausgehend von der Übersetzung, ob sich der Sprecher mit einbezieht oder nicht, und markieren Sie dann die richtige Alternative.

1. Este año seguramente (tenemos / tienen) nieve para navidad. Dieses Jahr haben wir bestimmt Schnee zu Weihnachten.
2. (Uno no debería / No deberían) confiar en los políticos. Man sollte den Politikern nicht vertrauen.
3. En la playa (estás / están) construyendo un hotel nuevo. Am Strand wird gerade ein neues Hotel gebaut.
4. Es terrible: por más temprano que (llegues / llegan), siempre hay una tremenda cola. Es ist schrecklich, so früh man auch kommt, es steht immer schon eine lange Schlange da.

2 Die spanischen Entsprechungen von „es"

Für das unpersönliche „es" gibt es im Spanischen kein entsprechendes Pronomen. Sätze mit dem Subjekt „es" werden im Spanischen auf unterschiedliche Weise gebildet.

2.1 Naturphänomene

2.1.1 Verben für Naturerscheinungen

Verben wie llover regnen, nevar schneien, tronar donnern etc. existieren nur in der 3. Person Singular. Im Spanischen werden sie immer ohne Subjekt verwendet, das unpersönliche „es" entfällt.

Llueve. Es regnet.

Nieva. Es schneit.

Diese Verben können nur von adverbialen Bestimmungen begleitet werden.

Llueve a cántaros. Es regnet in Strömen.

Nevó toda la noche. Es schneite die ganze Nacht.

Beachten Sie

In seltenen Fällen werden Verben wie llover auch im übertragenen Sinn verwendet.

Le llovieron las ofertas. Man hat ihn mit Angeboten überschüttet.

2.1.2 Angaben über Wetter und Temperatur

Ein wichtiges Verb für diese Konstruktionen ist hacer; es wird für die Angabe von Naturerscheinungen immer in der 3. Person Singular verwendet.
Hace frío / calor. Es ist kalt / heiß.
Hace sol. Die Sonne scheint.
Hizo 35 grados. Es waren 35 Grad.

Beachten Sie

Die persönliche Wahrnehmung von Temperatur dagegen wird im Spanischen mit tener haben formuliert.
Tengo frío. Mir ist kalt.

TIPP

Für den nächsten Abschnitt sollten Sie das ➠ Kapitel 22, *Das* ***presente de subjuntivo*** gelesen haben.

2.2 Unpersönliche Ausdrücke

Es gibt im Spanischen eine ganze Reihe von unpersönlichen Ausdrücken, die im Deutschen meist mit „es ist" wiedergegeben werden.
Es posible que lo asciendan a vicerrector. **Es ist möglich**, dass er zum Vizedirektor befördert wird.
Diese Ausdrücke können folgendermaßen gebildet werden:

2.2.1 Mit ser + Substantiv

Es una lástima. Es ist schade.
Es kann auch ein que-Satz folgen:
Es una vergüenza que nos hagan esperar tanto. **Es ist eine Schande**, dass man uns so lange warten lässt.
Wenn es sich um verschiedene implizite Subjekte handelt, steht das Verb des que-Satzes im subjuntivo. (➠ Kapitel 22, *Das* ***presente de subjuntivo***)

Wenn es sich aber um dasselbe implizite Subjekt in beiden Sätzen handelt, folgt der Infinitiv.
Es una pena no poder verte antes de tu partida. **Es ist schade** (für mich), dass ich dich vor deiner Abreise nicht mehr sehen kann.

Für allgemeine Aussagen wird ebenfalls der Infinitiv verwendet.
Es una vergüenza no terminar lo comenzado. **Es ist eine Schande**, das Angefangene nicht zu Ende zu bringen.

2.2.2 Mit ser + Adjektiv
Auch hier kann ein que-Satz mit dem subjuntivo folgen.
Es extraño que no haya llamado. **Es ist seltsam**, dass er nicht angerufen hat.
No es necesario que vayas a comprar. **Es ist nicht nötig**, dass du einkaufen gehst.
Oder es folgt ein Infinitiv:
Es imposible convencerlos. **Es ist unmöglich**, sie zu überzeugen.

Beachten Sie
Einige wenige Adjektive werden in unpersönlichen Konstruktionen mit estar gebildet: **Está previsto** que venga el presidente a inaugurar la embajada. **Es ist vorgesehen**, dass der Präsident kommt, um die Botschaft einzuweihen.
Está claro que sin ellos no podemos empezar todavía. **Es ist klar**, dass wir ohne sie noch nicht anfangen können.
Está claro que zieht immer den Indikativ nach sich.

2.2.3 Estar + Adverb
Auch die Adverbien bien gut und mal schlecht können in unpersönlichen Konstruktionen mit estar auftreten.
Está bien que os ayudéis mutuamente. **Es ist gut**, dass ihr euch gegenseitig helft.
Está mal que quieras dejar la carrera. **Es ist schlecht**, dass du das Studium aufgeben willst.
Auf diese Konstruktion folgt immer ein que-Satz im subjuntivo.

Test 3
Übersetzen Sie die deutschen Sätze mit „es". Die entsprechenden Wörter sind in Klammern angegeben.
1. Es war sehr kalt. (hacer frío) ______________________
2. Es ist verständlich. (comprensible) ______________________
3. In der Wüste regnet es nie. (no llover nunca en el desierto) ______________________
4. Es ist schade. (una pena) ______________________

2.3 Unpersönlich gebrauchte Verben

Bestimmte Verben können im Spanischen unpersönlich gebraucht werden.

2.3.1 Haber
Das Verb haber hat eine unpersönliche Form, die für das Präsens hay lautet.
¿Hay más café? **Gibt es** noch Kaffee?

Hay mucha gente en la calle. Es gibt / sind viele Leute auf der Straße.
(➠ Kapitel 31, *Besonderheiten bei Verben,* 1.1)

Beachten Sie
Mit folgender Konstruktion kann man eine unpersönliche bzw. allgemeine Aufforderung formulieren: hay + que + Infinitiv. Im Deutschen entspricht dies der Konstruktion „man muss …“
Hay que caminar bastante hasta la playa. **Man muss** weit laufen bis zum Strand.

2.3.2 Tratarse
Auch das Verb tratarse sich handeln ist unpersönlich und wird im Deutschen mit „es“ formuliert.
Se trata del nuevo libro de Cabrera Infante. **Es handelt sich** um das neue Buch von Cabrera Infante.

2.3.3 Weitere Verben
In den folgenden Beispielen handelt es sich nicht um unpersönliche Verben im eigentlichen Sinn, sie werden im Deutschen aber ebenfalls mit „es“ gebildet.
Me alegra que estés bien. Es freut mich, dass es dir gut geht.
Me sorprende que precisamente tú lo digas. Es wundert mich, dass ausgerechnet du das sagst.
Diese Verben werden mit einem Dativpronomen gebildet und das „Subjekt“ ist der angeschlossene que-Satz, der im subjuntivo stehen muss. (➠ Kapitel 22, *Das* ***presente de subjuntivo***)

2.4 Zeitangaben

Zeitangaben werden im Spanischen mit dem Verb ser wiedergegeben.
Es la una. **Es ist** ein Uhr.
Son las cuatro de la tarde. **Es ist** vier Uhr nachmittags.
Ya **es** tarde, vámonos a casa. **Es ist** schon spät, lass uns nach Hause gehen.
Das im Deutschen gebrauchte Pronomen „es“ hat in diesen Konstruktionen keine Entsprechung.

Beachten Sie
Auch das Pronomen lo kann mit „es“ übersetzt werden, wenn es für einen Satz steht.
Martín se va por un semestre a España. Me **lo** contó ayer. Martín geht für ein Semester nach Spanien. Er hat **es** mir gestern erzählt.
(➠ Kapitel 10, *Die Personalpronomen,* 2.3.1)

Test 4

Übersetzen Sie die folgenden Sätze.

1. Es ist drei Uhr. (las tres) ______________
2. Ich habe es mit Juan besprochen. (hablar con Juan) ______________
3. Man muss früh aufstehen. (levantarse temprano) ______________
4. Es gibt kein Erdbeereis. (helado de fresa) ______________

3 Unpersönliche Konstruktionen mit *se*

Eine unpersönliche Aussage kann auch mittels des Pronomens se ausgedrückt werden. Diese Konstruktion mit se entspricht im Deutschen folgenden Fällen:
- „man“: Aún no **se** sabe qué pasó. **Man** weiß noch nicht, was passiert ist.
- Passiv: En Colombia **se cultiva** café. In Kolumbien **wird** Kaffee **angebaut**.
- „sich“: ¿Cómo **se** escribe «Xavier»? Wie schreibt **sich** „Xavier“?

3.1 Se mit Verb im Singular

Wie bei der deutschen Konstruktion mit „man“ steht mit se das Verb im Singular. Das Verb kann nur unter bestimmten Voraussetzungen im Plural stehen. (➠ 3.2)

3.1.1 Se-Konstruktionen mit einem direkten Objekt im Singular

Bei se-Konstruktionen mit einem direkten Objekt im Singular steht auch das Verb im Singular.

En Alemania **se bebe** mucha cerveza. In Deutschland **trinkt man** viel Bier.
→ Verb im Singular

3.1.2 Se mit Präposition

Wenn auf das Verb eine Präposition folgt, steht das Verb im Singular, auch wenn ein Substantiv im Plural folgt.

En el congreso **se discute sobre** las culturas indígenas. Im Parlament **wird über** die indigenen Kulturen **diskutiert**.

Se llamó a los niños. Man rief die Kinder. / Die Kinder **wurden gerufen**.

Se mandó a los países afectados las donaciones. **Man schickte** die Spenden **an** die betroffenen Länder.

3.1.3 Weitere Fälle

Bei Konstruktionen ohne Objekt steht das Verb immer im Singular.

Aquí **se come** muy bien. Hier **isst man** sehr gut.

Ebenso in Konstruktionen, bei denen ein Nebensatz mit que angeschlossen wird.
Se pensó que había abandonado la ciudad. **Man dachte**, **dass** er die Stadt verlassen habe.

Beachten Sie
Anders als im Deutschen wird bei einer Aufzählung das se wiederholt.
Esta noche **se** come, **se** bebe y **se** baila. Heute Abend isst, trinkt und tanzt **man**.

Test 5

Ersetzen Sie in den folgenden Sätzen das unterstrichene Subjekt durch se. Achten Sie auf die Verbformen.

1. Las autoridades decidieron que las elecciones eran válidas. Die Behörden entschieden, dass die Wahlen gültig sind.

   ____

   Es wurde entschieden, dass die Wahlen gültig sind.
2. La corte falló a favor del acusado. Das Gericht urteilte zugunsten des Angeklagten.

   ____

   Man urteilte zugunsten des Angeklagten.
3. Los historiadores especulan sobre las circunstancias de su muerte. Die Historiker spekulieren über die Umstände seines Todes.

   ____

   Man spekuliert über die Umstände seines Todes.
4. Los estudiantes protestaron contra la reforma universitaria. Die Studenten protestierten gegen die Hochschulreform.

   ____

   Man protestierte gegen die Hochschulreform.

3.2 Se mit Verb im Plural

Eine Abweichung von der Regel, dass se-Konstruktionen im Singular gebildet werden, sind Sätze mit einem direkten Objekt im Plural. Die korrekte unpersönliche Konstruktion müsste auch hier im Singular stehen.
Se construye muchas casas. Man baut viele Häuser.
Tatsächlich wird in einem solchen Fall das Verb aber dem Objekt angeglichen.
Se construyen muchas casas. Man baut viele Häuser.
Das liegt daran, dass ein solcher Satz einer pasiva-refleja-Konstruktion entspricht. Bei direkten Objekten im Plural ist dies der üblichere Gebrauch. Die Tatsache, dass se sowohl für das Passiv als auch für unpersönliche Formen verwendet wird, führt dazu, dass im Deutschen meist beide Übersetzungen möglich sind:

En España **se hablan** varias lenguas. In Spanien **werden** verschiedene Sprachen **gesprochen**. / In Spanien **spricht man** viele Sprachen.
(→ Kapitel 29, *Das Passiv*)

Beachten Sie
Auch wenn es sich um eine verbale Umschreibung mit Infinitiv handelt, wird das Verb dem Objekt angeglichen.
Desde aquí **se pueden** ver **las montañas**. Von hier aus kann man die Berge sehen.

Test 6

Markieren Sie die richtige Alternative.

1. En la mayoría de los países latinoamericanos se (habla / hablan) castellano. In der Mehrzahl der lateinamerikanischen Länder spricht man Spanisch.
2. Aquí todavía no se (consigue / consiguen) el nuevo álbum de Andrés Calamaro. Hier bekommt man das neue Album von Andrés Calamaro noch nicht.
3. En este restaurante se (vende / venden) las mejores empanadas del mundo. In diesem Restaurant werden die besten Empanadas der Welt verkauft.
4. Desde el Cerro San Cristóbal se (ve / ven) todo Santiago. Vom Hügel San Cristóbal aus sieht man ganz Santiago.
5. Se (podían / podía) escuchar los pájaros. Man konnte die Vögel hören.

4 Besonderheiten bei der Konstruktion mit *se*

Bevor Sie den folgenden Abschnitt lesen, sollten Sie sich mit → Kapitel 28, *Die Reflexivpronomen und reflexiv gebrauchten Verben* vertraut gemacht haben.

4.1 Das unpersönliche Pronomen se bei reflexiven Verben

Das Pronomen se entspricht auch dem reflexiven Pronomen „sich". Wenn also eine reflexive Konstruktion unpersönlich ausgedrückt werden soll, müsste se theoretisch doppelt verwendet werden. Um das zu vermeiden, wird das unpersönliche se durch uno ersetzt. Das reflexive se bleibt erhalten.
Persönlich: **Me** siento bien aquí. Ich fühle mich wohl hier.
Unpersönlich: **Uno se** siente bien aquí. Man fühlt sich hier wohl.

Auch bei unpersönlichen reziproken Konstruktionen kann das reziproke se durch uno ersetzt werden. Um jedoch den gegenseitigen Charakter deutlich zu

machen, kann auch la gente die Leute oder todo el mundo alle (Leute) verwendet werden. Ansonsten gelten auch hier die Regeln zum Gebrauch von uno und la gente, die Sie bereits in ➠ 1.1 und ➠ 1.2 kennen gelernt haben, d. h. es hängt davon ab, ob sich der Sprecher mit einbezieht oder nicht.
Persönlich: Ellos se saludaron cariñosamente. Sie haben sich herzlich begrüßt.
Unpersönlich: En esta ciudad, **la gente / todo el mundo** siempre se saluda. In dieser Stadt grüßt man sich immer.

Test 7

Entscheiden Sie, ob in den folgenden Sätzen uno oder la gente oder ∅ eingesetzt werden muss.

1. En esta sociedad ________ ya no se ayuda. In dieser Gesellschaft hilft man sich nicht mehr.
2. Hoy Carlos no ________ se siente bien. Carlos fühlt sich heute nicht wohl.
3. Aquí ________ se siente bien. Hier fühlt man sich wohl.
4. En este lugar ________ se saluda con dos besos. Hier begrüßt man sich mit zwei Küssen.
5. En las fiestas de Pablo ________ siempre se divierte. Auf den Partys von Pablo amüsiert man sich immer.
6. A veces ________ no se acuerda de las cosas buenas. Manchmal erinnert man sich nicht an die schönen Dinge.

4.2 Se-Konstruktionen mit Pronomen

Im Spanischen wie im Deutschen können unpersönliche Sätze mit Dativ- oder Akkusativpronomen ergänzt werden.
Se **lo** ve poco. Man sieht **ihn** selten.
Zu beachten ist dabei die Stellung der Pronomen: Se steht vor dem anderen Pronomen und beide vor dem Verb.

4.2.1 Se mit Dativpronomen

Für den Dativ ergeben sich mit se folgende Kombinationen: se me, se te, se le, se nos, se os, se les.
¿Juan ya sabe? – No, creo que no **se le** ha dicho nada todavía. Weiß es Juan schon? – Nein, ich glaube, **man** hat **ihm** noch nichts gesagt.
Se nos avisó hace poco. **Man** hat **uns** vor kurzem benachrichtigt.

4.2.2 Se mit Akkusativpronomen

Die Kombinationen für die direkten Pronomen lauten: se me, se te, se lo / la, se nos, se os, se los / las.

Esta película sólo se entiende cuando **se la** ve por segunda vez. Diesen Film versteht man erst, wenn **man ihn** zum zweiten Mal sieht.
Diese Wiederholung (esta película und la) ist der übliche Gebrauch in Hispanoamerika, in Spanien wird das Pronomen la eher weggelassen.
Esta película sólo se entiende cuando se ve por segunda vez.

Test 8

Setzen Sie die richtige Möglichkeit ein: se le, se lo, se la.

1. No ______ reconocía. Man erkannte ihn nicht.
2. ______ da tiempo. Man gibt ihm Zeit.
3. ______ ve todos los días. Man sieht sie jeden Tag.
4. ______ conoce como hombre muy trabajador. Man kennt ihn als sehr arbeitsamen Mann.
5. ______ entregó el premio. Man überreichte ihm den Preis.

Auf den Punkt gebracht

1. *(➡ 1)*

1.1 Markieren Sie die richtige/-n Alternative/-n.

a) Die 3. Person Plural wird als unpersönliche Form (mit / ohne) Pronomen verwendet.
b) Diese Form (kann / kann nicht) verwendet werden, wenn es sich um eine Einzelperson handelt.
c) Im Deutschen wird diese Konstruktion mit („man" / „es" / „werden") wiedergegeben.
d) Bei den Konstruktionen mit uno / una, der 2. Person Singular und Plural bezieht sich der Sprecher (mit ein / nicht mit ein).
e) In der Umgangssprache ist (uno / una / die 2. Person Singular) die gebräuchlichere Variante.

1.2 Formulieren Sie aus den vorgegebenen Wörtern unpersönliche Aussagen.

a) recomendar / a mí / esta novela ______________________________
Man hat mir diesen Roman empfohlen.
b) operar / a Miguel / de la rodilla ______________________________
Miguel wurde am Knie operiert.

2. *(➠ 2)*
Markieren Sie die richtige Alternative.
a) Verben wie llover regnen werden im Spanischen (mit dem Pronomen lo / ohne Pronomen) wiedergegeben.
b) Ein Satz wie „Es ist kalt“ wird im Spanischen mit (ser / hacer) formuliert.
c) Ayer (fue / hizo) mucho calor. Gestern war es sehr heiß.
d) Für einen Satz wie „Mir ist kalt“ wird im Spanischen (estar / tener) verwendet.
e) (Estoy / Tengo) mucho frío. Mir ist sehr kalt.

3. *(➠ 4)*
Markieren Sie die richtige Alternative.
a) Wenn auf se eine Präposition folgt, wird das Verb dem Objekt (angeglichen / nicht angeglichen).
b) Se (habló / hablaron) de las posibilidades. Man sprach über die Möglichkeiten.
c) In Verbindung mit einem direkten Objekt wird das Verb (angeglichen / nicht angeglichen).
d) Mira, en esa casa se (alquilan / alquila) habitaciones. Schau mal, in diesem Haus dort werden Zimmer vermietet.

4. *(➠ 4)*
Markieren Sie die richtige Alternative.
a) Bei einem reflexiven Verb wird das reflexive se durch (uno / tú) ersetzt.
b) (Uno / Tú) se esfuerza, pero nadie lo reconoce. Man strengt sich an, aber niemand erkennt es an.
c) Bei einem reziproken Verb wird das reziproke se durch (la gente / nosotros) ersetzt.
d) Es importante que (la gente / nosotros) se ayude. Es ist wichtig, dass man sich hilft.
e) Direkte und indirekte Pronomen stehen (vor / nach) dem se.
f) (Se le / Le se) avisó por teléfono. Man benachrichtigte ihn telefonisch.
g) A Mariano no se (le / lo) pudo encontrar por ninguna parte. Man konnte Mariano nirgendwo finden.

Besonderheiten bei Verben

Zwischen den spanischen und den deutschen Verben gibt es nicht nur zahlreiche Abweichungen, was die Konjugation und die Zeitformen betrifft, sondern auch Unterschiede z. B. semantischer Art oder in der Verwendungsweise. Die wichtigsten dieser Unterschiede werden in diesem Kapitel erläutert.

1 *Estar / hay*

Auf Entdeckung

1. Lesen Sie die folgenden Sätze.

a) **Hay** mucha gente. Es **sind** viele Leute da.
b) Pedro no **está** aquí. Pedro **ist** nicht hier.
c) ¿**Hay** más café? **Ist** noch Kaffee da?
d) Los libros **están** sobre la mesa. Die Bücher **sind** auf dem Tisch.

2. Alle diese Sätze geben das Vorhandensein von etwas an. Vergleichen Sie, wie diese Angaben im Deutschen und im Spanischen gemacht werden. Was fällt Ihnen in Bezug auf die markierten Verben auf?

___

Was Sie vorab wissen sollten

- Estar und hay werden beide verwendet, um von der Anwesenheit von etwas zu sprechen. Im Deutschen werden beide Verben mit „sein" wiedergegeben.
- Hay ist eine unpersönliche Form des Verbs haber. Hay ist die Präsens-Form. Die Formen in den übrigen Zeiten entsprechen der 3. Person Singular von haber als Hilfsverb. (➠ Kapitel 18 bzw. 24, *Zusammengesetzte Zeiten der Vergangenheit [Indikativ bzw.* ***subjuntivo****]*)

1.1 Hay

Hay kann in einigen Fällen mit „es gibt" übersetzt werden. Es wird verwendet, um vom Vorhandensein von nicht näher bestimmten Lebewesen oder Dingen zu sprechen. Auf hay muss immer das Objekt folgen. Hay wird in den folgenden Fälle verwendet:

mit dem unbestimmten Artikel, z. B. un ein, una eine	¿Dónde hay un teléfono público por aquí cerca? Wo gibt es hier eine Telefonzelle in der Nähe? Ayer hubo una manifestación aquí. Gestern gab es hier eine Demonstration.
mit Zahlwörtern, z. B. dos zwei, diez zehn	Hay tres platos sobre la mesa. Auf dem Tisch sind drei Teller.

mit unzählbaren Substantiven bzw. im Plural	No hay más pan. Es gibt kein Brot mehr. No hay árboles en esta calle. Es gibt keine Bäume in dieser Straße.
mit unbestimmten Pronomen, z. B. nadie niemand, alguien jemand, mucho viel, poco wenig	No hay nadie en casa. Es ist niemand zu Hause. Aquí hay muchas personas que conozco. Hier sind viele Leute, die ich kenne.

Beachten Sie
Hay kann nur in der 3. Person Singular vorkommen, auch wenn das Objekt, das folgt, in der Mehrzahl steht.
Hay una persona en el restaurante. Es ist eine Person im Restaurant.
Hay muchas personas en el restaurante. Es sind viele Personen im Restaurant.

1.2 Estar

Estar wird verwendet, um den **Standort** von näher bestimmten Personen oder Dingen anzugeben. In diesem Zusammenhang wird estar meist von einer adverbialen Ergänzung begleitet, das Subjekt des Satzes enthält:

einen bestimmten Artikel, z. B. el / la der / die / das	**El** pantalón gris está en el ropero. **Die** graue Hose ist im Kleiderschrank.
einen Possessivbegleiter, z. B. tu dein/-e, mi mein/-e	**Tu** hijo está afuera. **Dein** Sohn ist da draußen.
einen Namen	¿**Marcela** está en tu casa? Ist **Marcela** bei dir?

Test 1
Markieren Sie richtige Alternative.
1. El recital es todo un éxito. (Está / Hay) muchísima gente. Das Konzert ist ein voller Erfolg. Es sind sehr viele Leute da.
2. En esta ciudad (hay / están) demasiados autos. In dieser Stadt gibt es zu viele Autos.
3. Mira, allí (está / hay) tu amigo José. Schau mal, da ist dein Freund José.
4. ¿Te puedes fijar si (hay / está) más jugo en la heladera? Kannst du mal nachschauen, ob noch mehr Saft im Kühlschrank ist?
5. Hola, ¿(hay / está) alguien en casa? Hallo, ist jemand zu Hause?

6. Fuera (hay / está) una persona que quiere hablar contigo. Da draußen ist jemand, der mit dir sprechen möchte.
7. Voy a comprar estos claveles, ya que no (están / hay) rosas. Ich werde diese Nelken kaufen, da es keine Rosen gibt.

2 Ser / estar

Auf Entdeckung

1. Lesen Sie die folgenden Sätze.

a) Ella **es** mi profesora de inglés. Das **ist** meine Englischlehrerin.
b) ¡Qué lástima! Lo compré ayer y ya **está** roto. Wie schade, ich habe es gestern gekauft und es **ist** schon kaputt.
c) **Estoy** muy contento con los resultados. Ich **bin** sehr zufrieden mit den Ergebnissen.
d) **Es** un manzano. Das **ist** ein Apfelbaum.

2. Überlegen Sie, bei welchen Sätzen es sich um einen Zustand und bei welchen es sich um eine Definition handelt.
Zustand: ____________________
Definition: ____________________

Was Sie vorab wissen sollten

- Ser und estar entsprechen beide dem deutschen „sein“.
- Die Unterscheidung zwischen Zustand und Definition ist ein wichtiger Aspekt beim Gebrauch von ser und estar, sie erklärt aber nicht alle Fälle. Eine detaillierte Erklärung finden Sie in den folgenden Abschnitten.

2.1 Grundregel

Zum Gebrauch von ser und estar können sowohl semantische als auch formale Kategorien herangezogen werden. Im Folgenden finden Sie zunächst eine Unterteilung nach semantischen Kriterien, d. h. eine Unterscheidung zwischen ser und estar, die auf der Bedeutung der verschiedenen Wörter, die sie begleiten, beruht.

2.1.1 Definitionen

Um etwas zu definieren oder zu identifizieren, wird ser benutzt:
¿Quién es? Wer ist das?
Él es mi profesor de matemáticas. Er ist mein Mathematiklehrer.

¿Cómo se llama ese árbol? – Es una araucaria. Wie heißt dieser Baum? – Das ist eine Araukarie.
In diesen Fällen folgt auf ser häufig ein Substantiv bzw. Pronomen.
¿Son esos lentes tuyos? Ist das da deine Brille?
¿Tu hermano es él? Ist das dein Bruder?

Beachten Sie
Manchmal stimmt in solchen Sätzen das Verb nicht mit dem Subjekt, sondern mit der prädikativen Ergänzung überein.
El alquiler son trescientos pesos. Die Miete ist dreihundert Pesos.

2.1.2 Zugehörigkeit

Nationalität, religiöse und ideologische Zugehörigkeit, Stil, Beruf etc. werden mit ser ausgedrückt.
Él es vietnamita. Er ist Vietnamese.
Aznar es conservador. Aznar ist konservativ.
España es un país católico. Spanien ist ein katholisches Land.
Este cuadro es impresionista. Dieses Bild ist impressionistisch.
Es periodista y trabaja para «El País». Er ist Journalist und arbeitet für „El País".
Soy profesor. Ich bin Lehrer.

2.1.3 Familienstand

Der Familienstand kann sowohl mit estar als auch mit ser angegeben werden.
¿Está usted casada? – No, estoy divorciada. Sind Sie verheiratet? – Nein, ich bin geschieden.
Él es soltero. Er ist ledig.
Welches Verb verwendet wird, hängt vom Sprachgebrauch der jeweiligen Region ab. Um zu sagen, mit wem man verheiratet ist, wird estar verwendet.
Estoy casado con Susana. Ich bin mit Susana verheiratet.

2.1.4 Gemütszustand

Sowohl der Gesundheits- als auch der Gemütszustand werden mit estar angegeben, z. B. bien gut, mal schlecht, nervioso nervös, triste traurig, celoso eifersüchtig, molesto ärgerlich, tenso angespannt.
¿Cómo estás? – No muy bien, estoy resfriada. Wie geht es dir? – Nicht so gut, ich bin erkältet.
Estoy muy contento porque finalmente conseguí un trabajo. Ich bin sehr zufrieden, weil ich endlich eine Arbeit gefunden habe.

Test 2

Markieren Sie die richtige Alternative.

1. Mi compañero de trabajo (es / está) francés. Mein Arbeitskollege ist Franzose.
2. ¿Ya te vas a dormir? – Sí, (soy / estoy) muy cansado. Gehst du schon schlafen? – Ja, ich bin total kaputt.
3. ¿Cómo (es / está) usted, don Alberto? Wie geht es Ihnen, Don Alberto?
4. ¿Y tú, a qué te dedicas? – Yo (soy / estoy) arquitecto. Und du, was machst du? – Ich bin Architekt.
5. A ver quién lo sabe: ¿las ballenas (son / están) peces? Wer kann mir sagen, ob Wale Fische sind?
6. El sur de Alemania (es / está) católico, mientras que el norte (es / está) mayoritariamente protestante. Der Süden Deutschlands ist katholisch, während der Norden überwiegend protestantisch ist.
7. ¿Qué le pasa a Ana? ¿Por qué (es / está) tan deprimida? Was ist denn mit Ana los? Warum ist sie so deprimiert?

2.2 Räumliche und zeitliche Zuordnung

Der folgende Abschnitt beschreibt ebenfalls den Gebrauch von ser und estar nach semantischen Kriterien.

2.2.1 Ereignisse

Um räumliche und zeitliche Angaben zu einem bestimmten Ereignis zu machen, wird ser verwendet. In diesem Zusammenhang kann ser oft mit „stattfinden" übersetzt werden.

El terremoto fue en el 85. Das Erdbeben war 1985.

El accidente fue justo aquí, en esta esquina. Der Unfall war genau hier, an dieser Ecke.

La clase es a las ocho / en el aula 15. Der Unterricht findet um acht / im Raum 15 statt.

2.2.2 Gegenstände und Personen

Um Gegenstände oder Personen, die bereits bekannt sind, räumlich zuzuordnen, wird estar verwendet. In dieser Bedeutung kann estar mit „sich befinden" übersetzt werden.

Mira, mi oficina está en ese edificio, en el cuarto piso. Schau mal, mein Büro ist in diesem Gebäude dort, im vierten Stock.

La estación del metro está al final de la calle. Die U-Bahn-Station ist am Ende der Straße.

Auch Lageangaben im übertragenen Sinn werden mit estar gemacht.
Silvia está entre los mejores del curso. Silvia ist unter den Besten der Klasse.

2.2.3 Datum, Wochentag, Jahreszeit, Uhrzeit

Für die Angabe des Datums, des Wochentages, der Jahreszeit und der Uhrzeit wird ser verwendet.
Hoy es jueves. Heute ist Donnerstag.
Hoy es veinte de marzo. Heute ist der zwanzigste März.
Son las dos de la tarde. Es ist zwei Uhr nachmittags.
¡Por fin es primavera! Es ist endlich Frühling!

Beachten Sie
Das Datum und der Wochentag können mit estar in der 1. Person Plural + a angegeben werden. Im Deutschen entspricht das etwa der Formulierung „wir haben".
Estamos a domingo. Heute ist Sonntag.
Estamos a cuatro. Wir haben heute den vierten.
Auch die folgende „Zeitangabe" wird mit estar gemacht:
Estamos en Navidad. Wir befinden uns in der Weihnachtszeit.

Test 3

Markieren Sie die richtige Alternative.

1. ¿Tú sabes dónde (está / es) la fiesta de Lisa? Weißt du, wo die Party von Lisa stattfindet?
2. ¿Dónde (está / es) mi cartera? No la puedo encontrar. Wo ist meine Handtasche? Ich kann sie nicht finden.
3. ¿Dónde (está / es) la oficina de correos? Necesito mandar urgente una carta. Wo ist die Post? Ich muss dringend einen Brief abschicken.
4. ¿A qué hora (está / es) la película? Um wie viel Uhr läuft der Film?
5. Pasa, Marta (está / es) en su cuarto. Komm herein, Marta ist in ihrem Zimmer.
6. ¿A cuánto (estamos / somos) hoy? Den Wievielten haben wir heute?
7. (Son / están) las cuatro y media. Es ist halb fünf.

2.3 Estar und ser + Präposition

Der folgende Abschnitt behandelt den Gebrauch von ser und estar nach formalen Kriterien, d. h. nach bestimmten grammatikalischen Kategorien, die eins der beiden Verben fordern, in diesem Fall ser oder estar zusammen mit einer Präposition.

2.3.1 Estar + de

Um eine vorübergehende Beschäftigung oder Aktivität auszudrücken, wird estar de verwendet.
Estoy de paso en la ciudad. Ich bin auf der Durchreise in der Stadt.
Auch bei vorübergehenden beruflichen Beschäftigungen.
Y tú, ¿qué haces? – Estoy de mesera en un bar. Und was machst du? – Ich bin Kellnerin in einer Bar.[1]

2.3.2 Ser + de

Um das Material oder den Ursprung anzugeben, wird ser de verwendet.
¡Qué lindo el anillo! ¿Es de plata? Was für ein schöner Ring! Ist er aus Silber?
Mira, esa chica allí es de mi curso de fotografía. Schau mal, dieses Mädchen dort ist aus meinem Fotokurs.
¿Eres de Berlín? – No, soy de Hamburgo. Bist du aus Berlin? – Nein, ich bin aus Hamburg.

Beachten Sie
Um nach einer Farbe zu fragen, wird ebenfalls ser de verwendet.
¿De qué color es el coche nuevo? Welche Farbe hat das neue Auto?
Bei der Antwort entfällt de.
Es rojo. Es ist rot.

2.3.3 Estar + a

Estar a wird für verschiedene Mengenangaben verwendet.
- Wechselkurs: El dólar está a cuatro pesos. Der Dollar(kurs) ist bei vier Pesos.
- Preis: Las manzanas están a dos euros el kilo. Das Kilo Äpfel kostet zwei Euro.
- Höhe: La Paz está a 4.100 metros sobre el nivel del mar. La Paz liegt 4.100 Meter über dem Meeresspiegel.
- Entfernung: Madrid está a 620 kilómetros de Barcelona. Madrid ist 620 Kilometer von Barcelona entfernt.
  Salamanca está a dos horas en tren. Salamanca ist zwei Stunden (mit dem Zug) entfernt.

Test 4

Markieren Sie die richtige Alternative.
1. Manuel Pereira (es de / está de) Sevilla. Manuel Pereira ist aus Sevilla.
2. La chaqueta (es de / está de) cuero. Die Jacke ist aus Leder.
3. ¿Tú sabes qué es de Miguel? – Escuché que (está de / es de) disc-jockey en

[1] Oder: Ich arbeite gerade als Kellnerin in einer Bar.

un club. Weißt du, was aus Miguel geworden ist? – Ich habe gehört, dass er DJ in einem Club ist.

4. ¿Y ese cuadro? – Creo que (es de / está de) Miró. Von wem ist dieses Bild? – Ich glaube, es ist von Miró.
5. ¿A cuánto (están / son) las uvas? – A 200 el kilo. Was kosten die Weintrauben? – 200 das Kilo.
6. Nunca he estado en Hamburgo, y eso que (es a / está a) dos horas de aquí. Ich war noch nie in Hamburg, obwohl es nur zwei Stunden von hier entfernt ist.

2.4 Estar und ser + Adjektiv: Beschreibung und Bewertung

Adjektive werden benutzt, um Lebewesen oder Dinge zu beschreiben oder zu bewerten. Die Frage, ob ser oder estar verwendet wird, hängt von verschiedenen Gesichtspunkten ab, z. B. von der Bedeutung des jeweiligen Adjektivs oder auch von der Perspektive des Sprechers.

2.4.1 Beschreibung

Bei Beschreibungen ist die Frage wichtig, ob eine Eigenschaft dauerhaft oder nur vorübergehend ist, um zu entscheiden, ob ser oder estar benutzt wird.

a) Dauerhafte Eigenschaften

Dauerhafte Eigenschaften werden mit ser ausgedrückt.

Me gusta el departamento: es grande y asoleado, aunque el balcón es muy pequeño. Ich mag die Wohnung; sie ist groß und hell, obwohl der Balkon sehr klein ist.

Auch Eigenschaften, die einer Person oder Sache inhärent sind, werden mit ser angegeben.

La tierra es redonda. Die Erde ist rund.

Bei Eigenschaften von Personen kann man mit ser angeben, dass jemand ein bestimmter Typ ist, z. B. pálido hellhäutig, nervioso nervös, celoso eifersüchtig, orgulloso stolz, alegre fröhlich.

Germán es tan orgulloso que algún día tendrá problemas por eso. Germán ist so stolz, dass er deshalb eines Tages Schwierigkeiten bekommen wird.

b) Vorübergehende Eigenschaften

Vorübergehende Eigenschaften und Zustände bzw. Eigenschaften, die nicht zum Wesen einer Sache gehören, werden dagegen mit estar formuliert.

Escuchemos música. – No se puede, está roto el equipo. Lass uns Musik hören. – Das geht nicht, die Anlage ist kaputt.

El mar está muy revuelto hoy. Das Meer ist heute sehr aufgewühlt.

El vaso está lleno / vacío. Das Glas ist voll / leer.

Dazu zählen auch:

die körperliche Verfassung	enfermo krank, sano gesund
das Stadium eines Prozesses	maduro reif, caliente heiß, crudo roh, ronco heiser, frío kalt, podrido verfault
die äußere Erscheinung	sucio schmutzig, pálido blass, moreno braungebrannt

Test 5

Markieren Sie die richtige Alternative.

1. Tira esa leche, (es / está) vencida. Wirf diese Milch weg, sie ist abgelaufen.
2. Este té (está / es) frío. Mejor preparo otro. Dieser Tee ist schon kalt. Ich mache besser einen neuen.
3. ¡Qué desordenada (es / está) esta habitación! ¿Por qué no la ordenas? Wie unordentlich dieses Zimmer ist! Warum räumst du es nicht auf?
4. Ciudad de México (es / está) inmensa. Mexiko City ist riesengroß.
5. (Es / Está) orgullosa de sus hijos. Sie ist stolz auf ihre Kinder.
6. ¿Por qué (estás / eres) tan alegre? ¿Qué te pasó de bueno? Warum bist du so fröhlich? Was ist dir Gutes passiert?

c) Adjektive mit ser und estar

Der Unterschied zwischen ser und estar führt dazu, dass bestimmte Adjektive ihre Bedeutung ändern, je nachdem mit welchem der beiden Verben sie benutzt werden, z. B.:

estar borracho betrunken sein	ser borracho Alkoholiker sein
estar pobre gerade kein Geld haben	ser pobre arm sein
estar ciego verblendet sein	ser ciego blind sein
estar atento aufmerksam sein	ser atento höflich sein
estar vivo am Leben sein	ser vivo frech sein
estar despierto wach sein	ser despierto aufgeweckt sein
estar listo fertig sein	ser listo schlau sein
estar molesto verärgert sein	ser molesto ärgerlich sein

Wie Sie sehen, werden im Deutschen verschiedene Adjektive verwendet, um deutlich zu machen, dass es sich um eine dauerhafte oder vorübergehende Eigenschaft handelt.

d) Adjektive mit ser und Adjektive mit estar

Einige Adjektive können nur mit einem der beiden Verben verwendet werden, z. B. nur mit estar, wenn sie an sich einen Zustand bezeichnen, der nicht zum Wesen einer Person oder Sache gehört. Nur mit ser werden dagegen Adjektive verwendet, die als zum Wesen gehörend betrachtet werden.

estar	embarazada schwanger, desnudo nackt, vacío leer, contento zufrieden, harto überdrüssig, descalzo barfuß, dormido schlafen, convencido überzeugt, muerto tot, seguro sicher, dispuesto bereit, satisfecho zufrieden / satt	Estoy harto de tus reproches. Ich bin deiner Vorwürfe überdrüssig. ¿Viene Sebastián? – No estoy segura. Kommt Sebastián? – Ich bin mir nicht sicher. Estoy convencido de que Ana lo puede lograr. Ich bin überzeugt davon, dass Ana es schaffen kann.
ser	capaz fähig, famoso berühmt, tímido schüchtern, similar ähnlich, obligatorio obligatorisch, aficionado Fan / Liebhaber, justo gerecht, necesario nötig, útil nützlich	No soy capaz de hacer eso. Ich bin nicht fähig / in der Lage, das zu tun. Mi novio es aficionado al cine. Mein Freund ist ein echter Kinoliebhaber. La decisión no fue justa. Die Entscheidung war nicht gerecht.

Test 6

Markieren Sie die richtige Alternative.

1. Yo no sé qué le encuentra Hernán a esta mujer. Para mí que (es / está) ciego. Ich weiß nicht, was Hernán an dieser Frau findet. Meiner Meinung nach ist er verblendet.
2. Marisol (está / es) embarazada de cuatro meses pero hasta ayer no me lo contó. Marisol ist im vierten Monat schwanger, aber bis gestern hat sie mir nichts davon erzählt.
3. ¡La comida (está / es) riquísima! Realmente eres un excelente cocinero. Das Essen ist wunderbar! Du bist wirklich ein sehr guter Koch.
4. ¡Mira cómo camina ese hombre! Juraría que (es / está) borracho. Schau mal, wie dieser Mann läuft. Ich wette, er ist betrunken.
5. ¿(Estás / Eres) listo? Ya nos tenemos que ir. Bist du fertig? Wir müssen jetzt los.
6. Es increíble que Teresa siempre (sea / esté) tan contenta. Es ist unglaublich, dass Teresa immer so zufrieden ist.

2.4.2 Bewertung

Auch die Sprechereinstellung entscheidet in einigen Fällen, ob ser oder estar verwendet wird.

- Um einer Beschreibung objektiven und absoluten Charakter zu geben, verwendet man ser.
  Carmen es muy bonita. Carmen ist sehr hübsch.

El cielo es azul. Der Himmel ist blau.
In diesen Fällen wird betont, dass es sich um eine wesentliche Eigenschaft handelt. Man trifft damit eine objektive Feststellung.

- Wenn hingegen die Beschreibung eher einen subjektiven Charakter hat, in der die Wahrnehmung des Sprechers im Vordergrund steht, z. B. weil er verschiedene Momente vergleicht oder es um persönliche Erfahrungen geht, wird estar verwendet.
  ¡Qué bonita está Carmen hoy! Wie hübsch Carmen heute ist / aussieht!
  El cielo está azul. Der Himmel ist (heute besonders) blau.

Test 7

Markieren Sie die richtige Alternative.

1. Este chico (es / está) muy inteligente, ¿no te parece? Dieser Junge ist sehr intelligent, findest du nicht?
2. Me han dicho que esta universidad (es / está) muy buena. Man hat mir gesagt, dass diese Uni sehr gut ist.
3. Ana (es / está) encantadora hoy. La última vez la encontré pesada. Ana ist heute sehr nett. Letztes Mal fand ich sie eher anstrengend.
4. ¡Qué grande (está / es) tu hijo! La última vez que lo vi tenía dos años. Wie groß dein Kind (geworden) ist! Das letzte Mal, als ich ihn gesehen habe, war er gerade zwei Jahre alt.
5. La comida en este restaurante (es / está) realmente excelente. Das Essen in diesem Restaurant ist wirklich ausgezeichnet.

Beachten Sie
Um eine Tatsache oder ein Geschehnis zu bewerten, werden unpersönliche Ausdrücke verwendet.
Es extraño que no haya llegado todavía. Es ist merkwürdig, dass er noch nicht da ist.
Es una lástima que no puedas venir. Es ist schade, dass du nicht kommen kannst.
Sehen Sie dazu auch ➠ Kapitel 30, *Unpersönliche Formen*.

2.5 Feste Wendungen

Ser und estar kommen auch in einigen festen Wendungen vor. Im Folgenden finden Sie einige Beispiele.
Estar kann als absolute Konstruktion verwendet werden, d. h. ohne eine Ergänzung.
Hola, quisiera hablar con Florencia. – Lo siento, no está. Hallo, ich hätte gerne mit Florencia gesprochen. – Das tut mir Leid, sie ist nicht da.

Estar kann auch „fertig / bereit / so weit sein" ausdrücken, häufig in Verbindung mit ya schon.
¿Ya están? ¿Podemos empezar? Seid ihr fertig / so weit? Können wir anfangen?

Ser kommt im festen Ausdruck es que vor, der häufig Erklärungen einleitet. Dieser Ausdruck könnte mit „es ist so, dass ..." einigermaßen wörtlich übersetzt werden, wird aber oft durch „doch" oder „nämlich" wiedergegeben.
¿Qué estamos esperando? – Es que todavía falta alguien. Worauf warten wir? – Es fehlt doch noch jemand.

Es gibt weiterhin bestimmte Wendungen, die aus estar und einer Präpositionalfügung bestehen, z. B.
estar con gripe / tos / resfrío eine Grippe / Husten / eine Erkältung haben
estar de más überflüssig sein
estar de buen humor gut gelaunt sein
estar por etwas beinahe tun
(➡ Kapitel 26, *Infinite Verbformen,* 4)

Test 8

Ergänzen Sie die folgenden Ausdrücke mit ser und estar in den Sätzen: es que, estoy, está, está con, estábamos por, soy.

1. ¿Por qué no fuiste ayer? – ____________________ estaba enfermo. Warum bist du gestern nicht gekommen? – Ich war krank.
2. Federico me dijo que no podía ir. ____________________ fiebre. Federico hat gesagt, er würde nicht hingehen können. Er hat Fieber.
3. Apúrate, si no no llegamos. – Tranquilo, ya ____________________. Beeil dich, wir schaffen es sonst nicht. – Immer mit der Ruhe, ich bin ja schon fertig.
4. ¡Por fin llegas! Ya ____________________ salir. Endlich kommst du! Wir wären fast schon gegangen.
5. ¿____________________ Miguel? Ist Miguel da?

Beachten Sie
Ser und estar werden außerdem zur Bildung des Passivs verwendet. (➡ Kapitel 29, *Das Passiv*)
Estar wird außerdem beim gerundio verwendet. (➡ Kapitel 26, *Infinite Verbformen,* 3)

3 Besonderheiten bei Verben der Bewegung

Bei den folgenden Verben der Bewegung ist der unterschiedliche Gebrauch im Deutschen und im Spanischen zu beachten.

3.1 Ir / venir

Im Gegensatz zum Deutschen ist im Spanischen der Unterschied zwischen ir gehen und venir kommen eindeutig definiert: Venir beinhaltet immer eine Bewegung zum Ort, an dem sich der Sprechende befindet.
¿Nos encontramos hoy entonces? Treffen wir uns heute?
Bueno, si quieres ven a mi casa. Ja gut, wenn du willst, komm doch zu mir.

Alle Bewegungen, die vom Ort des Sprechers entfernen, werden mit ir wiedergegeben.
¿Vienes tú para acá o voy yo a tu casa? Kommst du her oder soll ich zu dir gehen?

3.2 Traer / llevar

Für traer (her)bringen und llevar (hin)bringen / mitnehmen gilt derselbe Unterschied wie für ir und venir. Traer beinhaltet dieselbe Bewegung wie venir, d. h. zum Ort des Sprechenden hin.
¿Me puedes traer unas aspirinas cuando vengas? Me duele la cabeza. Kannst du mir ein paar Aspirin mitbringen, wenn du kommst? Ich habe Kopfschmerzen.

Llevar drückt wie ir eine Bewegung aus, die vom Ort des Sprechenden weg führt:
Tengo que alcanzar el tren de las ocho, no sé cómo lo voy a hacer. – Si quieres te llevo en auto. Ich muss den Zug um acht erreichen, ich weiß nicht, wie ich das schaffen soll. – Wenn du willst, bringe ich dich im Auto hin.

Entscheidend ist bei allen vier Verben immer der Ort des Sprechenden zum Zeitpunkt der Äußerung.
Te dejaste la chaqueta en mi casa. – La estaba buscando. ¿Me la podrías llevar el fin de semana cuando nos veamos en el recital? Du hast deine Jacke bei mir vergessen. – Ich habe sie schon gesucht. Kannst du sie mir nächste Woche mitbringen, wenn wir uns bei dem Konzert sehen?

Im diesem Satz führt die Bewegung zwar zum Sprechenden hin, es ist aber ein anderer Ort als der, an dem sich der Sprechende zum Zeitpunkt der Äußerung befindet, deshalb wird llevar benutzt.

Test 9

Markieren Sie die richtige Alternative.

1. ¿Nos encontramos en el bar «Lola», entonces? ¿Me puedes (traer / llevar) el libro que te presté? Wir treffen uns also in der Lola-Bar? Kannst du mir das Buch mitbringen, das ich dir geliehen habe?
2. En media hora te puedo (llevar / traer) al centro. In einer halben Stunde kann ich dich ins Zentrum mitnehmen.
3. ¿Ya estás en casa? Bueno, yo termino mi trabajo y (vengo / voy). Bist du schon zu Hause? Ich beende noch die Arbeit und dann komme ich.
4. No tengo ganas de salir. ¿Por qué no le decimos a Marcelo que (vaya / venga)? Ich habe keine große Lust rauszugehen. Warum fragen wir nicht Marcelo, ob er herkommt?
5. ¿Y esas cartas? ¿Quieres que te las (traiga / lleve) al correo? Tengo que (ir / venir) de todas formas. Was ist mit diesen Briefen? Soll ich sie für dich zur Post bringen? Ich muss sowieso dort hin.

4 Weitere Besonderheiten

Bevor Sie den folgenden Abschnitt lesen, sollten Sie sich mit ➠ Kapitel 10, *Die Personalpronomen* vertraut gemacht haben.

4.1 Verben des Fühlens und Empfindens

4.1.1 Allgemeine Charakteristika

Bei einigen dieser Verben ist – wie im Deutschen auch – das logische Verhältnis von Subjekt und Objekt „umgedreht", d. h. sie funktionieren wie im Deutschen das Verb „gefallen" und fordern immer ein Dativobjekt bzw. -pronomen.
Me gusta esta novela. Dieser Roman gefällt **mir**.
Das grammatische Subjekt dieser Verben ist das, was gefällt, das Verb steht also meist in der 3. Person und je nach Subjekt im Singular oder im Plural.
Me **duelen** los pies. Mir tun die Füße weh.
Me **encanta** esa película. Dieser Film gefällt mir sehr gut.
Bei diesen Verben steht meist auch das Dativobjekt vor dem Verb.
A Pedro no le interesa la literatura. Pedro interessiert Literatur nicht.

Auch ein Nebensatz kann die Funktion des Subjekts übernehmen.
Me extraña que no hayan llegado todavía. Es wundert mich, dass sie noch nicht da sind.
Im Spanischen gibt es für „es" in solchen Konstruktionen keine Entsprechung. (➠ Kapitel 30, *Unpersönliche Formen*, 2 und ➠ Kapitel 22, *Das* ***presente de subjuntivo***, 2.1.3)

Test 10

a) Ergänzen Sie die Pronomen.
1. (a José) _____ parece mala idea. Er findet es eine schlechte Idee.
2. ¿(a vosotros) _____ importa si fumo? Stört es euch, wenn ich rauche?
3. (a mí) _____ extraña verlo aquí. Es wundert mich, ihn hier zu sehen.
4. (a nosotros) No _____ conviene llegar tarde. Wir dürfen nicht zu spät kommen.

b) Ergänzen Sie das Verb im Singular oder im Plural.
1. ¿Te _______ (gustar) las fotos? Gefallen dir die Fotos?
2. Me _______ (encantar) esta chaqueta. Diese Jacke gefällt mir sehr.
3. Desde ayer le _______ (doler) la cabeza. Seit gestern tut ihr der Kopf weh.
4. Me _______ (parecer) preciosos estos cuadros. Diese Bilder finde ich wundervoll.

4.1.2 Parecer / gustar

Diese Verben können beide verwendet werden, um eine persönliche Bewertung einer Tatsache, einer Person oder eines Gegenstandes auszudrücken. Sie werden meistens in der 3. Person Singular bzw. Plural gebraucht. Parecer hat (außer „scheinen" und „aussehen wie") auch die Bedeutung von „finden".
¿Qué te parece mi vestido? Wie findest du mein Kleid?

Gustar bedeutet „gefallen" oder „etwas gern tun".
¿Te gusta mi vestido? Gefällt dir mein Kleid?
¿Te gusta pasear bajo la lluvia? Gehst du gern im Regen spazieren?

In Fragesätzen wird parecer immer vom Interrogativpronomen qué begleitet, während mit gustar meist eine Entscheidungsfrage ohne Interrogativpronomen gestellt wird – außer in einem Fall wie dem folgenden:
¿Qué te gustaría hacer mañana? Was würdest du morgen gerne tun?

Parecer kann mit verschiedenen Adjektiven gebraucht werden, z. B. lindo schön, feo hässlich, terrible schrecklich etc., gustar dagegen nur mit den Adverbien mucho sehr und poco wenig.

Test 11

Ergänzen Sie parecer oder gustar.
1. ¿Te ________ este pantalón? – No, no me ________ mucho. El color me ________ feo. Y a ti, ¿qué te ________ el color? Gefällt dir diese Hose? – Nein, sie gefällt mir nicht besonders. Ich finde die Farbe hässlich. Und du, wie findest du die Farbe?
2. ¿Qué te ________ estas flores? A mí me _______ muchísimo, todas. – Pues a mí, no, me ________ feísimas, mira estos tulipanes, parecen de

plástico. Wie findest du diese Blumen? Ich finde sie alle sehr schön. – Ich aber nicht. Ich finde sie ziemlich hässlich, schau dir mal diese Tulpen an, sie sehen aus wie aus Plastik.

3. ¿Te _______ esta chaqueta? – Sí, me _______ muy bonita. Además te queda muy bien. – Pues a mí también me _______ mucho. Me la llevo. Gefällt dir diese Jacke? – Ja, ich finde sie sehr schön. Sie steht dir auch sehr gut. – Mir gefällt sie auch sehr gut. Ich kaufe sie.

4.2 Modalverben: „müssen", „sollen" und „können" im Spanischen

4.2.1 Deber / tener que

Tener que müssen wird verwendet, um einen äußeren oder selbst auferlegten Zwang auszudrücken.
Para el examen tenemos que estudiar mucho. Wir müssen viel lernen für die Prüfung.

Deber sollen wird seltener verwendet als „sollen" im Deutschen. Es drückt ein moralisches Gebot oder eine Pflicht aus.
Debes ser más amable con la gente. Du musst / sollst freundlicher zu den Leuten sein.
Eine Vermutung wie z. B. „es muss ungefähr drei Uhr sein" wird mit deber de ausgedrückt: Deben de ser las tres.
In der Umgangssprache wird allerdings immer häufiger auf das de verzichtet.

Um „müssen" und „sollen" auszudrücken, werden auch folgende unpersönliche Ausdrücke verwendet:

- es necesario que / hace falta que + subjuntivo:
  No hace falta que me devuelvas el libro ahora. Es ist nicht nötig, dass du mir das Buch jetzt schon zurückgibst.
- hay que + Infinitiv:
  Hay que caminar diez minutos hasta la playa. Bis zum Strand muss man zehn Minuten laufen.
  (➡ Kapitel 30, *Unpersönliche Formen*, 2.3.1)

Um zu fragen „Soll ich ...?" wird meist gar kein Modalverb verwendet, sondern nur das Verb, das die Handlung bezeichnet.
¿Cierro la ventana? Soll ich das Fenster schließen?[2]
Eine andere Art diese Frage zu formulieren ist mit querer que + subjuntivo:
¿Quieres que cierre la ventana? Willst du, dass ich das Fenster schließe?

[2] Wörtlich: Schließe ich das Fenster?

„Müssen" und „sollen" wird häufig auch mit dem subjuntivo ausgedrückt.
Dile que venga. Sag ihm, dass er kommen soll.
(➠ Kapitel 22–24, *Der **subjuntivo***)

Test 12

Übersetzen Sie die folgenden Sätze. In Klammern finden Sie die Verben.

1. Soll ich dir helfen? (ayudarte) ____________________
2. Du musst verantwortungsvoller sein. (ser más responsable) ____________________
3. Das muss sein Sohn sein. (ser su hijo) ____________________
4. Man muss Geduld haben. (tener paciencia) ____________________
5. Es ist nicht nötig, dass du kommst. (que vengas) ____________________
6. Ich muss viel arbeiten. (trabajar mucho) ____________________

4.2.2 Poder / saber

Poder und saber werden in einigen Fällen beide mit „können" übersetzt.
¿Tú sabes inglés? Kannst du Englisch?
¿Puedes ayudarme? Kannst du mir helfen?

Saber bezeichnet eine Fähigkeit, die erlernbar ist, also „können" im Sinne von „beherrschen" oder „gelernt haben".
¿Sabes nadar? Kannst du schwimmen? (Hast du es gelernt?)

Poder bezieht sich auf eine grundsätzliche Fähigkeit.
Él no puede caminar. Es paralítico. Er kann nicht laufen, er ist gelähmt.
Oder auch auf eine Möglichkeit.
¿Nos podemos encontrar más tarde? Können wir uns etwas später treffen?

Poder kann auch mit „dürfen" übersetzt werden.
¿Puedo ayudarte? Darf ich dir helfen?
Bei Verben der Wahrnehmung entfällt poder häufig.
Con esta niebla no se puede ver nada. Bei diesem Nebel kann man nichts sehen.
¿Oyes algo? Kannst du etwas hören?

Test 13

Markieren Sie die richtige Alternative.

1. ¿(Sabes / Puedes) conducir? Kannst du Auto fahren?
2. Oye, ya no (puedes / sabes) conducir, tomaste mucho vino. Hör mal, du kannst nicht mehr fahren, du hast zu viel Wein getrunken.
3. ¿A qué hora vuelve Sara? – No (sabría / podría) decirte. No me ha dicho nada. Um wie viel Uhr kommt Sara zurück? – Das kann ich dir leider nicht sagen. Sie hat mir nichts gesagt.

4. Este chico realmente no (puede / sabe) comportarse. Dieser Junge kann sich wirklich nicht benehmen.
5. ¿(Sabes / Puedes) arreglar bicicletas? ¿Me (puedes / sabes) ayudar con la mía? Kannst du Fahrräder reparieren? Kannst du mir mit meinem helfen?
6. ¿Qué le pasa a Lisa? – No (sé / puedo) decirte nada, me pidió que no se lo contara a nadie. Was ist denn mit Lisa los? – Das kann ich dir nicht sagen, sie hat mich gebeten, es niemandem zu erzählen.

4.3 „Lassen" im Spanischen

Das Verb „lassen" hat im Spanischen mehrere Entsprechungen.

Dejar wird verwendet im Sinne von
- übrig lassen:
  Mira, no nos dejaron nada. Sieh mal, sie haben uns nichts übrig gelassen.
- zurücklassen:
  Dejé el pasaporte en el hotel. Ojalá que no me lo roben. Ich habe den Pass im Hotel gelassen. Hoffentlich wird er mir nicht gestohlen.
  ¿Sabes dónde dejé mi cartera? Weißt du, wo ich meine Handtasche gelassen habe?
- zulassen / erlauben:
  A este niño no lo dejan hacer nada solo. Dieses Kind lassen sie nichts alleine machen.

Für „sich etwas machen lassen" werden verschiedene reflexive Konstruktionen verwendet:
- nur das reflexive Verb (➠ Kapitel 28, *Die Reflexivpronomen und reflexiv gebrauchten Verben*, 4.1)
  Este año me he tenido que operar dos veces. Dieses Jahr musste ich mich schon zwei Mal operieren lassen.
  Aquí siempre vengo a cortarme el pelo. Hier komme ich immer her, um mir die Haare schneiden zu lassen.
- mandarse / hacerse hacer algo
  Mandé hacerme un vestido. Ich habe mir ein Kleid machen lassen.
  Tengo un dolor muy extraño en el estómago. – ¿Ya te lo hiciste examinar? Ich habe seltsame Schmerzen im Bauch. – Hast du dich schon untersuchen lassen?

Für „etwas veranlassen" werden folgende Strukturen verwendet:
- mandar hacer algo
  Las autoridades mandaron evacuar el pueblo. Die Regierung hat das Dorf evakuieren lassen.

- hacer hacer algo
  Los dueños hicieron renovar la casa hace poco. Die Besitzer haben das Haus kürzlich renovieren lassen.

Die Aufforderung „lasst uns ...“ wird mit dem Imperativ ausgedrückt.
Esperémoslo aquí. Lasst uns hier auf ihn warten.
Vamos. Lasst uns gehen.
(➠ Kapitel 25, *Der Imperativ*)

Test 14
Markieren Sie die richtige/-n Alternative/-n.
1. (Déjalo / Mándalo) tranquilo. Lass ihn in Ruhe.
2. (Mandé / Dejé / Hice) llamar al fontanero. Ich habe den Klempner rufen lassen.
3. (Deja / Manda) que te ayude. Lass mich dir helfen.
4. (Mandaron / Dejaron / Hicieron) desalojar el recinto. Man ließ das Gebiet räumen.
5. (Pongamos / Dejemos poner) música. Lasst uns Musik auflegen.
6. Roxana (mandó / dejó) hacerse una mesa en esa carpintería. Roxana hat sich in der Schreinerei dort einen Tisch bauen lassen.

4.4 Kopulaverben und Ersatzstrukturen (verbos copulativos y semicopulativos)

Die Verben ser und estar haben Sie bereits kennen gelernt. Sie dienen u. a. dazu, ein Subjekt genauer zu bestimmen, z. B. mit Hilfe eines Adjektivs, eines Substantivs usw.
Mi hermano es médico. Mein Bruder ist Arzt.
La comida está buena. Das Essen ist lecker.
Es gibt einige weitere Verben, die eine ähnliche Funktion haben können, so genannte verbos semicopulativos. Diese Verben geben einer „ist“-Aussage eine leicht veränderte Bedeutung, z. B.:

resultar sich herausstellen als	Resultó fácil la tarea. Die Aufgabe war leicht. Resultó un pedante. Er hat sich als Pedant herausgestellt.
salir als Resultat einer Handlung: gelingen / werden	Salió riquísima la comida. Das Essen ist sehr lecker geworden. ¡Qué linda te salió esa foto! Wie schön dieses Foto geworden ist!

parecer scheinen	Parecía cansado. Er schien müde zu sein.
suponer vermuten	Lo suponen en Francia. Man vermutet ihn in Frankreich.
venir eigentlich: kommen	Veníamos muy preocupados. (Auf dem Weg hierher) waren wir sehr besorgt.
seguir eigentlich: etwas immer noch tun / sein	El cuarto sigue desordenado. Das Zimmer ist immer noch unordentlich. Sigue en Inglaterra. Er ist immer noch in England.
andar eigentlich: gehen	Últimamente anda deprimido. In letzter Zeit ist er (häufig) deprimiert.

Beachten Sie

- Seguir kann zusammen mit dem gerundio verwendet werden, um die Fortdauer einer Handlung zu beschreiben.
  Sigo trabajando en la misma empresa. Ich arbeite noch in derselben Firma.
  Es kann aber zusammen mit einer Adverbialbestimmung oder einem Adjektiv auch die Fortdauer eines Zustands beschreiben.
  Sigo en paro. Ich bin immer noch arbeitslos.
- In der Umgangssprache wird häufig andar statt estar benutzt, um ein Lebewesen zu beschreiben. Die Bedeutung von andar als Bewegungsverb ist eher nebensächlich. Die Grundbedeutung ist die häufige Wiederkehr eines bestimmten Zustands.
- Auch einige Verben der Wahrnehmung können ein Adjektiv nach sich ziehen: ver sehen, sentir hören / riechen / fühlen, escuchar hören, notar wahrnehmen / bemerken.
  La veo contenta. Sie sieht zufrieden aus.[3]
  Lo noté triste. Er sah traurig aus.[4]

Test 15

Markieren Sie das passende Verb.

1. María (sigue / resulta) enferma, pobre. María, die Ärmste, ist immer noch krank.
2. En el verano siempre (anda / sigue) contenta. Im Sommer ist sie immer fröhlich.
3. No quería ir, pero después (resultó / vino) una buena idea. Ich wollte gar nicht hingehen, aber dann hat es sich als gute Idee herausgestellt.

[3] Wörtlich: Ich sehe sie zufrieden.
[4] Wörtlich: Ich habe ihn traurig wahrgenommen.

4. Te acuerdas de que el primer día (veníamos / seguíamos) muy expectantes, y ahora ... Weißt du noch, dass wir am ersten Tag ganz erwartungsvoll herkamen, und jetzt ...
5. ¿Qué te pasa que (andas / resultas) tan triste? Was ist los mit dir, dass du so traurig bist?
6. (Parece / Supone) buen tipo ese Roberto. Das scheint ein guter Kerl zu sein, dieser Roberto.

4.5 „Werden" im Spanischen

Im Spanischen gibt es kein bestimmtes Verb, das einen Prozess ausdrückt wie im Deutschen das Verb „werden". Prozesse werden stattdessen mit verschiedenen reflexiven Konstruktionen formuliert, die man zum Teil mit „werden" übersetzen kann, z. B. hacerse adulto erwachsen werden, volverse loco verrückt werden, ponerse triste traurig werden.
Im Folgenden finden Sie eine Übersicht über die verschiedenen Möglichkeiten, im Spanischen Prozesse oder Veränderungen auszudrücken. In einigen Fällen gibt es auch ein eigenständiges Verb.

4.5.1 Volverse

Volverse bezeichnet tief greifende Prozesse eher psychischer Natur, die häufig als endgültig betrachtet werden, z. B. mit loco verrückt (eigenes Verb: enloquecer), tacaño geizig, perezoso faul.
A Pedro siempre lo encontré generoso, pero últimamente se ha vuelto tacaño.
Ich fand Pedro immer großzügig, aber er ist in der letzten Zeit geizig geworden.

4.5.2 Hacerse

Hacerse bezeichnet bei Personen eine freiwillige Entwicklung.
Se hizo famoso tal como se lo había propuesto. Er ist berühmt geworden, so wie er es sich vorgenommen hatte.
Lorena se hizo vegetariana. Lorena ist Vegetarierin geworden.
Se hizo socialista. Er ist Sozialist geworden.

Hacerse kann auch natürliche Veränderungen angeben.
Se hizo tarde ayer. Es ist gestern spät geworden.
hacerse adulto erwachsen werden

4.5.3 Ponerse

Ponerse steht bei vorübergehenden Veränderungen des Aussehens, der Stimmung, des physischen Zustands. Es wird nur zusammen mit Adjektiven verwendet, z. B. triste traurig (eigenes Verb: entristecer), alegre fröhlich, nervioso

nervös, enfermo krank (eigenes Verb: enfermarse), colorado rot (eigenes Verb: ruborizarse).
Con esta música siempre me pongo alegre. Bei dieser Musik werde ich immer fröhlich.
En situaciones como esta me pongo nervioso. In solchen Situationen werde ich nervös.

4.5.4 Quedarse

Quedarse bezeichnet einen endgültigen Zustand, der nicht mehr rückgängig zu machen ist, z. B. quedarse viudo Witwer werden, quedarse sordo taub werden. Quedar kann auch ohne se verwendet werden:
Por el accidente (se) quedó ciego. Durch den Unfall ist er blind geworden.

4.5.5 Convertirse / transformarse en

Convertirse / transformarse en bezeichnet einen entscheidenden Wesenswandel und wird hauptsächlich mit Substantiven verwendet.
Valparaíso se convirtió en el puerto más importante de la costa del Pacífico. Valparaíso wurde zum wichtigsten Hafen der Pazifikküste.

4.5.6 Llegar a ser

Llegar a ser bezeichnet langsame Entwicklungen, die mit einem hohen Kraftaufwand verbunden sind. (➠ Kapitel 26, 4.3.3)
Finalmente llegó a ser director de la empresa donde había empezado como empleado. Schließlich wurde er Direktor der Firma, in der er als Angestellter begonnen hatte.

Test 16

Markieren Sie die richtige Alternative.

1. Darwin se (hizo / quedó) famoso con su teoría de la evolución. Darwin ist mit seiner Evolutionstheorie berühmt geworden.
2. Juan se ha (puesto / vuelto) muy pesado últimamente. Juan ist in letzter Zeit sehr anstrengend geworden.
3. Después de cuatro intentos, Allende (llegó a ser / se volvió) presidente de Chile. Nach vier Versuchen wurde Allende Präsident von Chile.
4. Berlín se ha (convertido en / puesto) una ciudad muy popular. Berlin ist eine sehr beliebte Stadt geworden.
5. Primero no me gustó la película, pero después se (puso / hizo) buena. Zuerst gefiel mir der Film nicht, aber dann ist er gut geworden.
6. En los exámenes siempre me (vuelvo / pongo) nerviosa. Bei Prüfungen werde ich immer nervös.

Auf den Punkt gebracht

1. *(➠ 1)*
Markieren Sie die richtige Alternative.
a) Hay und estar können beide mit (sein / haben) übersetzt werden.
b) (Hay / Estar) hat außerdem die Bedeutung „es gibt".
c) Auf (hay / estar) folgt eine Ortsbestimmung.
d) Auf (hay / estar) folgt ein unbestimmtes Objekt.
e) No (hay / están) muchas opciones. Es gibt nicht viele Möglichkeiten.

2. *(➠ 2)*
Markieren Sie die richtige Alternative.
a) Definitionen, Beruf und Nationalität werden mit (ser / estar) angegeben.
b) Familienstand, Gesundheits- und Gemütszustand werden mit (ser / estar) angegeben.
c) Räumliche und zeitliche Angaben von Ereignissen werden mit (ser / estar) gemacht.
d) Räumliche und zeitliche Angaben von Personen und Dingen werden mit (ser / estar) gemacht.
e) Datum und Wochentag können mit (estamos a / somos a) oder mit (es / está) angegeben werden.
f) Vorübergehende Aktivitäten werden mit (ser de / estar de) angegeben.
g) Material und Ursprung wird mit (ser de / estar de) angegeben.
h) (Soy / Estoy) profesora de Química. Ich bin Chemielehrerin.
i) ¿(Está / Es) la señorita Sánchez, por favor? – Sí, (soy / estoy) yo. Ist Frau Sánchez da? – Ja, das bin ich.
j) ¿De qué color (son / están) las zapatillas de Marco? – Rojas, creo. Welche Farbe haben die Turnschuhe von Marco? – Rot, glaube ich.
k) Buenos Aires (está / es) a unos 1.200 kilómetros de Neuquén. Buenos Aires ist etwa 1.200 km von Neuquén entfernt.
l) ¿Qué hora (es / está)? Wie spät ist es?
m) ¿Sabes a qué día (somos / estamos) hoy? Weißt du, den Wievielten wir heute haben?

3. *(➠ 2.4)*
Markieren Sie die richtige Alternative.
a) Ser wird verwendet, um eine (dauerhafte / vorübergehende) Eigenschaft auszudrücken.
b) Estar wird verwendet, um eine (dauerhafte / vorübergehende) Eigenschaft auszudrücken.
c) Eine Eigenschaft, die zum Wesen einer Person oder Sache gehört, wird mit (ser / estar) angegeben.

d) Bezüglich der Sprechereinstellung gilt Folgendes: Um eine Eigenschaft als objektiv darzustellen, wird (ser / estar) verwendet.
e) Adjektive wie embarazada schwanger, contento zufrieden, seguro sicher können nur mit (ser / estar) verwendet werden; útil nützlich, capaz fähig, tímido schüchtern dagegen nur mit (ser / estar).
f) Einige Adjektive ändern ihre Bedeutung, je nachdem ob sie mit ser oder mit estar gebraucht werden, z. B. bedeutet (ser / estar) listo „fertig sein", (ser / estar) listo dagegen „schlau sein".

4. *(➠ 3)*
Markieren Sie die richtige Alternative.
a) (Traer und venir / Llevar und ir) bezeichnen Bewegungen, die vom Sprecher entfernen.
b) (Traer und venir / Llevar und ir) bezeichnen Bewegungen, die zum Sprecher hinführen.
c) ¿Vas a (venir / ir) al cumpleaños de Lorena mañana? Kommst du morgen zu Lorenas Geburtstag?
d) ¿Quieres un té? Termino de lavar los platos aquí y te lo (llevo / traigo). Möchtest du einen Tee? Ich spüle hier noch das Geschirr und dann bringe ich ihn dir.

5. *(➠ 4)*
Markieren Sie die richtige/-n Alternative/-n.
a) (Poder / Saber) bezeichnet eine erlernbare Fähigkeit, (poder / saber) dagegen eine Möglichkeit.
b) ¿(Puedes / Sabes) venir a mi casa? Necesito tu ayuda. Kannst du zu mir kommen? Ich brauche deine Hilfe.
c) Mi primo ya (sabía / podía) leer antes de entrar al colegio. Mein Cousin konnte schon lesen, bevor er in die Schule kam.
d) Ayer caminé todo el día, ahora me (duele / duelen) las piernas. Gestern bin ich den ganzen Tag gelaufen, jetzt tun mir die Beine weh.
e) Um zu fragen, ob jemandem etwas gefällt, wird bei (parecer / gustar) das Fragepronomen qué und bei (parecer / gustar) eine Entscheidungsfrage ohne Fragewort verwendet.
f) „Lassen" im Sinne von „übrig lassen" oder „liegen lassen" wird im Spanischen mit (dejar / mandar) ausgedrückt, „sich etwas machen lassen" dagegen mit (dejarse / mandarse).
g) Ersatzstrukturen für ser und estar sind z. B. (caminar / andar / salir).
h) Das Verb „werden" wird im Spanischen durch verschiedene reflexive Konstruktionen ausgedrückt, z. B. (ponerse / convertirse en) bei vorübergehenden Veränderungen der Stimmung oder des Aussehens.

Der Satz

Was Sie vorab wissen sollten

- Ein Satz (oración) ist eine abgeschlossene grammatikalische Einheit innerhalb eines Textes; in der geschriebenen Sprache wird dies durch einen Punkt, ein Ausrufe- oder ein Fragezeichen am Satzende (Letztere im Spanischen auch am Satzanfang) markiert.
- In der Linguistik beschäftigt sich die Syntax mit dem Satz.
- Ein Satz besteht aus kleineren Elementen (Satzgliedern), die bestimmte Funktionen übernehmen (➠ 1).
- Man unterscheidet formal zwischen Haupt- und Nebensätzen (➠ 2) sowie inhaltlich zwischen Aussage-, Frage-, Ausrufe- und Aufforderungssätzen (➠ 3).
- Die Satzstrukturen unterscheiden sich im Spanischen nicht grundsätzlich vom Deutschen, wie Sie in den folgenden Abschnitten sehen werden.

1 Satzglieder (*las partes de la oración*)

Die Satzglieder sind Träger bestimmter syntaktischer Funktionen. Im Spanischen wie im Deutschen unterscheidet man zwischen den folgenden Satzgliedern: Subjekt, Prädikat, Objekt, Adverbial, Subjekt- bzw. Objektergänzung und Attribut. Bitte beachten Sie, dass der Satzkern im spanischen Aussagesatz im Gegensatz zum Deutschen aus der festen Abfolge Subjekt – Prädikat – Objekt bzw. Ergänzung besteht. Attribute sind ihren Bezugswörtern direkt zugeordnet, Adverbiale können im Satz flexible Positionen einnehmen.

1.1 Subjekt (sujeto)

Das Subjekt (= Satzgegenstand) ist der Urheber der Handlung eines Satzes. In Sprachen mit einem Kasussystem, z. B. dem Deutschen, steht das Subjekt im Nominativ (= Wer-Fall). Folgende Wortarten können Subjektfunktion übernehmen:

- Substantive (Personen, Lebewesen, Gegenstände und Begriffe) bzw. Nominalgruppen (Begleiter + Substantiv, Substantiv + Apposition [z. B. Relativsatz] oder Substantiv und [präpositionale] Ergänzung):
  Mariano se casó ayer. **Mariano** hat gestern geheiratet.
  La caja verde se cayó del armario. **Die grüne Kiste** ist vom Schrank gefallen.
  El amor, un fenómeno raro, es algo increíble. **Liebe, ein seltenes Phänomen,** ist etwas Unglaubliches.
  La mesa de hierro en la sala de estar no me gusta. **Der Eisentisch** im Wohnzimmer gefällt mir nicht.

- Pronomen:
  Ella vive en Madrid, **él** vive en Sevilla. **Sie** lebt in Madrid, **er** lebt in Sevilla.
  Algunos siempre están descontentos. **Einige** sind immer unzufrieden.
- Gliedsätze (z. B. Relativsätze, Infinitivkonstruktionen):
  Lo que me dijiste ayer no me gusta nada. **Was du mir gestern gesagt hast**, gefällt mir überhaupt nicht.
  Quien busca, halla. **Wer suchet**, der findet.
  Fumar mucho es pésimo para la salud. **Viel rauchen** schadet der Gesundheit.

1.2 Prädikat (predicado)

Das Prädikat (= Satzaussage) stellt den Kern des verbalen Geschehens eines Satzes dar und bildet mit dem Subjekt eine Einheit (im Spanischen wird dies auch dadurch deutlich, dass die Subjektpronomen in der Regel nicht verwendet werden, d. h. die Verbform enthält bereits das Subjekt). Das Prädikat ist immer ein konjugiertes Verb; dieses kann einfach oder zusammengesetzt sein.
Marta **trabaja** mucho. Marta **arbeitet** viel.
Marta **ha trabajado** mucho. Marta **hat** viel **gearbeitet**.
Zum Gebrauch der verschiedenen Zeiten und Modi im Spanischen sehen Sie die entsprechenden Kapitel im vierten Teil des Buches (➠ *Das Verb und seine Ergänzungen*).

1.3 Objekt (objeto)

Das Objekt (= Satzergänzung) ist eine nominale Ergänzung zum Prädikat. Wie das Subjekt kann es ein Substantiv bzw. eine Nominalgruppe, ein Pronomen oder ein Nebensatz bzw. eine Infinitiv- oder Partizipialkonstruktion sein.
¿Conoces **a Juan**? / ¿**Lo** conoces? Kennst du **Juan**? / Kennst du **ihn**?
Me encuentro **con la mujer que conocí ayer.** Ich treffe mich **mit der Frau, die ich gestern kennen lernte**.
Él sabe **lo que dice**. Er weiß, **was er sagt**.
Me dijo **que no viniera**. Er sagte mir, **ich solle nicht kommen**.
Este mes he comenzado **a estudiar español**. Diesen Monat habe ich angefangen, **Spanisch zu lernen**.

Je nach der Valenz des Verbs unterscheidet man im Spanischen zwischen den folgenden Objekten:
- direktes Objekt (= Akkusativobjekt): Canto **una canción**. Ich singe **ein Lied**.
- indirektes Objekt (= Dativobjekt): **Le** presto un libro **a Pedro**. Ich leihe **Pedro** ein Buch.

- Präpositionalobjekt: Ha preguntado alguien **por ti.** Jemand hat **nach dir** gefragt.

Direkte Objekte bei Personen, indirekte Objekte sowie Präpositionalobjekte werden im Spanischen mit Präpositionen gebildet. (➠ Kapitel 33, *Die Präpositionen,* 3)

Nur transitive Verben können ein Objekt haben, intransitive Verben (z. B. ir gehen, permanecer bleiben etc.) nicht.

1.4 Prädikative Ergänzung (complemento predicativo)

Auch Subjekte und Objekte können Ergänzungen haben. Diese können Adjektive, Nomen bzw. Nominalgruppen, Pronomen und ganze Nebensätze sein.

Subjektergänzung: <u>Juan</u> es **profesor.** <u>Juan</u> ist **Lehrer.**

<u>El amor</u> es **cuando uno se entiende siempre.** <u>Liebe</u> ist, **wenn man sich immer versteht.**

<u>Esto</u> es **pedir demasiado.** <u>Das</u> ist **zu viel verlangt.**

Objektergänzung: <u>Lo</u> considero **un gran idiota.** Ich halte <u>ihn</u> **für einen großen Idioten.**

1.5 Adverbiale Bestimmung (complemento circunstancial)

Die adverbiale Bestimmung (= Adverbial) kann aus einem Wort oder mehreren Wörtern sowie aus ganzen Nebensätzen (mit Konjunktionen oder Infinitiv- bzw. Partizipialkonstruktionen) bestehen. Sie dient der Beschreibung der näheren Umstände eines verbalen Geschehens hinsichtlich der Zeit, des Ortes oder der Art und Weise.

Ein Wort: El tren salió **tarde.** Der Zug fuhr **spät** ab.

Mehrere Wörter: **A esa hora** no hay nadie **en la calle. Zu dieser Zeit** ist niemand **auf der Straße.**

Nebensatz: El tren salió **antes de que yo hubiese llegado al andén.** Der Zug fuhr ab, **bevor ich am Bahnsteig eintraf.**

(➠ Kapitel 32, *Das Adverb*)

1.6 Attribut (atributo)

Attribute sind Ausdrücke, die Substantive, Adjektive und Adverbien näher bestimmen, jedoch keinen vollständigen Satz bilden. Zu den Attributen zählen Adjektive, Adverbien, präpositionale Ergänzungen und Appositionen (z. B. [verkürzte] Relativsätze).

Adjektive: No me gusta la camisa **verde**. Das **grüne** Hemd gefällt mir nicht.
Adverbien: En la casa **de ahí enfrente** vive Pedro. In dem Haus **dort drüben** wohnt Pedro.
Präpositionale Ergänzungen: Esta es la casa **de mi abuela**. Dies ist **Großmutters** Haus.
Appositionen: María, **mi hermana mayor**, es estudiante de medicina. María, **meine ältere Schwester**, ist Medizinstudentin.

1.7 Präpositionen (preposiciones)

Präpositionen (= Verhältniswörter) sind keine Satzglieder im eigentlichen Sinne, stellen u. a. aber wichtige räumliche, zeitliche oder modale Beziehungen zwischen verschiedenen Wörtern bzw. Satzteilen her.
Carina se fue **al** museo **con** los niños. Carina ist **mit** den Kindern **ins** Museum gegangen.
Traté varias veces **de** ubicarte. Ich habe mehrere Male versucht, dich zu erreichen.
(➠ Kapitel 33, *Die Präpositionen*)

2 Satzformen

Strukturell unterscheidet man zwischen einfachen und zusammengesetzten Sätzen, die untereinander Verbindungen eingehen und so (mündliche und schriftliche) Texte bilden.

2.1 Der einfache Satz (oración simple)

Der einfache Satz zeichnet sich dadurch aus, dass er nur ein konjugiertes Verb enthält:
Ayer Miguel llegó tarde a la función. Miguel kam gestern zu spät in die Vorstellung.

Ein einfacher Satz kann ein Aussagesatz, ein Fragesatz, ein Ausrufesatz (➠ Kapitel 35, *Der Satzbau*) oder auch ein Aufforderungssatz (➠ Kapitel 25, *Der Imperativ*) sein.

2.2 Der zusammengesetzte Satz (oración compuesta)

Im Spanischen gibt es wie im Deutschen Haupt- und Nebensätze, die auf verschiedene Weise mit Hilfe von Konjunktionen miteinander verbunden werden können. Der zusammengesetzte Satz besteht aus einem Hauptsatz und einem oder mehreren Nebensätzen oder einem weiteren Hauptsatz.
Mi hermano está muy triste, pero no quiere decirme por qué. Mein Bruder ist sehr traurig, aber er will mir nicht sagen warum.
Me encanta leer, y también me gustan mucho las películas basadas en novelas. Ich lese sehr gern und ich mag auch Verfilmungen von Romanen.

2.2.1 Die Satzreihe (yuxtaposición)

In einer Reihung von Hauptsätzen behalten die einzelnen Sätze ihre formale Selbstständigkeit. Dies ist der Fall bei Sätzen, die durch so genannte reihende Konjunktionen miteinander verbunden werden.
El departamento es muy lindo, pero es demasiado caro para nosotros. Die Wohnung ist sehr schön, aber sie ist zu teuer für uns.

2.2.2 Das Satzgefüge (subordinación)

Im Spanischen unterscheidet man wie im Deutschen zwischen Haupt- und Nebensätzen. Hauptsätze sind selbstständige Sätze, Nebensätze sind Hauptsätzen untergeordnet. Bitte beachten Sie, dass im Deutschen das Verb im Nebensatz am Satzende steht, während es im Spanischen die übliche Position hat.

	Hauptsatz	Nebensatz
Spanisch	Sí, te **acompaño**,	aunque no **tengo** muchas ganas.
Deutsch	Ja, ich **begleite** dich,	obwohl ich nicht viel Lust **habe**.

Die Nebensätze unterteilt man ihrer Funktion nach in Subjekt-, Objekt- Adverbial- und Attributsätze.
Subjektsatz: Es extraño **que no haya llamado aún**. Es ist seltsam, **dass er noch nicht angerufen hat**. → Der Nebensatz erfüllt die Funktion des Subjekts.
Objektsatz: Me dijo **que estaba equivocada**. Er sagte mir, **dass ich mich täusche**. → Der Nebensatz erfüllt die Funktion des Objekts.
Attributsatz: Quisiera vivir en un país **donde no haga tanto frío**. Ich möchte in einem Land leben, **wo es nicht so kalt ist**. → Der Nebensatz bestimmt ein Substantiv näher. (➠ Kapitel 13, *Die Relativpronomen*)
Adverbialsatz: **Si Manuel lo dice**, debe de ser cierto. **Wenn Manuel das sagt**, muss es wohl stimmen.

Adverbialsätze werden durch so genannte unterordnende Konjunktionen eingeleitet. Nach ihrem inhaltlichen Bezug auf den Hauptsatz unterscheidet man Temporalsätze, Konditionalsätze, Konsekutivsätze, Finalsätze etc.
Te voy a leer un cuento **cuando quieras.** Ich werde dir eine Geschichte vorlesen, **wann immer du magst**.
Te dejo la luz prendida **para que no tengas miedo.** Ich lasse das Licht brennen, **damit du keine Angst bekommst**.
(➠ Kapitel 34, *Die Konjunktionen*)

Beachten Sie
- Ein wichtiger Unterschied zum Deutschen ist die Tatsache, dass bei Nebensätzen im Spanischen das Verb im subjuntivo oder im Indikativ stehen kann, je nachdem von welcher Konjunktion sie eingeleitet werden. (➠ Kapitel 34, *Die Konjunktionen*)
- Bestimmte Infinitiv- und Partizipialkonstruktionen, die im Deutschen einem Nebensatz entsprechen, werden durch Präpositionen eingeleitet. (➠ Kapitel 26, *Infinite Verbformen*). Eine zusammenfassende Darstellung der spanischen Syntax finden Sie in ➠ Kapitel 35, *Der Satzbau*.

Auf den Punkt gebracht

1. *(➠ 1)*
Markieren Sie die richtige Alternative.
a) Der Satzbau im Deutschen und im Spanischen unterscheidet sich (grundsätzlich / nicht grundsätzlich).
b) Den Kern des verbalen Geschehens eines Satzes bildet das (Subjekt / Prädikat).
c) Sätze werden durch (Konjunktionen / Appositionen) miteinander verbunden.
d) Die häufigste Satzstruktur im Spanischen lautet: (Subjekt – Prädikat – Objekt / Subjekt – Objekt – Prädikat).

2. *(➠ 2)*
Markieren Sie die richtige/-n Alternative/-n.
a) Nebensätze können (allein / nicht allein) einen Satz bilden.
b) Eine Satzreihe besteht aus (Hauptsätzen / Haupt- und Nebensätzen).
c) Im Spanischen ist die Wortstellung in Haupt- und Nebensätzen (verschieden / gleich).
d) Ein Nebensatz wird durch eine so genannte (reihende / unterordnende) Konjunktion mit dem Hauptsatz verbunden.

32 Das Adverb

Bevor Sie dieses Kapitel lesen, sollten Sie sich mit ➠ Kapitel 5, *Das Adjektiv* vertraut machen.

Auf Entdeckung

Lesen Sie die folgenden Sätze:

1. La semana pasada trabajé **mucho.** Letzte Woche habe ich **viel** gearbeitet.
2. La casa es **demasiado** pequeña para tanta gente. Das Haus ist **zu** klein für so viele Leute.
3. Susana habla **muy** bien español. Susana spricht **sehr** gut Spanisch.
4. **Desgraciadamente** no pude venir. **Leider** konnte ich nicht kommen.

Worauf bezieht sich jeweils das markierte Adverb? Zu welchen Wortklassen gehören die Wörter, die durch das Adverb näher bestimmt werden? (➠ *Lösungen*)

mucho ________, demasiado ________, muy ________,
desgraciadamente ________

Was Sie vorab wissen sollten

- Adverbien können Verben, Adjektive, andere Adverbien oder auch eine ganze Aussage näher bestimmen.
- Im Spanischen ist das Adverb wie im Deutschen immer unveränderlich, d. h. es gleicht sich in Geschlecht und Zahl nicht dem Wort an, auf das es sich bezieht.
- Adverbien können wie Adjektive gesteigert werden. Eine ausführliche Darstellung dazu finden Sie in ➠ Kapitel 6, *Vergleichsstrukturen.*

1 Die gängigsten Adverbien

Der Gebrauch der folgenden Adverbien stimmt mit dem im Deutschen weitgehend überein. Zu weiteren Zeit- und Ortsangaben sehen Sie ➠ Kapitel 33, *Die Präpositionen.*

1.1 Klassen von Adverbien (nach der Bedeutung)

Im Folgenden finden Sie einen Überblick über die verschiedenen Möglichkeiten, wie ein Adverb ein Wort oder einen Satz näher bestimmen kann.

Adverbien der Zeit (adverbios de tiempo)	
ahora jetzt, antes früher / vorher, ayer gestern, cuando wann / wenn,	¿Qué vas a hacer **mañana**? – **Todavía** / **Aún** no lo sé. Was hast

después dann / danach, entonces dann /damals, hoy heute, luego danach, mañana morgen, pronto früh, tarde spät, temprano / todavía / aún noch, ya schon, etc.	du **morgen** vor? – Ich weiß es **noch** nicht. Voy a terminar esto y **después** te ayudo. Ich mache das hier zu Ende und **dann** helfe ich dir.
Adverbien des Ortes (adverbios de lugar)	
abajo unten, acá / aquí hier, adelante vor(wärts), (a)dentro innen / drinnen, (a)fuera außen / draußen, ahí da, allí / allá dort, arriba oben, atrás / detrás hinten, cerca nah, lejos weit, etc.	**Aquí** te traigo el té. **Hier** bringe ich deinen Tee. Mi departamento está **arriba**, en el tercer piso. Meine Wohnung ist **oben**, im dritten Stock. Los niños están **fuera**, en el jardín. Die Kinder sind **draußen** im Garten.
Modaladverbien (adverbios de modo)	
alto laut, así so, bajo leise, bien gut, despacio / lentamente langsam, mal schlecht, más o menos / regular einigermaßen, normalmente normalerweise, rápido / rápidamente schnell, etc.	Por favor, habla más **despacio**. Sprich bitte **langsamer**. Hola, ¿cómo estás? – Y, **más o menos**, podría estar mejor. Hallo, wie geht's? – Na ja, **geht so / einigermaßen**, es könnte besser sein. Vamos **rápido** al supermercado, está por cerrar. Lass uns **schnell** zum Supermarkt gehen, er schließt gleich.
Adverbien der Menge (adverbios de cantidad)	
bastante ziemlich, casi fast, demasiado zu / zu viel, más mehr, menos weniger, mucho sehr / viel, muy sehr, poco wenig, tanto so viel, etc.	Jimena trabaja **demasiado**, ¿no te parece? Jimena arbeitet **zu viel**, findest du nicht? Este ejercicio es **demasiado** difícil para los alumnos. Diese Übung ist **zu** schwer für die Schüler.
Adverbien der Zustimmung (adverbios de afirmación)	
asimismo genauso, cierto gewiss, indudablemente zweifellos, sí ja / doch, también auch, etc.	¿Quieres dar un paseo? – **Sí**, vamos. Willst du spazieren gehen? – **Ja**, gehen wir.
Adverbien der Verneinung (adverbios de negación)	
jamás niemals, no nein, nunca nie, tampoco auch nicht	¿Has estado alguna vez en la India? – **No, no** he estado **nunca**. Warst du schon mal in Indien? – **Nein**, ich bin noch **nie** dort gewesen.

Adverbien des Zweifels (adverbios de duda)	
acaso / quizá(s) / tal vez vielleicht, probablemente wahrscheinlich, seguramente bestimmt / sicherlich, etc.	**Probablemente** se haga tarde hoy, entonces mejor no me esperes. **Wahrscheinlich** wird es heute spät, warte also besser nicht auf mich.

Beachten Sie
- Zu der Gruppe der Modaladverbien gehören auch Adverbien, die eine persönliche Bewertung ausdrücken, z. B. desgraciadamente unglücklicherweise, felizmente glücklicherweise, lamentablemente leider. Diese Adverbien beziehen sich auf die gesamte Aussage des Satzes.
- Bestimmte Adverbien, vor allem der Zeit und des Ortes, können auch mit dem Adjektiv mismo selbst kombiniert werden, z. B. aquí mismo, hoy mismo, ahora mismo. Diese Verbindung drückt Dringlichkeit oder Genauigkeit aus:
  Llevas cinco días diciendo que vas a arreglar esta puerta, pero no has hecho nada. – Bueno, bueno, **ahora mismo** lo hago ... Du sagst schon seit fünf Tagen, dass du diese Tür reparieren wirst, aber bis jetzt ist noch nichts passiert. – Ist ja gut, ich fange **jetzt sofort** an ...
  ¿Falta mucho para llegar? – No, es **aquí mismo**. Ist es noch weit, bis wir da sind? – Nein, es ist **gleich hier**.

Test 1
Markieren Sie in den folgenden Sätzen die Adverbien.
1. Espero verte pronto por aquí. Ich hoffe, dich hier bald wiederzusehen.
2. ¿No te parece a veces que ahora el tiempo pasa más rápido que antes? Scheint es dir nicht manchmal so, als verginge die Zeit jetzt schneller als früher?
3. ¿Dónde estás? – Aquí, en el dormitorio. Wo bist du? – Hier, im Schlafzimmer.
4. Deberíamos salir ahora. – No te preocupes, todavía es temprano. Wir sollten jetzt losgehen. – Mach dir keine Sorgen, es ist noch früh.

1.2 Besonderheiten

Im Folgenden finden Sie ausführliche Erklärungen zum Gebrauch einiger Adverbien.

1.2.1 Mucho / muy

Das Adverb mucho entspricht den deutschen Adverbien „sehr“ bzw. „viel“; muy bedeutet dagegen nur „sehr“. Die Frage, welches der beiden Adverbien verwendet wird, hängt davon ab, welche Wortklasse begleitet werden soll.

Beachten Sie
Sehen Sie zur Verwendung von mucho als Adjektiv ➠ Kapitel 9, *Die Indefinitbegleiter,* 3.3.2.

a) Das Adverb mucho

Das Adverb mucho kann folgende Wortklassen begleiten:
- Verben: Ayer trabajé **mucho.** Gestern habe ich **viel** gearbeitet.
  Te quiero **mucho.** Ich liebe dich **sehr**.
- Adjektive im Komparativ: Ella es **mucho** menos estricta de lo que parece. Sie ist **(sehr) viel** weniger streng, als es scheint.
- Adverbien im Komparativ: Anoche dormí **mucho** mejor. Letzte Nacht habe ich **viel** besser geschlafen.

b) Das Adverb muy

Das Adverb muy modifiziert folgende Wortklassen:
- Adverbien: Lo hemos pasado **muy** bien anoche. Wir haben uns letzte Nacht **sehr** gut amüsiert.
  ¡Estás bromeando! – No, te lo digo **muy** en serio. Du machst Witze! – Nein, ich sage dir das **ganz** im Ernst.
- Adjektive: El camino fue **muy** pesado. Der Weg war **sehr** beschwerlich.

Beachten Sie
Im Unterschied zu anderen Adverbien kann muy niemals ein Verb begleiten.

Test 2

Entscheiden Sie, ob in den folgenden Fällen muy oder mucho verwendet wird, und markieren Sie die richtige Alternative.

1. ¿Por qué no me llamaste? Estuve (muy / mucho) preocupado. Warum hast du mich nicht angerufen? Ich war sehr besorgt.
2. No dormí (muy / mucho) bien anoche, debo de haber estado nervioso por el examen. Letzte Nacht habe ich nicht sehr gut geschlafen, ich muss wohl aufgeregt gewesen sein wegen der Prüfung.
3. Mira, compré esto para Pablo. Creo que le va a gustar (muy / mucho). Schau mal, das hier habe ich für Pablo gekauft. Ich glaube, es wird ihm sehr gefallen.
4. ¿Ya viste «Todo sobre mi madre»? – No, no he ido (muy / mucho) al cine últimamente. Hast du schon „Alles über meine Mutter“ gesehen? – Nein, ich bin in letzter Zeit nicht viel ins Kino gegangen.

1.2.2 Demasiado

Demasiado zu / zu viel kann sowohl Indefinitbegleiter als auch Adverb sein.

a) Demasiado als Indefinitbegleiter (➠ Kapitel 9, *Die Indefinitbegleiter,* 3.3.5)
Demasiado wird als Indefinitbegleiter in Geschlecht und Zahl dem Substantiv angeglichen:
Hay **demasiados** desempleados en el país. Es gibt **zu viele** Arbeitslose im Land.

b) Demasiado als Adverb
Als Adverb ist demasiado unveränderlich.

- Demasiado bedeutet „zu viel", wenn es ein Verb modifiziert.
  Susana trabaja **demasiado.** Susana arbeitet **zu viel**.
- Wenn es ein Adjektiv oder Adverb modifiziert, bedeutet demasiado „zu".
  A mi parecer, Diego es **demasiado** pesimista. Meiner Ansicht nach ist Diego **zu** pessimistisch.
  In dieser Bedeutung wird demasiado seltener gebraucht als „zu" im Deutschen. Stattdessen steht häufig das Adjektiv bzw. Adverb allein.
  Rodrigo siempre llega tarde. Rodrigo kommt immer zu spät.

Test 3

Ergänzen Sie die Endungen, je nachdem ob demasiado als Adjektiv oder als Adverb verwendet wird.

1. Lorena es demasiad___ tímida. Lorena ist zu schüchtern.
2. Carlos tiene demasiad___ proyectos al mismo tiempo. No creo que lo pueda hacer todo. Carlos hat zu viele Projekte gleichzeitig. Ich glaube nicht, dass er alles schafft.
3. Hemos tenido demasiad___ dificultades en el trabajo como para poder tomarnos unas vacaciones. Wir hatten zu viele Schwierigkeiten bei der Arbeit, um Urlaub nehmen zu können.
4. ¿Te gusta este vestido o te parece demasiad___ extravagante? Gefällt dir dieses Kleid oder findest du es zu extravagant?

1.2.3 Tanto / tan

Auch tanto und tan so / so viel drücken einen hohen Grad aus. Sie werden häufig auch zusammen mit como in Vergleichsstrukturen verwendet.
Ese verano me sentí **tan** feliz **como** nunca. In dem Sommer war ich **so** glücklich **wie** noch nie. (➠ Kapitel 6, *Vergleichsstrukturen*, 1.1.1)
Zusammen mit que bilden tan und tanto eine Konjunktion.
Pablo ha bebido **tanto que** no debería manejar ahora. Pablo hat **so viel** getrunken, **dass** er besser nicht fahren sollte. (➠ Kapitel 34, *Die Konjunktionen,* 4.2.3)

Ob tan oder tanto benutzt wird, hängt von der Wortart des Wortes ab, auf das es sich bezieht:

- Tan so wird mit Adjektiven und Adverbien verwendet:
  ¡Estoy **tan** contenta! Ich bin **so** froh!
  Era **tan** temprano **que** no había nadie en la calle. Es war **so** früh, **dass** noch niemand auf der Straße war.
- Tanto so viel / so sehr / um so wird mit Verben sowie mit Adjektiven und Adverbien im Komparativ verwendet:
  ¡No grites **tanto**! Schrei nicht **so laut**![1]
  Si no viene Mariana, ¡**tanto mejor**! Wenn Mariana nicht kommt, **umso besser**!

Beachten Sie
Tanto ist wie mucho und demasiado auch ein Adjektiv und wird in diesen Fällen in Geschlecht und Zahl angeglichen:
Este niño no debería ver **tantas** películas de terror. Dieses Kind sollte nicht **so viele** Horrorfilme sehen. (➠ Kapitel 9, *Die Indefinitbegleiter,* 1 und 3.2)

Test 4

Entscheiden Sie, ob tan oder tanto verwendet werden muss, und markieren Sie die richtige Alternative.

1. Si no tienes remordimientos, ¡(tanto / tan) peor! Wenn du keine Gewissensbisse hast, umso schlimmer!
2. Ese libro es (tan / tanto) difícil que hay que leerlo varias veces. Dieses Buch ist so kompliziert, dass man es mehrmals lesen muss.
3. ¿Ya estás mejor? La última vez estabas (tanto / tan) triste. Geht es dir schon wieder besser? Beim letzten Mal warst du so traurig.
4. ¿Cómo puedes leer (tan / tanto)? Yo nunca tengo tiempo para hacerlo. Wie kannst du nur so viel lesen? Ich finde nie Zeit dafür.

1.2.4 También / tampoco

Im Spanischen gibt es zwei verschiedene Adverbien für „auch“ und „auch nicht“:
Yo soy de capricornio. – ¡Qué casualidad!, yo, **también** (soy de capricornio). Ich bin Steinbock[2]. – So ein Zufall, ich (bin) **auch** (Steinbock)!
No he estudiado nada para el examen. – A decir verdad, yo, **tampoco** (he estudiado). Ich habe noch gar nichts für die Prüfung gelernt. – Um ehrlich zu sein, ich (habe) **auch nicht** (gelernt).
También und tampoco können vor oder hinter dem Verb stehen. Wenn tampoco hinter dem Verb steht, muss vor dem Verb no stehen:

---

[1] Wörtlich: Schrei nicht so sehr!
[2] Mein Sternzeichen ist Steinbock …

No he visto la última película de Silvio Caiozzi, ¿y tú? – No, yo no la he visto **tampoco**. Ich habe den letzten Film von Silvio Caiozzi nicht gesehen, und du? – Nein, ich habe ihn **auch nicht** gesehen.

1.2.5 Sí / no

Sí ja und no nein sind die wichtigsten Adverbien, um eine Verneinung oder eine Bejahung auszudrücken. (➠ Kapitel 35, *Der Satzbau,* 1.2)
Diese Adverbien haben im Deutschen noch eine weitere Bedeutung: Sí bedeutet auch „doch", no bedeutet auch „nicht".
¿No me acompañas a la casa de Pancho? – **Sí**, vamos. Kommst du nicht mit zu Pancho? – **Doch**, gehen wir.
¿Alguien quiere más té? – Yo **no**, gracias. Möchte noch jemand Tee? – Ich **nicht**, danke.
Mit diesen Adverbien können Sie also auch Widerspruch zu einer vorhergegangenen Aussage ausdrücken. Sí wird im Deutschen dann auch mit „aber" oder „schon" wiedergegeben:
No me gustó «Como agua para chocolate». – A mí **sí**. Mir hat „Bittersüße Schokolade" nicht gefallen. – Mir **schon**.

Test 5

Ergänzen Sie die Adverbien sí, no, también oder tampoco, je nachdem ob Zustimmung oder Widerspruch ausgedrückt wird.

1. Me encantó la última novela de Vargas Llosa. – A mí, ______. La encontré horrible. Der letzte Roman von Vargas Llosa hat mir sehr gut gefallen. – Mir nicht, ich fand ihn schrecklich.
2. Hoy no voy a ir a gimnasia. – Yo ______ voy a ir, necesito hacer un poco de ejercicio. Ich gehe heute Abend nicht zum Sport. – Ich werde aber gehen, ich muss mich mal wieder ein bisschen bewegen.
3. Necesito ir al centro hoy. – Yo ______, ¿por qué no vamos juntos? Ich muss heute in die Stadt fahren. – Ich auch. Warum fahren wir nicht zusammen?
4. Mi familia vive en Múnich. – ¿En Múnich? ¡Qué casualidad!, la mía ______. Meine Familie lebt in München. – In München? So ein Zufall, meine auch!
5. No he visto nunca «Un perro andaluz» de Buñuel. ¿Tú? – No, yo ______, y eso que soy fanático de ese director. Ich habe ihn noch nie „Ein andalusischer Hund" von Buñuel gesehen. Du schon? – Nein, ich auch nicht, und das, obwohl ich ein Fan dieses Regisseurs bin.

1.2.6 Bien / mal

Die Adverbien bien gut und mal schlecht sind von den Adjektiven bueno gut und malo schlecht abgeleitet.

Adjektiv: Carolina es una **buena** traductora. Carolina ist eine **gute** Übersetzerin.
Adverb: Carolina hace **bien** su trabajo. Carolina macht ihre Arbeit **gut**.
Adjektiv: Pedro es un pianista **malo**. Pedro ist ein **schlechter** Klavierspieler.
Adverb: Pedro toca **mal** el piano. Pedro spielt **schlecht** Klavier.

Beachten Sie
Auch der Komparativ ist bei diesen beiden Adverbien unregelmäßig: mejor besser und peor schlechter; diese beiden Formen sind mit dem Komparativ der Adjektive bueno und malo identisch.
Hoy ya me siento **mejor**. Heute fühle ich mich schon **besser**.
Ayer estuve **peor** que hoy. Gestern ging es mir **schlechter** als heute.
Der Superlativ dieser Adverbien ist óptimamente am besten bzw. pésimamente am schlechtesten; diese Formen werden aber in der Umgangssprache selten benutzt.
(➠ Kapitel 6, *Vergleichsstrukturen,* 1.1.3 und 2.1.2)

Test 6

Entscheiden Sie, ob das Adjektiv oder das Adverb verwendet werden muss.

1. No entendí muy (bueno / bien) la explicación que me dio. Ich habe die Erklärung, die er mir gegeben hat, nicht sehr gut verstanden.
2. Últimamente me he sentido (malo / mal) en el trabajo. In letzter Zeit habe ich mich bei der Arbeit schlecht / unwohl gefühlt.
3. No me parece una (bien / buena) idea. Das scheint mir keine schlechte Idee zu sein.
4. Hace (bueno / bien) encontrarse con los amigos. Es tut gut, sich mit Freunden zu treffen.

2 Abgeleitete Adverbien

Neben den bereits genannten Adverbien gibt es eine ganze Reihe von Adverbien, die sich von verschiedenen anderen Wortklassen ableiten.

2.1 Adverbien auf -mente

Einige Adverbien sind von Adjektiven abgeleitet. Sie werden mit der weiblichen Form der Adjektive und dem Suffix -mente gebildet.
Adjektiv: tranquilo/a ruhig → **Adverb**: tranquilamente ruhig
Bei Adjektiven, die keine weibliche Form besitzen, wird -mente an diese eine Form angehängt, z. B. excepcional außergewöhnlich → excepcionalmente ausnahmsweise.

Beachten Sie

- Die Adverbien auf -mente besitzen eine zweifache Betonung: einmal auf der Silbe, auf der sie als Adjektiv betont werden, sowie auf der vorletzten Silbe: z. B. posible möglich → posiblemente möglicherweise.
- Der grafische Akzent eines Adjektivs bleibt beim Adverb erhalten: cortés höflich → cortésmente.
- Wenn mehrere Adverbien, die auf -mente enden, in einer Aufzählung aneinander gereiht werden, erhält nur das letzte der Reihe die Endung -mente. Nos acercamos lenta y cautelosamente. Wir näherten uns langsam und vorsichtig.

Test 7

Wie lauten die Adverbien zu den folgenden Adjektiven?

1. perfecto perfekt	____________	5. seguro sicher	____________
2. especial besonders	____________	6. claro klar	____________
3. rápido schnell	____________	7. decidido entschieden	____________
4. feliz glücklich	____________	8. fatal fatal	____________

2.2 Adverbialer Gebrauch von Adjektiven

Wie Sie bereits bei mucho oder tanto gesehen haben, gibt es Adverbien, die mit der männlichen Form der Adjektive identisch sind. Diese adverbial gebrauchten Adjektive sind aber im Gegensatz zu den Adjektiven unveränderlich. (➡ Kapitel 5, *Das Adjektiv*, 2.2)
Indefinitbegleiter: Sara lee **muchas** novelas. Sara liest **viele** Romane.
Adverb: Manuel también lee **mucho**. Manuel liest auch **viel**.

In einigen Fällen kann man sowohl das abgeleitete Adverb auf -mente als auch das adverbial gebrauchte Adjektiv verwenden.
Martina habla **perfecto / perfectamente** el francés. Martina spricht **perfekt** Französisch.
Diese adverbial gebrauchten Adjektive sind auf bestimmte Kontexte angewiesen, man kann also schwer eine verbindliche Regel aufstellen. Im Folgenden erhalten Sie einige Anhaltspunkte:

- Adjektive, die verschiedene Grade von Klarheit oder Intensität ausdrücken, z. B. alto laut, bajo leise, fuerte laut / stark, lento langsam, claro deutlich etc. können mit Verben des Sagens kombiniert werden: decir sagen, hablar sprechen, pronunciar aussprechen, llamar rufen, cantar singen.
  Habla más **lento**. Sprich **langsamer**.
  Le gusta cantar **fuerte** en la ducha. Er/Sie singt gerne **laut** unter der Dusche.

- Die Adjektive primero zuerst, rápido schnell und pronto bald weisen vielfältige Kombinationsmöglichkeiten mit Verben verschiedenster semantischer Felder auf, z. B. llegar ankommen, escribir schreiben, pensar denken, hablar sprechen, trabajar arbeiten, enterarse (de) etwas erfahren, conocer kennen lernen, abrir öffnen, subir hinaufgehen / einsteigen.
  Ese día llegó Ana **primero**. An diesem Tag kam Ana **zuerst** an.
  Sube **rápido** al tren, que ya está por salir. Steig **schnell** in den Zug ein, er fährt gleich los.
- Weiterhin gibt es Fälle, in denen sich die Bedeutung ändert, je nachdem ob es sich um ein adverbial gebrauchtes Adjektiv oder ein Adjektiv auf -mente handelt.
  Habla **más alto**. Sprich **lauter**.
  Este barrio es **altamente** peligroso. Dieses Viertel ist **höchst** gefährlich.

Test 8

Versuchen Sie mit Hilfe der Übersetzung herauszufinden, bei welchen der fett gedruckten Wörtern es sich um Adverbien handelt.

1. Miguel tiene **poco** tiempo. Miguel hat wenig Zeit.
2. Miguel sale **poco**. Miguel geht wenig aus.
3. Eva tomó **demasiado** vino. Eva hat zu viel Wein getrunken.
4. Eva fuma **demasiado**. Eva raucht zu viel.
5. La semana pasada hubo una **fuerte** tormenta que derribó muchos árboles. Letzte Woche gab es einen starken Sturm, der viele Bäume umgestürzt hat.
6. Ayer de nuevo llovió **fuerte**. Gestern hat es wieder stark geregnet.

2.3 Adverbiale Ausdrücke

- Adverbiale Ausdrücke sind aus Wörtern verschiedener Wortklassen zusammengesetzt, z. B. Präposition + Substantiv / Adjektiv / Adverb: por la mañana morgens, de pronto plötzlich, de ninguna manera auf keinen Fall, a lo mejor vielleicht, a veces manchmal etc.
  Einige dieser Ausdrücke werden sogar zusammengeschrieben, z. B. apenas kaum, enfrente gegenüber, deprisa schnell, despacio langsam, und haben die Funktion eines Adverbs.
- Einige adverbiale Ausdrücke können auch durch ein einfaches Adverb ausgedrückt werden, z. B. de nuevo / nuevamente wieder / noch einmal.
  Llamé a la casa de Javier y **de nuevo / nuevamente** no lo encontré. Ich habe bei Javier angerufen und ihn **schon wieder** nicht angetroffen.
  In der Umgangssprache wird jedoch meist den adverbialen Ausdrücken der Vorzug gegeben, z. B. por suerte zum Glück statt afortunadamente.

– Modaladverbien können auch spontan mit de + manera / forma + Adjektiv gebildet werden, was der deutschen Konstruktion „auf ... Art / Weise“ entspricht, z. B. de manera discreta auf diskrete Weise, de manera tímida auf schüchterne Weise.

Beachten Sie
In einigen Fällen kann auch mit con und einem Substantiv ein adverbialer Ausdruck gebildet werden, z. B. con cuidado mit Vorsicht / vorsichtig, con temor mit Angst / ängstlich.

Test 9

a) Versuchen Sie, den folgenden Adverbien die entsprechenden adverbialen Ausdrücke zuzuordnen: por lo general, con frecuencia, de repente, de gravedad, de / por casualidad, con armonía.

1. repentinamente plötzlich ______________
2. casualmente zufällig ______________
3. generalmente im Allgemeinen ______________
4. gravemente schlimm ______________
5. frecuentemente häufig ______________
6. armónicamente harmonisch ______________

b) Ersetzen Sie die folgenden Adverbien durch die entsprechenden adverbialen Ausdrücke entweder mit de manera + Adjektiv oder mit con, wenn Sie das entsprechende Substantiv kennen.

1. cautelosamente vorsichtig ______________
2. tranquilamente ruhig ______________
3. temerariamente furchtlos ______________
4. escandalosamente skandalös ______________
5. alegremente fröhlich ______________

3 Stellung im Satz

Wie eingangs erwähnt, kann ein Adverb Verben, Adjektive und andere Adverbien näher bestimmen. Je nachdem verändert sich auch die Stellung des Adverbs. (➠ Kapitel 35, *Der Satzbau,* 1.1.3)

3.1 Adverbien in Verbindung mit einem Verb

– Wenn sich das Adverb auf ein Verb bezieht, steht es häufig nach dem Verb.
Javier come **mucho**. Javier isst **viel**.
Te entendí **perfectamente**. Ich habe dich **bestens** verstanden.

- Die folgenden Adverbien stehen oft zwischen Subjekt und Verb, wenn sie sich auf den ganzen Satz beziehen: sólo / solamente nur, incluso sogar, casi fast, todavía noch, ya schon, también auch, tampoco auch nicht.
  Nosotros **también** fuimos. Wir sind **auch** hingegangen.
  Martín **ya** volvió de su viaje. Martín ist von seiner Reise **schon** zurückgekehrt.
- Die Zeitadverbien nunca und siempre stehen ebenfalls häufig zwischen Subjekt und Verb.
  Ellos **nunca** se sintieron cómodos aquí. Sie haben sich hier **nie** wohl gefühlt.
  Pía **siempre** llega atrasada. Pía kommt **immer** zu spät.

Beachten Sie
Das Adverb nunca kann auch hinter dem Verb stehen, dann muss es allerdings eine doppelte Verneinung geben:
Ellos **no** se sintieron **nunca** cómodos aquí. (➠ Kapitel 35, *Der Satzbau,* 1.2)

3.2 In Verbindung mit einem Adjektiv

Wenn sich das Adverb auf ein Adjektiv bezieht, steht es vor dem Adjektiv.
Él es **muy** alto. Er ist **sehr** groß.
Silvia es una **muy** buena deportista. Silvia ist eine **sehr** gute Sportlerin.
Mario es **extremadamente** terco. Mario ist **äußerst** dickköpfig.

3.3 In Verbindung mit einem anderen Adverb

Wenn ein Adverb ein anderes näher bestimmt, steht zuerst das bestimmende Adverb.
No hables **tan** fuerte. Sprich nicht **so** laut.
Claudio y Susana bailan **increíblemente** bien. Claudio und Susana tanzen **unglaublich** gut.

3.4 Voranstellung

Einige Adverbien können einen Satz einleiten. Dies ist vor allem bei Modaladverbien der Fall.
Afortunadamente ellos llegaron a la hora. **Glücklicherweise** sind sie pünktlich gekommen.
Ojalá te haya ido bien en el examen. **Hoffentlich** hast du die Prüfung bestanden.
Generalmente me acuesto a las doce. **Normalerweise** gehe ich um zwölf schlafen.

Beachten Sie

- Von den genannten Adverbien kann ojalá nur am Satzanfang stehen, generalmente und afortunadamente hingegen auch am Satzende.
  Me acuesto a las doce **generalmente**.
- Adverbien des Ortes und der Zeit können ebenfalls an den Satzanfang gestellt werden.
  Mañana voy a comprar un regalo para Julio. **Morgen** werde ich ein Geschenk für Julio kaufen.
  Aquí había un teatro antes. **Hier** war früher ein Theater.
- Aber auch andere Adverbien können vorangestellt werden, um sie hervorzuheben.
  Mucho no me gustó la idea. Die Idee hat mir nicht **sehr** gefallen.

Im ➠ Kapitel 35, *Der Satzbau* finden Sie detaillierte Ausführungen zur Stellung der verschiedenen Satzelemente.

Test 10

Fügen Sie die angegebenen Adverbien in die Sätze ein. Achten Sie auf die Satzstellung.

1. Lo esperé. (impacientemente ungeduldig)
   ______________________________.
   Ich habe ihn ungeduldig erwartet.
2. No estoy seguro. (muy sehr)
   ______________________________.
   Ich bin mir nicht sehr sicher.
3. Juan viene a la fiesta. (también auch)
   ______________________________.
   Juan kommt auch zur Party.
4. Isabel y yo fuimos al Cajón del Maipo. (ayer gestern)
   ____________________.
   Isabel und ich sind gestern zum Cajón del Maipo gefahren.

Auf den Punkt gebracht

1. (➠ *Was Sie vorab wissen sollten*)
Markieren Sie die richtige/-n Alternative/-n.

a) Adverbien können (Adjektive / Substantive / Adverbien / ganze Sätze) näher bestimmen.
b) Adverbien sind (unveränderlich / veränderlich).
c) Adverbien (können / können nicht) gesteigert werden.

2. (➠ *1*)
2.1 Markieren Sie die richtige/-n Alternative/-n.
a) Adverbien der Zeit sind z. B. (hoy / allá / también).
b) Adverbien des Ortes sind z. B. (aquí / también / arriba).
c) Modaladverbien sind z. B. (ayer / bien / normalmente).
d) Adverbien der Menge sind z. B. (bastante / también / poco).
e) Adverbien der Zustimmung sind z. B. (también / sí / tampoco).
f) Adverbien der Verneinung sind z. B. (no / tampoco / quizás).
g) Adverbien des Zweifels sind z. B. (probablemente / tal vez / nunca).

2.2 Ergänzen Sie mit Hilfe der Übersetzung das entsprechende Adverb.
a) _______ fui a la exposición de Dalí. Gestern bin ich in die Dalí-Ausstellung gegangen.
b) _______ vaya de nuevo. Vielleicht gehe ich noch einmal hin.
c) _______ nos veamos _______. Wahrscheinlich sehen wir uns dort.
d) No lo sabemos _______. Wir wissen es noch nicht.

3. (➠ *1.2*)
Markieren Sie die richtige Alternative.
a) (Tanto und mucho / Tan und muy) begleiten Adjektive und Adverbien.
b) Ayer los niños se acostaron (mucho / muy) tarde. Gestern sind die Kinder sehr spät schlafen gegangen.
c) Me gustó (mucho / muy) tu regalo. Dein Geschenk hat mir sehr gefallen.
d) ¡Ese día nos reímos (tan / tanto)! An jenem Tag haben wir so gelacht!
e) Carlos no es (tan / tanto) aplicado como su hermano. Carlos ist nicht so fleißig wie sein Bruder.
f) Im Spanischen gibt es zwei verschiedene Adverbien für „auch" und „auch nicht": (también / tampoco) bedeutet „auch", (también / tampoco) bedeutet „auch nicht".
g) No sé a qué hora empieza la función. ¿Tú lo sabes? – No, yo (también / tampoco). Ich weiß nicht, um wie viel Uhr die Vorstellung beginnt. Weißt du es? – Nein, ich auch nicht.
h) Das Adverb von malo schlecht lautet (mal / malo), das Adverb von bueno lautet (bien / buen).

4. (➠ *2*)
4.1 Markieren Sie die richtige Alternative.
a) Die Adverbien auf -mente werden mit der (männlichen / weiblichen) Form der Adjektive gebildet.
b) Die adverbial gebrauchten Adjektive sind mit der (männlichen / weiblichen) Form der Adjektive identisch.
c) Adverbiale Ausdrücke können mit Hilfe von de + manera + (Adjektiv / Substantiv) oder von con + (Adjektiv / Substantiv) gebildet werden.

4.2 Ergänzen Sie das Adverb mit -mente. In Klammern ist das entsprechende Adjektiv vorgegeben.

a) Lo sabes ______________ (perfecto). Das weißt du ganz genau.

b) ______________ (posible) no pueda ir mañana. Möglicherweise kann ich morgen nicht kommen.

c) Me parece que lo mejor es decirlo ______________ (abierto). Es scheint mir, dass es das Beste ist, es offen zu sagen.

4.3 Ergänzen Sie den adverbialen Ausdruck mit de manera.

a) Estaba actuando ______________ (extraño). Er/Sie verhielt sich merkwürdig.

b) Nos aburrimos ______________ (increíble). Wir langweilten uns unglaublich.

5. (➠ 3)

5.1 Markieren Sie die richtige Alternative.

a) Wenn das Adverb ein Verb begleitet, steht es (vor / nach) dem Verb.

b) Wenn das Adverb ein Adjektiv begleitet, steht es (vor / nach) dem Adjektiv.

c) Wenn das Adverb ein anderes Adverb begleitet, steht es (vor / nach) dem Adverb.

d) Wenn ein Adverb die ganze Aussage modifiziert, steht es meist am (Anfang / Ende) des Satzes.

5.2 Ergänzen Sie die Adverbien an der richtigen Stelle.

a) Sus argumentos no me parecieron convincentes. (muy sehr)

____.

Seine Argumente erschienen mir nicht sehr überzeugend.

b) Carolina escuchó. (atentamente aufmerksam)

____.

Carolina hörte aufmerksam zu.

c) Vamos a Italia en el verano. (quizás vielleicht)

____.

Vielleicht fahren wir im Sommer nach Italien.

Und wenn Sie noch neugierig sind ...

Wie unterscheiden sich die fett gedruckten Adverbien in den folgenden Sätzen von den in diesem Kapitel behandelten? Versuchen Sie die Bedeutung der Adverbien zu erraten:

1. Esperanza, ¿no vienes con nosotros? – Sí, sí, **ahorita** voy.
2. Habla **despacito**, que están durmiendo los niños.
3. Vamos **rapidito** al supermercado, que está por cerrar.
4. ¿Dónde está el correo? – Acá **cerquita**, a dos cuadras.

Auf Entdeckung

Lesen Sie die folgenden Sätze.

1. Nos encontramos **a** las siete. Wir treffen uns um sieben Uhr.
2. ¿A cuánto está el kilo de naranjas? – A un euro. Was kostet das Kilo Orangen? – Einen Euro.
3. Juan viaja **a** Sevilla mañana. Juan fährt morgen nach Sevilla.
4. Ayer **a** la noche fui al teatro. Gestern Abend bin ich ins Theater gegangen.
5. ¿Has visto **a** Andrés últimamente? Hast du Andrés in letzter Zeit gesehen?

a) Was fällt Ihnen bezüglich der Präposition a auf? Vergleichen Sie die spanischen und deutschen Sätze.

____

b) Die Präposition a hat in diesen Beispielen verschiedene Funktionen. Versuchen Sie, die Beispielsätze den Funktionen zuzuordnen.

1. Zeit → wann? ________
2. Preisangabe → wie viel? ________
3. Raum → wo / wohin? ________
4. Akkusativobjekt → wen oder was? ________

Was Sie vorab wissen sollten

- Die Präpositionen geben räumliche, zeitliche oder andere Beziehungen zwischen zwei Wörtern oder Wortgruppen an.
  Hoy dan una película de Almodóvar **en** el «Alameda». Empieza **a** las ocho.
  Heute wird ein Film von Almodóvar **im** „Alameda“ gezeigt. Er beginnt **um** acht Uhr.
- Viele der spanischen Präpositionen können verschiedene Beziehungen ausdrücken. Die deutsche Entsprechung geht oft nur aus dem Kontext hervor, in einigen Fällen wird im Deutschen keine Präposition verwendet.

1 Formen

Die spanischen Präpositionen können ihrer Form nach in zwei Kategorien unterteilt werden: einfache und zusammengesetzte. Im Gebrauch unterscheiden sie sich allerdings nicht. Alle Präpositionen sind – wie im Deutschen – unveränderlich.

1.1 Einfache Präpositionen (preposiciones simples)

Die einfachen Präpositionen bestehen aus einem Wort, z. B. con mit, sobre auf, en in, entre zwischen etc.

Es más seguro andar en bicicleta **con** casco. Es ist sicherer, **mit** Helm Fahrrad zu fahren.
Te espero **entre** las siete y las ocho **en** mi casa. Ich erwarte dich **bei** mir **zwischen** sieben und acht.

1.2 Zusammengesetzte Präpositionen (preposiciones compuestas)

Außerdem gibt es Präpositionen, die aus zwei oder mehr Wörtern verschiedener Wortklassen zusammengesetzt sind und eine Beziehung (räumlich, zeitlich etc.) zwischen verschiedenen Satzelementen herstellen. Häufig ist die Kombination von Adverbien mit Präpositionen, z. B. antes vorher / früher + de → antes de vor.
Adverb: **Antes** hacía mucho deporte. **Früher** machte ich viel Sport.
Präposition: **Antes del** almuerzo suelo dar un paseo. **Vor** dem Mittagsessen mache ich gewöhnlich einen Spaziergang.

2 Gebrauch

2.1 Grundbedeutungen einiger häufig gebrauchter Präpositionen

Im Folgenden werden einige häufig gebrauchte Präpositionen erläutert. Diese Präpositionen können viele verschiedene Arten von Beziehungen zwischen Satzelementen herstellen. Die Entsprechungen im Deutschen sind vom Kontext abhängig.

2.1.1 a / en

a	Richtung: nach / an / zu / in (Frage: wohin?)	Este verano vamos **a** Italia. Diesen Sommer fahren wir **nach** Italien. ¿Tienes ganas de ir **a** la exposición de Dalí mañana? Hast du Lust, morgen **in** die Dalí-Ausstellung zu gehen? Este año no hemos ido mucho **a** la playa. Dieses Jahr sind wir nicht oft **an den** Strand gegangen. „Zu jemand“ wird ausgedrückt mit a (la) casa de alguien: ¿Vamos **a (la) casa de** Manuel? Gehen wir **zu** Manuel?

	Uhrzeit / Tageszeit: um	A las siete cierran los negocios. **Um** acht schließen die Geschäfte. ¡Qué horror! Mañana **a** la mañana tengo el examen oral. Wie schrecklich, morgen **früh**[1] habe ich meine mündliche Prüfung.
	Zeit: nach (mit bestimmtem Artikel)	**A** los tres meses me volví a encontrar con Miguel. **Nach** drei Monaten traf ich Miguel wieder. **A** la semana volví a saber de él. Nach einer Woche hörte ich wieder von ihm.

Beachten Sie
- Die Präpositionen a und de werden in Verbindung mit dem männlichen Artikel el zu **al** und **del** verbunden. (➠ Kapitel 4, *Der Artikel,* 1.2)
- Die Tageszeit kann nicht nur mit a, sondern auch mit por und en angegeben werden.
  Mañana **por** / **en** la mañana tengo el examen oral. (➠ 2.1.3)
  A und en werden eher in Hispanoamerika verwendet, por eher in Spanien.
- Anstelle von hoy a la noche heute Abend / hoy a la mañana heute Morgen / hoy a la tarde heute Nachmittag kann man auch das Demonstrativum esta diese verwenden: esta noche heute (diesen) Abend, esta mañana heute (diesen) Morgen, esta tarde heute (diesen) Nachmittag.

en	Ortsangaben: an / auf / in / bei (Frage: wo?)	La panadería está **en** la esquina. Die Bäckerei ist **an** der Ecke. ¿Dónde naciste? – **En** Montevideo. Wo wurdest du geboren? – **In** Montevideo. **en** la mesa **auf** dem Tisch; **en** casa **zu** Hause; **en** la calle **auf** / **in** der Straße „Bei jemand" wird ausgedrückt mit **en** (la) casa de alguien: Ayer estuve **en (la) casa de** Francisco. Gestern war ich **bei** Francisco.
	Jahreszeit / Monat / Zeitraum: in / im / innerhalb von	**En** verano hace mucho calor aquí. Im Sommer ist es sehr heiß hier. Andrés y Sofía se casan **en** diciembre. Andrés und Sofía heiraten **im** Dezember. Colón descubrió América **en** 1492. Kolumbus entdeckte Amerika 1492. Estamos **en** el siglo veintiuno. Wir befinden uns **im** 21. Jahrhundert.

[1] Wörtlich: morgen am Morgen

En una semana es mi cumpleaños. **In** einer Woche habe ich Geburtstag.
En cuatro días se había leído todos los libros que había llevado. **Innerhalb von** vier Tagen hat er alle Bücher gelesen, die er mitgebracht hatte.

Beachten Sie
Im Spanischen wird das Datum und der Wochentag – im Gegensatz zum Deutschen – ohne Präposition angegeben. Es wird nur der bestimmte Artikel verwendet. (➠ Kapitel 4, *Der Artikel,* 1.3.1 und 1.3.2)
El veinticinco de abril es el cumpleaños de José. **Am 25. April** ist der Geburtstag von José.
El sábado va a hacer una fiesta. **Am Samstag** wird er eine Party veranstalten.

Test 1

Ergänzen Sie die Präpositionen a und en bzw. ∅. Die Übersetzung hilft Ihnen dabei.

1. El próximo año pienso viajar ____ Chile. Nächstes Jahr habe ich vor, nach Chile zu fahren.
2. Quiero pasar unos días ____ Valparaíso. Ich möchte ein paar Tage in Valparaíso verbringen.
3. Quizás hasta vaya ____ la Isla de Pascua. Vielleicht fahre ich sogar auf die Osterinsel.
4. Hoy ____ la noche es la inauguración de la exposición. Heute Abend ist die Ausstellungseröffnung.
5. Creo que empieza ____ las nueve. Ich glaube, es fängt um neun an.
6. ¿Tú sabes cuándo vuelve Javier? – ____ enero, creo. Weißt du, wann Javier zurückkommt? – Im Januar, glaube ich.
7. Yo pensé que ____ las dos semanas ya estaría de vuelta. Ich dachte, dass er nach zwei Wochen schon zurück sein würde.
8. Quisiera saber ____ qué hora atiende la extranjería. Ich hätte gern gewusst, um wie viel Uhr die Ausländerbehörde öffnet.
9. ¿Tienes ganas de ir ____ la casa de Ana? Hast du Lust zu Ana zu gehen?
10. ¿Qué edad tiene tu hermano? – Nació ____ 1976, tiene dos menos que yo. Wie alt ist dein Bruder? – Er ist 1976 geboren, er ist also zwei Jahre jünger als ich.
11. ____ el domingo podríamos hacer un paseo a Aranjuez. Am Sonntag könnten wir einen Ausflug nach Aranjuez machen.

2.1.2 con / de

con	Begleitung: mit	Fui a tomarme un helado **con** Martín. Ich bin mit Martín ein Eis essen gegangen. Vivo **con** mi novia. Ich lebe **mit** meiner Freundin zusammen.
de	Besitz / Ursprung: von	Este libro es **de** mi hermana. Dieses Buch ist **von** meiner Schwester. el auto **de** mi madre das Auto meiner Mutter «Rayuela» es el libro más famoso **de** Cortázar. „Rayuela" ist das bekannteste Buch **von** Cortázar.

Test 2

Ergänzen Sie die Präpositionen con und de.

1. ¿Tienes ganas de salir ____ Marcelo a la noche? Hast du Lust, heute Abend mit Marcelo auszugehen?
2. ¿____ quién es este cuaderno? – Creo que es ____ Martina. Von wem ist dieses Heft? – Ich glaube von Martina.
3. ¿Leíste la última novela ____ Cristina Peri Rossi? Hast du den letzten Roman von Cristina Peri Rossi gelesen?
4. Ayer me encontré ____ Mara, la esposa ____ Miguel. Gestern habe ich mich mit Mara, Miguels Frau, getroffen.

2.1.3 para / por

para	Zweck / Ziel: für / um zu	Compré esta camisa **para** ti. Ich habe dieses Hemd **für** dich gekauft. Voy a bajar el volumen de la radio **para** escucharte mejor. Ich werde das Radio etwas leiser stellen, **um** dich besser **zu** verstehen.
	nach / in / zu (mit Verben wie irse / partir / salir aufbrechen / abfahren)	Ayer mi abuela se fue **para** el sur. Meine Großmutter ist gestern **in** den Süden gefahren. Salieron **para** Paris hace dos horas. Sie sind vor zwei Stunden **nach** Paris losgefahren. Nos vamos **para** la playa. Wir gehen **an den** Strand.

Beachten Sie

In den oben genannten Fällen, in denen para eine Richtung angibt, kann immer auch a verwendet werden (eine Ausnahme ist salir, das stets mit para gebraucht wird). A ist aber die gängigere Variante.

por	Grund: wegen / aus / für	Se cerró el aeropuerto **por** la niebla. Der Flughafen wurde **wegen** des Nebels geschlossen. Gracias **por** tu ayuda. Danke **für** deine Hilfe. Lo hizo **por** amor. Er tat es **aus** Liebe.
	mit bestimmten Verben der Bewegung wie pasear / dar un paseo spazieren gehen, caminar laufen, pasar (vorbei)gehen: durch / entlang / in / auf / bei / an	Dimos un paseo **por** el parque. Wir machten einen Spaziergang **durch** den Park. Voy a hacer un viaje **por** Latinoamérica. Ich werde eine Reise **durch** Lateinamerika machen. A la vuelta podemos pasar **por** la nueva tienda. Auf dem Rückweg können wir **beim** neuen Geschäft vorbeigehen. Me gusta caminar **por** la playa. Ich gehe gerne **am** Strand spazieren.
	vage Ortsangaben	**por** aquí hier (in der Gegend) **Por** esta zona viven muchos latinoamericanos. In dieser Gegend leben viele Lateinamerikaner.
	Tageszeit	Ellos se reúnen mañana **por** la noche. Sie treffen sich morgen Abend. ¿Nos encontramos mejor **por** la tarde o **por** la noche? Sollen wir uns besser nachmittags oder abends treffen?

Beachten Sie

Im Spanischen kann man einen Grund auch mit por und einem Adjektiv angeben. Diese Konstruktion erfordert im Deutschen einen Nebensatz mit „weil“.
Se lastimó **por** descuidado. Er hat sich verletzt, weil er unvorsichtig war.

Test 3

Ergänzen Sie die Präpositionen para und por.

1. Nos vemos mañana ____ la mañana. Wir sehen uns morgen früh.
2. Compré estas flores ____ él. Ich habe diese Blumen für ihn gekauft.
3. Tenemos que salir ahora ____ no llegar tarde. Wir müssen jetzt losgehen, um nicht zu spät zu kommen.
4. Esto le pasó ____ impaciente. Das ist ihm passiert, weil er ungeduldig ist.
5. Me gustaría viajar _____ el sur de España. Ich würde gerne durch den Süden Spaniens reisen.

2.1.4 hacia / hasta

hacia	Richtung: nach / zu / in	Las autopistas **hacia** la costa estuvieron atascadas todo el fin de semana. Die Autobahnen **in Richtung** Küste waren das ganze Wochenende verstopft.
	ungefähre Zeit- und Ortsangaben	Se levantó **hacia** el mediodía. Er/Sie ist **gegen** Mittag aufgestanden.
hasta	zeitlich / räumlich: bis	Iremos en tren **hasta** Barcelona y después tomamos el barco a Mallorca. Wir fahren im Zug **bis** Barcelona und nehmen dann die Fähre nach Mallorca. Es posible inscribirse en los cursos **hasta** la próxima semana. **Bis** nächste Woche kann man sich noch für die Kurse anmelden.

Beachten Sie

- Der Unterschied zwischen a und hacia, die beide eine Richtung angeben, besteht darin, dass a den Endpunkt einer Bewegung ausdrückt, z. B. ir a la biblioteca in die Bibliothek gehen, während hacia nur die Richtung angibt, z. B. viajar hacia el sur in Richtung Süden reisen. Hasta gibt wie im Deutschen im räumlichen Sinne einen vorläufigen Endpunkt einer Bewegung an, mit der Bedeutung „bis".
  Te acompaño **hasta** la biblioteca. Ich begleite dich **bis** zur Bibliothek.
  Im Unterschied zu a la biblioteca ist damit gemeint, dass man die Bibliothek nicht betritt, sondern nur vorbeigeht.
- Als Adverb bedeutet hasta „sogar" und ist mit incluso identisch.
  La fiesta estuvo tan animada que **hasta / incluso** mi padre bailó. Die Party war so gut, dass **sogar** mein Vater tanzte.

Test 4

Ergänzen Sie die Präpositionen hasta und hacia.

1. _____ medianoche me desperté, porque había escuchado un ruido. Gegen Mitternacht wachte ich auf, weil ich ein Geräusch gehört hatte.
2. Tenemos que doblar aquí, porque la autopista sigue _____ el norte. Hier müssen wir abbiegen, weil die Autobahn in Richtung Norden weitergeht.
3. Isabel fuma mucho _____ cuando está enferma. Isabel raucht sehr viel, sogar wenn sie krank ist.
4. De Estrasburgo _____ París nos fuimos a dedo, después seguimos en tren. Von Straßburg bis Paris sind wir getrampt, dann sind wir mit dem Zug weitergefahren.

2.1.5 entre / sobre

entre	zwischen	**Entre** Europa y América está el Mar Atlántico. **Zwischen** Europa und Amerika befindet sich der Atlantik.
	gemeinsam / zu	**Entre** tú y yo lo lograremos. Du und ich **gemeinsam** werden es schaffen. **Entre** los dos lo lograremos. **Zu** zweit werden wir es schaffen.
	unter	**Entre** todos mis amigos, Pablo es al que más quiero. **Unter** allen meinen Freunden mag ich Pablo am liebsten.

Beachten Sie
In der letzteren Bedeutung kann man, wie auch im Deutschen, die Präposition de von verwenden: De todos mis amigos ... Von allen meinen Freunden ...

sobre	auf / über	¿Trajiste las revistas? – No, creo que quedaron **sobre** la mesa. Hast du die Zeitschriften mitgebracht? – Nein, ich glaube, sie sind **auf** dem Tisch liegen geblieben.
	im übertragenen Sinn	Hablamos **sobre**[2] la película. Wir sprachen **über** den Film.
	so gegen / um	Llegamos **sobre** las 10. Wir kamen / kommen **so gegen** 10 Uhr an.

Beachten Sie
Anstatt der Präposition sobre wird häufig auch en (➠ 2.1.1) oder encima de (➠ 2.3) verwendet. Ein Unterschied existiert nur in den Fällen, in denen en auch „in" heißen kann. „Auf dem Schrank" kann man mit sobre oder encima de ausdrücken. En el armario heißt dagegen „im Schrank". Ansonsten werden diese Präpositionen aber meist synonym gebraucht, es gibt keine Regel zum spezifischen Gebrauch. So kann man „auf dem Tisch" mit sobre la mesa, en la mesa und encima de la mesa ausdrücken.

Test 5

Ergänzen Sie die Präpositionen entre und sobre.

1. Ayer vi un documental ______ la guerra de Vietnam. Gestern habe ich einen Dokumentarfilm über den Vietnamkrieg gesehen.
2. _____ todas las películas que he visto últimamente, «La lección de piano» fue la mejor. Unter allen Filmen, die ich in letzter Zeit gesehen habe, war „Das Piano" der beste.

[2] Möglich auch: hablar **de**

3. ¿Me podrías alcanzar el mapa que está _____ la mesa? Könntest du mir die Landkarte geben, die auf dem Tisch liegt?
4. ¿Me podríais ayudar a correr el armario? _____ varios es más fácil. Könntet ihr mir helfen, den Schrank zu verrücken? Zu mehreren ist es leichter.
5. A Claudio le encanta discutir _____ política. Claudio liebt es, über Politik zu diskutieren.
6. _____ todos los poetas españoles, García Lorca es el que más me gusta. Unter allen spanischen Dichtern mag ich am liebsten García Lorca.

2.1.6 tras / ante / bajo

tras	räumlich: hinter	Se escondió **tras** la puerta. Sie/Er versteckte sich **hinter** der Tür. La policía iba **tras** el ladrón. Die Polizei war **hinter** dem Einbrecher her.
	zeitlich: nach	Estaba tan nervioso que fumaba un cigarrillo **tras** otro. Er war so nervös, dass er eine Zigarette **nach** der anderen rauchte.
ante	örtlich: vor	Lo llamaron para declarar **ante** el juez. Er wurde aufgefordert, **vor** dem Richter auszusagen.
	im übertragenen Sinn	**ante** estas circunstancias **angesichts** dieser Umstände
bajo	unter	Pasaron la noche **bajo** un puente. Sie verbrachten die Nacht **unter** einer Brücke.
	im übertragenen Sinn	Afirmó su inocencia **bajo** juramento. Er beteuerte seine Unschuld **unter** Eid. **bajo** el régimen de Franco **unter** dem Franco-Regime

Beachten Sie

Für diese drei Präpositionen gibt es jeweils eine weitere Möglichkeit: Statt tras kann detrás de, statt bajo kann debajo de und statt ante kann delante de verwendet werden. Diese zusammengesetzten Präpositionen (➠ 2.3) werden in der Umgangssprache häufiger gebraucht, allerdings können sie jeweils nur im räumlichen Sinn benutzt werden.

Test 6

Ergänzen Sie die Präpositionen tras, ante und bajo.

1. Fuimos a pasear _____ la lluvia. Wir sind im Regen spazieren gegangen.
2. Juro _____ Dios. Ich schwöre vor Gott.
3. Lo detuvieron _____ la sospecha de hurto. Er wurde unter dem Verdacht des Diebstahls festgenommen.
4. _____ los sucesos de ayer nadie pudo dormir tranquilo. Nach den gestrigen Vorfällen konnte niemand ruhig schlafen.

2.1.7 contra / según / sin

contra	gegen / entgegen	En el campeonato de baloncesto, Italia perdió **contra** Inglaterra. In der Basketball-Meisterschaft hat Italien **gegen** England verloren. **Contra** todas las expectativas, los acusados fueron declarados inocentes. **Entgegen** aller Erwartungen wurden die Angeklagten für unschuldig erklärt.
según	(je) nach / zufolge / laut	**Según** las estadísticas, bajó el nivel de delincuencia. Den Statistiken **zufolge** ist die Kriminalitätsrate gesunken. **Según** la cantidad de estudiantes, se hará el curso aquí o en la sala grande. **Je nach** Anzahl der Studenten wird der Kurs hier oder im großen Saal stattfinden.
sin	ohne	**Sin** tu ayuda no lo habría logrado. **Ohne** deine Hilfe hätte ich es nicht geschafft.

Test 7

Ergänzen Sie die Präpositionen contra, según und sin.

1. Lo tuvieron que internar en el hospital _________ su voluntad. Man musste ihn gegen seinen Willen ins Krankenhaus einweisen.
2. No se puede comprar este remedio _________ receta. Dieses Medikament kann man nicht ohne Rezept kaufen.
3. _________ la opinión del jurado, no hay dudas sobre este caso. Nach Meinung der Jury gibt es keine Zweifel in diesem Fall.
4. El partido _________ el Real Madrid se jugó _________ Salas. Das Spiel gegen Real Madrid wurde ohne Salas gespielt.

2.1.8 Weitere Wörter, die Satzteile verbinden

Die folgenden Wörter sind keine Präpositionen im eigentlichen Sinne, sie haben aber die Funktion einer Präposition:

a pesar de / pese a	trotz	Hay mucha gente que fuma **a pesar de / pese a** los daños que causa a la salud. Es gibt viele Leute, die rauchen, **trotz** der gesundheitlichen Schäden, die es verursacht.
en vez de / en lugar de	anstatt	Deberías cambiar algo **en vez de / en lugar de** lamentarte. Du solltest etwas ändern, **anstatt** dich zu beschweren.
debido a	aufgrund	El avión no pudo salir **debido a** la lluvia. Das Flugzeug konnte **aufgrund** des Regens nicht starten.
salvo / excepto / menos	außer	Me gustan todas las verduras, **menos** los espárragos. Ich mag alle Gemüse **außer** Spargel. Conozco todos los países europeos, **excepto** Suecia. Ich kenne alle europäischen Länder **außer** Schweden.

Test 8

Finden Sie die passenden Kombinationen. Tragen Sie den entsprechenden Buchstaben in die mittlere Spalte ein.

1. El bolso se me rompió apenas lo compré Die Tasche ging kaputt, kurz nachdem ich sie gekauft hatte.		a) excepto Mirta, que no tenía tiempo. außer Mirta, die keine Zeit hatte.
2. ¿Qué te parece si alquilamos un vídeo Was hälst du davon, wenn wir ein Video ausleihen		b) salvo con mi hermano mayor. außer mit meinem älteren Bruder.
3. Ayer fuimos a pasear Gestern sind wir spazieren gegangen		c) debido a la mala calidad. aufgrund der schlechten Qualität.
4. Me llevo bien con toda mi familia Ich verstehe mich gut mit meiner ganzen Familie		d) en vez de ir al cine? anstatt ins Kino zu gehen?

5. El miércoles pasado nos encontramos todos Letzten Mittwoch haben wir uns alle getroffen		e) a pesar de la lluvia. trotz des Regens.

TIPP

Falls Sie noch Anfänger sind, sollten Sie den nächsten Abschnitt erst einmal übergehen und mit ➠ 2.3 fortfahren.

2.2 Weitere Bedeutungen von a, con, en, de, por, para

Die Präpositionen a, con, en, de, por, para haben sehr viele verschiedene Bedeutungen. Im Folgenden finden Sie einen Überblick über die Bedeutungen, die über die in 2.1 erläuterten hinausgehen.

2.2.1 a / en

a	beim Akkusativ- und Dativobjekt (➠ 4.2)	Vi a Carolina ayer. ¡Qué vieja está! Ich habe gestern Carolina gesehen. Wie alt sie geworden ist! Le escribí a tu hermano. Ich habe deinem Bruder geschrieben.
	Art und Weise	a lo inglés auf englische Art, a tu manera auf deine Art escribir a máquina Schreibmaschine schreiben hecho a mano handgemacht
	Preis	¿A cuánto está este anillo? – A cien pesos. Was kostet dieser Ring? – Hundert Pesos.
	Datum	¿A cuánto estamos? – A diecisiete. Den Wievielten haben wir heute? – Den siebzehnten.
	bei Verben der Sinneswahrnehmung	Esto me suena a mentira. Das klingt mir wie eine Lüge. Este perfume huele a rosas. Dieses Parfüm riecht nach Rosen.
	in Verbindung mit bestimmten Verben	Vamos a dormir ahora. Wir werden jetzt schlafen. (➠ Kapitel 26, *Infinite Verbformen*, 1.3.2)

	Ort: an	Se sentaron **a** la mesa. Sie setzten sich **an** den Tisch. El pueblo está **al** pie de la montaña. Das Dorf ist **am** Fuß des Berges. Descansamos **a** la orilla de un río. Wir ruhten **am** Ufer eines Flusses aus.
en	Art und Weise	**en** huelga im Streik, **en** mangas de camisa hemdsärmelig, **en** español auf Spanisch hacer bien / mal **en** ... gut / schlecht daran tun zu ... Hiciste bien **en** no hacerle caso a Rodrigo. Du hast gut daran getan, nicht auf Rodrigo zu hören.
	bei Fortbewegungsmitteln	**en** auto mit dem Auto, **en** tren mit dem Zug, **en** avión mit dem Flugzeug **Aber: a** pie zu Fuß, **a** caballo mit / auf dem Pferd, mandar algo **por** barco / avión / tren etwas mit dem Schiff / Flugzeug / Zug schicken

Test 9

Ergänzen Sie die Präpositionen a und en.

1. ¿Prefieres ir ____ auto o ____ metro al centro? Möchtest du lieber mit dem Auto oder mit der U-Bahn in die Stadt fahren?
2. La verdad es que preferiría ir ____ pie. Ehrlich gesagt, am liebsten würde ich zu Fuß gehen.
3. Si no me crees, hazlo ____ tu manera. Wenn du mir nicht glaubst, mach es auf deine Art.
4. Como no me entendió, lo repetí ____ inglés. Da er/sie mich nicht verstand, wiederholte ich es auf Englisch.
5. ¡Qué rico este té! Tiene gusto ____ vainilla. Lecker dieser Tee! Er schmeckt nach Vanille.

2.2.2 con / de

con	im Sinne von „gegenüber“	**Con** nosotros siempre fue correcto. **Zu** uns / Uns **gegenüber** war er immer korrekt.
	Art und Weise	Tienes que hacerlo **con** mucho cuidado. Du musst es sehr vorsichtig tun. Zusammen mit Substantiven: estar **con** ganas Lust haben zu: No estoy **con** ganas de salir. Ich habe keine Lust auszugehen.

		con calma **mit** Ruhe / ruhig, **con** seguridad **mit** Sicherheit / sicher (➠ Kapitel 32, *Das Adverb*)
	Mittel	Prefiero pintar **con** óleo a pintar **con** acuarela. Ich male lieber **mit** Öl als **mit** Aquarell.
	Ursache	**Con** un día tan soleado, no pienso quedarme en casa. **An** so einem schönen Tag denke ich nicht daran zu Hause zu bleiben.

de	Material	una estatua **de** mármol eine Marmorstatue Este collar es **de** plata. Diese Kette ist **aus** Silber.
	für die Angabe eines Inhalts	una tienda **de** ropa ein Bekleidungsgeschäft ¿Te gustan las películas **de** terror? Magst du Horrorfilme? No quiero hablar **de** eso. Ich möchte darüber nicht sprechen.
	bestimmte Eigenschaften	una casa **de** cinco pisos ein fünfstöckiges Haus un señor **de** 70 años ein siebzigjähriger Mann un barco **de** vela ein Segelschiff
	mit estar für vorübergehende Tätigkeiten	¿Qué es de Adrián? – Está **de** pinchadiscos en un club. Was macht Adrián denn so? – Er ist (zur Zeit) DJ in einem Club. estar **de** ánimo in der Stimmung sein zu / nach etwas zumute sein: No estoy **de** ánimo para bailar. Ich bin nicht in der Stimmung zu tanzen. / Mir ist nicht nach Tanzen zumute.
	„als"	Se disfrazó **de** vampiro para la fiesta. Er hat sich **als** Vampir verkleidet für die Party. Ella trabaja **de** enfermera. Sie arbeitet **als** Krankenschwester. Berlín tiene más **de** tres millones de habitantes. Berlin hat mehr **als** drei Millionen Einwohner. (➠ Kapitel 6, *Vergleichsstrukturen,* 3.1.1)
	nach Mengenangaben	un vaso **de** vino ein Glas Wein un kilo **de** manzanas ein Kilo Äpfel
	Datum	el 21 **de** mayo **de** 1998 am 21. Mai 1998 (➠ Kapitel 36, *Zahlen, Zeit- und Mengenangaben,* 2)

Test 10

Ergänzen Sie die Präpositionen con und de.

1. Más vale que te lo tomes ____ calma. Am besten du nimmst das gelassen.
2. ¡Qué bonito tu pulóver! ¿Es ____ algodón? Was für ein schöner Pullover. Ist er aus Baumwolle?
3. Él es muy cariñoso ____ su perro. Er ist sehr liebevoll zu seinem Hund.
4. Nací el 23 ____ agosto ____ 1970. Ich wurde am 23. August 1970 geboren.
5. ¡Qué linda esta foto! ¿La sacaste ___ flash? Was für ein schönes Foto! Hast du es mit Blitz gemacht?
6. ¿Y tú, qué estás haciendo? – Yo estoy ____ ayudante en la universidad. Und, was machst du gerade? – Ich bin Tutorin an der Uni.
7. ____ semejante ruido es imposible dormir. Les voy a pedir que bajen la música. Bei so einem Lärm ist es unmöglich zu schlafen. Ich werde ihnen sagen, dass sie die Musik leiser stellen sollen.

2.2.3 por / para

por	Urheber beim Passiv	«Las Meninas» fue pintado **por** Velázquez. „Die Hoffräulein" wurde **von** Velázquez gemalt. (➠ Kapitel 29, *Das Passiv*)
	Mittel / Art und Weise	Te llamo **por** teléfono. Ich rufe dich an. Se casaron **por** la iglesia. Sie haben kirchlich geheiratet.
	Preis	Lo compró **por** cien pesos. Er/Sie hat es **für** hundert Pesos gekauft.
	anstelle von / zugunsten	Si no paga, yo pagaré **por** él. Wenn er nicht bezahlt, werde ich es **für** ihn / **an seiner Stelle** tun.
	unmittelbar bevorstehende Handlung	El tren estaba **por** salir cuando llegué a la estación. Der Zug war **im Begriff** loszufahren, als ich am Bahnhof ankam.
	„zum"	Hace poco leí «La mujer habitada» **por** segunda vez. Vor kurzem habe ich **zum** zweiten Mal „Die bewohnte Frau" gelesen.

para	Ziel / Bestimmung	Este té es bueno **para** el estómago. Dieser Tee ist gut **für** den Magen.
	Bezug / Vergleich	**Para** su edad lee bastante bien. **Für** sein Alter liest er schon ziemlich gut.

Zeit	Necesitamos el artículo **para** mañana. Wir brauchen den Artikel **für** morgen. Dijo que venía **para** navidad. Er sagte, er würde an Weihnachten kommen.

Beachten Sie
Da der Unterschied zwischen para und por sehr wichtig und vom Deutschen her schwierig zu verstehen ist, finden Sie in Abschnitt ➡ 4 dazu noch einmal eine Zusammenfassung.

Test 11

Ergänzen Sie die Präpositionen para und por.

1. El chocolate es malo _____ los dientes. Schokolade ist schlecht für die Zähne.
2. _____ tu culpa perdimos el avión. Durch deine Schuld haben wir den Flug verpasst.
3. Este niño es muy grande _____ su edad. Dieses Kind ist sehr groß für sein Alter.
4. Me compré una cámara fotográfica _____ quinientos euros. Ich habe mir einen Fotoapparat für fünfhundert Euro gekauft.
5. Estaba _____ salir, cuando sonó el teléfono. Ich war im Begriff zu gehen, als das Telefon klingelte.
6. _____ mi gusto no es un buen músico. Für meinen Geschmack ist er kein guter Musiker.
7. ¡Te lo digo _____ última vez! Ich sage dir das zum letzten Mal!

2.3 Ortsangaben

In 2.1 haben Sie bereits die wichtigsten Präpositionen des Ortes, en und por, kennen gelernt. Hier finden Sie weitere.

a la izquierda de	links von	**a la izquierda de** la entrada principal **links vom** Haupteingang
a la derecha de	rechts von	**a la derecha del** edificio **rechts von** diesem Gebäude
al lado de	neben	**Al lado del** cine hay un quiosco. **Neben** dem Kino ist ein Kiosk.
lejos de	weit von	¿La piscina está **lejos de** aquí? Ist das Schwimmbad **weit von** hier?

cerca de	nah an / bei	Vivo tan **cerca de** la oficina que puedo salir de casa a las nueve menos cinco. Ich wohne so **nah am** Büro, dass ich erst fünf vor neun losgehen muss.
debajo de	unter	El lugar preferido de mi gato es **debajo de** la mesa. Der Lieblingsplatz meiner Katze ist **unter** dem Tisch.
encima de	auf / über	Me parece que dejaste el CD **encima del** equipo. Ich glaube, du hast die CD **auf** der Anlage liegen lassen.
frente a / enfrente de	gegenüber	**Frente a / Enfrente de** la iglesia está el ayuntamiento. **Gegenüber** der Kirche befindet sich das Rathaus.
delante de	vor	Nos encontramos **delante del** cine a las ocho. Wir treffen uns um acht **vor** dem Kino.
detrás de	hinter	¿Has visto mis lentes? – Creo que están **detrás de** esos libros. Hast du meine Brille gesehen? – Ich glaube, sie ist **hinter** diesen Büchern dort.

Test 12

Markieren Sie die richtige Alternative.

1. Este es el centro de Buenos Aires. La Casa Rosada está (encima de / frente a) la plaza de Mayo. Das ist das Zentrum von Buenos Aires. Die Casa Rosada[3] ist gegenüber der Plaza de Mayo.
2. Si estamos en la plaza de Mayo, podemos ver (a la izquierda / a la derecha) de la Casa Rosada el Banco Nación. Wenn wir auf der Plaza de Mayo stehen, können wir links von der Casa Rosada die Nationalbank sehen.
3. (Al lado de / Debajo de) este está la Catedral. Neben ihr ist die Kathedrale.
4. (Detrás de / Delante de) la Plaza de Mayo está el Cabildo, que es un edificio de la época de la colonia. Hinter der Plaza de Mayo ist das Cabildo, ein Gebäude aus der Kolonialzeit.
5. (A la izquierda / A la derecha) de este están los bancos. Rechts davon befinden sich die Banken.

[3] Amtssitz des argentinischen Präsidenten

2.4 Zeitangaben im Spanischen

Das Spanische verfügt über viele verschiedene Möglichkeiten, Zeitangaben auszudrücken. In 2.1 haben Sie bereits die Präpositionen a, en und por für Zeitangaben kennen gelernt. Die folgenden Abschnitte sollen Sie mit weiteren Präpositionen und einigen Besonderheiten bei Zeitangaben vertraut machen.

2.4.1 Weitere Präpositionen

durante	während	Está prohibido fumar **durante** el vuelo. Es ist verboten, **während** des Flugs zu rauchen.
dentro de	in	**Dentro de** unos días nos vamos de vacaciones. **In** ein paar Tagen fahren wir in Urlaub.
después de	nach	Aquí no pasa nada **después de** las doce. Hier ist **nach** zwölf Uhr nichts mehr los.
antes de	vor / bevor	Acuérdate de tomar tu medicina **antes de** la comida. Denk daran, dein Medikament **vor** dem Essen zu nehmen.
de … a / desde … hasta	von … bis	Me voy de viaje **desde** el tres **hasta** el diecisiete de diciembre. Ich verreise **vom** dritten **bis** zum siebzehnten Dezember. El pronóstico del tiempo anuncia lluvia **desde** el viernes **hasta** el domingo. Die Wettervorhersage kündigt **von** Freitag **bis** Sonntag Regen an. Trabajo **de** lunes **a** jueves. Ich arbeite montags bis donnerstags. Mucha gente se va de vacaciones **de** agosto **a** septiembre. Viele Leute verreisen **von** August **bis** September.

Beachten Sie
Für allgemeine Aussagen wird eher de … a ohne Artikel verwendet.
El médico atiende **de** nueve **a** dos. Der Arzt hat von neun bis zwei Sprechstunde.

Test 13

Ergänzen Sie die Präpositionen durante, dentro de, después de, antes de, de … a / desde … hasta.

1. Me gusta ir a la sauna _________ trabajar. Ich gehe nach der Arbeit gern in die Sauna.

2. ¿Sabes si hay anuncios _________ la película? Weißt du, ob vor dem Film Werbung gezeigt wird?
3. El festival de cine es _________ (el) diez _________ (el) quince de febrero. Das Filmfestival ist vom zehnten bis zum fünfzehnten Februar.
4. ¡Qué lástima! Las vacaciones terminan _________ cinco días. Wie schade! In fünf Tagen sind die Ferien vorbei.
5. _________ la hora de la siesta está todo cerrado aquí. Während der Siesta ist hier alles geschlossen.
6. La biblioteca abre _________ lunes _________ jueves. Die Bibliothek ist von Montag bis Donnerstag geöffnet.

2.4.2 Zeitangaben mit hace, desde und desde hace

Im Spanischen gibt es verschiedene Möglichkeiten, einen Zeitpunkt oder einen Zeitraum anzugeben.

Hace entspricht in etwa dem deutschen „vor“ und wird ebenfalls verwendet, um einen Zeitraum anzugeben.	**Hace** unos días tuve una pesadilla terrible. **Vor** ein paar Tagen hatte ich einen furchtbaren Alptraum.
Desde hace entspricht dem deutschen „seit“, wird jedoch ausschließlich zur Angabe von Zeiträumen verwendet.	Estoy viviendo en Berlín **desde hace** un año. Ich lebe **seit** einem Jahr in Berlin.
Desde entspricht ebenfalls dem deutschen „seit“, wird jedoch nur zur Angabe eines Zeitpunkts verwendet.	Estoy muerta de hambre, no he comido nada **desde** el desayuno. Ich sterbe vor Hunger, **seit** dem Frühstück habe ich nichts gegessen. En esta casa no se ha hecho nada **desde** 1970, está en pésimas condiciones. In diesem Haus ist **seit** 1970 nichts gemacht worden, es befindet sich in einem erbärmlichen Zustand.

Beachten Sie

- Hace ist eine Form des Verbs hacer und kann auch in anderen Zeiten verwendet werden:
  Imperfekt: **Hacía** dos años había visto a Susana por última vez. Ich hatte Susana **vor** zwei Jahren zuletzt gesehen.
  Futur: Nos encontramos **hará** cinco años en Madrid. Wir trafen uns **vor ungefähr** fünf Jahren in Madrid.

– Hace lässt eine weitere Konstruktion zu: Es kann Nebensätze bilden, die mit dem Relativpronomen que angeschlossen werden:
Hace mucho tiempo **que** no voy al cine. Seit langem bin ich nicht im Kino gewesen.
Hace un año **que** vivo en Berlín. Seit einem Jahr lebe ich in Berlin.
Die wörtliche Übersetzung eines solchen Satzes wäre in etwa: Es ist lange her, dass ...

Test 14

Ergänzen Sie die folgenden Sätze mit hace, desde oder desde hace.

1. Estoy durmiendo mal _________ unos días. Seit ein paar Tagen schlafe ich schlecht.
2. _________ la semana pasada estoy durmiendo mal. Seit letzter Woche schlafe ich schlecht.
3. Leí «Cien años de soledad» _________ mucho tiempo. Ich habe „Hundert Jahre Einsamkeit" vor langer Zeit gelesen.
4. No he visto a mis primos _________ navidad. Ich habe meine Cousins seit Weihnachten nicht mehr gesehen.
5. No he ido a las clases de flamenco _________ dos semanas. Ich bin seit zwei Wochen nicht zum Flamenco-Unterricht gegangen.
6. Has visto a Claudia últimamente? – No, _________ mucho que no la veo. Hast du Claudia in letzter Zeit gesehen? – Nein, ich habe sie seit langem nicht gesehen.
7. ¿Desde cuándo vives en Hamburgo? – _________ cinco años. Seit wann lebst du in Hamburg? – Seit fünf Jahren.

2.4.3 Adverbiale Ausdrücke

Es gibt im Spanischen weitere Zeitangaben, die meist aus Präpositionen und Substantiven gebildet werden.

de momento	momentan	**De momento** estoy contento con mi trabajo. **Momentan** bin ich zufrieden mit meiner Arbeit.
de madrugada, de día, de noche	früh morgens, tags, abends / nachts	Se levanta todos los días **de madrugada**. Er/Sie steht jeden Tag **früh morgens** auf. Ya era **de día** cuando volvieron a la casa. Es war schon **hell**[4], als sie nach Hause kamen. Prefiero estudiar **de noche**. Ich lerne lieber **abends**.
a tiempo	rechtzeitig	Tratemos de llegar **a tiempo** a la función. Lass uns versuchen, **rechtzeitig** zur Vorstellung da zu sein.

[4] Wörtlich: Tag

por fin	endlich	**Por fin** paró la lluvia. **Endlich** hat der Regen aufgehört.
de nuevo	(schon) wieder / noch einmal	Tuve que ir **de nuevo** al médico. Ich musste **(schon) wieder** zum Arzt gehen.
por ahora, por hoy	im Moment, für heute	**Por ahora** es todo lo que le puedo decir. **Im Moment** ist das alles, was ich Ihnen sagen kann.

Beachten Sie
Die Präposition por kommt sehr häufig in Ausdrücken der Zeit vor: por tercera vez zum dritten Mal, por el momento zur Zeit, por aquellos días in jenen Tagen, por unos días für einige Tage, por la noche / mañana / tarde nachts / morgens / nachmittags.

Test 15

Ergänzen Sie die adverbialen Ausdrücke.

1. ¿Ya escuchaste que ______________ hubo una inundación en Santiago? Hast du schon gehört, dass es in Santiago wieder eine Überschwemmung gegeben hat?
2. ¿Quieres más café? – ______________ no, gracias. Möchtest du noch Kaffee? – Im Moment nicht, danke.
3. ______________ esta calle está llena de gente. Nachts ist diese Straße voller Leute.
4. Voy a tomar un taxi para llegar ______________ al aeropuerto. Ich werde ein Taxi nehmen, um rechtzeitig am Flughafen anzukommen.
5. Bueno, ¿terminamos ______________? No doy más. Machen wir Schluss für heute? Ich kann nicht mehr.

2.5 Kombination von Präpositionen

Bestimmte Präpositionen können kombiniert werden. Vor allem in der gesprochenen Sprache werden diese doppelten Präpositionen häufig verwendet. Der Gebrauch ist in den verschiedenen Regionen unterschiedlich, hier einige Beispiele:

para con	gegenüber / mit	No tuvieron ninguna consideración **para con** él. Sie hatten keine Nachsicht **mit** ihm.
por entre	zwischen … hindurch	El sol se asomó **por entre** las ramas. Die Sonne schien **zwischen** den Zweigen **hindurch**.

en contra de	gegen	Estamos **en contra del** proyecto. Wir sind **gegen** das Projekt.
por debajo de	unter … hindurch / entlang	¿Y este ruido? – Es el metro que pasa **por debajo de** esta calle. Was ist das für ein Geräusch? – Das ist die U-Bahn, die **unter** der Straße **entlang** fährt.

3 Deklination

Anders als im Deutschen haben die spanischen Substantive keine Kasusflexion, d. h. sie werden nicht dekliniert. Um Kasusbeziehungen auszudrücken, greift das Spanische deshalb auf Präpositionen zurück: a für die Kennzeichnung der Funktionen von Akkusativ (bei Personen) und Dativ und de für den Genitiv.
Da im Spanischen die Wörter selbst nicht dekliniert werden, gibt es folglich auch keine Präpositionen, die einen bestimmten Fall fordern, so wie etwa im Deutschen: mit + Dativ, zu + Dativ etc.

Nominativ	∅	**Esa señora** no me cae muy bien. **Diese Frau** dort ist mir nicht sehr sympathisch. Ese hombre es **mi profesor**. Dieser Mann dort ist **mein Lehrer**.
Genitiv	de	El padre **de mi novio** se llama Ernesto. Der Vater **meines Freundes** heißt Ernesto. La madre **de Simón** es muy joven. **Simóns** Mutter ist sehr jung.
Dativ	a / para	Le respondí **a tu amigo.** Ich antwortete **deinem Freund**. Le llevé unas flores **a mi suegra**. Ich habe **meiner Schwiegermutter** ein paar Blumen mitgebracht. Llevé unas flores **para mi suegra**. Ich habe **meiner Schwiegermutter** ein paar Blumen mitgebracht.
Akkusativ	∅	Tengo **un coche** rojo. Ich habe **ein** rotes **Auto.** ¿Leíste **la última novela** de Fernando Vallejo? Hast du **den letzten Roman** von Fernando Vallejo gelesen? ¿Has visto **mi llave**? Hast du **meinen Schlüssel** gesehen? Necesitamos **una niñera**. Wir brauchen **ein Kindermädchen**.

		Conozco **mucha gente** aquí. Ich kenne **viele Leute** hier.
	a	¿Has visto **al señor Fernández**? Hast du **Herrn Fernández** gesehen? Ayer conocí **a tu amiga** Julia. Gestern habe ich **deine Freundin** Julia kennen gelernt. ¿Encontraste **al perro**? Lo estuve buscando toda la tarde. Hast du **den Hund** gefunden? Ich habe ihn den ganzen Nachmittag lang gesucht. El sindicato ha presionado **al gobierno**. Die Gewerkschaft hat Druck auf **die Regierung** ausgeübt.

Beachten Sie
Zum Akkusativ ohne Präposition (∅):

- Bei Gegenständen oder Personen, die nicht bekannt sind, wird im Akkusativ keine Präposition verwendet.
  Buscamos una secretaria. Wir suchen eine Sekretärin.
  Hier ist die Person nicht bekannt. Es wird nicht eine bestimmte Person gesucht, sondern irgendeine.
- Nach dem Verb tener entfällt die Präposition a.
  Tengo un hijo. Ich habe einen Sohn.
  In der Bedeutung von „etwas verursachen" wird tener dagegen mit der Präposition a verwendet.
  Tienes **a** tu madre muy preocupada. Du machst deiner Mutter viele Sorgen.[5]
- Bei Personengruppen, sowohl im Singular als auch im Plural, wird keine Präposition verwendet, wenn sich die Handlung des Verbs nicht direkt auf sie bezieht.
  Conozco mucha gente de Nicaragua. Ich kenne viele Leute aus Nicaragua.
  Trotzdem kann man auch hier die Variante mit a hören:
  Conozco **a** mucha gente de Nicaragua.

Zum Akkusativ mit der Präposition a:

- Bei bekannten Personen wird der Akkusativ mit a gebildet.
  ¿Llamaste **a** Elisa? Hast du Elisa angerufen?
- Bei Tieren, zu denen eine enge Bindung besteht, steht ebenfalls a.
  Me pareció mejor dejar **al** perro en casa. Es schien mir besser, den Hund zu Hause zu lassen.
  Einige Begriffe, die man sich personifiziert vorstellen kann, können ebenfalls mit a eingeleitet werden.
  No teme a la muerte. Er fürchtet den Tod nicht.

---
[5] Wörtlich: Du hast deine Mutter sehr in Sorge.

- Auch bei Personengruppen, sowohl im Singular als auch im Plural, wird die Präposition a benutzt, wenn die Handlung des Verbs auf die Gruppe ausgeübt wird.
  Los grandes caudillos siempre han sabido seducir **al** pueblo. Die großen Caudillos haben es immer verstanden, das Volk zu verführen.

TIPP

Falls Sie diesen Punkt vertiefen möchten, gehen Sie zu ➠ Kapitel 10, *Die Personalpronomen.*

Test 16

Vervollständigen Sie die folgenden Sätze. Welche Präposition (a / de / ∅) ist die passende?

1. ¡Pon _____ la silla en la cocina, por favor! Stell den Stuhl bitte in die Küche!
2. ¿_____ quién es esta pluma? Wessen Füller ist das?
3. ¡Saluda _____ tu madre de mi parte! Grüß deine Mutter von mir!
4. ¿_____ quién le doy las flores? Wem soll ich die Blumen geben?
5. ¿Conoces _____ mi hermano? Kennst du meinen Bruder?
6. Tengo _____ un muy buen amigo en esta ciudad. In dieser Stadt habe ich einen sehr guten Freund.

4 *Para / por*

Der Unterschied zwischen diesen Präpositionen ist oft nicht vom Deutschen her abzuleiten und kann gelegentlich Schwierigkeiten bereiten. Deshalb haben wir in der folgenden Tabelle die wichtigsten Verwendungen noch einmal zusammengefasst.

	para	**por**
„um zu“	Voy a bajar el volumen de la radio **para** escucharte mejor. Ich werde das Radio etwas leiser stellen, **um** dich besser **zu** verstehen.	∅
anstelle von / zugunsten	∅	Llamé a la oficina **por** ella. Ich habe **für** sie (= an ihrer Stelle) im Büro angerufen.

	para	por
Ziel / Bestimmung	Llegó esta carta **para** ti. Dieser Brief ist **für** dich angekommen.	∅
Grund / Ursache	∅	No pudimos ir **por** falta de tiempo. Wir konnten **aus** Zeitmangel nicht hingehen.
Urheber beim Passiv	∅	Esta canción interpretada **por** Charly García es buenísima. Dieses Lied, **von** Charly García gesungen, ist sehr gut.
Bezug / Vergleich	**Para** su edad lee bastante bien. **Für** sein Alter liest er schon ziemlich gut.	∅
Art und Weise	∅	Te llamo **por** teléfono. Ich rufe dich an. Se casaron **por** la iglesia. Sie haben kirchlich geheiratet.
Preis	∅	Lo compró **por** doscientos pesos. Er/Sie hat es **für** zweihundert Pesos gekauft.
unmittelbar bevorstehende Handlung	∅	El tren estaba **por** salir cuando llegué a la estación. Der Zug war **im Begriff** loszufahren, als ich am Bahnhof ankam.

Beachten Sie
Nur Raum- und Zeitangaben können mit beiden Präpositionen gebildet werden.

	para	por
räumlich	Richtung: El avión **para** Roma salió con atraso. Das Flugzeug **nach** Rom startete mit Verspätung.	Ortsangabe: Hacemos un viaje **por** Estados Unidos en el verano. Wir machen im Sommer eine Reise **durch** die USA.

	para	por
Zeitangabe	Las tareas son **para** la próxima semana. Die Hausaufgaben sind **für** die nächste Woche.	¿Nos encontramos mejor **por** la tarde o **por** la noche? Sollen wir uns besser nachmittags oder abends treffen?

Test 17

Ergänzen Sie para oder por.

1. Este error lo cometió _____ desconcentrado. Diesen Fehler hat er gemacht, weil er unkonzentriert war.
2. _____ milagro no le pasó nada en el accidente. Wie durch ein Wunder ist ihm beim Unfall nichts passiert.
3. ¿_____ qué quieres la dirección? – _____ escribirle. Wozu willst du die Adresse? – Um ihm/ihr zu schreiben.
4. Voy a pagar _____ ellos. Ich werde für sie (= an ihrer Stelle) bezahlen.
5. Hace un momento llamó una señora _____ ti. Vor einer Weile hat eine Frau für dich angerufen.
6. _____ tu culpa vamos a llegar tarde. Wegen dir werden wir zu spät kommen.
7. Brindemos _____ tu nuevo trabajo. Lass uns auf deine neue Arbeit anstoßen.
8. Mi amiga Paula trabaja _____ una empresa grande. Meine Freundin Paula arbeitet für eine große Firma.
9. Imagínate, Sebastián se compró un computador nuevo _____ tres mil euros. Stell dir vor, Sebastián hat sich einen neuen Computer für dreitausend Euro gekauft.
10. Manda el paquete _____ barco, es más barato. Schick das Päckchen per Schiff, das ist billiger.

5 Besonderheiten beim Gebrauch der Präpositionen

Im Allgemeinen unterscheidet sich der deutsche und der spanische Gebrauch der Präpositionen nicht, d. h. die Präpositionen geben in beiden Sprachen Beziehungen zwischen verschiedenen Elementen des Satzes an. Es gibt aber einige Fälle, in denen die Präpositionen anders verwendet werden als im Deutschen.

5.1 Präpositionen mit bestimmten Verben, Substantiven und Adjektiven

Im Deutschen wie im Spanischen gibt es Verben, Adjektive und Substantive, die eine bestimmte Präposition fordern. Die jeweils geforderte Präposition kann sich in beiden Sprachen unterscheiden. Im folgenden Abschnitt finden Sie einen Überblick über einige dieser Verbindungen, über weitere gibt Ihnen jedes gute Wörterbuch Auskunft.

5.1.1 Verben

tardar en (Zeit) brauchen	Ella no tardó mucho **en** darse cuenta. Sie brauchte nicht lange, um es zu bemerken.
acostumbrarse a sich gewöhnen an	No me acostumbro **al** clima en este país. Ich gewöhne mich nicht **an** das Klima in diesem Land.
alegrarse de / con / por sich freuen über	Me alegro **de** tu éxito. Ich freue mich **über** deinen Erfolg.
soñar con träumen von	Sueño **con** viajar por el mundo. Ich träume **davon**, um die Welt zu reisen.
acordarse de sich erinnern an / denken an	No me acuerdo **de** su cara. Ich erinnere mich nicht **an** sein/ihr Gesicht.
enamorarse de sich verlieben in	Me enamoré **de** él cuando estábamos en la escuela. Ich verliebte mich **in** ihn, als wir noch zur Schule gingen.
preguntar por fragen nach	¿Le preguntaste a Martina **por** el libro? Hast du Martina **nach** dem Buch gefragt?
dudar de zweifeln an	No dudo **de** tu capacidad. Ich zweifle nicht **an** deiner Fähigkeit.
pensar en denken an	Últimamente he pensado mucho **en** el futuro. In letzter Zeit habe ich viel **an** die Zukunft gedacht.

Beachten Sie

– Es gibt einige Verben, die mehrere Präpositionen zulassen, z. B. alegrarse. Im Deutschen wird meist dieselbe Präposition benutzt.
  Me alegro **con** tu noticia. Ich freue mich **über** deine Nachricht.
  Me alegro **de** verte. Ich freue mich, dich zu sehen.
  Me alegro **por** tu llegada. Ich freue mich **über** deine Ankunft.
  Aber: Me alegro **por** ti. Ich freue mich **für** dich.

- Ein Nebensatz wird mit de que angeschlossen.
  Nos alegramos de que vengas. Wir freuen uns, dass du kommst.
- Für den Ausdruck „sich **auf** etwas freuen" gibt es im Spanischen allerdings keine direkte Entsprechung.

5.1.2 Adjektive

orgulloso de stolz auf	Estamos muy orgullosos **de** ti. Wir sind sehr stolz **auf** dich.
bueno para gut in	Ella es buena **para** las matemáticas. Sie ist gut **in** Mathematik.
dispuesto a bereit zu	Él nunca está dispuesto **a** ayudar a los demás. Er ist nie bereit, anderen zu helfen.
difícil de schwer zu	Esta problema es difícil **de** explicar. Dieses Problem ist schwer **zu** erklären.

Beachten Sie
Nach diesem Prinzip difícil + Adjektiv + de + Infinitiv funktionieren auch einige andere Adjektive, z. B. fácil leicht, complicado kompliziert, estar cansado de es satt haben zu, lindo / bonito schön.

5.1.3 Substantive

derecho a Recht auf	Todos tenemos el derecho **a** ser felices. Wir alle haben das Recht **darauf**, glücklich zu sein.
cuidado con Vorsicht mit	Ten cuidado **con** la ventana, está rota. Sei vorsichtig **mit** dem Fenster, es ist kaputt.
miedo a Angst vor	De niño tenía un miedo terrible **a** la oscuridad. Als Kind hatte ich schreckliche Angst **vor** der Dunkelheit.

Beachten Sie
Mit Hilfe der Präpositionen werden im Spanischen auch die zusammengesetzten Substantive gebildet, in den meisten Fällen mit de:
dolor de muelas Zahnschmerzen
licencia / carnet de conducir Führerschein
accidente de tráfico Verkehrsunfall
(➡ Anhang, *Wortbildung*)

Test 18

Finden Sie die passenden Kombinationen. Damit es nicht zu einfach ist, wurden die deutschen Präpositionen weggelassen.

1. Mariana está muy orgullosa Mariana ist sehr stolz		a) con irme al sur. ____ in den Süden zu gehen.
2. A veces sueño Manchmal träume ich		b) de mi cumpleaños. ____ meinen Geburtstag.
3. Él nunca está dispuesto Er ist nie bereit		c) de su hijo. ____ ihren Sohn.
4. ¡Qué bueno! Te acordaste Wie schön! Du hast gedacht		d) por ti. ____ dir.
5. Hoy a la tarde llamó José y preguntó Heute Nachmittag rief José an und fragte		e) a ayudar a nadie. jemandem zu helfen.

5.2 Präpositionen mit Infinitiv

Eine weitere Besonderheit der Präpositionen im Spanischen ist, dass sie infinite Verbformen begleiten können, vor allem den Infinitiv. Diese Konstruktionen werden im Deutschen mit Nebensätzen wiedergegeben.
De haberlo sabido, no lo habría dicho. Selbst / Auch wenn ich es gewusst hätte, hätte ich es nicht gesagt.
Al llegar a casa, nos dimos cuenta de que alguien había entrado a robar. Als wir nach Hause kamen, sahen wir, dass jemand eingebrochen war.

Die Präpositionen werden auch in verschiedenen verbalen Umschreibungen verwendet, meistens mit dem Infinitiv. (➠ Kapitel 26, *Infinite Verbformen*)
Acabo **de** llegar. Ich bin gerade angekommen.
Dejé **de** fumar hace cinco años. Ich habe vor fünf Jahren aufgehört zu rauchen.

Auf den Punkt gebracht

1. *(➠ 1)*
Markieren Sie die richtige Alternative.
a) Die einfachen und zusammengesetzten Präpositionen (unterscheiden sich / unterscheiden sich nicht) im Gebrauch.
b) Präpositionen verbinden verschiedene (Sätze / Satzteile) miteinander.

2. *(➠ 2)*
Wählen Sie die richtige Präposition.
a) ¿Tienes ganas de ir (a / en) la función de las ocho? Hast du Lust, in die Acht-Uhr-Vorstellung zu gehen?
b) (A / En) esta época hace mucho calor aquí. Zu dieser Jahreszeit ist es hier sehr heiß.
c) Ayer estuve en la casa (con / de) Javiera. Gestern war ich bei Javiera.
d) ¿Tienes ganas de encontrarte (con / de) Miguel? Hast du Lust, dich mit Miguel zu treffen?
e) Hay buenos bares (por / para) aquí? Gibt es in dieser Gegend gute Kneipen?
f) El próximo año me voy (para / por) Madrid a hacer una práctica. Nächstes Jahr gehe ich nach Madrid, um ein Praktikum zu machen.
g) Nos quedamos (hacia / hasta) el domingo. Wir bleiben bis Sonntag.
h) ¿(Hacia / Hasta) dónde vas? Quizás te puedo llevar. In welche Richtung gehst du? Vielleicht kann ich dich mitnehmen.
i) Cuando salimos del cine, hablamos (entre / sobre) la película. Als wir aus dem Kino kamen, sprachen wir über den Film.
j) (Sobre / Entre) todos los actores, Robert de Niro me pareció el mejor. Von allen Schauspielern gefiel mir am besten Robert de Niro.
k) Vi una película (ante / tras) otra. Ich habe einen Film nach dem anderen gesehen.
l) No se veía nada (a pesar de / debido a) la neblina. Aufgrund des Nebels konnte man nichts sehen.

3. *(➠ 2.2)*
3.1 Markieren Sie die richtige Alternative.
a) (Desde / Hace / Desde hace) entspricht dem deutschen „vor".
b) (Desde / Hace / Desde hace) entspricht dem deutschen „seit" und bezieht sich auf einen Zeitpunkt.
c) (Desde / Hace / Desde hace) entspricht dem deutschen „seit" und bezieht sich auf einen Zeitraum.

3.2 Ergänzen Sie desde, hace oder desde hace.
a) No he venido por aquí _______ 1978. Ich bin seit 1978 nicht mehr hier gewesen.
b) Carlos está resfriado _______ una semana. Carlos ist seit einer Woche erkältet.
c) El negocio está cerrado _______ diciembre. Dieses Geschäft ist seit Dezember geschlossen.
d) Vimos la nueva película de Almodóvar _______ una semana. Wir haben den neuen Film von Almodóvar vor einer Woche gesehen.

4. (➡ *3*)

4.1 Markieren Sie die richtige/-n Alternative/-n.

a) Der Genitiv wird im Spanischen mit (de / para / ∅) gebildet.
b) Der Dativ wird im Spanischen mit (a / de / ∅) gebildet.
c) Der Akkusativ wird im Spanischen mit (a / de / ∅) gebildet.
d) Der Akkusativ wird im Spanischen mit (a / ∅) gebildet, wenn es sich um eine bekannte Person handelt.

4.2 Ergänzen Sie die Präpositionen, falls notwendig.

a) Busco ____ un cocinero con experiencia. Ich suche einen Koch mit Erfahrung.
b) Me acaban de presentar ____ Ariel. Gerade hat man mir Ariel vorgestellt.
c) Hoy voy al trabajo con el auto ____ mi marido. Heute fahre ich mit dem Auto meines Mannes zur Arbeit.
d) ¿Ves ____ ese árbol inmenso? Siehst du diesen riesigen Baum?
e) Escribí una larga carta____ Paulina. Ich habe Paulina einen langen Brief geschrieben.

5. (➡ *4*)

Ergänzen Sie para oder por.

a) Este tipo se enoja ____ cualquier cosa. Dieser Mann regt sich wegen jeder Kleinigkeit auf.
b) Esto es ____ morirse de risa. Das ist zum Totlachen.
c) Están ___ llegar. Sie werden gleich ankommen.
d) ____ Semana Santa vamos a visitarlo. In der Karwoche werden wir ihn besuchen.
e) Lo hago ____ellos. Ich tue es für sie.
f) ____ mí no hay problema. Von mir aus ist das in Ordnung.

Und wenn Sie noch neugierig sind ...

Versuchen Sie, mit Hilfe des Wörterbuchs die verschiedenen Bedeutungen des Verbs deshacerse herauszufinden, z. B. El compromiso se ha deshecho. Die Verlobung wurde aufgelöst.

Beachten Sie, dass sich die Bedeutung dieses Verbs verändert, je nachdem welche Präposition folgt. (➡ *Lösungen*)

1. deshacerse de algo / alguien
2. deshacerse de dolor
3. deshacerse en alabanzas
4. deshacerse en lágrimas
5. deshacerse por algo / alguien

34 Die Konjunktionen

Auf Entdeckung

Lesen Sie die folgenden Sätze.

1. José **y** Luis son hermanos. José **und** Luis sind Brüder.
2. Lo llamé cinco **o** seis veces por teléfono. Ich rief fünf **oder** sechs Mal bei ihm an.
3. Ayer pasé por tu casa, **pero** no estabas. Gestern bin ich bei dir vorbeigegangen, **aber** du warst nicht da.

Versuchen Sie, den fett gedruckten Wörtern die jeweilige Funktion zuzuordnen.

1. Mit ____ wird ein Gegensatz ausgedrückt.
2. Mit ____ wird eine Alternative ausgedrückt.
3. Mit ____ wird eine Aneinanderreihung ausgedrückt.

Was Sie vorab wissen sollten

- Konjunktionen sind Verbindungsglieder, die verschiedene Sätze oder Satzteile miteinander in Beziehung setzen. Wie Sie in den oben aufgeführten Beispielen sehen konnten, stellen die verschiedenen Konjunktionen unterschiedliche Arten von Verbindungen zwischen Sätzen und Satzgliedern her.
- Die Konjunktionen können Hauptsätze einander nebenordnen oder einen Nebensatz einem Hauptsatz unterordnen.
- Die Kommasetzung bei den Konjunktionen weicht mitunter von der deutschen ab (➠ Kapitel 2, *Die Schreibung,* 3.2).

1 Formen

Im Spanischen gibt es drei Wortklassen, die die Funktion von Konjunktionen übernehmen können: Einzelwort-Konjunktionen, zusammengesetzte Konjunktionen und Adverbien. In diesem Abschnitt finden Sie einen kurzen Überblick über die verschiedenen Wortklassen, die als Bindewörter fungieren können. Ab Abschnitt 2 werden sie der Einfachheit halber nur noch Konjunktionen genannt.

1.1 Einzelwort-Konjunktionen (conjunciones)

Diese Konjunktionen bestehen aus einem Wort, z. B. pero aber, y und, o oder, aunque obwohl etc.

¿Quieres este **o** ese? Möchtest du dieses **oder** das da?

Tengo que comprar pan **y** queso. Ich muss Brot **und** Käse kaufen.

Test 1

Versuchen Sie, mit Hilfe der Übersetzung die Konjunktionen zu erkennen, und markieren Sie sie.

1. Mi hermana no es arquitecta, sino ingeniera. Meine Schwester ist nicht Architektin, sondern Ingenieurin.
2. ¿Él se llama Andrés o Antonio? Heißt er Andrés oder Antonio?
3. Esa película es buena, pero esta es mejor. Dieser Film ist gut, aber der hier ist noch besser.
4. Estudio francés y alemán. Ich studiere Französisch und Deutsch.

1.2 Zusammengesetzte Konjunktionen (frases conjuntivas)

Die zusammengesetzten Konjunktionen bestehen aus zwei oder mehr Wörtern, die genauso verwendet werden wie die einfachen, z. B. por consiguiente infolgedessen, por lo tanto folglich, a pesar de eso trotzdem.

El es una persona muy nerviosa, por lo tanto, le cuesta prestar atención. Er ist ein sehr nervöser Mensch, **folglich** fällt es ihm schwer aufzupassen.

Con Luis me llevo muy bien, **a pesar de eso** lo veo poco. Mit Luis verstehe ich mich sehr gut, **trotzdem** sehe ich ihn selten.

Test 2

Versuchen Sie, mit Hilfe der Übersetzung die Konjunktionen zu erkennen, und markieren Sie sie.

1. Ellas son mellizas, sin embargo, no se parecen mucho. Sie sind Zwillingsschwestern, trotzdem sehen sie sich nicht sehr ähnlich.
2. Es mi mejor amigo, por lo tanto, pasamos mucho tiempo juntos. Er ist mein bester Freund, deshalb verbringen wir viel Zeit zusammen.
3. En cuanto llegues a tu casa, llámame. Sobald du nach Hause kommst, ruf mich an.
4. Voy a encender la luz para que puedas ver mejor. Ich werde das Licht anschalten, damit du besser sehen kannst.

1.3 Adverbien (adverbios)

Auch einige Adverbien können die Funktion von Konjunktionen übernehmen, z. B. como wie / da, entonces dann, también auch.

Como llegamos tarde, nos perdimos el comienzo de la película. **Da** wir zu spät kamen, verpassten wir den Anfang des Films.

Este negocio está cerrado. – **Entonces** vamos al de la esquina. Dieser Laden ist geschlossen. – **Dann** gehen wir doch zu dem an der Ecke.

Test 3

Versuchen Sie, mit Hilfe der Übersetzung die Adverbien, die die Funktion einer Konjunktion haben, zu erkennen, und markieren Sie sie.

1. Cuando nos dimos cuenta, era demasiado tarde. Als wir es bemerkten, war es schon zu spät.
2. Mientras ella hablaba por teléfono, me quedé mirando unas revistas. Während sie telefonierte, sah ich mir ein paar Zeitschriften an.
3. Como no me sentía bien, preferí quedarme en casa. Da ich mich nicht gut fühlte, zog ich es vor, zu Hause zu bleiben.
4. ¿Estás aburrido? Entonces lee algo. Du langweilst dich? Dann lies etwas.

2 Häufig gebrauchte Konjunktionen

2.1 Übersicht

In der folgenden Tabelle finden Sie eine Liste häufig gebrauchter Konjunktionen, mit denen Sie verschiedene Arten von Verbindungen zwischen Sätzen und Satzteilen ausdrücken können.

además (de) auch, außerdem	Don Pedro era ya mayor y, **además (de** mayor), sabio. Don Pedro war schon ein alter Mann und **außerdem** weise.
o oder	¿Quieres esperar que pase la lluvia **o** quieres irte ahora? Willst du warten, bis der Regen vorbei ist, **oder** willst du gleich gehen? ¿Cuál vestido me queda mejor, el rojo **o** el azul? Welches Kleid steht mir besser, das rote **oder** das blaue?
pero aber	En realidad me gusta mi trabajo, **pero** hay días en los que lo detesto. Eigentlich mag ich meine Arbeit, **aber** es gibt Tage, an denen ich sie hasse.
porque weil	Estoy preocupada **porque** Ana no ha llamado desde hace algún tiempo. Ich bin in Sorge, **weil** Ana seit einiger Zeit nicht angerufen hat.
que dass	Creo **que** esta vez te equivocas. Ich glaube, **dass** du dich diesmal täuschst.
si wenn / falls / ob	**Si** no hay más preguntas, terminamos por hoy. **Wenn / Falls** es keine weiteren Fragen gibt, machen wir Schluss für heute. Le pregunté **si** estaba de acuerdo. Ich habe ihn gefragt, **ob** er einverstanden ist.

también auch	Juan y Isabel quieren ir a Barcelona, Pedro **también** quiere venir con ellos. Juan und Isabel wollen nach Barcelona fahren, Pedro will **auch** mitkommen.
tampoco auch nicht	A mí no me gusta el pescado, a mi hermano **tampoco**. Ich mag keinen Fisch, mein Bruder **auch nicht**.
y und	Mis escritores preferidos son Borges **y** Cortázar. Meine Lieblingsschriftsteller sind Borges **und** Cortázar.

Test 4

Verbinden Sie die Sätze wie im Beispiel mit Hilfe der Konjunktionen o, pero, porque, que, si.

Leí el libro en sólo dos días. Me gustó mucho. Ich habe das Buch in zwei Tagen gelesen. Es hat mir sehr gefallen. → Leí el libro en sólo dos días, **porque** me gustó mucho. Ich habe das Buch in zwei Tagen gelesen, **weil** es mir sehr gefallen hat.

1. Lisa me invitó a su casa. No puedo ir. → ____________________.
   Lisa hat mich zu sich nach Hause eingeladen, aber ich kann nicht hingehen.
2. No puedo ir. Estoy enferma. → ____________________.
   Ich kann nicht hingehen, weil ich krank bin.
3. ¿Quieres un té? ¿Quieres un café? → ____________________.
   Möchtest du einen Tee oder einen Kaffee?
4. Olga me contó: Federico ya volvió de su viaje. → ____________________.
   Olga hat mir erzählt, dass Federico schon von seiner Reise zurück sei.
5. Voy a poner otro compact. ¿Estás de acuerdo? → ____________________.
   Ich werde eine andere CD auflegen, wenn du einverstanden bist.

2.2 Besonderheiten

2.2.1 y

Wenn auf **y** ein Wort folgt, das mit i- bzw. hi- beginnt, wird y zu e.

Viajé por España **e** Italia. Ich bin durch Spanien und Italien gereist.

Necesito aguja **e** hilo. Ich brauche Nadel und Faden.

2.2.2 o

Wenn auf **o** ein Wort folgt, das mit o- oder ho- beginnt, wird o zu u.

Éramos siete **u** ocho en la comida. Wir waren sieben oder acht bei dem Essen.

No estoy segura de si Kristof es belga **u** holandés. Ich bin nicht sicher, ob Kristof Belgier oder Niederländer ist.

2.2.3 también / tampoco

Im Spanischen gibt es für „auch" und „auch nicht" zwei verschiedene Ausdrücke: también und tampoco.

Der Gebrauch von también setzt voraus, dass es vorher eine positive Aussage gegeben hat.

María estudia alemán, **también** Marisa (estudia alemán). María lernt Deutsch, Marisa (lernt) **auch** (Deutsch).

Der Gebrauch von tampoco setzt voraus, dass es vorher eine negative Aussage gegeben hat.

Manuel no tiene trabajo, **tampoco** su esposa (tiene trabajo). Manuel hat keine Arbeit, seine Frau **auch nicht** (hat auch keine Arbeit).

(➠ Kapitel 35, *Der Satzbau*)

Test 5

Markieren Sie die richtige Alternative.

1. Me encanta la música de Jaime Roos, (también / tampoco) la de Charly García. Ich mag die Musik von Jaime Roos und auch die von Charly García.
2. No vino ayer y (tampoco / también) hoy. Er/Sie kam gestern nicht und heute auch nicht.
3. Vino Juan, pero (también / tampoco) estuvo María. Juan kam, aber María war auch da.
4. Brasil (e / y) Inglaterra quedaron en el final. Brasilien und England kamen ins Endspiel.
5. La hija de mi prima se llamará Ximena (o / u) Olga. Die Tochter meiner Cousine wird Ximena oder Olga heißen.

3 Beiordnende Konjunktionen

Beiordnende Konjunktionen verbinden gleichartige Sätze und Satzglieder miteinander. Sie werden weitgehend wie im Deutschen gebraucht. In diesem Abschnitt finden Sie die geläufigsten beiordnenden Konjunktionen, geordnet nach der Art der Beziehung, die sie zwischen Satzelementen oder Sätzen herstellen.

3.1 Reihende Konjunktionen (conjunciones copulativas)

Die kopulativen Konjunktionen reihen verschiedene Satzglieder bzw. gleichrangige Sätze aneinander. Sie kennen bereits die Konjunktion y und (➠ 2), hier finden Sie weitere.

tanto ... como sowohl ... als auch / wie auch	**Tanto** este **como** el otro te queda bien. **Sowohl** dieses **als auch** das andere steht dir gut.
ni und auch nicht / nicht (ein)mal	No tengo ganas de leer **ni** de ver televisión. Ich habe keine Lust zu lesen **und auch nicht** fernzusehen.
ni siquiera nicht einmal	Nadie lo llamó para felicitarle, **ni siquiera** su padre. Niemand rief an, um ihm zu gratulieren, **nicht einmal** sein Vater.
ni ... ni weder ... noch	No puedo **ni** hoy **ni** mañana. ¿Qué te parece pasado mañana? Ich kann **weder** heute **noch** morgen. Was hältst du von übermorgen?
no sólo ..., sino también nicht nur ..., sondern auch	Sandra **no sólo** habla español, **sino también** portugués y francés. Sandra spricht **nicht nur** Spanisch, **sondern auch** Portugiesisch und Französisch.

Test 6

Markieren Sie die richtige Alternative. Die Übersetzung hilft Ihnen dabei.

1. Carmen no se lleva bien con su familia, (ni siquiera / ni) con su hermana gemela. Carmen versteht sich nicht gut mit ihrer Familie, nicht einmal mit ihrer Zwillingsschwester.
2. La película (no sólo / ni) me pareció aburrida, (sino también / ni) mal actuada. Ich fand den Film nicht nur langweilig, sondern auch schlecht gespielt.
3. (Tanto / Ni) Mariano (como / ni) Miguel me caen bien. Sowohl Mariano als auch Miguel sind mir sympathisch.
4. El primer día en la casa nueva no había (no sólo / ni) luz (sino también / ni) agua. Fue una pesadilla. Am ersten Tag im neuen Haus gab es weder Strom noch Wasser. Es war ein Alptraum.
5. Hacía calor (y / ni) el parque estaba lleno de gente. Es war heiß und der Park war voller Menschen.
6. No quería verlo (ni / y) hablar con él. Ich wollte ihn nicht sehen und auch nicht mit ihm sprechen.

3.2 Adversative Konjunktionen (conjunciones adversativas)

Die adversativen Konjunktionen leiten einen Satz ein, der einen Gegensatz zur Aussage des vorigen Satzes bildet. Sie kennen bereits die Konjunktion pero aber (➠ 2), hier finden Sie weitere.

al contrario im Gegenteil	La conversación no fue precisamente entretenida, **al contrario**, la encontré aburridísima. Die Unterhaltung war nicht gerade spannend, **im Gegenteil**, ich fand sie sehr langweilig.
aunque wenn auch	Había un viento agradable, **aunque** frío. Es wehte ein angenehmer, **wenn auch** kalter Wind.
en cambio dagegen	Este edificio es hermoso, aquel, **en cambio**, me parece horrible. Dieses Gebäude hier ist wunderschön, das dort finde ich **dagegen** schrecklich.
no obstante / sin embargo / a pesar de eso trotzdem	El pianista cometió algunos errores, **no obstante**, tocó muy lindo. Der Pianist machte einige Fehler, **trotzdem** spielte er sehr schön.
sino sondern	No, no pongas ese compact, **sino** el de José Feliciano. Nein, leg nicht diese CD auf, **sondern** die von José Feliciano.

Beachten Sie

Sino wird zu sino que, wenn ein finites Verb folgt.
No vivo en Fráncfort del Meno, **sino** en Fráncfort del Óder. Ich lebe nicht in Frankfurt am Main, sondern in Frankfurt an der Oder.
No vivo en Tréveris, **sino que** vivo en Aquisgrán. Ich lebe nicht in Trier, sondern (ich lebe) in Aachen.

Test 7

Markieren Sie die richtige Alternative.

1. No me pareció mala la película, (al contrario, / pero) me gustó.
   Ich fand den Film nicht schlecht, im Gegenteil, er hat mir gefallen.
2. Ana Belén es una buena actriz, (pero / en cambio,) como cantante no me gusta. Ana Belén ist eine gute Schauspielerin, als Sängerin dagegen gefällt sie mir nicht.
3. Clara y su hermana son muy distintas, (sin embargo, / pero) se llevan bien. Clara und ihre Schwester sind sehr verschieden, trotzdem verstehen sie sich gut.

4. Soy gran admiradora de Manu Chao, (no obstante / en cambio,) no me gustó su último disco. Ich bin ein großer Fan von Manu Chao, trotzdem hat mir seine letzte Platte nicht gefallen.
5. Mi hermano no trabaja, (sino / sino que) todavía estudia. Mein Bruder arbeitet nicht, sondern er studiert noch.

3.3 Disjunktive Konjunktionen (conjunciones disyuntivas)

Die disjunktiven Konjunktionen drücken aus, dass immer nur eine Möglichkeit in Frage kommt, und schließen damit etwas anderes aus. Die wichtigste dieser Konjunktionen, o oder, haben Sie bereits kennen gelernt (➠ 2), hier finden Sie weitere.

bien ... bien / o ... o entweder ... oder	**Bien** sigues una carrera, **bien** te buscas un trabajo. **Entweder** du studierst **oder** du suchst dir eine Arbeit. **O** te comportas **o** te vas a dormir. **Entweder** du benimmst dich **oder** du gehst ins Bett.
parte ... parte teils ... teils	Vive **parte** en Alemania, **parte** en España. Er/Sie lebt **teils** in Deutschland, **teils** in Spanien.

Test 8

Verbinden Sie die Sätze mit Hilfe der Konjunktionen. Die Übersetzung hilft Ihnen dabei.

1. Vamos a ver a Francisco. Vamos a pasear por el parque. →
   ______________________________.
   Entweder besuchen wir Francisco oder wir gehen im Park spazieren.
2. ¿Sabes si empieza a las ocho? ¿Sabes si empieza a las nueve? →
   ______________________________.
   Weißt du, ob es um acht oder um neun anfängt?
3. Aldo trabaja en su casa. Aldo trabaja en la oficina. →
   ______________________________.
   Aldo arbeitet teils zu Hause, teils im Büro.

3.4 Folgernde Konjunktionen (conjunciones conclusivas)

Folgernde Konjunktionen geben eine Schlussfolgerung an.

entonces dann / so	¿Te sientes mal? **Entonces** ve al médico mañana. Dir geht es nicht gut? **Dann** / **So** geh doch morgen zum Arzt.

por consiguiente infolgedessen	En Santiago hay demasiados autos, **por consiguiente**, el aire está muy contaminado. In Santiago gibt es zu viele Autos, **infolgedessen** ist die Luft sehr verschmutzt.
por eso deshalb	Está lloviendo, **por eso** sería mejor que fuéramos en auto. Es regnet, **deshalb** wäre es besser, mit dem Auto zu fahren.
por lo tanto / por ende folglich	Aún no sabemos qué ha pasado exactamente, **por lo tanto**, tenemos que esperar. Wir wissen noch nicht genau, was passiert ist, **folglich** müssen wir warten.
pues also	Estábamos totalmente perdidos. Tuvimos, **pues**, que preguntar por el camino. Wir hatten uns hoffnungslos verlaufen. Wir mussten **also** nach dem Weg fragen.

Beachten Sie

Zu por lo tanto / por consiguiente / por ende

Diese Konjunktionen werden in der gesprochenen Sprache selten verwendet, sie gehören einem förmlichen Sprachgebrauch an. In der Umgangssprache wird meist por eso benutzt.

Zu pues

Pues steht als folgernde Konjunktion niemals am Satzanfang, da es sonst eine kausale Bedeutung erhält (➠ 4.1). Pues wird in der gesprochenen Sprache sehr häufig verwendet, jedoch nicht nur in der oben genannten Bedeutung, sondern auch als Füllwort, um eine Unsicherheit oder eine Denkpause zu überbrücken, ähnlich dem im Deutschen gebräuchlichen Ausdruck „ähm".

Test 9

Ergänzen Sie die Konjunktionen.

1. ¿Tú también vas a la parada del bus? ________ vamos juntos. Gehst du auch zur Bushaltestelle? Dann können wir zusammen gehen.
2. La empresa SER despidió a una gran cantidad de trabajadores, ________, el sindicato llamó a una huelga indefinida. Das Unternehmen SER hat eine große Anzahl von Arbeitern entlassen, infolgedessen hat die Gewerkschaft zum unbefristeten Streik aufgerufen.
3. Me peleé con Carolina, _______ prefiero no ir a su cumpleaños. Ich habe mich mit Carolina gestritten, deshalb gehe ich lieber nicht zu ihrem Geburtstag.
4. Las farmacias ya están cerradas, _________ no he podido comprarte el remedio. Die Apotheken sind schon geschlossen, deshalb konnte ich dir das Medikament nicht kaufen.

4 Unterordnende Konjunktionen

Unterordnende Konjunktionen leiten Nebensätze ein. Ein wichtiger Unterschied zum Deutschen besteht darin, dass diese Konjunktionen den Indikativ oder den subjuntivo nach sich ziehen können.

4.1 Kausale Konjunktionen (conjunciones causales)

Sätze, die mit einer kausalen Konjunktion eingeleitet werden, geben einen Grund für eine folgende oder vorangegangene Aussage an. Alle kausalen Konjunktionen fordern den Indikativ. Die wichtigste kausale Konjunktion, porque weil, kennen Sie bereits (➠ 2), hier finden Sie weitere.

como da	**Como** no me llamaste, pensé que no tenías ganas de salir. **Da** du gestern nicht angerufen hast, dachte ich, du hättest keine Lust auszugehen.
dado que / puesto que / ya que da (ja) / da (nun schon)	**Dado que** la vida es corta, más vale disfrutarla. **Da** das Leben kurz ist, sollte man es genießen. **Ya que** estoy aquí, te echo una mano con esto. **Da** ich **nun schon** hier bin, helfe ich dir damit.
pues denn	Le voy a mandar un e-mail, **pues** hace tiempo que no sé nada de él. Ich werde ihm eine E-Mail schicken, **denn** ich habe lange nichts von ihm gehört.

Beachten Sie
Wenn ein Nebensatz mit como eingeleitet wird, steht er immer vor dem Hauptsatz.

Test 10

Finden Sie die passenden Kombinationen.

1. Como ayer estaba enfermo, Da ich gestern krank war,		a) porque no nos habíamos visto en mucho tiempo. weil wir uns lange nicht gesehen hatten.
2. Ya que no quedan entradas para el teatro, Da es keine Karten fürs Theater mehr gibt,		b) la iré a ver esta tarde. werde ich sie am Nachmittag besuchen.

3. Nos encontramos mejor mañana, Wir treffen uns lieber morgen,		c) me quedé todo el día en cama. blieb ich den ganzen Tag im Bett.
4. No lo reconocí Ich erkannte ihn nicht,		d) podríamos ir al cine. könnten wir doch ins Kino gehen.
5. Como hoy es el cumpleaños de Ana, Da Ana heute Geburtstag hat,		e) pues hoy estoy liadísima. denn heute habe ich schrecklich viel zu tun.

TIPP

Bevor Sie weiterlesen, sollten Sie sich mit ➡ Kapitel 22, *Das* ***presente de subjuntivo*** vertraut machen.

4.2 Konsekutive Konjunktionen (conjunciones consecutivas)

Die konsekutiven Konjunktionen leiten einen Nebensatz ein, der sich auf die Folgen der Aussage des Hauptsatzes bezieht.

4.2.1 so dass, also[1]

Die folgenden Konjunktionen entsprechen den deutschen Konjunktionen „so dass" bzw. „also": así que, de modo que, de manera que, de forma que. Auf diese Konjunktionen folgt immer der Indikativ.

Perdí el tren, **de modo que** llegué tarde. Ich verpasste den Zug, **so dass** ich zu spät kam.

Hoy no tengo tiempo, **así que** mejor nos encontramos mañana. Heute habe ich keine Zeit, wir treffen uns **also** besser morgen.

Diese Konjunktionen werden häufig auch verwendet, um ein Gespräch einzuleiten, ohne sich auf eine direkte Folge zu beziehen.

¿**Así que** usted es traductor? Sie sind **also** Übersetzer?

4.2.2 daher[1]

De ahí que, de allí que und de aquí que entsprechen der deutschen Konjunktion „daher". Auf sie folgt immer der subjuntivo.

Pablo lo ha leído en el diario, **de ahí que** lo sepa. Pablo hat es in der Zeitung gelesen, **daher** weiß er es.

---

[1] Im Deutschen werden „also" und „daher" beiordnend gebraucht (➡ 3.4).

4.2.3 so ..., dass

Die folgenden Konjunktionen beinhalten – wie im Deutschen – einen Vergleich. Dabei steht ein Teil der Konjunktion im Nebensatz, der andere im Hauptsatz.

Son **tan** diferentes **que** no parecen hermanos. Sie sind **so** verschieden, **dass** sie nicht wie Brüder wirken.

Im Deutschen wie im Spanischen variiert die Konjunktion, je nachdem welche Wortart sie begleitet. Der Indikativ wird hier verwendet, wenn die Folge eingetreten ist.

Mariano ha escrito **tanto** a máquina **que** le ha dado una tendinitis. Mariano hat **so viel** auf der Schreibmaschine geschrieben, **dass** er jetzt eine Sehnenentzündung hat.

Der subjuntivo wird dagegen benutzt, wenn die Folge erwünscht ist.

Tienes que estacionar **de tal forma que** no estorbes a los demás. Du musst **so** parken, **dass** du den anderen nicht im Weg stehst.

a) tan ... que so..., dass wird bei **Adjektiven** und **Adverbien** verwendet.

José habla **tan** rápido **que** apenas lo entiendo. José spricht **so** schnell, **dass** ich ihn kaum verstehe.

Hizo **tan** bien el trabajo **que** lo volveré a contratar. Er hat die Arbeit **so** gut gemacht, **dass** ich ihn wieder beauftragen werde.

b) tanto que so sehr/viel ..., dass wird bei **Verben** und **Substantiven** verwendet.

La película me gustó **tanto que** la volvería a ver. Der Film hat mir **so** sehr gefallen, **dass** ich ihn noch einmal sehen würde.

Había **tanto** ruido **que** no podía dormir. Es war **so viel** Lärm, **dass** ich nicht schlafen konnte.

c) tal ... que so ..., dass / derartig ..., dass wird bei **Substantiven** (meist zusammen mit forma Art, manera Weise etc.) verwendet.

Preparó el examen **de tal forma que** todos los alumnos pudieron aprobarlo. Er hat die Prüfung **so** vorbereitet, **dass** alle Schüler sie bestanden haben.

El libro tuvo **tal** éxito **que** el autor se hizo rico de un día para el otro. Das Buch hatte einen **derartigen** Erfolg, **dass** der Autor von einem Tag auf den anderen reich geworden ist.

Test 11

a) Markieren Sie die richtige Alternative.

1. Él es (tan / tanto) alto que tiene que agachar la cabeza cuando entra. Er ist so groß, dass er den Kopf einziehen muss, wenn er eintritt.
2. Lisa trabaja (tan / tanto) que se va a enfermar. Lisa arbeitet so viel, dass sie noch krank wird.
3. Tengo (tantos / tal) amigos que no alcanzo a escribirles a todos. Ich habe so viele Freunde, dass ich es nicht schaffe, ihnen allen zu schreiben.

4. Grita (de tal modo / tan) que me pone nerviosa. Er/Sie schreit derartig, dass ich nervös werde.
5. Carmen está (tan / tanto) triste que me rompe el corazón verla. Carmen ist so traurig, dass es mir das Herz bricht, sie zu sehen.

b) Entscheiden Sie, ob das Verb im Indikativ oder im subjuntivo stehen muss. Markieren Sie die richtige Form.
1. No soporto el frío, de modo que en invierno nunca (apago / apague) la calefacción. Ich ertrage keine Kälte, so dass ich im Winter nie die Heizung ausschalte.
2. Habla más fuerte, de manera que (puedo / pueda) escucharte. Sprich lauter, so dass ich dich verstehen kann.
3. Explícalo de tal forma que te (puedo / pueda) entender. Erkläre es so, dass ich dich verstehen kann.

4.3 Finale Konjunktionen (conjunciones finales)

Die finalen Konjunktionen drücken einen Zweck aus. Alle Nebensätze, die mit einer dieser Konjunktionen eingeleitet werden, stehen im subjuntivo.

para que damit	Te presto un abrigo **para que** no tengas frío. Ich leihe dir einen Mantel, **damit** du nicht frierst.
a fin de que damit / mit dem Ziel, dass	Me dirijo a ellos **a fin de que** me digan qué pasó. Ich wende mich an sie, **damit** sie mir sagen, was passiert ist.
no sea que damit nicht	No hablen tan fuerte, **no sea que** los niños se despierten. Sprecht nicht so laut, **damit** die Kinder **nicht** aufwachen.

Beachten Sie
Die Konjunktion para que wird verwendet, wenn die Subjekte in Haupt- und Nebensatz verschieden sind. Das folgende Verb steht im subjuntivo.
Hoy voy a la universidad **para que** estudiemos juntos. Ich komme heute in die Uni, **damit** wir zusammen lernen.
Wenn das Subjekt in Haupt- und Nebensatz identisch ist, wird – wie im Deutschen – die Präposition para um zu (➠ Kapitel 33, *Die Präpositionen*) verwendet. Das folgende Verb steht dann im Infinitiv.
Voy a la biblioteca **para** pedir unos libros. Ich gehe zur Uni, **um** ein paar Bücher **auszuleihen**.

Es gibt eine weitere finale Konjunktion: a que damit. Sie wird in der Regel nur mit Verben der Bewegung wie ir oder venir verwendet. Anstelle dieser Konjunktion kann aber immer auch para que stehen.
Voy al médico **a que / para que** me recete unas pastillas. Ich gehe zum Arzt, **damit** er mir Tabletten verschreibt.

Test 12

Ergänzen Sie die folgenden Sätze mit para que bzw. para.

1. Le pido el auto a mi hermano ________ llegar más rápido. Ich leihe das Auto meines Bruders aus, um schneller da zu sein.
2. Mejor quédate en cama ________ se te quite la fiebre. Bleib lieber im Bett, damit du das Fieber los wirst.
3. Habla con el profesor ________ te explique lo que no has entendido. Sprich mit dem Lehrer, damit er dir erklärt, was du nicht verstanden hast.
4. Voy a la casa de mi prima ______ ayudarla con los niños. Ich gehe zu meiner Cousine, um ihr mit den Kindern zu helfen.

4.4 Modale Konjunktionen (conjunciones modales)

Diese Konjunktionen leiten einen Nebensatz ein, der über die Art und Weise der im Hauptsatz gemachten Aussage informiert. Wenn sich der Hauptsatz auf die Zukunft bezieht, steht der Nebensatz im subjuntivo.

como / así como / tal como / según (so) wie	**Indikativ**: Fuimos a Andalucía en el verano, **como** tú nos propusiste. Wir sind im Sommer nach Andalusien gefahren, **so wie** du es uns vorgeschlagen hast. **Así como** él lo hizo, yo también puedo hacerlo. **So wie** er es gemacht hat, kann ich es auch machen. **subjuntivo:** Trataré de hacer la tarea **según** lo diga el profesor. Ich werde versuchen, die Aufgabe **so** zu machen, **wie** es der Lehrer sagt.
como si als ob	**imperfecto de subjuntivo:** Hace **como si** hablara perfectamente inglés. Er/Sie tut **so, als ob** er/sie perfekt Englisch sprechen würde.
sin que ohne dass	**presente de subjuntivo:** Hernán siempre da sus opiniones **sin que** nadie se lo pida. Hernán äußert immer seine Meinung, **ohne dass** ihn jemand darum bittet. **imperfecto de subjuntivo:** El ladrón entró **sin que** nadie se enterara. Der Einbrecher kam herein, **ohne dass** es jemand merkte.

Beachten Sie

Zu como si

Die Konjunktion como si fordert stets den imperfecto de subjuntivo.
Lo trataron **como si fuera** un delincuente. Sie behandelten ihn, **als wäre** er ein Verbrecher. / Sie behandelten ihn, **als ob** er ein Verbrecher **wäre**.
Bzw. den pluscuamperfecto de subjuntivo.
Me miró **como si hubiera dicho** una gran estupidez. Er/Sie sah mich an, **als hätte** ich eine große Dummheit **gesagt**. / Er/Sie sah mich an, **als ob** ich eine große Dummheit **gesagt hätte**.

Zu sin que

Diese Konjunktion fordert immer den subjuntivo. Wenn sich der Hauptsatz, wie im Beispiel, auf die Vergangenheit bezieht, steht der Nebensatz im imperfecto de subjuntivo bzw. einer anderen Vergangenheitszeit des subjuntivo. (➠ Kapitel 27, *Der Gebrauch der Zeiten und Modi*)
Wenn das Subjekt im Hauptsatz und im Nebensatz identisch ist, wird sin que zu sin + Infinitiv.
Se fue **sin avisar** a nadie. Er ist gegangen, **ohne** es jemandem **zu sagen**.

Test 13

Entscheiden Sie, ob das Verb im Indikativ, im presente de subjuntivo oder im imperfecto de subjuntivo stehen muss. Markieren Sie die richtige Form.

1. Escribí el artículo según me lo (pidan / pidieron).
   Ich habe den Artikel so geschrieben, wie man es von mir verlangt hat.
2. Espero poder darle la noticia sin que (se enoje / se enojara). Ich hoffe, dass ich ihr die Nachricht mitteilen kann, ohne dass sie wütend wird.
3. Al final no hicimos el viaje como nos lo (recomendaron / recomienden) en la agencia de viajes. Am Ende haben wir die Reise doch nicht so gemacht, wie man es uns im Reisebüro empfohlen hatte.
4. No te preocupes, al final las cosas saldrán como tú (quieres / quieras).
   Keine Sorge, am Ende werden die Dinge so gelingen, wie du willst.
5. Tenemos que dejar todo tal como lo (encontramos / encontremos). Wir müssen alles so hinterlassen, wie wir es vorgefunden haben.
6. Julio apareció en la fiesta sin que nadie lo (invite / invitara). Julio ist auf der Party aufgetaucht, ohne dass ihn jemanden eingeladen hatte.

4.5 Konzessive Konjunktionen (conjunciones concesivas)

Die konzessiven Konjunktionen leiten einen Nebensatz ein, der eine Einschränkung der vorherigen Aussage beinhaltet.

4.5.1 obwohl, auch wenn

Die folgenden Konjunktionen entsprechen den deutschen Konjunktionen „obwohl" bzw. „auch wenn": aunque, si bien, aun cuando, a pesar de que.
Es folgt der Indikativ, wenn ein Gegensatz betont werden soll. Die Konjunktion entspricht dann dem deutschen „obwohl".
Aunque no lo conozco mucho, me parece muy simpático. **Obwohl** ich ihn nicht gut kenne, erscheint er mir sehr sympathisch.
Aun cuando peleamos a veces, nos queremos mucho. **Obwohl** wir manchmal streiten, mögen wir uns sehr.
A pesar de que tenía sueño, me quedé hasta la una. **Obwohl** ich müde war, blieb ich bis ein Uhr.

Der subjuntivo wird verwendet, wenn die Einschränkung, die im Nebensatz ausgedrückt wird, für nicht entscheidend gehalten wird. In den meisten Fällen, in denen der subjuntivo verwendet wird, wird die jeweilige Konjunktion mit „auch wenn" übersetzt.
Me parece simpático, **aunque** te extrañe. Mir ist er sympathisch, **auch wenn** es dich wundert / wundern sollte.
Aun cuando peleemos a veces, siempre será mi mejor amigo. **Auch wenn** wir manchmal streiten (mögen), wird er immer mein bester Freund sein.

4.5.2 so sehr ... auch

Eine Einschränkung kann auch mittels der Konjunktion por muy/más/mucho ausgedrückt werden.
Mit einem Verb kann por más/mucho que verwendet werden.
Por más/mucho que lo intente, no nos convencerá. **So sehr** er es **auch** versucht, er wird uns nicht überzeugen.
Für die Verwendung der Modi gilt dasselbe wie für die oben erwähnten Konjunktionen.

Mit Adjektiven bzw. Adverbien wird por más/muy ... que verwendet. Hier ist immer der subjuntivo erforderlich.
Por más madura **que** parezca, todavía es una niña. **So** reif sie **auch** scheinen mag, sie ist noch ein Kind.
Por muy mal **que** te sientas ahora, te aseguro que mañana estarás mejor.
So schlecht du dich jetzt **auch** fühlen magst, ich versichere dir, dass es dir morgen besser gehen wird.

Test 14

Entscheiden Sie, ob das Verb im Indikativ oder im subjuntivo stehen muss.

1. Aunque no te (gusta / guste), me voy a mudar a casa de Elia. Auch wenn es dir nicht gefällt, werde ich zu Elia ziehen.

2. A pesar de que no me (parece / parezca) simpática, trato de ser amable con ella. Obwohl sie mir nicht sympathisch ist, versuche ich freundlich zu ihr zu sein.
3. Por más que lo (intento / intente), no consigo tocar esta canción en la guitarra. So sehr ich es auch versuche, es gelingt mir nicht, dieses Lied auf der Gitarre zu spielen.
4. Si bien (es / sea) mi mejor amigo, a veces nos peleamos. Obwohl er mein bester Freund ist, streiten wir uns manchmal.
5. Está bien, aunque no (tengo / tenga) muchas ganas, te acompaño. Na gut, obwohl ich keine große Lust habe, begleite ich dich.

4.6 Temporale Konjunktionen (conjunciones temporales)

Die temporalen Konjunktionen drücken eine zeitliche Beziehung zwischen den Sätzen, die sie verbinden, aus.

4.6.1 Konjunktionen mit Indikativ oder subjuntivo

Wenn diese Konjunktionen einen Satz einleiten, der sich auf etwas Zukünftiges bezieht, wird der subjuntivo verwendet. Wenn sich der Satz aber auf etwas Vergangenes bezieht, folgt der Indikativ.

apenas / en cuanto / tan pronto como / ni bien sobald	**Indikativ**: **Apenas** supe qué pasó, le avisé. **Sobald** ich wusste, was passiert war, sagte ich ihr/ihm Bescheid. **subjuntivo: Apenas** sepa qué pasó, le avisaré. **Sobald** ich weiß, was passiert ist, sage ich ihr/ihm Bescheid.
cuando als / wenn	**Indikativ**: **Cuando** llegué a mi casa, lo llamé en seguida. **Als** ich nach Hause kam, rief ich ihn sofort an. **subjuntivo: Cuando** llegue a mi casa, lo llamaré en seguida. **Wenn** ich nach Hause komme, werde ich ihn sofort anrufen.
hasta que bis	**Indikativ**: Claudio me acompañó **hasta que** llegó el taxi. Claudio leistete mir Gesellschaft, bis das Taxi kam. **subjuntivo**: Te acompaño hasta que llegue el taxi. Ich leiste dir Gesellschaft, **bis** das Taxi kommt.
mientras solange	**Indikativ**: **Mientras** Sergio estuvo enfermo, no pudimos seguir trabajando. **Solange** Sergio krank war, konnten wir nicht weiterarbeiten. **subjuntivo: Mientras** no funcione la cocina, tendré que comer en el restaurante. **Solange** der Herd nicht funktioniert, werde ich im Restaurant essen müssen.

después de que nachdem	**Indikativ: Después de que** llegaron, les mostré su habitación. **Nachdem** sie angekommen waren, zeigte ich ihnen ihr Zimmer. **subjuntivo: Después de que** lleguen, les mostraré su habitación. **Nachdem** sie angekommen sind, zeige ich ihnen ihr Zimmer.

4.6.2 Konjunktion mit nur einem Modus

a) antes de que bevor

Diese Konjunktion fordert immer den subjuntivo. Wenn sich die Aussage auf die Vergangenheit bezieht, steht der Satz im imperfecto bzw. pluscuamperfecto de subjuntivo.

Le hicimos un regalo **antes de que** se **fuera**. Wir machten ihm ein Geschenk, **bevor** er abreiste.

Wenn sich die Aussage auf die Zukunft bezieht, steht das Verb im presente de subjuntivo.

Antes de que te **vayas**, te haremos una fiesta de despedida. **Bevor** du fährst, werden wir eine Abschiedsparty für dich geben.

b) mientras (que) während

In der Bedeutung von „während" kann auf mientras (que) nur der Indikativ folgen, auch in Bezug auf die Zukunft. Allerdings dürfen hier die Zeiten der Zukunft und des condicional nicht verwendet werden.

Mientras (que) tú lees, yo voy a pasear. **Während** du liest, gehe ich spazieren.

Mientras (que) kann aber auch eine adversative Bedeutung haben.

El padre de José es muy simpático **mientras que** su madre es una pesada. Josés Vater ist sehr sympathisch, **während** seine Mutter eine Nervensäge ist.

Beachten Sie

Antes de que und después de que werden verwendet, wenn die Subjekte im Hauptsatz und im Nebensatz verschieden sind. Wenn es sich um dasselbe Subjekt handelt, werden sie zu antes / después de + Infinitiv: Antes de enojarte, escúchame. Hör mir erst mal zu, bevor du wütend wirst.

(➠ Kapitel 33, *Die Präpositionen*)

Test 15

Entscheiden Sie, ob das Verb im Indikativ oder im presente de subjuntivo bzw. bei antes de que im presente de subjuntivo oder im imperfecto de subjuntivo stehen muss.

1. Hasta que no lo (escucho / escuche) de él mismo, no lo voy a creer. Bis ich es nicht von ihm selbst gehört habe, werde ich es nicht glauben.

2. En cuanto lo (sé / sepa), te lo diré. Sobald ich es weiß, werde ich es dir sagen.
3. Ya estábamos muy cansados cuando por fin (llegamos / lleguemos) a la estación. Als wir endlich am Bahnhof ankamen, waren wir schon sehr müde.
4. Lo llamaré tan pronto como (puedo / pueda). Ich rufe ihn an, sobald ich kann.
5. Fui al hospital en cuanto (tuve / tenga) tiempo. Ich fuhr ins Krankenhaus, sobald ich konnte.
6. Cuando (estáis / estéis) en el hotel, llamadme. Wenn ihr im Hotel seid, ruft mich an.
7. Antes de que (lleguen / llegaran) mis padres, voy a limpiar la casa. Bevor meine Eltern kommen, werde ich die Wohnung putzen.
8. Les leí un cuento antes de que se (duerman / durmieran). Ich habe ihnen eine Geschichte vorgelesen, bevor sie einschliefen.
9. Mientras no (estés / estás) seguro, no hagas nada. Solange du dir nicht sicher bist, unternimm nichts.

4.7 Konditionale Konjunktionen (conjunciones condicionales)

Die konditionalen Konjunktionen drücken eine Bedingung aus. Die geläufigste dieser Konjunktionen, si wenn / falls, haben Sie bereits kennen gelernt (➠ 2), hier finden Sie weitere.

en caso de que wenn / falls	**En caso de que** no nos arregle el daño que hizo, lo vamos a demandar. **Falls** er nicht den Schaden repariert, den er angerichtet hat, werden wir ihn verklagen.
a no ser que / a menos que es sei denn	Mañana voy al médico, **a no ser que** me sienta mejor. Morgen gehe ich zum Arzt, **es sei denn** ich fühle mich besser. No quiero ir a la fiesta, **a menos que** vayas conmigo. Ich will nicht auf die Party gehen, **es sei denn** du kommst mit.
siempre que / en tanto que / con tal de que / conque sofern / vorausgesetzt, dass	El próximo año quiero ir a Cuba **siempre que** tenga dinero. Nächstes Jahr will ich nach Kuba fahren, **vorausgesetzt, dass** ich Geld habe.

si no sonst / wenn nicht	Llámame cuando llegues, **si no** me pondré nerviosa. Ruf mich an, wenn du da bist, **sonst** werde ich nervös.

Beachten Sie

- Alle konditionalen Konjunktionen außer si und si no erfordern stets den subjuntivo. Si und si no können auch den Indikativ nach sich ziehen zum Ausdruck einer realen Bedingung.
  Si me esperas un momento, podemos ir juntos. **Wenn** du einen Moment auf mich wartest, können wir zusammen gehen.
  Sie können aber zusammen mit einer Vergangenheitszeit des subjuntivo eine irreale Bedingung ausdrücken.
  Si me hubieras esperado un momento, habríamos podido ir juntos. **Wenn** du einen Moment auf mich gewartet hättest, hätten wir zusammen gehen können. (➠ Kapitel 27, *Der Gebrauch der Zeiten und Modi,* 3)
- Die Konjunktionen de otra forma und de lo contrario sonst / andernfalls haben dieselbe Bedeutung wie si no, sie werden aber in der Umgangssprache seltener verwendet. Diese Konjunktionen fordern den Indikativ.
  Apúrate, **de otra forma** llegaremos tarde. Beeil dich, **sonst** kommen wir zu spät.
  Deben de estar bien, **de lo contrario** ya habrían llamado. Es wird ihnen gut gehen, **andernfalls** hätten sie schon angerufen.

Test 16

Finden Sie die passenden Kombinationen.

1. Podríamos ir al lago mañana Wir könnten morgen zum See fahren,		a) si bajas un poco el volumen de la radio. wenn du das Radio etwas leiser stellst.
2. Te entenderé mejor Ich werde dich besser verstehen,		b) Si no prefiero quedarme en casa. Wenn nicht, bleibe ich lieber zu Hause.
3. Nos queríamos encontrar a las once Wir wollten uns um elf treffen,		c) a no ser que haga frío. es sei denn es ist kalt.
4. ¿Es buena la película? Ist der Film gut?		d) siempre que no tenga mucho trabajo. vorausgesetzt, dass er nicht zu viel zu tun hat.

5. Ramiro ha prometido venir Ramiro hat versprochen zu kommen,		e) siempre que tú también puedas a esa hora. vorausgesetzt, dass du um diese Zeit auch kannst.

Auf den Punkt gebracht

1. (➠ *Was Sie vorab wissen sollten*)
Kreuzen Sie an, ob die folgenden Aussagen zutreffen oder nicht.

	ja	nein
a) Konjunktionen verbinden nur einzelne Satzteile miteinander.	☐	☐
b) Auch andere Wortklassen als Konjunktionen können ihre Funktion übernehmen.	☐	☐
c) Konjunktionen können Hauptsätze einander nebenordnen.	☐	☐

2. (➠ *2*)
Ergänzen Sie die fehlenden Konjunktionen.

a) Quisiera hacer más deporte _____ no tengo tiempo. Ich würde gern mehr Sport machen, aber ich habe keine Zeit
b) Ayer no te llamamos _____ ya era muy tarde. Wir haben dich gestern nicht mehr angerufen, weil es schon sehr spät war.
c) Iremos primero a comer _____ luego a bailar. Wir werden erst essen und danach tanzen gehen.
d) ¿Quieres el café con _____ sin azúcar? Möchtest du den Kaffee mit oder ohne Zucker?
e) Antonio aún no sabía _____ podía venir. Antonio wusste noch nicht, ob er kommen kann.
f) ¿Tú crees _____ le va a gustar el regalo? Glaubst du, dass ihm das Geschenk gefallen wird?

3. (➠ *3*)
Markieren Sie die richtige Alternative.

a) Die Konjunktionen y, ni und ni siquiera werden für (Aufzählungen / Gegensätze) verwendet.
b) (Y / Ni siquiera) me pidió permiso. Er hat mich nicht einmal um Erlaubnis gefragt.
c) Die Konjunktionen al contrario, en cambio und sin embargo werden für (Gegensätze / Schlussfolgerungen) verwendet.
d) La versión de Mercedes Sosa me gusta; la de Serrat (en cambio / pero) no me convence. Die Version von Mercedes Sosa gefällt mir gut, die von Serrat dagegen überzeugt mich nicht.
e) Die Konjunktionen o und bien … bien drücken eine (Entscheidung / Schlussfolgerung) aus.

f) (O / Parte) vamos a la casa de Diego (o / parte) le decimos que venga. Entweder gehen wir zu Diego oder wir sagen ihm, er soll herkommen.
g) Die Konjunktionen por lo tanto und por consiguiente werden für (Aufzählungen / Schlussfolgerungen) verwendet.
h) No nos queda, (pues / por eso), otra alternativa. Es bleibt uns also keine andere Möglichkeit.

4. (➠ 4)

4.1 Hier noch einmal die Regeln zum Gebrauch des subjuntivo und Indikativ nach den Konjunktionen. Wählen Sie die richtige Alternative bzw. entscheiden Sie, ob beide zutreffen.
a) Kausale Konjunktionen (z. B. porque, ya que) werden mit dem (subjuntivo / Indikativ) gebraucht.
b) Finale Konjunktionen (z. B. para que, a fin de que) werden mit dem (subjuntivo / Indikativ) gebraucht.
c) Die Konjunktionen aunque und a pesar de que werden, wenn sie mit dem subjuntivo gebraucht werden, eher mit (obwohl / auch wenn) übersetzt.
d) Konsekutive Konjunktionen (z. B. tal ... que) werden mit dem (subjuntivo / Indikativ) gebraucht, um eine erwünschte Folge auszudrücken.
e) Alle konditionalen Konjunktionen (z. B. siempre que, a no ser que) außer si und si no werden immer mit dem (subjuntivo / Indikativ) gebraucht.
f) Temporale Konjunktionen (z. B. cuando, en cuanto) werden mit dem (subjuntivo / Indikativ) gebraucht, um etwas Zukünftiges auszudrücken.
g) Antes de que wird für Aussagen, die sich auf die Zukunft beziehen, mit dem (imperfecto de subjuntivo / presente de subjuntivo) gebildet.

4.2 Wählen Sie die richtige Alternative (Indikativ oder subjuntivo).
a) Tendrás que escucharlo aunque no te (gusta / guste). Du wirst dir das anhören müssen, auch wenn es dir nicht gefällt.
b) José no viene porque (está / esté) enfermo. José kommt nicht, weil er krank ist.
c) Te mando este artículo para que me (dices / digas) qué te parece. Ich schicke dir diesen Artikel, damit du mir sagst, was du davon hältst.
d) Nos veremos cuando (estás / estés) mejor. Wir sehen uns, wenn es dir besser geht.
e) Tiene buenos argumentos, no obstante, no me (convence / convenza). Er hat gute Argumente, trotzdem überzeugt er mich nicht.
f) Perdí el metro, por eso (llegué / llegue) tarde. Ich habe die U-Bahn verpasst, deshalb kam ich so spät.
g) Ni bien (reciba / recibo) su carta, le contestaré. Sobald ich seinen Brief bekomme, werde ich ihm antworten.

35 *Der Satzbau*

Bevor Sie sich mit diesem Kapitel beschäftigen, sollten Sie die ➠ Kapitel 10, *Die Personalpronomen* und ➠ Kapitel 15, *Der Indikativ Präsens* lesen.

Auf Entdeckung

Lesen Sie die folgenden Sätze.

1. Mañana voy a la exposición de Dalí. Morgen gehe ich in die Dalí-Ausstellung.
2. Voy a la exposición de Dalí mañana. Ich gehe morgen in die Dalí-Ausstellung.
3. Voy mañana a la exposición de Dalí. Ich gehe morgen in die Dalí-Ausstellung.

Vergleichen Sie die Reihenfolge der Satzteile im Deutschen und im Spanischen. Was fällt Ihnen auf?

Was Sie vorab wissen sollten

Der Satzbau ist im Spanischen sehr viel freier als im Deutschen, d. h. es gibt mehr Möglichkeiten, einen Satzteil hervorzuheben, wobei in Aussagesätzen die Reihenfolge der Satzglieder mit dem Deutschen weitgehend übereinstimmt.

1 Satzbau des einfachen Satzes

1.1 Der Aussagesatz

Die Regeln zur Wortstellung im Aussagesatz gelten für Haupt- und Nebensätze. Da der Satzbau im Spanischen sehr frei ist, werden Sie zunächst die Regeln lernen, die Sie als Anfänger beachten sollten. Wenn Sie schon fortgeschritten sind, werden Sie bereits viele der Abweichungen kennen.

1.1.1 Grundregeln

a) Weglassen des Subjekts

Da es im Spanischen für jede Person eine eigene Verbform gibt, wird häufig auf das Personalpronomen, das als Subjekt fungiert, verzichtet.

Tengo tres hermanos. Ich habe drei Brüder.

Das Subjektpronomen wird in der Regel nur verwendet, um eine Unterscheidung oder eine Hervorhebung zu markieren.

¿Cómo se llama él? – Él se llama Francisco y yo me llamo Federico. Wie heißt er? – Er heißt Francisco und ich heiße Federico.

Eine ausführliche Darstellung zu diesem Thema finden Sie in ➠ Kapitel 10, *Die Personalpronomen*, 1.2.

b) Die Wortstellung
Die Grundregeln der Wortstellung im einfachen Aussagesatz weisen Parallelen mit dem Deutschen auf. Die Wortstellung lautet: Subjekt – Verb – Ergänzung.
Germán estudia cine. Germán studiert Filmwissenschaften.
Mercedes tiene 20 años. Mercedes ist 20 Jahre alt.

Beachten Sie
Wenn das Verb aus einer zusammengesetzten Form besteht, darf diese – im Gegensatz zum Deutschen – nicht getrennt werden.
Le he escrito una carta. Ich habe ihm/ihr einen Brief geschrieben.

Test 1
Bringen Sie die Satzteile in die richtige Reihenfolge.
1. Miriam / estudiante de medicina / es
   ______________________ Miriam ist Medizinstudentin.
2. Al teatro / van / ellos
   ______________________ Sie gehen ins Theater.
3. Sus tareas / Lorena / hace
   ______________________ Lorena macht ihre Hausaufgaben.
4. Es / mi hermano / médico
   ______________________ Mein Bruder ist Arzt.

TIPP

Wenn Sie erst angefangen haben Spanisch zu lernen, sollten Sie den folgenden Abschnitt zu einem späteren Zeitpunkt lesen und gleich zu ➡ 1.2 weitergehen.

1.1.2 Die Stellung der Objekte
a) Stellung des direkten und indirekten Objekts
Das direkte bzw. indirekte Objekt steht meist hinter dem Verb.
Hoy he visto a Luisa. Ich habe Luisa heute gesehen.
Wenn in einem Satz zwei Objekte vorkommen, steht – anders als im Deutschen – das direkte Objekt vor dem indirekten.
He regalado un libro a mi hermana. Ich habe meiner Schwester ein Buch geschenkt.
Das indirekte Objekt wird häufig durch das entsprechende Pronomen wiederholt, das dann vor dem Verb steht.
Ya **le** he devuelto la revista **a Fernando**. Ich habe Fernando die Zeitschrift schon zurückgegeben.
(➡ Kapitel 10, *Die Personalpronomen*, 2.2)

b) Pronomen

Alle Pronomen (direkte, indirekte, reflexive) stehen im Regelfall vor dem Verb.
Lo conozco. Ich kenne ihn.
Me lavo las manos. Ich wasche mir die Hände.
Wenn ein direktes und ein indirektes Pronomen zusammentreffen, so steht das indirekte vor dem direkten.
Mi hermano me lo regaló. Mein Bruder hat es mir geschenkt.
(➠ Kapitel 10, *Die Personalpronomen*, 2.2.2 und ➠ Kapitel 28, *Die Reflexivpronomen und reflexiv gebrauchten Verben*, 2)

c) Präpositionen

Präpositionalobjekte, auch in pronominaler Funktion, stehen meist hinter dem Verb.
Todavía no he podido hablar con Ana. Ich habe noch nicht mit Ana sprechen können.
Compré un abrigo nuevo para ti. Ich habe einen neuen Mantel für dich gekauft.

Test 2

Bringen Sie die Satzteile in die richtige Reihenfolge.

1. hemos escrito / le / a Isabel / una carta
   ______________________ Wir haben Isabel einen Brief geschrieben.
2. organiza / Carlos / para su novia / una fiesta
   ______________________ Carlos organisiert eine Party für seine Freundin.
3. dedicó / Alejandra / su último libro / a su hijo / le
   ______________________ Alejandra hat ihr letztes Buch ihrem Sohn gewidmet.
4. para ti / este regalo / es
   ______________________ Dieses Geschenk ist für dich.

TIPP

Bevor Sie den folgenden Abschnitt lesen, sollten Sie sich mit dem ➠ Kapitel 32, *Das Adverb* vertraut machen.

1.1.3 Adverbiale Bestimmungen

- Die adverbialen Bestimmungen, zu denen Angaben der Zeit, des Ortes und der Art und Weise zählen, sind die „beweglichsten“ Elemente im Satz. Sie können am Anfang und am Ende des Satzes stehen.

Zeit: Nos levantamos **a las ocho**. Wir stehen **um acht** auf.
Ort: **En mi casa** tengo un jardín enorme. **Bei mir zu Hause** habe ich einen riesigen Garten.
Wenn sie am Satzanfang stehen, sind sie hervorgehoben, am Satzende dagegen haben sie eine zweitrangige Bedeutung.

- Eine Besonderheit des Spanischen ist, dass am Satzanfang mehrere Zeit- und Ortsangaben aufeinander folgen können.
  Ayer en el cine me encontré con Roberto. **Gestern** habe ich Roberto **im Kino** getroffen.
- Adverbien wie sólo / solamente, incluso, todavía, ya, también, tampoco stehen häufig zwischen Subjekt und Verb. Dasselbe gilt für die Zeitadverbien siempre und nunca.
  Yo **también** tengo ganas de ir. Ich habe **auch** Lust hinzugehen.
  Él **nunca** me dijo nada. Er hat mir **nie** etwas gesagt.
- Modaladverbien, die eine persönliche Bewertung ausdrücken, stehen meist am Satzanfang.
  Ojalá tengas razón. **Hoffentlich** hast du Recht.
  Quizás deberíamos llamarlo. **Vielleicht** sollten wir ihn anrufen.
  Das Adverb ojalá muss immer am Satzanfang stehen, quizás dagegen kann verschiedene Positionen einnehmen.
- Angaben, die die Art und Weise eines Geschehens bezeichnen, stehen meist hinter dem Verb bzw. hinter dem Objekt.
  Ha llovido **a cántaros** en los últimos días. Es hat in den letzten Tagen **in Strömen** geregnet.
  Anoche discutimos **acaloradamente** sobre política. Gestern Abend haben wir **leidenschaftlich** über Politik diskutiert.

Test 3

Ergänzen Sie die adverbialen Bestimmungen in den folgenden Sätzen.

1. Llegamos a tiempo. (afortunadamente) Glücklicherweise sind wir rechtzeitig angekommen.

   ____

2. Pensamos hacer un paseo en bicicleta. (mañana) Wir haben vor, morgen einen Ausflug mit dem Fahrrad zu machen.

   ____

3. José ve televisión. (siempre) José sieht immer fern.

   ____

4. Claudio se enfermó. (de pronto) Claudio ist plötzlich krank geworden.

   ____

1.1.4 Abweichungen von der regelmäßigen Wortstellung

a) Subjekt nach dem Verb

Bei den folgenden Klassen von Verben steht das Subjekt nach dem Verb:

- Bei Verben des Fühlens oder Empfindens, die mit einem indirekten Objekt gebildet werden, steht das Subjekt meist nach dem Verb.
  Le duele el estómago. Ihm/Ihr tut der Bauch weh.
  Me gustó la película. Der Film hat mir gefallen.
  Me preocupa su salud. Seine/Ihre Gesundheit macht mir Sorgen.
  Bei Vorgangsverben mit einem unbelebten Subjekt wird in der Regel das Subjekt nachgestellt.
  No pasó nada grave. Es ist nichts Schlimmes passiert.
- In Nebensätzen, die mit Infinitiv, gerundio oder Partizip gebildet werden, steht das Subjekt nach dem Verb.
  Estando ellos tan contentos ... Da sie so zufrieden sind / waren, ...
  Al salir Luis de su casa ... Als Luis seine Wohnung verlässt / verließ, ...
  Terminado el trabajo ... Wenn die Arbeit erledigt ist, ...
  (➠ Kapitel 26, *Infinite Verbformen*)

b) Hervorhebung der Objekte

Wenn man ein direktes oder indirektes Objekt hervorheben möchte, so wird es an den Satzanfang gestellt. In beiden Fällen muss das Objekt durch das entsprechende Pronomen wiederholt werden. (➠ Kapitel 10, *Die Personalpronomen*, 4.1)

A Ramón **lo** he visto esta mañana. Ramón habe ich heute Morgen gesehen.
A Luis **le** quiero regalar un compact para Navidad. Luis möchte ich eine CD zu Weihnachten schenken.

Auch ein präpositionales Objekt kann hervorgehoben werden, indem man es an den Satzanfang stellt. Allerdings wird ein präpositionales Objekt nicht durch ein Pronomen wiederholt.

Con Mirta no he hablado desde hace mucho tiempo. **Mit Mirta** habe ich schon seit langem nicht mehr gesprochen.

Beachten Sie

Auch das Subjekt kann hervorgehoben werden, indem man es hinter das Verb stellt.

Este libro me lo regaló **Pedro**. Dieses Buch hat **Pedro** mir geschenkt.
Eso me lo ha dicho **él**. Das hat **er** mir gesagt.

Test 4

a) Bringen Sie die Satzglieder in die richtige Reihenfolge.

1. la cabeza / le / duele / desde esta mañana
   ______________________ Seit heute Morgen tut ihm der Kopf weh.

2. encanta / me / esta película
   ____________________ Mir gefällt dieser Film sehr gut.
3. esa actitud / extraña / me
   ____________________ Dieses Verhalten erstaunt mich.

b) Ordnen Sie die Satzglieder so, dass das unterstrichene Wort hervorgehoben ist.

1. todos los días / <u>a mi hermana</u> / llamo
   ____________________ Meine Schwester rufe ich jeden Tag an.
2. esta mañana / <u>con Ana</u> / he hablado
   ____________________ Ich habe heute Morgen mit Ana gesprochen.
3. <u>María</u> / me / regaló / estas flores
   ____________________ Diese Blumen hat María mir geschenkt.
4. <u>Juan</u> / llega / mañana / temprano
   ____________________ Juan kommt morgen früh.

Weitere Möglichkeiten, ein Satzglied hervorzuheben, finden Sie in ➡ Abschnitt 4, *Besonderheiten*.

1.2 Die Verneinung

1.2.1 Grundregeln

- Das wichtigste spanische Verneinungswort ist no. Es bedeutet „nicht", „kein" und „nein". No steht – im Gegensatz zur Verneinung im Deutschen – immer **vor** dem konjugierten Verb.
  No sé. Ich weiß **nicht**.
  No somos españoles. Wir sind **keine** Spanier.
- Da no mehrere Bedeutungen hat, kann es zu Doppelungen kommen, wie im folgenden Beispiel:
  Esta tarea es muy difícil. – **No, no** es tan difícil. Diese Aufgabe ist sehr schwer. – **Nein**, sie ist **nicht** so schwer.
  Das erste no heißt „nein", das zweite „nicht". In solchen Fällen wird das erste no immer durch Komma abgetrennt.
- Bei zusammengesetzten Zeiten steht no ebenfalls vor dem konjugierten Verb und kann, im Gegensatz zum Deutschen, niemals zwischen Verb und Partizip stehen.
  No han dicho **nada** de esto. Sie haben **nichts** davon gesagt.
- Bei Sätzen mit Pronomen steht no immer vor der gesamten Gruppe.
  No me lo dijiste. Du hast es mir **nicht** gesagt.
  Falls das Pronomen hinter dem Verb steht, wie im Fall des gerundio oder des Infinitivs, steht no allerdings direkt vor dem Verb.
  No han podido decírmelo. Sie haben es mir **nicht** sagen können.

Test 5

a) Verneinen Sie die folgenden Aussagen.

1. Nos divertimos mucho en el paseo.
   ______________________ Wir haben uns nicht sehr amüsiert auf dem Ausflug.
2. Me gustó la película.
   ______________________ Der Film hat mir nicht gefallen.
3. A Lisa le preocupa su futuro profesional.
   ______________________ Lisa macht sich keine Sorgen um ihre berufliche Zukunft.
4. Marisol y yo nos hemos visto seguido.
   ______________________ Marisol und ich haben uns nicht häufig getroffen.

b) Geben Sie negative Antworten auf die folgenden Fragen. Die entsprechende Verbform ist in Klammern angegeben.

1. ¿Has estado en Roma antes? Bist du schon einmal in Rom gewesen?
   (he estado) ______________________ Nein, ich bin noch (todavía) nicht in Rom gewesen.
2. ¿Ya has comido algo? Hast du schon etwas gegessen?
   (he comido) ______________________ Nein, ich habe noch (todavía) nicht gegessen.
3. ¿Sabes qué hora es? Weißt du, wie spät es ist?
   (sé) ______________________ Nein, ich weiß nicht, wie spät es ist.

1.2.2 Weitere Verneinungsausdrücke

Die folgende Tabelle gibt Ihnen einen Überblick über die gängigsten Verneinungsausdrücke.

jamás / nunca nie	Nunca sé qué hacer en estas situaciones. Ich weiß nie, was ich in solchen Situationen tun soll.
nada nichts	Hasta ahora no hemos decidido nada. Bislang haben wir noch nichts entschieden.
nadie niemand	Nadie fue a ver la exposición. Niemand hat sich die Ausstellung angesehen.
ni siquiera nicht einmal	Ni siquiera la madre lo sabía. Nicht einmal die Mutter wusste es.
tampoco auch nicht	Tampoco Cecilia lo sabe. Auch Cecilia weiß es nicht.

ni ... ni weder ... noch	¿Qué haces en agosto? ¿Te vas a España? – No, no tengo ni tiempo ni dinero para viajar. Was machst du im August? Fährst du nach Spanien? – Nein, ich habe weder Zeit noch Geld, um zu verreisen.
ya no nicht mehr	Mi abuela ya no ve bien. Meine Großmutter sieht nicht mehr gut.
todavía / aún no noch nicht	Todavía no he visto el bebé de Ana y Esteban. Ich habe das Baby von Ana und Esteban noch nicht gesehen.
ningún / ninguno / ninguna keine/r	No hay ninguna posibilidad de solucionar este asunto. Es gibt keine Möglichkeit, diese Angelegenheit zu bereinigen.

1.2.3 Die doppelte Verneinung

- Wenn die Verneinungsausdrücke nadie, nada, nunca / jamás, ningún/ninguno/a/s und tampoco **nach** dem konjugierten Verb stehen, muss vor dem Verb das Adverb no stehen.
  No nos escribe **nadie.** Niemand schreibt uns.
  No entiendo **nada.** Ich verstehe nichts.
  No nos vemos **nunca.** Wir sehen uns nie.
  No tengo **ningún** problema. Ich habe kein Problem.
  No puedo ir a la casa de Pedro hoy, ¿y tú? – No, yo (**no** puedo ir) **tampoco.** Ich kann heute nicht zu Pedro gehen, und du? – Nein, ich (kann) auch nicht (gehen).
- Wenn diese Verneinungswörter **vor** dem konjugierten Verb stehen, wird keine doppelte Verneinung verwendet.
  Nadie nos escribe. Niemand schreibt uns.
  Nunca me llamas. Nie rufst du mich an.
  Nada le gusta. Nichts gefällt ihm/ihr.
  Tampoco lo sabemos. Wir wissen es auch nicht.
  (➠ Kapitel 9, *Die Indefinitbegleiter* und ➠ Kapitel 12, *Die Indefinitpronomen*)

Beachten Sie

Im Fall von tampoco ist der Gebrauch mit der einfachen Verneinung der üblichere. Bei den anderen Verneinungswörtern ist der Gebrauch mit der einfachen Verneinung nicht immer möglich, z. B. kann nadie nur in der Subjektposition einfach gebraucht werden.
Nadie lo sabe. Niemand weiß es.
Nadie als Objekt hingegen kann nur in der doppelten Verneinung verwendet werden.

No conozco a nadie. Ich kenne niemand.
Dasselbe gilt für ningún / ninguna.
Ninguno de nosotros lo sabía. Niemand von uns wusste es.
Aber: No tenemos ningún apuro. Wir haben keine Eile.

Test 6

a) Ergänzen Sie die fehlenden Verneinungswörter.

1. ¿Qué vais a hacer en el verano? – _______ lo sabemos. Was werdet ihr im Sommer machen? – Wir wissen es noch nicht.
2. Con la decisión del árbitro _______ se quedó contento. Mit der Entscheidung des Schiedsrichters war niemand zufrieden.
3. Afortunadamente _______ hay tanta hambre en el mundo. Zum Glück gibt es nicht mehr so viel Hunger auf der Welt.
4. Con este calor no dan ganas de hacer _______. Bei dieser Hitze hat man überhaupt keine Lust, etwas zu tun.
5. _______ nos aburrimos tanto como aquel día. Wir haben uns nie so gelangweilt wie an jenem Tag.

b) Verwandeln Sie die einfache Verneinung in die doppelte.

1. Nadie lo sabía. Niemand wusste es. ______________________________
2. Nada de esto me extraña. Nichts von all dem wundert mich.
____
3. Nunca habíamos venido a este lugar. Wir sind noch nie an diesem Ort gewesen. ______________________________

1.2.4 Weitere Besonderheiten

– Wenn die Verneinungswörter nada, nadie, nunca und ninguno nach einer Komparativform stehen, entsprechen sie im Deutschen einer positiven Form.
Pedro se queja más que nadie. Pedro beschwert sich mehr als irgendjemand sonst.
Ahora tiene más éxito que nunca. Er hat jetzt mehr Erfolg als je zuvor.
– Auch die verschiedenen Infinitivkonstruktionen (➠ Kapitel 26, *Infinite Verbformen*) können verneint werden, indem man no vor den Infinitiv stellt.
Tenemos que apurarnos para **no** llegar tarde. Wir müssen uns beeilen, um nicht zu spät zu kommen.
Al **no** entender nada, decidí irme. Da ich nichts verstand, beschloss ich zu gehen.
Lo convencimos de **no** dejar la carrera. Wir haben ihn davon überzeugt, das Studium nicht abzubrechen.

Konstruktionen mit dem gerundio funktionieren auf dieselbe Weise.
Creo que él estaría mejor no trabajando tanto. Ich glaube, dass es ihm besser ginge, wenn er nicht so viel arbeiten würde.

TIPP

Bevor Sie den folgenden Abschnitt durcharbeiten, sollten Sie das ➠ Kapitel 14, *Die Interrogativa* gelesen haben.

2 Der Fragesatz und der Ausrufesatz

Im Spanischen wie im Deutschen gibt es zwei Möglichkeiten eine Frage zu stellen:
mit Hilfe eines Fragepronomens, als so genannte Ergänzungsfrage:
¿Qué has dicho? Was hast du gesagt?
oder als Entscheidungsfrage:
¿Tienes ganas de acompañarme? Hast du Lust, mich zu begleiten?

Beachten Sie
Im Spanischen werden Fragen immer mit einem umgedrehten Fragezeichen eingeleitet. (➠ Kapitel 2, *Die Schreibung*, 3.1)

2.1 Die Ergänzungsfrage

- Die Stellung der Satzglieder ist bei Fragen:
  Fragepronomen – Verb – Subjekt – Ergänzung.
  ¿Qué pensáis hacer vosotros mañana? Was habt ihr morgen vor?
  Wie in Aussagesätzen wird auch hier meist auf das Subjektpronomen verzichtet.
  ¿Por qué preguntas? Warum fragst du?
  Allerdings wird z. B. in Kuba auch in Fragen häufig ein Subjektpronomen verwendet.
  ¿Cómo tú te llamas? Wie heißt du?
- In Kapitel 14 finden Sie eine ausführliche Darstellung der Interrogativa. Hier noch einmal ein kurzer Überblick über die wichtigsten Fragepronomen:

qué was	quién wer
cómo wie	cuánto wie viel
dónde wo	por qué warum
para qué wofür	a dónde wohin
de dónde woher	cuál welcher

Test 7

Fragen Sie nach dem unterstrichenen Satzteil. Achten Sie auf die Fragezeichen.

1. Se llama Marcelo. Er heißt Marcelo.
   ______________________ Wie heißt er?
2. El libro cuesta 10 euros. Das Buch kostet 10 Euro.
   ______________________ Was kostet das Buch?
3. Paula está en la casa de Ana. Paula ist bei Ana.
   ______________________ Wo ist Paula?
4. Ayer llovió toda la noche. Gestern hat es die ganze Nacht geregnet.
   ______________________ Wann hat es geregnet?

2.2 Die Entscheidungsfrage

Im Deutschen erkennt man eine Entscheidungsfrage daran, dass die Stellung von Subjekt und Verb vertauscht ist:
Aussagesatz: Du gehst schwimmen.
Fragesatz: Gehst du schwimmen?
Im Spanischen gibt es zwei Möglichkeiten, die Entscheidungsfrage kenntlich zu machen:

- Man kann auch hier die Reihenfolge von Subjekt und Verb vertauschen.
  ¿Entenderán los niños esta película? Ob die Kinder diesen Film verstehen?
- Es kann aber auch die Wortstellung des Aussagesatzes beibehalten werden. Die Frage ist in diesem Fall nur an der Betonung bzw. in schriftlichen Texten an den Fragezeichen zu erkennen.
  ¿Los niños entenderán esta película?
  Diese Variante ist die gebräuchlichere.

Test 8

Wie könnten die Fragen zu diesen Antworten lauten? Achten Sie, wie im Beispiel, auf die Personen.
Antwort: No, no **tengo** que levantarme temprano. Nein, **ich** muss nicht früh aufstehen.
Frage: ¿**Tienes** que levantarte temprano? Musst **du** früh aufstehen?

1. No, no sé qué hora es. Nein, ich weiß nicht, wie spät es ist.
   ______________________ Weißt du, wie spät es ist?
2. No, no estaba durmiendo todavía. Nein, ich habe noch nicht geschlafen.
   ______________________ Hast du schon (ya) geschlafen?
3. Sí, estoy bien. Ja, mir geht es gut.
   ______________________ Geht es dir gut?
4. No, no he visto a Nina. Nein, ich habe Nina nicht gesehen.
   ______________________ Hast du Nina gesehen?

2.3 Der Ausrufesatz

Ausrufe können wie im Deutschen einfach durch das Anheben der Stimme formuliert werden. Es gibt aber auch einige Fragepronomen, die für Ausrufe benutzt werden können, z. B. qué, cuánto, cómo.
(➠ Kapitel 14, *Die Interrogativa*)

Ausrufesätze mit qué können z. B. aus dem Fragewort qué + Adjektiv / Substantiv / Adverb bestehen.
¡Qué rico! Wie lecker!, ¡Qué pena! Wie schade!, ¡Qué bien! Wie gut!
Bzw. aus qué + Adjektiv + Substantiv.
¡Qué buena idea! Was für eine gute Idee!
Sie können aber auch aus dem Pronomen und einem ganzen Satz bestehen. Die Satzstruktur lautet dann: qué + Adjektiv / Substantiv / Adverb + Verb + Subjekt.
¡Qué bonitos son tus zapatos! Wie schön deine Schuhe sind!
¡Qué bonitos zapatos tienes! Was für schöne Schuhe du hast!
¡Qué bien habla español! Wie gut er/sie Spanisch spricht!

Beachten Sie
- Ein solcher Ausruf kann auch mit einem Subjektsatz konstruiert werden. In diesen Fällen wird que eingefügt.
  ¡Qué bien que hayas venido a vernos! Wie schön, dass du uns besuchen kommst!
- Cuánto bezeichnet die Menge oder Intensität von etwas und wird angeglichen, wenn es vor einem Substantiv steht.
  ¡Cuántas personas! So viele Menschen!
  Cuánto ist unveränderlich, wenn es vor einem Verb steht.
  ¡Cuánto sabe este chico! Wie viel dieser Junge weiß!
- Auch cómo bezeichnet als Ausruf die Intensität von etwas. Es wird in der Regel nur mit Verben benutzt.
  ¡Cómo me he aburrido! Wie sehr ich mich gelangweilt habe!

Test 9

Verwandeln Sie die einfachen Aussagesätze in Ausrufesätze.
Beispiel: La casa es grande. Das Haus ist groß → ¡Qué grande que es la casa! Wie groß das Haus ist!

1. La niña es inteligente. Das Mädchen ist intelligent.
   ______________________ Wie intelligent das Mädchen ist!
2. Llueve. Es regnet.
   ______________________ Wie sehr es regnet!

3. La comida está rica. Das Essen ist lecker.
_______________ Wie lecker das Essen ist!
4. Nos reímos mucho ese día. Wir haben viel gelacht an jenem Tag.
_______________ Wie haben wir gelacht an jenem Tag!

TIPP

Bevor Sie den folgenden Abschnitt lesen, sollten Sie sich mit ➡ Kapitel 34, *Die Konjunktionen* beschäftigt haben.

3 Der zusammengesetzte Satz

Zusammengesetzte Sätze bestehen aus mindestens einem Hauptsatz und einem Nebensatz bzw. aus zwei Hauptsätzen, die auf verschiedene Weise verbunden werden können.

3.1 Verbindung von zwei Hauptsätzen

3.1.1 Satzzeichen

Hauptsätze können, wie im Deutschen, durch Satzzeichen verbunden werden.
Hay un ciclo de cine español; tengo ganas de ir. Es läuft eine spanische Filmreihe; ich habe Lust hinzugehen.
Silvia dijo: –Mañana me levanto temprano. Silvia sagte: „Morgen muss ich früh aufstehen.

Beachten Sie
Die direkte Rede wird häufig auch durch Gedankenstriche gekennzeichnet.
–Mañana me levanto temprano –dijo Silvia. „Morgen muss ich früh aufstehen“, sagte Silvia.

3.1.2 Beiordnende Konjunktionen

Die beiordnenden Konjunktionen haben Sie bereits in ➡ Kapitel 34, *Die Konjunktionen* kennen gelernt. Sie können Hauptsätze auf unterschiedliche Art verbinden.
Creo que Pedro sale mañana de viaje, **pero** no estoy seguro. Ich glaube, dass Pedro morgen abreist, **aber** ich bin mir nicht sicher.
Cristina terminó la carrera **y** está buscando un trabajo. Cristina hat das Studium beendet **und** ist dabei, eine Arbeit zu suchen.

3.1.3 Satzverkürzende Konstruktionen

Das gerundio kann unter anderem Gleichzeitigkeit ausdrücken und entspricht dann im Deutschen einem durch „und" angeschlossenen Hauptsatz.
(➠ Kapitel 26, *Infinite Verbformen,* 3)
Miguel está acostado en el sofá **leyendo**. Miguel liegt auf dem Sofa **und liest**.

Test 10

Kreuzen Sie an, um welche Art von Verbindung es sich in den Sätzen handelt: Satzzeichen (Z), Konjunktion (K) oder satzverkürzende Konstruktion (S).

	Z	K	S
1. El hombre entró al bar gritando como un loco. Der Mann kam in die Bar und schrie wie ein Verrückter.	☐	☐	☐
2. Manuela preguntó: –¿Qué tal los niños? Manuela fragte: „Wie geht es den Kindern?"	☐	☐	☐
3. Llamé ayer a tu casa pero no estabas. Ich habe gestern bei dir angerufen, aber du warst nicht da.	☐	☐	☐
4. Se está haciendo tarde; mejor nos vamos. Es ist spät geworden; wir gehen besser.	☐	☐	☐

3.2 Verbindung von Haupt- und Nebensatz

Im Folgenden finden Sie einen Überblick über die verschiedenen Strukturen, in denen Haupt- und Nebensätze verbunden werden können.

3.2.1 Unterordnende Konjunktionen

Unterordnende Konjunktionen können Haupt- und Nebensätze auf verschiedene Art verbinden. (➠ Kapitel 34, *Die Konjunktionen*)
Temporal: **Cuando** supe del accidente, fui inmediatamente al hospital. **Als** ich von dem Unfall hörte, fuhr ich sofort ins Krankenhaus.
Konditional: **Si** estás de acuerdo, voy a invitar a los Pérez para mañana. **Wenn** du einverstanden bist, werde ich die Pérez für morgen einladen.

3.2.2 Relativpronomen

Relativpronomen ordnen einen erklärenden Nebensatz einem Hauptsatz unter.
(➠ Kapitel 13, *Die Relativpronomen*)
Ese niño **que** está jugando ahí es mi primo. Das Kind, **das** dort drüben spielt, ist mein Cousin.

3.2.3 Indirekte Rede

Mit Hilfe der indirekten Rede bzw. der indirekten Frage kann ein Nebensatz einem Hauptsatz untergeordnet werden.
Clara dice: –Quiero tomar un helado. Clara sagt: „Ich möchte ein Eis essen."
→ Clara dice que quiere tomar un helado. Clara sagt, dass sie ein Eis essen möchte.
Manuel pregunta: –¿Estáis bien? Manuel fragt: „Geht es euch gut?"
→ Manuel pregunta si estamos bien. Manuel fragt, ob es uns gut geht.
Zum Gebrauch der Zeiten in der indirekten Rede und im indirekten Fragesatz sehen Sie ➠ Kapitel 27, *Der Gebrauch der Zeiten und Modi, 2.*

3.2.4 Satzverkürzende Konstruktionen

Im Spanischen gibt es verschiedene satzverkürzende Konstruktionen, die im Deutschen mit einem Nebensatz wiedergegeben werden: gerundio, Partizip und Infinitiv. (➠ Kapitel 26, *Infinite Verbformen*)
Al escuchar la noticia se echó a reír. Als er/sie die Neuigkeit hörte, fing er/sie an zu lachen.
Me lesioné la mano **jugando** al fútbol. Ich habe mir die Hand verletzt, als ich Fußball spielte.

Test 11

Kreuzen Sie an, um welche Konstruktion es sich handelt: Relativpronomen (R), Konjunktion (K), indirekte Rede (I) oder satzverkürzende Konstruktion (S).

	R	K	I	S
1. El señor <u>que está hablando</u> es el presidente de la asociación de escritores. Der Mann, der gerade spricht, ist der Präsident des Schriftstellerverbandes.	☐	☐	☐	☐
2. <u>Cuando tengo que ir al dentista</u>, siempre me pongo nervioso. Wenn ich zum Zahnarzt muss, werde ich immer nervös.	☐	☐	☐	☐
3. María me preguntó <u>si quería ir a Italia con ella.</u> María fragte mich, ob ich mit ihr nach Italien fahren wolle.	☐	☐	☐	☐
4. <u>Caminando por la ciudad</u> se pueden ver muchas cosas interesantes. Wenn man durch die Stadt läuft, kann man viele interessante Dinge sehen.	☐	☐	☐	☐

4 Besonderheiten

Hier finden Sie einige Besonderheiten im Zusammenhang mit dem spanischen Satzbau.

4.1 Hervorhebung durch Satzabspaltung

In Abschnitt 1.1.4 haben Sie verschiedene Möglichkeiten kennen gelernt, bestimmte Satzteile hervorzuheben. Eine weitere Möglichkeit ist die Satzabspaltung, d. h. dass ein Element des Satzes mit Hilfe eines Relativsatzes wiedergegeben wird. (➠ Kapitel 13, *Die Relativpronomen*, 5.3)
Subjekt: Soledad me contó el chisme. Soledad hat mir das Gerücht erzählt.
→ La que me contó el chisme fue Soledad. Die, die mir das Gerücht erzählt hat, war Soledad.
Objekt: Voy a llamar a Ana ahora. Ich werde Ana jetzt anrufen.
→ A la que voy a llamar ahora es a Ana. Wen ich jetzt anrufen werde, ist Ana.

Auch ganze Sätze können auf diese Weise hervorgehoben werden.
No sé a qué hora llega Simón. Ich weiß nicht, um wie viel Uhr Simón ankommt.
→ Lo que no sé es a qué hora llega Simón. Was ich nicht weiß, ist, um wie viel Uhr Simón ankommt.
Me dijo que vendría mañana. Er/Sie sagte mir, dass er/sie morgen kommen würde.
→ Lo que me dijo fue que vendría mañana. Was er/sie sagte war, dass sie morgen kommen würde.

4.2 Que und como

Im Folgenden finden Sie eine Zusammenfassung über die Konjunktionen que und como – die wichtigsten und häufigsten Verbindungselemente zwischen Sätzen.

4.2.1 Que

Als Einleitung eines Subjekt- oder Objektsatzes	Espero que sea cierto. Ich hoffe, dass es stimmt. Es extraño que no hayan llegado todavía. Es ist seltsam, dass sie noch nicht angekommen sind.

Als Relativpronomen	El señor que conocí ayer ... Der Herr, den ich gestern kennen lernte, ... (➠ Kapitel 13, *Die Relativpronomen*, 1)
In Vergleichen, die mehr oder weniger beinhalten, wird das Verglichene mit que angeschlossen.	Ella es mayor que yo. Sie ist älter als ich. Me parece que Susana es más madura que José. Es scheint mir, dass Susana reifer als José ist. (➠ Kapitel 6, *Vergleichsstrukturen*, 3.1.2)
Es gibt einige feste Ausdrücke, die mit que gebildet werden, z. B. yo que tú ... ich an deiner Stelle ... que yo sepa ... soweit ich weiß ... y eso que ... und das obwohl ...	Yo que tú no le haría caso. Ich an deiner Stelle würde nicht auf ihn hören. Que yo sepa no hay función a las cinco. Soweit ich weiß, gibt es keine Vorstellung um fünf. Se compró una moto y eso que no tiene dinero. Er hat sich ein Motorrad gekauft, und das obwohl er kein Geld hat.
Als verkürzte Form eines Satzes im subjuntivo	Ya llegó el señor García. – (Dígale) Que pase. Herr García ist schon da. – (Sagen Sie ihm) Er soll hereinkommen.
Bei einigen gebräuchlichen Formeln im Hauptsatz	¡Que te diviertas! Viel Spaß / Vergnügen! ¡Que lo pases bien! Viel Spaß / Vergnügen! ¡Que te vaya bien! Mach's gut! ¡Que estés bien! Mach's gut! ¡Que descanses! Schlaf gut! ¡Que te mejores! Gute Besserung!
In kausaler Bedeutung	Apúrate, que la comida ya está lista. Beeil dich, denn das Essen ist schon fertig.

Beachten Sie

- Die Subjekt- bzw. Objektsätze können auch verkürzt sein.
  ¿Conoces a ese señor? – Creo **que lo conozco**. → Creo **que sí**. Kennst du diesen Mann dort? – Ich glaube, ich kenne ihn. → Ich glaube, ja.
  ¿Serán ya las cinco? – Creo **que no son las cinco**. → Creo **que no**. Ob es schon fünf ist? – Ich glaube nicht, dass es schon fünf ist. → Ich glaube nicht.
- Vor que in kausaler Bedeutung steht immer ein Komma.

Test 12

a) Schreiben Sie vollständige Sätze mit Hilfe von que.

1. Mi hermano Francisco / es / mayor / yo.
   ____________________ Mein Bruder Francisco ist älter als ich.
2. Me dijo / vendría / mañana.
   ____________________ Er sagte, dass er morgen komme.
3. Encontré / el anillo / había perdido ayer.
   ____________________ Ich habe den Ring wiedergefunden, den ich gestern verloren habe.
4. Escúchame, / te / estoy hablando.
   ____________________ Hör mir zu, ich spreche mit dir.
5. Está / su mujer / fuera / – Espere / un momento.
   ____________________ Ihre Frau ist draußen. – Sie soll warten.

b) Verwenden Sie die festen Ausdrücke mit que.

1. ¿Alguna vez viste «Belle Époque»? – ____________.
   Hast du schon mal „Belle Époque" gesehen? – Ich glaube, ja.
2. ____________ no presumiría tanto.
   Ich an seiner Stelle würde nicht so angeben.
3. Perdí mucho dinero en este negocio, ____________ me lo advirtieron.
   Ich habe viel Geld bei diesem Geschäft verloren, und das obwohl man mich gewarnt hat.

4.2.2 Como

Auch die Konjunktion como hat mehrere Bedeutungen, wie Sie bereits feststellen konnten. Hier noch einmal eine Zusammenfassung.

modal: wie	No hizo el trabajo como yo le pedí. Er machte die Arbeit nicht so, wie ich es verlangt hatte.
kausal: da	Como llegué tarde no me dejaron entrar. Da ich zu spät kam, wurde ich nicht mehr hineingelassen.
konditional: wenn (mit subjuntivo)	Como lo hagas otra vez ... Wenn du das noch einmal tust, ...
Vergleich: wie	Él no es tan responsable como su hermano. Er ist nicht so vernünftig wie sein Bruder.
relativ: wie	Estaban de acuerdo sobre la manera como había de proceder. Sie waren sich über die Art und Weise einig, wie man vorgehen musste.

Test 13

Verbinden Sie die Satzteile mit Hilfe der Konjunktion como.

1. yo no leo tanto – tú ______________________ Ich lese nicht so viel wie du.
2. no me cae muy bien – no lo invité ______________________ Da er mir nicht sehr sympathisch ist, habe ich ihn nicht eingeladen.
3. tú supusiste – la conferencia estuvo muy aburrida ______________________ So wie du vermutet hast, war der Vortrag sehr langweilig.
4. me vuelvas a hablar en ese tono – me voy ______________________ Wenn du noch einmal in so einem Ton mit mir sprichst, gehe ich.

Auf den Punkt gebracht

1. (➠ *1*)

1.1 Markieren Sie die richtige Alternative.

a) Die Grundstruktur des einfachen Aussagesatzes lautet: (Subjekt – Verb – Ergänzung / Verb – Ergänzung – Subjekt).
b) Die Objekte stehen im Spanischen meist (nach / vor) dem Verb.
c) Wenn ein indirektes und ein direktes Objekt zusammentreffen, steht das indirekte (vor / nach) dem direkten.
d) Die adverbialen Bestimmungen (können / müssen) am Satzende stehen.

1.2 Bringen Sie die Satzteile in die richtige Reihenfolge.

a) este libro / he comprado / para ti
______________________ Ich habe dieses Buch für dich gekauft.
b) novelas policiacas / lee / en su tiempo libre
______________________ In seiner Freizeit liest er Krimis.
c) me he encontrado / en París / con Mirta
______________________ Ich habe Mirta in Paris getroffen.

2. (➠ *1.2*)

2.1 Markieren Sie die richtige/-n Alternative/-n.

a) Das wichtigste Verneinungswort ist no; es bedeutet (nein / auch nicht / nicht / kein).
b) No steht (vor / nach) dem Verb.
c) Wenn Verneinungsausdrücke wie ningún, nadie, nada (vor / nach) dem konjugierten Verb stehen, muss es eine doppelte Verneinung geben.

2.2 Verneinen Sie die folgenden Fragen.

a) ¿Crees que va a llover? Glaubst du, dass es regnen wird?
____________________ Nein, ich glaube nicht.

b) ¿Pablo ya se ha ido? Ist Pablo schon gegangen?
____________________ Nein, er ist noch nicht gegangen.

c) ¿Ha llamado alguien? Hat jemand angerufen?
____________________ Nein, es hat niemand angerufen.

3. (➠ *2.1, 2.2*)

3.1 Markieren Sie die richtige Alternative.

a) In Fragen, die mit Fragepronomen gebildet werden, ist die Reihenfolge der Satzglieder (Subjekt – Verb / Verb – Subjekt).

b) In Entscheidungsfragen (kann / muss) die Reihenfolge der Satzglieder genauso wie beim Aussagesatz sein.

3.2 Stellen Sie die Fragen zu den vorgegebenen Antworten.

a) No, no voy a España en las vacaciones. Nein, ich fahre in den Ferien nicht nach Spanien.
____________________ Fährst du in den Ferien nach Spanien?

b) Sí, tengo ganas de ir al cine. Ja, ich habe Lust ins Kino zu gehen.
____________________ Hast du Lust ins Kino zu gehen?

3.3 Fragen Sie nach dem unterstrichenen Satzteil.

a) <u>Rafael</u> me regaló esto. Rafael hat mir das geschenkt.
____________________ Wer hat dir das geschenkt?

b) Mi hermano vive en <u>Portugal</u>. Mein Bruder lebt in Portugal.
____________________ Wo lebt dein Bruder?

4. (➠ *2.3*)

Markieren Sie die richtige/-n Alternative/-n.

a) Die Fragepronomen (qué / cuánto / cuyo) können auch in Ausrufesätzen verwendet werden.

b) Cuánto ist in Ausrufesätzen vor einem Substantiv (veränderlich / nicht veränderlich).

c) Qué (kann auch / kann nicht) mit ganzen Ausrufesätzen verwendet werden.

5. (➠ *3*)

5.1 Markieren Sie die richtige/-n Alternative/-n.

a) Der zusammengesetzte Satz besteht aus Haupt- und Nebensatz oder aus zwei Hauptsätzen. Um zwei Hauptsätze zu verbinden, kann man (Satzzeichen / unterordnende Konjunktionen / beiordnende Konjunktionen) verwenden.

b) Um einen Haupt- und einen Nebensatz zu verbinden, kann man (Satzzeichen / satzverkürzende Konstruktionen / indirekte Rede) verwenden.

5.2 Kreuzen Sie an, um welche Konstruktion es sich handelt: Satzzeichen (Z), Konjunktion (K), indirekte Rede (I) oder satzverkürzende Konstruktion (S).

	R	K	I	S
a) Mañana no puedo ir porque estoy con visitas. Ich kann morgen nicht kommen, weil ich Besuch habe.	☐	☐	☐	☐
b) Mariana también dijo que no podía ir. Mariana hat auch gesagt, dass sie nicht kommen kann.	☐	☐	☐	☐
c) Quejándote tampoco vas a lograr nada. Wenn du dich beklagst, wirst du auch nichts erreichen.	☐	☐	☐	☐
d) Carla dijo: –Me tengo que ir. Carla sagte: „Ich muss gehen.“	☐	☐	☐	☐

Wenn Sie erst angefangen haben Spanisch zu lernen, sollten Sie dieses Kapitel in kleinen Einheiten durcharbeiten (zuerst ➠ 1.1.1, dann ➠ 1.1.2 etc.).

1 Die Zahlen

Was Sie vorab wissen sollten

Die Zahlen werden im Satz sowohl adjektivisch, d. h. als Begleiter des Substantivs, als auch pronominal verwendet. (➠ Einführung in *Das Substantiv und seine Begleiter* und ➠ Kapitel 11, *Die Begleiter als Pronomen*, 1.4)

Adjektivisch: Juan tiene **tres** coches. Juan hat **drei** Autos.
Ya es mi **tercer** coche. Es ist schon mein **drittes** Auto.

Pronominal: Pablo sólo tiene **dos**. Pablo hat nur **zwei**.
Ya es mi **tercero**. Es ist schon mein **drittes**.

Auf Entdeckung

Sie haben sicher schon die eine oder andere Zahl auf Spanisch gehört. Versuchen Sie, folgende Zahlen zu „erraten". Vielleicht können Sie sie aus Ihrer eigenen bzw. einer anderen Sprache ableiten.

1. Espera **un** momento, por favor. Warte ______ Moment, bitte.
2. **Dos** cafés, por favor. ______ Kaffee, bitte.
3. Tengo **tres** hijos. Ich habe ______ Kinder.
4. Nos vemos a las **seis** de la tarde. Wir sehen uns um ______ abends.
5. Hoy es **siete** de julio. Heute ist der ______ Juli.
6. Mi hijo tiene **nueve** años. Mein Sohn ist ______ Jahre alt.
7. ¡Va a **diez** kilómetros por hora! Er fährt ______ km pro Stunde!
8. Son **cien** euros. Das macht ______ Euro.

1.1 Die Grundzahlen (los números cardinales)

Was Sie vorab wissen sollten

- Die Grundzahlen sind maskulin und unveränderlich.
  el dos die Zwei, **el** tres die Drei
  dos niños zwei Jungen, **dos** niñas zwei Mädchen
  Aber: un cero eine Null, dos ceros zwei Nullen; **un** libro ein Buch, **una** casa ein Haus, dos **unos** zwei Einsen
- Man unterscheidet einfache und zusammengesetzte Zahlen:
  einfache Zahlen: uno (1), dos (2), tres (3), cuatro (4), cinco (5), veinte (20), treinta (30), cien (100), quinientos (500), mil (1.000);
  zusammengesetzte Zahlen: dieciséis (16 = 10 + 6), veintidós (22 = 20 + 2), mil doscientos (1.200 = 1.000 + 200).

- Im Gegensatz zum Deutschen wird bei der Bildung der zusammengesetzten Zahlen immer mit der größten Einheit begonnen, auch bei Zehnern und Einern.
  48 cuarenta (40) y ocho (8)
  5.555 cinco mil (5.000) quinientos (500) cincuenta (50) y cinco (5)

1.1.1 Die Grundzahlen von 0 – 99

0 cero

1 uno / un/una	11 once	21 veintiuno
2 dos	12 doce	22 veintidós
3 tres	13 trece	23 veintitrés
4 cuatro	14 catorce	24 veinticuatro
5 cinco	15 quince	25 veinticinco
6 seis	16 dieciséis	26 veintiséis
7 siete	17 diecisiete	27 veintisiete
8 ocho	18 dieciocho	28 veintiocho
9 nueve	19 diecinueve	29 veintinueve
10 diez	20 veinte	30 treinta

Ab 31 treinta y uno werden die Zehner und Einer durch die Konjunktion **y und** verbunden.

32 treinta y dos	33 treinta y tres
44 cuarenta y cuatro	55 cincuenta y cinco
66 sesenta y seis	77 setenta y siete
88 ochenta y ocho	99 noventa y nueve

1.1.2 Die Zehner (las decenas)

10 diez	40 cuarenta	70 setenta
20 veinte	50 cincuenta	80 ochenta
30 treinta	60 sesenta	90 noventa

Auf Entdeckung

Die zusammengesetzten Zahlen werden nach zwei Verfahren gebildet. Im Folgenden finden Sie eins dieser Verfahren. Schauen Sie sich die Beispiele an und formulieren Sie die Regel.

16 dieciséis	18 dieciocho
25 veinticinco	36 treinta y seis
45 cuarenta y cinco	58 cincuenta y ocho
67 sesenta y siete	79 setenta y nueve
87 ochenta y siete	93 noventa y tres

Durch welches Verfahren werden diese Zahlen gebildet?

Beachten Sie
- Zusammengesetzte Zahlen mit dos, tres und seis erhalten auf dem Vokal einen grafischen Akzent.
  dieciséis, veintidós, veintitrés, veintiséis
- Das Zahlwort uno verhält sich wie der unbestimmte Artikel im Singular (➠ Kapitel 4, *Der Artikel*, 2.1). Alle mit uno gebildeten Zahlen stimmen mit dem Geschlecht des entsprechenden Substantivs überein.
  Vor weiblichen Substantiven: Ya tengo escritas **cincuenta y una** cartas. Ich habe schon 51 Briefe geschrieben.
  Vor männlichen Substantiven verlieren uno und die mit uno zusammengesetzten Zahlen das -o.
  Un momento, por favor. Einen Moment, bitte.
  En este curso hay **veintiún** estudiantes. In diesem Kurs sind 21 Studenten.
  Marzo tiene **treinta y un** días. Der März hat 31 Tage.

Test 1
Schreiben Sie die folgenden Zahlen in Worten.

21 ________	55 ________	16 ________
35 ________	64 ________	84 ________
43 ________	77 ________	25 ________
51 ________	81 ________	15 ________
7 ________	99 ________	4 ________

1.1.3 Die Grundzahlen von 100 – 999

100 cien / ciento	400 cuatrocientos/as	700 setecientos/as
200 doscientos/as	500 quinientos/as	800 ochocientos /as
300 trescientos/as	600 seiscientos/as	900 novecientos /as

Auf Entdeckung
Hier wird das zweite Verfahren zur Bildung der Zahlen vorgestellt. Schauen Sie sich die Beispiele an und formulieren Sie die Regel.

200	doscientos	510	quinientos diez
3.000	tres mil	115.000	ciento quince mil
946	novecientos cuarenta **y** seis	694	seiscientos noventa **y** cuatro

Wie lautet die Regel? ________
Was fällt Ihnen auf? Vergleichen Sie die Hunderter und Zehner mit den Zehnern und Einern. ________

Beachten Sie

- Cien wird nur für die Zahl 100 verwendet, für die Zahlen 101–199 gebraucht man ciento.
  Cien años de soledad Hundert Jahre Einsamkeit
  Este país fue ocupado durante **ciento** cincuenta años. Dieses Land wurde hundertfünfzig Jahre lang besetzt.
- Die Zahlen 200 – 900 stimmen in Geschlecht und Zahl mit dem Substantiv überein.
  doscient**os** colegios zweihundert Schulen
  cuatrocient**as** universidades vierhundert Universitäten

Test 2

1. Zählen Sie rückwärts von 10 bis 1.
2. Zählen Sie von 10 bis 20.
3. Zählen Sie rückwärts von 20 bis 10.
4. Zählen Sie von 40 bis 50.
5. Zählen Sie in Zehnerschritten von 10 bis 100.
6. Zählen Sie in Hunderterschritten von 100 bis 1.000.
7. Lesen Sie die folgenden Zahlen: 123, 238, 317, 467, 576, 673, 767, 889, 919.

1.1.4 Die Grundzahlen ab 1.000

1.000	mil	10.000	diez mil	100.000	cien mil
1.001	mil uno	10.001	diez mil uno	200.000	doscientos mil
1.200	mil doscientos	10.200	diez mil doscientos	1.000.000	un millón
2.000	dos mil	20.000	veinte mil	2.000.000	dos millones
3.000	tres mil	30.000	trenta mil	1.000.000.000.000	un billón

3.648	tres mil seiscientos cuarenta y ocho
32.761	treinta y dos mil setecientos sesenta y uno
150.459	ciento cincuenta mil cuatrocientos cincuenta y nueve
243.585	doscientos cuarenta y tres mil quinientos ochenta y cinco
1.589.822	un millón quinientos ochenta y nueve mil ochocientos veintidós

Beachten Sie

- Mil ist unveränderlich, millón und billón haben dagegen eine Singular- und eine Pluralform (millón – millones, billón – billones) und werden durch die Präposition de mit dem nachfolgenden Substantiv verbunden.
  cinco mil aviones fünftausend Flugzeuge
  cinco millones **de** habitantes fünf Millionen Einwohner
- Millardo und mil millones sind die spanischen Bezeichnungen für „Milliarde", wobei mil millones bevorzugt wird.

- Die Zahlen ciento, mil, millón und billón können als Substantive gebraucht werden. Ein Substantiv wird mit der Präposition de angeschlossen (➠ 1.4).
  cientos **de** víctimas Hunderte von Opfern, miles **de** manifestantes Tausende von Demonstranten, millones **de** dólares Millionen Dollar

Test 3

Lesen Sie die folgenden Zahlen.
1.968, 12.731, 44.197, 67.676, 324.581

1.1.5 Gebrauch

a) Die Grundzahlen in den Grundrechenarten (**operaciones aritméticas**)

Die Grundrechenarten werden im Spanischen folgendermaßen ausgedrückt:
suma / adición: 2 + 7 = 9 dos **más** siete es igual a nueve
resta / substracción: 9 – 2 = 7 nueve **menos** dos es igual a siete
multiplicación: 2 × 2 = 4 dos (**multiplicado**) **por** dos son cuatro
división: 10 : 5 = 2 diez **dividido por** / **entre** cinco son dos

Beachten Sie

- Das Gleichheitszeichen wird durch es igual a oder mit dem Verb ser ausgedrückt.
  dos por dos **es igual a** cuatro / dos más siete **son** nueve
- Das Verb ser steht nur im Singular, wenn das Ergebnis 0 oder 1 ist.
  3 + 3 = 6 tres más tres **son** seis
  Aber: 0 + 1 = 1 cero más uno **es** uno

Test 4

Rechnen Sie und schreiben / sprechen Sie die folgenden Gleichungen aus.

1. 23 + 35 = ______________________________
2. 1.009 – 10 = ______________________________
3. 100 × 1.000 = ______________________________
4. 1.000 : 100 = ______________________________

b) Die Grundzahlen bei Geldbeträgen

Die Grundzahlen werden auch bei Geldbeträgen benutzt. Beachten Sie die Übereinstimmung der Hunderter.

100	cien euros 100 Euro	260	doscientos sesenta euros
90	noventa coronas 90 Kronen	392	trescientas noventa y dos coronas
70	setenta libras 70 Pfund	483	cuatrocientas ochenta y tres libras
50	cincuenta dólares 50 Dollar	765	setecientos sesenta y cinco dólares
10	diez pesos 10 Pesos	980	novencientos ochenta pesos

Beachten Sie

- Bei uno eins: una libra ein Pfund, un peso ein Peso
- Beim Einkaufen bzw. Bezahlen lautet die Frage: ¿Cuánto es? oder ¿Cuánto cuesta? Wie viel macht / kostet es / das? Die Antwort ist: Son cien pesos. / Son trescientas libras. / Son mil coronas. **Aber**: Es un euro.
- „Minus" bei negativen Zahlen heißt menos: –2 (sprich: menos dos).

Test 5

Lesen Sie die folgenden Zahlen.

1. 100 escudos (Angola)
2. 900 libras australianas (Australia)
3. 1.000.000 de colones (El Salvador)
4. 7.000 guaraníes (Paraguay)
5. 500 bolívares (Venezuela)
6. 1 lempira (Honduras)
7. 2 pesos bolivianos (Bolivia)
8. 350 dinares (Argelia, etc.)
9. 540 yenes (Japón)
10. 5.097 quetzales (Guatemala)
11. 586 francos suizos (Suiza)
12. 753 córdobas (Nicaragua)
13. 10 colones (Costa Rica)
14. 101 pesos (Argentina, México, etc.)

c) Die Grundzahlen in Prozentangaben (el porcentaje)

Die Prozentangaben werden auf Spanisch mit por ciento „Prozent" ausgedrückt. El impuesto sobre el valor añadido (IVA) oscila entre el 16 % y el 21 % según los países. Die Mehrwertsteuer schwankt zwischen 16 % und 21 % je nach Land. (sprich: entre el dieciséis por ciento y el veintiuno por ciento)

Beachten Sie

Bei den Prozentangaben wird, im Gegensatz zum Deutschen, der bestimmte (el) oder unbestimmte (un) Artikel verwendet.
Hubo más **del** 60 % de aumento. Es gab eine Erhöhung von über 60 %.
El impuesto al tabaco aumentará **un** 20 %. Die Tabaksteuer wird um 20 % erhöht.
La población gasta **el** 40 % de su sueldo en el alquiler. Die Bevölkerung gibt 40 % ihres Gehaltes für Miete aus.

Test 6

Folgende Statistik spiegelt die Gewohnheiten der Argentinier/-innen zwischen dem 14. und 30. Lebensjahr wider. Lesen Sie die Prozentangaben laut.

1. Sólo el 8 % va a esquiar a los Andes. Nur 8 % gehen zum Skifahren in die Anden.
2. El 26 % prefiere el rock nacional. 26 % bevorzugen nationale Rockmusik.
3. El 60 % practica algún deporte. 60 % machen Sport.
4. El 76 % suele bailar tango. 76 % tanzen regelmäßig Tango.
5. El 93 % escucha radio. 93 % hören Radio.

d) Die Grundzahlen bei Uhrzeit (la hora) und Datum (la fecha)
Uhrzeit und Datum werden im Spanischen mit den Grundzahlen angegeben. Näheres erfahren Sie in Abschnitt ➠ 2.
Es la una. Es ist ein Uhr / eins.
el 5 de marzo der 5. März
Son las tres menos cuarto. Es ist Viertel vor drei.
el año 1989 das Jahr 1989
Son las nueve y media. Es ist halb zehn.
el siglo XX das 20. Jahrhundert

e) Die Grundzahlen bei ungenauen Mengenangaben
Für ungenaue Mengenangaben verwendet man im Spanischen den unbestimmten Artikel im Plural (unos / unas) oder Ausdrücke wie un par ein paar, casi fast, cerca de / alrededor de / más o menos / aproximadamente circa / etwa / ungefähr.
Hay **unos** cinco interesados. Es gibt **etwa** fünf Interessenten.
En el aula hay **unas** 35 personas. Im Raum sind **ca.** 35 Personen.
Tuve que esperar **un par de** horas. Ich musste **ein paar** Stunden warten.
Llegaré **aproximadamente** a las tres de la tarde. Ich werde **etwa** um drei Uhr nachmittags ankommen.
La película dura **cerca de** dos horas. Der Film dauert **ungefähr** zwei Stunden.
Tiene **más o menos** 35 años. Sie ist **plus minus** / **etwa** 35 Jahre alt.

Test 7

Beantworten Sie die folgenden Fragen, indem Sie ungenaue Mengenangaben machen.

1. Wie viele Einwohner hat Spanien? ____________________
2. Wie viele Länder gibt es in der Welt? ____________________
3. Welche Größe hat Mexiko? (km^2 heißt kilómetros cuadrados)
   ____
4. Wie viele Menschen sprechen Spanisch als Muttersprache?
   ____
5. In wie vielen Ländern wird Spanisch gesprochen? ____________________
6. Wie viele Einwohner hat Mexico City? ____________________

1.2 Die Ordnungszahlen (los números ordinales)

1.2.1 Die Formen

Die Ordnungszahlen lauten:

1.º	primero	11.º	undécimo	21.º	vigésimoprimero
2.º	segundo	12.º	duodécimo	30.º	trigésimo
3.º	tercero	13.º	decimotercero	40.º	cuadragésimo
4.º	cuarto	14.º	decimocuarto	50.º	quincuagésimo
5.º	quinto	15.º	decimoquinto	60.º	sexagésimo
6.º	sexto	16.º	decimosexto	70.º	septuagésimo
7.º	séptimo	17.º	decimoséptimo	80.º	octogésimo
8.º	octavo	18.º	decimoctavo	90.º	nonagésimo
9.º	noveno	19.º	decimonoveno	100.º	centésimo
10.º	décimo	20.º	vigésimo	1.000.º	milésimo

Beachten Sie

- Die Ordnungszahlen haben eine unregelmäßige Bildung, jedes gute Wörterbuch gibt über die einzelnen Formen Auskunft.
- Ordnungszahlen sind Adjektive und richten sich in Geschlecht und Zahl nach ihrem Bezugswort: la primer**a** hora die erste Stunde, el segund**o** hijo der zweite Sohn
- Bei primero und tercero entfällt das -o vor einem maskulinen Substantiv im Singular: el prime**r** día der erste Tag, el terce**r** hombre der dritte Mann
- Im Spanischen werden die Ordnungszahlen in der Regel mit einem Punkt und, je nach Geschlecht, einem hoch gestellten º bzw. ª geschrieben: 1.º el primero der Erste, 2.ª la segunda die Zweite.

Test 8

a) Sagen Sie die Ordnungszahlen von 10 bis 1 rückwärts auf.

b) Sagen Sie die Ordnungszahlen von 11 bis 20 auf.

c) Ordnen Sie die folgenden Ordnungszahlen den ausgeschriebenen Zahlen zu.

20.º ______________	70.º ______________	80.º ______________
30.º ______________	40.º ______________	90.º ______________
50.º ______________	60.º ______________	100.º ______________

1. septuagésimo 2. vigésimo 3. quincuagésimo 4. centésimo
5. nonagésimo 6. sexagésimo 7. trigésimo 8. cuadragésimo 9. octogésimo

d) Ergänzen Sie die Endungen.

1. la primer___ casa das erste Haus
2. la cuart___ noche die vierte Nacht
3. el primer___ tiempo die erste Zeit
4. los primer___ años die ersten Jahre
5. las decimotercer___ plantas die 13. Stockwerke
6. el tercer___ mundo die dritte Welt

1.2.2 Gebrauch

- Nur die Ordnungszahlen bis 10 sind in der Umgangssprache gebräuchlich, ab 11 werden stattdessen die Grundzahlen benutzt.
  Vivo en el quinto piso. Ich wohne im 5. Stock.
  Él vive en el piso 15. Er wohnt im 15. Stock.
- Bei Substantiven wie siglo Jahrhundert, artículo Artikel, capítulo Kapitel etc. können die Ordnungszahlen oder die Grundzahlen benutzt werden, wobei von 1–10 die Ordnungszahlen und ab 11 die Grundzahlen bevorzugt werden.
  en el siglo séptimo / siete im 7. Jahrhundert
  artículo tercero / tres Artikel / Paragraph 3
  Está en el capítulo veinticinco. Das steht im 25. Kapitel.
  Estamos en el siglo veintiuno. Wir befinden uns im 21. Jahrhundert.
- Generell werden im Spanischen die Ordnungszahlen seltener als im Deutschen gebraucht. Man findet sie hauptsächlich in Fachtexten oder in der Presse.
  El quingentésimo aniversario del descubrimiento de América. Der 500. Jahrestag der Entdeckung Amerikas.

Beachten Sie

Beim Jahrhundert, bei Namen von Fürsten und Päpsten, Titeln, Überschriften etc. werden römische Zahlen geschrieben. Bis 10 werden sie als Ordnungszahlen ausgesprochen, ab 11 als Grundzahlen.
II Jornadas (segundas jornadas) 2. Tagung
Carlos V (Carlos quinto) Karl der Fünfte
Estamos en el siglo XXI (siglo veintiuno). Wir befinden uns im 21. Jahrhundert.
Juan XXIII (Juan veintitrés) Johannes der Dreiundzwanzigste

Aber:

siglo X décimo / diez zehntes Jahrhundert
Juan X décimo / diez Johannes der Zehnte

Test 9

Schreiben / Sprechen Sie die folgenden Ordnungszahlen aus.

1. Carlos I Karl der Erste ________
2. Oto VIII Otto der Achte ________
3. Siglo XV 15. Jahrhundert ________
4. 8.º piso 8. Stockwerk ________
5. artículo XXX Artikel 30 ________
6. Pablo II Paul der Zweite ________
7. Siglo III 3. Jahrhundert ________
8. Siglo XIX 19. Jahrhundert ________
9. piso 18 18. Stockwerk ________
10. capítulo IV Kapitel 4 ________

TIPP

Das sind die wichtigsten Informationen über die Zahlen. In Abschnitt ➡ 2 erfahren Sie mehr über Uhrzeit und Datum.

1.3 Die Bruchzahlen (los números quebrados / las fracciones)

Die Bruchzahlen werden mit den Grundzahlen und den Ordnungszahlen gebildet: Im Zähler steht die Grundzahl, während im Nenner die Ordnungszahl steht.

1.3.1 Die Formen

a) $^{1}/_{4}$ – $^{1}/_{10}$

$^{1}/_{4}$ = un cuarto, $^{3}/_{4}$ = tres cuartos, $^{1}/_{5}$ = un quinto, $^{2}/_{5}$ = dos quintos
1 $^{2}/_{5}$ uno y dos quintos, 2 $^{3}/_{4}$ = dos y tres cuartos

Beachten Sie

Neben tercio, cuarto, quinto etc. findet man auch: la tercera parte der dritte Teil / ein Drittel, tres cuartas partes drei Viertel, dos quintas partes zwei Fünftel etc.

b) Von $^{1}/_{11}$ – $^{1}/_{99}$

Im Zähler steht die Grundzahl mit dem Suffix -avo.

$^{1}/_{11}$ un onceavo / onzavo
$^{4}/_{20}$ cuatro veint(e)avos
$^{10}/_{80}$ diez ochentavos
$^{20}/_{100}$ veinte centavos

c) Ab $^{1}/_{200}$

Gebräuchlich sind die entsprechende Ordnungszahl oder das Suffix -avo.

$^{2}/_{200}$ dos ducentésimos / doscientavos
$^{1}/_{1.000}$ un milésimo
$^{1}/_{10.000}$ un diezmilésimo

Beachten Sie

- Die Ordnungszahlen stimmen im Geschlecht mit dem Bezugswort überein.
  una décima (parte) de segundo eine Zehntel Sekunde, una quinta parte der fünfte Teil, medio kilo ein halbes Kilo.
- Steht der Zähler in der Mehrzahl, muss auch der Nenner in der Pluralform stehen.
  un cuarto kilo ($^{1}/_{4}$), **aber**: tres cuart**as** partes ($^{3}/_{4}$), un séptimo ($^{1}/_{7}$), **aber**: cuatro séptim**os** ($^{4}/_{7}$)

d) Medio halb / tercio Drittel

- Sonderformen sind $^{1}/_{2}$ = medio halb und $^{1}/_{3}$ tercio Drittel.
  medio kilo ein halbes Kilo, 1 $^{1}/_{2}$ docena (una docena y media) de huevos anderthalb Dutzend Eier, 1 $^{1}/_{2}$ = uno y medio, 2 $^{1}/_{2}$ = dos y medio, 1 $^{1}/_{3}$ = uno y un tercio

- Tercio kann auch durch die Konstruktion tercera parte ersetzt werden.
  agregar una tercera parte de la leche ein Drittel der Milch hinzufügen

e) **Mitad / medio**
- Mitad ist ein Substantiv und bedeutet „Hälfte" oder „Mitte", z. B. la mitad de la manzana die Hälfte des Apfels, cortar por la mitad in der Mitte durchschneiden.
- Medio als Adjektiv bedeutet „(ein/-e) halbe/-r/-s", als Substantiv u. a. „Mitte". Bitte merken Sie sich auch den Gebrauch: mi media naranja meine bessere Hälfte.
- Die adverbialen Ausdrücke en mitad de und en medio de mitten in / inmitten (von) sind synonym, z. B. en mitad del discurso = en medio del discurso mitten im Vortrag.

Test 10

Wie werden die folgenden Bruchzahlen ausgesprochen?
1. 1/2 kilo de naranjas 1/2 Kilo Orangen
2. 1/4 de hora eine Viertelstunde
3. 1/5 parte del libro 1/5 des Buches
4. 1/10 de segundo 1/10 Sekunde
5. 3/4 litros de leche 3/4 Liter Milch
6. 1/3 parte de la población 1/3 der Bevölkerung

1.4 Die Sammelzahlen / Kollektivzahlen (los números colectivos)

1.4.1 Kollektivzahlen zur Bezeichnung von Mengenangaben

Im Spanischen gibt es Kollektivzahlen, z. B. una doc**ena** de huevos ein Dutzend Eier, una veint**ena** de manifestantes etwa 20 Demonstranten, una cuarent**ena** de niños etwa 40 Kinder. Statt una centena de sagt man auch un centenar de etwa 100, „etwa 1.000" heißt un millar de.
Folgt auf die Kollektivzahl ein Substantiv, so wird es mit der Präposition de angeschlossen: un centenar **de** personas etwa 100 Personen.
Vor den Kollektivzahlen im Singular steht der unbestimmte Artikel: **un** centenar etwa 100.
Einige dieser Kollektivzahlen sind zu feststehenden Ausdrücken geworden: novena spirituelle Praxis von 9 Tagen, quincena 14 Tage, cuarentena Quarantäne.

Beachten Sie
- Die Kollektivzahlen sind feminin, z. B. **una** decena etwa 10, **una** centena etwa 100. **Aber:** **un** centenar etwa 100, **un** millar etwa 1.000.

- Größere Mengen werden auch mit folgenden Ausdrücken angegeben: cientos / miles / millones de personas Hunderte / Tausende / Millionen Personen. Statt cientos kann man auch centenares de benutzen, statt miles auch millares de, z. B. centenares de atletas Hunderte von Athleten, millares de personas Tausende von Menschen.

1.4.2 Kollektivzahlen zur Bezeichnung von Zeiträumen
Zur Bezeichnung von Zeiträumen kennt das Spanische Ausdrücke wie: un bienio ein Zeitraum von 2 Jahren, un bimestre ein Zeitraum von 2 Monaten, un trienio ein Zeitraum von 3 Jahren, un trimestre ein Trimester / ein Quartal, una década ein Zeitraum von 10 Jahren, un semestre ein Semester.

Test 11
Wie sagen Sie auf Spanisch?
1. Ich möchte zwölf Eier. Quisiera ______________ de huevos.
2. Wir arbeiteten 14 Tage lang. Trabajamos ______________.
3. Millionen von Äpfeln verdarben durch den Frost. ______________ de manzanas se perdieron con la helada.
4. Er/Sie befindet sich in Quarantäne. Está en ______________.
5. Hunderte von Teilnehmern waren zum Wettbewerb gekommen. Asistieron ______________ de participantes al concurso.

1.5 Die Vervielfältigungszahlwörter (los números multiplicativos)

Vervielfältigungszahlwörter drücken das Vielfache einer Menge aus. Im Spanischen werden sie mit dem Suffix -ple gebildet, z. B. simple einfach, triple dreifach, cuádruple vierfach, quíntuple fünffach, múltiple mehrfach. **Aber:** doble zweifach / doppelt.

Die Vervielfältigungszahlwörter können als Adjektiv oder als Substantiv verwendet werden.
Adjektiv: la triple Alianza die Tripelallianz, el parto cuádruple die vierfache Geburt
Substantiv: la casa es el doble de grande das Haus ist doppelt so groß.

Beachten Sie
Vervielfältigungszahlwörter können auch in Vergleichsstrukturen benutzt werden. ➠ Kapitel 6, *Vergleichsstrukturen*
La nueva casa es tres veces más grande que la otra. Das neue Haus ist drei Mal so groß wie das andere.

Test 12

Vervollständigen Sie die folgenden Sätze. Die Übersetzung hilft Ihnen dabei.

1. ¿La carta va ___________ o certificada? Geht der Brief einfach oder als Einschreiben?
2. Él gana ___________ que tú. Er verdient doppelt so viel wie du.
3. En la bolsa ganamos ___________. An der Börse verdienten wir das Dreifache.
4. Para venir necesité ___________ de tiempo que la primera vez. Um hierher zu kommen, habe ich doppelt so lange wie das erste Mal gebraucht.

2 Zeitangaben

2.1 Uhrzeit

Zur Angabe der Uhrzeit werden die Grundzahlen mit dem bestimmten Artikel la bzw. las in Verbindung mit der 3. Person Singular bzw. Plural von ser sein (es / son) verwendet.

volle / halbe Stunden	... nach ...	... vor ...
Volle und halbe Stunden werden wie folgt angegeben: Son las diez (en punto). Es ist (genau) zehn Uhr. Son las nueve **y media.** Es ist halb zehn.	Die Zeit **nach** der vollen Stunde wird mit **y** und angegeben. Son las tres **y** veinte. Es ist zwanzig nach drei. Son las dos **y** cuarto. Es ist Viertel nach zwei.	Die Zeit **vor** der vollen Stunde wird mit **menos** weniger angegeben. Son las tres **menos** veinte. Es ist zwanzig vor drei. Son las dos **menos** **cuarto.** Es ist Viertel vor zwei.

Beachten Sie

- Folgende Uhrzeiten stehen immer im Singular:
  Es la una. Es ist ein Uhr. **Es** la una y diez. Es ist zehn nach eins. **Es** la una y media. Es ist halb zwei. **Es** mediodía. Es ist Mittag. **Es** medianoche. Es ist Mitternacht.
- Die Frage nach der Uhrzeit lautet: ¿Qué hora es? Wie spät ist es?
- Das Deutsche „um" wird mit der Präposition a wiedergegeben.
  ¿**A** qué hora sale el tren? Um wie viel Uhr fährt der Zug ab?
  Sale **a** las once y veinte. Er fährt um elf Uhr zwanzig ab.
  La clase termina **a** la una. Der Unterricht endet um ein Uhr.
  Llegaré **al** mediodía / **a** la medianoche. Ich werde mittags / um Mitternacht ankommen.

- Bei offiziellen Zeitangaben wird die 24-Stunden-Uhr verwendet.
  El vuelo OA 177 sale a las 18.45. Der Flug OA 177 geht um 18.45 Uhr.

Test 13

a) Geben Sie die Uhrzeit nach dem vorgegebenen Muster an.
¿Qué hora es? Wie spät ist es? – 4.05 Uhr. Son las cuatro y cinco.

1. 3.10 Uhr. ____________
2. 1.30 Uhr. ____________
3. 5.45 Uhr. ____________
4. 12.00 Uhr. ____________
5. 4.40 Uhr. ____________
6. 8.15 Uhr. ____________
7. 0.00 Uhr. ____________
8. 12.50 Uhr. ____________

b) Geben Sie die Uhrzeit nach dem vorgegebenen Muster an.
¿A qué hora regresas? Um wie viel Uhr kommst du zurück? – Um 4.55 Uhr.
A las cinco menos cinco.

1. Um 4.45 Uhr. ____________
2. Um 12.00 Uhr. ____________
3. Um 6.15 Uhr. ____________
4. Um 0.00 Uhr. ____________
5. Um 1.10 Uhr. ____________
6. Um 2.55 Uhr. ____________
7. Um 12.40 Uhr. ____________
8. Um 8.30 Uhr. ____________

2.2 Datum

Das Datum wird mit den Grundzahlen angegeben, daher wird beim Datum kein Punkt gesetzt. Nur für den Ersten eines Monats verwendet man die Ordnungszahl (el) primero der Erste.
Hoy es **1 / / 1.º / primero** de abril. Heute ist **der erste** April.
Mañana es **5 (cinco)** de mayo. Morgen ist **der fünfte** Mai.
El accidente fue **el 4 (cuatro)** de septiembre. Der Unfall war **am vierten** September.

Beachten Sie

- Im Spanischen wird zwischen „der 22. August" und „am 22. August" mit Hilfe des bestimmten Artikels unterschieden.
  Hoy es **22 (veintidós) de agosto.** Heute ist **der 22. August**.
  El 22 (veintidós) de agosto es mi cumpleaños. **Am 22. August** ist mein Geburtstag.
- Die Frage und Antwort nach dem Datum lautet:
  ¿Qué día es hoy? Welcher Tag ist heute? / Der Wievielte ist heute? – Hoy es miércoles. Heute ist Mittwoch. / Hoy es 28. Heute ist der 28.
  ¿A cuánto estamos? Welchen Tag haben wir? – Estamos a 28. Wir haben den 28.

- Im Spanischen werden zur Angabe des Datums /, - oder . als Trennzeichen benutzt: 25/3/10, 25-3-10 oder 25.3.10.
- In Briefen schreibt man: Berlín, 25 de octubre de 2004 / Berlín, 25/10/04 Berlin, den 25. Oktober 2004.
- Um eine Zeitspanne anzugeben, benutzt man folgende Ausdrücke: **del** 8 **al** 10 de enero / **desde el** 8 **hasta el** 10 de enero **vom** 8. **bis zum** 10. Januar.

Test 14

Vervollständigen Sie die folgenden Sätze.

1. Roberto Arlt nació en Buenos Aires ______ 2 ______ abril ______ 1900. Roberto Arlt wurde am 2. April 1900 in Buenos Aires geboren.
2. Mauricio sale ______ 20 de abril. Mauricio fährt am 20. April ab.
3. Mañana es ______ 15 de octubre. Morgen ist der 15. Oktober.
4. Estaré en Barcelona ______ 3 ______ 8 de mayo. Ich bin vom 3. bis zum 8. Mai in Barcelona.
5. Hoy ______ 1 de noviembre. Heute haben wir den 1. November.

2.3 Jahreszahlen und Jahrhunderte

2.3.1 Jahreszahlen

- Die Jahreszahlen werden als Tausenderzahlen und nicht, wie im Deutschen, als Hunderterzahlen gesprochen.
  1998 mil novecientos noventa y ocho
- Die Jahreszahlen werden wie im Deutschen ohne bestimmten Artikel verwendet, in der Bedeutung „im Jahr" wird die Präposition en (+ el año) gebraucht. (➠ Kapitel 33, *Die Präpositionen*, 2.1.1)
  1968 fue un año muy movido. 1968 war ein sehr bewegtes Jahr.
  En (el año) 1963 nació mi hermana. (Im Jahr) 1963 wurde meine Schwester geboren.

Beachten Sie

- Ab dem Jahr 2000 wird üblicherweise der bestimmte Artikel verwendet.
  Mi hijo nació en **el** 2001. Mein Sohn wurde 2001 geboren.
  A partir **del** 2000 todo va a cambiar. Ab 2000 wird sich alles ändern.
- Wenn man sich auf ein repräsentatives Jahr bzw. Jahrzehnt bezieht, sagt man:
  Singular: el 68 (el sesenta y ocho) die 68er, abgeleitet aus: el año 68
  Plural: los 60 (los sesenta) die 60er, abgeleitet aus: los años 60.

Test 15

Schreiben Sie die folgenden Jahreszahlen in Worten. Achten Sie auf die Präposition.

1. ¿Cuándo se inventó la imprenta moderna? – ______________________. Wann wurde der Buchdruck erfunden? – 1450.
2. ¿Sabías que un italiano fue el que inventó la radio? – No, ¿y cuándo? – ______________________. Wusstest du, dass ein Italiener das Radio erfunden hat? – Nein, und wann? – 1895.
3. Alexander Graham Bell inventó el teléfono, ¿sabes cuándo fue? – ______________________. Alexander Graham Bell erfand das Telefon, weißt du, wann das war? – 1876.
4. ¿Sabes quién inventó el termómetro? – Sí, fue Galileo Galilei ______________________ 1593. Weißt du, wer das Thermometer erfunden hat? – Ja, es war Galileo Galilei im Jahre 1593.
5. ¿Sabías que un estadounidense, Howard Aiken, inventó la computadora digital ______________________ 1944? Wusstest du, dass ein Amerikaner namens Howard Aiken den Digitalcomputer im Jahr 1944 erfunden hat?

2.3.2 Jahrhunderte

- Im Spanischen verwendet man für die Jahrhunderte römische Ziffern, z. B. el siglo X das 10. Jahrhundert.
- Die Jahrhunderte von 1 bis 10 werden sowohl mit Grund- als auch mit Ordnungszahlen angegeben, z. B. el siglo quinto / cinco, danach sind nur die Grundzahlen gebräuchlich, z. B. el siglo trece das 13. Jahrhundert, el siglo veinte das 20. Jahrhundert.
- Auch die Jahrhunderte werden mit der Präposition en + Artikel angeschlossen.
  En el siglo XX (veinte) hubo muchos adelantos científicos. **Im** 20. Jahrhundert gab es viele wissenschaftliche Fortschritte.
- „Vor Christus“ oder „nach Christus“ heißt im Spanischen antes de Cristo (a. C. / a. de J.C.), después de Cristo (d.C. / d. de J.C.), z. B. 123 a.C. 123 v.Chr., 321 d.C. 321 n.Chr.

Test 16

Schreiben Sie die folgenden Jahrhunderte auf Spanisch.

Beispiel: 17. Jhdt. siglo XVII (siglo diecisiete)

1. 8. Jhdt.	______________________	4. 19. Jhdt.	______________________
2. 10. Jhdt.	______________________	5. 20. Jhdt.	______________________
3. 16. Jhdt.	______________________	6. 21. Jhdt.	______________________

2.4 Weitere Zeitangaben

2.4.1 Die Wochentage

Die Wochentage lauten: lunes Montag, martes Dienstag, miércoles Mittwoch, jueves Donnerstag, viernes Freitag, sábado Samstag, domingo Sonntag. Im Gegensatz zum Deutschen werden sie kleingeschrieben.

Beachten Sie

Beim Gebrauch der Wochentage gibt es folgende Abweichungen vom Deutschen:

- am Samstag: el sábado.
  El (próximo) sábado me voy. **Am (nächsten) Samstag** fahre ich ab.
- (immer) samstags: los sábados.
  Los sábados voy a comprar. **Samstags** gehe ich immer einkaufen.

2.4.2 Die Monatsnamen

Die Monatsnamen lauten: enero Januar, febrero Februar, marzo März, abril April, mayo Mai, junio Juni, julio Juli, agosto August, septiembre September, octubre Oktober, noviembre November, diciembre Dezember.
Auch die Monatsnamen werden im Spanischen kleingeschrieben.

Beachten Sie

Folgende Präpositionen werden in Verbindung mit den Monatsnamen verwendet:

- en: **en** mayo im Mai, **en** diciembre im Dezember
- a: **a comienzos de / a principios de** enero Anfang Januar, **a mediados de** julio Mitte Juli, **a finales de** junio Ende Juni
- de / desde … a / hasta: **de** marzo **a** mayo von März bis Mai.

Test 17

a) Geben Sie die folgenden Datumsangaben auf Spanisch wieder.

1. 12. Oktober ____________________
2. Ende Juni ____________________
3. am 24. Dezember ____________________
4. vom 20. Februar bis zum 30. April ____________________
5. der 1. Januar ____________________

b) Schreiben Sie folgende Datumsangaben aus. Die Frage könnte lauten: ¿Cuándo nació su abuelo / hermana / sobrina etc.? Wann ist Ihr Großvater / Ihre Schwester / Ihre Nichte usw. geboren?
Nació el 23/7/1964 / el veintitrés de julio de mil novecientos sesenta y cuatro.

1. 1/2/1900 ______________________
2. 31/5/2001 ______________________
3. 5/1/2000 ______________________
4. 1/5/1940 ______________________
5. 2/9/1951 ______________________

2.4.3 Die Jahreszeiten

Die Jahreszeiten lauten: la primavera der Frühling, el verano der Sommer, el otoño der Herbst, el invierno der Winter.
Auch die Jahreszeiten werden kleingeschrieben.

Beachten Sie

In Verbindung mit den Jahreszeiten wird die Präposition en verwendet:

en primavera im Frühjahr
en verano im Sommer
en otoño im Herbst
en invierno im Winter

Test 18

Markieren Sie die richtige Möglichkeit.

1. (En / A / El) invierno voy a esquiar. Im Winter gehe ich Skifahren.
2. El cumpleaños de Niklas es (a / en / el) veintiséis de agosto. Niklas Geburtstag ist am 26. August.
3. (El / Ø / En) lunes tengo un curso de tango. Am Montag habe ich einen Tangokurs.
4. (Los / Ø / En) lunes tengo un curso de tango. Montags habe ich einen Tangokurs.
5. (En / A / El) verano voy al mar Báltico. Im Sommer fahre ich an die Ostsee.
6. Viajo (a los / a / en) finales de agosto. Ich verreise Ende August.
7. (A / En / La) primavera me gusta andar en bicicleta. Im Frühjahr fahre ich gerne Rad.

3 Maße und Mengenangaben

Maße		Mengenangaben	
1 mm	un milímetro	1 g	un gramo
1 cm	un centímetro	100 g	cien gramos / un centígramo (0,01 cg.)
1 m	un metro	200 g	doscientos gramos
1 km	un kilómetro	1 kg	un kilo (1 k.)
1 m^2	un metro cuadrado	100 kg	cien kilos (100 kgs.)
1 m^3	un metro cúbico	1 t	una tonelada
1 km^2	un kilómetro cuadrado	1 l	un litro

Beachten Sie

- Im Gegensatz zum Deutschen gibt es für Maße und Mengenangaben auch eine Pluralform, z. B. dos metr**os** zwei Meter, tres kil**os** drei Kilo, cuatro litr**os** vier Liter.
- Substantive, die auf Maße und Mengenangaben folgen, werden mit der Präposition de angeschlossen, z. B. un litro **de** vino ein Liter Wein, doscientos gramos **de** jamón serrano 200 Gramm Serrano-Schinken, tres kilómetros **de** desvío drei Kilometer Umleitung.
- Un quintal sind 46 Kilo. Un quintal métrico entspricht 100 Kilo.

Auf den Punkt gebracht

1. *(➠ Was Sie vorab wissen sollten)*
Markieren Sie die richtige Alternative.
a) Die Grundzahlen sind (maskulin / feminin).
b) Die Grundzahlen sind in der Regel (veränderlich / unveränderlich).

2. *(➠ 1.1.1 – 1.1.4)*
Schreiben Sie die folgenden Zahlen aus.

0	________	33	________	100	________
24	________	40	________	700	________
28	________	88	________	1.001	________
30	________	90	________	200.000	________

3. *(➠ 1.1.5)*

3.1 Schreiben Sie die folgenden Rechnungen aus.

a) 89 + 13 = ____________________

b) 19 – 10 = ____________________

c) 10.688 – 688 = ____________________

d) 10 × 106 = ____________________

e) 81 : 9 = ____________________

3.2 ¿Cuánto cuesta? Wie viel kostet das? Schreiben Sie die Geldbeträge aus.

a) 150 euros ____________________

b) 248 dólares ____________________

c) 870 pesos ____________________

3.3 Schreiben Sie die folgenden Prozentzahlen aus.

a) 3 % ____________ c) 16 % ____________

b) 25 % ____________ d) 100 % ____________

4. *(➠ 1.2)*

Markieren Sie die richtige Alternative.

a) Ab 11. werden (die Grundzahlen / die Ordnungszahlen) benutzt.

b) Bei Jahrhunderten, Namen von Fürsten und Päpsten usw. werden (arabische / römische) Zahlen gebraucht.

c) Bei Jahrhunderten, Namen von Fürsten und Päpsten bis 10. werden die (Grundzahlen / Ordnungszahlen) verwendet, ab 11. die (Grundzahlen / Ordnungszahlen).

d) Schreiben Sie die folgenden Ordnungszahlen aus.

1.º ____________ 10.º ____________

3.º ____________ 20.º ____________

5. *(➠ 1.3)*

Markieren Sie die richtige Alternative.

a) Bei den Bruchzahlen steht im Zähler die (Ordnungszahl / Grundzahl).

b) Bei den Bruchzahlen steht im Nenner die (Ordnungszahl / Grundzahl).

c) Schreiben Sie die folgenden Bruchzahlen aus.

$^{2}/_{3}$ ____________ $^{1}/_{4}$ ____________ $^{1}/_{2}$ ____________

6. *(➠ 1.5)*

Übersetzen Sie ins Spanische.

a) einfach ____________ c) dreifach ____________

b) zweifach ____________ d) mehrfach ____________

7. *(➠ 2.1)*
Schreiben Sie die folgenden Uhrzeiten aus.

a) 10.30 ______________________ c) 19.15 ______________________
b) 11.00 ______________________ d) 23.45 ______________________

8. *(➠ 2.2)*

a) Markieren Sie die richtige Alternative. Das Deutsche „um" wird mit (el / a / Ø) wiedergegeben.
b) Schreiben Sie die folgenden Datumsangaben aus.
01/05 ______________________ 27-7-63 ______________________
7-8-01 ______________________ 15/11/2004 ______________________

9. *(➠ 2.4.1)*
Schreiben Sie die folgenden Jahreszahlen aus.

a) 1492 ______________________ c) 1988 ______________________
b) 1973 ______________________ d) 2005 ______________________

10. *(➠ 2.5.1, ➠ 2.5.2, ➠ 2.5.3, ➠ 3)*
Markieren Sie die richtige Alternative.

a) Wochentage, Monatsnamen und Jahreszeiten werden im Spanischen (großgeschrieben / kleingeschrieben).
b) Die Abkürzungen für Maße und Mengenangaben werden im Spanischen (großgeschrieben / kleingeschrieben).
c) Substantive, die auf Maße und Mengenangaben folgen, werden mit der Präposition (a / en / de) angeschlossen, z. B. un litro (a / en / de) vino ein Liter Wein.

Anhang

Verbformen

Wortbildung

Lösungen

Wort- und Sachregister

Zeichen und Abkürzungen

Grammatische Fachausdrücke

Was Sie vorab wissen sollten

In allen Verbklassen gibt es sowohl bei den regelmäßigen als auch bei den unregelmäßigen Verben zur Erhaltung der Aussprache des Stamms die folgenden orthografischen Besonderheiten zu berücksichtigen:

Laut	Buchstabe	Beispiele	Zeiten / Modi
[k]	c → qu	sac**ar** → saqué, saque, saquemos	perfecto simple, presente de subjuntivo, imperativo
[g]	g → gu	pag**ar** → pagué, pague, paguemos	perfecto simple, presente de subjuntivo, imperativo
[θ] / [s]	z → c	alcanz**ar** → alcancé, alcance, alcancemos	perfecto simple, presente de subjuntivo, imperativo
[θ] / [s]	c → z	venc**er** → venzo, venza, venzamos zurc**ir** → zurzo, zurza, zurzamos	presente de indicativo / subjuntivo, imperativo
[k]	qu → c	delinqu**ir** → delinco, delinca, delincamos	presente de indicativo / subjuntivo, imperativo
[x]	g → j	cog**er** → cojo, coja, cojamos dirig**ir** → dirijo, dirija, dirijamos	presente de indicativo / subjuntivo, imperativo
[g]	gu → g	distingu**ir** → distingo, distinga, distingamos	presente de indicativo / subjuntivo, imperativo

1 Regelmäßige Verben (*verbos regulares*)

1.1 Verben auf -ar: HABLAR sprechen

Indicativo

Presente
habl-o, habl-as, habl-a, habl-amos, habl-áis, habl-an
Pretérito imperfecto
habl-aba, habl-abas, habl-aba, habl-ábamos, habl-abais, habl-aban
Pretérito perfecto simple
habl-é, habl-aste, habl-ó, habl-amos, habl-asteis, habl-aron
Futuro
habl-aré, habl-arás, habl-ará, habl-aremos, habl-aréis, habl-arán
Condicional
habl-aría, habl-arías, habl-aría, habl-aríamos, habl-aríais, habl-arían
Pretérito perfecto compuesto
he hablado, has hablado, ha hablado, hemos hablado, habéis hablado, han hablado
Pretérito pluscuamperfecto
había hablado, habías hablado, había hablado, habíamos hablado, habíais hablado, habían hablado
Pretérito anterior
hube hablado, hubiste hablado, hubo hablado, hubimos hablado, hubisteis hablado, hubieron hablado
Futuro perfecto
habré hablado, habrás hablado, habrá hablado, habremos hablado, habréis hablado, habrán hablado
Condicional perfecto
habría hablado, habrías hablado, habría hablado, habríamos hablado, habríais hablado, habrían hablado

Subjuntivo

Presente
habl-e, habl-es, habl-e, habl-emos, habl-éis, habl-en
Pretérito imperfecto
habl-ara, habl-aras, habl-ara, habl-áramos, habl-arais, habl-aran / habl-ase, habl-ases, habl-ase, habl-ásemos, habl-aseis, habl-asen

Futuro
habl-are, habl-ares, habl-are, habl-áremos, habl-areis, habl-aren
Pretérito perfecto
haya hablado, hayas hablado, haya hablado, hayamos hablado, hayáis hablado, hayan hablado
Pretérito pluscuamperfecto
hubiera hablado, hubieras hablado, hubiera hablado, hubiéramos hablado, hubierais hablado, hubieran hablado / hubiese hablado, hubieses hablado, hubiese hablado, hubiésemos hablado, hubieseis hablado, hubiesen hablado
Futuro perfecto
hubiere hablado, hubieres hablado, hubiere hablado, hubiéremos hablado, hubiereis hablado, hubieren hablado

Imperativo
habl-a, habl-e, habl-emos, habl-ad, habl-en

Formas no personales
Infinitivo
habl-ar
Gerundio
habl-ando
Participio
habl-ado
Infinitivo compuesto
haber hablado
Gerundio compuesto
habiendo hablado

1.2 Verben auf -er: COMER essen

Indicativo
Presente
com-o, com-es, com-e, com-emos, com-éis, com-en
Pretérito imperfecto
com-ía, com-fas, com-ía, com-íamos, com-íais, com-ían
Pretérito perfecto simple
com-í, com-iste, com-ió, com-imos, com-isteis, com-ieron
Futuro
com-eré, com-erás, com-erá, com-eremos, com-eréis, com-erán
Condicional
com-ería, com-erías, com-ería, com-eríamos, com-eríais, com-erían
Pretérito perfecto compuesto
he comido, has comido, ha comido, hemos comido, habéis comido, han comido
Pretérito pluscuamperfecto
había comido, habías comido, había comido, habíamos comido, habíais comido, habían comido
Pretérito anterior
hube comido, hubiste comido, hubo comido, hubimos comido, hubisteis comido, hubieron comido
Futuro perfecto
habré comido, habrás comido, habrá comido, habremos comido, habréis comido, habrán comido
Condicional perfecto
habría comido, habrías comido, habría comido, habríamos comido, habríais comido, habría comido

Subjuntivo
Presente
com-a, com-as, com-a, com-amos, com-áis, com-an
Pretérito imperfecto
com-iera, com-ieras, com-iera, com-iéramos, com-ierais, com-iera / com-iese, com-ieses, com-iese, com-iésemos, com-ieseis, com-iesen
Futuro
com-iere, com-ieres, com-iere, com-iéremos, com-iereis, com-ieren
Pretérito perfecto
haya comido, hayas comido, haya comido, hayamos comido, hayáis comido, hayan comido
Pretérito pluscuamperfecto
hubiera comido, hubieras comido, hubiera comido, hubiéramos comido, hubierais comido, hubieran comido / hubiese comido, hubieses comido, hubiese comido, hubiésemos comido, hubieseis comido, hubiesen comido
Futuro perfecto
hubiere comido, hubieres comido, hubiere comido, hubiéremos comido, hubiereis comido, hubieren comido

Imperativo
com-e, com-a, com-amos, com-ed, com-an

Formas no personales
Infinitivo
com-er

Gerundio
com-iendo
Participio
com-ido
Infinitivo compuesto
haber comido
Gerundio compuesto
habiendo comido

1.3 Verben auf -ir: VIVIR leben

Indicativo
Presente
viv-o, viv-es, viv-e, viv-imos, viv-ís, viv-en
Pretérito imperfecto
viv-ía, viv-ías, viv-ía, viv-íamos, viv-íais, viv-ían
Pretérito perfecto simple
viv-í, viv-iste, viv-ió, viv-imos, viv-isteis, viv-ieron
Futuro
viv-iré, viv-irás, viv-irá, viv-iremos, viv-iréis, viv-irán
Condicional
viv-iría, viv-irías, viv-iría, viv-iríamos, viv-iríais, viv-irían
Pretérito perfecto compuesto
he vivido, has vivido, ha vivido, hemos vivido, habéis vivido, han vivido
Pretérito pluscuamperfecto
había vivido, habías vivido, había vivido, habíamos vivido, habíais vivido, habían vivido
Pretérito anterior
hube vivido, hubiste vivido, hubo vivido, hubimos vivido, hubisteis vivido, hubieron vivido
Futuro perfecto
habré vivido, habrás vivido, habrá vivido, habremos vivido, habréis vivido, habrán vivido
Condicional perfecto
habría vivido, habrías vivido, habría vivido, habríamos vivido, habríais vivido, habrían vivido

Subjuntivo
Presente
viv-a, viv-as, viv-a, viv-amos, viv-áis, viv-an
Pretérito imperfecto
viv-iera, viv-ieras, viv-iera, viv-iéramos, viv-ierais, viv-ieran / viv-iese, viv-ieses, viv-iese, viv-iésemos, viv-ieseis, viv-iesen
Futuro
viv-iere, viv-ieres, viv-iere, viv-iéremos, viv-iereis, viv-ieren
Pretérito perfecto
haya vivido, hayas vivido, haya vivido, hayamos vivido, hayáis vivido, hayan vivido
Pretérito pluscuamperfecto
hubiera vivido, hubieras vivido, hubiera vivido, hubiéramos vivido, hubierais vivido, hubieran vivido / hubiese vivido, hubieses vivido, hubiese vivido, hubiésemos vivido, hubieseis vivido, hubiesen vivido
Futuro perfecto
hubiere vivido, hubieres vivido, hubiere vivido, hubiéremos vivido, hubiereis vivido, hubieren vivido

Imperativo
viv-e, viv-a, viv-amos, viv-id, viv-an

Formas no personales
Infinitivo
viv-ir
Gerundio
viv-iendo
Participio
viv-ido
Infinitivo compuesto
haber vivido
Gerundio compuesto
habiendo vivido

2 Unregelmäßige Verben (*verbos irregulares*)

Es werden jeweils nur die **unregelmäßigen** Formen angegeben.

2.1 Verben auf -ar

2.1.1 ACORDAR vereinbaren

In den stammbetonten Formen diphthongiert das *o* → *ue*.

Presente de indicativo
acuerdo, acuerdas, acuerda, acordamos, acordáis, acuerdan
Presente de subjuntivo
acuerde, acuerdes, acuerde, acordemos, acordéis, acuerden
Imperativo
acuerda, acuerde, acordemos, acordad, acuerden
Weitere Verben: *acordarse de* sich erinnern an, *acostarse* zu Bett gehen, *apostar* wetten, *aprobar* billigen, *consolar* trösten, *contar* (er)zählen, *encontrar* treffen, *mostrar* zeigen, *probar* (aus)probieren, *recordar* erinnern, *soltar* loslassen, *sonar* klingen, *soñar* träumen, *volar* fliegen etc.

2.1.2 ANDAR gehen
Pretérito perfecto simple
anduve, anduviste, anduvo, anduvimos, anduvisteis, anduvieron
Pretérito imperfecto de subjuntivo
anduviera, anduvieras, anduviera, anduviéramos, anduvierais, anduvieran / anduviese, anduvieses, anduviese, etc.
Futuro de subjuntivo
anduviere, anduvieres, anduviere, anduviéremos, anduviereis, anduvieren

2.1.3 CERRAR schließen
In den stammbetonten Formen diphthongiert das *e* → *ie*.
Presente de indicativo
cierro, cierras, cierra, cerramos, cerráis, cierran
Presente de subjuntivo
cierre, cierres, cierre, cerremos, cerréis, cierren
Imperativo
cierra, cierre, cerremos, cerrad, cierren
Weitere Verben: *calentar* erhitzen, *comenzar* beginnen, *empezar* beginnen, *pensar* denken etc.

2.1.4 DAR geben
Presente de indicativo
doy, das, da, damos, dais, dan
Pretérito perfecto simple
di, diste, dio, dimos, disteis, dieron
Presente de subjuntivo
dé, des, dé, demos, deis, den
Pretérito imperfecto de subjuntivo
diera, dieras, diera, diéramos, dierais, dieran / diese, dieses, diese, etc.
Futuro de subjuntivo
diere, dieres, diere, diéremos, diereis, dieren
Imperativo
da, dé, demos, dad, den

2.1.5 ERRAR irren
Presente de indicativo
yerro, yerras, yerra, erramos, erráis, yerran
Presente de subjuntivo
yerre, yerres, yerre, erremos, erréis, yerren
Imperativo
yerra, yerre, erremos, errad, yerren

2.1.6 ESTAR sein / sich befinden
Presente de indicativo
estoy, estás, está, estamos, estáis, están
Pretérito perfecto simple
estuve, estuviste, estuvo, estuvimos, estuvisteis, estuvieron
Presente de subjuntivo
esté, estés, esté, estemos, estéis, estén
Pretérito imperfecto de subjuntivo
estuviera, estuvieras, estuviera, estuviéramos, estuvieras, estuvieran / estuviese, estuvieses, estuviese, etc.
Futuro de subjuntivo
estuviere, estuvieres, estuviere, estuviéremos, estuviereis, estuvieren
Imperativo
está, esté, estemos, estad, estén

2.1.7 JUGAR spielen
In den stammbetonten Formen diphthongiert das *u* → *ue*. Orthografische Besonderheit: *g* → *gu* vor *e* und *i*.
Presente de indicativo
juego, juegas, juega, jugamos, jugáis, juegan
Presente de subjuntivo
juegue, juegues, juegue, juguemos, juguéis, jueguen
Imperativo
juega, juegue, juguemos, jugad, jueguen

2.1.8 Besonderheiten in der Betonung
Die Besonderheiten dieser Verben liegen in der Betonung. Der betonte Vokal ist jeweils unterstrichen.

a. CAMBIAR ändern
Presente de indicativo
cambio, cambias, cambia, cambiamos, cambiáis, cambian

Presente de subjuntivo
cambie, cambies, cambie, cambiemos, cambiéis, cambien
Imperativo
cambia, cambie, cambiemos, cambiad, cambien

b. AVERIGUAR **ermitteln**
Presente de indicativo
averiguo, averiguas, averigua, averiguamos, averiguáis, averiguan
Presente de subjuntivo
averigüe, averigües, averigüe, averigüemos, averigüéis, averigüen
Imperativo
averigua, averigüe, averigüemos, averiguad, averigüen

c. DESVIAR **umleiten**
Presente de indicativo
desvío, desvías, desvía, desviamos, desviáis, desvían
Presente de subjuntivo
desvíe, desvíes, desvíe, desviemos, desviéis, desvíen
Imperativo
desvía, desvíe, desviemos, desviad, desvíen

d. ACTUAR **handeln**
Presente de indicativo
actúo, actúas, actúa, actuamos, actuáis, actúan
Presente de subjuntivo
actúe, actúes, actúe, actuemos, actuéis, actúen
Imperativo
actúa, actúe, actuemos, actuad, actúen

e. BAILAR **tanzen**
Presente de indicativo
bailo, bailas, baila, bailamos, bailáis, bailan
Presente de subjuntivo
baile, bailes, baile, bailemos, bailéis, bailen
Imperativo
baila, baile, bailemos, bailad, bailen

f. CAUSAR **verursachen**
Presente de indicativo
causo, causas, causa, causamos, causáis, causan
Presente de subjuntivo
cause, causes, cause, causemos, causéis, causen
Imperativo
causa, cause, causemos, causad, causen

g. ENRAIZAR **Wurzel(n) schlagen**
Presente de indicativo
enraízo, enraízas, enraíza, enraizamos, enraizáis, enraízan
Presente de subjuntivo
enraíce, enraíces, enraíce, enraicemos, enraicéis, enraícen
Imperativo
enraíza, enraíce, enraicemos, enraizad, enraícen

h. AULLAR **heulen / brüllen**
Presente de indicativo
aúllo, aúllas, aúlla, aullamos, aulláis, aúllan
Presente de subjuntivo
aúlle, aúlles, aúlle, aullemos, aulléis, aúllen
Imperativo
aúlla, aúlle, aullemos, aullad, aúllen

2.2 Verben auf -er

2.2.1 AGRADECER sich bedanken

In der 1. Person Singular Indikativ Präsens und im *presente de subjuntivo* wird das *c* → *zc*.
Presente de indicativo
agradezco, agradeces, agradece, agradecemos, agradecéis, agradecen
Presente de subjuntivo
agradezca, agradezcas, agradezca, agradezcamos, agradezcáis, agradezcan
Imperativo
agradece, agradezca, agradezcamos, agradeced, agradezcan
Weitere Verben: *aparecer* erscheinen, *apetecer* gefallen, *carecer* mangeln, *conocer* kennen (lernen), *crecer* wachsen, *desaparecer* verschwinden, *fallecer* sterben, *merecer* verdienen, *nacer* geboren werden, *obedecer* gehorchen, *ofrecer* anbieten, *padecer* leiden, *parecer* scheinen, *permanecer* bleiben, *pertenecer* gehören, *reconocer* erkennen etc.

2.2.2 CABER passen

Presente de indicativo
quepo, cabes, cabe, cabemos, cabéis, caben

Pretérito perfecto simple
cupe, cupiste, cupo, cupimos, cupisteis, cupieron
Futuro de indicativo
cabré, cabrás, cabrá, cabremos, cabréis, cabrán
Condicional
cabría, cabrías, cabríamos, cabríais, cabrían
Presente de subjuntivo
quepa, quepas, quepa, quepamos, quepáis, quepan
Pretérito imperfecto de subjuntivo
cupiera, cupieras, cupiera, cupiéramos, cupierais, cupieran / cupiese, cupieses, cupiese, etc.
Futuro de subjuntivo
cupiere, cupieres, cupiere, cupiéremos, cupiereis, cupieren
Imperativo
cabe, quepa, quepamos, cabed, quepan

2.2.3 CAER fallen

Presente de indicativo
caigo, caes, cae, caemos, caéis, caen
Pretérito perfecto simple
caí, caíste, cayó, caímos, caísteis, cayeron
Presente de subjuntivo
caiga, caigas, caiga, caigamos, caigáis, caigan
Pretérito imperfecto de subjuntivo
cayera, cayeras, cayera, cayéramos, cayerais, cayeran / cayese, cayeses, cayese, etc.
Futuro de subjuntivo
cayere, cayeres, cayere, cayéremos, cayereis, cayeren
Imperativo
cae, caiga, caigamos, caed, caigan
Gerundio
cayendo

2.2.4 ENTENDER verstehen

In den stammbetonten Formen diphthongiert das *e* → *ie*.
Presente de indicativo
entiendo, entiendes, entiende, entendemos, entendéis, entienden
Presente de subjuntivo
entienda, entiendas, entienda, entendamos, entendáis, entiendan
Imperativo
entiende, entienda, entendamos, entended, entiendan

Weitere Verben: *atender* betreuen, *defender* verteidigen, *encender* anzünden, *extender* ausbreiten, *perder* verlieren, *tender* tendieren etc.

2.2.5 HABER haben / sein

Presente de indicativo
he, has, ha, hemos, habéis, han
(unpersönliche Form 3. Person Singular: *hay* es gibt)
Pretérito perfecto simple
hube, hubiste, hubo, hubimos, hubisteis, hubieron
Futuro de indicativo
habré, habrás, habrá, habremos, habréis, habrán
Condicional
habría, habrías, habría, habríamos, habríais, habrían
Presente de subjuntivo
haya, hayas, haya, hayamos, hayáis, hayan
Pretérito imperfecto de subjuntivo
hubiera, hubieras, hubiera, hubiéramos, hubierais, hubieran / hubiese, hubieses, hubiese, etc.
Futuro de subjuntivo
hubiere, hubieres, hubiere, hubiéremos, hubiereis, hubieren

2.2.6 HACER machen

Presente de indicativo
hago, haces, hace, hacemos, hacéis, hacen
Pretérito perfecto simple
hice, hiciste, hizo, hicimos, hicisteis, hicieron
Futuro de indicativo
haré, harás, hará, haremos, haréis, harán
Condicional
haría, harías, haría, haríamos, haríais, harían
Presente de subjuntivo
haga, hagas, haga, hagamos, hagáis, hagan
Pretérito imperfecto de subjuntivo
hiciera, hicieras, hiciera, hiciéramos, hicierais, hicieran / hiciese, hicieses, hiciese, etc.
Futuro de subjuntivo
hiciere, hicieres, hiciere, hiciéremos, hiciereis, hicieren
Imperativo
haz, haga, hagamos, haced, hagan

Participio
hecho

2.2.7 LEER lesen
Pretérito perfecto simple
leí, leíste, leyó, leímos, leísteis, leyeron
Pretérito imperfecto de subjuntivo
leyera, leyeras, leyera, leyéramos, leyerais, leyeran / leyese, leyeses, leyese, etc.
Futuro de subjuntivo
leyere, leyeres, leyere, leyéremos, leyereis, leyeren
Gerundio
leyendo
Weitere Verben: *creer* glauben, *poseer* besitzen etc.

2.2.8 MOVER bewegen
In den stammbetonten Formen diphthongiert das *o* → *ue*.
Presente de indicativo
muevo, mueves, mueve, movemos, movéis, mueven
Presente de subjuntivo
mueva, muevas, mueva, movamos, mováis, muevan
Imperativo
mueve, mueva, movamos, moved, muevan
Weitere Verben: *demoler* abreißen, *doler* weh tun, *llover* regnen, *moler* mahlen, *morder* beißen, *promover* (be)fördern, *remover* (um)rühren etc.

2.2.9 OLER riechen
Presente de indicativo
huelo, hueles, huele, olemos, oléis, huelen
Presente de subjuntivo
huela, huelas, huela, olamos, oláis, huelan
Imperativo
huele, huela, olamos, oled, huelan

2.2.10 PODER können / dürfen
Presente de indicativo
puedo, puedes, puede, podemos, podéis, pueden
Pretérito perfecto simple
pude, pudiste, pudo, pudimos, pudisteis, pudieron
Futuro
podré, podrás, podrá, podremos, podréis, podrán
Condicional
podría, podrías, podría, podríamos, podríais, podrían
Presente de subjuntivo
pueda, puedas, pueda, podamos, podáis, puedan
Pretérito imperfecto de subjuntivo
pudiera pudieras, pudiera, pudiéramos, pudierais, pudieran / pudiese, pudieses, pudiese, etc.
Futuro de subjuntivo
pudiere, pudieres, pudiere, pudiéremos, pudiereis, pudieren
Gerundio
pudiendo

2.2.11 PONER stellen / legen / setzen
Presente de indicativo
pongo, pones, pone, ponemos, ponéis, ponen
Pretérito perfecto simple
puse, pusiste, puso, pusimos, pusisteis, pusieron
Futuro de indicativo
pondré, pondrás, pondrá, pondremos, pondréis, pondrán
Condicional
pondría, pondrías, pondría, pondríamos, pondríais, pondrían
Presente de subjuntivo
ponga, pongas, ponga, pongamos, pongáis, pongan
Pretérito imperfecto de subjuntivo
pusiera, pusieras, pusiera, pusiéramos, pusierais, pusieran / pusiese, pusieses, pusiese, etc.
Futuro de subjuntivo
pusiere, pusieres, pusiere, pusiéremos, pusiereis, pusieren
Imperativo
pon, ponga, pongamos, poned, pongan
Participio
puesto
Weitere Verben: *exponer* vortragen, *imponer* aufdrängen, *oponer* entgegensetzen, *posponer* verschieben, *proponer* vorschlagen, *suponer* annehmen etc.

2.2.12 QUERER wollen / mögen
Presente de indicativo
quiero, quieres, quiere, queremos, queréis, quieren

Pretérito perfecto simple
quise, quisiste, quiso, quisimos, quisisteis, quisieron
Futuro de indicativo
querré, querrás, querrá, querremos, querréis, querrán
Condicional
querría, querrías, querría, querríamos, querríais, querrían
Presente de subjuntivo
quiera, quieras, quiera, queramos, queráis, quieran
Pretérito imperfecto de subjuntivo
quisiera, quisieras, quisiera, quisiéramos, quisierais, quisieran / quisiese, quisieses, quisiese, etc.
Futuro de subjuntivo
quisiere, quisieres, quisiere, quisiéremos, quisiereis, quisieren
Imperativo
quiere, quiera, queramos, quered, quieran

2.2.13 ROER nagen
Presente de indicativo
roo / roigo / royo, roes, roe, roemos, roéis, roen
Pretérito perfecto simple
roí, roíste, royó, roímos, roísteis, royeron
Presente de subjuntivo
roa, roas, roa, roamos, roáis, roan / roiga, roigas, roiga, etc. / roya, royas, roya, etc.
Pretérito imperfecto de subjuntivo
royera, royeras, royera, royéramos, royerais, royeran / royese, royeses, royese, etc.
Futuro de subjuntivo
royere, royeres, royere, royéremos, royereis, royeren
Imperativo
roe, roa / roiga / roya, roamos / roigamos / royamos, roed, roan / roigan / royan
Gerundio
royendo

2.2.14 ROMPER (zer)brechen
Participio
roto

2.2.15 SABER wissen
Presente de indicativo
sé, sabes, sabe, sabemos, sabéis, saben
Pretérito perfecto simple
supe, supiste, supo, supimos, supisteis, supieron
Futuro de indicativo
sabré, sabrás, sabrá, sabremos, sabréis, sabrán
Condicional
sabría, sabrías, sabría, sabríamos, sabríais, sabrían
Presente de subjuntivo
sepa, sepas, sepa, sepamos, sepáis, sepan
Pretérito imperfecto de subjuntivo
supiera, supieras, supiera, supiéramos, supierais, supieran / supiese, supieses, supiese, etc.
Futuro de subjuntivo
supiere, supieres, supiere, supiéremos, supiereis, supieren
Imperativo
sabe, sepa, sepamos, sabed, sepan

2.2.16 SATISFACER zufrieden stellen
Wie *HACER* ➠ 2.2.6
Imperativo
satisface / satisfaz, satisfaga, satisfagamos, satisfaced, satisfagan

2.2.17 SER sein / werden
Presente de indicativo
soy, eres, es, somos, sois, son
Pretérito imperfecto de indicativo
era, eras, era, éramos, erais, eran
Pretérito perfecto simple
fui, fuiste, fue, fuimos, fuisteis, fueron
Presente de subjuntivo
sea, seas, sea, seamos, seáis, sean
Pretérito imperfecto de subjuntivo
fuera, fueras, fuera, fuéramos, fuerais, fueran / fuese, fueses, fuese, etc.
Futuro de subjuntivo
fuere, fueres, fuere, fuéremos, fuereis, fueren
Imperativo
sé, sea, seamos, sed, sean

2.2.18 TENER haben
Presente de indicativo
tengo, tienes, tiene, tenemos, tenéis, tienen
Pretérito perfecto simple
tuve, tuviste, tuvo, tuvimos, tuvisteis, tuvieron
Futuro de indicativo
tendré, tendrás, tendrá, tendremos, tendréis, tendrán
Condicional
tendría, tendrías, tendría, tendríamos, tendríais, tendrían

Presente de subjuntivo
tenga, tengas, tenga, tengamos, tengáis, tengan
Pretérito imperfecto de subjuntivo
tuviera, tuvieras, tuviera, tuviéramos, tuvierais, tuvieran / tuviese, tuvieses, tuviese, etc.
Futuro de subjuntivo
tuviere, tuvieres, tuviere, tuviéremos, tuviereis, tuvieren
Imperativo
ten, tenga, tengamos, tened, tengan
Weitere Verben: *contener* enthalten, *detener* festnehmen, *entretener* unterhalten, *mantener* festhalten, *obtener* erlangen, *sostener* behaupten etc.

2.2.19 TRAER bringen
Presente de indicativo
traigo, traes, trae, traemos, traéis, traen
Pretérito perfecto simple
traje, trajiste, trajo, trajimos, trajisteis, trajeron
Presente de subjuntivo
traiga, traigas, traiga, traigamos, traigáis, traigan
Pretérito imperfecto de subjuntivo
trajera, trajeras, trajera, trajéramos, trajerais, trajeran / trajese, trajeses, trajese, etc.
Futuro de subjuntivo
trajere, trajeres, trajere, trajéremos, trajereis, trajeren
Imperativo
trae, traiga, traigamos, traed, traigan
Gerundio
trayendo
Weitere Verben: *atraer* anziehen, *distraer* ablenken, *sustraer* abziehen etc.

2.2.20 VALER wert sein
Presente de indicativo
valgo, vales, vale, valemos, valéis, valen
Futuro de indicativo
valdré, valdrás, valdrá, valdremos, valdréis, valdrán
Condicional
valdría, valdrías, valdría, valdríamos, valdríais, valdrían
Presente de subjuntivo
valga, valgas, valga, valgamos, valgáis, valgan
Imperativo
vale, valga, valgamos, valed, valgan

2.2.21 VER sehen
Presente de indicativo
veo, ves, ve, vemos, veis, ven
Pretérito imperfecto de indicativo
veía, veías, veía, veíamos, veíais, veían
Presente de subjuntivo
vea, veas, vea, veamos, veáis, vean
Imperativo
ve, vea, veamos, ved, vean
Participio
visto

2.2.22 VOLVER zurückkehren
Wie *MOVER* ➠ 2.2.8
Participio
vuelto
Weitere Verben: *desenvolver* auspacken, *devolver* zurückbringen, *envolver* einpacken, *resolver* lösen, *revolver* umrühren etc.

2.2.23 YACER liegen
Presente de indicativo
yazco / yazgo, yaces, yace, yacemos, yacéis, yacen
Presente de subjuntivo
yazca, yazcas, yazca, yazcamos, yazcáis, yazcan / yazga, yazgas, yazga, yazgamos, yazgáis, yazgan
Imperativo
yace, yazca / yazga, yazcamos / yazgamos, yaced, yazcan / yazgan

2.3 Verben auf -ir

2.3.1 ABRIR öffnen
Participio
abierto

2.3.2 ADQUIRIR erwerben
In den stammbetonten Formen diphthongiert das *i* → *ie*.
Presente de indicativo
adquiero, adquieres, adquiere, adquirimos, adquirís, adquieren
Presente de subjuntivo
adquiera, adquieras, adquiera, adquiramos, adquiráis, adquieran
Imperativo
adquiere, adquiera, adquiramos, adquirid, adquieran

Weitere Verben: *inquirir* untersuchen, *readquirir* wieder erwerben

2.3.3 ASIR (er)greifen
In der 1. Person Singular Indikativ Präsens und im *presente de subjuntivo* wird das *s* → *sg*.
Presente de indicativo
asgo, ases, ase, asimos, asís, asen
Presente de subjuntivo
asga, asgas, asga, asgamos, asgáis, asgan
Imperativo
ase, asga, asgamos, asid, asgan

2.3.4 BENDECIR segnen
wie *DECIR* ➠ 2.3.6
Futuro de indicativo
bendeciré, bendecirás, bendecirá, bendeciremos, bendeciréis, bendecirán
Condicional
bendeciría, bendecirías, bendeciría, bendeciríamos, bendeciríais, bendecirían
Imperativo
bendice, bendiga, bendigamos, bendecid, bendigan
Participio
bendecido / bendito

2.3.5 CONDUCIR führen
In der 1. Person Singular Indikativ Präsens und im *presente de subjuntivo* wird das *c* → *zc*. Weitere Besonderheit: *c* → *j* im *pretérito perfecto simple, pretérito imperfecto de subjuntivo* und *futuro de subjuntivo*.
Presente de indicativo
conduzco, conduces, conduce, conducimos, conducís, conducen
Pretérito perfecto simple
conduje, condujiste, condujo, condujimos, condujisteis, condujeron
Presente de subjuntivo
conduzca, conduzcas, conduzca, conduzcamos, conduzcáis, conduzcan
Pretérito imperfecto de subjuntivo
condujera, condujeras, condujera, condujéramos, condujerais, condujeran / condujese, condujeses, condujese, etc.
Futuro de subjuntivo
condujere, condujeres, condujere, condujéremos, condujereis, condujeren
Imperativo
conduce, conduzca, conduzcamos, conducid, conduzcan

Weitere Verben: *deducir* ableiten, *introducir* einführen, *producir* herstellen, *traducir* übersetzen etc.

2.3.6 DECIR sagen
Presente de indicativo
digo, dices, dice, decimos, decís, dicen
Pretérito perfecto simple
dije, dijiste, dijo, dijimos, dijisteis, dijeron
Futuro de indicativo
diré, dirás, dirá, diremos, diréis, dirán
Condicional
diría, dirías, diría, diríamos, diríais, dirían
Presente de subjuntivo
diga, digas, diga, digamos, digáis, digan
Pretérito imperfecto de subjuntivo
dijera, dijeras, dijera, dijéramos, dijerais, dijeran / dijese, dijeses, dijese, etc.
Futuro de subjuntivo
dijere, dijeres, dijere, dijéremos, dijereis, dijeren
Imperativo
di, diga, digamos, decid, digan
Gerundio
diciendo
Participio
dicho

2.3.7 DISCERNIR unterscheiden
In den stammbetonten Formen diphthongiert das *e* → *ie*.
Presente de indicativo
discierno, disciernes, discierne, discernimos, discernís, disciernen
Presente de subjuntivo
discierna, disciernas, discierna, discernamos, discernáis, disciernan
Imperativo
discierne, discierna, discernamos, discernid, disciernan
Weitere Verben: *cernir* sieben, *hendir* spalten

2.3.8 DORMIR schlafen
Presente de indicativo
duermo, duermes, duerme, dormimos, dormís, duermen
Pretérito perfecto simple
dormí, dormiste, durmió, dormimos, dormisteis, durmieron
Presente de subjuntivo
duerma, duermas, duerma, durmamos, durmáis, duerman

Pretérito imperfecto de subjuntivo
durmiera, durmieras, durmiera, durmiéramos, durmierais, durmieran / durmiese, durmieses, durmiese, etc.
Futuro de subjuntivo
durmiere, durmieres, durmiere, durmiéremos, durmiereis, durmieren
Imperativo
duerme, duerma, durmamos, dormid, duerman
Gerundio
durmiendo

2.3.9 ERGUIR (er)heben
Presente de indicativo
yergo, yergues, yergue, erguimos, erguís, yerguen
Pretérito perfecto simple
erguí, erguiste, irguió, erguimos, erguisteis, irguieron
Presente de subjuntivo
yerga, yergas, yerga, irgamos, irgáis, yergan
Pretérito imperfecto de subjuntivo
irguiera, irguieras, irguiera, irguiéramos, irguierais, irguieran / irguiese, irguieses, irguiese, etc.
Futuro de subjuntivo
irguiere, irguieres, irguiere, irguiéremos, irguiereis, irguieren
Imperativo
yergue, yerga, irgamos, erguid, yergan
Gerundio
irguiendo

2.3.10 ESCRIBIR schreiben
Participio
escrito

2.3.11 FREÍR braten
wie *REÍR* ➠ 2.3.21
Participio
frito (Adjektiv) / freído (Partizip)

2.3.12 HUIR fliehen
Presente de indicativo
huyo, huyes, huye, huimos, huís, huyen
Pretérito perfecto simple
huí, huiste, huyó, huimos, huisteis, huyeron
Presente de subjuntivo
huya, huyas, huya, huyamos, huyáis, huyan
Pretérito imperfecto de subjuntivo
huyera, huyeras, huyera, huyéramos, huyerais, huyeran / huyese, huyeses, huyese, etc.
Futuro de subjuntivo
huyere, huyeres, huyere, huyéremos, huyereis, huyeren
Imperativo
huye, huya, huyamos, huid, huyan
Gerundio
huyendo

2.3.13 IMPRIMIR drucken
Participio
impreso (Adjektiv) / imprimido (Partizip)

2.3.14 IR gehen
Presente de indicativo
voy, vas, va, vamos, vais, van
Pretérito imperfecto de indicativo
iba, ibas, iba, íbamos, ibais, iban
Pretérito perfecto simple
fui, fuiste, fue, fuimos, fuisteis, fueron
Presente de subjuntivo
vaya, vayas, vaya, vayamos, vayáis, vayan
Pretérito imperfecto de subjuntivo
fuera, fueras, fuera, fuéramos, fuerais, fueran / fuese, fueses, fuese, etc.
Futuro de subjuntivo
fuere, fueres, fuere, fuéremos, fuereis, fueren
Imperativo
ve, vaya, vamos, id, vayan
Gerundio
yendo

2.3.15 LUCIR leuchten
In der 1. Person Singular Indikativ Präsens und im *presente de subjuntivo* wird das *c* → *zc*.
Presente de indicativo
luzco, luces, luce, lucimos, lucís, lucen
Presente de subjuntivo
luzca, luzcas, luzca, luzcamos, luzcáis, luzcan
Imperativo
luce, luzca, luzcamos, lucid, luzcan
Weitere Verben: *deslucir* beeinträchtigen, *relucir* glänzen, *traslucir* durchschimmern

2.3.16 MORIR sterben
wie *DORMIR* ➠ 2.3.8
Participio
muerto

2.3.17 OÍR hören
Presente de indicativo
oigo, oyes, oye, oímos, oís, oyen
Presente de subjuntivo
oiga, oigas, oiga, oigamos, oigáis, oigan
Pretérito perfecto simple
oí, oíste, oyó, oímos, oísteis, oyeron
Pretérito imperfecto de subjuntivo
oyera, oyeras, oyera, oyéramos, oyerais, oyeran / oyese, oyeses, oyese, etc.
Futuro de subjuntivo
oyere, oyeres, oyere, oyéremos, oyereis, oyeren
Imperativo
oye, oiga, oigamos, oíd, oigan
Gerundio
oyendo

2.3.18 PEDIR bitten
In den stammtbetonten Formen, in der 3. Person des *pretérito perfecto simple* und in allen Formen des *presente, pretérito imperfecto* und *futuro de subjuntivo* wird das *e* → *i*.
Presente de indicativo
pido, pides, pide, pedimos, pedís, piden
Pretérito perfecto simple
pedí, pediste, pidió, pedimos, pedisteis, pidieron
Presente de subjuntivo
pida, pidas, pida, pidamos, pidáis, pidan
Pretérito imperfecto de subjuntivo
pidiera, pidieras, pidiera, pidiéramos, pidierais, pidieran / pidiese, pidieses, pidiese, etc.
Futuro de subjuntivo
pidiere, pidieres, pidiere, pidiéremos, pidiereis, pidieren
Imperativo
pide, pida, pidamos, pedid, pidan
Gerundio
pidiendo
Weitere Verben: *competir* wetteifern, *derretir* verschmelzen, *despedir* verabschieden, *gemir* stöhnen, *impedir* verhindern, *medir* messen, *repetir* wiederholen, *servir* (be)dienen, *vestir* kleiden

2.3.19 PREDECIR voraussagen
wie *DECIR* ➠ 2.3.6
Futuro de indicativo
predeciré, predecirás, predecirá, predeciremos, predeciréis, predecirán / selten: prediré, predirás, predirá, prediremos, prediréis, predirán
Condicional
predeciría, predecirías, predeciría, predeciríamos, predeciríais, predecirían / selten: prediría, predirías, prediría, etc.
Imperativo
predice, prediga, predigamos, predecid, predigan

2.3.20 PUDRIR / PODRIR verderben
Participio
podrido
Beachten Sie: Die restlichen Formen werden mit *-u-* gebildet: pudre, pudría, pudra, pudrió, pudriendo, etc.

2.3.21 REÍR lachen
Presente de indicativo
río, ríes, ríe, reímos, reís, ríen
Pretérito perfecto simple
reí, reíste, rió, reímos, reísteis, rieron
Presente de subjuntivo
ría, rías, ría, riamos, riáis, rían
Pretérito imperfecto de subjuntivo
riera, rieras, riera, riéramos, rierais, rieran / riese, rieses, riese, etc.
Futuro de subjuntivo
riere, rieres, riere, riéremos, riereis, rieren
Imperativo
ríe, ría, riamos, reíd, rían
Gerundio
riendo
Weitere Verben: *engreír* verhätscheln, *sonreír* lächeln

2.3.22 REÑIR sich streiten
Presente de indicativo
riño, riñes, riñe, reñimos, reñís, riñen
Pretérito perfecto simple
reñí, reñiste, riñó, reñimos, reñisteis, riñeron
Presente de subjuntivo
riña, riñas, riña, riñamos, riñáis, riñan
Pretérito imperfecto de subjuntivo
riñera, riñeras, riñera, riñéramos, riñerais, riñeran / riñese, riñeses, riñese, etc.
Futuro de subjuntivo
riñere, riñeres, riñere, riñéremos, riñereis, riñeren
Imperativo
riñe, riña, riñamos, reñid, riñan

Gerundio
riñendo
Weitere Verben: *constreñir* zwingen, *desteñir* abfärben, *estreñir* verstopfen, *teñir* färben

2.3.23 SALIR ausgehen
Presente de indicativo
salgo, sales, sale, salimos, salís, salen
Futuro de indicativo
saldré, saldrás, saldrá, saldremos, saldréis, saldrán
Condicional
saldría, saldrías, saldría, saldríamos, saldríais, saldrían
Presente de subjuntivo
salga, salgas, salga, salgamos, salgáis, salgan
Imperativo
sal, salga, salgamos, salid, salgan

2.3.24 SENTIR fühlen
Presente de indicativo
siento, sientes, siente, sentimos, sentís, sienten
Pretérito perfecto simple
sentí, sentiste, sintió, sentimos, sentisteis, sintieron
Presente de subjuntivo
sienta, sientas, sienta, sintamos, sintáis, sientan
Pretérito imperfecto de subjuntivo
sintiera, sintieras, sintiera, sintiéramos, sintierais, sintieran / sintiese, sintieses, sintiese, etc.
Futuro de subjuntivo
sintiere, sintieres, sintiere, sintiéremos, sintiereis, sintieren
Imperativo
siente, sienta, sintamos, sentid, sientan
Gerundio
sintiendo
Weitere Verben: *advertir* warnen, *arrepentirse* bereuen, *convertir* umwandeln, *herir* verletzen, *hervir* kochen / sieden, *invertir* investieren, *mentir* lügen, *preferir* vorziehen, *referir* beziehen, *sugerir* vorschlagen, *transferir* überweisen etc.

2.3.25 VENIR kommen
Presente de indicativo
vengo, vienes, viene, venimos, venís, vienen
Pretérito perfecto simple
vine, viniste, vino, vinimos, vinisteis, vinieron
Futuro de indicativo
vendré, vendrás, vendrá, vendremos, vendréis, vendrán
Condicional
vendría, vendrías, vendría, vendríamos, vendríais, vendrían
Presente de subjuntivo
venga, vengas, venga, vengamos, vengáis, vengan
Pretérito imperfecto de subjuntivo
viniera, vinieras, viniera, viniéramos, vinierais, vinieran / viniese, vinieses, viniese, etc.
Futuro de subjuntivo
viniere, vinieres, viniere, viniéremos, viniereis, vinieren
Imperativo
ven, venga, vengamos, venid, vengan
Gerundio
viniendo
Weitere Verben: *contravenir* verstoßen, *convenir* angebracht sein, *intervenir* teilnehmen, *prevenir* vorbeugen, *provenir* herkommen, *sobrevenir* plötzlich aufkommen etc.

Alle Verbformen finden Sie im Internet unter **www.rae.es**.

Im Spanischen gibt es wie im Deutschen im Wesentlichen zwei Möglichkeiten, neue Wörter zu bilden: durch Zusammensetzung und durch Ableitung.

1 Zusammensetzung (*composición*)

In ➠ Kapitel 3, *Das Substantiv*, 3 wurden Geschlecht und Pluralbildung zusammengesetzter Substantive behandelt. Im Folgenden erhalten Sie einen Überblick über die Wortbildungsverfahren durch Zusammensetzung.

- Zusammensetzen selbstständiger Wörter, die mit oder ohne Bindestrich aneinander gereiht werden: z. B. buque fantasma Geisterschiff, coche-cama Schlafwagen, arco iris Regenbogen.
- Zusammensetzen von Wörtern gleicher oder verschiedener Wortarten, z. B.
  Substantiv + Substantiv: bocacalle (← boca + calle) Seitenstraße;
  Substantiv + Adjektiv: Nochevieja (← noche + vieja) Silvesterabend, pelirrojo (← pelo + rojo) rothaarig;
  Adjektiv + Substantiv: mediodía (← medio + día) Mittag;
  Adjektiv + Adjektiv: sordomudo (← sordo + mudo) taubstumm;
  Adverb + Verb: malestar (← mal + estar) Unwohlsein;
  Verb + Substantiv: cumpleaños (← cumplir + años) Geburtstag, abrelatas (← abrir + latas) Dosenöffner.
- Zusammensetzen zweier Wörter mit Hilfe von Präpositionen, z. B. mit
  de: zur Angabe des Stoffs, z. B. zumo de naranja Orangensaft, mesa de madera Holztisch, camisa de seda Seidenhemd.
  de: in zahlreichen anderen Verbindungen, z. B. película de suspense Thriller, tren de las ocho Acht-Uhr-Zug, coche de carreras Rennwagen.
  para: seltener, zur Angabe der Bestimmung oder des Zwecks, z. B. papel para escribir Schreibpapier, zona para fumadores Raucherzone.

2 Ableitung (*derivación*)

Man unterscheidet drei Verfahren der Ableitung: mit Hilfe von **Suffixen**, also Silben, die an das Ende eines Wortes angehängt werden, mit Hilfe von **Präfixen**, also Silben, die an den Anfang eines Wortes angehängt werden, und mit Hilfe von **Infixen**, also Silben, die innerhalb eines Wortes eingefügt werden. Da letztgenanntes Verfahren im Spanischen selten ist, wird es im Folgenden nicht behandelt.

2.1 Übersicht über die gebräuchlichsten Suffixe

Bei Substantiven, Adjektiven und Verben werden jeweils unterschiedliche Suffixe verwendet. Im Gegensatz zu den Präfixen haben sie keine eigene Bedeutung.

2.1.1 Substantive

-a / -e / -o	duda Zweifel, noche Nacht, canto Gesang
-aje	aterrizaje Landung, paisaje Landschaft
-al / -ar	arenal Sandfläche, pinar Kiefernwald
-amen	certamen Wettbewerb, maderamen Gebälk
-anza	enseñanza Unterricht, mudanza Umzug
-azo	latigazo Peitschenschlag, telefonazo kurzer Anruf
-ción	oración Satz, salvación Rettung
-da	muchachada junge Leute, salida Ausgang
-dad	crueldad Grausamkeit, soledad Einsamkeit
-dero/a	comedero Futtertrog, regadera Gießkanne
-do/a	delegada Delegierte, pedido Bestellung

-dor/-a	encendedor Feuerzeug, lavadora Waschmaschine
-dura	añadidura Zusatz, dictadura Diktatur
-era	borrachera Trunkenheit, papelera Papierkorb
-ía	panadería Bäckerei, papelería Schreibwarengeschäft
-ero/a	cenicero Aschenbecher, librero Buchhändler
-ez	desnudez Nackheit, mudez Stummheit
-eza	belleza Schönheit, pobreza Armut
-ismo	nihilismo Nihilismus, oportunismo Opportunismus
-ista	pianista Pianist, tenista Tennisspieler
-menta	osamenta Gerippe, vestimenta Bekleidung
-mento	impedimento Hindernis, reglamento Regelwerk
-miento	pensamiento Gedanke, sentimiento Gefühl
-ncia	asistencia Assistenz, vagancia Faulheit
-nte	asistente Assistent, calmante Beruhigungsmittel
-ón/-a	jabón Seife, razón Vernunft
-or/-a	hervor Brodeln, temblor Beben
-rio	campanario Glockenturm, velorio Totenwache
-torio	interrogatorio Befragung, sanatorio Sanatorium
-triz	actriz Schauspielerin, emperatriz Kaiserin
-ura	hermosura Schönheit, pintura Malerei

2.1.2 Adjektive

Die meisten Adjektive enden wie die Substantive auf -a oder -o. Weitere Endungen finden Sie in der folgenden Liste (wenn es eine eigene feminine Form gibt, ist diese jeweils angegeben):

-ado/a	anaranjado orange, dorado golden
-al /-ar	familiar vertraut, medicinal medizinisch
-ario/a	extraordinario außerordentlich, reaccionario reaktionär
-ble	creíble glaubwürdig, deseable wünschenswert
-dizo/a	huidizo flüchtig, resbaladizo rutschig
-dor/-a	cumplidor zuverlässig, madrugador Frühaufsteher-
-esco/a	novelesco romanhaft, pintoresco malerisch
-ico/a	periódico regelmäßig, volcánico vulkanisch
-ista	feminista feministisch, perfeccionista perfektionistisch
-ivo/a	sorpresivo überraschend
-nte	estimulante anregend, sorprendente überraschend
-oso/a	estudioso fleißig, pegajoso klebrig
-tivo/a	comparativo vergleichend, deportivo sportlich
-torio/a	introductorio Einführungs-, supletorio zusätzlich
-udo/a	orejudo großohrig, testarudo dickköpfig

Beachten Sie

Die Endung des Superlativs von Adjektiven und Adverbien lautet:
-ísimo → altísimo, tardísimo (➠ Kapitel 6, *Vergleichsstrukturen,* 2).

2.1.3 Herkunftsbezeichnungen (gentilicios)

Die Herkunftsbezeichnungen werden im Spanischen im Gegensatz zum Deutschen sowohl als Adjektive als auch als Substantive verwendet. In der Tabelle finden Sie die häufigsten Suffixe.

-aco/a	polaco polnisch / Pole/-in
-án/-ana	alemán deutsch / Deutsche/-r
-ano/a	americano amerikanisch / Amerikaner/-in
-eco/a	checo tschechisch / Tscheche/-in
-ego/a	griego griechisch / Grieche/-in
-eno/a	chileno chilenisch / Chilene/-in
-(i)ense	badajocense aus Badajoz stammend / Einwohner/-in von Badajoz
-eño/a	madrileño aus Madrid stammend / Madrider/-in
-és/-esa	inglés englisch / Engländer/-in
-í	bengalí bengalisch / Bengale/-in
-ino/a	chino chinesisch / Chinese/-in
-ita	vietnamita vietnamesisch / Vietnamese/-in
-ol/-a	español spanisch / Spanier/-in
-ú	hindú Hindu- / Hindu

2.1.4 Verben

Wie Sie bereits wissen, unterscheidet man im Spanischen drei Verbklasen: Verben auf -ar, -er und -ir. Darüber hinaus gibt es bestimmte charakteristische Erweiterungen dieser Endungen:

-ear	bromear spaßen, tantear sondieren
-ecer	entontecer verdummen, rejuvenecer verjüngen
-ificar	rectificar berichtigen, santificar heilig sprechen
-itar	debilitar schwächen, facilitar erleichtern
-izar	garantizar garantieren, socializar verstaatlichen

2.2 Diminutiv-, Augmentativ- und pejorative Suffixe

Im Spanischen gibt es eine Vielzahl von sufijos apreciativos, d. h. Suffixen, mit denen eine Wertung ausgedrückt werden kann. Dazu gehören die Diminutivsuffixe (z. B. pie Fuß → piececito Füßchen), die Augmentativsuffixe (z. B. botella Flasche → botellón große Flasche) sowie die Suffixe mit pejorativer (= abwertender) Bedeutung (z. B. libro Buch → libraco dicker Schmöker).

2.2.1 Diminutivsuffixe = „Verkleinerungs- / Verniedlichungssuffixe"

-ete / -eta	amiguete Kumpel
-(c)ín / -(c)ina / -(c)ecín / -(c)ecina	botellín kleine Flasche
-ico / -ica / -(e)cico / -(e)cica	pececico Fischchen
-(c)illo / -(c)illa	papelillo Papierchen (auch: Zigarettenpapier)
-ito / -ita / -(ce)cito / -(ce)cita	jovencito junger Mann

Beachten Sie
- Der Gebrauch der Diminutivsuffixe variiert von Region zu Region. So ist z. B. auf Kuba die Variante -ico gängig, in Chile wird dagegen -ito und in Spanien werden -ito und -illo vorgezogen.
- Neben Substantiven können auch Adjektive (pequeñito niedlich) und sogar Adverbien (ahorita jetzt gleich) „verkleinert" werden.
- Neben Kleinheit drücken die Diminutivsuffixe auch Zuneigung bzw. Verachtung aus.

2.2.2 Augmentativsuffixe = „Vergrößerungssuffixe"

-azo / -aza	ojazos riesige Augen
-ón / -ona	novelón dicker Roman
-ote / -ota	amigote Kumpel

2.2.3 Pejorative Suffixe = „abwertende Suffixe"

-acho / -acha	ricacho Neureicher
-aco	libraco dicker Schmöker
-ajo /-aja	pequeñajo Knirps
-astro / -astra	poetastro Möchtegerndichter
-ejo / -eja	tipejo Kerl
-ucho / -ucha	pueblucho ödes Kaff
-uco	ventanuco mickriges Fenster
-usco / -usca	pardusco bräunlich
-uzo / -uza	gentuza Gesindel
-(z)uelo / -(z)uela / -(c)ezuelo / -(c)ezuela	mujerzuela Flittchen

2.3 Präfixe

Im Spanischen gibt es wie im Deutschen zahlreiche Präfixe, die aus dem Lateinischen stammen, z. B. anti-, des- oder pro-. Diese Präfixe werden allerdings auch in für das Deutsche ungewohnten Zusammenhängen gebraucht und bilden Wörter, die im Deutschen keine Entsprechung haben, z. B. desamor „Nicht-Liebe" oder desvivirse etwa: sich abschinden (um ein Ziel zu erreichen).

Präfix	Bedeutung	Beispiel
a-	Verneinung	asimétrico asymmetrisch
ante-	vor (zeitlich und räumlich)	(de) antemano im Vorfeld
anti-	gegen / Widerstand	anticlerical antikirchlich
archi-	höchster Grad	archifamoso äußerst berühmt
circum- / circun-	um- / herum-	circumpolar zirkumpolar, circunvalación Umleitung
co- / com- / con- /	zusammen	coautor Co-Autor, compadre Pate, consocio Mitgesellschafter
contra-	gegen	contraataque Gegenangriff
de- / des-	Verneinung	deshacer kaputt machen / -gehen, devaluar abwerten
dis-	Verneinung	disconforme nicht einverstanden

em- / en-	hinein	empapelar tapezieren, encestar in einen Korb legen
entre-	zwischen	entrevista Interview
ex-	(her)aus	extraer herausholen
extra-	außer	extraplano außerplanmäßig
hiper-	äußerst	hipersensible äußerst sensibel
hipo-	unter	hipotensión niedriger Blutdruck
i- / im- / in-	Verneinung	irregular unregelmäßig, impago unbezahlt, intocable unberührbar
infra-	unterhalb	infradotado unzureichend ausgestattet
inter-	zwischen	internacional international
intra-	innen	intramuscular intramuskulär
pos- / post-	nach	posponer verschieben, (servicio) postventa Kundendienst

pre-	vor	precolombino präkolumbisch
pro-	anstatt	pronombre Pronomen / Fürwort
re-	wieder	reconsiderar überdenken
retro-	zurück	retroceder zurückweichen
sobre-	über	sobrecarga Überfrachtung
sub-	unter	subdesarrollado unterentwickelt
super-	darüber	superponer aufeinander legen, superbarato superbillig
supra-	darüber	supranacional übernational
trans- / tras-	jenseits / hinüber	transatlántico Überseedampfer, trasponer transponieren
ultra-	äußerst	ultraderechista Ultrarechter

1 Die Aussprache

Test 1

caballo (Pferd), cabello (Haar), calé (Zigeuner), calle (Straße), campana (Glocke), campaña (Kampagne), caro (teuer), carro (Wagen), chico (Junge / Kind), chiquilla (kleines Mädchen),

Test 2, 3: ohne Lösung

Test 4

a)

[θ] / [s]	cero, océano
[k]	actuar, cangrejo, Carmen, clima, Colombia
[g]	gramo
[ɣ]	lugar
[x]	genial, agente, gimnasia, girasol, página

b)

[x]	gente, página, Japón, Jerez, jijona, Jorge, justicia, jugo
[θ] / [s]	centro, ciudad, organización, Zaragoza, zeta, zinc, erizo, zumo, izquierda, pez

Test 5

[k]	bosque, esquina, izquierda
[kw]	¡cuidado!, cuatro, Cuenca, cuota
[g]	Guillermo
[ɣ]	águila
[gw]	Guatemala, pingüino
[ɣw]	antigüedad, bilingüe, antiguo

Test 6: ohne Lösung

Test 7

[b]	barco, hambre, vaca
[ß]	calvicie, árbol, saber, salvo, sobre

Test 8

[d]	dinero, el dado, caldo, ¿dónde?, panda
[ð]	este dinero, este dado, pardo

Test 9, 10, 11, 12, 13, 14: ohne Lösung

Auf Entdeckung

1. Wörter, die auf Vokal, *n* oder *s* enden, werden auf der vorletzten Silbe betont. Wörter, die auf andere Konsonanten enden, werden auf der letzten Silbe betont.
2. Alle von der oben (1.) erwähnten Regel abweichenden Wörter tragen einen grafischen Akzent: Wörter, die auf Vokal, *n* oder *s* enden, werden in den Beispielen auf der letzten Silbe betont und tragen deshalb einen grafischen Akzent. Wörter, die in den Beispielen auf andere Konsonanten enden, werden auf der zweitletzten Silbe betont und tragen deshalb einen grafischen Akzent.
3. Wörter, die auf der dritt- und viertletzten Silbe betont werden, tragen auf der betonten Silbe immer einen grafischen Akzent.

Test 15

com-pás, tré-bol, re-loj, pa-red, ca-fé, re-vól-ver, ja-bón, ha-blar, ciu-dad, lá-piz, ra-tón, jo-ven, na-riz, Víc-tor, é-po-ca, pa-pel, e-xa-men, pá-ja-ro

Test 16

a) bahía, país, tía, saúco, mío, dúo, lío, leí
b) 1.-A 2.-C 3.-B 4.-D 5.-A 6.-A 7.-D 8.-C
c)
1. ¿Cómo te llamas? 2. Soy Fabiola, ¿y tú? 3. Soy Ignacio. Tú estudias biología, ¿no? 4. Sí. 5. ¿Eres de aquí, de Bogotá? 6. No, estudio en Bogotá, pero soy de Medellín.

Test 17, 18, 19, 20: ohne Lösung

Auf den Punkt gebracht

1. a) 27 / 2 b) acento, tilde, diéresis c) *k* und *w*
2. a) ll, ñ, ch b) Beachten Sie, dass *ñ* wie *n + j*, *gü* wie *gu* ausgesprochen wird. Die betonte Silbe ist unterstrichen:
   estudió er/sie studierte,
   nicaragüense Nicaraguaner/-in,
   piragüista Kanufahrer/-in,
   niña Mädchen, *ñandú* Nandu,
   pingüino Pinguin
   c) España, Alemania
3. [k] ca, que, co, cu; [g] / [ɣ] ga, gue, gu; [θ] bzw. [s] ce, ci; [x] ja, ge, gi; [kw] cua, cue, cuo; [gw] / [ɣw] gua, güe
4. a) als [g] b) als [g] c) als [ɣ]
5. es wird nicht ausgesprochen
6. a) als [b] b) als [ß] c) als [b] d) als [ß]
7. a) als [d] b) als [d] c) als [ð]
8. a) zwei Silben b) einer Silbe
9. a) ja b) nein c) ja

10. a) Wörter, die auf der letzten Silbe betont sind und auf Vokal, *n* oder *s* enden, werden mit einem grafischen Akzent versehen.
b) Wörter, die auf der vorletzten Silbe betont sind und auf Konsonant außer *n* und *s* enden, werden mit einem grafischen Akzent versehen.
c) Wörter, die auf der drittletzten und viertletzten Silbe betont sind, werden immer mit einem grafischen Akzent geschrieben.

11. a) calidad, información, café, mamá
b) árbol, sábana, sabana, trabajas, hermanos, fácil
c) cómo, cuándo, por qué, qué

2 Die Schreibung

Test 1
ar-te-rias, ar-ti-cu-la-ción, ce-re-bro, cue-llo, es-tó-ma-go, gar-gan-ta, glán-du-la, la-bio, ma-triz, miem-bro, mue-la, mu-ñe-ca, mús-cu-lo, nal-gas, ner-vios, o-í-do, pan-to-rri-lla, piel, prós-ta-ta, ro-di-lla, san-gre

Test 2
1. Hoy, humor 2. Dónde 3. Sobre, como 4. Navidad 5. Teresa, mayo 6. Yo, Andalucía, y tú 7. luna

Auf den Punkt gebracht
1. a) trennbar: ab-ro-gar, tam-bién, es-tu-diar, abs-tra-er; untrennbar: a-bra-zo, gra-mo, a-gra-de-cer, Ma-llor-ca
b) al-gu-no, an-sio-so, com-prad-lo, co-rrien-te, ins-pi-rar, o-tro, pa-la-bra, per-dón, ras-car, sen-ti-do, si-gla, ver-bo, vis-ta

2. Nur Eigennamen werden großgeschrieben.

3. Im Spanischen ist die wichtigste Funktion des Kommas, Sprechpausen zu markieren.

4. a) Sí, señor. b) María es, en cambio, una buena deportista. c) Así, no lograremos vernos. d) A quien madruga, Dios le ayuda. e) Lamentablemente, llegamos tarde.

3 Das Substantiv

Auf Entdeckung
1. weiblich: Julia, Eugenia, Marcela, Claudia; männlich: Julio, Eugenio, Marcelo, Claudio
2. *-o* steht für maskulin, *-a* für feminin

Test 1
maskulin: año, armario, chico, cuarto, instituto, piso, plato
feminin: cerveza, chica, comida, lengua, playa, plaza, revista, silla

Test 2
maskulin: chupete, disquete, equipaje, flete, garaje, mensaje, paquete, viaje
feminin: calvicie, costumbre, pesadumbre, superficie

Test 3
maskulin: amor, balcón, ballet, carnet, colador, favor, león, plan
feminin: canción, crisis, estupidez, gratitud, libertad, matriz, metrópolis, seducción, sensación, soledad

Test 4
maskulin: aroma, diagrama, dilema, diploma, drama, idioma, poema, problema, reuma, sistema
feminin: mano, moto, polio(mielitis)
maskulin + feminin: déspota, guardia

Test 5
maskulin: abedul, Alpes, Boeing, Caracas, celeste, martes, Mosela, Mulhacén, Pacífico, Paraguay, tres, viernes
feminin: Canarias, Colombia, equis, Lima, Max Hueber Verlag, uve doble

Test 6
alemana, amiga, berlinesa, clienta, dictadora, francesa, gata, leona, osa, profesora, psicóloga, señora

Test 7
a) ingeniera = Ingenieurin, paciente = Patient/-in, pianista = Pianist/-in, poeta = Dichter / Poet, policía = Polizist/-in, taxista = Taxifahrer/-in, turista = Tourist/-in, violinista = Geiger/-in / Violinist/-in

maskulin: poeta, policía (la policía = die Polizei)
feminin: ingeniera
maskulin + feminin: paciente, pianista, taxista, turista, violinista

Auf Entdeckung

1. Endung *-es*: árboles, capitales, flores, países, regiones, televisores
   Endung *-s*: dominós, libros, noches, páginas
2. Auf Vokal endende Wörter bilden den Plural durch Anhängen von *-s*, auf Konsonant endende durch Anhängen von *-es*.

Test 8

árboles, cafés, canapés, convoyes, israelíes, jabalíes, leyes, mamás, mujeres, quesos, soles, tés

Test 9

autobuses, berlineses, canciones, cicatrices, crímenes, irlandeses, jamones, lápices, luces, melones, mítines / mitines, narices, papás, peces

Test 10

anteojos, atlas, crisis, índex, martes, países, paréntesis, reveses, tesis, viernes, virus, víveres

Test 11

maskulin: ferrocarril, guardarropa, rascacielos
feminin: cantautora, sordomuda

Test 12

abrelatas, bebés probeta, bocacalles, horas punta, lentes de contacto, llaves inglesas, osos hormigueros, parachoques, sacacorchos, videocasetes

Auf den Punkt gebracht

1. a) -o b) -a c) maskulin: escritorio, tango, teléfono; feminin: biblioteca, comida, música
2. a) maskulin b) feminin c) maskulin d) maskulin e) feminin f) feminin g) maskulin: corazón, corchete, viaje; feminin: libertad, planicie, virtud
3. a) Substantive auf *-ma* sind maskulin. b) maskulin: clima, día, mapa, poeta; feminin: mano, radio
4. Zahlwörter sind maskulin, Buchstaben sind feminin, Inselnamen sind feminin.
5. a) Substantive auf *-sta* sind maskulin bzw. feminin.
   b) Die Endung *-iz* gibt an, dass es sich um eine weibliche Person handelt.
   c) yegua, cantante, danesa, emperatriz, madre, madrina
6. a) irrelevant b) -s c) -es
7. exposiciones, institutrices, jóvenes
8. anises, bambús / bambúes, champús, corazones, corchetes, gases, libertades, matices, meses, países, pantalones, pies, vacaciones, viajes
9. cinturones de seguridad, sacacorchos, sacapuntas

Und wenn Sie noch neugierig sind ...

banco = Geldinstitut / (Sitz-)Bank – banca = Glücksspiel / in Hispanoamerika auch (Sitz-)Bank; cubo = Eimer – cuba = Fass; filo = Schneide – fila = Reihenfolge; huerta = Obstgarten – huerto = kleiner Obstgarten; modo = Art – moda = Mode; partido = Partei / Spiel – partida = Abfahrt / Partie; puerto = Hafen – puerta = Tür; punto = Punkt – punta = Spitze

4 Der Artikel

Auf Entdeckung

2.

bestimmter Artikel	Singular	Plural
maskulin feminin	el la	los las

unbestimmter Artikel	Singular	Plural
maskulin feminin	un una	unos unas

Test 1

1. el balcón, la casa, el cerco, el garaje, el jardín, la puerta, el tejado, la ventana
2. los balcones, las casas, los cercos, los garajes, los jardines, las puertas, los tejados, las ventanas

Test 2
la a, la abeja, el alma, la alumna, el haba, la habitación, el hacha, el hada, la hamaca, la harina

Test 3
1. en el 2. a la 3. del 4. al 5. a El

Test 4
1. el 2. los 3. el 4. el 5. Ø 6. las 7. el 8. el 9. el 10. la 11. el

Test 5
1. Ø 2. Ø 3. Ø 4. La 5. Ø 6. El

Auf Entdeckung
2. Im Spanischen gibt es auch für den unbestimmten Artikel eine Pluralform.

Test 6
un balcón, un garaje, unos jardines, una piscina, un portón, unas puertas, un tejado, unas ventanas, una verja

Test 7
una abeja, un alma, un águila blanca, unas habas, unas habitaciones, un hacha, una buena acción

Test 8
1. ca. / etwa 2. ein paar / einige 3. ca. / etwa 4. ein paar / einige 5. ein paar / einige

Test 9
1. un / el (wenn man ihn schon kennt) 2. una 3. una 4. la 5. una 6. unos 7. un (einen unter vielen) / el (wenn man ihn schon kennt)

Test 10
1. una 2. La 3. un 4. Ø 5. Ø 6. el, el 7. el 8. Ø 9. los, los 10. una

Test 11
1. el 2. Ø 3. Ø 4. la / Ø 5. la / Ø

Auf den Punkt gebracht
1. a) ja b) ja
2. a) la alacena, las alacenas b) la luz; las luces c) el enchufe, los enchufes d) la hamaca, las hamacas e) el hacha, las hachas
3. a) ja: al b) nein: en el c) ja: del
4. a) ja: el b) ja: la c) nein d) ja: las e) ja: los f) nein g) ja: el h) ja: al i) ja: el
5. Singular Maskulinum: un, Plural Maskulinum: unos, Singular Femininum: una, un (Sonderfall), Plural Femininum: unas
6. a) keinen Artikel b) keinen Artikel c) den Artikel: un

Und wenn Sie noch neugierig sind ...
el capital = Kapital / la capital = Hauptstadt; el cólera = Krankheit / la cólera = Wut; el cura = Priester / la cura = Heilung; el frente = Front / la frente = Stirn; el orden = Ordnung, Reihenfolge / la orden = Befehl, Orden

5 Das Adjektiv

Auf Entdeckung
1. Das Adjektiv stimmt in Geschlecht und Zahl mit dem Substantiv überein.
2. Das Adjektiv steht meist nach dem Substantiv, auf das es sich bezieht. Im Deutschen ist es umgekehrt.

Test 1
ordenador nuevo, máquina vieja, amigo celoso, casa ordenada, hombre honesto, día divertido, planta pequeña, niña guapa

Test 2
1. alemana 2. solterona 3. cordobesa 4. holgazana 5. observadora 6. pequeñina

Test 3
1. moderna 2. fundamental 3. sensible 4. sincero 5. fuerte

Auf Entdeckung
1. -os, -as, -es: caros, buenas, amables
2. -íes, -úes: israelíes, hindúes
3. -es: felices, comunes

Test 4
1. pulóveres abrigados 2. perros comilones 3. niños encantadores 4. cuentos ingleses 5. temas fáciles 6. vidas felices 8. talleres originales

Test 5
a) 1. bonita 2. complicado 3. aburrida 4. cariñoso 5. antipático
b) 1. optimistas 2. idealistas 3. alegre 4. industrial 5. conservadora

Test 6
1. inteligente, infeliz 2. buenas, fiables 3. juguetones, mimosos 4. primera, última 5. pocas, buenas

Test 7
1. buenas / buena 2. geniales 3. famosos 4. exquisitos 5. pintorescas

Test 8
1. la cerveza alemana 2. la penúltima sílaba 3. la primera vez / la vez primera 4. la famosa escritora / escritora famosa 5. la moral católica 6. una niña alta y bella 7. mi casa 8. el tiempo perdido 9. muchas ganas 10. una cuestión muy importante 11. el último metro 12. las ciudades colombianas 13. la mesa redonda 15. las banderas azules

Test 9
1. un cierto asunto 2. algo cierto 3. nuevos intereses 4. intereses nuevos

Test 10
1. un gran hombre 2. buen día 3. tercer capítulo / capítulo tercero 4. ¡Que tengas un buen viaje! 5. un problema

Test 11
1. una conocida escritora cubana 2. la famosa fortaleza árabe 3. un buen auto alemán 4. una importante carta comercial / una carta comercial importante 5. el eficiente transporte público interurbano

Auf den Punkt gebracht
1. a) simpática / simpáticos / simpáticas b) incapaz / incapaces / incapaces c) grande / grandes / grandes d) cordial / cordiales / cordiales e) andaluza / andaluces / andaluzas f) francesa / franceses / francesas g) burlona / burlones / burlonas h) catalana / catalanes / catalanas i) seductora / seductores / seductoras j) marrón / marrones / marrones
2. a) El café está fuerte. b) Mis hermanas son jóvenes. c) Tengo una gata comilona. d) Mi hermano es impaciente. e) Vuestros padres son muy trabajadores. f) La película es muy realista. g) Los perros de esta raza son grandotes.
3. a) ein guter Mensch b) ein gutmütiger Mensch c) die anstrengende Reise d) die lange Reise
4. a) un momento b) gran persona c) cualquier hora

6 Vergleichsstrukturen

Test 1
1. más interesantes que 2. tan claro / claramente como 3. más cara que 4. menos conformistas que 5. el más vendido de

Test 2
1. tanto como 2. tantas preguntas como 3. más que 4. menos condición física que 5. tantos habitantes como 6. más libros

Test 3
1. mucho mejor que 2. mucho más felices que 3. mucho menos que 4. bastante peor que 5. mucho mejor que

Test 4
1. Komparativ 2. Superlativ 3. Superlativ 4. Superlativ 5. Komparativ 6. Superlativ

Test 5
1. carísimo 2. dificilísimo / dificílimo 3. negrísimo / nigérrimo 4. buenísima / bonísima 5. sapientísima

Test 6
1. antiquísima 2. buenísimo / bonísimo 3. carísimo 4. modernísimo 5. malísima / pésima

Test 7
1. de 2. de 3. a 4. que 5. que

Auf den Punkt gebracht
1. a) mejor b) peor c) más rico d) más grande / mayor
2. a) más interesante que b) tan graciosa

como c) mejor que d) menos inteligente que

3. a) schlauer als alle ihre b) der Netteste der ganzen Mannschaft

4. a) simpatiquísimo / muy simpático
b) pésima / malísima / muy mala
c) buenísimo = bonísimo / muy bueno

5. a) de b) que c) a

Und wenn Sie noch neugierig sind ...

1. Lieber spät als nie.
2. Er ist schlauer als ein Fuchs.
3. Er ist langsamer als eine Schildkröte.
4. Er ist dümmer als ein Esel.

7 Die Possessivbegleiter

Auf Entdeckung

2. nein / ja
3. ja / ja
4. Alle vorangestellten Possessivbegleiter richten sich nach dem Numerus des Substantivs (= Besitzobjekts), die der 1. und 2. Person Plural richten sich außerdem nach dem Genus des Substantivs.

Test 1

a) mi amigo, mi amiga, tus hijos, tu jardín, su casa, sus plantas, su amiga, sus discos compactos, nuestro coche, vuestro problema, nuestro comedor, nuestras habitaciones
b) 1. Su 2. tus 3. sus 4. Su 5. su 6. Nuestras 7. vuestros / sus (Hispanoamerika)

Auf Entdeckung

1. un libro tuyo, una visión tuya, libros tuyos, visiones tuyas; un libro suyo, una visión suya, libros suyos, visiones suyas; un libro nuestro, una visión nuestra, libros nuestros, visiones nuestras; un libro vuestro, una visión vuestra, libros vuestros, visiones vuestras; un libro suyo, una visión suya, libros suyos, visiones suyas
2. Die nachgestellten Possessivbegleiter richten sich in Genus und Numerus nach dem Substantiv (= Besitzobjekt), das sie begleiten.

Test 2

a) un amigo mío, la bellísima casa suya, esta idea tuya, el jardín suyo, aquellos bolis suyos, las buenas amigas suyas, algunos importantes clientes suyos, estos dos hijos suyos, las hijas vuestras, toda la ropa nuestra, determinados amigos vuestros, unos libros suyos
b) 1. mías 2. nuestra 3. tuya 4. suyos 5. nuestra 6. suya 7. nuestro

Test 3

1. mis 2. el (wenn hervorgehoben, auch *mi*) 3. los 4. Mi 5. Nuestro 6. el 7. la

Test 4

a) 1. La llave de usted ... 2. Las llaves del secretario ... 3. Las llaves de ustedes ...
b) 1. Los amigos de ellos. 2. El amigo de ella. 3. Los amigos de ustedes.

Test 5

1. dos hermanos míos 2. ex novio tuyo 3. tu novio 4. Mi querido hijo 5. una conocida mía 6. Nuestros amigos 7. Algunas amigas nuestras 8. Muy señores míos

Auf Entdeckung

por cuenta suya, en honor vuestro, de parte suya, por parte suya, por culpa suya, en lugar tuyo, a favor tuyo, a disposición nuestra, en presencia mía

Test 6

1. suyo 2. su 3. tu 4. nuestra 5. suya 6. nuestra

Auf den Punkt gebracht

1. a) begleiten b) immer c) Genus + Numerus d) nach

2. a) vuestra, suyos, suya, nuestras
b) nuestro, vuestros, sus, nuestros

3. a) den bestimmten Artikel / la
b) nachgestellt / los amigos tuyos
c) nachgestellt / Algunos poemas suyos
d) nachgestellt / dos amigos cubanos tuyos e) ja / Las cartas de él son muy aburridas.

8 Die Demonstrativbegleiter

Auf Entdeckung
Maskulinum: ese esos, Femininum: esa esas

Auf Entdeckung
Maskulinum: aquel aquellos,
Femininum: aquella aquellas

Test 1
1. Este 2. esa 3. Aquellas 4. Esta 5. Esos
6. Esa 7. Aquel

Test 2
a) 1. este 2. aquel 3. esa 4. esta 5. Aquellos
6. Esos
b) 1. Dieses 2. diesem 3. heute 4. heute
5. Damals 6. diesem / jenem

Auf den Punkt gebracht
1. a) maskulin: este, ese, aquel;
feminin: esta, esa, aquella
b) maskulin: estos, esos, aquellos;
feminin: estas, esas, aquellas
2. a) Este, Este b) Ese, Esa c) Aquel,
Aquellos

9 Die Indefinitbegleiter

Test 1
1. demasiado 2. bastantes 3. mucha
4. tanto 5. muchos 6. ninguna / Ø 7. varias / diversas 8. ciertas

Auf Entdeckung
1. eine 2. einige 3. einige 4. einen 5. eine

Test 2
1. una 2. unos 3. un 4. un 5. un

Test 3
1. alguna 2. ninguna 3. ningún 4. ninguna
5. algunas

Test 4
1. Todos los años / cada año 2. cada dos horas 3. todas las semanas 4. todo el día
5. todos los días 6. Cada diez años

Test 5
1. tantas 2. tanto 3. tanta 4. tanta 5. Tanto

Test 6
a) 1. mucho 2. más 3. más 4. muchas
5. mucho 6. un poco más
b) 1. mucho 2. muchas 3. pocos 4. Muchas

Test 7
1. demasiada 2. demasiado 3. bastantes
4. demasiado 5. bastante 6. demasiado

Test 8
1. otras / demás 2. otro 3. otra 4. otro
5. otra

Test 9
1. cualquiera 2. cualquier 3. cualquier
4. cualquier 5. cualquier

Test 10
1. misma 2. mismas 3. mismo 4. mismas
5. mismos

Test 11
1. tal 2. Semejantes / Tales 3. tales 4. tal
5. tales / semejantes

Test 12
1. *Varias* Mehrere 2. *varios* mehrere
3. *diferentes* unterschiedliche 4. *diferentes* verschiedenen / mehreren 5. *diversas* verschiedene / mehrere

Auf den Punkt gebracht
1. a) nicht genau bestimmt b) cada, cierto, semejante
2. a) 3. b) 11. c) 12. d) 8. e) 9. f) 5.
g) 2. h) 10. i) 7. j) 1. k) 4. l) 6.
3. a) ungenauer b) unos
4. a) algún b) ningún c) Synonym
d) verstärkt e) ninguna
5. a) todo el día b) todos los días c) cada dos días
6. a) steht nicht b) „neulich"
7. a) zeigen b) nur c) varias / distintas / diversas / diferentes d) nach e) nicht an
f) diferentes problemas

10 Die Personalpronomen

Auf Entdeckung
1. Du, ihr, Ich, er 2. dir, dir, Mir 3. ihn, ihn, sie

Test 1
a) 1. Nosotras 2. Ustedes / Ellos / Ellas 3. Vosotros 4. usted 5. él
b) 1. ustedes 2. usted 3. ustedes 4. Ustedes

Test 2
1. Yo, Ø 2. tú, Yo 3. Ella, él 4. usted 5. tú

Test 3
1. las 2. lo 3. la 4. Los 5. la

Test 4
1. Te 2. Les 3. Nos 4. le 5. os / les

Test 5
1. me lo acaban de explicar / acaban de explicármelo 2. Dímelo 3. se le han escapado 4. lo llevo 5. Te lo traje

Test 6
1. se lo 2. se la 3. se lo 4. se lo

Test 7
1. les 2. te lo 3. Me lo 4. Me 5. diciéndoselo

Test 8
1. nosotros 2. conmigo 3. vosotros / ustedes 4. él 5. ella

Test 9
1. Este regalo te lo compré a ti. 2. A ella le encanta bailar tango. 3. A vosotros os vi bailando juntos. 4. ¿A tu hermana? No la he visto. 5. Les expliqué el camino a los turistas.

Test 10
1. la 2. (le) 3. le 4. las 5. los 6. (La)

Auf den Punkt gebracht
1. alle Antworten: ja
2. a) la b) lo c) le d) te
3. a) vor b) vor c) obligatorisch d) vor dem konjugierten Verb / nach dem Infinitiv e) nach f) nach
4. a) conmigo b) con ellos/ellas/ustedes c) para usted/ustedes d) para ti e) Sin él
5. a) le b) me c) te d) lo

Und wenn Sie noch neugierig sind ...
1. Sag nichts, ich sehe es schon kommen.
2. Leg dich nicht mit meinem Vater an!
3. Wenn du nicht aufhörst mich zu ärgern, bekommst du es mit mir zu tun.
4. Die spanische Grammatik hat es in sich.
5. Ich komme mit der Arbeit und dem Kind zurecht.
6. Dafür wirst du büßen.
7. Er tut so, als ob er ein Genie wäre. / Er spielt sich als Genie auf.
8. Amüsier dich gut! / Viel Spaß!
9. Du wirst dich noch wundern / umsehen; wenn du so weitermachst, dann entlassen sie dich.
10. Er/Sie hat es toll hingekriegt / geschafft.

11 Die Begleiter als Pronomen

Auf Entdeckung
1d 2e 3b 4a 5c

Test 1
1. B 2. P 3. B 4. P 5. P

Test 2
1. las, las 2. la, la 3. el, el 4. el

Auf Entdeckung
el mío, la mía, los míos, las mías; el tuyo, la tuya, los tuyos, las tuyas; el suyo, la suya, los suyos, las suyas; el nuestro, la nuestra, los nuestros, las nuestras; el vuestro, la vuestra, los vuestros, las vuestras; el suyo, la suya, los suyos, las suyas

Test 3
1. los míos 2. suyo 3. tuya 4. (el) suyo 5. sus

Auf Entdeckung
Maskulinum: este / éste, estos / éstos; ese / ése, esos / ésos; aquel / aquél, aquellos / aquéllos
Femininum: esta / ésta, estas / éstas; esa /

ésa, esas / ésas; aquella / aquélla, aquellas / aquéllas

Test 4
1. Estos 2. Aquella 3. Ese 4. Este 5. Aquellas

Test 5
1. uno 2. tres 3. dos 4. uno 5. uno

Test 6
1. Lo 2. lo 3. El 4. El 5. Lo 6. la 7. los

Test 7
1. Esto 2. eso, Esto 3. eso 4. Esto, eso 5. eso / aquello

Auf den Punkt gebracht
1. a) Pronomen und Begleiter b) Pronomen
2. a) A b) P c) P d) A e) P
3. a) P b) A c) A f) P g) A
4. a) lo bueno = das Gute (daran / an der Sache) b) lo mejor = das Beste (daran / an der Sache) c) lo primero = das Erste d) lo que dices = was du sagst e) Lo primero f) Lo que dices g) Lo mejor h) Lo bueno
5. a) nein b) ja c) nein

12 Die Indefinitpronomen

Test 1
a) 1. B 2. P 3. B 4. P 5. P 6. B 7. B 8. P 9. P 10. B
b) 1. todo 2. muchos 3. todos 4. los demás 5. tanto

Test 2
1. nadie, nada 2. alguien 3. algo 4. nada

Test 3
1. alguien / alguno 2. alguna / alguien 3. alguien 4. alguna 5. alguien / alguno

Test 4
1. Nadie / Ninguno 2. ninguno 3. nadie 4. nadie 5. nadie / ninguno

Test 5
1. nadie 2. nada 3. nadie 4. ninguna 5. ninguno

Test 6
1. algo para 2. algo 3. algo es algo 4. algo del 5. algo

Test 7
1. nada de nada / nada 2. nada (de) 3. para nada / nada de nada / nada 4. nada 5. nada

Test 8
1. opta / optan 2. come / comen 3. vive 4. tiene / tienen 5. vive

Auf den Punkt gebracht
1. a) cualquiera, lo demás b) Gegenstände c) Personen
2. a) Gegenstände b) Personen
3. a) häufiger b) alguno
4. a) nachgestellt b) sé nada c) Nadie tiene
5. a) entspricht meist b) algo c) algo, nada
6. a) Singular b) beide c) Gegenstände und Begriffe

13 Die Relativpronomen

Auf Entdeckung
1. tres hijos 2. Mis amigas 3. Mi hermana 4. Mis padres

Test 1
1. al que (direktes Objekt) 2. que (Subjekt) 3. al que (indirektes Objekt) 4. que (Subjekt) 5. a la que (direktes Objekt)

Test 2
1. al que 2. en el que 3. con la que 4. del que

Test 3
1. que 2. La que 3. lo que 4. lo que 5. El que

Test 4
1. Quienes 2. al que / a quien 3. con la que / con quien 4. del que / de quien 5. de quienes

Test 5
1. del cual / del que 2. las cuales / las que 3. Bezug auf amigas: las cuales / las que,

Bezug auf primos: los cuales / los que 4. al cual / al que

Test 6
1. lo cual 2 que 3. del cual 4. lo cual

Test 7
1. cuyo 2. cuyo 3. cuya 4. cuyos 5. cuya

Test 8
1. donde 2. como 3. cuando 4. adonde

Test 9
1. cuanta 2. El que / Quien 3. Los que / Quienes 4. A las que / A quienes

Test 10
1. La velada de tango que organizamos fue un fiasco. (S)
2. Del viaje, que fue largo y agotador, me quedó, a pesar de ello, una satisfacción agradable. (E)
3. Con los sellos de tu carta, que me fascinaron, se gestó el otro collage. (E) Auch: Con los sellos de tu carta que me fascinaron se gestó el otro collage. (S)
4. Platero, a quien todos los hispanohablantes conocen, es una figura de una novela. (E)

Test 11
1. esté 2. está 3. quieras 4. cocine 5. conozcan 6. hablen

Auf den Punkt gebracht
1. a) ja b) ja c) ja
2. a) al que b) en (la) que c) lo que d) para el que / al que
3. a) ja b) nein c) nein d) a quien / al que / al cual
4. a) ja b) ja c) nein d) nein e) nein
5. a) nachfolgenden Substantiv b) cuyos
6. a) al que b) en el que
7. a) spezifizierend (ohne Komma)
   b) explizierend (mit Kommata)
   c) explizierend (mit Kommata)

14 Die Interrogativa

Test 1
1. Cómo 2. Quiénes 3. Cuándo 4. Quién 5. Qué 6. Dónde 7. Qué 8. Cuánto

Test 2
1. Hasta cuándo 2. Desde cuándo 3. Con quién 4. De quién 5. Para qué 6. A quién 7. En qué 8. Para cuándo 9. De dónde 10. Por qué 11. Adónde / A dónde

Test 3
1. De qué 2. Qué 3. De qué 4. Qué 5. En qué

Test 4
1. A quién/es 2. Con quién/es 3. A quién/es 4. De quién 5. Quién 6. Para quién 7. A quién

Test 5
1. Cuál 2. Cuál 3. cuáles 4. cuál 5. Cuál 6. Cuáles 7. Cuál

Test 6
1. Qué 2. Cuál 3. qué 4. Qué / Cuáles 5. Cuáles 6. Cuál / Qué 7. Cuál

Auf Entdeckung
cuánto tiempo, cuánta fruta, cuántos libros, cuántas cosas

Test 7
1. Cuántos 2. Cuánto 3. Cuántas 4. Cuántos 5. Cuánta 6. Para cuántas 7. Cuánto

Auf den Punkt gebracht
1. por qué, cómo, dónde, cuándo, qué / cuál/es
2. a) Gegenständen, Sachverhalten
   b) unveränderlich c) kann d) qué
3. a) veränderlich b) wessen c) Quién
   d) A quién e) Quiénes
4. a) Cuál b) Qué c) qué d) Qué e) Qué
5. a) vier: Singular, Plural, maskulin, feminin b) Cuántos c) Cuántas
   d) Cuánto

Einführung in das Verb und seine Ergänzungen

Test
1. bail-amos 2. cre-er 3. escrib-o 4. llam-an 5. sub-ir 6. habl-an 7. com-en 8. enseñ-ar

9. estudi-áis 10. llev-ar 11. le-o 12. trabaj-áis

Auf den Punkt gebracht

1. a) Infinitivendungen: -ar, -er, -ir b) -ar
2. a) Endung b) Person, Zahl, Zeit und Modus c) stammbetonten d) kein Personalpronomen e) 3. f) haber g) wie im Deutschen h) subjuntivo
3. a) mehr b) keine Entsprechung
4. a) für das Deutsche und das Spanische b) ser

15 Der Indikativ Präsens

Auf Entdeckung

2. escuch-o, escuch-as, escuch-a, escuch-amos, escuch-an; aprend-e; viv-imos, viv-ís

Test 1

a) yo: llevo; tú: enseñas; él, ella, usted: trabaja, baila; nosotros/as: leemos; vosotros/as: lleváis, tomáis; ellos/ellas/ustedes: suben, escuchan
b) 1. llamas 2. presento 3. viajo 4. viven

Test 2

a) tú: subes, escribes, estudias; vos: trabajás, enseñás, partís, estudiás, rompés, conocés; usted: habla, escribe; vosotros/as: partís, llamáis, creéis; ustedes: comen, viven;
b) tú / vos: ¿Y si miras / mirás la TV? – ¿Y si comes / comés calamares? – ¿Y si abres / abrís la carta ahora?
usted: ¿Y si mira la TV? – ¿Y si come calamares? – ¿Y si abre la carta ahora?
vosotros/as oder ustedes: ¿Y si miráis / miran la TV? – ¿Y si coméis / comen calamares? – ¿Y si abrís / abren la carta ahora?

Test 3

a) 1. dar 2. caer 3. hacer 4. crecer 5. poner 6. conocer 7. proponer 8. traer 9. dar 10. estar
b) 1. parece 2. reconoces 3. estás, estoy 4. traducís 5. produce

Test 4

a) yo: sé, digo, tengo; tú: ves, vienes, eres; él/ella/usted: es, huele; nosotros/as: venimos, vamos; vosotros/as: habéis, oís, oléis; ellos/ellas/ustedes: son, ven
b) 1. eres 2. Soy 3. Vienen 4. Veo, veo 5. he 6. Dicen 7. oyes 8. tiene 9. Hueles

Test 5

1. acuerdas 2. acuestan 3. almorzamos 4. empezáis 5. encuentra 6. entienden

Test 6

1. desviste 2. fríes 3. teñís 4. sigues 5. Repites 6. ríe

Test 7

1. d ; 2. b 3. e 4. c 5. a 6. e 7. f

Test 8

a) 1. cocer 2. elegir 3. seguir 4. conseguir 5. corregir 6. concluir 7. proseguir 8. destruir 9. disminuir 10. vencer
b) 1. distingo, distinguimos 2. convenzo, convencemos 3. corrijo, corregimos 4. construyo, construimos

Test 9

1. confío, confías, confía, confiamos, confiáis, confían 2. esquío, esquías, esquía, esquiamos, esquiáis, esquían 3. limpio, limpias, limpia, limpiamos, limpiáis, limpian 4. continúo, continúas, continúa, continuamos, continuáis, continúan 5. averiguo, averiguas, averigua, averiguamos, averiguáis, averiguan

Auf den Punkt gebracht

1. 1.1 a) hablo, leo, escribo b) dem Stamm c) der Endung
   1.2 a) Wir leben (nosotros/as) b) er heißt (él) c) studieren sie / Sie (ellos / ellas / ustedes) d) Sprecht ihr (vosotros/as) e) Ich arbeite (yo)
2. 1. Person Singular → -oy: c), d)
   1. Person Singular → -go: a), f)
   1. Person Singular → -zco: b), e)
3. a) Son b) Vas c) veo d) tiene e) vemos f) oigo
4. -e- → -ie-: empezar, pensar, querer
   -o- → -ue-: almorzar, dormir, poder
   -e- → -i-: reír, repetir, servir
5. Alle Antworten: ja.

6. a) nein b) nein
7. a) continuar: continúo, continúas, continúa, continuamos, continuáis, continúan
   b) enviar: envío, envías, envía, enviamos, enviáis, envían

16 Das *pretérito perfecto simple*

Auf Entdeckung

2. / 3. viajé, viajaste, viajó, viajamos, viajasteis, viajaron; conocí, conociste, conoció, conocimos, conocisteis, conocieron; escribí, escribiste, escribió, escribimos, escribisteis, escribieron

Test 1

a) 1. bail-amos, 2. llam-aste, 3. barr-í, 4. escrib-ió, 5. habl-aron, 6. ech-asteis
b) 1. pregunté, preguntaste, preguntó, preguntamos, preguntasteis, preguntaron; 2. comí, comiste, comió, comimos, comisteis, comieron; 3. viví, viviste, vivió, vivimos, vivisteis, vivieron
c) 1. practicaste 2. presentaron 3. perdisteis 4. bebimos 5. volví, enteré

Test 2

a) / b) yo: di, fui, quise; tú: dijiste, quisiste; él: hizo, pudo; nosotros: estuvimos, vinimos; vosotros: fuisteis ; ellos: pudieron, tuvieron
c) 1. dijo 2. hizo 3. fui 4. quise 5. fuisteis

Test 3

1. pedir: pedí, pediste, pidió, pedimos, pedisteis, pidieron 2. reír: reí, reíste, rió, reímos, reísteis, rieron 3. morir: morí, moriste, murió, morimos, moristeis, murieron

Test 4

1. tragué 2. creyó 3. bostecé 4. organicé 5. expliqué

Test 5

1. nació 2. fue 3. ingresó 4. hizo 5. colaboró, resultó 6. acusaron 7. murió

Test 6

1. fuimos, se quedó, se volvió: begrenzte Dauer, aufeinander folgende Handlungen 2. duró: begrenzte Dauer 3. Estuve: begrenzte Dauer 4. encontré: die eine Handlung tritt ein, während die andere gerade stattfindet

Auf den Punkt gebracht

1. -ar: -é, -aste, -ó, -amos, -asteis, -aron; -er / -ir: -í, -iste, -ió, -imos, -isteis, -ieron
2. venir: vine, viniste, vino, vinimos, vinisteis, vinieron
   hacer: hice, hiciste, hizo, hicimos, hicisteis, hicieron
   poder: pude, pudiste, pudo, pudimos, pudisteis, pudieron
   querer: quise, quisiste, quiso, quisimos, quisisteis, quisieron
   estar: estuve, estuviste, estuvo, estuvimos, estuvisteis, estuvieron
3. dar: di, diste, dio, dimos, disteis, dieron
   predecir: predije, predijo, predijimos, predijisteis, predijeron
   proponer: propuse, propusiste, propuso, propusimos, propusisteis, propusieron
   ser / ir: fui, fuiste, fue, fuimos, fuisteis, fueron
   obtener: obtuve, obtuviste, obtuvo, obtuvimos, obtuvisteis, obtuvieron
4. a) empecé b) expliqué c) jugué d) averigüé
5. a) repitió, repitieron b) durmió, durmieron c) leyó, leyeron
6. a) verwendet b) abgeschlossenen c) Estuve

17 Das *pretérito imperfecto*

Auf Entdeckung

2. habl-aba, habl-aba, habl-aban; aprend-íamos, viv-ía; viv-íais

Test 1

a) -ar: 1., 5., 6.; -er / -ir: 2., 3., 4.
b) sabía, 2. teníais, 3. gastaba, 4. querían

Test 2
1. veía 2. era 3. íbamos 4. éramos, vivíamos 5. Iban

Test 3
1. Había 2. estaba 3. había, circulaban 4. era, ayudaban 5. era

Test 4
1. Me levantaba, gustaba 2. Me duchaba 3. Me encontraba 4. Solía 5. hacía, gustaba

Test 5
1. se bañaba, escuchaba 2. comía, bebía, miraba 3. Caminaba, pensaba 4. Cantábamos, bailábamos 5. estaba, fumaban, bebían

Test 6
1. vivía 2. Iba 3. Vivía 4. Hacía 5. hacía, tenía 6. salía 7. iba 8. Estaba

Test 7
1. llamaba 2. Quería 3. deseaba 4. quería 5. era

Test 8
1. pensaba 2. Sabías 3. fundaba

Test 9
1. Iba 2. guardaba 3. Empezaba 4. hablaba 5. comía 6. entraba 7. pegaba 8. era

Test 10
1. Marianela me contó que quería cambiar de trabajo porque estaba harta de sus colegas. 2. Marianela me contó que su hija menor ya iba a la escuela. 3. Marianela me contó que su marido quería comprarse un auto nuevo. 4. Marianela me contó que a ella le gustaba el color rojo, pero que él prefería el negro. 5. Marianela me contó que si no encontraban una casa mejor, se quedaban / quedarían en la de ahora.

Auf den Punkt gebracht
1. a) -aba, -abas, -aba, -ábamos, -abais, -aban b) -ía, -ías, -ía, -íamos, -íais, -ían c) ver, ser, ir d) andabas, veíamos, iba
2. 2.1 a) ja b) nein c) ja d) ja e) ja f) ja
2.2 a) Gewohnheiten: íbamos b) gleichzeitig ablaufende Handlungen: cocinaba, preparaba c) Erklärungen bzw. Gründe: tenía d) Beschreibungen bzw. Gewohnheiten: tenía e) Beschreibungen: Hacía f) Absichten und Vorhaben: queríamos
3. a) tenías b) conocían c) podía d) sabía

18 Zusammengesetzte Zeiten der Vergangenheit (Indikativ)

Test 1
1. lavado 2. habido 3. entendido 4. dormido 5. repartido 6. salido 7. andado 8. cantado 9. crecido 10. hablado 11. podido 12. vendido

Test 2
Ana no ha escrito el informe.
Julián ya ha puesto la tele.
En la radio han dicho que va a llover.
Marisa todavía no ha vuelto a casa.
Diana ya ha ido a la iglesia.

Auf Entdeckung (*pretérito perfecto compuesto*)
2. he, has, ha, hemos, habéis, han llegado / comido / vivido

Test 3
1. han sido 2. he podido 3. hemos escrito 4. has visto

Auf Entdeckung (*pretérito pluscuamperfecto*)
había, habías, había, habíamos, habíais, habían llegado / comido / vivido

Test 4
1. había ido 2. habían dicho 3. había estado 4. había dado 5. había comenzado

Test 5
1. había ido 2. había comprado 3. había dormido 4. habíamos hablado 5. habíais ido

Test 6
1. había venido 2. había estado 3. había sonado, había podido 4. había podido

Auf Entdeckung (*pretérito anterior*)
hube, hubiste, hubo, hubimos, hubisteis, hubieron llegado / comido / vivido

Test 7
1. hubo visto 3. se hubo marchado 3. se hubo levantado 4. hubimos llegado
5. hube pintado 6. hubisteis salido
7. hubiste leído

Test 8
1. se hubieron casado 2. hubo escrito
3. hubo llegado

Auf den Punkt gebracht
1. he abierto, has vendido, ha comprado, hemos ido, habéis entendido, han roto
2. a) englischen *Present perfect* b) nicht möglich c) nicht abgeschlossen
3. había asentido, habías hecho, había habido, habíamos visto, habíais dicho, habían puesto
4. a) deutschen Plusquamperfekt
   b) pretérito pluscuamperfecto c) pretérito imperfecto / pretérito perfecto compuesto / pretérito perfecto simple
   d) había leído e) habíamos visto
   f) habían escrito
5. a) había visto, había ido a ver b) había llevado c) había ido
6. hube perdido, hubiste llamado, hubo trabajado, hubimos ido, hubisteis llegado, hubieron leído
7. a) pretérito pluscuamperfecto b) unmittelbar vor c) geschriebenen Sprache
   d) in Nebensätzen e) pretérito perfecto simple / pretérito pluscuamperfecto

19 Der Gebrauch der Vergangenheitszeiten (Indikativ)

Test 1
1. Has estado / Estuviste 2. te levantaste
3. hicisteis / hicieron 4. he podido 5. estuve
6. ha vuelto

Test 2
1. llegaron, dormían 2. llegó, vivió
3. empezamos 4. he ido

Test 3
1. había recibido 2. hubo / había dicho / dijo 3. había comido 4. había salido

Test 4
1. conocimos 2. sabía 3. fue 4. íbamos
5. Tuve

Test 5
1. Salimos 2. Vivían 3. quería 4. falleció
5. comenzó

Test 6
1. te esperó 2. bajó 3. estuvimos 4. Cuidó

Auf den Punkt gebracht
1. a) I b) I c) P d) P
2. a) levantaba, ha levantado b) estaba, sentó, parecía c) hemos ido, nevaba
   d) había, han empezado e) hemos estado, estuvo
3. a) kennen gelernt b) kannten c) Ich erfuhr es gestern. d) wussten
4. a) se casó (P), se divorció (P) b) quería (I), convenció (P), tenía (I), debía (I)

20 Das Futur

Auf Entdeckung
2. llamaré, llamarás, llamará, llamaremos, llamaréis, llamarán;
seré, serás, será, seremos, seréis, serán;
escribiré, escribirás, escribirá, escribiremos, escribiréis, escribirán

Test 1
1. tomaré 2. comeremos 3. llegarás
4. estudiará 5. terminaréis / hablaremos

Test 2
podré, podrás, podrá, podremos, podréis, podrán; pondré, pondrás, pondrá, pondremos, pondréis, pondrán; haré, harás, hará, haremos, haréis, harán

Test 3
1. ¿Qué tomarás? 2. Hoy a la tarde iré de compras 3. Nos iremos de vacaciones. 4. En los próximos meses habrá inflación.

Test 4
1. Z 2. V 3. A 4. Ü 5. Z 6. V

Auf Entdeckung
2. habré, habrás, habrá, habremos, habréis, habrán terminado / tenido / venido

Test 5
1. Adela se habrá ido. / Adela wird wohl weggegangen sein. 2. Pepe y Guillermo se habrán encontrado. / Sie werden sich wohl getroffen haben. 3. Nora habrá estado aquí. / Nora wird wohl hier gewesen sein. 4. Mariano habrá cocinado fideos. / Mariano wird wohl Nudeln gekocht haben. 5. Eugenio se habrá quedado en casa. / Eugenio wird wohl zu Hause geblieben sein.

Test 6
1. V 2. Ü 3. V 4. Z 5. V 6. Z

Test 7
1. Tendrá 2. Se habrá quedado 3. Habrá tomado 4. Estará 5. Se habrá olvidado 6. Se habrá enamorado

Test 8
1. Habría tenido / Tendría 2. Les molestaría / habría molestado 3. habrá 4. Les habrán aumentado

Test 9
1. saldrá, haya llamado / llame 2. enviaré, haya terminado / termine 3. llamará, haya sabido / sepa 4. Podremos, hayas aclarado 5. te escribiremos, hayamos llegado / lleguemos

Auf den Punkt gebracht

1. viajaré, viajarás, viajará, viajaremos, viajaréis, viajarán
   romperé, romperás, romperá, romperemos, romperéis, romperán
   viviré, vivirás, vivirá, viviremos, viviréis, vivirán
2. saldré, saldrás, saldrá, saldremos, saldréis, saldrán
   querré, querrás, querrá, querremos, querréis, querrán
   diré, dirás, dirás, dirá, diremos, diréis, dirán
3. a) nicht nur b) gesprochen c) ersetzt
4. habrá, habrás, habrá, habremos, habréis, habrán cortado / tenido / salido
5. a) vor b) vergangene c) Habrá sido a las diez.
6. a) Gegenwart b) Estarán jugando con el ordenador. c) schon abgeschlossen
   d) Me las habré olvidado en el bar.
7. a) Gegenwart b) estará c) Gegenwart
   d) habrá e) Vergangenheit f) habría llegado
8. a) presente bzw. perfecto de subjuntivo
   b) llegue c) hayas hecho

21 Das *condicional*

Auf Entdeckung
Im Spanischen handelt es sich um eine einfache, im Deutschen um eine zusammengesetzte Verbform.

Auf Entdeckung
1. cantaría / entendería / traduciría,
2. cantarías / entenderías / traducirías,
3. cantaría / entendería/ traduciría,
1. cantaríamos / entenderíamos / traduciríamos,
2. cantaríais / entenderíais / traduciríais,
3. cantarían / entenderían / traducirían

Test 1
1. reconocerías 2. deberían 3. Viviríamos 4. preferiríais 5. comería 6. gustaría

Test 2
1. diría 2. harías 3. podrían 4. saldría 5. vendríamos 6. eligiríais

Test 3
a) 1. No deberías fumar tanto. 2. ¿Podrías cerrar la ventana? 3. Podríamos ir a pasear.
b) 1. trataría de ser puntual 2. la acompañaría mañana 3. yo tendría que comprar el regalo, porque él no tenía tiempo
c) 1. recomendarías 2. aceptaría
3. animarías 4. creeríais 5. llegarían

Test 4
1. Él tendría entonces cuarenta años. 2. Ya estaría durmiendo. 3. No se acordaría.

Auf Entdeckung
b) das *condicional* von *haber* + Partizip Perfekt
c) yo habría, tú habrías, él/ella/usted habría, nosotros/as habríamos, vosotros/as habríais, ellos/ellas/ustedes habrían

Test 5
1. habría dicho 2. habrían caminado 3. habríamos escrito 4. habrías mirado 5. habrían entendido 6. habríais hecho

Test 6
a) 1. habrían leído el artículo para mañana 2. habría resuelto todo antes del fin de semana 3. me habría recuperado para la semana que viene
b) 1. habría gustado 2. habrías dicho 3. habríamos llevado 4. habría quedado 5. habría pasado

Test 7
1. a) Podría haber ido. b) Habría podido ir. 2. a) Tendría que haber dormido. b) Habría tenido que dormir. 3. a) Deberíamos haber escuchado. b) Habríamos debido escuchar. 4. a) Habríais querido ir. b) Querríais haber ido. 5. a) Deberías haberlo hecho. b) Lo habrías debido hacer.

Auf den Punkt gebracht
1. 1.1 a) wird nicht b) gleich c) Infinitiv
1.2 a) pondrías b) saldría c) haríamos d) sabríais e) vendrían f) tendría
2. 2.1 im *condicional* – *habría*
2.2 a) habrían visto b) habría avisado c) habrían hecho d) habrías escrito e) habríamos visto f) habríais puesto
3. 3.1 a) Vergangenheit b) Vergangenes c) imperfecto de subjuntivo d) höflicher
3.2 a) leería b) habría gustado c) ayudarías d) estaría
4. 4.1 a) Futuro b) Futuro compuesto
4.2 a) vendría mañana b) habría terminado pronto el trabajo c) nos visitaría el fin de semana
5. 5.1 a) pretérito imperfecto de subjuntivo
5.2 quisiera

22 Das *presente de subjuntivo*

Auf Entdeckung
bilden das *presente de subjuntivo* mit *-e*.
bilden das *presente de subjuntivo* mit *-a*.

Test 1
a) cierre, cierres, cierre, cerremos, cerréis, cierren; ponga, pongas, ponga, pongamos, pongáis, pongan; prefiera, prefieras, prefiera, prefiramos, prefiráis, prefieran
b) 1. encontremos 2. quedes 3. venda

Test 2
1. seas 2. estés 3. vayamos 4. seas

Test 3
1. sepas 2. llegue 3. estás 4. conteste

Test 4
1. tengas 2. salga 3. llame 4. preguntes

Test 5
1. digáis 2. vayamos 3. sea 4. está

Test 6
1. sepa 2. viajemos 3. cuesten 4. leas

Test 7
1. expliques 2. vuelvo 3. vengas 4. hablemos

Test 8
1. gaste 2. gasta 3. conozca 4. conozco

Test 9
a) 1., 3. b) 2. c) 4.

Test 10
1. que vayas 2. ir 3. que salgamos 4. que Federico encuentre

Test 11
1. viene 2. haya 3. hace 4. sea

Test 12
G: 1.; N: 2., 3., 4.

Auf den Punkt gebracht
1. a) sechs b) Nebensatz 3) entspricht nicht
2. a) 1. b) -e, -a

c) conducir: conduzca, conduzcas, conduzca, conduzcamos, conduzcáis, conduzcan
decir: diga, digas, diga, digamos, digáis, digan
sentir: sienta, sientas, sienta, sintamos, sintáis, sientan

3. a) sieben; caber, dar, estar, haber, ir, saber, ser
b) haber: haya, hayas, haya, hayamos, hayáis, hayan
ir: vaya, vayas, vaya, vayamos, vayáis, vayan
ser: sea, seas, sea, seamos, seáis, sean
4. ja: b), c), e), f), g); nein: a), d), h), i)
5. a) nein, conoce b) ja, sepa c) ja, sea
6. a) viajar b) vivir / que se viva c) que seas d) hacer e) vayamos / vamos f) venga g) llegamos

23 Das *imperfecto de subjuntivo*

Auf Entdeckung
cantara / cantase, cantaras / cantases, cantara / cantase, cantáramos / cantásemos, cantarais / cantaseis, cantaran / cantasen; comiera / comiese, comieras / comieses, comiera / comiese, comiéramos / comiésemos, comierais / comieseis, comieran / comiesen; viviera / viviese, vivieras / vivieses, viviera / viviese, viviéramos / viviésemos, vivierais / vivieseis, vivieran / viviesen

Test 1
1. / 3. Person Singular: bailara, vendiera, escribiera 2. Person Singular: tiraras, conocieras, salieras 1. Person Plural: enseñáramos, bebiéramos, abriéramos

Auf Entdeckung
dar: diera / diese, dieras / dieses, diera / diese, diéramos / diésemos, dierais / dieseis, dieran / diesen; estar: estuviera / estuviese, estuvieras / estuvieses, estuviera / estuviese, estuviéramos / estuviésemos, estuvierais / estuvieseis, estuvieran / estuviesen; haber: hubiera / hubiese, hubieras / hubieses, hubiera / hubiese, hubiéramos / hubiésemos, hubierais / hubieseis, hubieran / hubiesen; hacer: hiciera / hiciese, hicieras / hicieses, hiciera / hiciese, hiciéramos / hiciésemos, hicierais / hicieseis, hicieran / hiciesen; ir / ser: fuera / fuese, fueras / fueses, fuera / fuese, fuéramos / fuésemos, fuerais / fueseis, fueran / fuesen

Test 2
traer: trajera, trajeras, trajera, trajéramos, trajerais, trajeran;
caer: cayera, cayeras, cayera, cayéramos, cayerais, cayeran;
oír: oyera, oyeras, oyera, oyéramos, oyerais, oyeran

Test 3
1. estaba 2. tuviera 3. quedaras 4. lloviera 5. viniera

Test 4
1. tuviera 2. terminaran 3. fueran 4. fuera 5. tuviera

Test 5
V bzw. G: 1.; G: 2., 4.; N: 2., 3., 4., 5.

Auf den Punkt gebracht
1. a) entspricht nicht b) meistens c) höflichen Ausdrücken
2. anduviera, anduvieras, anduviera, anduviéramos, anduvierais, anduvieran
hubiera, hubieras, hubiera, hubiéramos, hubierais, hubieran
viniera, vinieras, viniera, viniéramos, vinierais, vinieran
tuviera, tuvieras, tuviera, tuviéramos, tuvierais, tuvieran
3. a) sind b) tuviéramos c) mandaras d) se diera e) dijeras f) estuviera
4. a) Vergangenheit, im *condicional*
b) quería c) devolvió d) faltó

24 Zusammengesetzte Zeiten der Vergangenheit (*subjuntivo*)

Auf Entdeckung
haya, hayas, haya, hayamos, hayáis, hayan

Test 1
1. haya ido, 2. haya estado 3. hayáis trabajado 4. hayamos visto 5. hayas aprobado

Test 2
1. hayas 2. hayan 3. han 4. ha 5. haya

Test 3
1. haya dormido 2. haya comprendido 3. sepa 4. haya trabajado 5. trabaje

Auf Entdeckung
hubiera / hubiese, hubieras / hubieses, hubiera / hubiese, hubiéramos / hubiésemos, hubierais / hubieseis, hubieran / hubiesen {trabajado / comido / vivido}

Test 4
1. hubiera/-se ido 2. hubiera/-se terminado 3. hubiera/-se alcanzado 4. se hubiera/-se quedado

Test 5
1. hubiera/-se vivido 2. viviera/-se 3. hubieras/-ses olvidado 4. olvidaras/-ses 5. hubiéramos/-semos ido 6. fuéramos/-semos

Test 6
1. hubiera/-se sabido, habría / hubiera/-se ido 2. hubieras/-ses estado, sabrías 3. hubierais/-seis venido, hubiera/-se / habría podido 4. hubieran/-sen llegado, tendríamos 5. hubieras/-ses comprado, pagarías

Test 7
1. Vive malgastando el dinero como si fuera/-se rico. 2. Le dolía muchísimo la cabeza como si hubiera/-se fumado mucho. 3. Se comportaba como si fuera/-se un príncipe. 4. Su bicicleta es como si fuera/-se nueva.

Test 8
1. alegró 2. Habríamos preferido 3. Lamenté 4. Hubiera/-se sido / Habría sido 5. sentiría

Auf den Punkt gebracht
1. a) haya regresado b) hayamos visto c) hayan llegado
2. a) Nebensatz b) dieselben c) haya solucionado d) Präsens / Perfekt / Futur e) vor / stattgefunden hat f) explique
3. a) hubiera/-se invitado b) hubiera/-se estudiado c) hubieras/-ses olvidado
4. a) bereits stattgefunden b) hubiera/-se hecho c) irreale, Vergangenheit d) hubiera/-se sido, tendría e) in einer Zeit der Vergangenheit f) hubieran/-sen invitado

25 Der Imperativ

Auf Entdeckung
Die Imperativ-Form von *tú* ist mit der 3. Person Singular der Präsens-Konjugation identisch.

Test 1
1. escribe 2. canta 3. firma 4. produce 5. piensa 6.vuelve

Test 2
1. Pon 2. Sal 3. Ten 4. Haz 5. Di 6. Sé

Test 3
1. bebed 2. escuchad 3. decid 4. adivinad 5. id 6. leed

Test 4
1. Hablemos 2. Esperen 3. Encendamos 4. Vamos / Vayamos 5. Cantemos 6. Vaya 7. Presten

Auf Entdeckung
Alle Formen des verneinten Imperativs sind mit den entsprechenden Formen des *subjuntivo* identisch.

Test 5
1. vengas 2. vayamos 3. despertéis 4. salga 5. hagan

Test 6
1. ¡Anótala! 2. ¡Creedle! 3. ¡Llámeme! 4. ¡Vístelo! 5. ¡Veámosla!

Test 7
1. ¡Explícamelo! 2. ¡Caliéntatela! 3. ¡Dáselo! 4. ¡Laváoslas! 5. ¡Tráemelo! 6. ¡Lleváosla!

Test 8
1. ¡No me hagas caso! 2. ¡No te lo bebas! 3. ¡No te lo pongas! 4. ¡No lo recojas! 5. ¡No me lo diga! 6. ¡No la llames! 7. ¡No lo leáis! 8. ¡No la veamos!

Test 9
a) 1. nein 2. nein 3. ja 4. nein
b) 1. ¿Me podría traer un vaso de agua, por favor? / ¿Sería usted tan amable de traerme un vaso de agua, por favor? 2. Déme 100 gramos de jamón, por favor. 3. Ø 4. ¿Me podría decir la hora, por favor?

Test 10
a) 1. ja 2. ja 3. ja 4. nein 5. ja 6. ja 7. nein 8. ja
b) 1. ¡No cruces la calle! / ¡Cuidado! 2. Dígale que pase. 3. ¡No lo levantes! 4. ¿Me podría traer la carta, por favor? 5. ¡No te quedes en casa, sal de noche! 6. Mezcle la harina con la manteca y agregue los huevos (oder im Infinitiv: Mezclar ... agregar ...). 7. ¿Podría pasar, por favor? / ¿Me permite pasar? 8. Sírvase más, por favor.

Auf den Punkt gebracht
1. 1.1 a) Indikativ b) Infinitiv c) subjuntivo
   1.2 a) ¡escucha! b) ¡escriba! c) ¡digamos! d) ¡salid! e) ¡den!
2. 2.1 a) subjuntivo b) hinter
   2.2 a) ¡No vengas! b) ¡No escuches! c) ¡No mires! d) ¡No oigas! e) ¡No salgas! f) ¡No escriba!
3. 3.1 a) vorangestellt b) nachgestellt
   3.2 a) ¡Ayúdale! b) ¡No me mientas! c) ¡Recógelo!
4. a) kann b) das *condicional* c) 1. ja 2. nein 3. nein

26 Infinite Verbformen

Test 1
1. haber estado 2. comprar 3. haberme equivocado 4. haberlo encontrado

Test 2
1. El viajar mucho nos permite conocer nuevas culturas. 2. El estudiar español les abre nuevos horizontes. 3. El vivir en las afueras de la ciudad los aísla de la vida social. 4. El trabajar fuera de casa causa problemas familiares.

Test 3
1. Al llegar a casa ... 2. ... por haber llegado tarde. 3. De poder viajar ... 4. De tanto llover ... 5. De contestarme ...

Test 4
1. confundido, confuso 2. desnudos, desnudado 3. despertado, despierto 4. extensa, extendido 5. limpiado, limpios

Test 5
1. Después de llegada ... 2. ... conocida 3. Una vez cenados ... 4. Antes de muerto el abuelo ...

Auf Entdeckung
Verben auf *-ar*: *-ando*, Verben auf *-er*: *-iendo*, Verben auf *-ir*: *-iendo*

Test 6
1. diciendo 2. siguiendo 3. pudiendo 4. haciendo 5. oyendo 6. viendo 7. repitiendo 8. yendo

Test 7
1. Hablando 2. llorando 3. Teniendo 4. gritando

Test 8
1. Estaba por / Estaba a punto de llamarte. 2. Voy a dejar de usar el coche. 3. Este año pienso viajar / volver a Chile. 4. Acabamos de llegar. 5. Terminaron / Acabaron por contestarnos. 6. ¿Vuelves a salir con Ana?

Test 9
a) 2. Marcia hat schon zehn Seiten von ihrer Arbeit geschrieben. 3. Sie ist immer zerstreut. 5. Die Fotos haben Streifen bekommen.
b) 1. Lleva tres libros publicados. 2. Os tengo dicho que ... 3. ... y terminó agotado. 4. Lo tiene decidido ...

Test 10
1. Sigue estudiando 2. Terminó siendo ... 3. Continúa lloviendo 4. va mejorando

Auf den Punkt gebracht

1. a) haber soñado b) haber querido c) haber escrito
2. a) mit oder ohne b) nach Modalverben / nach Verben der sinnlichen Wahrnehmung / nach Verben des Wunsches / nach indirekten Fragesätzen c) Finalsätze d) keine Präposition e) con f) a
3. a) maduras, madurado b) secado, seco c) llenado, lleno
4. a) dient b) Vorgangspassivs mit *ser* / des Zustandspassivs mit *estar* c) Adjektiv d) dasselbe / verschiedene Subjekte e) perdidos f) cosechadas las manzanas
5. a) divirtiéndose b) viniendo c) vistiéndose e) durmiendo f) trayendo
6. a) keine b) ja c) Temporalsatz / Modalsatz / Konditionalsatz d) Comprando e) leyendo
7. a) dejé de fumar b) va aumentando c) anda estresada d) tengo prohibido

27 Der Gebrauch der Zeiten und Modi

Test 1

1. Verónica no cree que haga buen tiempo. 2. Es importante que se relaje. 3. Marina esperaba que todo saliera bien. 4. Juan sabía que la historia no era verdad. 5. A Carlota le parece bien que Julio no venga.

Test 2

Gegenwärtige Perspektive: 2., 4.
Vergangene Perspektive: 1., 3., 5.

Auf Entdeckung

Reflexivpronomen: me → se;
Zeit: doy → daba, podré → podría;
Demonstrativpronomen: esto → aquello/eso; Zeitbestimmung: mañana → al otro día/al día siguiente/el día después;
Possessivbegleiter: tu → su/mi

Test 3

G: 3.; N: 2., 3., 4.; V: 1.

Test 4

1. dijo, venía 2. pensó, era, venía 3. vino, estaba 4. esperó

Test 5

1. sostuvo 2. declaró 3. afirmó 4. advirtió 5. declaró

Test 6

1. hoy viene a mi fiesta. 2. irá primero a su casa. 3. vendría a la fiesta pero que esta noche no tiene tiempo. 4. esta mañana ha hecho las maletas. 5. se olvidó las llaves en su oficina.

Test 7

1. Iré el próximo jueves / el jueves de la próxima semana. 2. Te voy a avisar mañana de si voy o no voy. 3. Mauro ha llegado / llegó bien. 4. Hace diez años estuve de vacaciones en los EE.UU.
5. Regresaré en diez días.

Test 8

1. Marcela te pidió que no te olvidaras / olvidases de comprar el pan. 2. Mario os ordenó que hablarais / hablaseis más despacio. 3. Gema nos dijo que no hiciéramos / hiciésemos tanto ruido.
4. Raúl te prohibió que cruzaras / cruzases la calle.

Test 9

1.-a. 2.-d. 3.-b. 4.-f. 5.-c.

Auf den Punkt gebracht

1. a) ob „Auslöser" für den *subjuntivo* im Hauptsatz stehen b) ob der Sprechende eine Gegenwarts- oder Vergangenheits-Perspektive hat c) ob die Handlung des Nebensatzes vor, nach oder gleichzeitig gegenüber der Handlung des Hauptsatzes stattfindet
2. a) Präsens, Futur, perfecto compuesto b) perfecto simple, Imperfekt, Plusquamperfekt
3. a) Informationen b) si c) Personalpronomen, Demonstrativpronomen d) erhalten
4. a) Imperfekt b) Plusquamperfekt c) condicional d) Plusquamperfekt e) presente de subjuntivo / imperfecto de subjuntivo
5. a) Präsens Indikativ, apruebas b) imperfecto de subjuntivo, aprobaras c) pluscuamperfecto de subjuntivo, hubieras aprobado

28 Die Reflexivpronomen und reflexiv gebrauchten Verben

Auf Entdeckung
b) 1. se: María 2. me: yo 3. nos: nosotros 4. se: Juan y Miguel 5. os: vosotros 6. te: tú
c) Die Sätze 1, 2, 3 und 5 sind nur im Spanischen reflexiv.

Test 1
a) 1. te 2. Nos 3. Se 4. se 5. nos
b) 1. reflexiv 2. reziprok 3. reflexiv 4. reflexiv 5. reziprok

Test 2
1. Se 2. sí 3. sí 4. sí 5. sí

Test 3
1. IO 2. DO 3. DO 4. IO 5. IO

Test 4
1. ¿Os encontrásteis de casualidad? 2. De joven siempre me acostaba tarde. 3. Aldo dice que se siente bien aquí. 4. ¡No te escondas! 5. ¿Nos acordaremos de llamarlo? 6. ¡Levántate! 7. Me parece que él se está burlando de ti. / Me parece que él está burlándose de ti. 8.¿Hay que levantarse ya? 9. ¿Os estáis divirtiendo? / ¿Estáis divirtiéndoos?

Test 5
1. Se lo fracturó. 2. Me lo leí en un día. 3. Póntela. 4. Me lo corté.

Test 6
1. me 2. lo / la 3. se 4. lo 5. nos 6. lo

Test 7
1. mutuamente 2. a sí mismo 3. la una a la otra 4. a mí mismo / misma

Test 8
1. me 2. se 3. te 4. Ø 5. Ø 6. Ø

Test 9
1. me 2. Ø 3. Se 4. Ø 5. se 6. Ø

Test 10
1. Se me 2. Se te 3. Se le

Test 11
In den Sätzen 1 und 3.

Auf den Punkt gebracht
1. 1.1 a) Dativobjekts und Akkusativobjekts b) Plural
1.2 / 1.3 a) *Te*, reflexiv b) *Me*, reflexiv c) *Nos*, reziprok d) *se*, reflexiv

2. 2.1 Zusammengesetzte Vergangenheitsformen: vorangestellt, *gerundio*: voran- und nachgestellt, bejahter Imperativ: nachgestellt, verneinter Imperativ: vorangestellt
2.2 a) Se está duchando. / Está duchándose. b) Es importante quedarse hasta el final. c) Hay que darse un gusto de vez en cuando. d) ¿Te has acostado tarde anoche?

3. a) verändert b) mismo c) el uno al otro / mutuamente

4. a) lassen b) machen lassen c) die betroffene Person d) verändert sich die Bedeutung nicht

29 Das Passiv

Auf Entdeckung
Drei Möglichkeiten im Spanischen, zwei im Deutschen.

Test 1
1. transmitido 2. presentados 3. escrita 4. sido organizado

Test 2
1. La película «Todo sobre mi madre» fue protagonizada por Cecilia Roth. 2. La novela «El túnel» fue escrita por Ernesto Sábato. 3. La ópera «La Bohème» fue compuesta por Puccini. 4. Los secuestradores fueron buscados por la policía. 5. Los delincuentes fueron condenados por la corte.

Test 3
1. está preparada 2. están recién pintadas 3. está acostado 4. está lavada y planchada

Test 4
1. venden 2. doblan 3. esperan 4. alquilan 5. introducirá

Test 5
1. Nuance: Zustand, Urheber wird genannt; *se vio* 2. Nuance: Fortdauern eines Zustands; *sigue* 3. Nuance: passivischer Vorgang mit Betonung der Folgen; *resultaron* 4. Nuance: in Verbindung mit dem Verb *seguir*; *va*

Auf den Punkt gebracht
1. 1.1 a) ser b) wird dem Subjekt angeglichen c) ist unveränderlich d) por
1.2 a) La catedral «La Sagrada Familia» fue construida por Gaudí. b) «El Quijote» fue escrito por Miguel de Cervantes.
2. a) estar b) das Resultat einer Handlung c) wird dem Subjekt angeglichen d) cansados e) pintadas
3. a) nicht angegeben b) angeglichen c) dieron d) promulgará
4. a) Partizip Perfekt b) permanece c) resultaron

30 Unpersönliche Formen

Auf Entdeckung
1. *se*, man 2. *llueve*, es 3. *preguntaron*, sie 4. *hay que*, man muss

Test 1
1. Quieren publicar el libro de Alejandra. 2. Dicen que van a subir los precios. 3. Te llamaron de la agencia de viajes. 4. En el Caribe bailan mucha salsa.

Test 2
1. tenemos 2. uno no debería 3. están 4. llegues

Test 3
1. Hace frío. 2. Es comprensible. 3. No llueve nunca en el desierto. 4. Es una pena.

Test 4
1. Son las tres. 2. Lo he hablado con Juan. 3. Hay que levantarse temprano. 4. No hay helado de fresa.

Test 5
1. Se decidió que las elecciones eran válidas. 2. Se falló a favor del acusado. 3. Se especula sobre las circunstancias de su muerte. 4. Se protestó contra la reforma universitaria.

Test 6
1. habla 2. consigue 3. venden 4. ve 5. podían

Test 7
1. la gente 2. Ø 3. uno 4. la gente 5. uno 6. uno

Test 8
1. se lo / se le 2. se le 3. se la 4. se lo 5. se le

Auf den Punkt gebracht
1. 1.1 a) ohne b) kann c) man und werden d) mit ein e) die 2. Person Singular
1.2 a) Me recomendaron esta novela. b) Operaron a Miguel de la rodilla. / Lo operaron de la rodilla.
2. a) ohne Pronomen b) hacer c) hizo d) tener e) tengo
3. a) nicht angeglichen b) habló c) angeglichen d) alquilan
4. a) uno b) uno c) la gente d) la gente e) nach f) se le g) le (Spanien) / lo (Hispanoamerika)

31 Besonderheiten bei Verben

Auf Entdeckung
2. Für „sein" gibt es im Spanischen zwei Verben.

Test 1
1. Hay 2. hay 3. está 4. hay 5. hay 6. hay 7. hay

Auf Entdeckung
Zustand: b), c) Definition: a), d)

Test 2
1. es 2. estoy 3. está 4. soy 5. son 6. es, es 7. está

Test 3
1. es 2. está 3. está 4. es 5. está 6. estamos 7. Son

Test 4
1. es de 2. es de 3. está de 4. es de 5. están 6. está a

Test 5
1. está 2. está 3. está 4. es 5. Está 6. estás

Test 6
1. está 2. está 3. está 4. está 5. Estás 6. esté

Test 7
1. es 2. es 3. está 4. está 5. es

Test 8
1. Es que 2. Está con 3. estoy 4. estábamos por 5. Está

Test 9
1. llevar 2. llevar 3. voy 4. venga 5. lleve, ir

Test 10
a) 1. Le 2. Os 3. Me 4. nos
b) 1. gustan 2. encanta 3. duele 4. parecen

Test 11
1. gusta, gusta, parece, parece 2. parecen, gustan, parecen 3. gusta, parece, gusta

Test 12
1. ¿Te ayudo? 2. Debes ser más responsable. 3. Debe (de) ser su hijo. 4. Hay que tener paciencia. 5. No hace falta / No es necesario que vengas. 6. Tengo que trabajar mucho.

Test 13
1. Sabes 2. puedes 3. sabría 4. sabe 5. Sabes, puedes 6. puedo

Test 14
1. Déjalo 2. Mandé / hice 3. Deja 4. Mandaron / Hicieron 5. Pongamos 6. mandó

Test 15
1. sigue 2. anda 3. resultó 4. veníamos 5. andas 6. Parece

Test 16
1. hizo 2. vuelto 3. llegó a ser 4. convertido en 5. puso 6. pongo

Auf den Punkt gebracht
1. a) sein b) hay c) hay
2. a) ser b) estar c) ser d) estar e) estamos a, es f) estar de g) ser de h) soy i) está, soy j) son k) está a l) es m) estamos
3. a) dauerhafte b) vorübergehende c) ser d) ser e) estar, ser f) estar, ser
4. a) *Llevar* und *ir* b) *Traer* und *venir* c) ir d) llevo
5. a) saber, poder b) puedes c) sabía d) duelen e) parecer, gustar f) dejar, mandarse g) andar, salir h) ponerse

Einführung in den Satz

Auf den Punkt gebracht
1. a) nicht grundsätzlich b) Prädikat c) Konjunktionen d) Subjekt – Prädikat – Objekt 2. a) nicht allein b) Hauptsätzen c) gleich d) unterordnende

32 Das Adverb

Auf Entdeckung
mucho: trabajé, Verb; demasiado: pequeña, Adjektiv; muy: bien, Adverb; desgraciadamente: no pude venir, ganzer Satz

Test 1
1. pronto, aquí 2. a veces, ahora, más, rápido, antes 3. Aquí 4. ahora, no, todavía

Test 2
1. muy 2. muy 3. mucho 4. mucho

Test 3
1. demasiado 2. demasiados 3. demasiadas 4. demasiado

Test 4
1. tanto 2. tan 3. tan 4. tanto

Test 5
1. no 2. sí 3. también 4. también 5. tampoco

Test 6
1. bien 2. mal 3. buena 4. bien

Test 7
1. perfectamente 2. especialmente 3 rápidamente 4. felizmente 5. seguramente 6. claramente 7. decididamente 8. fatalmente

Test 8
1. Adjektiv 2. Adverb 3. Adjektiv 4. Adverb 5. Adjektiv 6. Adverb

Test 9
a) 1. de repente 2. de / por casualidad 3. por lo general 4. de gravedad 5. con frecuencia 6. con armonía
b) 1. de manera cautelosa, con cautela
2. de manera tranquila, con tranquilidad
3. de manera temeraria 4. de manera escandalosa, con escándalo 5. de manera alegre, con alegría

Test 10
1. Lo esperé impacientemente. 2. No estoy muy seguro. 3. Juan también viene a la fiesta. 4. Ayer Isabel y yo fuimos al Cajón del Maipo.

Auf den Punkt gebracht
1. a) Adjektive, Adverbien, ganze Sätze b) unveränderlich c) können
2. 2.1 a) hoy b) aquí, arriba c) bien, normalmente d) bastante, poco e) también, sí f) no, tampoco g) probablemente, tal vez
2.2 a) Ayer b) Tal vez / Quizá(s) / Acaso c) Probablemente, allí d) aún / todavía
3. a) *tan* und *muy* b) muy c) mucho d) tanto e) tan f) *también* bedeutet „auch", *tampoco* bedeutet „auch nicht" g) tampoco h) malo: mal, bueno: bien
4. 4.1 a) weiblichen b) männlichen c) de + manera + Adjektiv, con + Substantiv
4.2 a) perfectamente b) Posiblemente c) abiertamente
4.3 a) de manera extraña b) de manera increíble
5. 5.1 a) nach b) vor c) vor d) Anfang
5.2 a) Sus argumentos no me parecieron muy convincentes. b) Carolina escuchó atentamente. c) Quizás vamos a Italia en el verano.

Und wenn Sie noch neugierig sind ...
Auch einige Adverbien haben, wie Substantive und Adjektive, eine Verkleinerungsform, für die es im Deutschen keine Entsprechung gibt. Diese Diminutivformen geben dem Adverb eine Nuance von Intensität.
1. Esperanza, kommst du nicht mit uns mit? – Ich komme (jetzt) gleich.
2. Sprich (ganz) leise, die Kinder schlafen schon.
3. Gehen wir (ganz) schnell zum Supermarkt, er schließt gleich.
4. Wo ist die Post? – Gleich hier, zwei Straßen weiter.
Diese Formen werden vor allem in Hispanoamerika und weniger in Spanien benutzt.

33 Die Präpositionen

Auf Entdeckung
a) Die Präposition *a* hat mehrere Entsprechungen im Deutschen.
b) Zeit: 1., 4. Preisangabe: 2. Raum: 3. Akkusativobjekt: 5.

Test 1
1. a 2. en 3. a 4. a 5. a 6. en 7. a 8. a 9. a 10. en 11. Ø

Test 2
1. con 2. De, de 3. de 4. con, de

Test 3
1. por 2. para 3. para 4. por 5. por

Test 4
1. Hacia 2. hacia 3. hasta 4. hasta

Test 5
1. sobre 2. Entre 3. sobre 4. Entre 5. sobre 6. Entre (oder: De)

Test 6
1. bajo 2. ante (auch: por) 3. bajo 4. Tras

Test 7
1. contra 2. sin 3. Según 4. contra, sin

Test 8
1. + c) 2. + d) 3. + e) 4. + b) 5. + a)

Test 9
1. en, en 2. a 3. a 4. en 5. a

Test 10
1. con 2. de 3. con 4. de, de 5. con 6. de 7. Con

Test 11
1. para 2. Por 3. para 4. por 5. por 6. Para 7. por

Test 12
1. frente a 2. a la izquierda de 3. Al lado de 4. Detrás de 5. A la derecha de

Test 13
1. después de 2. antes de 3. del, al (oder: desde el, hasta el) 4. dentro de 5. Durante 6. de, a

Test 14
1. desde hace 2. Desde 3. hace 4. desde 5. desde hace 6. hace 7. desde hace

Test 15
1. de nuevo 2. por ahora 3. De noche / Por la noche 4. a tiempo 5. por hoy

Test 16
1. Ø 2. De 3. a 4. A 5. a 6. Ø

Test 17
1. por 2. Por 3. Para, Para 4. por 5. para 6. Por 7. por 8. para 9. por 10. por

Test 18
1. + c) 2. + a) 3. + e) 4. + b) 5. + d)

Auf den Punkt gebracht
1. a) unterscheiden sich nicht a) Satzteile
2. a) a b) En c) de d) con e) por f) para g) hasta h) Hacia i) sobre j) entre k) tras l) debido a
3. 3.1 a) Hace b) Desde c) Desde hace
   3.2 a) desde b) desde hace c) desde d) hace
4. 4.1 a) de b) a c) a / Ø d) a
   4.2 a) Ø b) a c) de d) Ø e) a
5. a) por b) para c) por d) Para e) por f) Por

Und wenn Sie noch neugierig sind ...
1. jemanden / etwas loswerden, sich von jemandem / etwas trennen
2. sich in Schmerzen auflösen
3. sich in Lobeshymnen ergehen
4. sich in Tränen auflösen
5. sich für jemanden / etwas totschuften

34 Die Konjunktionen

Auf Entdeckung
1. pero 2. o 3. y

Test 1
1. sino 2. o 3. pero 4. y

Test 2
1. sin embargo 2. por lo tanto 3. En cuanto 4. para que

Test 3
1. Cuando 2. Mientras 3. Como 4. Entonces

Test 4
1. Lisa me invitó a su casa, pero no puedo ir. 2. No puedo ir porque estoy enferma. 3. ¿Quieres un té o un café? 4. Olga me contó que Federico ya volvió de su viaje. 5. Voy a poner otro compact si estás de acuerdo.

Test 5
1. también 2. tampoco 3. también 4. e 5. u

Test 6
1. ni siquiera 2. no sólo ..., sino también 3. Tanto ... como 4. ni ... ni 5. y 6. ni

Test 7
1. al contrario 2. en cambio 3. sin embargo 4. no obstante 5. sino que

Test 8
1. O vamos a ver a Francisco, o vamos a pasear por el parque. 2. ¿Sabes si empieza a las ocho o a las nueve? 3. Aldo trabaja parte en su casa, parte en la oficina.

Test 9
1. Entonces 2. por consiguiente 3. por eso 4. por eso / por lo tanto

Test 10
1. + c) 2. + d) 3. + e) 4. + a) 5. + b)

Test 11
a) 1. tan 2. tanto 3. tantos 4. de tal modo 5. tan
b) 1. apago 2. pueda 3. pueda

Test 12
1. para 2. para que 3. para que 4. para

Test 13
1. pidieron 2. se enoje 3. recomendaron 4. quieres / quieras 5. encontramos 6. invitara

Test 14
1. guste 2. parece / parezca 3. intento 4. es 5. tengo

Test 15
1. escuche 2. sepa 3. llegamos 4. pueda 5. tuve 6. estéis 7. lleguen 8. durmieran 9. estés

Test 16
1. + c) 2. + a) 3. + e) 4. + b) 5. + d)

Auf den Punkt gebracht
1. a) nein b) ja c) ja
2. a) pero b) porque c) y d) o e) si f) que
3. a) Aufzählungen b) Ni siquiera c) Gegensätze d) en cambio e) Entscheidung f) O ... o g) Schlussfolgerungen h) pues
4. 4.1 a) Indikativ b) subjuntivo c) auch wenn d) subjuntivo e) subjuntivo f) subjuntivo g) presente de subjuntivo
4.2 a) guste b) está c) digas d) estés e) convence f) llegué g) reciba

35 Der Satzbau

Auf Entdeckung
Im Spanischen gibt es mehr Möglichkeiten für die Reihenfolge der Satzglieder als im Deutschen.

Test 1
1. Miriam es estudiante de medicina. 2. Ellos van al teatro. 3. Lorena hace sus tareas. 4. Mi hermano es médico.

Test 2
1. Le hemos escrito una carta a Isabel. 2. Carlos organiza una fiesta para su novia. 3. Alejandra le dedicó su último libro a su hijo. 4. Este regalo es para ti.

Test 3
1. Afortunadamente llegamos a tiempo. 2. Pensamos hacer un paseo en bicicleta mañana. / Mañana pensamos hacer un paseo en bicicleta. 3. José siempre ve televisión. 4. Claudio se enfermó de pronto.

Test 4
a) 1. Desde esta mañana le duele la cabeza. 2. Me encanta esta película. 3. Me extraña esa actitud.
b) 1. A mi hermana la llamo todos los días. 2. Con Ana he hablado esta mañana. 3. Estas flores me las regaló María. 4. Juan llega temprano mañana.

Test 5
a) 1. No nos divertimos mucho en el paseo. 2. No me gustó la película. 3. A Lisa no le preocupa su futuro profesional. 4. Marisol y yo no nos hemos visto seguido.
b) 1. No, no he estado en Roma todavía. 2. No, no he comido todavía. 3. No, no sé qué hora es.

Test 6
a) 1. Todavía no 2. nadie 3. ya no 4. nada 5. Nunca
b) 1. No lo sabía nadie. 2. No me extraña nada de esto. 3. No habíamos venido nunca a este lugar.

Test 7
1. ¿Cómo se llama él? 2. ¿Cuánto cuesta el libro? 3. ¿Dónde está Paula? 4.¿Cuándo llovió?

Test 8
1. ¿Sabes qué hora es? 2. ¿Ya estabas durmiendo? 3. ¿Estás bien? 4. ¿Has visto a Nina?

Test 9
1. ¡Qué inteligente es la niña! 2. ¡Cómo llueve! 3. ¡Qué rica está la comida! 4. ¡Cómo nos reímos ese día!

Test 10
1. S 2. Z 3. K 4. Z

Test 11
1. R 2. K 3. I 4. S

Test 12
a) 1. Mi hermano Francisco es mayor que yo. 2. Me dijo que vendría mañana. 3. Encontré el anillo que había perdido ayer.
4. Escúchame, que te estoy hablando.
5. Está su mujer afuera. – Que espere un momento.
b) 1.Creo que sí. 2. Yo que él. 3. y eso que

Test 13
1. Yo no leo tanto como tú. 2. Como no me cae muy bien, no lo invité. 3. Como tú supusiste, la conferencia estuvo muy aburrida. 4. Como me vuelvas a hablar en ese tono me voy.

Auf den Punkt gebracht

1. 1.1 a) Subjekt-Verb-Ergänzung b) nach c) nach d) können
   1.2. a) He comprado este libro para ti. b) En su tiempo libre lee novelas policiacas. Oder: Lee novelas policiacas en su tiempo libre. c) Me he encontrado con Mirta en París.
2. 2.1 a) nein / nicht / kein b) vor c) nach
   2.2 a) No, no creo. b) No, no se ha ido todavía. c) No, no ha llamado nadie.
3. 3.1 a) Verb-Subjekt b) kann
   3.2 a) ¿Vas a España en las vacaciones? b) ¿Tienes ganas de ir al cine?
   3.3 a) ¿Quién te regaló esto? b) ¿Dónde vive tu hermano?
4. a) qué / cuánto b) veränderlich c) kann auch
5. 5.1 a) Satzzeichen, beiordnende Konjunktionen b) satzverkürzende Konstruktionen, indirekte Rede
   5.2 a) Konjunktion b) indirekte Rede c) satzverkürzende Konstruktion (*gerundio*) d) Satzzeichen

36 Zahlen, Zeit- und Mengenangaben

Auf Entdeckung
1. einen 2. zwei 3. drei 4. sechs 5. siebte 6. neun 7. zehn 8. hundert

Auf Entdeckung
Durch Addition (außer bei den Zahlen von 0 bis 15 und bei den Zehnern).

Test 1
21 veintiuno / veintiún/una, 55 cincuenta y cinco, 16 dieciséis, 35 treinta y cinco, 64 sesenta y cuatro, 84 ochenta y cuatro, 43 cuarenta y tres, 77 setenta y siete, 25 veinticinco, 51 cincuenta y un(o)/una, 81 ochenta y un(o)/una, 15 quince, 7 siete, 99 noventa y nueve, 4 cuatro

Auf Entdeckung
Mehrstellige Zahlen werden durch Multiplikation gebildet: 200 = 2 (x) 100 = doscientos.
Zwischen den Hundertern und den Zehnern steht kein *y*.

Test 2
1. – 6. Kontrollieren Sie Ihre Ergebnisse in 1.1.1, 1.1.2. und 1.1.3.
7. 123 ciento veintitrés, 238 doscientos treinta y ocho, 317 trescientos diecisiete, 467 cuatrocientos sesenta y siete, 576 quinientos setenta y seis, 673 seiscientos setenta y tres, 767 setecientos sesenta y siete, 889 ochocientos ochenta y nueve, 919 novecientos diecinueve

Test 3
1.968 mil novecientos sesenta y ocho, 12.731 doce mil setecientos treinta y uno, 44.197 cuarenta y cuatro mil ciento noventa y siete, 67.676 sesenta y siete mil seiscientos setenta y seis, 324.581 trescientos veinticuatro mil quinientos ochenta y uno

Test 4
1. 23 + 35 = veintitrés más treinta y cinco es igual a cincuenta y ocho 2. 1.009 – 10 = mil nueve menos diez es igual a novecientos noventa y nueve 3. 100 × 1.000 = cien por mil es igual a cien mil 4. 1.000 : 100 = mil dividido por / entre cien es igual a diez

Test 5
1. cien escudos 2. novecientas libras australianas 3. un millón de colones 4. siete mil guaraníes 5. quinientos bolívares 6. una lempira 7. dos pesos bolivianos

8. trescientos cincuenta dinares 9. quinientos cuarenta yenes 10. cinco mil noventa y siete quetzales 11. quinientos ochenta y seis francos suizos 12. setecientos cincuenta y tres córdobas 13. diez colones 14. ciento un pesos

Test 6
1. el ocho por ciento 2. el veintiséis por ciento 3. el sesenta por ciento 4. el setenta y seis por ciento 5. el noventa y tres por ciento

Test 7
1. unos cuarenta millones de habitantes 2. unos ciento cincuenta países 3. casi dos millones de km^2 4. unos cuatrocientos cincuenta millones de hispanohablantes 5. en unos veinte países 6. aproximadamente veinte millones de habitantes

Test 8
c) 1. 70.º 2. 20.º 3. 50.º 4. 100.º 5. 90.º 6. 60.º 7. 30.º 8. 40° 9. 80.º
d) 1. primera 2. cuarta 3. primer 4. primeros 5. decimoterceras 6. tercer

Test 9
1. Carlos primero 2. Oto octavo 3. siglo quince 4. octavo piso 5. artículo treinta / trigésimo 6. Pablo segundo 7. siglo tres / tercero 8. siglo diecinueve 9. piso dieciocho 10. capítulo cuatro / cuarto

Test 10
1. medio kilo 2. un cuarto de hora 3. una quinta parte 4. una décima de segundos 5. tres cuartos litros 6. una tercera parte

Test 11
1. una docena 2. una quincena 3. millones 4. cuarentena 5. cientos

Test 12
1. simple 2. el doble / dos veces más 3. el triple / tres veces más 4. el doble

Test 13
a) 1. Son las tres y diez. 2. Es la una y media. 3. Son las seis menos cuarto. 4. Son las doce (en punto). 5. Son las cinco menos veinte. 6. Son las ocho y cuarto. 7. Es medianoche. / Son las doce de la noche. 8. Es la una menos diez.
b) 1. A las cinco menos cuarto. 2. A las doce en punto. 3. A las seis y cuarto. 4. A las doce (en punto). 5. A la una y diez. 6. A las tres menos cinco. 7. A la una menos veinte. 8. A las ocho y media.

Test 14
1. el 2 de abril de 1900 2. el 20 de abril 3. 15 de octubre 4. del / desde el 3 al / hasta el 8 de mayo 5. estamos a / es primero

Test 15
1. En mil cuatrocientos cincuenta. 2. En mil ochocientos noventa y cinco. 3. En mil ochocientos setenta y seis 4. en mil quinientos noventa y tres. 5. en mil novecientos cuarenta y cuatro

Test 16
1. siglo VIII ocho / octavo 2. siglo X diez / décimo 3. siglo XVI dieciséis 4. siglo XIX diecinueve 5. siglo XX veinte 6. siglo XXI veintiuno

Test 17
a) 1. 12 de octubre 2. a finales de junio 3. el 24 de diciembre 4. del / desde el 20 de febrero al / hasta el 30 de abril 5. el primero / el uno de enero
b) 1. el primero de febrero de mil novecientos 2. el treinta y uno de mayo de / del dos mil uno 3. el cinco de enero de / del dos mil 4. el primero de mayo de mil novecientos cuarenta 5. el dos de septiembre de mil novecientos cincuenta y uno

Test 18
1. en 2. el 3. el 4. los 5. en 6. a 7. en

Auf den Punkt gebracht
1. a) maskulin b) unveränderlich
2. 0 cero, 24 veinticuatro, 28 veintiocho, 30 treinta, 33 treinta y tres, 40 cuarenta, 88 ochenta y ocho, 90 noventa, 100 cien, 700 setecientos/as, 1.001 mil uno, 200.000 doscientos mil
3. 3.1 a) ochenta y nueve más trece es igual a ciento dos b) diecinueve menos diez es igual a nueve c) diez mil seiscientos ochenta y ocho menos seiscientos ochenta y ocho es igual a diez mil d) diez por ciento seis es igual a mil sesenta e) ochenta y uno divido por / entre nueve es igual a nueve

3.2 a) ciento cincuenta euros
b) doscientos cuarenta y ocho dólares
c) ochecientos setenta pesos
3.3 a) el tres por ciento b) el veinticinco por ciento c) el dieciséis por ciento d) el cien por ciento

4. a) Grundzahlen b) römische c) Ordnungszahlen, Grundzahlen d) 1.º primero, 3.º tercero, 10.º décimo, 20.º vigésimo

5. a) Grundzahl b) Ordnungszahl
c) 2/3 dos tercios, 1/4 un cuarto, 1/2 un medio

6. a) simple b) doble c) triple d) múltiple

7. a) son las diez y media b) son las once (en punto) c) son las siete y cuarto de la tarde d) son las doce menos cuarto de la noche

8. a) el b) 01/05 primero de mayo, 7-8-01 siete de agosto de dos mil uno, 27-7-63 veintisiete de julio del sesenta y tres, 15/11/2004 quince de noviembre de dos mil cuatro

9. a) mil cuatrocientos noventa y dos
b) mil novecientos setenta y tres c) mil novencientos ochenta y ocho d) dos mil cinco

10. a) kleingeschrieben b) kleingeschrieben
c) de, de

A

Q

Zeichen und Abkürzungen

*	nicht gebräuchliche Form
Ø	kein Eintrag
/	alternative Form/Bedeutung
bzw.	beziehungsweise
etc.	et cetera = und so weiter
evtl.	eventuell
ff.	und folgende Seiten
Hisp.	Gebrauch in Hispanoamerika
u. a.	unter anderem
usw.	und so weiter
vs.	versus = im Gegensatz zu
z. B.	zum Beispiel

Grammatische Fachausdrücke

Lateinisch	Deutsch	Spanisch	Beispiele
absoluter Superlativ	Form, die einen hohen Grad einer Eigenschaft bezeichnet	superlativo absoluto	buenísimo, muy bueno, óptimo
Adjektiv	Eigenschaftswort	adjetivo	bueno
Adverb	Umstandswort	adverbio	bien
Adverbial = adverbiale Bestimmung	Umstandsbestimmung	complemento circunstancial	**Esta mañana** no voy al trabajo. ¿Qué haces **por la tarde**?
Affirmation	Aussagesatz	oración afirmativa	Juan quiere tomar agua.
Akkusativ	4. Fall (Wenfall)	complemento directo / objeto directo / acusativo	Veo **a Juan**. / **Lo** veo (**a él**).
Aktiv	Tatform	voz activa	Mi abuela **hace** un pastel.
Akzent	Betonungszeichen	acento (ortográfico) / tilde	gram**á**tica
Apposition	Einschub / Zusatz	aposición	Mauricio, **mi tío**, vive en Madrid.
Artikel	Geschlechtswort	artículo	**el** verano
Aspekt	Kategorie, die den zeitlichen Verlauf einer Handlung beschreibt	aspecto	imperfectivo: **tenía** vs. perfectivo: **tuve**
Attribut	Beifügung zum Nomen	atributo	una comida **rica**
Auxiliarverb	Hilfsverb	verbo auxiliar	haber, ser, estar
Dativ	3. Fall (Wemfall)	complemento indirecto / objeto indirecto / dativo	**Le** doy el libro **a Pablo**.
Deklination	Beugung von Substantiven	declinación	–
Demonstrativum	hinweisender Begleiter / hinweisendes Fürwort	determinativo / pronombre demostrativo	**Este** coche no me gusta. / **Este** no me gusta.
Digramm	Laut, dem zwei Buchstaben entsprechen	dígrafo	ch, ll
Diphthong	Doppelselbstlaut	diptongo	cuenta

Lateinisch	Deutsch	Spanisch	Beispiele
direktes Objekt	Ergänzung im 4. Fall	complemento directo / objeto directo	Veo **a Juan**. / **Lo** veo (**a él**).
emphatisch	betonend / nachdrücklich	enfático	–
feminin	weiblich	femenino	la esposa
finite Verbform	Verbform, die in einer Zeit steht	forma personal	presente: tomo, tome
Futur	Zukunft	futuro	tomaré, habré tomado
Genitiv	2. Fall (Wesfall)	genitivo	el restaurante **de Pedro**
Genus	grammatisches Geschlecht	género	mesa = femenino
Gerundium	Verlaufsform	gerundio	tomando
Hauptsatz	Hauptsatz	oración principal	**No voy a ir** porque no tengo tiempo.
Imperativ	Befehlsform	imperativo	¡toma!, ¡no comáis!
Indefinitum	unbestimmter Begleiter / unbestimmtes Fürwort	determinativo / pronombre indefinido	**Algunos** amigos vinieron. / **Algunos** vinieron.
Indikativ	Wirklichkeitsform	indicativo	tomo
indirektes Objekt	Ergänzung im 3. Fall / Dativobjekt	complemento indirecto / objeto indirecto	**Le** doy el libro **a Pablo**.
infinite Verbfom	Verbform, die nicht in einer Zeit steht: Infinitiv, Gerundium und Partizip	forma no personal	tomar, tomando, tomado
Infinitiv	Grundform des Verbs	infinitivo	tomar
Interpunktion	Zeichensetzung	puntuación	, ; ¡! ¿? . :
Interrogativsatz	Fragesatz	oración interrogativa	¿Quiere usted tomar algo?
Interrogativum	Frage(für)wort	pronombre interrogativo	¿cuál?
intransitives Verb	Zeitwort, das kein Objekt hat	verbo intransitivo	ir
Inversion	Umstellung von Satzgegenstand und Satzaussage	inversión	**¿Quiere Juan** tomar algo?
Komparativ	1. Steigerungsstufe	comparativo	Este es **más barato** que ese.

Lateinisch	Deutsch	Spanisch	Beispiele
Konditional	Bedingungsform	condicional	tomaría
Konditionalsatz	Bedingungssatz	oración condicional	Si tuviera dinero, viajaría a Hispanoamérica.
Kongruenz	Übereinstimmung	concordancia	algun**as** buen**as** amig**as** mí**as**
Konjugation	Beugung von Zeitwörtern	conjugación	tomo, tomas, ...
Konjunktion	Bindewort	conjunción / conector	porque
Konjunktiv	Möglichkeitsform	(subjuntivo) (condicional)	¡**Viva** la revolución! Me **gustaría** ir al cine.
Konsonant	Mitlaut	(la) consonante	b, c, d, f
Kopula(verb)	Gleichsetzungsverb	verbo copulativo	Juan **es** médico.
maskulin	männlich	masculino	coche = masculino
modal	die Art und Weise bezeichnend	modal	–
Modalverb	Zeitwort, das die Bedeutung eines Vollverbs modifiziert	verbo modal	poder, deber, tener que, soler, querer
Modus	Aussageweise: Kennzeichnung einer Aussage als wirklich, möglich oder als Aufforderung	modo	indicativo: tomo, subjuntivo: tome, imperativo: toma
Morphologie	Formenlehre	morfología	–
Nebensatz	Nebensatz	oración subordinada	No voy a ir **porque no tengo tiempo**.
Negation	Verneinung	negación	**No** lo sé.
Neutrum	sächliches Geschlecht	neutro	ello, esto, eso
Nomen	Nennwort / Hauptwort	sustantivo	hombre, mesa, libertad
Nominativ	1. Fall (Werfall)	nominativo	**Paco** tiene dos hijos.
Numerus	Zahl	número	singular: mes**a**, plural: mes**as**
Objekt	Ergänzung des Verbs	complemento (directo, indirecto, circunstancial)	¿Has visto **la película**? **A las tres** sale el tren.
Objektkomplement	prädikative Ergänzung zum Objekt	complemento predicativo del objeto	Lo considero **un gran mentiroso**.

Lateinisch	Deutsch	Spanisch	Beispiele
Objekt-pronomen	persönliches Fürwort als Ergänzung des Verbs	pronombres tónicos (caso preposicional) y átonos (caso dativo y acusativo)	**Te** quiero. **A él** no **le** dije nada. **Por mí** no te molestes. Esto es **para ella**.
Partizip Perfekt	Mittelwort der Vergangenheit	participio	tomado
Passiv	Leideform	voz pasiva	El pastel **fue hecho** por mi abuela.
Perfekt	vollendete Vergangenheit	pretérito perfecto (simple / compuesto)	he tomado, tomé
Personal-pronomen	persönliches Fürwort	pronombre personal	yo, me, a mí
Plural	Mehrzahl	plural	**los** amigo**s**, tom**an**
Plusquam-perfekt	Vorvergangenheit	pluscuam-perfecto	hab**ía tomado**
Possessivum	besitzanzeigender Begleiter / besitzanzeigendes Fürwort	determinativo / pronombre posesivo	Esta es **mi** madre. Y esta es **la mía**.
Prädikat	Satzaussage	predicado	Juan **mira** la televisión.
prädikative Ergänzung	die Satzaussage betreffende Ergänzung, nach einer Kopula stehend	complemento predicativo	María es **enfermera**.
Präposition	Verhältniswort	preposición	a, de, con, tras
Präpositional-objekt	Ergänzung des Verbs, die ein Verhältniswort enthält	complemento preposicional	Han preguntado **por ti**. amor **de Dios**
Präsens	Gegenwart	presente	tom**o**
Präteritum	Vergangenheit	pretérito	tom**é**, **he tomado**, tom**aba**
Pronomen	Fürwort	pronombre	yo, me, alguien
reflexiv	rückbezüglich	reflexivo	me levanto
Reflexiv-pronomen	rückbezügliches Fürwort	pronombre reflexivo	**me** levanto, **se** acuesta
relativer Superlativ	2. Steigerungsstufe	superlativo relativo	María es **la mejor** de la clase.

Lateinisch	Deutsch	Spanisch	Beispiele
Rektion	Ergänzung mit einer Präposition	complemento de régimen	pensar **en**, soñar **con**, acordarse **de**
Relativ-pronomen	bezügliches Fürwort	pronombre relativo	¿Me pasas los libros **que** están sobre la mesa?
Relativsatz	Nebensatz in der Rolle eines Attributs	oración de relativo	Es una película **que ha ganado un premio.**
Reziprok-pronomen	wechselbezügliches Fürwort	pronombre recíproco	**Se** quieren mucho. **Nos** abrazamos.
Singular	Einzahl	singular	**el** amigo, tom**a**
Subjekt	Satzgegenstand	sujeto	**Mi abuela** hace un pastel.
Subjekt-pronomen	persönliches Fürwort in der Funktion des Satzgegenstandes	pronombre de sujeto	yo, tú, él
Subjekt-komplement	prädikative Ergänzung zum Subjekt	complemento predicativo del sujeto	Juan es **profesor.**
Substantiv	Hauptwort	sustantivo	hombre, mesa, libertad
Superlativ	höchste Steigerungsstufe	superlativo	más guapo, guapísimo
Syntax	Lehre vom Satzbau	sintaxis	–
temporal	zeitlich	temporal	–
Tempus	Zeit	tiempo	presente, pretérito
transitives Verb	Zeitwort, das ein Akkusativobjekt hat	verbo transitivo	**hacer** algo, **ver** a alguien **comprar** algo a alguien
Triphthong	Dreifachselbstlaut	triptongo	camb**iái**s
Verb	Zeitwort	verbo	tomar, comer, vivir
Verbal-periphrase	Umschreibung mit einem Zeitwort	perífrasis verbal	estoy tomando
Vokal	Selbstlaut	(la) vocal	a, e, i, o, u